SECCIÓN DE OBRAS DE POLÍTICA Y DERECHO

SOCIOLOGÍA POLÍTICA

Traducción de
DANIEL ZADUNAISKY

SOCIOLOGÍA POLÍTICA

JACQUES LAGROYE

FONDO DE CULTURA ECONÓMICA

MÉXICO - ARGENTINA - BRASIL - COLOMBIA - CHILE - ESPAÑA
ESTADOS UNIDOS DE AMÉRICA - PERÚ - VENEZUELA

Primera edición en francés, 1991
Primera edición en español, 1994

Título original:
Sociologie politique
© 1991, Presses de la Fondation Nationale des Sciences Politiques
ISBN de la edición original: 2-7246-0596-9

D.R. © 1993, Fondo de Cultura Económica de Argentina, S. A.
    Suipacha 617; 1008 Buenos Aires

ISBN: 950-557-200-X

INTRODUCCIÓN

Las introducciones suelen ser aburridas. Sin embargo, son útiles para el lector que no está muy al tanto de los problemas tratados en la obra. La presente expone un enfoque bastante general de la sociología política, explica el método de exposición y proporciona algunas indicaciones para el uso del libro.

ALGUNAS OBSERVACIONES SOBRE LA SOCIOLOGÍA POLÍTICA

Enero de 198... Como todos los años, se realiza en el palacio del Eliseo la ceremonia tradicional en la que el presidente de la República recibe el saludo de las "instituciones". El suceso tiene la apariencia de un espectáculo que los invitados se brindan a sí mismos y, a través de los medios de comunicación, a todos los franceses; el escenario es un palacio de la República. Los participantes se agrupan de acuerdo con su función oficial: jefes militares, miembros de consejos cuyas funciones están inscritas en la Constitución, representantes acreditados de Estados extranjeros, presidentes de las cámaras legislativas, ministros del gobierno... Por rutinarios que sean los discursos, por más que se repitan fórmulas esperadas y muchas veces escuchadas, las inflexiones dadas a las palabras permitirán a los invitados entrever ciertos cambios que algunos considerarán importantes: el jefe del Estado llama enérgicamente la atención sobre los problemas sociales; el presidente de un Consejo menciona al pasar una práctica que podría ser extraña al "espíritu de nuestras instituciones". Bajo las apariencias de una brillante manifestación mundana en la que no faltan bocadillos ni cuchicheos anodinos, *todo aquí es político*: los papeles indicados por el libreto y la costumbre, los lugares asignados que están cargados de sentido, la puesta en escena de las instituciones, los títulos de los invitados, los discursos y el lenguaje, las promesas y las amenazas veladas. Los invitados interpretan todo en función de sus intereses políticos, desde la manera como el presidente se ha referido al primer ministro ("¿Le quedará un año?") hasta la ausencia notable del líder de un partido.

El programa de televisión emitido por la noche luego de una elección parlamentaria también es un suceso político y se hace todo lo necesario para que el espectáculo tenga apariencia de tal: polémicas entre dirigentes de organizaciones políticas, declaraciones solicitadas a participantes sin calificación política pero "interesados" en los resultados, reportajes en los comicios, los lugares consagrados a la actividad política más importante del ciudadano: el sufragio. Como complemento de esta designación hay un "especialista" en el estudio, llámese "politólogo", "politicólogo", "investigador en ciencias políticas" o "profesor de ciencias políticas"; en un sentido, su presencia da al espectáculo un aire científico, y sus comentarios —si le dan tiempo para hacerlos— demuestran que se puede analizar el acontecimiento político. En este caso, *analizar el acontecimiento político* significa observar los cambios significativos (tal partido ha perdido votos, tal otro avanza en el oeste o el sur del país) y tratar de explicarlos "políticamente" (el partido mayoritario "paga los errores" del gobierno, el electorado "castiga" la dispersión de la oposición, el programa de la extrema derecha encuentra un eco favorable en las afueras de las grandes ciudades). A veces significa vincular ciertos cambios con los "factores sociales" definidos a grandes rasgos: aumentó la inseguridad en las ciudades, el costo de la vida se volvió excesivo para los sectores de medianos ingresos, la clase obrera sigue "desapareciendo".

Desde esta perspectiva, el objetivo de la sociología política sería analizar con la mayor sutileza posible todo lo que es "político", vale decir, todo lo que cada uno considera propio de este campo de actividades. Su método sería *sociológico* en tanto buscaría aprehender y explicar todos los fenómenos sociales que tuvieran alguna influencia sobre las actividades y los roles políticos, los enfrentamientos entre partidos, las conductas de los electores, los ritos institucionales, los programas políticos, etc. Sería político por cuanto el objeto de su interés es *el conjunto de los fenómenos considerados políticos*, identificados como tales por una comunidad de individuos. Más allá de la descripción minuciosa de estos fenómenos, buscaría su explicación en los "hechos sociales": conflictos entre grupos, relaciones entre propietarios y no propietarios, grandes cambios que afectan las creencias y las prácticas de los individuos, desde la "descristianizacion" hasta la diversificación de las actividades del ocio. Indudablemente, la sociología política *es* esto; sin embargo, corresponde a un proyecto aun más ambicioso.

El presidente de la cámara de industria y comercio de B. invita a un grupo de amigos a cenar en su casa. *Aparentemente no hay nada de político en ello*: ni el lugar, ni el título del anfitrión, ni las actividades habituales de los invitados, salvo tal vez la de cierto concejal municipal, invitado porque juega al golf con el dueño de casa, no por ser miembro del Partido Republicano. Sin embargo, visto más de cerca, la reunión puede ser de interés para el investigador en sociología política. Los invitados tienen "relaciones" en los medios políticos, sus opiniones interesan a los dirigentes locales de los partidos. La conversación versa sobre los problemas de la economía local y sobre las decisiones políticas que según ellos permitirían sacarla del marasmo, fuera por medio de un programa de construcción de autopistas, el otorgamiento de créditos a las empresas en peligro o que el Estado se hiciera cargo de las operaciones de formación o "reconversión". Sus opiniones son políticas, incluso cuando toman la forma tan elemental de una condena global del gobierno, los partidos, los escándalos financieros, el desorden administrativo y la incoherencia de las "políticas públicas". Tal vez esos invitados unidos por muchos factores —gustos, actividades recreativas, apoyo a la escuela privada y a los clubes que frecuentan— financian las campañas electorales de los partidos de oposición y en ese encuentro de amigos descubren nuevos argumentos para su actividad.

Se dirá que son personas "importantes" y, por lo tanto, bien informadas sobre la vida política, obligadas por su posición social. De acuerdo. Pero, la cena que reúne a los miembros de una familia de empleados u obreros tampoco carece de interés para el investigador. Sin duda, los ritos son muy distintos, la conversación es menos ilustrada y los participantes no tienen relaciones con esos políticos a los que sólo ven por televisión y, por añadidura, identifican con dificultad. Tal vez existe un acuerdo tácito de excluir de la conversación los "temas políticos", que dividen a la gente, carecen de interés, son aburridos o "cuestión de opinión personal". Pero hay formas de hablar sobre la vida cotidiana, las relaciones laborales, los estudios de los hijos, la actitud del patrón, la huelga ferroviaria, que *no dejan de afectar* los juicios que se forman los niños sobre la vida social; juicios fundamentales que en su momento tomarán una forma precisa: "Todos los políticos se burlan de nosotros y sólo les interesa enriquecerse", o, por el contrario, "habría que liberar al país de este gobierno" (lo que se podría lograr en una próxima elección...). En verdad, son conceptos muy alejados de un discurso erudito sobre las instituciones y la vida política; pero con ellos se realiza la socialización política de los adolescentes, se refuerzan las actitudes de desconfianza o de tendencia a participar en las actividades políticas, se adquieren algunos conceptos que los dirigentes partidarios saben utilizar cuando se dirigen a tal o cual sector de la población.

Por consiguiente, la sociología política también se interesa por los *efectos políticos* (voto, abstención, militancia partidaria, participación en manifestaciones) *de hechos sociales* aparentemente extraños a las actividades políticas o no identificados como tales. Se puede estudiar un oficio religioso, una reunión sindical o una manifestación estudiantil para descubrir su dimensión política,[1] incluso cuando ésta es disimulada o negada por los participantes: "Aquí no se habla de política", en esta cirunstancia "la política no tiene lugar", etc. En todas las formas de relaciones sociales, sean entre individuos o entre grupos, el sociólogo trata de descubrir su fundamento político, aunque sabe que la mayoría de dichas relaciones no tienen por objeto generar esas actitudes. ¿Quién ignora que una observación aparentemente anodina o la experiencia de una humillación puede llevar al individuo a adherir a una "fa-

---

[1] A la inversa, el cineasta Luchino Visconti pudo echar una "mirada" no política sobre la coronación de Luis II de Baviera (*El crepúsculo de los dioses*).

milia política" con más eficacia que cualquier discurso elaborado con ese fin por los especialistas?

Si se reconoce que la política es un conjunto de actividades especializadas a la vez que una dimensión no siempre explícita de las relaciones sociales, la sociología política se define por el *interés* volcado a esos aspectos de la vida colectiva y por un *método*: analizar los hechos y las conductas —sobre todo, pero no exclusivamente, los denominados "políticos"—, considerados como una dimensión particular de la vida social. Los más importantes no siempre son los más visibles, ni los más ilustrativos los que parecen imponerse como evidencias. Por ejemplo, puede suceder que la participación regular en los oficios religiosos tenga mayor influencia en la adquisición de las preferencias políticas que un bello argumento desarrollado por un candidato a presidente de la República en su discurso televisado.

Interés por un objeto, la política en sus múltiples formas o lo político, lo que en este caso viene a ser lo mismo; proceso metódico de exploración de los efectos y los factores explicativos... Con todo, ni uno ni otro ni los dos juntos *definen con precisión una "disciplina"* intelectual. El historiador, el etnólogo, el jurista, el sociólogo o el economista también pueden analizar los hechos "políticos" de esta manera. Veamos nuevamente la ceremonia de salutación en el Eliseo. La puesta en escena busca distinguir las funciones y las instituciones políticas: función de presidente, embajador o ministro; institución militar, judicial o legislativa. El objeto de estudio del historiador puede ser la aparición de las funciones y las instituciones; su trabajo consiste en comprender y explicar su evolución. Así, el ejército contemporáneo es el resultado de una historia, desde los primeros agrupamientos de militarotes mercenarios hasta la "nación en armas", producto de la conscripción. Esta transformación es un hecho social que se explica por medio de otros procesos sociales: el acrecentamiento del poder monárquico, la "domesticación" de la nobleza, la burocratización de las organizaciones, la aparición del "sentimiento nacional", la persistencia del ideal militar en la aristocracia —a pesar de la pérdida de sus privilegios—, el desarrollo de la siderurgia o de las industrias espaciales, etcétera. Cada función e institución *requiere una investigación sobre su "génesis";* lo mismo sucede con las relaciones entre ellas, así como las jerarquías según las cuales se las clasifica. El uso de fórmulas que expresan de manera rutinaria la aceptación de esta jerarquía compleja ("El ejército está al servicio de la nación y obedece al gobierno", "Las fuerzas de seguridad actúan por orden de la autoridad civil", "El gobierno garantiza la independencia de la justicia", etc.) revela que la separación de las funciones se ha constituido en el curso de varios siglos.

Por su parte, el historiador del derecho sabe que los textos oficiales que definen la función y la competencia de cada grupo representado en la ceremonia son producto de una larga evolución, en cuyo transcurso las creencias colectivas se impusieron gradualmente sobre la supremacía del derecho, y que la transmisión de esas creencias no se debe en absoluto al azar. El antropólogo puede explicar los ritos que rigen la conducta de los invitados, los ademanes de deferencia, las prevenciones, los gestos calculados, el orden de llegada; para ello puede recurrir a sus conocimientos sobre otras sociedades para extraer *esquemas de explicación* totalmente desconocidos por los invitados, quienes acaso sonreirían o se escandalizarían al conocerlos. En lo que sucede, el sociólogo puede ver el resultado de una interiorización de las reglas del grupo por cada uno de los participantes, a tal punto que todo se desarrolla como corresponde, sin que el jefe de protocolo deba recordar su lugar a los representantes de las instituciones; con ello, la ceremonia política obedece a prescripciones y mecanismos que se aplican a muchos otros "juegos" sociales.

De ahí se advierte que la sociología política puede ser un *intento de poner en perspectiva* las interpretaciones y explicaciones que proponen los investigadores de distintas "disciplinas". Con respecto a la política en sus múltiples aspectos, se interesa como ella por la génesis de los hechos, la historia de los grupos y las instituciones, la transmisión de las reglas sociales, las condiciones que dan forma jurídica (o codifican) las funciones, etc. Extrae sus datos y referencias del trabajo de todas las "ciencias" que estudian la dimensión política de los hechos sociales.[2] Cabe preguntarse, entonces, cuáles son sus características propias. Al respecto, la polémica sigue abierta. Aquí se destacarán, a partir de un ejemplo, dos características principales del trabajo de investigación en sociología política.

En la década de 1950, en Francia, se afirma la tendencia a la organización de ciertas categorías de agricultores que se autodefinen como "jóvenes" para diferenciarse de los mayores y de la organización profesional controlada por ellos, la Federación Nacional de Sindicatos de Agricultores (FNSEA). El sindicato al que se afilian, llamado Centro Nacional de Jóvenes Agricultores (CNJA) alienta prácticas hasta entonces mal vistas en su medio social. Se realizan reuniones periódicas de afiliados en los cantones y departamentos, donde algunos "militantes" resultan electos "representantes" locales. Se inician acciones para obtener del gobierno medidas concretas en favor de la modernización y mecanización del agro, así como leyes que alienten la creación de cooperativas y la concentración de las parcelas. Se difunde una nueva concepción de la "relación de propiedad", en la cual la posibilidad de explotar la tierra prima sobre su posesión jurídica. Es la llamada revolución silenciosa, *que no carece de consecuencias políticas*: los discursos de los dirigentes políticos se inclinan en el sentido indicado por esta movilización de los agricultores, los militantes del CNJA se hacen elegir

---

[2] En 1982, cuando se creó una sección del Comité Nacional de Investigación Científica (CNRS) destinada a servir de "polo" para este tipo de investigaciones, se la llamó "Ciencias de lo Político" en lugar de "Ciencias Políticas".

concejales municipales, alcaldes rurales, incluso consejeros generales. Se modifican las "políticas agrarias", así como la política "dirigida al campo".[3]

Esta transformación de las relaciones sociales interesa de manera directa a la sociología política. En estas condiciones, el trabajo del investigador no se limita a "relatar lo que sucede", es decir, a describir el proceso. *Elabora hipótesis* para explicar el fenómeno analizado y trata de verificar su pertinencia o, si se quiere, su validez. Por ejemplo, tras advertir que gran número de afiliados al CNJA son católicos practicantes, supondrá que esa forma de acción sindical resulta de una "socialización" particular, la que se adquiere en los movimientos de acción católica organizados por los agricultores, sobre todo la Juventud Agrícola Cristiana (JAC). Por otra parte tendrá en cuenta investigaciones de áreas tales como la sociología de la religión, la sociología rural, la historia de la Iglesia y del campesinado, del derecho de la propiedad y del derecho empresario; verificará empíricamente que los miembros activos del CNJA fueron o son militantes de la JAC y que las concepciones sociales postuladas en ese movimiento son acordes con las prácticas sindicales propias del momento. Si se supone que la hipótesis inicial queda verificada y además resulta fecunda, lo cual es así, podrá (idealmente deberá) preguntarse si otras hipótesis no son igualmente pertinentes. Por ejemplo, supondrá que el grupo estudiado posee una característica social particular, la de estar conformado mayoritariamente por propietarios de parcelas medianas, lo bastante importantes como para brindar una rentabilidad suficiente al precio de una modernización costosa que las instituciones colectivas del Estado deben financiar en parte. Se ha presentado un nuevo factor explicativo cuya fecundidad deberá ser verificada por medio de la investigación empírica. Allí no concluye la investigación, ya que se pueden elaborar y verificar otras hipótesis.[4]

Hablamos de dos características principales. La primera es la realización de un *trabajo de investigación empírica* (por medio de estudios, encuestas, observación de conductas, análisis de documentos, recolección de cifras, etc.) para "probar" la validez de hipótesis basadas en los hallazgos de trabajos anteriores.[5] Estas hipótesis no aparecen al azar; corresponden generalmente a las *teorías de la actividad social y las relaciones sociales*. En la primera de las hipótesis antes señaladas se reconoce una teoría de las conductas que atribuye a la socialización y a los grupos de pertenencia una función determinante en la formación de actitudes. En la segunda se habrá identificado fácilmente una teoría de las relaciones sociales que privilegia las características (o "propiedades sociales") y los intereses de los grupos en cuestión. La teoría no proporciona al investigador hipótesis acabadas, sino que lo incita a verificar tal o cual rela-

---

[3] Laurence Wylie [1970].
[4] Sylvain Maresca [1983].
[5] Madeleine Grawitz [1990].

ción (entre la socialización y las actitudes, entre las propiedades sociales y las prácticas, etc.) al elaborar las hipótesis adecuadas a su objeto de estudio. En una palabra, la teoría le permite avanzar con paso seguro. La segunda característica es que la investigación se orienta de acuerdo con un *interés prioritario* por la explicación de los fenómenos políticos y el análisis de los hechos directa o indirectamente *relacionados con esta esfera de actividades.* El sociólogo de la religión se interesará principalmente en los efectos de la revolución silenciosa de la campaña sobre las conductas religiosas, el reclutamiento de sacerdotes y la organización de las diócesis. El historiador del derecho estudiará más bien los efectos del fenómeno sobre la evolución de las prácticas jurídicas. Por su parte, el politólogo se interesará por los aspectos políticos de la transformación: la evolución de las preferencias electorales, la renovación de las "elites" políticas locales, la diversificación de los modos de acción frente a las autoridades, el aumento de la participación, etcétera.

Es imposible ocultar las consecuencias de semejante concepción de la sociología política. En primer lugar, se *transgreden constantemente* las *fronteras* académicas entre las disciplinas. El investigador en sociología política debe volverse ora historiador, ora etnólogo, sin olvidar que ha sido jurisconsulto. El corpus de teorías y conocimientos que necesita incluye obras que tratan sobre problemas aparentemente alejados de sus objetos de interés habituales. Si quiere comprender cómo se forman los sistemas de creencias sobre el poder, deberá recurrir tanto a los trabajos de Georges Duby sobre el Medioevo como a los del antropólogo Georges Balandier sobre las sociedades africanas.[6] Así lo demostrará este libro. Sin embargo, esta amplitud de miras no impide que el investigador en sociología política se deje guiar sobre todo por su conocimiento de las teorías y los métodos de la sociología. En segundo lugar, *el objeto de las investigaciones no está determinado de una vez y para siempre.* Las concepciones de "lo que es político" y "lo que tiene que ver con la política" evolucionan, cambian de un grupo a otro y son materia de polémica. Esto no se debe a la indecisión de los investigadores ni a la existencia de contradicciones entre las disciplinas y las "escuelas" de pensamiento, sino a que los individuos y los grupos no están de acuerdo en todo momento sobre lo que se puede llamar política. La sociología política toma en consideración esas vacilaciones; incluso, hace de ellas un objeto de investigación, se pregunta constantemente sobre la "construcción de lo político" en cada sociedad. Por consiguiente, el procedimiento que se impone al investigador es el de un *relativismo metódico.* Las concepciones del poder, los fines de la acción política, las diferencias y jerarquías de funciones e instituciones políticas, varían de una sociedad a otra y de un grupo social a otro. En este sentido, ninguna concepción, por más que se adecue a las convicciones personales racionales del politólogo, es "la buena",

---

[6] Georges Duby [1978]; Georges Balandier [1980 y 1967].

la más válida para todos los países y culturas, la que sirve como norma para todos los grupos. Como ciudadano o incluso como moralista, si se arroga ese derecho, es libre para optar por tal o cual concepción del poder y las relaciones políticas y rechazar las demás; pero en tanto estudioso, debe ante todo, *por elección metodológica*, explicar y tratar de comprender por qué y cómo se establece aquí tal o cual creencia, tal o cual forma de organización y tal otra en otra parte. Es necesario subrayar que esta exigencia no siempre es fácil de respetar y hacer respetar, que ella no va de suyo y que suele ser violada por muchos investigadores, incluso por uno mismo.

Este libro no pretende ocultar los problemas señalados, ¡ni, *a fortiori*, resolverlos! Dedica una buena parte a los estudios de antropología e historia; no otorga el rótulo de "politólogo" o "sociólogo de la política" a ciertos investigadores mientras los niega a otros. No traza límites rígidos entre "la" sociología general y la sociología política. Por sobre todas las cosas, trata de demostrar cómo se articulan concretamente, en muchas investigaciones, los problemas de índole teórica y el estudio empírico de los datos escogidos y reunidos para verificar la validez de las hipótesis. Se comprende que la sociología política no es un conjunto de certezas; su característica es la *actitud de investigar*; es un conjunto de investigaciones en curso. Desde luego, la exposición de las teorías de lo social y la descripción de los descubrimientos no son superfluas, y el lugar que ocupan en esta obra no es despreciable. Pero no cabe duda de que lo esencial no está ahí, sino en el lugar que se concede voluntariamente a la presentación de trabajos de investigación, consagrados o relativamente desconocidos, ambiciosos o modestos, en la medida que expresan la curiosidad de los investigadores y esbozan a grandes rasgos tanto una comunidad de intereses científicos como una complementariedad de métodos.

MÉTODO DE EXPOSICIÓN

¿Para qué sirven las notas?[*]

Un manual no es un curso. De acuerdo con la concepción aplicada, su principal objetivo es *incitar a los estudiantes a leer* obras y artículos relacionados con las materias abordadas. A pesar de ciertas costumbres,[7] el autor no ha vacilado en incluir notas con abundantes referencias bibliográficas. En Francia, co-

---

[*] Los libros y artículos citados en las notas se indican así: Anthony Giddens [1978]. Véase la referencia completa (Giddens, A., *La Constitution de la société*, París, PUF, 1987) en la bibliografía al final del libro. La concepción de esta obra no exigía la confección de un índice temático.

[7] Y con la complicidad activa de la editorial...

mo en el extranjero, durante los últimos veinte años las investigaciones de sociología política han conocido un desarrollo tal que nos hemos visto obligados a efectuar una ardua selección dentro de la abundante literatura científica. La elección se ha guiado por los siguientes principios:

1. En general se ha limitado a referencias a obras y artículos relativamente accesibles, sin desconocer por ello la pobreza de muchas bibliotecas especializadas en ciencias sociales. En la medida de lo posible se han privilegiado los libros escritos en o traducidos al francés, aunque no se han descartado varios textos fundamentales en inglés; dicho de otra manera, el estudiante de sociología política debe dominar este "segundo" idioma.

2. Se ha optado en general por textos amenos, que ilustran la variedad de intereses y métodos y permiten conocer tanto las investigaciones en curso como los trabajos consagrados. Por consiguiente, el lector no se sorprenderá al encontrar citas y comentarios de estudios breves, a veces muy especializados, que desde este punto de vista parecen especialmente interesantes y pueden servir de modelo para los trabajos estudiantiles.

3. En lo posible se remite al lector a antologías de textos escogidos que ponen al alcance de todos extractos de obras difíciles de hallar en edición original.

Estos principios de elección están abiertos a muchas críticas. Evidentemente, la primera es que muchas referencias esperadas están ausentes o no ocupan el lugar que otros les hubieran atribuido; a este merecido reproche no cabe otra respuesta que *las preferencias del autor*, sin duda cuestionables, pero inevitables. La segunda es que la abundancia de las obras y los artículos citados impide *a priori* al lector consultarlos todos; lo reconocemos de buen grado, pero tal vez no sea inútil que un estudiante encuentre referencias fundamentales que aprovechará *si se interesa por un problema determinado*, por ejemplo, si decide orientar sus investigaciones en tal o cual dirección. En ese caso, no lamentará poder consultar los textos citados en el capítulo que corresponda directamente a sus intereses centrales. Cabe un tercer reproche: al poner los artículos especializados en pie de igualdad con las obras fundamentales, se corre el riesgo de desorientar al lector, llevarlo a *confundir lo esencial con lo que no lo es*. El autor consideró que valía la pena correr el riesgo. Lo más estimulante para un joven investigador (¿sólo para un "joven"?) no siempre es lo más elaborado, completo o acabado. En ciertos libros hay "torpezas" y vacilaciones que muestran mejor que otras obras llenas de certezas teóricas lo que constituye un proceso de investigación. Con todo, los comentarios incluidos en esta obra tienden a "jerarquizar" las lecturas propuestas; la frecuencia de ciertas referencias constituye también una indicación.

Con respecto a varios de los temas abordados, el lector seguramente querrá consultar otros manuales u obras generales de sociología política. El más completo y rico es sin duda el monumental *Traité de science politique*, publicado en 1985 bajo la dirección de Madeleine Grawicz y Jean Leca; para cada

uno de los asuntos tratados en él, muchos de los cuales están relacionados
con la sociología política, se dedica un capítulo escrito por un especialista al
estado de las investigaciones a la fecha y se propone una bibliografía muy
completa. Los más útiles son los *manuales de sociología política* de Jean-Pierre
Cot y Jean-Pierre Mounier, escrito en 1972 y reeditado muchas veces, y de Patrick Lecomte y Bernard Denni, publicado en 1990. Al comparar esas obras
con este libro, el lector podrá comprobar la diferencia de enfoques y de intereses que caracteriza a la sociología política.[8]

Por último, al tratar ciertos problemas se tuvo en cuenta la existencia de
obras accesibles y completas, verdaderos *libros de referencia* para el estudio profundo de un tema.[9] Desde luego, no se trató simplemente de remitir al lector
a esas obras, que por otra parte no siempre responden a los temas de mayor
interés desarrollados aquí ni se inscriben siempre en las perspectivas generales
trazadas por el autor de estas líneas. Con todo, se han incluido abundantes citas de ellas, con la esperanza de que el lector curioso no deje de consultarlas.

Debates y controversias

Todos los problemas abordados dan lugar a polémicas, a veces muy anima-
das, entre los estudiosos. Eso no es sorprendente. Las teorías de la actividad
social y las relaciones sociales son múltiples, con frecuencia divergentes, *a veces contradictorias*; gracias a esas confrontaciones, avanza la investigación, se
formulan nuevos interrogantes y las relaciones hasta entonces inadvertidas
entre fenómenos aparecen con toda su importancia. En esas condiciones, es
difícil sustraerse a las "tentaciones de la moda". En Francia, durante las décadas de 1960 y 1970, predominó la influencia del marxismo entre ciertos sectores de la investigación, lo cual dio un impulso considerable al análisis de los
hechos sociales y políticos; hoy se lo ha relegado totalmente, hasta el punto
de que los estudiosos —equivocadamente, en opinión de este autor— le niegan todo interés. Como se verá, el "sistematismo" ya conoció su momento de
gloria y no ha perdido a todos sus adeptos, tanto los que lo reivindican abiertamente como los que lo utilizan sin saberlo; sin embargo, es de buen tono
tratar esta teoría como un vestigio de la historia de esta disciplina, pero a riesgo de desconocer su influencia sobre nuestros modos de pensamiento. Desde
este punto de vista, la sociología política puede parecer el corral donde se enfrentan con furia partidarios y adversarios de teorías irreconciliables.

---

[8] Madeleine Grawitz, Jean Leca [1985]; Jean-Pierre Cot, Jean-Pierre Mounier [1974]; Patrick
Lecomte, Bernard Denni [1990]. Mencionaremos también el utilísimo *Lexique de sociologie politique* de Bertrand Badie y Jacques Gerstlé [1979].

[9] Por ejemplo, Daniel Gaxie [1985]; o Yves Mény, Jean-Claude Thoenig [1989].

En este libro se ha optado deliberadamente por no ignorar las polémicas y controversias, sino mencionarlas explícitamente aquí y allá. Felizmente, *el unanimismo no es la norma en la comunidad de investigadores.* Con todo, se ha descartado la alternativa de presentar sucesivamente las teorías principales y su aplicación en los distintos terrenos. La confrontación de las concepciones se produce concretamente en la investigación; allí es donde salen a la luz las facetas variadas, difícilmente conciliables, de los complejos fenómenos sociales que no se reducen a *una sola* explicación. Es la investigación empírica la que pone de relieve la pertinencia de tal o cual teoría, su interés, así como sus límites. A veces obliga a dejar de lado los postulados iniciales para buscar "en otra parte" esos principios o hipótesis cuya utilidad se va revelando al avanzar por el camino. Con frecuencia permite comprobar el carácter artificial de ciertas oposiciones, teóricamente bien fundadas, pero superables en la práctica. Por ejemplo, un investigador que en su enfoque de las relaciones sociales ha resuelto privilegiar la acción de los individuos, al analizar una relación concreta hará bien en reconocer la importancia de las conductas determinadas por la pertenencia a grupos fuertemente organizados; y viceversa. Asimismo, si lo desea, el lector podrá encontrar en otras obras la exposición sistemática de las distintas teorías sociológicas.

Los "límites" del campo científico cubierto por los estudios de sociología política también dan lugar a la polémica. Con pocas excepciones, se ha considerado conveniente descartar ciertos tipos o clases de trabajos que no responden a los criterios enunciados más arriba. Es por eso que en este libro no se encontrarán referencias a obras de filosofía política ni de historia de las ideas.[10] El análisis de las instituciones políticas y el estudio comparado de los gobiernos, con ser tan descriptivos, son citados apenas de manera marginal;[11] sin embargo, merecen la atención de los estudiantes que desean investigar la sociología de las instituciones. El estudio de las relaciones internacionales, aunque es útil para el enfoque sociológico y ha proporcionado teorías, esquemas de análisis e ideas a muchos investigadores, está escasamente reflejado aquí; ello se debe a que en el estado actual de las investigaciones, su dimensión sociológica no está claramente determinada y, sobre todo, a que la especificidad de su objeto tiende a acentuar su particularidad.[12] Finalmente, se ha considerado que los trabajos de ciencia administrativa merecían una breve mención; por otra parte, se los analiza en importantes manuales que aquí se citan cuando vienen al caso.[13] Ausentes o escasamente representados en la bi-

---

[10] Philippe Braud, François Burdeau [1983]; François Châtelet, Evelyne Pisier-Kouchner [1981]; Jean-Jacques Chevallier [1979]; Jean Touchard [1981].

[11] La bibliografía es inmensa, pero aquí sólo se mencionará a François d'Arcy, Françoise Dreyfus [1987]; Yves Mény [1987].

[12] Véase sobre todo Marcel Merle [1988].

[13] Véase Jacques Chevallier [1986].

bliografía, estos distintos tipos de trabajos tendrían su lugar en un manual de *ciencias políticas*;[14] pero al ampliar en exceso el campo de la sociología política, se corre el riesgo de olvidar que ésta no se reduce a uno solo de sus elementos, por importante que fuere. Es verdad que de esta manera el autor se expone a ser criticado por reconstruir fronteras y reproducir brechas artificiales; la justificación de esta elección exigiría todo un libro.

Esquema de exposición

El autor ha considerado útil presentar el esquema general de la exposición, es decir, el plan de conjunto del libro, no sólo para justificar la división de los capítulos, sino también para facilitar la lectura.

1. El primer capítulo circunscribe precisamente lo que es el *gobierno de una sociedad* al analizar sobre todo la *especialización de los roles políticos* y las actividades gubernamentales. Por medio de los trabajos de *antropología política* se aprehende concretamente la relación entre formas muy variadas de organización política y diversos tipos de relaciones sociales. En términos generales, el ejercicio del poder público tiende en todas partes a garantizar a ciertos grupos la permanencia de su *posición dominante* en la sociedad. Aquí se visualizan de manera muy concreta ciertos conceptos y categorías de análisis corrientes en la sociología política: *autoridad* y *poder coercitivo, legitimidad, reglas de conducta, dominación,* etcétera.

2. La formación de un *"orden político"* diferenciado (capítulo 2) implica la *institucionalización* de roles y de instancias específicamente políticas, la *burocratización,* el predominio de una forma particular (llamada legal y racional) de la *dominación política.* Aquí se utilizan los *estudios históricos* de las sociedades europeas occidentales y los hallazgos de la *sociología histórica.* Las características del *Estado occidental* en sus variadas formas se presentan como producto de una historia propia; conviene no olvidarlo cuando se emplean conceptos tales como Estado, partidos políticos o la participación en contextos sociales y culturales diferentes.

3. Los conceptos aprehendidos de manera concreta en los dos primeros capítulos sólo adquieren su pleno sentido cuando se los utiliza en marcos generales de análisis (o *teorías intermediarias*) presentadas en los capítulos tercero y

---

[14] Véase la presentación de los distintos campos de la ciencia política de Philippe Braud [1990]. Sobre la historia de esta disciplina, véase Pierre Favre [1989] y Dominique Damamme [1987].

cuarto. Muchas de estas teorías se remiten a una concepción de la política como *sistema* (capítulo 3). En este enfoque, se trata cada sociedad política como un caso particular de "sistema político"; por consiguiente, este proceso supone que se pueden *comparar* y *clasificar* los distintos regímenes. Este enfoque, muy criticado en la actualidad, ha servido para precisar los conceptos y justificar las interpretaciones que inspiran numerosas investigaciones, sobre todo aquellas que abordan las *culturas políticas*, la modernización y el *desarrollo político*, así como las "funciones" de las instancias (o "estructuras") que intervienen en la *regulación política* de las sociedades.

4. Las teorías abordadas en el capítulo cuarto son de muy distinta inspiración e incluso, en ciertos aspectos, irreconciliables. Con todo, tienen en común que privilegian el análisis de las *relaciones* entre los distintos grupos o "agentes" y *los efectos de dichas relaciones*. De hecho coinciden en hacer una *definición relacional del poder político* y, por lo tanto, se interesan prioritariamente por las relaciones entre grupos en competencia dentro de un *espacio de interacciones* definido según el caso como "campo", "sistema de acción" o "conjunto de juegos". Desde este punto de vista, el estudio del poder político debe tener en cuenta tanto las características propias de los agentes como los tipos de relaciones que existen entre ellos.

5. Esta forma de análisis, atenta a los efectos de las interacciones, se pone en práctica en el quinto capítulo, dedicado a las *organizaciones políticas*. Se abordan los partidos políticos como agentes colectivos caracterizados por la *profesionalización* de sus dirigentes, depositarios de variados *recursos sociales* de los que se benefician sus miembros y que cumplen una función fundamental en la *selección de los gobernantes*. Sus relaciones están regidas por *reglas* parcialmente *codificadas*. Deben algunas de sus características a las relaciones, a veces institucionalizadas, que mantienen con *otras organizaciones* (entre ellas, los llamados genéricamente "*grupos de interés*"). Ellos mismos sirven de marco para una interacción constante entre agrupamientos diversificados, entre los cuales se establece un mínimo de cohesión sostenida por el *trabajo* de los profesionales de la política.

6. El capítulo 6 trata de la "politización" de individuos y grupos, sea a través de *movilizaciones*, las múltiples formas de *participación en las actividades políticas* o las *elecciones*. Al analizar las distintas prácticas de participación, se descubre que las conductas y las "opiniones" están fuertemente determinadas por el *origen social, las condiciones de vida y de trabajo, la pertenencia a tal o cual grupo social* cuyos miembros comparten ciertas *creencias* y demuestran determinadas *actitudes*. Se advierte una fuerte diferenciación entre los "ciudadanos", sea en cuanto al *interés por la política* como al *conocimiento de las reglas y prácticas* consideradas legítimas por una sociedad determinada.

7. En el capítulo séptimo se estudia la *adquisición de creencias y conocimientos*, así como el *aprendizaje de las actitudes políticas*. La *socialización política*, que varía parcialmente de un grupo social a otro, indica la transmisión de representaciones de la vida social (u *opiniones*) sostenidas por grupos tan diversos como las iglesias y los sindicatos. En este sentido, se puede visualizar la *comunicación política* como la circulación de mensajes explícitos o implícitos que contribuyen a mantener las *preferencias políticas*. En un sentido más general, un conjunto complejo de fenómenos y procedimientos tendientes a garantizar la *legitimidad*, siempre impugnada y frágil (*crisis*, revoluciones...), del poder político.

8. El objetivo explícito de las actividades políticas es garantizar el *gobierno* de una sociedad. Por lo tanto, cabe interrogarse (capítulo 8) sobre las *características de los grupos dirigentes*, las relaciones que mantienen los políticos con los *grupos sociales dominantes* y con las *organizaciones representativas de intereses*. En esta área las investigaciones empíricas están muy vinculadas con las polémicas sobre la existencia de una *clase dirigente*, sobre el *pluralismo de los grupos* que intervienen en las decisiones políticas, sobre el papel de la *burocracia estatal* y sobre el *neocorporativismo* de los Estados contemporáneos. El *análisis de las políticas públicas* permite advertir en cada sector de actividad social la variedad de los agentes afectados por la acción política, sus recursos y sus estrategias y, por último, las relaciones entre ellos.

1. LA ESPECIALIZACIÓN DE LOS ROLES POLÍTICOS

DETERMINAR en qué condiciones se puede emplear con todo rigor el término político es materia opinable. Los problemas que trata habitualmente la sociología política o, si se quiere, los objetos consagrados de esta disciplina (regímenes, partidos, elecciones, etcétera) suponen que en general se asimila "lo político" a las actividades e instituciones especializadas, a las que se atribuye un papel particular (algunos dirán una función particular) en la vida social. Como se ha dicho con frecuencia, la designación de "político" responde al sentido común: así, no es casual que hoy se lo asimile a las actividades propias del Estado. Ahora bien, el término "política" no existe en todas las lenguas. Cuando existe, puede revestir significados muy distintos: el más amplio se refiere a la regulación general de las relaciones entre grupos y entre individuos. Por eso, aunque se tomen precauciones, no es posible escapar del todo a la arbitrariedad cuando se le atribuye un sentido preciso al término.

Aquí se tomará partido desde el comienzo por llamar política a lo que se relaciona directamente con el *gobierno de una sociedad* en su conjunto. Gobierno: precisemos que aquí no se trata de la instancia particular de los Estados contemporáneos encargada de tomar decisiones, hacer ejecutar las leyes y conducir políticas, sino de los *actos que tienden a organizar y dirigir la vida en sociedad*. Por cierto que se podría hablar en los mismos términos del gobierno de una Iglesia, una asociación o un grupo cualquiera. Pero se calificará al gobierno de *político* en la medida que afecta al *conjunto* de los individuos y grupos que conforman una sociedad organizada, disponen de un territorio, aplican reglas de vida comunes y cuyos miembros realizan actividades variadas concebidas como aporte a la vida colectiva. Más adelante se volverá sobre estas características.

En esas condiciones, hablar de una *especialización de roles políticos* es considerar que en algunas circunstancias, incluso de manera permanente, ciertos individuos o grupos realizan acciones tendientes a dirigir la vida en sociedad, a imponer conductas a todos sus miembros y hacerles reconocer su autoridad. Desde luego, los jefes religiosos pueden tener esta pretensión; no obstante, es política cuando no afecta solamente las actividades particulares que hacen a la relación entre los individuos y el orden divino (rezar, ofrecer sacrificios, cuidarse de las impurezas rituales, etc.). Cuando un sacerdote, o un jefe de guerra, quiere obligar a todos los miembros de una sociedad a arreglar sus diferendos de acuerdo con procedimientos impuestos o a pagar un canon a los guardias de las aldeas, asume un "papel político". De suerte que se puede considerar que esas sociedades conocen una especialización de los roles políticos aun cuando son desempeñados por individuos (o grupos) no especializados en esa clase de actividades. A estos individuos, cualquiera que sea su situación personal en la sociedad, se los puede llamar "gobernantes".

La *antropología política*, cuando se aplica al estudio de las sociedades calificadas durante mucho tiempo de "primitivas" —en oposición a aquellas que los europeos consideraban "evolucionadas", es decir, desde luego, las suyas— brinda mucha información sobre la especialización de los papeles políticos en contextos distintos de aquellos en los que históricamente se impuso el término "política". Incita a buscar lo que el conocimiento de esta especialización puede aportar a la comprensión de los mecanismos políticos en *todas* las sociedades. Este capítulo se referirá a las sociedades llamadas "sin historia", pero sin perder de vista que no se trata, como se verá, de una denominación perfectamente rigurosa. A partir de sociedades muy distintas de las occidentales contemporáneas, se buscará caracterizar lo se puede llamar correctamente "actividades de gobierno" y comprender en qué condiciones se impuso su especialización.[1]

LA DIVERSIDAD DE FORMAS DE LO POLÍTICO

Una dimensión particular de la vida social

¿Sociedades "sin historia"?

No existe un término aceptado universalmente para designar a las sociedades estudiadas por la etnología y la antropología política.[2] Se siente la tentación de decir que la única característica verdaderamente incuestionable de esas sociedades es precisamente... que son estudiadas por los antropólogos e ignora-

---

[1] Las principales obras de referencia en francés son Georges Balandier [1967]; Edward E. Evans-Pritchard, Meyer Fortes [1964]; Jean-William Lapierre [1977]. Recientemente, Balandier presentó una síntesis de "la política de los antropólogos" en Madeleine Grawitz, Jean Leca [1985], vol. 1, pp. 309-334.

[2] La distinción entre los dos términos no es clara. La reivindicación de la identidad de "antropólogo politólogo" por parte de los investigadores que se diferenciaron de los métodos de la etnología corresponde a su deseo de poner al día "las propiedades comunes a todas las formas políticas reconocidas en su diversidad histórica y geográfica" (Balandier [1985], p. 309). Claude Lévi-Strauss [1984] asimila la antropología a la "etnología en su sentido más amplio" (p. 34); su objetivo es determinar los rasgos invariables de todas las sociedades.

das por la sociología del poder político. Como se verá, esta afirmación aparentemente tautológica no carece de significado: remite a una hipótesis fundamental, más o menos explícita pero generalmente establecida, de que no existe política "verdadera" ni poder "real" sino en las sociedades que cuentan con un conjunto de instituciones, reglas, puestos y organizaciones claramente identificadas con la actividad política, en fin, sociedades "con Estado" en el sentido más manifiesto —si no mejor definido— del término.

Aunque se lo utiliza de manera corriente, el término *sociedades primitivas* es desde todo punto de vista el más discutible. Aparte de su carácter normativo (debido a la oposición etnocéntrica entre lo "primitivo" y lo "evolucionado"), transmite la creencia en una evolución ineluctable, incluso "indispensable" y —por qué no— beneficiosa, que va desde formas "primigenias" de organización social tales como las que se observan aún en las regiones del mundo marginadas de la modernización y las grandes revoluciones económicas y culturales, a formas más complejas, desarrolladas, de organización social, propias de los países occidentales industrializados. Este evolucionismo simplificador no es válido.[3] Ya no se puede justificar una distinción entre *sociedades* "sencillas" y "complejas"; en efecto, las sociedades estudiadas por los africanistas y los hinduistas resultan tan complejas como las occidentales, aunque en un sentido diferente. La articulación de los grupos sociales y las modalidades de intercambio de bienes entre grupos, la superposición de clanes, linajes y parentescos ampliados, la variedad de las relaciones entre castas y clases, así como la extrema diversidad de las formas de poder obligan a descartar el concepto de "sociedad simple" (o "no compleja") para designarlas. Más aún, nadie puede pretender que el imperio romano o la sociedad feudal occidental son más "simples" que una sociedad capitalista industrial de fines del siglo XIX. Con todo, es verdad que muchos autores emplean el término de sociedad compleja para definir las sociedades contemporáneas de Europa, Norteamérica y Japón; pero en un sentido distinto, para subrayar la pluralidad de los campos de actividad y las formas de poder.[4]

Sin duda, es más exacto distinguir las *"sociedades sin historia"* de las "sociedades históricas", a condición de definir cuidadosamente los términos. Esta oposición predominó durante muchos años en los trabajos de etnología, pero hoy generalmente no se la acepta. Georges Balandier ha demostrado que la ausencia de historia —de acuerdo con el postulado de una sociedad "petrificada"— es una ilusión del observador occidental, que conoce su propia historia (historia escrita, sustentada sobre el recurso sistemático a la concatenación temporal de los hechos para explicar los estadios sucesivos de las relaciones sociales), a la vez que ignora la de las sociedades sin escritura ni memoria conservada del

---

[3] Véase el capítulo 3.
[4] Véase el capítulo 4.

tiempo; es la ilusión del etnólogo que toma en serio los discursos y procedimientos por medio de los cuales los hombres de la sociedad estudiada tratan de *ocultarse a sí mismos*, incluso abolir idealmente los conflictos y enfrentamientos violentos que han hecho "su" historia. "Si estas sociedades recurren a múltiples instituciones y procedimientos a fin de conservarse, es porque no funcionan sin un elemento de incertidumbre. También ellas están envueltas en un combate contra el desorden que engendran, la entropía que las amenaza."[5] Aunque su enfoque de las "estructuras" sociales generalmente lo conduce a desconocer el peso de los sucesos históricos en la explicación de las relaciones entre los grupos, Claude Lévi-Strauss señala que la distribución de emplazamientos en un campamento de indios norteamericanos es resultado de un arreglo impuesto por el arribo imprevisto de un grupo vencido al que no se le ha dado sitio en la sociedad.[6] Sin embargo, la oposición entre las "sociedades sin historia" y las "sociedades históricas" conserva su utilidad en la medida que se refiere a *usos distintos de la relación con el tiempo*: en muchas sociedades, se lo concibe y presenta como petrificado, interpretado en las categorías de lo permanente e inmutable; en las sociedades "occidentales" se lo concibe como evolutivo y, por consiguiente, "histórico" en el sentido propio del término. Como se verá, esto afecta directamente las concepciones del poder político.

Otro enfoque merece un examen: el que conduce a veces a asimilar las sociedades antes consideradas "primitivas" con los *grupos comunitarios*. En 1887, Ferdinand Tönnies propuso una formulación rigurosa de esta hipótesis al distinguir entre la Comunidad *(Gemeinschaft)*, el grupo basado en la "voluntad orgánica" que se impone naturalmente a los individuos, y la Sociedad *(Gesellschaft)*, que vincularía a individuos orgánicamente separados pero asociados en la búsqueda de objetivos parcialmente irreductibles los unos a los otros.[7] Identificado con la existencia de vínculos comunitarios fuertes, una solidaridad espontánea y la persistencia de relaciones tradicionales, el modelo de la Comunidad ofrecería un marco cómodo para la comprensión de las sociedades no occidentales. La oposición entre Comunidad y Sociedad muestra algunas analogías con la distinción que traza Émile Durkheim entre "dos formas muy distintas de solidaridad social, una debida a la similitud de las conciencias, la comunidad de ideas y de sentimientos, y la otra, por el contrario, producto de la diferenciación de funciones y la división del trabajo"; desde este punto de vista, la Comunidad sería la forma social correspondiente a un tipo de "solidaridad mecánica" que se encontraría "en estado de pureza casi absoluta en estas sociedades primitivas donde las conciencias e incluso los organismos se aseme-

---

[5] Georges Balandier [1974]. Lapierre [1974] retoma este argumento, pero observa que si bien toda sociedad tiene historia, "no todas las sociedades han demostrado ser igualmente innovadoras a lo largo de su historia" (p. 191).

[6] Claude Lévi-Strauss [1958].

[7] Ferdinand Tönnies [1944].

jan hasta el punto de ser indiscernibles, donde el individuo está totalmente absorbido por el grupo, donde la tradición y la costumbre rigen los menores actos individuales hasta el último detalle".[8] Estas distinciones son interesantes por cuanto proponen "tipos" conceptuales para la interpretación de fenómenos concretos; sin embargo, está claro que no se puede asimilar las sociedades no occidentales a uno de esos tipos, sea la Comunidad en el sentido que le da Tönnies o la solidaridad mecánica de Durkheim. Por otra parte, en virtud de muchas características descubiertas por los etnólogos (conflictos entre grupos, enfrentamiento de modelos de organización social, relaciones a distancia, estrategias familiares, etc.), estas sociedades evocan más bien los tipos de relación que Durkheim designaba con el término "solidaridad orgánica".[9]

Cabe señalar que la mayoría de las sociedades "sin historia" tienden a presentarse ante el observador bajo el aspecto de comunidades de vida fuertemente integrada y que se trata de comprender cuál es el factor que les da su carácter aparente. Max Weber nos ayuda a aprehender el mecanismo que da lugar a la formación y conservación de las sociedades tan similares al tipo de comunidad.[10] Distingue entre dos tipos de organización social: aquélla en que las actividades sociales se basan en un "sentimiento *subjetivo* (tradicional o afectivo) de los participantes de *pertenecer a una misma comunidad*" y aquélla en que las actividades sociales se organizan "sobre la base de un *acuerdo* de intereses motivado racionalmente [o] de una *coordinación* de intereses motivada de la misma manera".[11] Todo sistema concreto de relaciones sociales combina los rasgos de ambos tipos, que Weber llama "comunalización" y "asociación", pero en distintos grados. Una sociedad tiene mayores posibilidades de revelarse como un grupo comunitario de relaciones en la medida que sus integrantes están sometidos al peso de la tradición, hablan el mismo idioma y comparten las mismas concepciones, en oposición consciente a las de terceros; el proceso de "comunalización" en marcha en el grupo social apunta a que "los individuos orienten su conducta de tal o cual manera", no por puro interés sino para desarrollar al más alto grado "el sentimiento de pertenencia común".[12] Por lo

---

[8] Émile Durkheim, "Introduction à la sociologie de la famille" [1975], p. 10; el texto es de 1888. Adviértase que: 1. Tönnies utiliza el mismo esquema dicotómico que Durkheim, pero los términos están invertidos porque la "voluntad orgánica" de aquél corresponde a la "solidaridad mecánica" de Durkheim, en tanto la "solidaridad orgánica" se aplica en éste a las sociedades modernas, individualistas y fuertemente diferenciadas; 2. Durkheim subraya que "en rigor, tal vez se pueda decir que ninguna de las dos especies de solidaridad existe jamás sin la otra". Para una crítica completa de Tönnies sobre el particular, véase Bertrand Badie, "Communauté, individualisme et culture", en Pierre Birnbaum y Jean Leca [1986], pp. 109-113.

[9] Véase en especial Edmund R. Leach [1972]; Clifford Geertz [1983].

[10] Max Weber [1973].

[11] *Ibidem*, p. 41. Con respecto al tipo de "asociación", Weber habla también de "alianza racional por medio de compromisos mutuos".

[12] Max Weber [1971], p. 42.

tanto, es la orientación efectiva de las acciones lo que permite determinar el grado de comunalización de una sociedad;[13] es el éxito de este mecanismo en ciertas sociedades lo que las muestra como comunidades fuertemente integradas; y es el aporte de lo "político" a este fenómeno lo que más interesa aquí. Dicho de otra manera, lo "político" participa de la creación y activación de un fuerte consenso aparente sobre los valores comunes y las conductas acordadas a éstos.

En busca de lo político

La comparación entre sociedades tan diversas como las tribus amerindias y el imperio azteca, el reino de Ruanda y los esquimales, una comunidad aldeana de Pakistán y la sociedad de las islas Trobriand sólo tiene sentido aquí en relación con un problema preciso: ¿qué es "lo político", si es que hay política, en esas sociedades que presentan infinitas diferencias? Nuevamente, es necesario indicar a dónde se pretende llegar. No basta decir que la "ambición suprema" de la antropología política es "llegar a la esencia misma de lo político bajo la diversidad de formas en que se manifiesta".[14] Postular que existe una "esencia" de lo político es una hipótesis de orden filosófico que, por legítima que fuera, será de escasa ayuda para el sociólogo. En efecto, si bien *lo alienta a buscar la regularidad* bajo la diversidad de formas, no le proporciona la menor indicación precisa sobre lo que deberá identificar —o construir conceptualmente— como parte de lo "político". Jean-William Lapierre observa con justeza que en toda sociedad, "un estudio atento saca a la luz relaciones de dominación-sumisión [así como] de mando-obediencia, basadas en la conciencia colectiva de que la existencia social es imposible para la especie humana si no se reconocen y respetan las reglas de conducta, si no se orienta la cooperación en actividades comunes hacia el logro de los objetivos comunes", pero agrega seguidamente que "lo que varía son las modalidades de organización de esas relaciones sociales más o menos diferenciadas, más o menos complicadas".[15] Ahora bien, todo el problema de la antropología —y la sociología— política está expresado en el interrogante: ¿cómo comprender y explicar la variedad de modos de organización social, por qué calificarlos de "políticos" y cómo aprehender la especialización de las relaciones y las actividades que se reconozcan en todas partes como políticas?

---

[13] F. G. Bailey [1971] también ha destacado la importancia de la orientación *efectiva* de la acción. No son las declaraciones de las personas las que establecen, aceptan o rechazan una regla. Ésta es determinada por la manera como la gente se agrupa cuando se produce un duelo y por la aceptación del resultado del duelo" (p. 231).

[14] Georges Balandier [1967], p. 28.

[15] J.-W. Lapierre [1977], p. 70.

Para Georges Balandier, es "la necesidad de describir, interpretar y comparar" lo que "marca la distancia con respecto a los filósofos de la política". Según este autor, el análisis atento de "todos los componentes de la producción de lo político" en toda clase de sociedades permitirá aprehender "las propiedades comunes a todas las formas políticas reconocidas en su diversidad histórica y geográfica".[16] Sin duda, la existencia de *propiedades comunes de lo político* es sólo una hipótesis de trabajo; pero es de orden sociológico en la medida que invita a la *búsqueda de similitudes*, no a la mera ilustración, por medio de ejemplos cuidadosamente escogidos, de una teoría establecida *a priori*. Como se ha visto, los antropólogos de la política se oponen a muchos autores que admiten de buen grado que "lo político" está presente en todas partes, pero que la sociología sólo encuentra características comunes en sociedades "con Estado", donde el campo de las actividades políticas está delimitado, diferenciado e institucionalizado. Aquí seguiremos el criterio de los antropólogos en la medida que nos permite investigar si existe una especialización de lo político en otras sociedades y sustraernos así al "provincialismo" (Raymond Aron, citado por Balandier) o al etnocentrismo.

La variedad de formas de lo político clasificadas por los antropólogos dificulta la tarea. No es casual que muchos hayan tratado de agrupar las sociedades por categoría a fin de *clasificarlas*. A continuación se presentan brevemente tres de esas clasificaciones.

1. Edward Evans-Pritchard y Meyer Fortes distinguen dos grupos de sociedades: las que están provistas de un Estado y las que se caracterizan por la "segmentación". Las primeras tienen un gobierno central que impone a todos los habitantes de un territorio unificado el respeto por las reglas comunes; el gobierno ejerce la coacción por medio de diversas sanciones (materiales, físicas, sobrenaturales); generalmente cuenta con una fuerza armada y controla, siquiera parcialmente, la distribución de privilegios y recursos. Las sociedades segmentadas ("sin Estado") carecen de un gobierno central capaz de coaccionar a sus miembros; el intercambio entre grupos (de parentesco, afinidad, pertenencia) se realiza de acuerdo con normas que no se pueden transgredir sin riesgo de represalias; un equilibrio inestable, expresión de la relación de fuerzas, une los segmentos entre sí, y éstos tienen sus propias modalidades coercitivas con respecto a sus miembros. Adviértase que el criterio central de esta clasificación es la presencia o ausencia de una autoridad dirigente que ejerce la coerción sobre una sociedad territorial en su *conjunto*.[17] Más adelante se darán algunos ejemplos.

---

[16] Georges Balandier [1985], pp. 309-311.
[17] Evans-Pritchard, Fortes [1964].

2. Por su parte, Lucy Mair distingue tres categorías de sociedades.[18] Las de "gobierno mínimo" son sociedades restringidas, donde un grupo pequeño que detenta la autoridad y el poder ejerce una coacción débil sobre los miembros del grupo. Las sociedades de "gobierno difuso" son aquéllas donde diversos grupos de distinta naturaleza (efímeros o estables, religiosos o militares, etc.) controlan el conjunto de las relaciones sociales y las actividades colectivas. Por último, en las sociedades de "gobierno estatal", el poder centralizado es ejercido por dirigentes nítidamente diferenciados de los demás miembros que disponen de aparatos de coacción especializados. En esta clasificación se emplean varios criterios: el tamaño del grupo, la intensidad de la coacción, la diferenciación de los detentadores del poder, la existencia de aparatos de coerción especializados, la permanencia de las actividades políticas. Se ha subrayado con razón que la identificación concreta de las sociedades correspondientes a las tres "categorías" era azarosa y que los criterios empleados no explicaban la existencia de similitudes importantes.[19] Con todo, la clasificación de Lucy Mair tiene el mérito de llamar la atención sobre un problema decisivo: *la identificación de roles "políticos"* claramente especializados en el control de las actividades sociales.

3. Jean-William Lapierre rechaza las clasificaciones demasiado simplistas, basadas en oposiciones tajantes; su clasificación sugiere la existencia de "grados" en una escala que va de las sociedades con "un mínimo de organización política" hasta las que se caracterizan por "una organización mucho más compleja y diferenciada" (véase el cuadro 1). El autor distingue nueve grados: a) sociedades de regulación inmediata y poder político indiferenciado (o difuso); b) sociedades de regulación mediada (donde existen mediadores episódicos designados por los grupos en conflicto) y poder político indiferenciado; c) sociedades de regulación por autoridad individualizada (donde existen los roles especializados de mediadores o árbitros) y poder político diluido o fragmentado; d) sociedades de regulación por autoridad individualizada y poder político diferenciado pero fraccionado (muchos "detentadores", especializados en sus distintos papeles); e) sociedades de poder político especializado y concentrado en un consejo o jefe; f) sociedades de poder político organizado en muchos consejos o jefes superpuestos y jerarquizados; g) sociedades de poder político individualizado y muy diferenciado (Lapierre da como ejemplo los principados y las repúblicas patricias); h) sociedades de poder político institucionalizado y ejercido por medio de una red de relaciones clientelistas (por ejemplo, los "Estados feudales"); i) sociedades de poder político institucionalizado y ejercido a través de una administración especializada y jerarquizada.

---

[18] Lucy Mair [1962].
[19] Véase la crítica de esta clasificación en Georges Balandier [1985], pp. 318-319.

Para Lapierre, esta escala no corresponde a un eje evolutivo de las sociedades, desde una situación original (con un "mínimo" de organización) hasta una de desarrollo máximo: si algunas sociedades, al transformarse, pasan de un grado a otro, no siempre lo hacen de una menor a una mayor diferenciación; otras no evolucionan; más aún, a ciertas sociedades antes calificadas de "primitivas" corresponde clasificarlas entre las habitualmente consideradas "históricas".[20] Por lo tanto, no se trata de una clasificación tendiente a establecer el "sentido" de la evolución, sino de un esquema que permite el análisis y la localización de fenómenos sociales "concretos" (en este caso, de las sociedades). Esta clasificación obedece a un principio *analítico*. Destaca la estrecha relación entre las formas de organización de las actividades sociales (en especial, las modalidades de regulación) y las formas de organización de lo político —relación válida no sólo para las sociedades "sin historia"— y llama la atención sobre conceptos fundamentales como especialización, diferenciación e institucionalización.[21]

Interviniendo como un criterio mayor en los esquemas de clasificación de las sociedades, el político aparece como una *dimensión particular de la vida social*; conviene entonces preguntarse sobre los mecanismos y las actividades especializadas por los que se puede intentar definirlo.

Actividades de gobierno

Jefes especializados en el "gobierno" de las sociedades

Hablar del "gobierno" de un grupo significa ante todo reconocer que ciertos individuos o equipos de individuos (los "gobernantes") son capaces de imponer a los demás miembros una orientación mutuamente ajustada (o coordinada) de sus conductas e incluso una modificación de las orientaciones anteriores. En este sentido, los miembros de una asociación religiosa o cultural reconocen de hecho como sus gobernantes a aquellos que están en condiciones de proponer e imponer una orientación común de sus conductas (religiosas, culturales, etc.). Decir que los reconocen "de hecho" sólo significa que modifican sus conductas *en la práctica*, ajustan sus acciones y suscriben a las creencias necesarias, de manera tal que la orientación acaba por imponerse a

---

[20] Para ilustrar el noveno grado de organización, Lapierre utiliza como ejemplos el reino merina de Madagascar a fines del siglo XIX, el imperio incaico, el imperio mossi y las ciudades-Estado de Atenas y Roma.

[21] Estos conceptos fundamentales son objeto de un estudio más profundo en el capítulo II.

CUADRO 1. *Grados de especialización, diferenciación e institucionalización*

Grado o tipo	Regulación de la vida social	Forma del poder político
1	Inmediata	Indiferenciado o difuso
2	Mediada	Indiferenciado
3	Por autoridad especializada	Diluido
4	Por autoridad especializada	*Diferenciado* pero fraccionado
5	—>	*Concentrado y especializado (jefe/consejo)*
6	—>	*Especializado y jerarquizado*
7	—>	*Individualizado y "muy diferenciado"*
8	—>	*Institucionalizado* y ejercido por redes de clientes
9	—>	Institucionalizado y ejercido a través de una administración especializada y jerarquizada

- En los tipos 5 a 9, la regulación de la vida social es garantizada por distintos mecanismos, pero bajo control del poder político.
- La *diferenciación* aparece en el tipo 4.
- La *institucionalización* caracteriza los tipos 8 y 9.
Elaborado según el esquema de J.-W. Lapierre: *Vivre sans État?*

todos. En las sociedades consideradas aquí, las conductas y acciones de los miembros y grupos se relacionan tanto con las actividades llamadas "económicas" (cultivo de la tierra, cría de ganado, fabricación de tinajas), como con las "religiosas" (solicitar los favores de las divinidades, demostrar respeto por los antepasados muertos, ofrecer las primicias de las cosechas a los dioses), "sociales" (seguir las normas matrimoniales, cumplir las obligaciones propias de la edad) o "guerreras". Por otra parte, muchas actividades tienen significaciones múltiples y se las puede considerar "religiosas" a la vez que "sociales" o "económicas". La diferenciación de los sectores de actividad es escasa o nula: abandonar el ganado que se debe cuidar sería a la vez una falta económica, un crimen religioso y una violación de las obligaciones sociales asignadas al grupo de pastores del cual el individuo forma parte. Este ejemplo demuestra que la hipótesis según la cual se pueden "aislar" las actividades y conductas "exclusivamente políticas" entre las del *conjunto* de los miembros es muy discutible.

No obstante, y sin violar el sentido común, se puede llamar "política" a toda sociedad donde existen *"gobernantes" más o menos especializados* (o "jefes") capaces de imponer una orientación común al conjunto de actividades de los miembros, sea que éstas aparezcan ante el observador (y eventualmente ante los propios miembros) como orientadas hacia un fin único (garantizar la subsistencia del grupo, protegerlo de un invasor, la conciliación de ambas) o bien relativamente indiferenciadas. ¿Existen sociedades *"sin gobernante"*?[22] En ciertas sociedades, la adecuación mutua de las conductas parece obedecer a procedimientos rutinarios de intercambio entre individuos y grupos (familias, descendientes de un solo abuelo, clanes que reivindican un antepasado común), sin la intervención de una autoridad individualizada. Pierre Clastres llama "sociedades sin Estado" a aquéllas en las que no existe un gobernante capaz de coaccionar a los miembros por el medio que fuere —por la fuerza de sus palabras o la de las armas—: "Las sociedades de poder político no coercitivo son sociedades sin historia; las de poder político coercitivo son históricas."[23] La sociedad de los indios guaraníes (cuyas características Clastres hace extensivas a la mayoría de las sociedades amerindias) tiene muchos "jefes", pero éstos parecen carecer de todo poder de mando, consagrados a repetir incansablemente un discurso sobre los mitos y las creencias del grupo sin que nadie les preste atención, condenados a quedar excluidos de la sociedad ante el menor intento de imponer sus puntos de vista o de coaccionar a los demás miembros. De alguna manera, el funcionamiento de esta sociedad está orientado hacia el rechazo de toda forma de poder coercitivo; conduce a "la frustración de la dinámica del mando, a detener en seco cualquier tendencia que pudiera transformar a los jefes en reyes depositarios de la ley".[24] Lapierre ha criticado severamente esta tesis y sobre todo ha subrayado que no se la puede extender a la mayoría de las sociedades amerindias. El mismo Clastres ha descrito a los "jefes de banda" guaraníes, capaces de imponer objetivos comunes en determinadas circunstancias (la guerra, la caza, los litigios entre cazadores), así como la severa coerción que impera en estas sociedades: de los hombres sobre las mujeres, los ancianos sobre los jóvenes.[25] Si nadie escucha al jefe que habla, es porque "el poder de coerción está en otra parte, en la colectividad de hombres adultos, de los cazadores-guerreros. El jefe no es sino la autoridad legítima, cuya palabra expresa la voluntad del poder coercitivo de aquéllos de quienes depende la subsistencia del grupo. Este poder es omnipotente: nadie puede sobrevivir sino a condición de someterse a

---

[22] Aquí se utilizará la expresión "sociedad sin gobernante". En efecto, el término "jefe" puede designar a individuos desprovistos de la capacidad de imponer o modificar una orientación común; en ese caso, no se puede hablar de un "gobierno" de los jefes en el sentido estricto del término.

[23] Pierre Clastres [1974], p. 170. Adviértase que Clastres habla de "poder político" en *toda* sociedad, lo que nos parece muy discutible (como se verá más adelante).

[24] Pierre Clastres [1974], p. 185.

[25] Jean-William Lapierre [1977], pp. 324-346.

él sin discusión ni rebelión."[26] La ley de la colectividad está inscrita en los cuerpos, marcados y torturados por los ritos iniciáticos.

Con todo, si existiera alguna sociedad "sin gobernante" de ninguna clase (cual es, como se verá, la de los esquimales), cabe preguntarse *si se las puede calificar de "políticas"*. Por cierto que se puede convenir en llamar "política" a toda forma de regulación social, provenga de la intervención de los gobernantes o bien exista sin la existencia de un gobierno de la sociedad en el sentido definido más arriba: en esto hay coincidencia entre Clastres y Lapierre. Para el autor de estas líneas, esa posición es inaceptable: la no especialización de los roles de gobierno define una modalidad particular de regulación social en la que el ajuste mutuo de las conductas aparece como el mero resultado de las relaciones establecidas entre diferentes categorías de actividad y grupos de individuos. Asimismo, parece preferible reservar el término "política" a una forma de coordinación de las actividades y las conductas que resulta de la intervención de los "gobernantes" y del poder que les es reconocido. En efecto, para poder descubrir las semejanzas entre formas variadas de poder político, conviene extenderse sobre la posibilidad de encontrar en las sociedades comparadas *por lo menos* un elemento común, más allá de la mera constatación de la existencia de una regulación manifiesta: ese elemento común es la presencia de gobernantes especializados y mecanismos de gobierno. Entonces se puede confrontar los mecanismos, comparar los estatutos sociales y las funciones efectivas de los gobernantes y preguntarse qué es lo que permite llamarlos "políticos". A nuestro entender, la fecundidad intelectual de la hipótesis contraria ("hay política en sociedades sin gobierno")[27] no está demostrada en un contexto sociológico.

Allí donde se descubre la existencia de gobernantes más o menos especializados, se plantea el interrogante sobre los medios de que disponen para imponer una orientación mutuamente ajustada de las conductas. Se distinguen, al menos provisoriamente, *dos grandes formas de "poder"*: la que resulta de la *autoridad* reconocida a sus palabras y la que proviene de su *fuerza* (definida aquí como la posesión o el control de los medios de coerción sobre los demás miembros de la sociedad). Esta distinción es analítica; en la práctica, el poder se suma a la autoridad de la palabra. F. G. Bailey cita a Fredrik Barth para evocar la historia ejemplar del "santo silbador": un día, un jefe guerrero *pathan* impugnó la autoridad de un "santo", personaje cuyo poder depende de su aptitud para convencer a los protagonistas de un conflicto de que acepten una solución negociada; entonces éste se quitó el turbante blanco, símbolo de su santidad, y con un silbido hizo surgir de los matorrales circundantes a los hombres armados

---

[26] Lapierre [1977], p. 346.
[27] E incluso "allí donde no hay jefe, hay política" (Lapierre [1977], p. 76). Va de suyo que eso no le impide estudiar y comparar la importancia de ciertas actividades (intercambiar bienes, hablar en público, etc.) en sociedades "sin gobernante" y en sociedades "políticas".

devotos de él; "así, el Kan recalcitrante tuvo que aceptar la decisión del santo".[28] Con todo, no se puede subestimar la autoridad directamente vinculada con el *uso de la palabra*. Para comprender cómo los gobernantes se benefician con ella, es útil esbozar una comparación con las sociedades sin gobernante. La opinión general es que los esquimales, tal como se los pudo observar antes de los profundos trastornos sufridos durante este siglo, no tenían gobernantes ni forma de coerción alguna aparte de la reprobación colectiva de los transgresores de las reglas. Cuando las conductas habituales no bastan para asegurar la regulación social (reparto de alimentos, intercambio de las mujeres, infanticidios en años de superpoblación relativa, desplazamientos colectivos), entonces se realizan transacciones entre las familias ampliadas que viven en las "casas largas". La única autoridad que logra imponerse episódicamente (sobre todo para la solución de conflictos entre casas largas y hogares) es la de los mediadores, generalmente cazadores experimentados o adivinos en relación con los espíritus, de palabra escuchada e influencia reconocida. Pero no poseen poder alguno; en ciertas ocasiones pueden apelar a la reprobación colectiva, confirmando así de alguna manera que la supervivencia del grupo está amenazada por conductas a-normales; la sociedad entera castiga a los culpables (en casos límite, con la marginación que conduce a la muerte). En las sociedades políticas, el uso de la palabra por los gobernantes va mucho más allá; tiende a persuadir a los miembros del grupo de que las leyes son transgredidas y de que corresponde al interés colectivo castigar a los culpables; indica las conductas a seguir; evoca la amenaza de la coerción. Se considera que la palabra de los gobernantes proviene de un más allá de la vida cotidiana del cual ellos serían los únicos intérpretes autorizados: "En ciertas sociedades tradicionales estudiadas por los antropólogos, la palabra de los poderosos no viene de ellos sino de antepasados que se expresan *por su intermedio*. Estos dicen que la ley se expresa en mandamientos. Lo imaginario informa al gobierno sobre lo real."[29] Desde este punto de vista, el *monopolio de la palabra escuchada* por todos los miembros del grupo, la palabra de autoridad, es una característica de los gobernantes. En cambio, entre los esquimales, cualquier cazador o jefe de familia puede arrogarse la palabra, sobre la cual nadie tiene el monopolio y que en última instancia es la del grupo sobre sí mismo.

La *violencia coercitiva* puede ser ejercida por todo el grupo o por algunos de sus miembros. En muchas sociedades, es el conjunto de los varones guerreros el que castiga, mutila o excluye a los que se desvían. En otras sociedades aparece un grupo especializado: un pequeño grupo de guardias reclutados entre los parientes del jefe o una verdadera fuerza armada a su disposición. Aquí sólo importa la cuestión del "poder" de que disponen los gobernantes, poder

[28] F. G. Bailey [1971], pp. 79-80.
[29] Georges Balandier [1980], p. 31 (el subrayado es nuestro).

de imponer sus decisiones por la fuerza, poder de coaccionar por medio de la violencia. Por más que el "aparato coercitivo" no sea un grupo especializado, el *monopolio de la coerción* es atributo de los gobernantes. La similitud del mecanismo en todas las sociedades políticas parece estar demostrada. Ahora se puede completar la definición propuesta al comienzo de este subcapítulo: hablar del "gobierno político" de una sociedad significa reconocer que ciertos individuos o grupos de individuos más o menos especializados (los "gobernantes") son capaces de imponer a los demás miembros una orientación mutuamente ajustada de sus conductas, sea mediante una palabra de autoridad cuyo monopolio detentan, sea por medio de elementos de coerción cuyo uso les es exclusivo. Va de suyo que estos dos mecanismos de poder no son mutuamente excluyentes.

Sin duda, a esta altura del análisis, el problema más delicado a resolver es que los miembros de una sociedad acepten el monopolio de la palabra de autoridad por parte de los gobernantes (cuando definen las conductas del grupo) y el uso de los medios de coerción. En efecto, la *"legitimidad"* de los gobernantes, resultado de esa aceptación, se debe confirmar y reafirmar constantemente contra las reivindicaciones de los "poderosos" (jefes de clan, de estirpes superiores o de familia) y de eventuales competidores (como los sacerdotes o los adivinos). Este problema será objeto de un estudio posterior porque no concierne tan sólo a las sociedades "sin historia". Por el momento se aceptará que el monopolio de la palabra de autoridad y el uso de los medios de coerción es "legítimo" cuando lo acepta el conjunto de la sociedad o bien la totalidad o una parte (mayoritaria y regularmente) de aquellos que detentan algún poder en su seno.

Actividades de gobierno y orden social

En toda sociedad abundan las ocasiones de conflicto entre individuos y grupos a partir de que ciertos bienes son escasos o codiciados: mujeres, sobre todo en las sociedades donde el infanticidio afecta principalmente a los bebés de sexo femenino; carne, recurso alimentario precioso que tiende a escasear en el largo plazo; los mejores emplazamientos para la choza o la tienda; tierras cultivables, etc. Al gobierno corresponde ante todo resolver los conflictos, *ejercer un arbitraje*. A diferencia de un mediador, elegido por los bandos en disputa y que propone una solución que aquéllos no están obligados a aceptar, el árbitro dispone de un verdadero poder: si las partes en conflicto se niegan a someterse a su decisión, puede obligarlas a ello mediante una "demostración de su poder y de que posee los recursos para imponer su voluntad".[30] Al quitarse el turbante blanco y silbar para llamar a sus hombres ar-

---

[30] F. G. Bailey [1971], p. 80.

mados, el "santo" *pathan* pasa de mediador a árbitro. El árbitro aplica sanciones de naturaleza muy variada: el sacerdote de la Tierra de los Lobis del Alto Volta puede decretar la interdicción de un terreno, una cosecha o un cuerpo (sanción sobrenatural), pero también autorizar a una familia damnificada a hacerse justicia (control del uso de la coerción).[31] En términos generales, el papel de árbitro recae sobre individuos especializados que pueden hablar en nombre de Dios o de los antepasados; suelen mostrar un acusado carácter religioso, pero no por ello son menos gobernantes en el sentido del término empleado aquí.

La *guerra* impone a las sociedades una forma de organización particularmente rigurosa y de relaciones adaptadas entre los individuos. En esas ocasiones aparecen jefes con poderes ampliados incluso en sociedades donde ningún gobernante parece estar en condiciones de imponer su poder por un período prolongado. Es el caso de los jefes de banda de los guayakis y el Jefe de Guerra de los comanches; éste toma todas las decisiones, asigna a cada uno su tarea, decide el momento y el lugar del combate; mientras dura la expedición, nadie puede sustraerse a sus órdenes, mientras que el Jefe de Paz carece de todo medio de coerción y no interviene siquiera en la solución de los litigios entre los comanches. En estas condiciones, es tentador buscar un vínculo entre la actividad guerrera y la aparición de gobernantes especializados, depositarios del monopolio del uso de la coerción. Sin embargo, no se ha podido verificar esta hipótesis: si bien los comanches y los iroqueses tienen jefes o consejos dotados de poderes importantes durante los (frecuentes) conflictos guerreros o las negociaciones con vecinos peligrosos, la solución de los litigios internos escapa total y permanentemente a esas instancias. Se puede formular la hipótesis de que los gobernantes saben aprovechar las condiciones creadas por una situación de guerra; en ese caso, es necesario que los gobernantes existan, que se los reconozca y que posean los medios para aprovechar la situación. Los gobiernos de las sociedades y la especialización duradera de los papeles dirigentes parecen derivar generalmente del arbitraje, ejercido en nombre de los antepasados y las tradiciones.

No es solamente como árbitro que el gobernante debe *decidir*. F. G. Bailey propone un cuadro muy sugestivo de tipos de decisiones que aquél está obligado a tomar cada vez que los procedimientos de rutina son insuficientes para indicar la "buena" conducta a seguir.[32] Es la elección de una solución en situaciones inciertas, imprevistas o de amenaza repentina para el grupo: "La incertidumbre designa las situaciones en cuyo transcurso la gente no encuentra una regla para guiar sus reacciones [...] La necesidad de una dirección se hace sentir sobre todo en momentos de incertidumbre, cuando se requieren deci-

---

[31] Según G. Savonnet, citado por Lapierre [1977], pp. 93-94.

[32] F. G. Bailey [1971] (citas tomadas de pp. 74-76). La obra de Bailey es de gran interés para la investigación sobre el funcionamiento de los grupos políticos.

siones que a la vez son innovaciones." Es la elección entre varias "líneas de acción" posibles, sea en el curso de una cacería colectiva como en el reparto del botín. Es la invención de conductas cuando los recursos del grupo aumentan o disminuyen en proporciones no habituales, cuando no existe un "precedente" que sirva de modelo de las reglas a seguir. Es también la elección de los medios para apropiarse sin demasiado riesgo de una parte de los beneficios del grupo: "Una de las cualidades esenciales para dirigir una banda de mercenarios es saber decidir hasta qué punto se puede abusar de ellos."[33] Porque la decisión (toda decisión) del gobernante se comprende también como la elección de una conducta capaz de fortalecer su propia posición. Estas breves observaciones bastan para demostrar el interés que posee para los etnólogos la búsqueda de semejanzas en las sociedades familiares y para sugerirle al sociólogo algunas hipótesis generales sobre los mecanismos de lo político.

Como modelo de conducta en situaciones presuntamente idénticas o comparables a aquella que le dio lugar, la decisión del gobernante puede adquirir el valor de un "precedente" y constituir por ello una regla aceptada por el grupo. Se puede decir que deviene en *reglamento en vigor* al interior del grupo. Weber atribuye una importancia capital, en toda sociedad, al mecanismo de promulgación de los reglamentos por los gobernantes: "El poder rector puede reivindicar la legítima capacidad de promulgar reglamentos nuevos al interior del agrupamiento. Por constitución, entendemos la posibilidad efectiva de sumisión. [...] a la capacidad de promulgación de los poderes rectores existentes."[34] Así, el problema sociológico de la obediencia de los individuos a los conjuntos de reglas —o de reglamentos— que forman de alguna manera la *constitución* del grupo (en un sentido del término mucho más amplio que el habitual, o incluso que el jurídico) se encuentra planteado con referencia al proceso de imposición de conductas. En las sociedades analizadas aquí, la actividad de gobierno es *constituyente*, es decir, constitutiva del grupo.

A esta altura conviene subrayar que estas distintas actividades de gobierno (arbitraje, conducción de la guerra, decisión, promulgación de reglamentos válidos para toda la sociedad) no se ejercen de la misma manera ni con las mismas consecuencias en todas las sociedades, aunque éstas tengan como denominador común el de parecer "sin historia". Aquí se tendrán en cuenta dos variables. La primera corresponde a la fuerza y la estabilidad del acuerdo existente en la práctica sobre el modo de organización de las relaciones, tanto entre individuos y grupos sociales (organización social) como entre los gobernantes y el conjunto de la sociedad (política). La segunda corresponde a las formas de dominación imperantes en las relaciones entre grupos consti-

---

[33] Se emplea el término "mercenario" en el sentido muy general de miembros de un grupo vinculados a su jefe por un contrato de interés principalmente material.

[34] Max Weber [1971], pp. 52-53 y 57. La expresión "poder rector" corresponde con bastante exactitud a lo que hemos llamado el "gobierno" de la sociedad.

tuidos en el seno de la sociedad y en el de cada uno de aquéllos. Las dos variables poseen un interés analítico; desde luego, en la práctica concreta de las relaciones sociales, el acuerdo sobre los modos de organización social y política está estrechamente vinculado con las formas de dominación.

Se suele asimilar las sociedades "sin historia" a los grupos humanos donde se establecería un *acuerdo duradero* y unánime sobre el modo de organización social y política, postulado que, por otra parte, concuerda perfectamente con la definición de esas sociedades como "congeladas". De alguna manera, ese acuerdo establecería el papel atribuido a los gobernantes y la distribución de los tipos de autoridad que se les reconocería. Así sucede en las sociedades "segmentadas": grupos dotados de una fuerte coherencia interna, mantenida por un riguroso control social sobre los individuos (en sus tribus, clanes, aldeas, etc.), están ligados a ella por relaciones regulares que se ejercen mediante reglas largamente establecidas y aceptadas por todos. Dentro de cada segmento, el gobierno puede ser "difuso", ejercido por los ancianos o los poderosos de manera casi colegiada (consejos de tribu o de aldea), o bien investido en sujetos especializados (los "jefes"). En esos casos, el gobierno de la sociedad en su conjunto se limita al arbitraje de conflictos entre los segmentos, hacer respetar las reglas que rigen las relaciones entre éstos y afirmar la unidad esencial de la sociedad; asimismo, los "actos" de gobierno se reducen generalmente a los rituales, salvo que esté en juego la supervivencia misma de la sociedad. Las grandes confederaciones indígenas de Norteamérica corresponden perfectamente a este modelo, así como las confederaciones celtas que combatieron los romanos. En este tipo de sociedades, el acuerdo sobre los modos de organización social y política deriva de una resistencia de los diferentes segmentos (o de las autoridades que velan por la conservación de su autonomía) a toda empresa de "centralización", es decir, de afirmación de una forma de gobierno común directamente coercitivo sobre los individuos; una acción de los gobernantes que invada las prerrogativas de los segmentos puede dar lugar a conflictos terribles.[35] Por su parte, las sociedades unitarias corresponden a grupos humanos en los cuales el proceso de comunalización (véase más arriba) se ejerce con la mayor eficacia: todos los miembros de la sociedad, identificada con un territorio y regida por normas aplicables a todos, reconocen la autoridad legítima de un gobernante común o un conjunto de gobernantes jerarquizados que conforman una "pirámide de poder" cuya "cima" es identificable. El gobernante (o grupo de gobernantes) situado en la cima tiende a monopolizar la palabra y el uso legítimo de la coerción; sus decisiones "tienen autoridad", es decir, están dotadas de alcance

---

[35] Asimismo, Agamenón pudo paralizar la confederación militar de los griegos que asediaban Troya debido a una decisión torpe que sobrepasaba los poderes que le eran reconocidos por los "reyes" (Aquiles, Ayante, Odiseo, etc.). Éstos se retiraron invocando el acuerdo inicial transgredido por el jefe de la confederación.

constituyente. Así, la posibilidad de cumplir los actos de gobierno que afectan directamente a todos los miembros de la sociedad deriva del acuerdo sobre el modo de organización (unitario) de la sociedad. En realidad, hay muchas sociedades que no coinciden sino parcialmente con uno de estos modelos; concretamente, combinan en distintos grados las características de uno y otro; son afectadas por conflictos que expresan la resistencia de los segmentos a los intentos de unificación.[36]

Hoy se acepta que ninguna de las sociedades "sin historia" conoce el acuerdo duradero sobre los modos de organización social y política que se les había atribuido con demasiada prisa. Dentro de una sociedad puede existir una *oposición constante* sobre la forma ideal de organización. En ocasiones, esta oposición es disimulada, pero en otras se expresa con toda claridad, como lo demuestra el célebre estudio de Edmund R. Leach.[37] Los kachin constituyen una sociedad, en la medida que comparten las mismas concepciones sobre la división del grupo en linajes y el origen de ésta, así como una lengua y una mitología comunes. Pero en su seno se oponen permanentemente dos modelos de organización social y política, sin que ninguno haya podido imponerse definitivamente en todas partes. Cada uno se ve amenazado constantemente por las contradicciones sociales engendradas por su realización. El primer modelo, llamado "gumsa", acuerda una situación privilegiada a los miembros de una aristocracia hereditaria, reconoce la extensión de derechos a los descendientes del jefe y concibe unas relaciones sociales asimétricas (los súbditos tienen obligaciones para con el jefe, sin otra contraparte que la protección que él les brinda). El otro modelo, llamado "gumlao", afirma la igualdad de las estirpes (sobre todo en cuanto a las reglas matrimoniales y el derecho sobre la tierra) y no reconoce obligación alguna de los aldeanos para con su jefe: "En el sistema gumlao, la igualdad de estatus entre los elementos de cada comunidad local es un dogma fundamental [...] No existe un jefe, cada aldea es una unidad política independiente, el 'nat mung' [territorio de la aldea] no pertenece a una estirpe en particular." Leach formula la hipótesis de "una oscilación perpetua entre los dos polos extremos, el gumsa y el gumlao"; cada modelo corresponde a un modo de organización del poder teóricamente opuesto al otro. Aunque en la práctica generalmente el papel de los jefes de las aldeas gumlao parece diferir poco del de los jefes gumsa, el poder que se les concede está siempre amenazado de una cierta "ilegitimidad", en la medida que no concuerda con la concepción dominante de la organización política ideal.

---

[36] Es lo que explican Bailey [1971] y Balandier [1967]. La oposición entre los modelos de "Estado unitario" y "Estado segmentario" fue sistematizada por Aidan W. Southall [1954].

[37] Edmund R. Leach [1972], Pierre Brinbaum y François Chazel [1971] tradujeron pasajes de la obra de Leach (pp. 364-374); las citas reproducidas aquí son las de esa traducción.

La otra variable a tener en cuenta sólo será expuesta aquí brevemente; más adelante se volverá sobre ella. Las formas de *dominación* que ejercen ciertos grupos sobre otros en el seno de una sociedad varían considerablemente y no se las puede tipificar con facilidad. En una simplificación extrema, se pueden considerar dos formas de dominación social, según que esté basada en la estratificación rígida de los grupos que componen la sociedad, o en mecanismos que favorecen la apropiación por ciertos grupos del excedente producido por la actividad de otros. La primera de estas formas caracteriza a las sociedades organizadas en *castas*. En la sociedad tradicional hindú, el principio fundamental de identificación y clasificación de los grupos sociales es la distinción tajante entre ocupaciones puras e impuras: "el conjunto se basa en la coexistencia necesaria y jerarquizada de los dos opuestos", lo puro y lo impuro.[38] Entre los miembros de las castas, grupos hereditarios y cerrados, entregados a una ocupación teóricamente excluyente de cualquier otra, se conserva la separación estricta y ritual (prohibiciones relativas al matrimonio, el contacto físico, el alojamiento, la alimentación, la aceptación de dotes); se establece una jerarquía "que ordena los grupos en tanto relativamente superiores o inferiores unos a otros". En semejante sistema, la coordinación de las actividades y las relaciones entre las castas obedecen a reglas estrictamente respetadas; la separación y coexistencia de las castas no favorece la consolidación de un gobierno y una jerarquía de poderes capaz de imponerse directamente a todos los individuos; la dominación se ejerce de casta a casta, de acuerdo con su situación en la jerarquía de la pureza. Sin embargo, se ha impuesto otra jerarquía, que sanciona y favorece la monopolización de los medios de coerción por una casta guerrera y terrateniente que no ocupa el puesto más elevado en la escala de la pureza. Si esta jerarquía de los "varna" (término que se suele traducir como "órdenes" o "estados") también está basada en la posición de los grupos en relación con los actos religiosos, lo mismo sucede con las consecuencias de este hecho. El "estado" sigue siendo en principio el de los sacerdotes (brahmanes), que pueden ordenar y realizar sacrificios; pero los brahmanes sólo pueden vivir sostenidos por el segundo "estado", el de los guerreros (kshatriyas), que pueden ordenar sacrificios pero no tienen derecho a ejecutarlos. Los dos "estados" inferiores, el de los proveedores de bienes necesarios para los actos religiosos (vaishyas) y el de los sirvientes excluidos de esos actos (shudras), están consagrados al trabajo (agricultura, ganadería, comercio, artesanía, servicios), y condenados a la obediencia y a la insignificancia religiosa. Si de acuerdo con la jerarquía de castas los brahmanes ocupan por principio el sitio más elevado, en la práctica dependen de los guerreros que los protegen y les permiten vivir

---

[38] Louis Dumont [1966]. Citas tomadas de pp. 65, 36 y 99-100. Bailey propone una definición de las castas que privilegia la cooperación entre grupos separados, pero no competidores [1963], pp. 107-124.

a la vez que mantienen a las castas de trabajadores y sirvientes en estado de sumisión política: "En lo absoluto, la fuerza está sometida al clero, pero en la práctica éste está sometido a aquélla. Existe una distinción absoluta entre estatus y poder y, por consiguiente, entre la autoridad espiritual y la temporal [...] En la India jamás existió un poder espiritual, una instancia espiritual suprema que al mismo tiempo ejerciera el poder temporal. La supremacía de lo espiritual jamás encontró expresión política." El ejemplo de la India demuestra cómo la consolidación de un grupo de gobernantes (la casta de los guerreros) tiende a conservar las formas de dominación características de la organización social (y religiosa) al precio de adecuaciones, incluso de transgresiones parciales a los principios de ésta: así, el "rey comedor de carne" impone su voluntad al "comerciante vegetariano", más puro que él.

La posibilidad de que un grupo privilegiado monopolice el gobierno parece ser mayor cuando se trata de una sociedad estructurada en *clases*: las jerarquías de orden religioso no contradicen las del poder ni las amenazan de ilegitimidad; de alguna manera, unas coinciden con otras. Es el caso, ejemplar en más de un sentido, de la sociedad de la Ruanda precolonial, estudiada sobre todo por Jacques Maquet.[39] Allí, el trabajo realizado principalmente por la "clase" de los hutu (agricultura, crianza de vacas puestas a su disposición por la clase superior), produce un excedente con respecto a los medios de subsistencia. Los tutsi, guerreros y pastores, conforman una clase exclusiva (menos del veinte por ciento de la población total) y privilegiada, propietaria de las manadas, aunque las conceda parcialmente en uso a los "clientes" hutu a cambio de diversos servicios y prestaciones. Por las prebendas que exige en la relación cuasi feudal que une a cada "señor" tutsi con sus "vasallos" hutu, a la vez que en virtud de un complejo sistema fiscal de prestaciones personales y en especie, la clase superior ocupa una posición social dominante.[40] Los tutsi, en especial los más ricos y poderosos, se reservan el gobierno de la sociedad ruandesa. Lo ejercen a nivel "local", las unidades de producción, donde aprovechan su posición privilegiada para crear un conjunto de relaciones interpersonales de dependencia y obligaciones mediante transacciones entre personas de posición desigual: el "señor" tutsi ofrece su protección a cambio de las "dádivas", el trabajo y la obediencia de los hutu. Lo ejercen a nivel de la sociedad en su conjunto mediante una compleja estructura de gobierno: el rey (mwami) es sagrado y en principio detenta todos los derechos; está rodeado de consejeros, parientes, "nobles", administradores y sirvientes que conforman su corte; delega sus poderes, sobre todo en materia fiscal, en funcionarios locales remunera-

---

[39] Jacques Maquet [1970].

[40] Maquet no vacila en comparar esta clase con la burguesía europea de la primera época de la revolución industrial; como ésta, poseería "capitales" (sobre todo las vacas) y se apropiaría del excedente de producción de las otras clases sociales. Aquí nos parece ver una analogía ingeniosa más que una comparación rigurosa.

dos de acuerdo con los impuestos que cobran; comanda el ejército, instrumento de conquista y defensa a la vez que herramienta principal de coerción. No parece exagerado hablar, con Maquet, de una "estructura estatal fuerte y compleja".[41] El grupo de los gobernantes detenta permanentemente el monopolio tanto de la palabra organizadora y clasificadora (define los criterios físicos, familiares y morales que "justifican" la dominación de los tutsi) como de la coerción; las decisiones del rey y sus consejeros son "constituyentes" en el sentido indicado más arriba. Se puede decir que aquí el gobierno expresa, refuerza y da legitimidad a la dominación de una clase a la vez que impide el acceso a ella de los hutu más ricos (lo que en cierta forma la asimila a una "casta" cerrada, hereditaria, racialmente definida).

Sea ejercido por muchos individuos con papeles complementarios, monopolizado por un grupo privilegiado o se confunda de alguna manera con un individuo (rey y sumo sacerdote), el gobierno generalmente funda su "legitimidad" en el carácter sagrado que atribuye a su tarea de *regulación general de las actividades sociales; a priori* no se puede reducir esta tarea sólo a la conservación de una forma de dominación; se cometería un error igualmente grave al ignorar que contribuye con fuerza a esa conservación, tanto más por cuanto los miembros de la clase dominante ven en ella una condición de su permanencia. En principio, la dominación de un grupo sobre los demás, de los jefes de ciertas familias sobre sus vecinos, de los guerreros sobre otras castas, no obedece a la función política que se les reconoce sino a una combinación compleja de clasificaciones sociales, propiedades económicas y características religiosas; no por ello deja de ser consolidada, de una manera muy general, por las decisiones "políticas" de los gobernantes (en su mayoría salidos del propio grupo). En este sentido, Louis Dumont destaca la homología entre la función real y los mecanismos de dominación de una casta a nivel de la aldea (que él llama "función de dominación"): es a los miembros influyentes de la casta dominante a quienes se dirigen habitualmente los miembros de otras para arbitrar sus diferendos. A su vez, aquéllos reúnen a su alrededor verdaderas redes de clientes y se arrogan el poder de reprimir a los recalcitrantes. Asimismo, el rey se impone como único árbitro supremo al cual se recurre "naturalmente", se rodea de miembros de diversos grupos y se esfuerza por conservar el monopolio de la coerción. Homología y no mera analogía, en el sentido de que los mismos mecanismos establecen tanto la dominación como la posición del gobernante.[42]

Como se ha visto, el estudio de las sociedades "sin historia" permite descubrir similitudes: especialización de funciones políticas (o de gobierno de

---

[41] Análoga a la que se puede analizar en el Estado merina de Madagascar antes de la conquista francesa.

[42] Louis Dumont [1977].

las sociedades), formas de poder que no se limitan al uso de la coerción (aunque todas tienen la posibilidad de ejercerla), existencia de actividades propias de gobierno (desde el arbitraje hasta la promulgación de reglamentos). También permite comprender cómo se diversifican los tipos de gobierno de acuerdo con las múltiples formas de organización social. Plantea interrogantes sobre las relaciones entre el gobierno de las sociedades y la dominación, sin que esto permita confundir a ésta con aquél. No se puede deducir de ello que esas sociedades enseñan qué es "esencialmente" el poder político; se advierten claramente los riesgos de un "etnocentrismo inverso" y de los postulados filosóficos contenidos en la expresión "esencia de lo político". Es importante que su estudio ayude a *formular preguntas* y a *esbozar categorías de análisis* útiles para la sociología política.

ALGUNAS CONDICIONES DE LA ESPECIALIZACIÓN POLÍTICA

La producción y la distribución de excedentes

¿A qué fenómenos sociales de gran envergadura, señalables en abundantes ejemplos, se puede atribuir la especialización de los roles de gobierno en las sociedades? Esta pregunta no carece de interés para la sociología política: en efecto, es lógico preguntarse sobre las condiciones (o, en una perspectiva aparentemente más causal, sobre los "factores") de las transformaciones que afectan las formas de lo político. Muchos autores consideran que la condición fundamental fue la necesidad de incrementar la producción de bienes alimenticios y organizar un modo de distribución aceptable.

La existencia de sociedades relativamente aisladas unas de otras, donde las condiciones relacionadas con el ambiente "humano" (intercambio con pueblos vecinos, guerras, conquistas, saturación de los espacios ocupables) tienen una importancia secundaria, proporcionaría a los antropólogos la posibilidad de verificar de alguna manera los efectos de una intensificación de la producción, considerada entonces una variable determinante, si no única. Desde este punto de vista, muchos autores postularon la hipótesis de los "Estados primarios", sociedades en las que se desarrolló un gobierno coercitivo sin que lo hubiera provocado la existencia (o influencia) de un "Estado" preexistente.[43] Según Marvin Harris, la formación de un Estado primario es

---

[43] La distinción entre "Estados primarios" y "Estados secundarios" fue sistematizada por Morton H. Fried [1967]. Entre los "primarios" se menciona habitualmente el Perú del siglo I y Centroamérica del siglo III de nuestra era, así como el Egipto del IV milenio y la China del II milenio.

consecuencia de la intensificación de la producción agraria, necesaria debido a la presión demográfica y el crecimiento de la densidad social: [44] se valorizan las conductas tendientes en ese sentido, lo cual favorece la aparición de "intensificadores especializados". Se puede verificar este mecanismo en sociedades relativamente aisladas donde existen "grandes hombres". En Bougainville, una de las islas Salomón, el "mumi" de los siuai es un individuo que incita a sus prójimos a producir más para un gran festín colectivo; él mismo trabaja y se sacrifica para participar de la acumulación necesaria de alimentos. De festín en festín, de desafío en desafío, el mumi logra construir una casa de huéspedes, ampliar el grupo de sus partidarios (en detrimento de otros mumi) y hacerlos trabajar más activamente. Así se gana con gran esfuerzo una reputación de "gran hombre"; el resultado de su actividad es una intensificación importante de la producción que beneficia a todos sus fieles.[45] No se ha determinado fehacientemente que el mumi de los siuai sea un jefe, pero no cabe duda de que el "gran hombre" de las islas Trobriand, que distribuye las provisiones enviadas por los hermanos de sus numerosas esposas, ocupa esa posición: se lo distingue con signos honoríficos excepcionales, controla una clientela de domésticos y artesanos, dirige las expediciones militares a islas lejanas.[46] La relación entre el papel de "gran proveedor" y la posición de gobernante parece estar bien establecida en el reino bunyoro de Uganda.[47] El rey de los bunyoro reúne los alimentos, los redistribuye en medio de grandes festines y bajo la forma de regalos; se exalta su generosidad como proveedor. Pero castiga severamente a quienes no entregan suficiente mijo, frutos o ganado; con los recursos que retiene de los bienes reunidos mantiene una corte numerosa y una guardia permanente; designa a los jefes locales. Sin duda, ser donante es una de las obligaciones de su cargo, pero no constituye sino una manifestación de su poder sobre el conjunto de la sociedad.

La intensificación, que en las sociedades más complejas se obtiene a costa de *cambios en el modo de producción*, puede aparecer como condición fundamental de la especialización de los roles políticos. Así, la sociedad azteca pasa de una etapa de agricultura intensificada por medio de la quema de monte a otra de gran desarrollo del riego (diques, canales, esclusas, acueductos); llegaron a construir huertos artificiales flotantes sobre los lagos (chinampas): "Cada técnica sucesiva exigía mayores inversiones en la construcción, pero daba vida a una creciente densidad de población, a la vez que hacía surgir Es-

---

[44] Marvin Harris [1979]. La "densidad social" no se confunde con la demográfica: tiene en cuenta la distribución de la población en el espacio ocupado, la configuración del territorio, la concentración de los lugares de intercambio y la intensidad de la comunicación entre los grupos.

[45] Douglas Olivier [1955].

[46] Bronislaw Malinowski [1963].

[47] John Beattie [1960].

tados más grandes y poderosos."[48] Con todo, no se puede visualizar esa relación establecida al menos en algunas sociedades como una mera causalidad: no es forzoso que como consecuencia de una mayor presión demográfica aparezcan los grandes proveedores, los intensificadores de la producción, y que se consoliden los Estados. La intensificación de la producción para producir un excedente bien puede *resultar* de la diferenciación de los roles dirigentes. Maurice Godelier sustenta una tesis que va en ese sentido al criticar el concepto de "economía de subsistencia".[49] Las llamadas sociedades "primitivas" valoran ciertos roles, tanto en las relaciones de parentesco como en las actividades religiosas, y existe una fuerte competencia entre los individuos para acceder a esas funciones. Esta competencia se libra mediante la acumulación de "bienes de prestigio" que permiten a los titulares de esos roles entregarse a un consumo ostentoso, hacer regalos y consolidar así su supremacía social (en sus relaciones de parentesco, las ceremonias religiosas, la organización de festines). Es verdad que en este caso la intensificación de la producción y el uso eventual de la coacción para lograrla derivan de la competencia social más que de una "necesidad" demográfica (que se podría atenuar por medio del infanticidio: "El número limitado [de] papeles dominantes obliga a que la competencia social, en su aspecto económico, se realice mediante la posesión y reparto de bienes a los que es difícil acceder". De manera análoga, C. Geertz muestra que una familia de Bali puede acumular bienes y recursos hasta el punto de establecer su supremacía social y política (jefe electo) sobre una aldea y luego colocar a ésta bajo la protección de un templo ancestral, símbolo del poderío adquirido, para arraigar su éxito en las creencias religiosas: la intensificación de la producción de bienes de prestigio resulta de la competencia entre familias por el acceso a una posición dominante.[50] Con todo, se reconocerá que el crecimiento de la población y la densidad social en una sociedad donde ya existe competencia por los papeles dominantes (y gobernantes) puede ser una *condición fundamental* del incremento de la producción más allá de la mera creación de bienes de prestigio; y que contribuye así a reforzar los medios de gobierno, en especial los aparatos de coerción.

Con este enfoque se puede tratar de comprender el "canibalismo de Estado" que ha caracterizado a ciertas sociedades y que aparece en su forma más espectacular en el imperio azteca. Harris propone buscar la explicación de esta práctica "tanto en el agotamiento propio del ecosistema centroamericano bajo el impacto de siglos de intensificación y crecimiento de la población, cuanto en el costo-beneficio correspondiente al uso de la carne humana como fuente de proteínas animales cuando se contaba con opciones menos cos-

---

[48] Marvin Harris [1979], pp. 123-124.
[49] Maurice Godelier [1973].
[50] C. Geertz [1983].

tosas".[51] Obligada por "presiones ecológicas y demográficas concretas", la sociedad azteca organiza la masacre ritual de prisioneros y esclavos, cuya carne es distribuida para su consumo, una parte entre los guardias, verdugos y sacerdotes del altar, el resto entre los clientes de los nobles, reunidos al pie de la pirámide de los sacrificios: "Se puede considerar a los sacerdotes aztecas carniceros rituales de un sistema estatal destinado a producir y distribuir cantidades importantes de proteínas animales bajo la forma de carne humana." Cantidades sin duda importantes, pero insuficientes para las necesidades alimentarias de unos dos millones de habitantes, por abundantes que fueran los prisioneros y esclavos disponibles para la carnicería ritual. En efecto, lo que interesa constatar es que esa distribución de carne humana permite a los poderosos (caudillos militares, nobles, "jefes" de distritos urbanos) distribuir un alimento apreciado y relativamente escaso entre sus partidarios, recompensar a sus fieles: "Premio acordado en momentos cruciales a grupos selectos [...], el beneficio que derivaban de él Moctezuma y la clase política probablemente bastaba para evitar un derrumbe político". Christian Duverger no desconoce esta dimensión del canibalismo azteca, pero demuestra que es parte de otros mecanismos: la lucha librada constantemente por toda la sociedad contra la degeneración (entropía) por la que se creía amenazada, la exhibición pública del poder coercitivo del gobierno, la conservación de las formas de dominación características de esta sociedad.[52] Por lo tanto, los gobernantes del sistema complejo y extremadamente coercitivo del "Estado azteca" no derivan su poder del encarecimiento de las proteínas animales, pero su legitimidad se ve *acrecentada por el uso que hacen de esa escasez.*

En un contexto completamente distinto, se puede establecer una estrecha relación entre la necesidad de intensificar la producción y el desarrollo de un aparato de gobierno legitimizado tanto por el monopolio de la palabra de autoridad como por el uso de la coacción. Se trata de las *sociedades hidráulicas*, caracterizadas por el despotismo de la producción, de las cuales Karl Wittfogel ha postulado una célebre interpretación.[53] Las sociedades hidráulicas de Mesopotamia, India o el Egipto faraónico se caracterizan por una fuerte intensificación de la agricultura debida a un riego controlado a gran escala, lo que implica una rigurosa división del trabajo y una cooperación estrictamente organizada de las actividades. El control y la distribución del agua, las operaciones de instalación y administración de compuertas en los ríos, la construc-

[51] Marvin Harris [1979], p. 140.

[52] Christian Duverger [1979].

[53] Karl Wittfogel [1977]. Las tesis de este autor sobre las sociedades hidráulicas, burocráticas y déspotas tienen aceptación general. Por el contrario, se ha impugnado enérgicamente su extensión de las conclusiones que ha extraído a otras formas de despotismo, en especial su ambición de construir sobre esta base un modelo general del "despotismo oriental". Las citas vienen de las páginas 42 y 445.

ción de obras gigantescas, la conducción de los grupos afectados a tareas precisas (edificación, mantenimiento, supervisión) exigen una vigilancia estricta de toda la población, empadronada y organizada en cohortes homogéneas de acuerdo con las tareas que deben realizar. Se desarrolla una "burocracia" compleja para empadronar periódicamente a la población, clasificar grupos e individuos, informar a los gobernantes sobre el estado de las instalaciones y el ánimo de los súbditos, para almacenar las cosechas y percibir los impuestos; un poderoso ejército impone el orden necesario. "El funcionamiento práctico de las obras requiere una red de organización que abarca a toda la población del país o al menos sus núcleos dinámicos. Por consiguiente, los administradores de este modo de organización están excepcionalmente preparados para el manejo del poder supremo." Los gobernantes, que a veces son jefes de guerra, pero sobre todo sacerdotes y reyes-sacerdotes, imponen las prestaciones personales, los salarios y una disciplina severa; controlan las comunicaciones, dirigen el ejército, reinan mediante el terror. Su poder absoluto no tiene otro límite que los brotes de resistencia a su despotismo; porque "a la manera burocrática, no toleran la existencia de rivales organizados. Se aseguran la dirección exclusiva por medio de un monopolio constante y brutal de la burocracia." Amos de las fuerzas armadas y la burocracia, los déspotas de las sociedades hidráulicas también se reservan el monopolio de la producción de leyes, códigos y creencias; sus conflictos con los sacerdotes cada vez que éstos tratan de emanciparse de su tutela se resuelven mediante el sometimiento acrecentado del clero.[54]

En definitiva, la necesidad de intensificar la producción aparece como condición, en sentido estricto, de la especialización de las funciones políticas, el desarrollo de los medios de coerción y la reivindicación por los dirigentes del monopolio de la autoridad. Condición y no "causa", no explica la aparición de esas funciones y del poder que va unido a ellas; como se ha visto, la competencia por los papeles dominantes (y/o dirigentes) "precede" de algún modo la puesta en práctica de las medidas de intensificación de la producción y los mecanismos de reparto selectivo de los excedentes. Así el investigador se ve impulsado a buscar otras condiciones generales de la especialización de los roles políticos.

El entorno y los conflictos

La mencionada hipótesis de los "Estados primarios" aislados de la coacción de otros Estados (o de otras sociedades con organización política) difícilmente re-

---

[54] La historia del Egipto faraónico abunda en conflictos de esta clase entre el soberano-dios y el clero de los templos.

siste el examen. La interacción entre sociedades organizadas constituye un importante rasgo común al que sólo escapan las sociedades insulares o separadas de sus vecinos por un ambiente geográfico que impide las comunicaciones. Por consiguiente, es en el entorno social y en los conflictos que puede suscitar que se debe buscar otra condición fundamental de la especialización política.

Se puede considerar a una sociedad (al mismo título que una familia o una aldea) como una *estructura social* conformada por individuos que mantienen relaciones constantes de acuerdo con reglas impuestas a todos y definen la identidad de sus miembros en oposición a los "extranjeros". La complejidad de la estructura llamada "sociedad" se debe a que este agrupamiento es un vasto conjunto en el que coexisten y se articulan diversas estructuras con las cuales el individuo puede identificarse prioritariamente: por ejemplo, cuando se considera miembro de una estirpe, un clan o una familia más que de la sociedad en su conjunto. Se advierte que las "fronteras" de una sociedad (para trazar una analogía con un territorio) no siempre se manifiestan a los ojos de los individuos, salvo cuando una situación de conflicto con otras sociedades los lleva a identificarse claramente con ella. Tal es el límite más destacable del concepto de "entorno" que, empleado sin precauciones, puede dar a entender que es fácil distinguir entre lo que es "interior" a una sociedad y lo que es "exterior" a ella. En realidad, esta distinción es: 1) el resultado de una construcción intelectual, que identifica, por ejemplo, a una sociedad nuer —o "grupo político"— sobre la base de la intensidad de las relaciones entre los habitantes de un mismo territorio y con referencia a sus rasgos culturales comunes, incluso cuando "un hombre no se considera miembro de ese grupo en tanto pertenece a un segmento de éste, exterior y opuesto a otros del mismo grupo";[55] 2) el resultado de un conjunto de mecanismos sociales (comunalización, aprendizaje de reglas y una lengua comunes, etc.) que llevan a los miembros de una sociedad a identificarse con ella y a comprender que no pertenecen a otra "exterior" a ella. Por consiguiente, se deberá actuar con cautela al hablar del entorno de una sociedad, un concepto útil que, sin embargo, no se puede usar en el mismo sentido que el entorno de un monumento o una ciudad.

Se comprende fácilmente que las modificaciones del entorno físico de una sociedad puede afectar su funcionamiento y su modo de organización en forma directa: un cambio en el régimen pluvial, la destrucción de un bosque, la desecación de una ciénaga, al amenazar los recursos alimentarios del grupo y, por consiguiente, sus costumbres, la coaccionan y obligan a inventar nuevas reglas y conductas. Pero aquí interesan especialmente las transformaciones del *entorno social* del grupo. El ejemplo más sencillo es el de las agresio-

---

[55] Edward E. Evans-Pritchard [1968], p. 136.

nes cometidas por un grupo vecino que se vuelve expansionista; como se vio anteriormente, la guerra impone modos de organización incluso a las sociedades más alejadas de la especialización permanente de los papeles políticos; incita a una obediencia absoluta a los jefes. Pero el regreso a una situación de paz puede disipar los efectos de esta adaptación episódica. No obstante, es indudable que la permanencia de las ambiciones expansionistas de los vecinos puede conducir a una transformación decisiva del modo de gobierno: la amenaza claramente perceptible que representaba para las sociedades africanas el movimiento general de colonización de fines del siglo XIX contribuyó en no poca medida a la afirmación de los Estados precoloniales dotados de ejércitos permanentes y modernizados, sistemas fiscales renovados y gobierno centralizador (como el Marruecos precolonial o el Estado merina reformado por Rainilaiarivony con la ayuda de asesores europeos). Con todo, esas amenazas "exteriores" sólo afectan el modo de organización política de las sociedades en la medida que un grupo "interior" es capaz de aprovecharlas para imponer reglas más estrictas: es el caso de Madagascar, donde dominaba la aristocracia merina; sin duda, no fue el caso de la Galia celta enfrentada al expansionismo romano.

Generalmente, las transformaciones, progresivas o brutales, del modo de organización política son producto de las relaciones entre sociedades en el marco de vastos "sistemas de interacción". Bailey propone concebir esos sistemas como "estructuras encerradas": así, se consideraría a las "comunidades pequeñas" como "estructuras políticas parcialmente independientes y parcialmente determinadas por estructuras políticas más importantes en el seno de las cuales están encerradas".[56] Va de suyo que la transformación de un elemento de la estructura envolvente (es decir, de una de las sociedades encerradas) puede conducir a modificaciones en su organización. Este libro se concentrará particularmente en las modificaciones provocadas en una sociedad por las transformaciones del entorno, es decir, tanto de cualquier sociedad incluida como ella en la estructura envolvente, como de esta última. Para abandonar por un instante las sociedades llamadas "sin historia", el imperio romano ofrece un ejemplo interesantísimo de este proceso: las sociedades conquistadas e incluidas en este conjunto vasto sufrieron la modificación total, incluso la destrucción de sus modos de organización anteriores debido a las interacciones "directas" tanto entre ellas (por ejemplo, entre Grecia y Roma o entre el Egipto helenístico y Mauritania) como de cada una con la organización política "envolvente", es decir, la estructura imperial en sí. Otra ilustración del fenómeno es el de las sociedades hindúes cuando quedaron integradas en el imperio británico. Hasta la conquista inglesa, las aldeas y los

[56] F. G. Bailey [1971], p. 26.

principados parecían conservar sus modos "tradicionales" de regulación y gobierno, sin que el poder "exterior" del imperio mongol y su burocracia los hubiera afectado; la administración colonial inglesa, nueva estructura "envolvente" muy activa y organizada de acuerdo con otros principios llegó a trastornar esos equilibrios, sobre todo al fomentar cultivos comerciales (esencialmente el algodón) y al confiar a los notables zamîndar (agentes del emperador mongol) las tareas de recolección de impuestos a la vez que se les conferían derechos a la propiedad de la tierra. La aparición de una clase terrateniente que colabora con el poder "exterior" de los colonizadores trastorna las estructuras de las sociedades locales. Estos propietarios, marginados en 1857 de sus relaciones privilegiadas con el poder colonial (que a partir de entonces se apoya en la aristocracia), comercian en tierras y otros bienes y despojan a los campesinos. Para consolidar su posición social, mantienen y reactivan localmente el sistema de las castas y tratan de imponerse como voceros de las "comunidades" campesinas. Así, en cada provincia o aldea, se instala otro modo de organización social y de gobierno, que reivindica un pasado idealizado, pero se apoya en formas de relación e intercambio muy distintas de las antiguas, resultado de una adaptación dolorosa a las características de la nueva estructura envolvente.[57]

Los efectos de la interacción entre las unidades sociales "envueltas" pueden variar de acuerdo con el menor o mayor poder de la sociedad más grande sobre los individuos de las más pequeñas. Como se ha visto, en las sociedades segmentadas la estructura envolvente no está en condiciones de imponer decisiones y reglamentos a los gobernantes de los distintos componentes; por consiguiente, éstos pueden oponer una resistencia eficaz a las transformaciones del entorno. En muchos "imperios",[58] las partes constitutivas conservan sus modos de gobierno, costumbres y sistemas de sanciones; el gobierno central se ve necesitado de adaptarse a esta situación e incorporar a representantes de las sociedades envueltas (notables, jefes tradicionales) o incluso a "intermediarios" (funciones especializadas en las transacciones entre los gobernantes de las distintas sociedades); por ejemplo, muchos autores se han referido a la "provincialización", incluso la "orientalización" del gobierno imperial romano a partir del siglo II de nuestra era.

Por consiguiente, se puede reconocer que las relaciones entre una sociedad y su entorno social, tanto si toman la forma relativamente pacífica de las interacciones duraderas como si se traducen en frecuentes conflictos bélicos,

---

[57] Bailey analizó profundamente el papel de los "intermediarios" entre una sociedad encerrada y su ambiente. Las consecuencias de la colonización británica sobre las sociedades de la India se presentan aquí a partir de Barrington Moore [1979], pp. 265-310.

[58] El término "imperio" se emplea aquí de manera nada rigurosa para designar una estructura política que engloba a muchas sociedades constituidas bajo la autoridad de un gobierno central común dotado de poderosos medios de coerción.

inducen transformaciones en su modo de organización política y en la especialización de los papeles correspondientes. La "adaptación" de una sociedad
a las modificaciones de su entorno es un mecanismo complejo. El cambio asume formas diferentes, que dependen de que los grupos estén en condiciones
de aprovechar la transformación, ponerla en práctica e imponerla a los demás
miembros de la sociedad; de que la especialización anterior de las funciones
de gobierno permita modificar y acrecentar las modalidades de la coerción y
la promulgación de nuevos reglamentos; de que la organización social favorez-
ca y legitime —o no— el aprendizaje de nuevas conductas. También es posible
que el cambio no se produzca; en casos límite, la sociedad puede "desaparecer", en el sentido de que su organización política se derrumba.

Diferenciación social y especialización política

Por consiguiente, no se puede comprender la especialización política sin indagar en los efectos de transformaciones anteriores que hayan conducido a
una diferenciación de los papeles sociales, al surgimiento de grupos "internos" a la sociedad en cuestión y a formas de relación entre roles y grupos. Dicho de otra manera, se puede formular la hipótesis de que la especialización
política, entendida a esta altura como una especialización forzada de los gobernantes y los mecanismos de gobierno, es producto de la diferenciación social en sociedades que enfrentan modificaciones de su entorno y/o la necesidad aguda de intensificar la producción. La confluencia de estas diversas
condiciones permitiría comprender las transformaciones de la organización
política hacia una mayor especialización.

> Las sociedades cuyo sistema político es especializado, diferenciado,
> complicado son aquellas que en un momento de su historia respondie-
> ron a un desafío de innovación social. Con ello quiero decir que, sea
> por un proceso de aculturización debido a las transacciones con el ex-
> tranjero, sea por un proceso de migración que hubiera llevado a grupos
> con culturas diferentes a cohabitar en un mismo territorio, sea por un
> proceso de diferenciación social interna, se ha planteado históricamen-
> te el problema de la integración de grupos humanos hasta entonces ais-
> lados o marginales, o incluso de estratos sociales nuevos, en una comu-
> nidad políticamente organizada que los engloba... Las sociedades que
> han desaparecido, víctimas del genocidio o el etnocidio, son aquellas
> que no han sabido ni podido responder al desafío, por ejemplo, me-
> diante la unión y la organización política.[59]

[59] J. -W. Lapierre [1977], pp. 172-173.

Con todo, muchas versiones de esta interpretación desconocen o minimizan un aspecto fundamental de la "diferenciación": el surgimiento de relaciones de dominación entre los grupos. En efecto, sus autores abordan los conflictos entre esos grupos diferenciados o entre "lealtades" parcialmente contradictorias como si fueran enfrentamientos entre fuerzas equivalentes, que requieren un simple arbitraje o un mecanismo de regulación. Es el "interés común" el que impondría de alguna manera las medidas prácticas para evitar el estallido de la sociedad o su disolución en la anarquía generalizada; el gobierno sería un reductor de conflictos, un ordenador de relaciones pacíficas a imagen del "tejedor real" de Platón que "entreteje [los caracteres opuestos] mediante opiniones comunes, honores, compromisos mutuos, para urdir una tela lisa y, como se suele decir, de bella trama".[60] Donde la costumbre no fuera suficiente para conciliar las distintas lealtades, el gobierno garantizaría el orden social; concertaría la federación de "grupos intermediarios más pequeños, basados en un proceso técnico, en asociaciones de personas, en el lugar de residencia, en las creencias sectarias al interior de un culto más universal".[61]

Ahora bien, de los estudios sobre sociedades que alcanzaron un nivel relativamente elevado de diferenciación social surge que las relaciones entre grupos no sólo son desiguales y frecuentemente conflictivas sino que imponen la *dominación* de unos sobre otros o de uno sobre todos los demás. El poder real en Ruanda expresa y conserva una compleja relación de dominación de los tutsi sobre los hutu. En la India, la casta de los guerreros no sólo está "diferenciada" sino que ejerce un dominio económico y político sobre las demás; de los beneficios que esta casta deriva de su posición dominante nace de alguna manera el papel político de sus miembros más destacados. Como dijo Dumont: "Los conflictos entre distintas castas pueden exigir el reconocimiento de una autoridad superior, pero las castas suelen recurrir a las autoridades para resolver sus conflictos internos [...] Cuando en una aldea los miembros de una casta dominada o dependiente someten un litigio al arbitraje de un notable de la casta dominante, le reconocen autoridad como árbitro o juez."[62] Desde su posición dominante, los "señores" tutsi o los guerreros hindúes pueden establecer relaciones *asimétricas* con los grupos dominados: las "clientelas" que construyen, aunque guardan las formas de la reciprocidad y de un compromiso mutuo de apariencia libre, generan mayores recursos para el patrono, aunque más no sea porque éste se beneficia con la pluralidad de las relaciones personales (a diferencia del "cliente", ligado bajo pena de graves perjuicios a un solo patrono) y puede sin gran riesgo romper un pacto

---

[60] Platón, *La política*, XLVIII.
[61] Max Gluckmann [1966]. Cita tomada de un pasaje de esta obra traducida en P. Birnbaum y F. Chazel [1971], pp. 357-363.
[62] Louis Dumont [1966], p. 213.

del cual el subordinado sólo puede liberarse con gran peligro de su vida. Por consiguiente, en la mayoría de los casos, la especialización de lo político coincide con una *institucionalización de la dominación*, incluso si no les basta a los dominantes "dejar actuar el sistema para perpetuar su imperio [y si] deben esforzarse diariamente para producir y reproducir las condiciones inciertas de la dominación".[63] Así como es necesario el trabajo personal de cada dominante para mantener su posición, también lo es la existencia de gobiernos especializados en muchas sociedades "complejas", sean "sin historia" o "históricas" para conservar esas relaciones.

En su explicación de los fenómenos políticos, los análisis funcionalistas toman como referencia principal los mecanismos sociales que permiten la realización de "funciones", es decir, en este caso, los procesos necesarios para mantener una sociedad.[64] En el estudio de las sociedades "sin historia" se suele destacar dos *funciones sociales*: la de mantenimiento del modelo social *(pattern maintenance)* y la de integración. Robert T. Holt analiza así los procedimientos puestos en ejecución para impedir la impugnación de los valores y las prácticas fundamentales del grupo, así como para garantizar un control social y una comunicación eficaces.[65] Cuando se debilita el acuerdo sobre los valores, cuando los mecanismos ensayados ya no aseguran el cumplimiento de las funciones requeridas, se hace necesaria la intervención de un gobierno: así, la rebelión colectiva de las muchachas de la sociedad chagga contra el matrimonio precoz, la revuelta de los hijos contra la autoridad paterna en la sociedad nupe, la negativa de un grupo profesional a sancionar a otro grupo que ha injuriado a uno de sus miembros, obligan a las víctimas a apelar al gobernante, quien puede coaccionar a los culpables y pronunciar una condena sobrenatural o legal. Más allá de este análisis funcionalista del mecanismo general del recurso a la coerción, importa subrayar que el gobierno al que se apela pertenece al grupo dominante: administradores coloniales, señores "feudales" (surgido de la invasión de los nupe por los fulani), brahmanes o guerreros en la India precolonial. Por consiguiente, al destacar el cumplimiento de las "funciones" sociales, no se debe disociar los fenómenos de "diferenciación" social y de roles del gobierno, de las relaciones de dominación y el proceso de su conservación.

Así, se puede considerar que la especialización política es la afirmación de los papeles a los que se ha denominado "gobierno", y "gobernantes" a sus titulares. En las sociedades "sin historia", ellos no se definen necesariamente en oposición a otros roles de autoridad: el rey puede ser también sacerdote, juez,

---

[63] Pierre Bourdieu [1980], p. 223.
[64] Sobre el funcionalismo, véase el capítulo 3.
[65] Robert T. Holt [1967], pp. 86-107.

jefe de una estirpe o poderoso guerrero. Lo que caracteriza al gobernante es su capacidad reconocida para imponer decisiones que afectan al conjunto de la sociedad, arbitrar en los enfrentamientos entre grupos o segmentos, promulgar reglamentos bajo la forma de decisiones con valor de referencia para situaciones idénticas. Su propia autoridad se basa en el poder "legítimo" de aplicar sanciones a los recalcitrantes, que van desde la reprobación hasta los castigos sobrenaturales, pero sobre todo la sanción violenta mediante el recurso a la coerción. Por cierto que el gobernante no es el único miembro de la sociedad capaz de aplicar sanciones: los sacerdotes excomulgan, los jefes de estirpes decretan *vendettas*. Pero es el único que puede aspirar, y efectivamente aspira, a prohibir a los demás el uso de la coerción, que puede reivindicar el monopolio de ella (sea para ejercerlo él mismo o para autorizar la aplicación de sanciones coercitivas). Ese derecho no se le reconoce "naturalmente"; si gobierna, es porque está *en condiciones prácticas de hacer respetar sus decisiones*: acaso porque es rico y poderoso; acaso porque los miembros influyentes de la sociedad ven en él la encarnación de los valores comunes que todos los individuos deben aceptar; generalmente por la suma de las dos razones.

No se puede disociar el gobierno de la sociedad de sus formas de dominación características: las relaciones entre castas y entre clases, entre clientelas y linajes ilustran la variedad de esas formas. Las modalidades de gobierno mantienen una relación de homología (los mismos mecanismos actúan en la organización social y en la política) con las modalidades de dominación social. Sin embargo, no es una relación sencilla: los mismos grupos no se benefician forzosamente con los mecanismos de dominación económica y religiosa. Así, los brahmanes ocupan la cima de la escala en cuanto a pureza y ello los autoriza a dominar a las demás castas en el orden religioso, pero los guerreros terratenientes son los beneficiarios directos de la dominación económica: en las sociedades "sin historia", el derecho de gobernar y los privilegios que lo acompañan no se establecen simplemente en beneficio de *un* grupo debido a su posición dominante. Los conflictos entre los pretendientes al gobierno de una sociedad corresponden a los *enfrentamientos entre concepciones diferentes de la "superioridad"*, es decir, concretamente, entre grupos dominantes.[66]

La especialización de lo político no es necesariamente asimilable a la especialización de actividades políticas "particulares" ejercidas por el conjunto de los miembros de la sociedad; los litigios que van a arbitraje, los delitos que requieren castigo, se relacionan con las actividades cotidianas de individuos y grupos: producción, intercambio de bienes, observación de obligaciones religiosas, casamiento, reproducción. Generalmente, la especialización de lo político sólo concierne a los papeles de gobierno y las reglas relacionadas con él

---

[66] En este sentido, también son enfrentamientos sobre el modo de dominación "legítimo".

("elección" de gobernantes, relaciones entre el gobernante y los demás miembros de la sociedad, modalidades de promulgación de reglamentos, etc.). Sin embargo, en la medida que corresponden directamente a los gobernantes y se encuentran bajo su control inmediato, ciertas actividades sociales pueden estar reservadas a grupos especializados: el rey merina se rodea de consejeros, guardias y magistrados. Se puede calificar esos grupos indistintamente de "religiosos", "militares", "judiciales" o bien "políticos". Esta vacilación idiomática remite a un problema esencial, apenas vislumbrado hasta aquí: la diferenciación de actividades sociales y de grupos específicamente políticos. Se abordará este problema en el próximo capítulo.

2. LA FORMACIÓN DEL ESTADO EUROPEO

EL ESTADO es un modo de organización política que no se puede asimilar a cualquier forma de gobierno por coerción sin cometer un abuso.[1] Lo que se llama "Estado" con un mínimo de rigor corresponde al tipo de organización política que apareció en Europa en la era moderna y que se impuso de alguna manera como modalidad legítima de gobierno de las sociedades en la época contemporánea. No es ilícito considerar estatales a ciertas formas de organización política muy compleja de sociedades anteriores al Renacimiento europeo: las despóticas sociedades hidráulicas de la antigüedad,[2] el imperio romano y los reinos helenísticos presentan muchas características que emparentan a sus gobiernos con lo que habitualmente se entiende por Estado. Sin duda, difieren de éste por la persistencia de características "preestatales" como la escasa diferenciación de las instancias de gobierno y la confusión de tareas asignadas a sus burocracias.[3] Pero sólo una definición muy restrictiva del concepto de Estado impediría aplicar este término a formas similares de organización política, muy diferenciadas de otras formas de actividad, donde existe una fuerte especialización de las tareas, y donde el monopolio de la coerción y la autoridad está en manos de los gobernantes, asistidos por una burocracia permanente y regimentada. También se podrá admitir la aplicación del término Estado a los despotismos patrimoniales (pero no a todos los sistemas de autoridad patrimonial). El *patrimonialismo* tradicional, tal como se lo concibe según la definición de Max Weber, es un modo de dominación política donde el soberano ejerce una autoridad de tipo patriarcal sobre la sociedad sin distinguir sus bienes de los de la colectividad y donde sus esclavos, "clientes" y servidores son "funcionarios" estatales. El despotismo, tanto el patrimonial en el sentido original del término como el "neopatrimonial" que existe en ciertas sociedades contemporáneas, principalmente islámicas, comparte muchas características del Estado "moderno": el soberano ejerce el monopolio, a veces brutal, de la coerción; impone su autoridad suprema para la

---

[1] En este sentido, la expresión "sociedad con Estado" empleada para designar toda forma de "poder político coercitivo" (Clastres [1974]) parte de una generalización muy discutible de este concepto.

[2] Karl Wittfogel [1977].

[3] Bertrand Badie, Pierre Birnbaum [1982], pp. 79-80.

definición de las reglas colectivas de conducta práctica y la distribución de bienes; gobierna con ayuda de una burocracia que tiende a arrogarse un mínimo de autonomía y goza de cierta estabilidad colectiva; cuerpos especializados en la guerra, la policía, la justicia o la recolección de impuestos coexisten bajo la autoridad directa de jefes estrechamente dependientes de la voluntad (cuando no los caprichos) del soberano, pero se distinguen de manera formal y estatutaria en función de sus tareas. Así, el imperio otomano conoció una diferenciación institucional de diversas jerarquías correspondientes a las "ramas" de la burocracia imperial, a sus oficinas y sus tareas especializadas.[4] A condición de un análisis preciso de las particularidades del despotismo patrimonial, vinculadas sobre todo a la afirmación de un derecho de propiedad eminente del soberano sobre las tierras, el uso del término Estado no parece totalmente ilícito en este caso. Pero los debates sobre la definición más estricta y pertinente del Estado dependen de posturas intelectuales demasiado vastas como para abordarlas en estas líneas.[5]

Por consiguiente, sin exclusiones apriorísticas ni pretensiones de elaborar un método universalmente válido, se reconocerá que conviene buscar las características menos discutibles y los rasgos comunes más evidentes del Estado en las *formas de organización política* que se imponen en *Europa occidental* en la *época moderna*. Bernard Lacroix observa con razón que la aparición de la palabra "Estado" en Europa a fines del siglo XIII es un buen indicio de esta invención de una forma política, pero que "fue necesario esperar hasta el final del siglo XV para que adquiriera el significado de cuerpo político que se le da en la actualidad".[6] Durante el período de grandes transformaciones que va de los siglos XII a XVI se crean las condiciones para la formación de los Estados europeos; entre los siglos XV y XVIII surgen los primeros, y entre éste y el siglo XIX la mayoría de las naciones europeas y americanas "adoptan" de alguna manera esta forma de organización política. El ritmo es lento y también irregular: lo que en Inglaterra o Francia parecía resuelto a partir del siglo XVII, en otras partes se planteó a fines del XIX. Por tanto, no es sorprendente que el término Estado designe a una gran variedad de formas concretas, aunque se destacan algunas características comunes.

Weber es el autor de la definición más aceptada en la actualidad del Estado como *marco* de la dominación política: "Entendemos por Estado una empresa política de carácter institucional en tanto y en cuanto su dirección admi-

---

[4] Max Weber define el concepto de patrimonialismo en *Economie et société* [1971], sobre todo pp. 237-244. Sobre la diferencia entre "patrimonialismo" y "neopatrimonialismo", véase S. N. Eisenstadt [1973]. Guy Hermet [1983] destaca la estrecha relación entre el despotismo patrimonial, las exigencias de las elites diferenciadas y consumidoras, la aparición de mecanismos comerciales monetarios y la "flojera" de la burocracia (pp. 96-97).

[5] Véase sobre todo Jean Leca [1982].

[6] Bernard Lacroix, "Ordre politique et ordre social" [1985], vol. 1, p. 503.

nistrativa reivindica con éxito, en la aplicación de los reglamentos, el monopolio de la legítima coacción física."[7] Adviértase que Weber traza una distinción esencial entre el marco estatal de la dominación política o, si se quiere, la forma general de su ejercicio, y los distintos *tipos de dominación*; en este sentido se puede considerar al "Estado occidental moderno", donde tiende a imponerse el modo de dominación "legal-racional" (y burocrático en el sentido más riguroso del término), una forma particular del Estado o su forma histórica más acabada.[8] Sin duda, la definición weberiana tiene el gran mérito de sugerir las direcciones en que conviene investigar los rasgos comunes o las características del Estado occidental: su grado de institucionalización, las formas burocráticas de su dirección administrativa (o su gobierno), la monopolización por éste de la legítima coacción física. Con todo, algunas características no están comprendidas en la definición ni derivan de ella: la diferenciación de los organismos de gobierno, la especialización de los grupos que ejercen en concreto el monopolio de la coerción, e incluso la constitución de una clase dirigente determinada. Por eso conviene abordar ahora la historia de la "formación de los Estados" en Europa occidental.

ESPACIO EUROPEO, ESPACIO DE LOS ESTADOS

No se puede explicar la aparición de una forma de organización política sobre la base de condiciones puramente "interiores" a la sociedad en cuestión (véase el capítulo anterior). Sin embargo, muchos historiadores y politólogos siguen esta ruta al estudiar la evolución política de un país y las transformaciones de su modo de gobierno. Aquí se seguirá el camino opuesto, al considerar que el *espacio europeo* presenta características y sufre fenómenos de gran envergadura que afectan de manera desigual, ora directamente, ora por reacción (o de manera indirecta) a todos los países donde aparece un Estado. Se indagará en las múltiples modalidades de intercambio y de influencia que unen a las distintas sociedades europeas, sin pretender por ello analizarlas de manera precisa: transacciones económicas, migraciones (por ejemplo, la de los protestantes expulsados de Francia durante los siglos XVI y XVII, vínculos estrechos de parentesco entre las grandes familias reales y nobles, intervenciones "foráneas" en los conflictos religiosos que desgarraron a Francia y Ale-

---

[7] Max Weber [1971], p. 57. También pp. 229-232.
[8] Nuestra interpretación difiere de la de Badie y Birnbaum [1982], pp. 41-42, sobre todo cuando sostienen que "el nacimiento del Estado marca el fin del patrimonialismo"; es el nacimiento del Estado *moderno* lo que señala el fin del Estado *patrimonial*.
Sobre los tipos de dominación en Weber, véase más adelante.

mania en el siglo XVI, intercambios culturales que definieron el espacio europeo del Humanismo y, dos siglos más tarde, el de las Luces.[9]

Se indagará aún más en las estructuras comunes a las sociedades europeas, sean económicas, religiosas, culturales o sociales. En este caso el término "estructura" designa un sistema de relaciones entre grupos e individuos, a los que impone conductas adaptadas, en un período dado y un espacio determinado. Así, la estructura económica correspondiente a la generalización de los intercambios monetarios en el espacio europeo prerrenacentista impone a nobles y burgueses (es decir, les obliga a adoptar bajo pena de graves perjuicios) conductas de adquisición y acumulación de moneda, limita los intercambios en especie e incita a los comerciantes a colocarse bajo la protección de los reyes. Se puede visualizar a la Europa de los Estados como un espacio donde se intensifican las modalidades de intercambio y de influencia y donde se ejercen los efectos de estructuras económicas comunes.

Economía mercantil y transformaciones del feudalismo

Transformaciones económicas y construcción del Estado

Muchos autores marxistas o influenciados por el marxismo han atribuido un papel determinante al *desarrollo de la economía mercantil* en el surgimiento de los Estados. Sin caer en el "economicismo" (entendido como afirmación de lo económico como factor determinante, directamente o "en última instancia"), se puede afirmar que los trabajos más notables realizados con esta perspectiva han aclarado en gran medida nuestra comprensión de las modalidades de la construcción estatal en Europa. Tres períodos de historia europea han sido objeto de profundos estudios a partir de la afirmación de una estructura económica con efectos políticos decisivos.

El primero de esos períodos, correspondiente sobre todo a la segunda mitad del siglo XV y al XVI fue estudiado por Immanuel Wallerstein.[10] Con excep-

---

[9] La sociología de las relaciones internacionales no se limita al estudio de las relaciones interestatales. La aparición de los Estados europeos, la delimitación de sus territorios, la difusión de los modelos de organización social prevalecientes son, en un sentido riguroso, fenómenos "internacionales" o intersociales. El historiador alemán Otto Hintze deplora que demasiados estudios sobre el Estado se hayan regido por un interés excesivo en "los cambios sociales que se producen dentro del marco dado, cambios a los que se atribuye la modificación de las instituciones políticas. Esto significa arrancar cada Estado del contexto en que se formó; de esa manera, el Estado queda aislado, replegado sobre sí mismo, sin que se pueda responder a la pregunta: ¿su carácter particular no está codeterminado por la relación con su entorno?" Aquí se sigue a Aristide Zolberg [1985], pp. 584-589.

[10] Immanuel Wallerstein [1974], [1984] y [1985]. Este libro no se detendrá en la evolución

ción de algunas sociedades relativamente aisladas, que viven en la autosubsistencia y sólo evolucionan impulsadas por su dinámica "interior", la mayoría de las sociedades históricas están insertadas en "sistemas sociales" muy vastos y complejos, caracterizados tanto por una organización económica global como por un modo de organización política. En todas las sociedades, éste favorece la extracción de excedentes de producción y riqueza creada, así como la explotación de los productores por los sectores dominantes: tal es el esquema general de Wallerstein, conforme al postulado fundamental de la teoría marxista. Estos vastos sistemas que se suceden históricamente pueden tomar la forma de un "imperio-mundo" (donde un gobierno común controla militar y fiscalmente al conjunto de las sociedades) o el de una "*Economía-mundo*". Así sucede con el sistema que aparece a mediados del siglo XV, se impone en forma gradual en el noroeste de Europa, se extiende rápidamente a todo el espacio europeo y sus dependencias y luego al mundo entero. Las características de esta Economía-mundo "capitalista" se deben visualizar ante todo en la distribución del espacio: un Centro, donde el capitalismo alcanza su forma más avanzada, se opone a las zonas periféricas, productoras más que nada de cereales y materias primas, a las que extrae los abundantes excedentes de bienes que necesita para vivir, producir bienes manufacturados y desarrollarse. En la Europa renacentista, el Centro, núcleo activo del capitalismo, se sitúa en Inglaterra y el noroeste (puertos hanseáticos, Provincias Unidas, Flandes, Francia septentrional): allí es donde se desarrolla el capitalismo, provisto de la libre circulación de mercadería, la cría intensiva de ganado lanar, las primeras industrias textiles y navieras y el perfeccionamiento de las técnicas bancarias. Las regiones de la Periferia (como Rusia o la España arruinada por el cierre del Mediterráneo oriental y el desplazamiento de las grandes vías comerciales hacia el norte) se ven instigadas a proveer mayores cantidades de cereales y madera mediante la intensificación de las formas tradicionales de la producción. Así, el Centro se desarrolla gracias a la explotación del trabajo esencialmente agrícola de las regiones periféricas; su dominación está asegurada por los mecanismos de la economía mercantil y el enriquecimiento de las clases beneficiarias. El esquema de Wallerstein tiene el mérito de "haber descubierto que el concepto de 'dependencia' sólo retraducía en forma *espacial* el aparato conceptual marxista relativo a los mecanismos de explotación, y de haber estudiado sistemáticamente las consecuencias de este hallazgo".[11]

---

del pensamiento de este autor, de un libro a otro, sobre todo en cuanto a la importancia de las "superestructuras políticas" en la construcción de los Estados.

[11] Zolberg [1985], p. 581. En términos más rigurosos, se le reconoce a Wallerstein el mérito de haber aplicado la concepción marxista "espacializada" a la Europa renacentista. Antes que él, Engels y Lenin habían postulado la "espacialización", sobre todo para el estudio del imperialismo.

Desde esta perspectiva, se comprende la concepción de Wallerstein, de que una estructura económica de gran amplitud (una macroestructura) haya sido determinante en la *distribución de las formas de organización política* en Europa. En los países del centro de la Economía-mundo, sobre todo en Inglaterra, Francia y las Provincias Unidas, la constitución de gobiernos fuertes y centralizadores, instituciones diversificadas, una burocracia poderosa, flotas y ejércitos capaces de imponer el orden en mar y tierra, garantiza el desarrollo de las actividades capitalistas, sin encerrarlas por ello en un marco "nacional" restringido. En los países de la Periferia, el refuerzo de los modos de dominación tradicionales basta para garantizar la intensificación de la producción y el abastecimiento del Centro en cereales y madera: la agricultura se desarrolla en el marco de la coacción agravada del sistema feudal y allí donde existe la servidumbre (Rusia, Prusia), se la extiende y restaura. Por consiguiente, en el Centro imperan las formas políticas nuevas, acordes con las exigencias del capitalismo comercial y bancario, como el Estado inglés de los Tudor y los Estuardo, el Stathoudérat holandés o el Estado francés de los Valois y los Borbones. En la Periferia persisten los sistemas políticos tradicionales, muy coercitivos y militaristas, como el prusiano, el español y el ruso. El Estado "moderno" nace en el Centro. Es necesario afinar este análisis. Wallerstein toma en cuenta la situación intermedia, por así decirlo, de ciertos países de la Periferia, una parte de cuyas elites está interesada tanto en el desarrollo del capitalismo como en sus propias empresas de dominación militar y expansión territorial a expensas de sus vecinos. Estos países de la "Semiperiferia" cumplen de algún modo la función de gendarmes del sistema, someten a las masas explotadas de campesinos y siervos y con sus conquistas extienden el espacio de la Economía-mundo además de sus recursos primitivos. Los Estados semiperiféricos poseen características particulares: extrema militarización, burocracias dominadas por la nobleza feudal, despotismo siempre amenazado por las derrotas militares, recursos fiscales sin relación con sus ambiciones territoriales. Sus elites sociales obtienen apenas algunas migajas de la riqueza global, gracias a las relaciones que establecen directamente con el Centro. Por consiguiente, en la Economía-mundo coexisten dos formas fundamentales de Estado y dos vías para su construcción.

La teoría general que propone Wallerstein no carece de debilidades. Se le puede reprochar subestimación de los *factores "políticos" propiamente dichos* en el desarrollo de los Estados modernos: no da una explicación satisfactoria de la debilidad de las estructuras estatales en las Provincias Unidas fuera del período de la Stathoudérat; la constitución de Estados centralizados, dotados de una fuerte burocracia, órganos administrativos diferenciados, un ejército importante y semipermanente, así como un complejo sistema fiscal, es anterior a la etapa de la Economía-mundo tal como la concibe Wallerstein; la "periferización" de España obedece tanto a problemas políticos y militares como al desplazamiento del Centro hacia la Europa septentrional.[12] Con todo, el autor conoce el peso de las estructuras políticas, sobre todo cuando atribuye la formación de los Estados militarizados del Este europeo a los mecanismos expansionistas y los conflictos territoriales, no a la influencia "directa" de los intereses del capitalismo naciente; casi sin forzar su concepción, se puede considerar que el desarrollo de la Economía-mundo no crea sino que generaliza y acentúa los caracteres de un sistema de Estados europeos preexistentes. Más justa parece la crítica de B. Badie y P. Birnbaum de esta teoría cuando subrayan que la consolidación de los Estados absolutistas (sobre todo en la Francia de los siglos XVI y XVII) corresponde a un proceso de lucha contra las resistencias de grupos sociales hostiles a la extensión del capitalismo comercial; y que, por el contrario, esta extensión se realiza sin dificultades (en las Provincias Unidas como en la Inglaterra de los siglos XVII y XVIII) en países donde el Estado puede de alguna manera "prescindir" tanto de un gobierno fuerte y centralizador como de una burocracia compleja. "El desarrollo de las estructuras estatales fue mucho menos nítido en las sociedades que pudieron aprovechar plenamente y sin . resistencias los nuevos beneficios de la economía mundial que en los que conformaron su periferia inmediata."[13] Por consiguiente, se debe tener en cuenta una serie de condiciones sociales y políticas no atribuibles a la creación de una Economía-mundo capitalista para explicar las distintas trayectorias —y ciertos rasgos comunes— en la aparición del Estado moderno.

Barrington Moore propone una teoría más ambiciosa aún, que pretende explicar las transformaciones globales de la economía de los siglos XVII a XX y descubrir tres "vías" de paso del "mundo preindustrial" al "mundo moderno".[14] El ingreso de una sociedad al mundo moderno sólo se produce a costa de un trastorno brutal de las relaciones entre los grupos sociales; por consiguiente, las tres vías son revolucionarias, sea la "capitalista reaccionaria" (una revolución "desde arriba" en el marco de la alianza de una burguesía escasamente desarrollada con una clase terrateniente dominante), la "comunista"

---

[12] Estos argumentos, entre otros, fueron presentados por Hermet [1986], pp. 115-116 y por Badie y Brinbaum [1982], pp. 117-121.

[13] Badie y Brinbaum [1982], p. 122. Esta cita requiere dos observaciones: 1. Los autores asimilan "el desarrollo de las estructuras estatales" a un modelo, o tipo ideal, del "legítimo" Estado moderno (el de la Francia absolutista y burocrática o el de la Inglaterra de los Tudor). En esto coinciden con el punto de vista de Wallerstein sobre la forma que tomó el Estado del centro. Pero también se puede considerar que una forma de Estado menos burocratizado, débilmente centralizado, como el de la Inglaterra del siglo XVII, es igualmente "típico" del moderno Estado europeo. 2. No se puede desconocer el apoyo que recibió el desarrollo del capitalismo mercantil de parte del Estado en su etapa "absolutista" en Inglaterra (bajo los Tudor y los Estuardo) y en las Provincias Unidas (durante el Stathouderat de Guillermo de Orange).

[14] Moore [1979]. Las citas siguientes corresponden a las páginas 10, 12, 24, 337 y 335.

(en la que el campesinado cumple un papel determinante) o la *revolucionaria* *"burguesa"*. Para Moore, esta última es la que corresponde a la aparición de los Estados modernos antes de 1850 en Europa. Es propia tanto de Inglaterra como de Francia y Estados Unidos, países donde "un grupo social que posee una base económica independiente se lanza al asalto de los obstáculos heredados del pasado que cierran el paso al capitalismo democrático". En su concepción de la construcción del Estado, Moore atribuye un papel fundamental a la burguesía comercial, pero también a "la reacción de las aristocracias terratenientes y las clases campesinas ante el desafío de la agricultura comercial, [reacción que] cumplió un papel decisivo en el desenlace político". La transformación de las técnicas de producción agrícola y ganadera, cuyos efectos son claramente perceptibles en la Inglaterra de fines del siglo XVII y en las Provincias Unidas, las transferencias masivas de tierra a una aristocracia terrateniente provista de métodos de producción intensiva, la comercialización en gran escala de los excedentes agrícolas y lanares son los principales elementos de esta revolución "agrocomercial"; el fenómeno llega tardíamente a otros países europeos o bien encuentra una viva resistencia (como en Francia). Sin embargo, cabe destacar una diferencia cardinal entre los países donde la comercialización del producto es realizada por —y en beneficio de— una elite aristocrática que reúne a la burguesía empresaria con sectores de la antigua nobleza, y aquéllos cuya burguesía comercial choca con la resistencia de una nobleza terrateniente demasiado alejada de ella e incapaz de participar directamente en el proceso de comercialización. Moore señala el fuerte contraste entre la aristocracia relativamente unificada que "reinará" en Inglaterra a partir del siglo XVII y los grupos dominantes divididos que se enfrentan en Francia hasta fines del XVIII.

En este enfoque, Inglaterra representa la forma precozmente acabada de la revolución burguesa, el país donde se afirma antes y más claramente que en otros lo que se llamará *el Estado "moderno"*. En medio de la violencia y a costa de grandes trastornos sociales, la guerra civil inglesa del siglo XVII (la "Gran Revolución") instaura una forma de Estado opuesta a las pretensiones absolutistas de los Tudor y los Estuardo y distinta de la monarquía absolutista y burocrática francesa. Para explicar este gran acontecimiento, Moore destaca el crecimiento de una burguesía comercial, excesivamente ávida de tierras, y la difusión de un espíritu mercantilista, incluso "capitalista", que gana a los acomodados campesinos criadores de ovejas (los *yeomen*, "pequeños capitalistas ambiciosos") y a una parte de la nobleza. En definitiva, la Revolución beneficiará a una aristocracia compleja, que reúne a propietarios burgueses y sectores de la nobleza ganados para el desarrollo comercial; vencerá las resistencias de una monarquía que ha tratado de proteger a los pequeños campesinos y la *gentry* (pequeña nobleza) empobrecida, porque "la política real generó en su contra, en el campo y la ciudad, la alianza de espíritus mercantilistas ya unidos por muchos otros vínculos". Esta aristocracia capitalista triunfante, al superar las divisiones,[15] de alguna manera se "apodera" del Estado al reconocerse la supremacía del Parlamento y al ejercer la administración y la justicia locales. Sin duda, el parlamentarismo y el control de las actividades administrativas especializadas por una clase dirigente son tan característicos del Estado moderno como el desarrollo de una burocracia.[16] Para Moore, la comercialización agrícola, generada por los intereses y la acción de una burguesía fuerte, es la condición indispensable para la aparición de un Estado moderno libre de autoritarismo ("sin burguesía no hay democracia"), incluso cuando la revolución la llevan a cabo otros grupos sociales (elementos de la nobleza, *gentry* empobrecida, *yeomanry*).

Como se ve, Moore conoce la importancia de los factores no reducibles a la transformación de la estructura económica dominante: diferenciación de grupos sociales dominantes y modalidades variadas en las relaciones establecidas entre ellos antes de la "revolución burguesa"; poderío o sumisión de la Iglesia (que en Inglaterra fue sometida y despojada de sus tierras por los Tudor); herencia del feudalismo occidental que sentó el principio de "un compromiso libremente consentido entre hombres iguales ante el derecho"; consecuencias de guerras libradas por motivos no exclusivamente económicos, etc. Si bien postula en teoría la supremacía de los factores económicos, sus análisis no dejan por ello de reconocer, incluso en mayor medida que Wallerstein, la importancia de las *estructuras sociales* y las formas de *organización política* heredadas de períodos anteriores.

Los estudios dedicados a la etapa más reciente de la industrialización "forzada" ofrecen un ejemplo acabado de las síntesis que atribuyen a las transformaciones globales de la economía un efecto directo sobre la formación de los Estados europeos. Luego del período de la industrialización textil, caracterizado por la diversidad de clientelas y fuentes de abastecimiento, por la relativa pequeñez de las inversiones requeridas y la dispersión de empresas, sobreviene en la segunda mitad del siglo XIX[17] una etapa de *industrialización* con predominio de la *producción de acero*, máquinas pesadas y armamentos. El mercado

---

[15] Moore opone los intereses comerciales a los terratenientes, por consiguiente. la fracción "burguesa" de la aristocracia a su fracción "noble". Si bien la oposición de dichos intereses no es despreciable a medida que el capitalismo se vuelve más industrial y financiero, no se debe olvidar que la "nobleza terrateniente" inglesa del siglo XVIII surge en gran medida de una burguesía compradora de tierras ennoblecida bajo los Tudor y los Estuardo.

[16] Por eso Moore se ve tentado de asimilar la revolución burguesa con la democracia parlamentaria, forma de Estado que según él, 1) tiende a cerrarle el camino a la arbitrariedad del poder; 2) remplaza los poderes arbitrarios por poderes "justos y *racionales*", y 3) conduce, al cabo de un proceso largo y penoso, a la participación del pueblo en la instauración de los poderes ([1979], p. 334).

[17] Antes en Inglaterra, pero el enriquecimiento previo y la concentración urbana precoz favorecen una adaptación de las estructuras sociales y políticas al nuevo modo de producción.

se estrecha, ya que los principales clientes son las grandes fábricas y el Estado; las grandes inversiones exigen "planificación" financiera; la concentración del proletariado industrial en zonas restringidas acrecienta los riesgos de inestabilidad social. A partir de entonces, como señalan en distintos trabajos Alexander Gerschenkron y K. de Schweinitz, el Estado adquiere una función adicional: como gendarme del proletariado, fortalece su ejército y su policía; puesto que las posibilidades de expansión y enriquecimiento de las naciones que controla dependen de la industrialización, sus dirigentes alientan la creación y extensión de sociedades financieras e instituciones dedicadas a absorber y distribuir los capitales; puesto que sus administradores son los interlocutores privilegiados de industriales y banqueros, su burocracia se amplía y diversifica sus tareas.[18] Como intervencionistas, que con la industrialización rápida obtienen beneficios importantes (sobre todo en recursos financieros y capacidad militar, pero también con el enriquecimiento general que beneficia en mayor o menor medida a todos los grupos sociales), al chocar con la resistencia parlamentaria de los representantes de categorías sociales perjudicadas por el proceso, los gobernantes se ven obligados a "forzar" de alguna manera el movimiento. Por eso los Estados donde la industrialización pesada es relativamente tardía suelen tener un carácter autoritario, incluso déspota: la Alemania de Bismarck y la Francia del Segundo Imperio ilustran las consecuencias políticas de la *recuperación industrial* en la Europa decimonónica.

> El autoritarismo liberal no sólo tiende a erigir una barrera contra las reivindicaciones populares vueltas más acuciantes por la proletarización masiva. Crea el cuadro político más propicio para establecer relaciones eficaces entre los grandes industrializadores privados y públicos, los empresarios del capitalismo financiero y los altos funcionarios.[19]

Sería inaceptable extraer de esta tesis lo que ella no dice: que la coacción de una estructura económica nueva sobre países menos industrializados que Inglaterra es la *causa* de que el poder de los gobernantes se vuelva despótico y se desarrolle la burocracia; está muy claro que Prusia y Francia habían sufrido anteriormente largos períodos de absolutismo (no son consecuencias a largo plazo) y que sus burocracias eran muy poderosas. Antes bien, se reconocerá que las formas anteriores de organización política presentaban características institu-

---

[18] Alexander Gerschenkron [1962]; K. de Schweinitz Jr. [1964].

[19] Hermet [1986], p. 128. La expresión "autoritarismo liberal" recuerda oportunamente que el autoritarismo político puede servir al económico, si no imponerlo. Es el caso de Francia, donde el Imperio autoritario (1851-1869) impone el librecambio a una clase dirigente contraria a esa decisión; la república parlamentaria "burguesa" reestablece el proteccionismo. Asimismo, Bismarck se empeña en extender el espacio aduanero alemán.

cionales que la etapa de industrialización "estatal siderúrgica" contribuyó a reforzar y que en ese contexto favorable pudieron desarrollarse aún más.[20]

De esos grandes estudios sintéticos sobre la aparición del Estado "moderno" se desprende finalmente que: 1) la diversidad notable de las formas de organización política a las que se atribuye el calificativo de "Estados" no permite desconocer el papel decisivo de los intercambios y las estructuras *comunes* de Europa y su periferia: las formas estatales aparecen como manifestaciones diferenciadas de procesos generales que afectan al conjunto europeo; 2) los modelos explicativos que privilegian los factores económicos encuentran sus límites en la importancia efectiva que los autores deben reconocer a las condiciones generales de orden *político, social* o *religioso*, así como a la consideración de las "particularidades" sociales de cada país que dan lugar a la diferenciación de las formas estatales; 3) los modos de dominación que se ejercen en el marco de los distintos Estados jamás corresponden concretamente a un "tipo puro" —en el sentido weberiano del término (véase más arriba)— sino que, *por diversas vías,* un modo de dominación "legal" y "racional" tiende a imponerse progresivamente en los países europeos.

Consecuencias del feudalismo occidental

Muchos autores, especialmente los epígonos de Marx, han utilizado los términos "feudalidad" o "feudalismo" para designar formas muy variadas de organización social, desde la Ruanda precolonial (véase el capítulo anterior) hasta la Francia prerrevolucionaria o el Japón de mediados del siglo XIX. Un rigor elemental exige que no se confundan esos términos y que en todo caso se indiquen las particularidades del sistema feudal europeo.[21] Por eso aquí se llamará feudalidad al sistema de organización social y política dominante en Europa occidental entre los siglos XI y XIV. De alguna manera, la construcción de los Estados modernos es la historia de las distintas "salidas" de una misma forma de organización: la *feudalidad occidental.* Al definir este modo de organización social, muchos historiadores destacan la confusión de funciones en una misma persona, el señor, que es a la vez gran propietario, dueño de un feudo, jefe de guerreros *(milites)* vinculados personalmente con él, juez y árbitro entre sus vasallos y dependientes y protector de los sacerdotes. Administra sus dominios como su "casa".[22] Las características de todos los señores feudales se verifican particularmente en los Grandes:

---

[20] Véase lo dicho en el capítulo anterior sobre la influencia del "entorno".

[21] Georges Duby [1978] subraya las características particulares del feudalismo en cada región del Occidente cristiano. Sin embargo, se le pueden reconocer características comunes al sistema feudal en toda Europa occidental; véase Marc Bloch [1968].

[22] Duby [1978].

> En la posición social del gran señor feudal, el príncipe, se confundían
> las funciones del hombre más rico, el propietario de los medios de pro-
> ducción más importantes de sus dominios, con las del soberano, el due-
> ño de las fuerzas militares y policiales, el magistrado y el juez. Funcio-
> nes que hoy, en el marco de la división del trabajo, ejercen individuos o
> grupos, como la de gran terrateniente y la de jefe de gobierno, en esa
> época conformaban una unidad indisoluble y revestían el carácter de
> "propiedad privada".[23]

La fuerte autonomía de los feudos, la generalización de las relaciones personales entre el señor y el vasallo, que se brindaban mutuamente "amor y fidelidad", el debilitamiento de la servidumbre en occidente, la persistencia —con
desigualdades, según las regiones— de tierras libres y de un comercio limitado a los bienes de lujo y los productos del artesanado urbano son, juntamente con la proliferación de los monasterios, rasgos del feudalismo occidental;
conviene tenerlos en cuenta, aunque no afecten directamente la forma de organización política.

La dinámica del sistema feudal es la de una competencia feroz entre los
señores, que alivia apenas la existencia de los vínculos de vasallaje y que tratan
vanamente de canalizar los obispos y monjes, también ellos grandes propietarios y señores de sus dominios y, por lo tanto, envueltos en muchos conflictos.
Norbert Elias hace de esta *competencia el principio que explica la constitución de los
reinos*:[24] entre los señores se ejerce una brega incesante para apoderarse de
nuevas tierras y agrandar sus territorios; quien pretendía tan sólo conservar
sus dominios en el estado presente se exponía a perderlos. Muchos factores,
que Elias menciona al pasar, ayudaron a fomentar esta competencia: el importante aumento de la población durante los siglos XII y XIII juntamente con
la roturación de los campos, el desarrollo de un comercio de lujo que ofrecía
bienes costosos a los más afortunados, la afirmación de valores de nobleza
que exaltaban las cualidades guerreras de los señores y hacían de la toma de
armas una verdadera ceremonia. Semejante sociedad es inestable por definición, a falta de un poder superior capaz de imponer sus arbitrajes. Las "paces
de Dios" decretadas por los obispos son efímeras, no se las respeta, el ideal
monástico de la pacificación mediante la oración se debilita durante el siglo
XII y el rey soberano supremo carece del poder necesario para expulsar la violencia de los territorios bajo su control directo. Los "combates eliminatorios",
enfrentamientos implacables, constituyen un "mecanismo de monopolización" que afecta en principio a los señoríos pequeños y luego a las casas de

---

[23] Norbert Elias [1976], p. 87. La referencia a la "división del trabajo en esta cita se aclarará
más adelante.
[24] Elias [1976], pp. 18-20.

los príncipes, una vez que aquéllos han quedado destruidos, absorbidos o sometidos a la autoridad directa de los Grandes. La constitución de los Estados marca el fin provisorio de este proceso.[25]

La construcción del reino de Francia entre los siglos XII y XIV ilustra este *mecanismo de monopolización*. Luis VI, jefe de la casa Capeto, se lanza a la guerra para imponer su autoridad a los señores de la Ile-de-France; así se asegura el monopolio de la coerción en sus dominios y recursos suficientes para que sus sucesores compitan con otros grandes señores, también conquistadores de territorios. Los Capeto encontrarán en su camino a otras grandes familias que disputan su supremacía en cada etapa del proceso: principalmente las casas de Maine, Blois, Normandía, Flandes y los condes Plantagenêt d'Anjou; éstos se apoderan de Inglaterra y Aquitania a mediados del siglo XII y sus sucesores amenazarán a Francia hasta mediados del siglo XIV. Elias sostiene que "si los Capeto no se hubieran asegurado la supremacía en el ducado de Francia, el poder hubiera sido acaparado —como en otras regiones— por otra casa".[26] Resta decir que los jefes de la casa Capeto contaban con un recurso importante, que pudieron aprovechar a lo largo de todo el proceso; el título de rey, heredado de la dinastía Carolingia, les valió el apoyo de los obispos, la posibilidad de cobrar impuestos a las instituciones eclesiásticas situadas fuera de sus dominios y, desde el comienzo, dio a su función un carácter sagrado.[27] A fines del siglo XIV, los reyes de Francia lanzan una serie de batallas decisivas; la mayoría de sus adversarios eran parientes cercanos, herederos de grandes dominios que los reyes anteriores habían concedido a sus hijos menores y a sus hermanos a título de "infantazgos"; esos rivales poseen suficiente poder y riqueza como para aspirar a la corona y oponerse a la monopolización creciente del poder. Sin embargo, se modifica el significado de la competencia: los príncipes beneficiarios de esas herencias no pretenden eliminar a uno de sus pares; quieren ocupar su lugar a la cabeza del reino o bien impedir que quiebre sus autonomías, controle sus territorios y los reduzca al estado de grupo dependiente, adinerado pero políticamente impotente. Aunque el sis-

---

[25] Elias formula una "ley de alcance general" en estos términos: "Cuando en una unidad social de cierta extensión un gran número de unidades sociales más pequeñas, que por su independencia conforman la gran unidad, disponen de una fuerza social casi idéntica y por ello pueden competir libremente —sin ser molestados por los monopolios existentes— por la conquista de oportunidades para adquirir poder social, en primer término los medios de subsistencia y producción, existe una fuerte probabilidad de que en la lucha se produzcan vencedores y vencidos y que las oportunidades acaben por caer en manos de un pequeño número, mientras que otros desaparecen o caen bajo los golpes de algunos." (*La dynamique de l'Occident*, ob. cit., p. 31.)

[26] Elias [1976], p. 14.

[27] Sobre la concepción que tienen los obispos de la relación privilegiada entre el rey y la Iglesia en el siglo XI, véase Duby [1978], pp. 35-81. El carácter precoz de esta representación del orden ideal de alguna manera da a los Capeto una "ventaja" sobre sus rivales, aunque no estén en condiciones de aprovecharla inmediatamente.

tema feudal está dislocado, su espíritu competitivo sobrevive en esos príncipes, condes de Armagnac y de Dreux, duques de Anjou y de Borgoña. El Estado monárquico sale fortalecido de ese combate porque se ha constituido gradualmente en la lenta sucesión de conflictos con los Grandes y porque ha
logrado destruir la feudalidad que le dio origen.

Pero en otras partes el feudalismo dio lugar a otras formas de organización política. En Europa central y, de otra manera, en la Italia septentrional,
las luchas entre príncipes no conducen a la creación de reinos importantes y
estables. Sin duda, cabe atribuir la persistencia de múltiples principados a la
pretensión de los *soberanos del Sacro Imperio* de conservar la autoridad suprema
sobre ese vasto conjunto de territorios. Aparentemente, jamás dispusieron de
los recursos necesarios para realizar ese proyecto: los dominios de las dinastías
a las que tocó en suerte la corona imperial durante períodos variables no eran
lo suficientemente grandes ni estaban consolidados como para constituir el núcleo de un auténtico conjunto político coherente; la autoridad de los emperadores, cuyas pretensiones de universalidad eran refutadas por los hechos, estaba socavada por los interminables conflictos con el papado; las alianzas entre
príncipes y ciudades soberanas, a veces fomentadas por los reyes de Francia o
Inglaterra, se hacen y deshacen sin que el emperador pueda controlarlas ni, *a
fortiori*, impedirlas; no hay manera de extraer recursos financieros del Imperio
sin arduas negociaciones con asambleas de príncipes y burgueses; los emperadores se ven obligados a endeudarse con las ciudades, empeñando así los recursos que obtienen de sus dominios. Aun en el siglo XIV, el último gran emperador, Carlos V, de la dinastía Habsburgo, hace la guerra contra los príncipes
del Sacro Imperio, a la vez que mendiga los recursos para mantener un ejército y una administración imperiales. También aquí se disloca el feudalismo, tal
vez con mayor rapidez que en otras partes, porque a partir del siglo XIII el poderío de las ciudades mercantiles y de la burguesía financiera perturba todo el
sistema, sobre todo al destruir los cimientos casi autárquicos de los principados. Pero esta "salida" del feudalismo se realiza sin que aparezca un centro político lo suficientemente rico y poderoso como para eliminar los innumerables
señoríos que conforman el conjunto inestable del Sacro Imperio.

Distinto es el caso de *Inglaterra*, donde los reyes, a diferencia de sus vecinos franceses, no se han visto obligados a combatir las pretensiones de los
grandes señores feudales. Su autoridad es reconocida más fácilmente por muchas razones. Las guerras libradas "fuera" de la isla, sobre todo contra la casa
Capeto, ayudan a consolidar una alianza precoz y duradera entre el rey y los
barones; los particularismos regionales son menos acentuados que en el continente, salvo en regiones que durante mucho tiempo permanecen fuera del
reino (Gales, Escocia); la unión de los jefes temporales en torno del rey se ve
reforzada periódicamente por el conflicto prolongado con la rica Iglesia de
Inglaterra; la función real goza de prestigio, pero no se la puede ejercer sin el
acuerdo de los Grandes; finalmente, el campesinado libre sirve en cierta me-

dida de contrapeso a las ambiciones de los feudales. Esas condiciones se oponen parcialmente a la voluntad de los reyes de controlar por sí solos el gobierno de toda la sociedad inglesa, pero a la vez les asegura hasta el siglo XIV el apoyo de los Grandes y la obtención de recursos importantes. Aquí el sistema feudal parece transformarse en "Estado" sin solución de continuidad, incluso sin conflictos. Elias ve en el contraste entre Inglaterra y el Sacro Imperio una ilustración persuasiva de sus hipótesis sobre el "tamaño" óptimo de una unidad feudal capaz de evolucionar hacia una forma de Estado. "El orden de magnitud en el marco del cual se desarrollan ciertos procesos sociales es un elemento estructural entre otros que conviene no descuidar. Explica en cierta medida por qué la centralización e integración de los territorios francés e inglés fueron tanto más rápidas que las de Alemania."[28] Sin embargo, esta hipótesis requiere cierta prudencia; por un lado, el "marco" territorial en el cual se desarrolla el proceso de monopolización no está dado *a priori* (las "fronteras" de Francia y Alemania son producto de la interacción de muchos competidores y se modifican sin cesar; el tamaño "ideal" de Inglaterra se debe tanto a la prevención de conflictos prolongados con los reinos de Escocia e Irlanda como a la insularidad del país); por otra parte, las particularidades regionales del sistema feudal (prestigio y pretensión de universalidad de la corona imperial en Alemania y el norte de Italia, alianza consolidada por la historia entre el rey y los barones ingleses) son a la vez causa y resultado del tamaño del marco territorial dentro del cual se desarrolla la competencia.

Así, las distintas evoluciones del feudalismo occidental conducen a la construcción de formas concretas de Estado, no a la consolidación de un modelo único de Estado europeo. Ésta es, al fin y al cabo, la conclusión del gran estudio de Perry Anderson sobre *los orígenes del Estado absolutista europeo*.[29] Sin duda, el autor comienza por señalar con firmeza la generalidad del sistema feudal en Europa occidental, ya que las características de esta forma de organización social aparecían en todas las regiones:

> El feudalismo implica generalmente el sometimiento jurídico y la protección militar del campesinado por una clase social de nobles dotados de autoridad y propiedad individuales y que ejercen un monopolio jurídico exclusivo y derechos judiciales privados, en un contexto político de soberanía fragmentada y fiscalidad subordinada, todo acompañado por una ideología aristocrática que exalta la vida rural.

Esta definición descarta cualquier confusión con formas de organización social bastante similares, como la sociedad japonesa de mediados del siglo XIX, donde

---

[28] Elias [1976], p. 16.
[29] Perry Anderson [1978]. Las citas siguientes son de las páginas 55, 234, 229 y 249.

se comprueba la existencia de cadenas de vasallaje, concesión de feudos y fragmentación de la soberanía, pero donde la subordinación del vasallo al señor sigue un estricto orden jerárquico y ninguna institución autónoma, eclesiástica o
burguesa, puede desarrollarse. Por eso, según Anderson, conviene limitar la
aplicación del "modelo de feudalidad" a Europa occidental.[30] Además, la feudalidad occidental está impregnada de restos del pasado: aunque abolidas en la
práctica, las estructuras de la antigüedad romana han dejado rastros en la herencia urbana, los islotes de propiedad libre, las normas jurídicas. El trabajo de
clérigos y legistas,[31] la actividad de los comerciantes, el auge de las universidades evocan el pasado y reavivan sus restos. "El pasado clásico despertó nuevamente en el seno del presente feudal para preparar la futura venida del capitalismo", como también, se puede agregar, la del Estado moderno.

Según Anderson, la unidad europea de la feudalidad explica el desarrollo
de características comunes a los Estados que surgieron de ella. El poder se va
concentrando progresivamente en manos de un señor que suma los atributos
de soberano feudal y rey consagrado; ese rey recibe el apoyo de una parte de
la nobleza feudal que obtiene de ello diversas ventajas (participación en expediciones militares rentables de gran envergadura, obtención de recursos por
medio de los regalos, las concesiones y las herencias que obtiene del rey); las
grandes familias surgidas del feudalismo se asocian a la empresa real de cobro
de impuestos a la riqueza de los comerciantes y fabricantes urbanos, e incluso
de la Iglesia (empresa que enriquece al rey, pero también a sus "amigos": los
Dudley, Seymour y Leicester en Inglaterra; los Guise, Montmorency y Borbón
en Francia, etc.). El absolutismo naciente, ideal de gobierno de los legistas del
rey y los teóricos del poder, significa para los grandes señores un incremento
de sus recursos financieros y su margen de acción. Sin embargo, en todas partes se producen conflictos entre el rey y los nobles: los puestos administrativos
que se multiplican recaen en parte sobre los burgueses, a la vez que los Grandes deben renunciar al uso particular de las armas, el derecho de justicia sobe-
rana en sus dominios y el modo de vida feudal. A lo largo del siglo XVI se producen revueltas de nobles en toda Europa —a veces disfrazadas de guerras de
religión— y el rey deja de convocar a los revoltosos "Estados" (parlamentos)
en Francia, Castilla, Baviera e incluso, durante un largo período, en Inglaterra. "La ruptura fundamental entre la aristocracia y la monarquía en esa época
no tenía una verdadera base económica [...] Era *política*, relacionada con la
posición del conjunto de la nobleza en ese régimen naciente cuyos grandes li-

---

[30] Esto lo lleva a condenar al marxismo que utiliza indiscriminadamente el concepto de feudalismo: "Un materialismo tan ciego, incapaz de apreciar los matices del espectro real y rico de
las diversas totalidades sociales, conduce inevitablemente a una forma de idealismo".

[31] El trabajo de los clérigos y legistas para "recuperar" la historia es uno de los mecanismos
fundamentales de construcción de una memoria colectiva, característico de las "sociedades con
historia".

neamientos todavía resultaban oscuros para los actores que se desempeñaban en él". Así se explica la "salida" del feudalismo que, según Anderson, prevaleció en la mayoría de los países europeos; es el absolutismo estatal, fuertemente impregnado de hostilidad a la burguesía en España, que aprovechó las rivalidades entre nobles y burgueses en Francia y se impuso en Inglaterra contra una coalición de la nobleza con la burguesía mercantil.

El absolutismo, que para Anderson es la *forma general de evolución* (y destrucción) del feudalismo, se diversifica según los países y finalmente es derrotado en Inglaterra. Contra los autores que hacen de la monarquía inglesa un modelo de Estado capitalista y mercantil, Anderson sostiene que se trata de una excepción, un caso particular que desmiente la tendencia general de Europa occidental. No es que el absolutismo no haya conocido allí una de sus formas más notables en el siglo XVI y el primer tercio del XVII: los Tudor, vencedores en las guerras de la nobleza, desarrollan una administración compleja, controlan estrictamente la justicia local, suprimen las franquicias señoriales, crean un Consejo de Estado todopoderoso; Enrique VIII vence a la Iglesia, confisca los bienes de los monasterios, crea una armada que fortalecerá Isabel I; el Parlamento es convocado en raras ocasiones, salvo cuando las guerras con España obligan al rey a cobrar impuestos generales. La monarquía absolutista de los Tudor sólo fracasa en sus proyectos de mantener un ejército permanente e instaurar un monopolio real del fisco. Con todo, la política interior de los reyes (venta de los bienes de la Iglesia a los nobles y comerciantes, multiplicación de "cargos") y sus costosas ambiciones exteriores acaban por fortalecer al Parlamento y forjar la alianza de la nobleza con la burguesía; esta alianza, consolidada por el desarrollo precoz del capitalismo, enterrará al absolutismo. Aquí Anderson coincide con los autores que atribuyen al predominio de una nueva estructura económica un papel decisivo en la formación del Estado moderno.

Sin embargo, como se ha visto, ninguno de esos autores puede desconocer las demás condiciones del "nacimiento" del Estado. Esas condiciones, sean culturales o religiosas (la distinción tiene un sentido relativo) son también características generales del espacio europeo.

Estructuras y concepciones culturales

Evidentemente, no se trata de *sustituir* una explicación basada en la economía o en la transformación de las estructuras sociales por otra basada en las estructuras y concepciones culturales: eso significaría acordar un papel exclusivo o determinante a las relaciones de orden intelectual o religioso, a las creencias y representaciones de los miembros influyentes de la sociedad sobre la organización política. Interesarse en las estructuras y concepciones culturales significa esencialmente reconocer la importancia de los modos de pensamiento con los cuales los individuos comprenden lo que les sucede y tratan de adaptar sus conductas. Concretamente, las consecuencias de las transformaciones económicas y sociales modifican y a veces trastornan las relaciones entre grupos e individuos, destruyen las jerarquías establecidas, socavan las autoridades. Estas modificaciones fundamentales no pasan inadvertidas para los que las sufren: cuando un comerciante enriquecido del siglo XIV se arroga el derecho de portar espada, comandar una milicia urbana y adornar la fachada de su domicilio con una torre, ni nobles ni artesanos pueden desconocer esta manifiesta transgresión de las reglas feudales. ¿Cómo comprenden esta situación inédita, cómo intentan desacreditar las pretensiones del comerciante o, por el contrario, tenerla en cuenta en sus concepciones de las legítimas relaciones sociales? En esas circunstancias, las conductas que pueden adoptar no están inmediatamente determinadas por el enriquecimiento de los comerciantes urbanos sino por la manera como *advierten y juzgan* los efectos de ese enriquecimiento y, por consiguiente, por las categorías de pensamiento que les permiten interpretarlo. Si en esas condiciones, los nobles "cargan las tintas" sobre sus privilegios aparentes para conservar la distancia que los separa simbólicamente de los burgueses ricos, contribuyen a preservar un modo de pensamiento que diferencia los dos grupos, les asigna roles distintos y los jerarquiza; si, por el contrario, aceptan en la práctica considerar a los burgueses ricos como parte de su propio grupo social, su conducta ayuda a restar legitimidad a las concepciones anteriores de distinción social.

Las representaciones de la organización social pueden ser modificadas por transformaciones que afectan a las estructuras económicas y sociales; pero ello sólo sucede en el marco de las posibilidades creadas por las estructuras y las concepciones culturales desarrolladas por grupos e individuos. Además, esas estructuras y concepciones pueden demorar e incluso imposibilitar un cambio progresivo de las representaciones del orden político ideal. Por último, si se imponen las nuevas representaciones, éstas son, en gran medida, tributarias de concepciones anteriores y, por consiguiente, pueden "insertarse" en los modelos antiguos. Así, cuando en una sociedad se establece la distinción de actividades y roles —por ejemplo, religiosos—, esta diferenciación constituye un "modelo" de organización social y política. Es un modelo en la medida que la mayoría de los miembros influyentes de la sociedad suscriben a la separación de roles y tareas y aseguran la difusión de las creencias correspondientes. Aunque sea impugnado, por ejemplo, por los intelectuales, el modelo subsiste en tanto las "elites" políticas, sociales y religiosas adopten en la práctica las conductas correspondientes; dicho de otra manera, mientras el rey no asuma el rol y las prerrogativas correspondientes al obispo y éste no adopte la conducta del dirigente político. Por cierto que pueden aparecer cambios en las concepciones de cada papel: un rey controlado por el Parlamento puede parecer más legítimo que un monarca absoluto; la designación papal de los obispos puede ser preferible a la elección de éstos por el rey o los dignatarios de la diócesis. Pero en la medida que no se transgreda la distinción de los roles y los órdenes de actividades, subsiste el modelo de separación, cualesquiera que sean las modificaciones que afecten la definición de cada uno. En ese sentido, los modelos existen principalmente en la práctica y en las conciencias de los individuos afectados; toman la forma de representaciones idealizadas del orden social y político en los escritos de los intelectuales y los exégetas del régimen; pueden quedar explícitos en textos doctrinarios. Con todo, no siempre sucede que los modelos más consolidados y duraderos fueran comprendidos claramente por aquellos que los sostenían con sus acciones y conductas; la sumisión práctica a un modelo suele estar acompañada por su desconocimiento. Entonces, una reflexión *a posteriori* o basada en reglas metodológicas rigurosas puede echar luz sobre lo que tanto los individuos como los grupos debían a esos modelos sin haber sido conscientes de ello. El análisis también puede tomar en cuenta las consecuencias inadvertidas de las formas (o estructuras) de pensamiento, los hábitos culturales y las reglas de conducta. Para retomar el ejemplo anterior, actos rituales señalan y hacen visible la separación de los papeles como de los individuos a quienes corresponden: el clérigo está tonsurado, obligado a la oración constante, consagrado al celibato; el caballero recibe una espada, un caballo de guerra, un estandarte. Para unos y otros, estos actos rituales pueden parecer obligaciones morales, sociales o religiosas, es decir, mucho más que signos o "marcas" de la diferenciación de roles; a la vez, contribuyen a sustentar la *creencia en la necesidad social* de la separación tajante de actividades. Mientras se realicen esos actos y cualquiera que sea la significación primordial que les atribuyen los interesados, se conservará un modelo de organización social y política.

Como se ha visto, el largo período de la historia occidental que corresponde a la consolidación de los Estados se caracteriza por importantes transformaciones de las estructuras económicas y sociales. Pero resulta que no se puede comprender las formas variadas del fenómeno y su relativa generalización sin estudiar atentamente las estructuras y concepciones culturales que se imponen a individuos y grupos y, a la vez, son sustentadas (o impugnadas) por ellos. Estas estructuras, esencialmente religiosas en el período en cuestión, son *sistemas de relaciones*, tanto entre las diversas categorías de clérigos como entre éstos y otros grupos (señores, guerreros, reyes o comerciantes). Estas concepciones son las que permiten a unos y otros comprender los efectos de los cambios económicos y sociales, tratar de tenerlos en cuenta y adaptar a ellos *sus representaciones del orden político ideal*. Sin duda, los modelos de organización social y política que desaparecen, surgen o persisten en ese contexto son percibidos con mayor o menor claridad por quienes realizan los cambios; pero el trabajo del historiador o el sociólogo los revela con mayor nitidez para comprender mejor su papel en las transformaciones propias del orden político. Tal es el objetivo máximo de la sociología histórica.

El cristianismo occidental y la diferenciación de lo político y lo religioso

Muchos autores sostienen que la aparición del Estado occidental "moderno" consagra la disociación de dos órdenes de actividades, dos "sistemas" o dos "esferas" (términos que aquí son indistintos): lo político y lo religioso. Si la Europa cristiana, al menos en su región occidental, "inventa" el Estado, es porque un modelo común, que define las relaciones entre los *dos órdenes diferenciados*, se habría impuesto progresivamente a lo largo de la Edad Media. Tal es la tesis sostenida sobre todo por Bertrand Badie y Pierre Birnbaum:

> Es incuestionable que el cristianismo cumplió un papel de primera importancia en la construcción e "invención" del Estado. Ese papel creció a medida que la religión cristiana proclamaba la autonomía del poder espiritual con respecto al temporal y bosquejaba así, por la negativa, los contornos de un campo político concreto que poco a poco debió elaborar su propia fórmula de legitimidad, así como un modo de funcionamiento nuevo y original.[32]

Esta tesis puede ser objeto de dos lecturas, ambas sugeridas por Badie y Birnbaum en distintos escritos. Una insiste en la transmisión de un modelo inicial o un conjunto de concepciones originales; la otra privilegia las consecuencias de una competencia prolongada entre los clérigos y los gobernantes temporales.

No nos detendremos en las concepciones que, desde el origen del cristianismo, permitieron esbozar una distinción entre el orden religioso (o espiritual) y el poder político (u orden temporal). Aquí se suele citar la respuesta de Cristo sobre la obligación de pagar tributo al emperador romano: "Dad a César lo que es de César y a Dios lo que es de Dios". También se evoca la distinción trazada en el siglo IV por San Agustín entre la Ciudad de los hombres y la Ciudad de Dios, a la que todo hombre está indisolublemente atado. Así, el pensamiento cristiano abrevaría en fuentes *originales* que lo incitarían a disociar dos territorios, dos esferas, lo temporal y lo espiritual. En cambio, el Islam se habría desarrollado a partir de la concepción opuesta —que la sociedad sería regida por leyes inmutables dadas por Dios a los hombres a través de la palabra inspirada del Profeta—, lo que dio lugar a la confusión de lo sagrado con lo profano.[33] El argumento de los orígenes es poco convincente:

---

[32] Badie y Birnbaum [1982], pp. 143-144. El término "campo político" se usa aquí en el mismo sentido que esfera u orden de actividades políticas.

[33] Hermet [1986] subraya con razón que "incluso en este universo monista de confusión de lo político con lo sagrado, en ciertas épocas se introducen fragmentos de secularismo y de autonomía de lo profano"; observa que se pueden encontrar gérmenes de esta distinción en la conducta del Profeta (p. 14). Sobre las concepciones políticas en el Islam, véase el capítulo siguiente.

muchas formas históricas del cristianismo parecen ignorar la disociación de lo político y lo religioso, sea la tradición ortodoxa oriental, la empresa monástica de los cistercienses que en el siglo XI tratan de erigir una sociedad volcada a la construcción del orden divino sobre la Tierra, o incluso el puritanismo protestante. Lo que hay que explicar es ese recurso constante a las fuentes originales en la historia de la Iglesia cristiana occidental y, más aún, el hecho de que un modelo de disociación de los órdenes de actividad se haya impuesto entre los siglos XIII y XIV. Ahora bien, no se llegó a este desenlace sin dificultades; mientras los "herejes" rechazaban todo poder temporal en nombre de las reglas evangélicas (siglo XI) y los cistercienses proponían a los poderosos el ideal de una sociedad en la cual los monasterios anexarían e incluso absorberían el poder temporal (siglos XI y XII, emperadores y reyes trataban de concentrar en su persona todos los poderes, hacerse reconocer como personajes sagrados, incluso divinos.[34] El modelo de diferenciación de las esferas profana y religiosa, dotadas cada una de su propia legitimidad, tuvo que *competir* con otros; de lo que se trata es de comprender su éxito, más que los textos que sirvieron para justificarlo.

La Iglesia cristiana occidental reconoció la primacía del papa, obispo de Roma y, por eso, depositario del ideal de un mundo regido y pacificado por la *Urbs* (*la* Ciudad); luego se organizó en función de las vicisitudes del poder temporal en la Edad Media. Cuando el emperador parecía incapaz de imponer el orden entre los hombres, los papas afirmaban su deber de controlar la organización social en nombre de su misión espiritual, frente a un poder temporal claudicante. Así actúa el papa Gelasio en el siglo V, cuando el Imperio occidental cae ante los avances de los bárbaros y se desmembra en monarquías surgidas de las oleadas de invasiones; así actúa el papa Gregorio Magno durante el siglo XI, cuando el feudalismo enfrenta a los jefes de la guerra y los belicosos señores. Con todo, el papado no deja de reconocer cierta legitimidad a los poderosos en el orden temporal; lo hará aunque choque con las reivindicaciones de autonomía de reyes y Grandes, e incluso con la oposición de obispos adheridos a la existencia de un poder imperial o monárquico del cual son asesores. A la inversa, cuando resurgen las pretensiones imperiales de gobernar a la vez lo espiritual y lo temporal (cesaro-papismo), el papa reivindica enérgicamente sus prerrogativas. Así, en el siglo XI, el papa Gregorio VII debe entrar en guerra con Enrique IV, quien retoma las exigencias de su lejano antecesor Otón I. El "modelo otoniano" afirma la supremacía del em-

---

[34] Sobre la concepción cisterciana del orden social y político, véase Duby [1978], en especial pp. 266-281. Sobre los intentos de divinización del emperador, véase el ejemplo de Federico II en Kantorowicz [1987]. Este autor demuestra claramente que la distinción entre lo temporal y lo espiritual no va de suyo en la historia del cristianismo occidental y que los reyes reivindican una legitimidad de orden *religioso,* en sí poco propicia para la diferenciación de esferas de actividades y papeles; véase [1989].

perador cristiano y romano, a la vez sacerdote e imagen viva de Dios y herede-
ro del emperador romano, de quien reivindica la autoridad y la potestad *(Auc-
toritas* y *Potestas)*. El emperador Enrique IV pretende gobernar la Iglesia, nombrar a los papas, designar obispos, legislar en derecho religioso; se ve a sí
mismo como instrumento de Dios para instaurar en la Tierra un orden que
abolirá la disociación entre lo temporal y lo espiritual, que unirá lo sagrado
con lo político.[35] A esta pretensión, el papa Gregorio opone la teoría de la distinción de los dos poderes y las dos legitimidades, expresada en la fórmula de
las "dos espadas". El conflicto ilustra el mecanismo general que condujo en
definitiva a *construir la diferenciación de los papeles* y las actividades políticos y religiosos en medio de la competencia incesante entre el papado y el imperio.

La Iglesia dispone de grandes recursos en este conflicto recurrente. Ante
todo, el papa puede aprovechar las pretensiones independentistas de reyes y
señores que tratan de liberarse de la lealtad al emperador. Es el caso de los reyes de Francia e Inglaterra, como de muchos señores y príncipes italianos. Así,
el papa apoya la consolidación de los reinos periféricos del Sacro Imperio; en
el siglo XIII, Inocencio VII reconoce oficialmente que el rey de Francia no está
sometido al emperador; a su vez, el rey de Inglaterra se proclama "vasallo del
papa". El proceso de autonomía de la Iglesia también se basa en el desarrollo
de un *aparato eclesiástico* en toda Europa occidental. Se trata de un aparato
complejo, nutrido, lleno de tensiones entre sus componentes: la burocracia
pontificia de Roma o Aviñón con sus financistas, notarios, juristas, legados y
tribunales; la jerarquía de los obispos, que con frecuencia deben apelar al papa contra las pretensiones de reyes y señores, pero que también suelen mos-
trarse indóciles; sobre todo, las órdenes religiosas, que cubren toda Europa occidental con sus monasterios, sus escuelas, sus inmensas riquezas: la orden de
Fleury o Cluny, la cisterciense, la dominicana que en el siglo XIII controla las
universidades. Los intereses propios de este aparato eclesiástico, así como las
concepciones de sus miembros más eminentes, tienden a mantener y afirmar
la autonomía, cuando no la supremacía, del poder espiritual frente al temporal. Fue así como el monje dominico Tomás de Aquino, profesor en la Universidad de París y consejero del rey Luis IX, elaboró en el siglo XIII la distinción
más firme: el hombre, en tanto miembro de la cristiandad, pertenece al reino
espiritual que toma forma en la Iglesia; en tanto ser social, miembro de la humanidad, tiene soberanos temporales, legítimos en su propio orden; esta dualidad de dominios corresponde a la voluntad de Dios y a la naturaleza humana. Desde entonces acaba por imponerse el modelo de la diferenciación, que
domina el occidente cristiano hasta el siglo XVI.

Este proceso tiene importantes consecuencias políticas. A partir de entonces, los reyes y sus consejeros conciben el orden de lo político como el deber

[35] Walter Ullmann [1965].

de realizar sobre la Tierra un "bien común" en provecho de todos los miembros de la sociedad. El gobernante es una persona pública, cabeza de un "cuerpo místico" análogo al de la Iglesia, pero en su propio orden: *corpus mysticum Reipublicae.* La *Res publica*, la "cosa pública", es un espacio autónomo, regido por sus propias leyes; su dirigente, en tanto no contravenga con sus actos las obligaciones propias de un cristiano responsable, en tanto no peque, puede exigir la obediencia absoluta y la devoción de sus súbditos en todo cuanto concierne al espacio público; la muerte de un súbdito al servicio de su príncipe es asimilada en última instancia al martirio. Los reyes y príncipes que construyen vastas comunidades políticas reivindican esta legitimidad, la difunden, la manifiestan en toda ocasión; se sirven de ella para rechazar las pretensiones de los señores, erigirse en protectores del comercio y la ciudad, edificar aparatos burocráticos complejos, análogos a los de la Iglesia. Se rodean de legistas, escribanos, jueces, cronistas encargados de relatar sus hazañas. Su empresa es legitimada incluso en la distinción entre su persona privada, falible y mortal, y su persona pública, que sobrevive a la muerte.[36]

Con todo, la Iglesia no quiere ver su autoridad restringida a la vida privada y los actos religiosos de los individuos. Quiere inspirar a los reyes, incluso los absolutos, controlar la educación de los Grandes y de los burgueses ricos, alzar una sólida muralla frente a los excesos del poder temporal y, sobre todo, conservar los medios de dominación de las almas. Constantemente estallan enconados conflictos entre ella y los reyes, cada vez que éstos pretenden elegir libremente a los obispos o, peor aún, apropiarse de los bienes de la Iglesia por medio de los impuestos o la expoliación. Dondequiera que existe la dualidad, los soberanos temporales y sus consejeros (que con frecuencia son dignatarios religiosos) libran una *lucha ardua* contra el papado y las órdenes religiosas. En el siglo XVIII, en los Estados que escaparon a la Reforma protestante, la lucha adquiere formas violentas: el "josefismo" en Austria, como el "galicanismo" en Francia, opone al rey, sus consejeros y los obispos nacionales a Roma y los jesuitas; sin embargo, la diferenciación entre el espacio público y el dominio religioso, con sus legitimidades propias y complementarias, jamás será verdaderamente impugnada en la Europa católica de los Estados.

Estados y protestantismos

El gran movimiento de reforma de la Iglesia que afecta de maneras muy variadas a Europa occidental a partir del siglo XVI hace estallar la unidad de las

---

[36] Aquí se sigue esencialmente el pensamiento de Kantorowicz [1989]. Véase también la obra de Ralph E. Gisey [1987], que considera los ritos fúnebres reales desde la perpsectiva de la continuidad del cuerpo público del rey.

estructuras cristianas y las concepciones del orden social y político. El proceso afecta la construcción de los Estados, y se ha dicho que la diversificación de las formas políticas se debe tanto a este gran cisma como a las consecuencias contrastantes de las transformaciones económicas y sociales. Stein Rokkan, que se niega con justa razón a oponer las condiciones económicas a las culturales en la formación de los Estados europeos, propone combinar unas y otras.[37] Su esquema de interpretación se basa en la superposición o cruce de dos ejes: 1) un eje del oeste al este, de naturaleza esencialmente económica, que mide la distancia de los Estados con respecto a una gran vía comercial donde se desarrolló el primer capitalismo, que une en una gran corriente las ciudades del norte (Holanda, puertos hanseáticos) con las ricas ciudades italianas a través del valle del Rin y el sur de Alemania; 2) un eje sur-norte, de carácter religioso y cultural, que mide la distancia de los Estados con respecto a Roma, el centro de la Iglesia católica. Se tienen en cuenta dos fenómenos para apreciar las características de los Estados que surgen en Europa durante el siglo XVI: por un lado, la coherencia institucional y la tendencia a una forma estatal absolutista; por el otro, la fuerza del sentimiento de identidad nacional. Parece entonces que los Estados *absolutistas* se consolidan lejos de la red longilínea de las ciudades capitalistas y mercantiles y a una gran distancia de Roma (España, Francia, la Inglaterra de los Tudor, Prusia, Suecia), mientras que Alemania e Italia permanecen bajo la doble influencia de ciudades aferradas a su autonomía y un papado hostil a la formación de un poderoso Estado imperial. Pero el sentimiento de identidad nacional sólo puede desarrollarse vigorosamente a una buena distancia de Roma, lejos de la influencia del aparato burocrático central de la Iglesia y sus pretensiones universalizantes; dicho de otra manera, coincide con los países que han sufrido de manera perdurable la influencia de la reforma protestante (Provincias Unidas, Prusia, Inglaterra), donde el Estado derrota al papado en la lucha por el control de las conciencias y el derecho de dictar sus propias leyes en materia religiosa. Francia es un caso intermedio: el protestantismo es desterrado luego de luchas sangrientas, el catolicismo conserva sus monasterios, obispos, bienes e instituciones educativas; pero la monarquía logra instaurar, gracias a un poderoso sistema burocrático e institucional, una forma de Estado absolutista apoyado sobre un sentimiento de identidad nacional real pero incompleto. Aquí se advierten las debilidades del esquema propuesto por Rokkan: no explica las evoluciones propias de cada país (como el paso de Inglaterra de una forma absolutista a un Estado regido por la aristocracia burguesa y nobiliaria); no da criterios convincentes sobre la fuerza del sentimiento de identidad nacional; desconoce los efectos diferentes de tal o cual forma de protestantismo en los distintos países (la oposición total, desde este punto de vista, entre

---

[37] Stein Rokkan [1975], pp. 562-600.

la Holanda calvinista, la Inglaterra a la vez anglicana y puritana, y la Prusia luterana); sin duda, exagera la influencia a largo plazo de las grandes ciudades mercantiles del siglo XV. Con todo, tiene el mérito de sugerir que la oposición de una Europa católica (España, Portugal, Italia, Francia, Austria, Baviera) a una protestante septentrional, aunque no explica por sí sola las distintas formas de organización política, es un elemento esencial en la diferenciación de las formas de Estados.

El estudio de las condiciones de difusión del protestantismo, cuya importancia es fácil de comprender, merecería un largo capítulo aparte; aquí se esbozarán sus ejes. Weber estableció la relación entre el enriquecimiento de las ciudades y la reforma religiosa; pero esta relación, cuya existencia fue confirmada en algunas partes de Europa occidental, requiere a su vez una explicación.

> A partir del siglo XVI se pasaron al protestantismo muchas regiones del Reich, las más ricas y económicamente desarrolladas, las más favorecidas por su situación o sus recursos naturales, en especial la mayoría de las ciudades ricas [...] Se plantea entonces la pregunta histórica: ¿por qué las regiones económicamente más avanzadas resultaron las más favorables para una revolución en la Iglesia? La respuesta es mucho menos sencilla de lo que se podría pensar.[38]

También se puede considerar la fuerza y la solidez de arraigo de la Iglesia católica en distintas regiones y países, que en un lugar le permite combatir con éxito el movimiento reformador mientras que en otro es incapaz de controlarlo. Por último, y ésta es la hipótesis que más interesa aquí, se puede establecer una relación entre la difusión de los protestantismos y las luchas por la supremacía política en los distintos países; allí donde los gobiernos trataban de liberarse de la tutela de Roma y reforzar la cohesión del Estado, pudieron favorecer la extensión de la Reforma; allí donde los conflictos violentos enfrentaban a reyes y grandes señores, éstos pudieron encontrar en el protestantismo una fuente de recursos y un medio para movilizar apoyo: así sucedió en el norte de Alemania, pero también en Francia, donde las revueltas nobiliarias del siglo XVI adoptaron los contornos de las luchas religiosas. En síntesis, existe una sólida relación entre la expansión de la Reforma y las luchas políticas que acompañan la aparición de los Estados modernos, cualesquiera que sean los resultados.

Simplificando un poco se puede clasificar las concepciones políticas correspondientes a las grandes corrientes reformistas en tres tipos. El primero postula la *sumisión absoluta* de los individuos al poder político, no en función de las virtudes de los gobernantes y su capacidad para asegurar el "bien co-

[38] Weber [1985], pp. 30-31.

mún", sino en obediencia a la voluntad de Dios, que se ejerce a través de la *potestad* de quienes detentan el poder temporal.[39] El mejor ejemplo de esta concepción del poder político es el protestantismo luterano. Si al principio Lutero criticó enérgicamente a los príncipes, luego se alineó con ellos: para él, el orden político, por injusto que fuese, correspondía a la voluntad de Dios al descartar la anarquía y la rebelión. Todo poder es legítimo porque asegura la represión indispensable de las revueltas que comprometen el equilibrio social, e incluso porque garantiza la expiación de las culpas por medio de su sanción brutal. Todo está sometido al príncipe, que puede imponer a sus súbditos una religión única (*cuius regio, eius religio*), controlar estrictamente a los que detentan la autoridad religiosa e imponer su voluntad como ley. Lutero no sólo "le perdonó al Estado alemán la obra crítica que prometía la Reforma protestante, sino que lo dotó, con la comodidad de una demostración teológica, del argumento positivista de la potestad, que dio a los príncipes alemanes un margen de acción mayor del que tenían cualesquiera de sus pares".[40] Sin duda, la Prusia luterana debe su forma de Estado absolutista, burocrático y militar a su construcción en condiciones económicas y sociales particulares (véase más arriba); pero la autoridad indiscutida de su rey es justificada, fortalecida, incluso posibilitada por la concepción del poder que se impuso entre los miembros influyentes de la sociedad. Como se ve, el protestantismo está lejos de impedir de manera generalizada el crecimiento de los Estados burocráticos modernos.

El segundo tipo de concepción política derivado del movimiento reformista corresponde a la afirmación de la *sumisión de todo poder temporal* a *principios espirituales y morales* que restringen su autonomía; esta clase de concepción conduce inexorablemente a la confusión parcial de los órdenes político y religioso. La corriente calvinista y puritana, comprendida en el sentido más amplio, corresponde a esta representación del orden social idealizado, aunque toma formas diferentes según la época y el lugar: "Los tipos de conducta moral, tan importantes para nosotros, se encuentran entre los partidarios de las sectas más diversas [...] A fundamentos dogmáticos diferentes pueden corresponder máximas éticas similares".[41] Máximas éticas: el trabajo exalta la gloria de Dios, el éxito profesional justifica la sumisión del hombre a la voluntad divina, la salvación requiere de los "elegidos" una actitud sistemática de realización de los designios de Dios en cada acto de sus vidas... De acuerdo con esta concepción, el Estado no puede ser sino instrumento de la voluntad de Dios que se expresa de manera privilegiada en un moralismo sistemático

---

[39] Esta concepción encuentra su justificación en las cartas de San Pablo, en especial la epístola a los Romanos: "Sométase toda persona a las autoridades superiores; porque no hay autoridad sino de parte de Dios, y las que hay, por Dios han sido establecidas" (Romanos XIII, 1).

[40] Badie [1986], p. 78.

[41] Weber [1985], p. 107.

de los hombres; en principio, no posee legitimidad propia, poder de coacción sobre las conciencias rectas ni autoridad para dictar leyes sin el acuerdo de los individuos salvados. Esta corriente reformista pudo inspirar tanto a la teocracia dictatorial de Ginebra y el totalitarismo moral de los puritanos de Massachusetts, como los movimientos liberales y contestatarios de la Inglaterra del siglo XVII o el sistema oligárquico y puritano de las Provincias Unidas. En todos los casos sólo concede al poder político un margen de acción estrecho y una legitimidad condicional. En sus formas extremas, postula la revocabilidad de los gobernantes como de las autoridades religiosas, y somete la decisión política al principio del libre albedrío individual. En un sentido más amplio, sirve a los parlamentaristas en su lucha contra el absolutismo real y los aparatos de Estado burocráticos. Desde luego, sería inexacto atribuir el desarrollo del parlamentarismo a la difusión de esta concepción; por el contrario, es legítimo afirmar que éste supo aprovechar ese contexto cultural.

El anglicanismo ilustra el tercer tipo de concepción, que conserva la separación de los roles y las actividades políticos y religiosos, pero somete a la Iglesia al *control* de un poder político que deriva su legitimidad de la *realización del bien común*. La reforma anglicana conserva una jerarquía de ministros del culto, obispos y sacerdotes, y les garantiza algunos derechos concretos, así como una cierta autonomía en el orden de sus actividades religiosas. Pero limita sus posibilidades de acción, cierra sus monasterios, confisca sus tierras y bienes, otorga al poder político el derecho de designar a los obispos. Por tanto, la Iglesia anglicana está sometida al rey, al parlamento y a las leyes del reino; sus dignatarios forman parte de la aristocracia gobernante, gozan de sus privilegios sociales y políticos. Reconocida en principio, la disociación de los aparatos religioso y político se borra en la práctica. El beneficiario de ello es el poder político, sin que otras condiciones de la aparición del Estado permitan que se imponga un soberano absoluto.

En términos globales, con todos los riesgos que implica semejante amalgama, el protestantismo europeo parece haber favorecido en todas partes la aparición de nuevos modelos de relación entre el orden político y el religioso. Atenuó, incluso negó, la concepción de la disociación de las esferas, que aún persiste, no sin problemas, en los Estados católicos. Justificó el debilitamiento o la destrucción de los aparatos eclesiásticos y sus burocracias, con lo cual despojó a las Iglesias de sus medios de acción autónomos. Ayudó a legitimar una supremacía efectiva del poder político, pero en formas muy diferentes: monarquía absoluta en Prusia, monarquía parlamentaria en Inglaterra, instituciones dependientes de una aristocracia mercantil puritana en las Provincias Unidas. Al fin y al cabo, ninguna autoridad religiosa autónoma ha perdurado frente al poder estatal racionalizado: en los países protestantes, el conflicto entre la Iglesia y el Estado sólo aparece marginalmente, mientras que constituye un aspecto fundamental de la vida política de los países católicos (o de gran población católica), donde el poder político disputa al eclesiástico el control de vastos sectores de la vida social. El protestantismo, sobre todo en su versión puritana, cumplió una función esencial en el desarrollo precoz del capitalismo en Europa; desde este punto de vista, incidió en la consolidación de una clase "burguesa" y por lo tanto, indirectamente, en la evolución de las formas de organización política. En la conclusión de su estudio sobre el espíritu capitalista, Weber observa que hace falta "mostrar la importancia [...] del racionalismo ascético en el contenido de la ética *político-social*, así como para los tipos de organización y las funciones de los grupos sociales, desde el conventículo hasta el Estado".[42] La difusión del protestantismo, los graves conflictos generados por esa expansión, las intervenciones de los Estados católicos en la Inglaterra de los Tudor y la Francia de los últimos Valois, indican claramente la dimensión internacional del fenómeno, su amplitud y la generalización de su incidencia en la construcción de los Estados.[43] Jamás se debe olvidar la dimensión internacional en el estudio del surgimiento de los Estados modernos.

Para terminar, en las márgenes orientales de Europa a partir del siglo XV se afirma otro modelo cultural que define las relaciones entre lo político y lo religioso; como tal, interviene en la consolidación de una forma estatal muy distinta de las estudiadas hasta aquí. En Rusia, durante los siglos XV a XVIII, predomina la concepción de un poder político de *carácter sagrado* que controla estrictamente a la Iglesia Cristiana Ortodoxa. Sin duda esta Iglesia posee una jerarquía autónoma, un importante poder derivado de su riqueza, un derecho propio y la posibilidad de definir las creencias dogmáticas a las que todos deben suscribir. Pero no pudo impedir el desarrollo de una tendencia precoz a la divinización del emperador: en Bizancio, a partir del siglo IV se lo aclama como "dios" *(theios)*; mucho más adelante, en Kiev y luego en Moscú, obliga a los patriarcas a reconocerle una autoridad de origen divino, tanto en lo religioso como en lo político; tal vez, aquí y allá, aprovecha su condición de propagador y defensor del cristianismo en las regiones amenazadas por in-

---

[42] Weber [1985], p. 225. Obsérvese, una vez más, que Weber no confunde el desarrollo de la racionalidad, característica del Estado moderno, con el de una forma particular (burocrática y administrativamente centralizada) del Estado. Hermet [1986] esboza los ejes de investigación para el estudio de las consecuencias político-sociales" de la expansión del puritanismo. Véase sobre todo su comentario (pp. 38-40) del célebre texto de Thomas Jefferson: "Creo en los Estados Unidos de América en tanto gobierno del pueblo, por el pueblo y para el pueblo; cuyos justos poderes derivan del consentimiento de los gobernados, democracia en una república..."

[43] Peter Gourevitch ([1978], pp. 881-912) postula cuatro formas de influencia internacional sobre los fenómenos "internos" de la vida de los Estados: 1) guerra; 2) intervención o ingerencia; 3) la economía internacional y 4) el sistema de las relaciones interestatales. La difusión del protestantismo tiene que ver con tres de estas formas: guerras (entre Inglaterra y España, Provincias Unidas y Francia), intervenciones (papel del "partido español" en la Francia de los últimos Valois) y sistema de relaciones interestatales (alianzas entre Estados protestantes, sobre todo en el siglo XVII).

vasiones de pueblos considerados "paganos". Por lo tanto, en Rusia no se afirma la distinción de lo temporal y lo espiritual, a pesar de la existencia de burocracias diferenciadas e intentos episódicos del clero de emanciparse de la pesada tutela de los zares. Aquí el Estado absolutista lleva la impronta de la legitimidad suprema del emperador y la ausencia de toda oposición religiosa duradera al ejercicio de su poder absoluto.

Adviértese la dificultad para establecer una relación sencilla entre las estructuras y las concepciones culturales —aquí de orden esencialmente religioso— y las formas que toman los Estados en la Europa moderna. Sin embargo, también se comprende en qué medida los Estados deben inicialmente su legitimidad (propia o delegada) y sus relaciones con las iglesias a las concepciones del poder político. La consolidación del parlamentarismo en Inglaterra es facilitada y justificada por la reforma anglicana; el Estado prusiano se beneficia con las concepciones luteranas; el zarismo absolutista se inscribe en una tradición reactivada de sumisión de la Iglesia Ortodoxa al poder político... En términos más generales, *la aparición de un espacio público autónomo* fue posible gracias a la imposición en Europa occidental de un modelo de separación de las esferas de actividad religiosa y política que prevaleció en la "cristiandad" a partir del siglo XIII. Este modelo debe su difusión a las fuertes estructuras religiosas que establecen principalmente la supremacía del papa sobre las iglesias locales y la influencia general de las órdenes monásticas, la cluniacense y luego la dominica; permitió concebir y legitimar el desarrollo de las instituciones estatales que aparecieron casi por todas partes durante la decadencia del feudalismo.

Aspectos no religiosos de la "cultura europea"

Cualquiera que sea el peso de las creencias religiosas en la Europa medieval y renacentista, también se pueden destacar otras características culturales comunes. Esta obra no se detendrá en las concepciones que consagran el predominio de la familia nuclear sobre las estructuras tribales o de estirpe, que el imperio romano contribuyó poderosamente a destruir allí donde pudo consolidarse antes de las grandes invasiones; el reconocimiento de los derechos del individuo, padre de familia, su capacidad de relacionarse directamente con sus vecinos o su señor, sin duda favorecieron la instauración de formas de organización política adaptadas al "individualismo" occidental.[44] Asimismo, se señalará apenas brevemente la tendencia general a la disociación de los órdenes de actividad política y económica, lo bastante poderosa como para que se la considere un modelo cultural fundamental, una auténti-

---

[44] Louis Dumont [1977].

ca "utopía" o creencia con el valor de un ideal.[45] Sin duda, esta tendencia corresponde a la preservación en la feudalidad occidental de formas de actividades productivas e intercambio comercial que escapan al control directo de los
señores: artesanía urbana de lujo (armadas de parada, telas preciosas), comercio de productos raros (drogas, telas orientales), transferencias de moneda...
El papa, el emperador y algunos reyes brindan una protección moderada y
rentable a los mercaderes e incluso, en un contexto generalmente hostil, a los
judíos. Las ferias no desaparecen totalmente, sobre todo en el Mediodía. También se conquista el *principio de disociación de las actividades económicas*, aunque
durante mucho tiempo (hasta el siglo XII) queda limitado a un pequeño sector de la vida social y desaparece por completo del funcionamiento de los dominios feudales. La extensión de un orden económico autónomo y próspero,
con el desarrollo de las ciudades mercantiles y una burguesía productiva a partir del siglo XII consagra la legitimidad de esta diferenciación; cuatro siglos
más tarde, el protestantismo proclama al trabajo como vocación primordial
del hombre salvado. Por eso, no basta decir que el moderno Estado europeo
es el *resultado* de la extensión del capitalismo, sino que éste *posibilita* esa extensión en la medida que los gobernantes reconocen a las actividades artesanales,
comerciales y financieras un papel destacado y diferenciado en la vida social y
que consagran de alguna manera la "dignidad del burgués".[46]

La concepción del *derecho*, directamente vinculada con la aparición de
nuevas formas de organización política y presentada con frecuencia como
elemento esencial de la cultura europea, merece un examen más atento.[47]
Muchos autores atribuyen un papel fundamental a la persistencia o redescu-
brimiento (en los siglos XI y XII) de una tradición jurídica romana cuyas características generales eran las siguientes: 1) afirmación de los derechos del
individuo (sujeto del derecho) y desconocimiento de los derechos de las pequeñas comunidades tribales, familiares y de estirpe; 2) afirmación de la superioridad de las normas codificadas de alcance general sobre las decisiones
tomadas caso por caso en función de consideraciones exteriores a la propia
lógica jurídica;[48] 3) diferenciación entre las reglas aplicables a los actos y las
convenciones de tipo contractual que afectan a los individuos en sus activida-

---

[45] Karl Polanyi [1983].

[46] Sin embargo, esto no va de suyo. Los burgueses sólo obtienen derechos civiles a costa de pe-
nosas modificaciones de las concepciones sobre las clases y jerarquías sociales. Véase Duby [1973].

[47] Véase sobre todo Paul Ourliac, Jean-Louis Gazzaniga, *Histoire du droit privé français*, París,
Albin Michel, 1985; y Ellul [1969]. Muchos de los problemas señalados aquí, sobre todo en relación con la costumbre y el derecho, el papel de los juristas profesionales, la relación entre tipos
de derecho y modos de dominación serán objeto de un examen posterior (cap. 7), en referencia
a Weber [1987].

[48] Weber [1987] establece sobre esta base la distinción entre "derecho formal" y "derecho
material".

des "privadas" (matrimonio, intercambio y transmisión de los propios bienes, comercio, etc.) y las normas relativas a las relaciones de los individuos o las instituciones particulares con el poder público que interviene en razón del interés colectivo. En realidad, esta presentación de la tradición jurídica romana como un todo coherente tiene algunos inconvenientes, puesto que encontró distintos usos por parte de las jurisdicciones del Mediodía francés, los legistas reales de Castilla o Francia y los comentaristas eclesiásticos italianos. El derecho romano transmitido o recuperado no tiene la misma significación cuando sustenta la resistencia al poder central que cuando sirve a las pretensiones de un rey o emperador. Además, en ningún lugar sale indemne del enfrentamiento con las distintas costumbres o con el derecho canónico de la Iglesia; es lo que hacen de él quienes lo utilizan de acuerdo con distintos contextos e intereses, porque "con la Ley no se dialoga, se la hace hablar".[49]

Desde la disolución del imperio carolingio hasta el siglo XII, en Europa prevalece una *justicia señorial* que otorga todos los derechos al señor de la "casa" sobre las tierras y sus habitantes con tal de que no contravenga los principios fundamentales del cristianismo. Así como la feudalidad "pura", según se ha visto, supone la confusión de las actividades económicas, sociales y políticas, es imposible disociar en ella el derecho público del privado. En varias regiones, la jurisdicción señorial respeta los derechos comunitarios y, a veces, las asambleas de justicia que conservan las costumbres locales. En verdad, hay muchas excepciones a esta situación general, como en el Sacro Imperio, donde sobrevive el derecho carolingio, o en el Mediodía de Francia, donde se impugnan los derechos feudales en nombre de leyes escritas inspiradas en el derecho romano. Sin embargo, en términos generales, éste se transmite sólo de manera muy indirecta, en la medida en que pudo influir previamente a las leyes carolingias y a algunas disposiciones del derecho canónico.

En el siglo XII se produce un cambio tajante. Los legistas, en su mayoría clérigos formados en la interpretación del derecho romano redescubierto, ponen sus conocimientos a disposición de emperadores y reyes. La difusión autoritaria de un "derecho común" inspirado en buena medida en el romano sirve a las empresas de creación de grandes reinos y a los intentos de asentar la legitimidad suprema del emperador en sus luchas contra el papado: los juristas italianos sustentan las pretensiones de Federico II y Enrique IV, los legistas castellanos justifican la obra unificadora de la primera Reconquista y los que rodean a Felipe el Hermoso lo proveen de argumentos jurídicos para combatir al papa, los templarios y los Grandes del reino. Así, el derecho romano exhumado se pone al servicio de la creación de Estados monárquicos que triunfan

---

[49] Véase sobre todo el problema controvertido de la superioridad y la diferencia de legitimidad del derecho público en relación al privado. Sobre el particular, confróntese en especial Pierre Legendre [1976]. La frase citada es de esta obra, p. 158.

penosamente sobre las pretensiones y los derechos feudales. Se impondrá de manera perdurable en la mayoría de las monarquías continentales, donde se consagran los principios de unidad del derecho en todo el territorio controlado por el rey, sumisión de los derechos particulares al derecho común, supremacía de la justicia real sobre cualquier otra jurisdicción y superioridad del derecho público, emanación del poder soberano, sobre el privado.

En este proceso los *legistas* cumplen un papel fundamental, sobre todo en Francia.[50] Primero los clérigos, luego los laicos formados en las universidades y la corte real, hasta el siglo XV derivan sus prerrogativas y su poder social de la persona del rey, considerado legislador supremo, y se exhiben en ese papel. Su posición elevada en la sociedad se debe a su saber y a su proximidad al rey, hasta el punto que una sucesión al trono complicada puede costarles la libertad y la vida. Su legitimidad es una función de su posición política, que suele malquistarlos con los Grandes y la Iglesia. Por eso, aunque su saber los convierte en servidores de una entidad abstracta (la Cosa pública, el Estado) más que de un hombre, su interés personal y colectivo depende del éxito de la monarquía. Su papel en la disociación de una "persona privada" y una "persona pública" en el rey es esencial. Corporativamente, como elaboradores del derecho, participan en la construcción del moderno Estado occidental. Su actividad proporciona a la monarquía francesa los instrumentos jurídicos del absolutismo: derecho común impuesto por coacción, cortes judiciales y jueces reales que se imponen progresivamente sobre la autonomía de las jurisdicciones señoriales y eclesiásticas, derecho público precozmente unificado cuando aún subsisten formas particulares del derecho privado.

Ningún país occidental escapa a este fenómeno. Se lo observa en Inglaterra como en el continente; pero allí está parcialmente atenuado por la persistencia de las relaciones feudales entre el rey y "sus" barones, lo que permite mantener las jurisdicciones locales que aplican un derecho común mixto. Lo más importante es que no le garantiza al rey el monopolio de la promulgación de leyes: los señores conservan el derecho de participar en la legislación, como lo reconoce la Magna Carta, arrancada a Juan sin Tierra en 1225. Sin embargo, es la Gran Revolución del siglo XVII la que consagra la originalidad del sistema jurídico inglés, tras las tentativas parcialmente victoriosas de los Tudor y los Estuardo de cimentar su absolutismo sobre el monopolio del derecho. Muchos autores contraponen puntualmente la *Common Law* inglesa al sistema jurídico de los países continentales. Instaurado definitivamente a fines del siglo XVII, ilustrado tanto por la Declaración de Derechos de 1689 como por las elaboraciones doctrinarias de John Locke y Thomas Paine, el modelo jurídico de la *Common Law* tiene mucho en común con el modelo "continental". Como éste, consagra la autoridad del legislador, que se distin-

---

[50] Pero también en Castilla, en la Borgoña del siglo XVIII, en Sajonia y en Prusia.

gue, cualquiera sea su situación social, del inspirador del derecho; como éste, da lugar a un conjunto *(corpus)* de reglas generales aplicables a todos los individuos. Pero el legislador inglés goza de una mayor autonomía que su homólogo continental con respecto al poder político (rey o parlamento) y puede oponer la "fuerza del derecho" a la de los gobernantes. No es casual que muchos autores lo consideren el portavoz de la "sociedad civil" (en oposición a la "sociedad política"), mientras que el jurista continental depende estrechamente de los poderes del Estado; como dice en este sentido Guy Hermet, "esos jueces, que deben ser elegidos de acuerdo con el ideal y lo son en muchos casos en Estados Unidos, se sitúan en el mayor nivel de prestigio de una ciudadanía no retrocesiva con respecto al poder sino anterior y superior a éste".[51] Por consiguiente, la diferenciación de las formas del Estado afecta las concepciones del derecho que prevalecen en los distintos países europeos, aunque todas, por distintas vías, tienden a favorecer la extensión de una forma racional, abstracta e individualista del derecho, sin la cual sería difícil imponer la reivindicación de la igualdad de los ciudadanos.[52]

Por consiguiente, la relativa unidad cultural de Europa constituye una condición fundamental del surgimiento de los Estados modernos, sin duda distintos entre sí, pero poseedores de características comunes suficientes para permitir el intercambio constante de "técnicas" de gobierno. Lo que es cierto en la Europa feudal y cristiana, se verifica luego, a pesar de los conflictos religiosos, en la del Renacimiento y el Barroco. Sin embargo, es aparentemente en la Europa del siglo XVIII la de las "Luces", donde se afirma una cultura común a los Estados de la región; Pierre Chaunu le ha dedicado una obra importante, cuyas conclusiones principales se reproducen a continuación.[53] No basta interesarse por las manifestaciones más espectaculares de la *civilización europea de las Luces*, tales como la difusión de formas artísticas "aristocráticas" o la generalización de una revolución intelectual expresada ante todo en una "crisis de conciencia europea". Es necesario tomar en cuenta los grandes fenómenos que afectan a Europa durante todo el siglo, ante todo el crecimiento demográfico y la prolongación de la vida: entre 1680 y 1800 se duplica la población europea y la esperanza media de vida aumenta diez años. Esto hubiera sido imposible sin una mejoría general de las condiciones de producción agrícola y, en especial, de las herramientas. En este sentido, el XVIII es el siglo de los progresos técnicos, del aporte de un cúmulo de pequeñas mejorías decisivas al *savoir-faire* tradicional en beneficio de las masas crecientes de artesanos y campesinos. Este contexto permite un desarrollo deslumbrante de la alfabeti-

---

[51] Hermet [1986], p. 60. El autor señala que la posición de agente de la "sociedad civil" no implica de parte del juez un ejercicio más equitativo de la justicia ni un menor "delirio procurador"; véase pp. 61-62.

[52] Véase Blandine Barret-Kriegel [1979].

[53] Pierre Chaunu [1982]. Las citas son de las páginas 168, 159 y 150-151.

zación; la proporción de europeos capaces de leer se duplica en un siglo, con importantes diferencias regionales; se decuplica la producción de libros, periódicos y almanaques. A fines de siglo la escuela elemental se ha extendido casi a toda Francia; la alfabetización alcanza al 90% de los franceses de Normandía, Ile de France y el valle del Ródano. *El Estado no es ajeno* a esta transformación general, desde que promulga y aplica medidas draconianas contra la propagación de las epidemias, fomenta la creación de escuelas y la difusión de nuevas técnicas, combate las jergas y los dialectos en interés de la administración unificada. Su papel es evidente en todos los países, pero en ninguno más que en los de la "frontera" oriental donde Europa gana tierras para el trigo y hacia donde se desplazan los excedentes de la población agrícola (cuando no se los transporta por iniciativa de los Estados). Aquí el Estado "de la recuperación" generaliza y organiza la instrucción primaria, como en Prusia, donde soldados viejos e inválidos de guerra se convierten en maestros de escuela. Desde Berlín hasta San Petersburgo, el "déspota ilustrado" crea academias científicas e instituciones de enseñanza profesional; invita durante períodos prolongados a los intelectos más célebres de Europa occidental (en especial, Francia). ¿Manifestaciones superficiales? Por cierto. Por toda Europa circulan las técnicas y los conocimientos políticos y administrativos. Sin duda, los Estados de Europa oriental difieren profundamente de los que se han formado en la parte occidental: Prusia es una monarquía burocrática y militar que garantiza la dominación de una clase noble (los *junker*) sobre una masa de campesinos sojuzgados; Rusia presenta características análogas, exacerbadas por una antigua tradición de despotismo: "Catalina gobierna una Rusia legal, una Rusia real de dos a tres millones de súbditos. Deja entre quince y veinticinco millones de campesinos al arbitrio de cien mil propietarios y algunas decenas de miles de funcionarios". Tanto que, como dice Chaunu, "aparte de San Petersburgo quedan el mir, la servidumbre, una modalidad de existencia con diez siglos de atraso [comparada con Europa occidental]". Esto no debe ocultar cuánto deben aquellos Estados a la *imitación* de los modelos occidentales: organización "racional" del poder, consejos, tribunales de justicia, ministros y agentes territoriales funcionarizados; burocracia profesionalizada; métodos más o menos eficaces de control de la vida económica; un sistema complejo de cuentas fiscales. La Europa de las Luces es la Europa de los Estados, las técnicas administrativas y de gobierno acordes con la afirmación de un espacio público autónomo. Las relaciones internacionales son principalmente interestatales, con juegos de alianzas y conflictos entre Estados. No es sorprendente que el pensamiento iluminista sea en gran medida un *pensamiento político*.

Diderot es Diderot, pero la alianza de la *Enciclopedia* con el despotismo ilustrado que él sella con su matrimonio "místico" con Catalina la Grande, así como la alianza, mucho más digna, de d'Alembert con Federico II [de Prusia], corresponden a una realidad profunda. El Estado existe, es una de las grandes realidades de Europa, una de las claves de su grandeza, de su eficacia. La de las Luces es una filosofía de la naturaleza social, le vuelve la espalda a una sistematización imposible en favor de la acción práctica inmediata [...] En lo esencial y a corto plazo, entre el Estado tal como es y el programa de las Luces existe una coincidencia de objetivos.

Con todo, ¿corresponde decir "el Estado tal como es" o "los Estados europeos tal como son"?

CARACTERÍSTICAS DEL ESTADO OCCIDENTAL

Los fenómenos considerados hasta aquí pueden verse como *procesos sociales* en el sentido más amplio del término. En verdad, afectan tanto las estructuras económicas como las culturales, la producción y el intercambio de bienes materiales como la producción y difusión de las creencias y representaciones. Afectan las relaciones entre individuos y entre grupos, las formas de competencia y, en general, las relaciones sociales en su conjunto. Se inscriben en concatenaciones históricas a las que se puede visualizar como series particulares de determinaciones, desde la difusión de técnicas, por ejemplo de intercambios monetarios, hasta el "mecanismo de monopolización" que actúa en las relaciones entre señores feudales. Estos procesos sociales poseen en sí mismos una "dimensión política" en la medida que no suceden sin una transformación de las formas de organización política, así como de las modalidades de ejercicio de las relaciones de poder. Así, la aparición de esas formas particulares de organización política que se denominan "Estados" está vinculada con las transformaciones de la sociedad occidental entre los siglos XII y XIX. Hablar del "Estado occidental" o "europeo", no como forma abstracta de poder político sino como producto histórico de procesos concretos equivale a postular que entre Francia e Inglaterra, Prusia y España, existen similitudes, características comunes que se manifiestan en situaciones diferentes; y que esas características corresponden a una historia común cuyos grandes lineamientos se pueden definir. Con todo, esto no carece de dificultades.

En efecto, cuando se estudian los Estados europeos del siglo XVIII —y también hasta cierto punto los del XIX—, salta a la vista la gran *diversidad* de las formas de organización política. Todo intento de clasificar esas formas y, más aun, de establecer un "tipo ideal" de Estado moderno, choca con la dificultad de elegir y jerarquizar los *criterios* de clasificación o de construcción de una forma típica. Se corre el riesgo de forzar aquello que las formaciones políticas consideradas tienen en común y pasar por alto la originalidad irreductible de cada una de ellas. Con todo, sin renunciar a una metodología histórica y sociológica, se puede indagar en los mecanismos que en Europa desembocaron en la constitución de formas de organización indudablemente muy variadas, pero susceptibles de ser *designadas con el mismo término ("Estado")* con un mínimo de rigor. Esto plantea el objetivo de investigar las eventuales características comunes de estas formaciones sociales, las que pueden ser producto de los procesos sociales señalados anteriormente. Durante siglos circularon de un Estado a otro técnicas de gobierno y administración, modelos de organización, que reforzaban su identidad común sin por ello destruir su originalidad fundamental. Desde el fin de la Edad Media, en todos los países europeos, modos de pensamiento y tipos de conducta análogos, asimilados y reproducidos por los individuos, a veces incluso institucionalizados en reglas explícitas de juicio y de conducta, aseguraron la posibilidad de edificar aquí y allá ciertas formas de organización política muy comparables, si no idénticas. Aunque no estaban forzosamente en condiciones de definir con precisión sus características comunes —si bien se multiplicaban los escritos sobre la forma estatal ideal—, en la práctica los gobiernos europeos que mantenían relaciones con otros, sobre todo a través de la firma de tratados, reconocieron rápidamente su existencia (aunque más no fuera al descartar de *esta* forma de relación a las autoridades que en su opinión no presentaban las características del Estado soberano). Reconózcase siquiera a título de hipótesis que estos mecanismos de interacción e interdependencia (de los que se ha dado aquí sólo algunos ejemplos) contribuyeron a dotar a los países europeos, sin duda en distintos grados, de un conjunto de características que distinguen al Estado occidental de otras modalidades de gobierno de las sociedades.

Aquí se clasificarán estas características en dos grandes categorías, luego de una breve presentación de algunos esquemas generales de interpretación de la aparición y el desarrollo del Estado: 1) el reconocimiento de un campo de actividades especializadas, designado como "político" y distinguido de otros campos de actividades concretas (económicas, culturales, religiosas, etc.), por un lado; 2) la especialización de órganos de gobierno y administración de la sociedad, regidos por normas propias, tendientes a imponer modalidades particulares de reclutamiento de sus miembros, por el otro.

Estos dos conjuntos de características no pueden ser disociados ni se los puede analizar sino en relación con las estructuras sociales en cuyo marco adquieren sentido.

Interpretaciones del desarrollo del Estado occidental

De una manera u otra, todos los grandes "fundadores" de la sociología política propusieron interpretaciones —incluso teorías— de la aparición y extensión de esta forma de organización política. Aunque a veces cedieron a la tentación de extender sus hipótesis a otras sociedades y hacer de este tipo particular de organización un modelo general, no es menos cierto que advirtieron con lucidez su arraigo en los procesos sociales propios de Europa occidental. Con ello forjaron conceptos ampliamente utilizados en todos los campos de la sociología política.

Durkheim pretende verificar una ley histórica general cuando establece una relación directa entre la aparición del Estado y la *complejización* de las sociedades.[54] Consideradas como agrupamientos políticos, las sociedades se desarrollan y devienen cada vez más complejas debido a la generalización de un proceso de división del trabajo: las tareas se diversifican, los roles sociales se especializan. Una forma de solidaridad orgánica entre individuos sustituye la solidaridad mecánica de las sociedades que desconocen la división del trabajo y sus consecuencias.[55] Según la concepción de Durkheim, el Estado aparece entonces como un "órgano" de la sociedad que contribuye a establecer relaciones de solidaridad entre sus miembros, controla su educación, crea y administra servicios comunes. Por consiguiente, se define en primer término por las distintas *funciones* que ejerce; asegura la satisfacción de ciertas necesidades fundamentales de la sociedad mediante la organización de actividades adaptadas: "Cuanto mayor es el desarrollo de las sociedades, mayor es el desarrollo del Estado; sus funciones se multiplican, penetran en todas las demás funciones sociales, que por eso mismo él concentra y unifica".[56] En cierta forma, el Estado moderno ejerce una función suprema, cual es la de "pensar" para la sociedad, porque sólo él puede sustituir "el pensamiento irreflexivo de la masa [...] por un pensamiento más meditado, que en consecuencia, no puede sino ser distinto de aquél".

Es evidente que para Durkheim, cuando se trata de las funciones más elevadas o generales, el *término Estado* sólo designa las instancias de gobierno. Si en algunos casos la costumbre autoriza el uso del término para referirse a la "sociedad política en su totalidad" o para designar conjuntamente los órganos de gobierno y las administraciones que aplican sus decisiones, su utilización en un sentido riguroso debe quedar reservada a los "cuerpos sociales que son detentadores exclusivos de la cualidad de hablar y actuar en nombre de la sociedad" (parlamento y gobierno), es decir, para determinar después del correspondiente estudio las acciones a realizar para aplicar o inventar la mejor solución cuando los intereses más variados entran en conflicto. "Ante todo, el Estado es un órgano de reflexión [...] Es la inteligencia colocada en el lugar del instinto oscuro." Función esencial, que Durkheim reserva para el

---

[54] Durkheim [1960], [1970] y [1975]. Para una reflexión global sobre el aporte de Durkheim a la sociología política, véase Bernard Lacroix [1981].
[55] Sobre la distinción entre los dos tipos de solidaridad, véase el capítulo anterior, pp. 24-25.
[56] Durkheim [1975], p. 170.

centro político donde se toman las decisiones; "en cuanto a las administraciones, son órganos secundarios, colocados bajo la acción del Estado, pero que no lo constituyen. Su función es realizar las resoluciones decretadas por el Estado."[57] El Estado también es el productor del derecho, que organiza la vida moral de todos los miembros de la sociedad; con el desarrollo de su actividad jurídica, con la elaboración continua de reglamentos cada vez más especializados y precisos, extiende constantemente su influencia y somete a su acción toda suerte de relaciones sociales.

Durkheim es particularmente sensible al riesgo, para él muy evidente, que comporta la hipertrofia del Estado en las sociedades contemporáneas; en ese sentido, razona a partir de lo que advierte en la evolución de los países europeos durante los últimos años del siglo XIX. En términos similares a los empleados por Tocqueville[58] con medio siglo de anticipación, expresa su inquietud sobre la dinámica que lleva al Estado a controlar todo, sin que ningún grupo intermedio entre él y los ciudadanos esté en condiciones de limitar su acción: "[El Estado] también tiene necesidad de ser contenido por el conjunto de las fuerzas secundarias que le están subordinadas; sin ello, como todo órgano que no conoce frenos, se desarrolla desmedidamente, se vuelve déspota y se expande." Aquí no se trata de la división del trabajo ni de las sociedades que se vuelven más complejas, sino de la aparición en occidente de sociedades atomizadas, "de multitudes" o *de masas*, integradas por "una polvareda de individuos desorganizados que un Estado hipertrofiado trata de encerrar y contener".[59]

Se diría que Durkheim tiende a generalizar estas consideraciones a todas las sociedades humanas, a extraer de ellas una suerte de ley de la evolución válida dondequiera que exista la división del trabajo.[60] Sin embargo, se debe distinguir en sus escritos entre aquello que deriva de una concepción global del Estado, del cual propone una definición muy amplia —"[su existencia] implica la de un poder central, cuando algunas sociedades carecen de poder central organizado [...]; por consiguiente, es un agrupamiento que no corresponde a ningún otro más extendido"—,[61] y lo que corresponde a una concepción más histórica, con una referencia muy clara al Estado occidental europeo y a las condiciones de su formación. Esta última concepción es la que predomina cuando compara a Rusia con el Estado de los "pueblos occidentales de Europa", producto del "desarrollo espontáneo de la sociedad": "La organización política se formó poco a poco, bajo la influencia del estado econó-

[57] Durkheim [1975], pp. 173, 174.
[58] Tocqueville [1952].
[59] Durkheim [1975], p. 177 y [1960], p. 32.
[60] Esta tendencia a la generalización es particularmente visible en Durkheim [1960]; véase pp. 198-201.
[61] Durkheim [1975], p. 179.

mico, demográfico y moral del país. El proceso histórico se desarrolló de abajo hacia arriba." Mientras que en Rusia (y en China) el Estado es anterior a la sociedad: "Es él quien organizó la sociedad. La estructura política determinó la estructura social." Durkheim ve aquí *otro* tipo de Estado, caracterizado por "la suerte de exterioridad en que se encuentra con respecto a la vida social subyacente".[62]

En definitiva, los conceptos que emplea Durkheim para hablar del Estado (división del trabajo, sociedades complejas, funciones sociales), así como los procesos sociales que menciona (centralización, aumento de la producción jurídica, atomización de los individuos en masas desorganizadas) se desprenden directamente de la historia de las sociedades europeas occidentales. El mecanismo más general que podría explicar la aparición de *este* Estado es el de la *especialización* de los órganos en las actividades necesarias para asegurar las funciones de dirección consciente de las relaciones sociales. En su inspiración fundamental, esta concepción muestra analogías con la de Weber cuando analiza la aparición de grupos especializados en las actividades políticas: gobiernos, grupos de individuos encargados de elaborar las normas (Durkheim habla de "consejos") y de velar por su aplicación (las "administraciones" de Durkheim). Si en la mayoría de las sociedades estos agrupamientos o instituciones se confunden en mayor o menor grado con los que establecen y difunden las creencias (aparatos religiosos) o con los que rigen la producción y el intercambio de bienes materiales (aparatos económicos), las occidentales se distinguen por la especialización de aparatos políticos y administrativos consagrados a una actividad de alcance general. Aparecen "cuando la conservación del orden es garantizada por la conducta de personas determinadas, instituidas especialmente para asegurar su ejecución, bajo el aspecto de un dirigente o acaso una dirección administrativa".[63] Aquí el gobierno de las sociedades no es más el objeto de una "apropiación" por los aparatos religiosos o económicos; la especialización es ante todo *diferenciación* de aparatos "políticos" encargados de las actividades crecientes requeridas por la conservación del orden social. Pero Weber, a diferencia de Durkheim, no concibe esta especialización y diferenciación de acuerdo con un esquema inspirado en la biología.

En Weber, el Estado moderno no se define por las "funciones" que garantiza sino como marco y forma de la dominación. Para este autor, todo agrupamiento político es un *agrupamiento de dominación,* es decir, que individuos o grupos pueden dar órdenes a otros con la posibilidad de que éstos obedezcan; es agrupamiento de dominación "en tanto y en cuanto su existencia y la validez de sus reglamentos son garantizadas de manera constante en el interior de un territorio geográfico determinable, por medio de la aplicación y la

---

[62] Durkheim [1975], pp. 237 y 239.
[63] Weber [1971], p. 49.

amenaza de coacción física de parte de la dirección administrativa".[64] De esta definición surgen claramente tres características de la organización política: 1) el agrupamiento político garantiza una dominación continua, es decir, la posibilidad de que las órdenes emitidas por los gobernantes (los reglamentos) sean obedecidas; 2) la posibilidad regular de obediencia se obtiene mediante el uso o la amenaza de la violencia coercitiva, cuyo monopolio es ejercido por los gobernantes; 3) este monopolio se ejerce sobre los "súbditos" del reglamento que el aparato político (dirección administrativa) define como sujetos a su jurisdicción; en Europa, esta definición se hace sobre la base de un territorio. Con esta última característica, Weber apunta a ese proceso continuo de construcción de "fronteras" entre Estados que distingue la historia moderna de Europa.

Sin embargo, no se puede llamar "Estado" a todo agrupamiento político; para Weber, este término sólo se puede aplicar en un sentido riguroso a "una empresa política de carácter *institucional* en tanto y en cuanto su dirección administrativa reivindique con éxito, en la aplicación de los reglamentos, el *monopolio* de la coacción física *legítima*". Para Weber, el Estado, tanto el que disfruta de la docilidad requerida de sus súbditos por razones de orden tradicional, afectivo o racional, como el que la obtiene al satisfacer los intereses de aquéllos, sólo existe verdaderamente en la medida que surge un aparato político especializado e *institucionalizado*, dotado de una *legitimidad propia* en la reivindicación del monopolio de la coerción. Se advierte fácilmente que esta definición se desprende ante todo del conocimiento de la historia occidental (comparada con "otras" historias), aunque apunta a la universalidad. La deuda con esa historia aumenta cuando Weber trata de precisar las características del Estado *contemporáneo*: "Lo que caracteriza formalmente al Estado contemporáneo es la reglamentación administrativa y jurídica, modificable por medio de leyes, que orienta la actividad del agrupamiento [...]" y "por otra parte se caracteriza por el hecho de que *en nuestro tiempo* no existe violencia 'legítima' sino en la medida que el *orden estatal* la permite o la prescribe".

Por consiguiente, para Weber, el Estado en su acepción más rigurosa es el marco en el cual se ejerce el "hecho de la dominación" por agrupamientos políticos muy organizados, donde es fácil reconocer a las sociedades occidentales. También es la forma particular que asume ese "hecho de dominación" en la época contemporánea: el Estado moderno es el más asimilable al ejercicio de una dominación de tipo *legal y racional*. Weber construyó tres tipos ideales de dominación; ideales en la medida que designan formas típicas de reivindicación y legitimidad de los gobernantes, a diferencia de los mecanismos "reales" que aseguran la obediencia de los súbditos ("conviene distinguir

---

[64] Weber [1971], p. 57. Las citas siguientes son de las páginas 57, 58 (subrayado nuestro), 220, 222 y 225.

las formas de dominación según la reivindicación de legitimidad propia de cada una"); ideales porque ninguno de ellos "se presenta históricamente en estado puro". La dominación puede tener "un carácter *tradicional*, basado en la creencia cotidiana en la santidad de tradiciones válidas para todo momento y en la legitimidad de los que son convocados a ejercer la autoridad por esos medios"; puede tener un "carácter *carismático* (basado) en la sumisión extraordinaria a la personalidad sagrada, la virtud heroica o el valor ejemplar de una persona, o incluso (emanado) de órdenes reveladas o emitidas por ésta"; en fin, puede tener "un carácter *racional*" y en ese caso se la denominará dominación legal.

En lo que tiene de "específicamente moderno" (es decir, no en todos sus rasgos), el Estado contemporáneo corresponde a la *dominación legal*. En términos muy generales, ésta se define por el llamado a la docilidad de los súbditos sobre la base de la "creencia en la legalidad de los reglamentos decretados y en el derecho que tienen los convocados a ejercer la dominación por esos medios de promulgar directivas". Por consiguiente, ello implica la difusión de un derecho "racionalmente establecido" que comprende un conjunto de reglas abstractas resueltas de manera intencional "según determinados principios generales"; los propios detentadores del poder están sometidos a ese orden de leyes y reglamentos impersonales, dentro de los límites de las competencias que éstos les atribuyen. Con todo, Weber no desconoce que esta clase de dominación puede ser reivindicada tanto por los agrupamientos políticos dirigidos por "jefes carismáticos" como por sociedades donde predomina el respeto por las tradiciones y sus guardianes: "El tipo de dominación racional y legal es de aplicación universal y el más importante en la vida cotidiana." Además, la "racionalización" (el recurso al carácter de dominación racional) avanza de manera desigual según los sectores, acaso se desarrolla en el marco de sociedades o agrupamientos orientados por finalidades religiosas, acaso se arraiga en principios y actitudes aparentemente irracionales: "Se puede racionalizar la vida de acuerdo con puntos de vista sumamente diversos y en direcciones muy divergentes"; en la racionalidad misma que impregna el espíritu del capitalismo, "lo que nos interesa es precisamente el origen de ese elemento *irracional* que ella contiene".[65] Llevado por esa constatación, Weber se pregunta qué es lo que caracteriza la "racionalidad completa" del Estado moderno, que lo aproxima a un "tipo puro de dominación legal". Este autor encuentra el carácter específico del Estado moderno en el principio de jerarquía administrativa, es decir, en la *burocratización* de la jerarquía administrativa. Diríase que en el intento de afinar y precisar los conceptos necesarios para definir la forma contemporánea de la dominación legal, Weber se ve

---

[65] Weber [1985], p. 80.

obligado a privilegiar finalmente la racionalización y la burocratización: "A los ojos de Weber, la burocracia encarna el resultado del principio de racionalidad que orienta, según él, la actividad del mundo occidental".[66]

Sin duda, este proceso de afinamiento de la definición del Estado explica los pasajes sorprendentes de *Economie et société* donde Weber parece olvidar la firme distinción trazada entre el tipo ideal y la forma concreta de la dominación. Se inscribe en una perspectiva evolucionista que subraya la burocratización progresiva y general de las sociedades —sin la cual "la existencia moderna se volvería imposible"— y que vincula estrechamente el desarrollo del Estado moderno con la progresión constante de la administración burocrática: "El nacimiento de ésta es, por así decirlo, la espora del Estado occidental moderno."[67] Con mayor nitidez que el mismo Durkheim, el pensamiento weberiano abreva en las fuentes históricas: elabora su concepción del Estado moderno y las formas de la dominación legal a partir del desarrollo del Estado *europeo*.

La concepción del Estado que postula Marx se desprende aún más explícitamente que aquélla de una reflexión sobre la historia de Europa occidental. Por cierto, cabe desconfiar de la presentación caricaturizada de su concepción que aparece en muchos escritos y comentarios posteriores a su obra, bajo la forma de una distinción mecánica entre la "infraestructura" (económica) y las "superestructuras" (ideológicas, culturales, políticas). Con todo, la proposición central de Marx no está en duda: en términos generales, el Estado moderno es un instrumento o una "máquina" al servicio de los intereses de la burguesía: "A pesar de la diversidad de sus formas, todos los Estados tienen en común que se apoyan en el suelo de la moderna sociedad burguesa, sólo que más o menos desarrollada desde el punto de vista capitalista."[68] Marx jamás se aparta de esta afirmación, que reaparece bajo distintas formas en el *Manifiesto* y en *El 18 Brumario de Luis Bonaparte*. Según él, la monarquía de julio "no era sino la expresión política de la dominación usurpada de los advenedizos burgueses", y la Segunda República apenas la expresión de la dominación económica y social de los sectores de la clase burguesa, políticamente reconciliados:

> En tanto partido del Orden, su dominación sobre las otras clases de la sociedad fue más absoluta y más rigurosa que la de la Restauración y la monarquía de julio, y no fue posible sino bajo la forma de República

---

[66] Badie y Birnbaum [1982], p. 44. Sobre la burocracia en el Estado contemporáneo, véase más adelante, p. 118.

[67] Weber [1971], p. 229.

[68] Carlos Marx [1948], p. 34. Véase también Marx, *Manifiesto del partido comunista* [1967] (las dos obras escritas en colaboración con Federico Engels).

parlamentaria, porque sólo bajo esta forma las dos grandes fracciones de la burguesía francesa podían unirse y, por consiguiente, imponer la dominación de su clase sobre la de una fracción privilegiada de la misma clase.[69]

Desde este punto de vista, el Estado es la forma que asume en el orden político la *dominación social* de una clase, explicable fundamentalmente por su posición económica, es decir, por el lugar que ocupa en las relaciones de producción.

Ahora bien, no cabe duda de que Marx con frecuencia les reconocía a las instituciones políticas, sobre todo al Estado, una consistencia tal que las hacía parecer "independientes", regidas por leyes propias, sujetas a intereses específicos e incluso capaces de oponerse a los intereses inmediatos de la burguesía. ¿Contradicción en su pensamiento, que no llegó a una concepción acabada del problema? ¿Evolución de sus concepciones? Tal vez un poco de ambas. Pero sobre todo, fuerte conciencia de los mecanismos sociales que en ciertas situaciones confieren al Estado una gran libertad de acción con respecto a la burguesía. En efecto, el Estado tiene muchos intereses propios; aunque en la práctica sirve a los intereses de la burguesía, puede hacerlo con vistas a acrecentar los propios recursos y preservar la independencia del país. "La burguesía industrial estaba agradecida [a Luis Felipe] por su defensa servil del sistema proteccionista francés, que sin embargo él preconizaba por motivos nacionales más que económicos."[70] Gracias a la particularidad de sus mecanismos de reclutamiento y a la práctica de la subordinación jerárquica (adecuada a la satisfacción de sus intereses corporativos), los aparatos administrativos del Estado constituyen una "fuerza" que los gobernantes deben tener en cuenta: "Una gran burocracia ornada de galones y bien alimentada, tal era la 'idea napoleónica' que más seducía al segundo Bonaparte. ¿Cómo no iba a agradarle a él, que junto a las auténticas clases de la sociedad se ve obligado a crear una casta artificial para la cual el mantenimiento de su régimen se vuelve un problema de contenido y de estómago?" Más aún, el Estado generalmente no es un *instrumento* forjado por la burguesía, aunque debe recurrir a él, sino que éste surgió durante la lucha contra el feudalismo. En esa lucha adquirió las formas de organización y los principios de funcionamiento que lo caracterizan: "La centralización política que necesita la sociedad moderna [se refiere a una forma de Estado adaptada a los intereses de la burguesía] sólo puede alzarse sobre los escombros del aparato gubernamental, militar y burocrático, forjado en otro tiempo para combatir al feudalismo." Marx comprendió asimismo que en una sociedad como la francesa, el Estado se convierte en un "espantoso cuerpo parásito" capaz de ejercer un "poder sobre la

---

[69] Marx [1969], pp. 47 y 49.
[70] Marx [1969], p. 28. Citas tomadas de las páginas 132, 134 y 124-126.

sociedad", incluso de oponerse a ella en nombre del "interés superior" que reivindica: "El Estado parece haberse independizado por completo. La máquina del Estado se ha [...] fortalecido frente a la sociedad burguesa."[71]

En su concepción general del Estado (tal como surge de un conjunto de textos, más allá de las evoluciones reconocibles), Marx tiende a conciliar la primacía que le reconoce a un proceso determinante —el advenimiento de la burguesía capitalista, propietaria de los medios de producción— con los complejos mecanismos sociales que corresponden a distintas etapas de la historia europea: feudalismo, construcción de máquinas estatales en la lucha de los reyes contra los feudatarios, consolidación de un poder estatal "en cuyo seno el trabajo está dividido y centralizado como en una fábrica". Independientemente de sus intentos de aplicarla a otras sociedades, su concepción deriva de una reflexión sobre la *historia de Europa occidental*. La principal dificultad sigue siendo la de descubrir en cada caso cómo el Estado surgió de una *diferenciación* con los aparatos y las organizaciones económicas que expresaban directamente los intereses de las clases dominantes, hasta el punto de que en muchos países a veces pudo imponer sus propios intereses.

Ciertos autores, en especial Antonio Gramsci y Louis Althusser, trataron de resolver el problema teórico en términos de la *autonomía relativa* de lo político o indagando sobre la combinación de múltiples determinaciones.[72] Para Gramsci, es inconcebible que lo "económico" sea determinante de manera inmediata; las transformaciones de las relaciones de producción, concebidas como infraestructura o como determinación en última instancia, sólo actúan por intermedio (o a través de la mediación) de superestructuras —entre ellas, el Estado—, las únicas que organizan concretamente a los grupos sociales, agentes directos del movimiento histórico. Asimismo, según él, es necesario cuidarse de "presentar como operadores inmediatos ciertas causas que, por el contrario, son operadores mediatos".[73] Atravesados por conflictos de intereses propios, impregnados por las creencias y concepciones que sus miembros heredaron de etapas anteriores, regidos por las lógicas particulares que presidieron su formación, el Estado y, más generalmente, el conjunto de los aparatos políticos, funcionan en el marco de una autonomía relativa en relación con las determinaciones económicas.[74] Nicos Poulantzas presenta un esquema teó-

---

[71] Lenin habla en los mismos términos del Estado zarista: "El carácter de clase de la monarquía zarista no hizo desaparecer la *libertad de acción* y la *independencia* de la que gozaban el poder zarista y la 'burocracia', desde Nicolás II hasta el último gendarme." Citado por Anderson [1978], pp. 180-181; subrayado nuestro.

[72] Antonio Gramsci [1959]; Louis Althusser [1965]. Para otro punto de vista marxista sobre el problema, véase Nicos Poulantzas [1970] y los artículos en *Dialectiques*, 17, 1977 (edición especial sobre el Estado).

[73] Gramsci [1959], p. 237.

[74] Desde una perspectiva similar, Althusser propone el concepto de "sobredeterminación" para explicar un haz histórico de determinaciones.

rico distinto para explicar la "materialidad" del aparato del Estado (capitalista), pero no por ello deja de reconocer que existe "una separación [de este aparato] con respecto a las relaciones de producción", y por ello está en condiciones de limitar las consecuencias sociales de la dominación de una clase, así como las que resultan de los conflictos que ella engendra:

> Como consecuencia de su propia forma material, de su especificidad institucional, del hecho, entre otros, de permitir en su seno la representación ciertamente distorsionada de diversas clases o sectores de clase, el Estado capitalista se ha constituido de manera tal que puede absorber las crisis políticas que se presentan en las relaciones de fuerza de las clases sociales.[75]

No conviene extenderse demasiado en un debate de carácter excesivamente teórico sobre la autonomía relativa de lo político y el Estado, pero cabe recordar que el mismo ha afectado los métodos de análisis de muchos sociólogos que se reivindican marxistas.[76] Éstos difícilmente escapan a una desviación con respecto a los principios del análisis marxista: suelen "cosificar" los conceptos que emplean (lo económico, lo político, el Estado, las instituciones) al otorgarles atributos objetivos: el Estado, o la clase, calcula, actúa, decide, etc. Ahora bien, como señala Bernard Lacroix, en realidad esos atributos "objetivos" sólo expresan las categorías con las que los autores piensan el funcionamiento de las relaciones sociales; para decirlo en pocas palabras, hacen de un concepto abstracto una entidad social; se desvían del análisis preciso de los procesos sociales que originan el orden político.[77]

En los autores de la corriente "estructural-funcionalista", el hecho de prestar atención a los procesos sociales suele compensar la tendencia fundamental a concebir el Estado globalmente como un órgano —o un conjunto de *estructuras*— definido por las *funciones* de orden muy general que ellos le atribuyen.[78] Aquí merece recordarse dos conceptos ampliamente utilizados por estos autores: el de la funcionalidad del Estado y el de la autonomización. Como Weber, Talcott Parsons insiste en la diferenciación de lo político en las sociedades complejas que han alcanzado un cierto grado de desarrollo; la

---

[75] Poulantzas [1977], p. 56.

[76] El marxismo de inspiración althusseriana y poulantziana es aplicado en muchos trabajos sobre el poder a escala local en Francia al comienzo de la década de 1970. Se encuentra su sello, por ejemplo, en Sylvie Biarez y cols. [1973] y en Manuel Castells, Francis Godard [1974].

[77] Lacroix [1985], pp. 469-565. Lacroix formula una crítica enérgica del "objetivismo idealista", dirigida no sólo ni principalmente a los autores marxistas mencionados aquí. Sin embargo, nos parece que su análisis de los riesgos del objetivismo es aplicable tanto a estos autores como a los funcionalistas.

[78] Atención particularmente evidente en Samuel Eisenstadt, sobre todo en su obra sobre los sistemas monárquicos burocráticos [1963].

concibe en términos de *autonomización* de una estructura política, entendida como sistema de relaciones entre papeles específicamente políticos, pero cuyas actividades afectan al conjunto de las relaciones sociales.[79] Desde esta perspectiva, el Estado es una estructura diferenciada e institucionalizada, dotada de reglas propias, distinta de otras estructuras (o sistemas) que garantizan el equilibrio social en su conjunto. Esta estructura estatal sólo puede surgir y gozar de autonomía en la medida que la sociedad está sometida a cambios profundos: creación de recursos económicos que se deben movilizar en beneficio de todos los elementos de la sociedad, aunque fuera en detrimento de los mecanismos "espontáneos" de la economía de mercado; desarrollo de la solidaridad entre grupos con miras a la redistribución parcial de bienes producidos; diferenciación de tipos de actividades, económicas, sociales, culturales, religiosas; secularización de la sociedad. Tiene mayores posibilidades de gozar de una autonomía real con respecto a otras estructuras de organización social en la medida que aparece en países cuyo código cultural (es decir, las creencias y representaciones legitimadas del orden social) facilita la distinción de roles; tal es el caso sobre todo de los países donde el cristianismo se ha implantado de manera permanente, en particular en su versión reformada. Semejante concepción del Estado puede estar de acuerdo con una visión "evolucionista" del mundo: cuanto más se desarrolla una sociedad, más se diferencian en su seno los sistemas o las estructuras especializadas y mayor puede ser la autonomía de la que goza el Estado; esta regla sería válida en todas partes. Pero esta concepción está inspirada fundamentalmente en la forma particular de los cambios que sufrió la Europa occidental cristiana.

El Estado moderno, estructura autónoma derivada del mecanismo de la diferenciación, es *funcional* en cuanto realiza determinadas funciones necesarias para la existencia y el desarrollo armonioso de la sociedad en su conjunto, así como para la instauración y el mantenimiento de relaciones ordenadas entre los distintos sectores de actividad. La funcionalidad del Estado radica en su capacidad para realizar la integración de todos los grupos y todas las formas de intereses particulares organizados, para asegurar el acuerdo de los individuos sobre valores (o normas) comunes, para imponer metas colectivas comunes a todas las actividades sociales y para permitir la adaptación de la sociedad a condiciones nuevas, a costa de innovaciones y cambios a veces conflictivos.[80] Esta concepción funcionalista debe mucho al estudio de los procesos de diferenciación social desarrollados, entre otros, por Samuel Eisenstadt: aparición de grupos sociales que, al beneficiarse con recursos nuevos, tienden a organizarse para imponer sus propios intereses, a afirmar sus ambiciones frente a las elites tradicionales que detentan el poder y así servir de apoyo

---

[79] Talcott Parsons [1973].
[80] Sobre el funcionalismo y las funciones del sistema político, véase cap. 3.

y estímulo a la acción "modernizadora" de los príncipes.[81] También debe mucho a las reflexiones de los sociólogos norteamericanos sobre los fundamentos ideológicos del Estado benefactor *(Welfare State)* con el que se enfrentaron en las décadas de 1960 y 1970, que los incita a indagar en lo que se les aparece como una extensión de la acción del Estado y sus aparatos burocráticos.[82] Estos autores estructuralistas-funcionalistas consideran que en este contexto, la *función modernizadora* es la que explica el proceso general de autonomización de las estructuras políticas: en última instancia, sólo el Estado está en condiciones de asignar a sociedades cada vez más complejas un conjunto de objetivos comunes que sirvan a la modernización a la vez que garanticen la adaptación y conservación de la coherencia social; sólo el Estado puede distribuir los recursos creados entre todos los grupos para conservar la posibilidad de su integración; para decirlo de alguna manera en términos de Durkheim, sólo él es capaz de "pensar" por toda la sociedad.

Se advierte que semejante concepción tiene consecuencias de peso para la interpretación de los procesos históricos. Los fenómenos que son, de todas formas, *resultado* de sus procesos (al menos en Occidente) aparecen en esta perspectiva como manifestación de una ley general de adaptación del organismo social; se concibe a las "funciones" cumplidas por las estructuras políticas, es decir, en realidad, a las actividades catalogadas que las caracterizan, como atributos permanentes de la actividad social" integración, adaptación, asignación de objetivos comunes, etc. Entonces se hace inevitable "clasificar" las sociedades según su mayor o menor aptitud para realizar las funciones consideradas indispensables, necesarias para las sociedades diferenciadas en todo tiempo y lugar. De ahí que el Estado en su forma occidental, al que estos autores atribuyen una aptitud superior para cumplir sus funciones, se convierte en el "modelo" de organización política capaz de asegurar una modernización relativamente armoniosa. Toda la escuela de investigación llamada "desarrollista" está vinculada con esta concepción universalizante y etnocéntrica del cambio; se verá en el capítulo siguiente. Más aun, el Estado occidental no aparece como el producto histórico contingente de los conflictos entre diversos grupos sino como la estructura de alguna manera "destinada" a controlarlos; se interpreta su autonomización, no como resultado del enfrentamiento entre los detentadores de una forma particular de autoridad, que encuentran en la reivindicación de esa autonomía un recurso contra sus rivales, sino como la consecuencia de su funcionalidad. Cualesquiera que sean las precauciones tomadas por los autores estructuralistas-funcionalistas, ninguno de ellos parece escapar a esta visión "armonicista" del desarrollo social, sin duda

---

[81] Eisenstadt [1963].
[82] Bert Hoselutz, Wilbert Moore [1963]; sobre todo el capítulo de Neil Smelser, "Mechanismes du changement et de l'adaptation au changement".

inherente a todo enfoque en términos de "funciones".[83] En fin, no basta identificar las necesidades fundamentales que requieren la organización de actividades destinadas a satisfacerlas para comprender cómo aparecieron los aparatos estatales, sus reglas de funcionamiento, sus intereses a menudo contradictorios, su principio de legitimidad y sus medios de acción en las sociedades afectadas: "Identificar una necesidad funcional para una sociedad o una característica social no tiene en sí y de por sí otra implicancia que determinar su influencia efectiva sobre la formación de las instituciones que satisfacen esa necesidad", dice Anthony Giddens, al parecer con toda razón.[84]

Los muchos conceptos forjados así, en el marco de teorías muy diferentes, incluso contradictorias en aspectos fundamentales, no carecen de interés para el conocimiento de las características generales del Estado occidental. La investigación puede sacar gran partido de conceptos tales como *diferenciación* de aparatos (organismos, estructuras, grupos institucionalizados) *especializados* en actividades políticas; el *modo de dominación* que tiende a prevalecer en las sociedades políticas modernas; la *autonomización* de los aparatos, los procedimientos, las reglas de funcionamiento y los valores reivindicados en relación con los que rigen otras formas de actividad social. Sin embargo, esas características no son aparentes, no están "dadas" ni saltan a la vista; son el resultado de un trabajo de construcción o elaboración de las categorías necesarias para explicar, en casos diferentes, ciertos fenómenos sociales y políticos. Lo único que "salta a la vista" es —conviene repetirlo— la diversidad de las formas de organización política en los países europeos occidentales, por ejemplo, en el siglo XVIII. En las modalidades de gobierno se observa una diversidad notable: ¿son comparables el despotismo ilustrado en Austria y Prusia, la monarquía absoluta (atemperada por los privilegios y las costumbres) en Francia, la oligarquía puritana en las Provincias Unidas y la monarquía "parlamentaria" inglesa? ¿De qué manera lo son? Son igualmente diversas las relaciones entre el "centro de decisión" (corte y consejos reales, parlamento) y las múltiples instancias encargadas de aplicar y hacer respetar las decisiones en la vida social; en realidad, lo que se llama "aparato de Estado" designa según el país a grupos rivales más o menos funcionarizados, más o menos autónomos, desigualmente sumisos a los gobernantes. Aparecen diferencias aun más fundamentales cuando se trata de caracterizar las relaciones entre gobernantes y aparato estatal por un lado y los grupos socia-

---

[83] Véase en el cap. 3 la presentación de las críticas del funcionalismo. Lacroix [1985] observa que "siempre se le atribuye demasiado al Estado, cuando, al ceder a la inclinación generada por esos *a priori*, se le reconocen (a veces hasta el punto de definirlo en estos términos) una *función general de control* o incluso una *función reguladora*" (p. 478). Por su parte, Badie y Birnbaum destacan las confusiones y aproximaciones inherentes al uso de la sociología funcionalista en el estudio de la formación de los Estados; véase sobre todo [1982], pp. 90-91.

[84] Anthony Giddens [1987], p. 296.

les por el otro. Si el Parlamento inglés expresa el poderío político de una aristocracia de nobles y burgueses, auténtica clase dominante empeñada en la expansión del capitalismo comercial y financiero, la burocracia del Estado prusiano está en manos de los grandes terratenientes (*junkers*); distintas son las situaciones en Francia, España o el reino de Nápoles. Por último, recuérdese que los distintos Estados europeos presentan grandes diferencias en cuanto a la forma concreta de legitimidad reivindicada por sus dirigentes: naturaleza divina o poder imperial en la Rusia zarista; realización de un "bien común" temporal disociado del espiritual en las monarquías francesa o austríaca; legitimidad teóricamente ilimitada del poder absoluto, de acuerdo con la voluntad de Dios, en la Prusia luterana, etc. De ahí se comprende fácilmente por qué muchos autores prefieren elaborar una clasificación de los Estados europeos antes que indagar en las características generales del "Estado occidental".

Para clasificar las formas de organización política en la Europa moderna es necesario elaborar los criterios de comparación sistemática. Los estudios históricos sugieren algunos. Al considerar los *tipos de administración* se puede distinguir entre los Estados que disponen de una "burocracia" compleja, centralizada, a veces pletórica (como Francia y Prusia) y los que están escasamente burocratizados, donde muchas actividades "políticas" —magistratura, cobro de impuestos, mantenimiento de caminos— son ejercidas por notables locales que gozan de gran autonomía con respecto al centro de decisión principal (como en Inglaterra). Se puede comparar los Estados en función de las *reglas* aplicadas habitualmente en las actividades de gobierno y distinguir entre aquellos cuyos gobernantes están sometidos a leyes promulgadas por asambleas deliberantes y otros donde el rey dispone de un margen de decisión prácticamente ilimitado que favorece la arbitrariedad. Asimismo se puede aplicar como criterio la clase de *relación establecida entre las clases* (económica, cultural y socialmente) *dominantes* y las *instancias de gobierno*, tomando entonces las posibilidades de acceso de los distintos grupos sociales (nobleza, burguesía, clero) a los puestos de dirección política.

Estos criterios, inspirados en las preguntas que se plantean los estudios históricos, sólo adquieren su pleno sentido para la sociología en relación con los conceptos presentados anteriormente. Así, la distinción de los tipos de administración se puede interpretar como una consecuencia de las variadas modalidades de diferenciación, como la diversificación de las formas concretas de dominación legal en los distintos países o como resultado de distintos procesos de autonomización de lo político. El uso de estos conceptos da un fundamento sólido al método comparativo; sienta las condiciones para descubrir en los Estados europeos, más allá de la constatación inicial de su diversidad, los mecanismos o las características generales. Como se ve, esto es imposible si se desconocen los procesos sociales en acción allí donde ha surgido esta forma de organización política.

Lo político: un campo de actividades especializado

No se puede concebir al Estado como una entidad aislada de la sociedad, extraño a las relaciones entre grupos y clases. Esto significa que, afectado en su forma concreta por esas relaciones, al mismo tiempo puede contribuir por medio de su actividad a las transformaciones que éstas sufren. En los países comparables de Europa occidental se ha verificado esta inserción del Estado en el conjunto de los procesos sociales. Resta decir que al mismo tiempo se ha verificado la aparición de un "espacio" concebido como algo diferenciado: un espacio "público" donde el Estado puede ejercer legítimamente su autoridad, un campo de actividades especializado que corresponde al "orden de lo político".

El Estado y los grupos sociales

En la medida que las instancias de gobierno de una sociedad parecen capaces de imponer a sus miembros el respeto por las reglas que rigen las relaciones entre grupos y establecen sus derechos y obligaciones recíprocas, el control (directo o indirecto) de esas instancias adquiere una importancia mayúscula. Se dirá que, de otra manera, todos los grupos (económica, cultural y socialmente) dominantes se ven obligados a confiar a las instancias de gobierno, al menos en parte, la tarea de defender o promover sus intereses. Esta necesidad puede resultar clara para los miembros de los organismos que reivindican el derecho de "representar" a un grupo social: asambleas de dignatarios o de personalidades influyentes del grupo, o de superiores jerárquicos en el caso del clero; asociaciones de burgueses que dirigen las corporaciones o los gremios; consejos de regidores en las ciudades que gozan de gran autonomía; reuniones de notables provinciales, etc. Desde luego, resta saber la capacidad de cada uno de estos organismos para hacer que sus representados reconozcan esa necesidad. De un modo distinto, cuando los miembros de un mismo grupo social descubren su impotencia para obligar a otros a reconocer su superioridad, es posible que experimenten la necesidad de una intervención del Estado, aun sin que haya habido una concertación explícita entre ellos ni la aceptación de una instancia de autoridad en su seno: en el siglo XIV, los nobles franceses, acosados por las reivindicaciones de una burguesía rápidamente enriquecida, se encuentran *en situación* de apelar al rey para conservar su posición social o reclamar la convocatoria de asambleas políticas en las cuales creen imponer sus puntos de vista. De alguna manera, el "poder del Estado" deviene de la siguiente dinámica: ante la imposibilidad de imponer directamente sus intereses, los grupos sociales rivales tienden a reconocer la autoridad de las instancias y los aparatos estatales que esperan controlar; éstas, designadas por su capacidad para reivindicar una legitimidad colectiva propia, se benefician con esas delegaciones implícitas de poder; así refuerzan su capacidad de acción, al punto de poder imponer a los grupos reticentes, o incluso a todos, las decisiones que lesionan ciertos intereses (lo cual, desde luego, no deja de tener sus riesgos). Es evidente que una fuerte diferenciación social como la que han conocido las sociedades europeas occidentales acrecienta la capacidad de los dirigentes políticos para obtener el apoyo de otros grupos sociales cuando entran en conflicto con un grupo dominante.

Esta dinámica de la delegación, resultado de los conflictos entre grupos sociales más o menos organizados, no sólo conduce a la confiscación de los poderes de decisión "políticos" preexistentes por los aparatos de Estado; es *creadora de poder* en la medida que a través de ella se impone la creencia en una legitimidad ampliada de las instituciones colectivas de gobierno. Lo que se considera como parte del "orden político" ya no parece depender de una relación de fuerzas entre grupos y aparatos sociales de dominación sino corresponder a la sola competencia del Estado; de manera que las acciones, concordantes en sus efectos, de gobernantes, aparatos administrativos y organismos diferenciados a cargo de los intereses grupales extienden (de manera más o menos rápida y regular) el campo de las actividades políticas cuyo control se arroga el Estado. Como se verá, el desarrollo de instancias especializadas, órganos de gobierno y administración, va de la mano con esa extensión.[85] Además, los conflictos entre grupos sociales toman la forma de luchas por el control de las instancias y los aparatos políticos, ya que el Estado está en condiciones de imponer decisiones que tienen consecuencias directas: 1) sobre la distribución de los grupos, su jerarquización social, incluso su reconocimiento como agentes en la vida social,[86] y 2) sobre las modalidades legítimas de competencia entre los grupos. Así, la existencia del Estado forja *nuevas formas de relación social*: la monarquía absoluta crea una nobleza cortesana sobre la base de una nobleza feudal sometida, que es nueva en un sentido, porque sus ingresos no son idénticos a los de ésta (ya que estar al servicio del rey era fuente de importantes beneficios, aparte de la renta de la tierra), su conducta y ambiciones se transforman en la vida cortesana y se modifican sus

---

[85] El empleo de los términos "órganos" y "organismos" de gobierno no implica que nos situemos en una perspectiva funcionalista. En general se los puede utilizar, siempre que uno no se sitúe explícitamente en el marco de la presentación de esquemas funcionalistas, para designar un elemento individualizable y caracterizado del sistema de organización política.

[86] Esto es de importancia particular para comprender las consecuencias sociales del trabajo de definición, clasificación y "posicionamiento" de los grupos (y de los individuos dentro de los grupos) que realizan constantemente los aparatos estatales. Para la época actual, piénsese en organismos como el INSEE, el ANPE o la dirección impositiva; véase el cap. 4.

relaciones con los burgueses.[87] Asimismo, una burguesía que, gracias al desarrollo de las funciones estatales, puede tener acceso a puestos gobernantes y administrativos a condición de pagar el precio correspondiente, sucede a la burguesía que detentaba esos puestos gracias al favor precario del rey: su posición social, sus intereses, la forma como compite con la nobleza e incluso los valores que pregonan sus miembros hacen de ella un grupo social distinto de aquel que le dio origen, al menos en parte.[88]

Aquí sólo se presentarán algunos ejemplos de ese proceso, tomados de distintos momentos de la historia moderna de Europa. El caso de Inglaterra durante la "Gran Revolución" del siglo XVIII ilustra claramente la necesidad para los grupos sociales dominantes de *controlar un aparato de Estado especializado* que suma a su propia legitimidad la que ellos derivan de su posición social. Se ha visto anteriormente que el desarrollo del capitalismo mercantil, la venta de los bienes confiscados a la Iglesia de Inglaterra por los Tudor y la política de la monarquía hasta mediados del siglo XVII favorecieron la constitución de una aristocracia que unía a la antigua nobleza con la burguesía comerciante. Este fenómeno tan particular caracteriza la evolución de las relaciones sociales en Inglaterra hasta las décadas de 1830 y 1840. Tocqueville reconoce su importancia histórica cuando escribe: "Inglaterra es el único país donde no se modificó el sistema de castas sino que se lo destruyó totalmente. Nobles y plebeyos se ocupaban de los mismos asuntos, seguían las mismas profesiones y, lo que es más significativo, se casaban entre ellos. La hija de un gran señor podía casarse sin vergüenza con un hombre de familia nueva."[89] Sin embargo, la dominación de esta aristocracia sólo se podía consolidar mediante el acaparamiento sistemático de tierras en detrimento del campesinado, así como el debilitamiento de la posición social de los *yeomen* y un sector empobrecido de la *gentry*. Debido a muchas de sus características, y aunque no se reduce al enfrentamiento de esos intereses, en esas condicio-

---

[87] Elias [1976], pp. 40-41.

[88] *Ibidem*, pp. 42-43. Dicho sea de paso, aquí está planteado el problema de la "continuidad" de un grupo social cuyas características se modifican constantemente. Su continuidad puede ser el resultado de la permanencia de intereses fundamentales (por ejemplo, para la nobleza "cortesana", es decir, formada en la vida de la corte, el apego a los privilegios derivados de la posición de tierras "nobles", exentas de impuestos). También puede derivar de la conservación de conductas adquiridas y modalidades de acción erigidas en "valores" por el grupo. En fin, puede ser consecuencia del abroquelamiento de los miembros de un grupo en torno de una representación de los valores sociales que parece haber "pasado la pueba" de asegurarle una situación privilegiada en relación a otros grupos (por ejemplo, el apego de los nobles franceses del siglo XVIII a la división de la sociedad en Órdenes jerárquicos, constantemente resaltado por sus portavoces y la transmisión familiar de los valores).

[89] Tocqueville [1952], p. 160. El autor llama sistema de castas al conjunto de mecanismos y conductas que permiten a la nobleza francesa del Antiguo Régimen constituirse en "clase particular y cerrada" (la cuna era el principio general, incluso exclusivo, de pertenencia a la nobleza).

nes la Gran Revolución reviste la dimensión de un conflicto general en el que individuos y grupos pequeños defienden o atacan los intereses y las ambiciones de la aristocracia. Esto no significa en absoluto que todos los miembros de esta clase (suponiendo que se pudieran definir sus "fronteras") hayan sido conscientes de lo que estaba en juego ni que se hubieran puesto de acuerdo sobre el camino a seguir ni que hayan participado de la Revolución en función de un proyecto preestablecido tendiente a perpetuar su dominación política. Sólo *a posteriori* se pudo constatar —lo cual no carece de importancia— que la Gran Revolución tuvo como *resultado* que arrancó el poder al rey y sus consejos para entregarlo al Parlamento, que a partir de entonces fue la única autoridad competente para crear impuestos, legislar, fijar las reglas de la vida política y controlar la fuerza pública por intermedio de los ministros (la responsabilidad política del gobierno se impondrá lentamente a lo largo del siglo XVIII).

Por consiguiente, se ha podido caracterizar al Parlamento inglés como la instancia política en y por la cual está garantizada la dominación de la aristocracia en sus diversos componentes.[90] Controlar el Parlamento significa obtener la sanción jurídica de los derechos de propiedad y cercamiento de las tierras (Declaración de Derechos de 1689, *General Enclosure Act* de 1800); significa restringir los derechos electorales a una minoría de propietarios ricos (el sufragio está más limitado a principios del siglo XIX que doscientos años antes); significa prohibir las asociaciones obreras (*Combination Acts*, aprobados durante un momento de inquietud sobre los posibles efectos de la Revolución Francesa). Sin embargo, las luchas tanto parlamentarias como extraparlamentarias de los años 1820 a 1830 demuestran que el Estado no sólo es el "instrumento" de la aristocracia. La estructura política se diferencia de los organismos económicos y religiosos que controlan directamente sus distintas fracciones. Esta diferenciación de un terreno especializado de actividades políticas va acompañada por la consolidación de su propia legitimidad (de la cual la obra de John Locke es un buen testimonio), la constitución gradual de grupos especializados en la organización de los debates parlamentarios (los "partidos" conservador y liberal), la adopción de métodos de decisión concretos (para la aprobación de las leyes o la discusión del presupuesto) y reglas que determinan progresivamente las relaciones entre los ministros y las cámaras. Por consiguiente, el Parlamento y las instancias que dependen directa o indirectamente de él constituyen *instituciones diferenciadas* que ejercen su autoridad sobre toda la sociedad; para el conjunto de los grupos sociales, se convierten en objeto de conflictos a los cuales se sumarán rápidamente los "portavoces" de los grupos sociales marginados.

---

[90] Véase Barrington Moore [1979], sobre todo pp. 24-43.

Por ello, en Inglaterra y en otros países, las decisiones tomadas por las instancias estatales contribuyen a la *construcción de nuevos grupos* y de nuevas relaciones entre ellos.[91] Aquí se tomará el significativo ejemplo de la constitución de una "clase de Grandes Notables" en Francia durante la primera mitad del siglo XIX. Las relaciones entre nobles y burgueses a fines del siglo XVIII no son fáciles de definir. Bajo el Antiguo Régimen, ni la nobleza ni la burguesía son grupos sociales homogéneos. Son nobles y se consideran tales a los descendientes "acortesanados" de las viejas familias feudales, los miembros de la alta nobleza militar, las familias de magistrados y parlamentarios, los financistas ennoblecidos así como los dirigentes de las oficinas de la monarquía centralizada: un conglomerado "dividido en clanes y camarillas que sería vano tratar de definir en términos de intereses materiales" y que anula "la resistencia de una nobleza relativamente antigua, con frecuencia empobrecida, al intento de constitución de una clase dirigente por medio del dinero y el Estado".[92] La burguesía no presenta una mayor unidad ni menores ocasiones de rivalidad. Además, el ascenso de la burguesía plebeya a la nobleza, a pesar de las barreras erigidas por los miembros de esta orden, es posible y aun relativamente fácil. Tocqueville ya lo reconocía: durante el reinado de Luis XVI "el número de puestos que procuraba la nobleza se elevó a cuatro mil; no había nada parecido en el resto de Europa";[93] así lo confirmaron luego los estudios de los historiadores. Con todo, estos dos grandes grupos existen sin lugar a dudas y se enfrentan en el sentido de que ambos tienden a individualizar e identificarse en un *proceso conflictivo* de distinción de los derechos, las prerrogativas y los privilegios que le son reconocidos a uno de los dos: si por un lado los nobles tratan de limitar —o de encerrar en ciertos sectores de actividad— el influjo de *parvenus* ennoblecidos, por el otro los burgueses reivindican abiertamente contra ellos el reconocimiento de una igualdad de posición no vinculada con la cuna.

> La barrera que separaba a la nobleza francesa de las demás clases, aunque muy fácil de franquear, era siempre rígida y visible, siempre reconocible por medio de signos espectaculares, odiosos a quienes quedaban afuera. Quien la franqueaba quedaba separado de los que pertenecían al medio del cual había salido, por una serie de privilegios que a ellos les resultaban onerosos y humillantes. El sistema de compra de títulos nobiliarios, lejos de disminuir el odio del plebeyo por el caballero, lo acrecentó sin límites.[94]

---

[91] Asimismo, los conflictos políticos *definen* los "contornos" de los grupos sociales a la vez que derivan de la competencia entre los grupos constituidos. En este sentido, la Gran Revolución inglesa y los enfrentamientos parlamentarios del siglo XVIII condujeron al debilitamiento progresivo de la *gentry* y fijaron los "contornos" de la aristocracia inglesa.

[92] François Furet [1978], pp. 167 y 172.

[93] Tocqueville [1952], p. 167.

[94] *Ibidem*, p. 168.

Con la venta de puestos, el Estado contribuía a mantener la oposición entre los nobles y los burgueses.[95] Esta oposición, al repercutir en el funcionamiento de los aparatos de Estado y en la competencia que se libraba en ellos, de alguna manera impedía la formación de una auténtica clase dominante.

Por el contrario, de los grandes enfrentamientos políticos del período revolucionario 1789-1800, resulta la constitución de una clase social y económicamente dominante, así como políticamente dirigente: el pequeño grupo de los "Grandes Notables".[96] Este grupo presenta muchas características económicas, sociales y culturales comunes; está formado esencialmente por terratenientes, muchos de los cuales —en su mayoría, pero no todos, de origen burgués— tienen intereses en la banca, el comercio o la industria naciente; controla la vida social de ciudades y aldeas, "da el tono" a París, posee los principales diarios; se beneficia con el desarrollo de la enseñanza secundaria y superior organizada por Napoleón I; obtiene ganancias directas o indirectas de los últimos progresos de la gran industria. Su coherencia se acrecienta con los casamientos de hijas de burgueses ricos con hijos de nobles, mediante la cohabitación de éstos y aquéllos en los consejos de administración y a través del movimiento que lleva a los empresarios a poseer "bienes inmuebles" comprando tierras y castillos. Además, en esos tiempos vigorosos, la vida política expresa la existencia de intereses comunes entre los descendientes de la nobleza y los burgueses: adhesión común al proteccionismo económico, la misma desconfianza hacia las "clases peligrosas" de las ciudades, deseo compartido de conservar los medios legales para prevenir cualquier intento de organización obrera. Lo que importa aquí es advertir que *el Estado contribuye* enérgicamente a *la afirmación de una unidad* de esta clase de los "Grandes Notables", más allá de los fuertes antagonismos ideológicos que aún separan a nobles de burgueses. Lo hace en primer término, a partir del Consulado, mediante el rápido incremento de los puestos administrativos y judiciales; recaudadores y controladores de impuestos, jueces y procuradores, prefectos y subprefectos, miembros de los consejos superiores del Estado, todos esos puestos del aparato estatal son cubiertos por antiguos convencionales, hijos de nobles, burgueses ennoblecidos del Imperio. Esa unión general de los distintos grupos sociales dominantes, producto de decisiones políticas (la estrategia de atraer las elites

---

[95] Lo cual no quiere decir que el rey y sus consejeros no hayan organizado conscientemente esta oposición. Ella *resulta* de las decisiones y prácticas de la monarquía francesa (acortesanamiento de la nobleza; venta de cargos, funciones y títulos por razones financieras; distinción entre tierras nobles y tierras sujetas al impuesto real, etc.); es una consecuencia imprevista (o "no anticipada") de esas prácticas.

[96] André Jardin, André-Jean Tudesq [1973]. Aprehendido por la extensión del cuerpo electoral, durante la Restauración el grupo de Grandes Nobles representa menos del 1% de la población masculina mayor de 20 años.

al Consulado y el Imperio, la política de "reconciliación de las dos Francias" de Luis XVIII), acrecienta las posibilidades de acercamiento entre ellos.[97] El Estado contribuye igualmente al proceso mediante la elaboración de un padrón electoral excluyente, que distingue entre los sectores de la población autorizados a participar de las actividades políticas (votar, ser candidato, ocupar un escaño en la Cámara o en los consejos generales de los departamentos) y los que quedan al margen. A tal punto es así, que la ampliación del padrón, reclamada con vigor creciente por la burguesía "media" (sobre todo durante la campaña de los banquetes de 1847) es un problema social a la vez que político (porque conduciría a la ampliación del grupo de los dominantes y haría de cualquier burgués desconocido un notable honrado, distinguido, solicitado, invitado por los agentes locales del Estado). Como se ve, las luchas políticas más ardorosas del período de la monarquía del padrón (1815-1848) suelen ser conflictos por la definición de los grupos sociales y su jerarquización. Cuando preconiza la competencia económica activa entre los burgueses, mediante una consigna célebre y a veces mal entendida ("¡Enriqueceos!"), Guizot, ministro de Luis Felipe, define en realidad un proyecto social en respuesta a una reivindicación política: la modificación del padrón. Así, el Estado participa directamente en la construcción de las relaciones sociales.

Un último ejemplo demostrará cómo la fijación de reglas políticas puede ser el medio para compaginar los intereses de los distintos grupos sociales dominantes.[98] Las guerras y los juegos de alianzas que caracterizan la historia alemana del siglo XIX tienen, entre otras, una consecuencia política mayor: Prusia anexa a Renania-Westfalia y se impone como líder indiscutido de la Confederación de Alemania del Norte; bajo la égida de este Estado, en 1871 se crea el imperio alemán. Dentro del reino de la Prusia ampliada coexisten *dos grandes tipos de sociedad:* en el Este, la clase dominante es una aristocracia de grandes terratenientes beneficiados por las "reformas" políticas de principios de siglo (capitales acumulados por el rescate de la servidumbre en el mo-

---

[97] La proporción de las distintas categorías de nobles y burgueses muestra diferencias importantes entre los distintos aparatos de Estado, de acuerdo con las modalidades de reclutamiento, los papeles y la posición de cada uno en la jerarquía social: los puestos más altos del ejército, la diplomacia, el tribunal de cuentas o la administración territorial recaen predominantemente, según el caso, en una u otra categoría. Véase la tesis de Dominique Chagnollaud [1988].

[98] Recuérdese que al estudiar la formación del Estado contemporáneo, en estas páginas se analizó ante todo el fin del siglo XIX, es decir, prácticamente un período en que el sufragio era limitado; allí donde se instaura el sufragio universal (Francia en 1848, el imperio alemán en 1871), éste sigue bajo el control de los grandes propietarios, el clero y los comités locales de notables. Por eso se ha dejado de lado *momentáneamente* la aparición de coaliciones de funcionarios electos que se presentan como los voceros de los grupos económica y socialmente dominados (principalmente los obreros); desde este punto de vista, es legítimo hacer hincapié en los compromisos entre grupos sociales dominantes, con representación política, que incluso reivindican abiertamente el monopolio de las actividades políticas.

mento de su abolición, distribución de tierras comunales, control de la administración local); la posición de los burgueses es mediocre, aunque se benefician con algunas grietas en el monopolio de hecho que ejercen los nobles sobre los puestos importantes en la administración y el ejército. En el Oeste, por el contrario, domina la burguesía mercantil e industrial, hasta el punto de arrastrar en su estela a una pequeña nobleza urbana que ha adquirido los hábitos de los empresarios capitalistas; ahora bien, el antiguo poder de los burgueses renanos crece con el desarrollo espectacular del Ruhr y el enriquecimiento de las ciudades. El "pacto de 1867" primero, la Constitución después, sellan un verdadero compromiso político entre los dos grupos sociales dominantes: las instituciones del Imperio consagran las reivindicaciones de la burguesía (asamblea representativa elegida por medio del sufragio universal, igualdad jurídica, libertad de comercio, etc.), en tanto dos grandes restricciones conservan los intereses de la aristocracia terrateniente y la burocracia prusiana. La primera conserva su posición dominante y un estado de privilegio en la Constitución del Estado federado de Prusia, la segunda se beneficia con medidas que establecen la supremacía del Ejecutivo y consagran la autonomía de los aparatos estatales.[99] El Estado contribuye así a la definición de las *reglas que rigen las relaciones entre grupos sociales.* No las "inventa" ni las establece por sí mismo, porque esas reglas resultan de la transformación de las relaciones entre los grupos en un espacio ampliado; pero las dota de la autoridad reconocida al Estado y sus aparatos sobre todas las actividades sociales y constituye el marco inevitable para su realización según los procedimientos propios de la actividad política (en este caso, la *codificación*). De alguna manera, les pone el sello de su propia legitimidad.

Adviértase que es peligroso concebir las relaciones entre el Estado (definido como el marco de las actividades políticas especializadas) y los grupos sociales más o menos organizados en términos de una distinción entre la "sociedad política" y la "sociedad civil". Esta última (es decir, los grupos sociales, sus formas de organización, recursos, así como sus relaciones mutuas) es modelada en gran medida por efecto de las actividades políticas; en este sentido,

[99] Véase sobre todo Anderson, *L'État absolutiste* [1978]. Moore ve en esta clase de alianza política entre "el centeno y el hierro" un modelo de coalición conservadora autoritaria capaz de modernizar la economía y la administración, a la vez que impide cualquier evolución profunda de las estructuras sociales; a tal punto que, según él, semejante compromiso entre clases dominantes fuertemente diferenciadas generaría las condiciones propicias para el desarrollo del *fascismo*, nutrido en sus orígenes por el anticapitalismo de los campesinos despojados de sus tierras y el de los pequeños burgueses amenazados por el auge del capitalismo industrial. Sin embargo, en este análisis Moore deja de lado una serie de condiciones políticas puestas de relieve por otros autores (las reacciones suscitadas por el desarrollo de fuertes organizaciones socialistas y sobre todo comunistas, la inestabilidad política de los regímenes posteriores a la Segunda Guerra Mundial, la militarización de los movimientos juveniles, etc.); véase Moore [1979], pp. 347-360.

es "definida por la política". A la inversa, no se puede comprender la "sociedad política" sólo a través de las actividades especializadas que se desarrollan en su seno o de la autonomía de los aparatos estatales diferenciados, sino también por la forma que le confieren las relaciones entre los grupos sociales. Por especializados que fueran sus aparatos, el Estado europeo no es "exterior" a la sociedad sino uno de sus elementos característicos.[100]

El espacio público y el Estado

Para comprender cómo el Estado pudo beneficiarse con un proceso de delegación de poderes por parte de los grupos sociales y que esté en condiciones de imponer legítimamente las reglas y obligaciones legales a todos sus súbditos, hay que reconocer que se le otorgó el monopolio de un determinado *papel social*. También se debe reconocer que se presentó con éxito como la expresión y el garante de un interés de la colectividad, a partir de que éste ya no se asimila a la sola realización de un un proyecto religioso o la revelación de la superioridad de un jefe. El éxito de la empresa, generadora de una legitimidad propia, supone que todos los miembros de la sociedad (o al menos aquellos que tienen alguna influencia) reconozcan la existencia de una "esfera pública" o un "espacio público". Cualquiera que sea la variedad de significados que se le dé a este concepto de acuerdo con los distintos puntos de vista, cabe agregar que no se lo puede asimilar sin empobrecerlo a ideas tales como "sociedad política" o "espacio político".[101] Aquí se utilizará con el sentido que le da Jürgen Habermas.[102]

Hablar de *espacio público* o "esfera pública" significa ante todo considerar de qué manera están clasificadas las actividades fundamentales en una sociedad diferenciada, de acuerdo con una representación de las finalidades colectivas de la vida social. Esta clasificación y representación no deben nada al azar ni a la arbitrariedad; son producto de las características dominantes de las relaciones sociales, hasta el punto de que en función de esas características se pueden distinguir las variadas formas históricas de la esfera pública: "liberal" o "burguesa" en la mayoría de las sociedades europeas del siglo XVIII, "plebeya"

---

[100] Aunque utilizan ampliamente otros criterios de clasificación, Badie y Birnbaum destacan correctamente la importancia de las condiciones sociales en las que se afirmó el Estado occidental moderno, sobre todo las modalidades de las relaciones entre grupos sociales en cada país. Véase [1982], pp. 101-102 y sobre todo pp. 114-115, donde los autores comentan el gran estudio de Charles Tilly [1970]. Tilly analiza el Valle del Loira y la meseta de Mauges, regiones donde imperaban distintas relaciones entre los grupos sociales y cuyas poblaciones se movilizaron de distinta manera frente a las medidas tomadas por la Revolución.

[101] Tampoco se la debe confundir con lo que Pierre Bourdieu llama el "campo político". Véase más abajo, pp. 190-197.

[102] Habermas [1978]. Las citas corresponden a las páginas 10, 19, 20, 34 y 29 de esta obra.

en Francia en la época de la revolución popular. Proyectada sobre las relaciones sociales concretas, la esfera pública es un concepto que permite designar:

1. La manera de distinguir y *clasificar* las actividades, entre aquello que hace a la cosa común *(koinè)*, a la vida pública, y lo que corresponde a la vida "de hogar", privada. Esta distinción tiende a desaparecer en algunas sociedades, por ejemplo en el feudalismo occidental: "Desde un punto de vista sociológico, es decir, aplicando los criterios propios del análisis institucional, en la sociedad feudal de la Edad Media la esfera pública no puede aparecer como un espacio propio, separado de la esfera privada."

2. La manera como se presentan (o se manifiestan públicamente) las relaciones de poder entre grupos e individuos. Hablando con propiedad, se trata del espacio público como *espacio de representación pública del poder* reconocido de los dirigentes; éstos manifiestan (Habermas dice que "representan") la esencia de ese poder en las actividades públicas que realizan. En la Edad Media, una asamblea de grandes señores convocada por el rey manifiesta que el poder está "en" los nobles, que representan su poder, no para el pueblo sino "delante" de él. La aparición de una verdadera corte real, lugar creado para fiestas grandiosas y para manifestar la dependencia de los Grandes, los burgueses y los artistas, muestra a todos el espectáculo de un espacio público donde el poder reside en el aparato monárquico.

3. La manera como se establece la relación entre las actividades de orden público y las "privadas", que no sólo se yuxtaponen sino que mantienen un vínculo de dependencia recíproca; así, la aparición de un espacio público burgués donde se asimilan las actividades administrativas al poder relega la vida cortesana propiamente dicha (sus fiestas, torneos, intrigas) al orden de lo privado.

Según Habermas, lo que caracteriza al *espacio público burgués*, dentro del cual apareció el Estado occidental moderno, es el desarrollo de procesos sociales ligados a las actividades de la burguesía. En efecto, para esta clase, el librecambio es una necesidad, el principio mismo de la vida social: sin duda, intercambio de bienes materiales y signos monetarios; pero también de la información indispensable para comerciar y orientar la producción. Reservada en un principio a los iniciados y protegida por el secreto, la circulación de información se desarrolla a fines del siglo XVII (sobre todo en Inglaterra) y durante el XVIII; a partir de entonces, la *publicidad de la información,* característica del espacio público burgués, abarca todo lo relacionado con el comercio como actividad privada, pero también los edictos y reglamentos que lo afectan, las decisiones policiales, las posibilidades de guerra, las alianzas que abren nuevos mercados, el "estado de la opinión". Todo lo que se considera de interés colectivo, ante todo la buena regulación del intercambio, afecta a partir de entonces a los "súbditos" de la monarquía, se convierte en "asunto suyo". Así, el espacio público burgués "es el interés de orden público llevado a la esfera privada, o sea,

es la sociedad burguesa [cuando] ya no la defiende solamente el poder sino
que sus súbditos se hacen cargo de ella como asunto propio". Paralelamente,
se desarrollan formas nuevas de sociabilidad, basadas en la práctica de la discusión y el uso de la razón, que tienden a derribar las barreras sociales impuestas entre nobles y burgueses por la cuna; en los salones y cafés, donde comentan las informaciones de los periódicos y donde deben expresar sus opiniones
y juicios, todos experimentan el paso de la crítica literaria a la crítica política.
La "publicitación" restringe progresivamente la esfera privada a las actividades
de orden doméstico, es decir, a la vida familiar.

   ¿Cómo permite el espacio público burgués que el Estado tome forma? En
las naciones afectadas por la publicitación de los intereses económicos, donde
se reconoce la necesidad de un poder que represente el "interés público" y garantice tanto la seguridad como el crecimiento del intercambio, donde se afirma así la legitimidad de las actividades dedicadas al bien común, la esfera pública se convierte en la "esfera del poder público". El espacio público es
orientado políticamente por el papel reconocido a una administración y un ejército permanentes que representan una forma de poder ininterrumpido, racional
y "tangible". El análisis propuesto por Habermas lleva así al estudio de los mecanismos de estatización del espacio público, donde el término Estado "ya no
se refiere a la corte que asegura una función de representación y rodea a una
persona investida de autoridad, sino al funcionamiento, regido según determinadas competencias, de un aparato que monopoliza un ejecutivo legalizado".

   Aquí reaparece el problema de la *diferenciación* de un dominio de actividades especializadas y sus aparatos correspondientes. Pero reaparece como resultado de múltiples procesos sociales, en sus dimensiones económicas, culturales, incluso técnicas (por ejemplo, la creación de periódicos). Reaparece
sobre todo como *construcción de una representación* de la organización ideal de
la sociedad. Desde este punto de vista, la diferenciación del Estado occidental
(forma concreta de la diferenciación de lo político) es indisociable de la difusión de una concepción global de la sociedad que distingue órdenes de actividades, las particulariza, define y clasifica. Ya no se trata solamente de la distinción entre los órdenes público y privado, sino entre lo económico, lo político,
lo religioso, etc. Karl Polanyi ha demostrado que la construcción de un espacio de actividades económicas, separadas de las finalidades de orden religioso, es una *utopía social* propia del Occidente moderno;[103] utopía en la medida
que es imposible clasificar las actividades en un orden particular (tener éxito
en los negocios *también* significa que uno es un elegido de Dios y un político
hábil); utopía en la medida que la legitimidad reconocida al éxito económico
afecta la acción, incita a la competencia, despierta la iniciativa individual.
Ahora bien, por razones expuestas anteriormente, el Estado se arroga el dere-

---

[103] Polanyi [1983].

cho (incluso el "deber") de velar por el buen funcionamiento de todas las actividades y de crear las condiciones para su desarrollo. Por consiguiente, se lo ha concebido en la práctica como organizador de un orden particular ("político" en oposición al "económico" y al "religioso") y como encargado de coordinar las actividades de los demás órdenes. Adviértase que se lo ha *concebido* como tal, aunque en la práctica sus posibilidades de acción están limitadas y jamás alcanza la coherencia absoluta que se tiende a atribuirle; y que se lo ha concebido *en la práctica* como tal, por más que esto repugne a la doctrina liberal, en la medida que los operadores económicos solicitan su intervención.[104]

Se ha visto que la estatización del espacio público políticamente orientado es inseparable de la atribución de las "funciones" de interés público a los aparatos diferenciados del Estado. En otras palabras, éste puede arrogarse el monopolio de la coacción legítima en la medida que sus agentes y decisiones están *marcados* claramente por el sello del *interés público*. Bajo este ángulo se pueden analizar las prácticas y los discursos destinados a manifestar (hacer visible) la utilidad pública de las actividades del Estado. A la fuerte resistencia que oponen los señores, las ciudades y la burguesía organizada en corporaciones y gremios ante la imposición de un sistema tributario regular, el rey y sus legistas responden con el argumento del interés colectivo: las costosas guerras, imposibles de financiar por medio de gravámenes extraordinarios, no aparecen como un simple medio para hacer respetar los derechos del soberano sino como empresas necesarias para el equilibrio y la salvaguarda de la sociedad entera, de la nación.[105] Se concibe al ejército, que en Francia y España se vuelve permanente, como el aparato de coacción que garantiza la seguridad de todos, que pone la coerción al servicio de la sociedad. La administración, provista de los signos espectaculares de la soberanía (guardias armados, aparato, uniformes) es el Estado en acción; esta puesta en escena trata de demostrar que hay una especie de "socialización del monopolio de la dominación".[106] En cierta medida, se transfiere la legitimidad suprema de la persona del rey, detentador del poder, a la función real; los aparatos especializados ya no derivan sus derechos y su poder social de la vo-

---

[104] Como señala Badie, "los mismos liberales no tardaron en admitir que el hermetismo perfecto en las relaciones entre el Estado y el mercado era una ficción y debieron reconocerle al primero una competencia exorbitante de intervención en la vida económica" ([1986], p. 275). Desde el punto de vista de las *doctrinas* económicas y políticas del liberalismo, la aceptación de la competencia exorbitante del Estado se impone tardíamente (salvo durante la época del mercantilismo colbertista, cuya adhesión al liberalismo no va de suyo); como reconoce Badie, sigue siendo objeto de polémicas entre partidarios y adversarios de esta competencia.

[105] Elias [1976], pp. 154-163. El uso del término "nación" requiere la mayor prudencia porque no designa en todas partes la misma identidad social, y sólo adquirió tardíamente su sentido actual. Sobre los mecanismos de difusión de este concepto, véase Colette Beaune [1985].

[106] Elias [1976], pp. 35-37.

luntad arbitraria del soberano reinante sino de una *ficción* encarnada en la persona real. Asimismo, los aparatos del Estado ya no son agentes de un individuo (aunque actúen en su nombre) sino organismos encargados de los intereses colectivos dentro del espacio público; es en ese sentido que N. Elias habla de "clases funcionales".[107]

El control efectivo de los aparatos de Estado enfrenta a diversas fuerzas sociales y políticas. Como se ha visto, en Francia el rey y sus consejeros (o ministros) logran conservar ese control; pero si el rey pretende "ser el Estado" (según la célebre frase de Luis XIV), en realidad sólo es el primer servidor de la ficción. En Inglaterra, por el contrario, la aristocracia se beneficia con un conflicto prolongado del cual el rey sale debilitado; no es casual que ese enfrentamiento se produzca cuando los Estuardo tratan de imponer la creación de un ejército permanente e impuestos regulares, es decir, en realidad, su control directo y el de sus consejos sobre los aparatos encargados del interés público. El Parlamento triunfante se convierte en organismo central de las decisiones, garante reconocido (y por ello célebre) del bien común; pero también está sometido a reglas y leyes que dan a la dominación una forma racional y legal. Hoy es difícil imaginar qué pensaban los europeos del siglo XVIII cuando escuchaban a los jueces pronunciar sentencia "en nombre del rey", cuando pagaban sus impuestos a los "agentes del rey", cuando se inclinaban porque "el rey lo quiere"; sin duda, la mayoría de los súbditos tomaban esas fórmulas al pie de la letra.[108] Pero los miembros de las clases dominantes no podían ignorar que el rey y sus consejos eran en verdad las instancias supremas de un sistema institucionalizado de gobierno que hoy se llama —y que en esa época algunos ya llamaban— el Estado. Cuando un intendente del rey de Francia escribe, "aunque aquí sólo se trata de derechos particulares, cuyo conocimiento corresponde a los tribunales, Su Majestad puede, cuando lo desea, reservarse el conocimiento de toda clase de asuntos sin rendir cuentas de sus motivos", es evidente que no se trata de la voluntad expresa de la persona real sino de un argumento en el conflicto entre dos aparatos de Estado, los tribunales de la justicia ordinaria y los de la justicia administrativa.[109] La aparición del Estado occidental como garante del interés colectivo, disociado de aparatos económicos y religiosos, dotado de una legitimidad y de reglas de funcionamiento propias, es inseparable de la afirmación de un espacio público en su forma concreta. En este sentido, sin duda corresponde buscar la forma más "moderna" del Estado en Inglaterra, donde el espacio público se ha estructurado antes que en otras partes debido a que se publici-

---

[107] Elias [1976], pp. 114-115.

[108] Los cuadernos de quejas demuestran que en la Francia de fines del siglo XVIII se esperaba mucho del rey y su voluntad.

[109] Citado por Tocqueville [1950], p. 124.

tan las leyes y donde la vida parlamentaria se aproxima más a un ideal de participación de los ciudadanos "esclarecidos" (es decir, socialmente capaces de "formarse una opinión") en la designación de las instancias dirigentes.[110] Es en este contexto que el Estado pudo escapar más directamente del patrimonialismo y se pudo disociar el cuerpo mortal del rey de su "cuerpo político", que no sólo no muere sino que de alguna manera deja de pertenecerle.[111]

Reglas particulares

La elaboración de reglas particulares revela la diferenciación del espacio de las actividades políticas, consideradas como parte del conjunto de las relaciones sociales debido a la legitimidad propia de las instituciones estatales. Estas reglas y los procedimientos que ellas suponen (control, voto, elaboración de leyes) conciernen tanto a las instancias de decisión —parlamentos, gobiernos, consejos, secretarías de Estado— como a los aparatos administrativos. Según Weber, la orientación general de estas reglas identifica la afirmación de un tipo "moderno" de dominación en los Estados europeos, que él define como racional y legal. Aquí surge una dificultad en la comparación entre las distintas formas del Estado occidental. En efecto, aparecen dos grandes tendencias: la de la sumisión acentuada de las instancias de gobierno o de decisión a las leyes elaboradas según los procedimientos parlamentarios, es decir, la del funcionamiento "legal" —y racional— de la dirección política de las sociedades; y la de la "racionalización" de la administración, que toma concretamente la forma de la burocratización de los aparatos de Estado. Ahora bien, las dos tendencias, aunque hoy parezcan concordantes y que una acompaña a la otra, no aparecieron juntas en cada país europeo; desde el punto de vista del historiador, se afirmaron separadamente una de la otra. Por eso se las examinará sucesivamente, sin olvidar que su interdependencia *acabó* por imponerse en todos los Estados occidentales contemporáneos.

---

[110] Habermas demuestra que la distinción entre esfera pública y esfera de las actividades privadas se borra durante el siglo XIX. Llamado a intervenir de manera cada vez más directa en las actividades "privadas" (transacciones financieras, negociaciones salariales, adquisición de cultura), el Estado politiza el conjunto de las actividades sociales; aparece entonces una "esfera social politizada en la cual las instituciones sociales se fusionan con las del Estado en un complejo único de funciones donde ya no se pueden diferenciar los conceptos de público y privado" (p. 156). Lo que resta de la esfera privada se reduce entonces "a los límites del campo cerrado de una familia estrecha —la felicidad pequeñoburguesa— despojada en gran medida de sus funciones y debilitada en su autoridad" (p. 167). Esta concepción muestra alguna analogía con la distinción que establece Bourdeau [1966-1977] entre "democracia gobernante" y "democracia gobernada".

[111] Sobre los orígenes y las formas rituales de esta disociación, véase Kantorowicz [1989] y Giesey [1987].

Reglas y mecanismos burocráticos

Si bien es inevitable recurrir al esquema weberiano de la burocratización, hay que utilizarlo con cierta prudencia. Las "burocracias" que se desarrollan por toda la Europa de los Estados no presentan inmediatamente las características que Weber atribuye a *la* burocracia como tipo ideal. Para él, la *dirección administrativa burocrática* en su forma más pura presenta las siguientes características: está integrada por funcionarios individuales (del Estado) que: 1) son libres y sólo cumplen los deberes objetivos de sus funciones; 2) se sitúan en una jerarquía establecida de funciones a las que se reconocen competencias particulares; 3) se los recluta por medio de un contrato, en el marco de una selección abierta, basada en la capacitación profesional, generalmente certificada por un diploma; 4) reciben una remuneración fija en especie (salario regular) y ejercen su función como única o principal profesión. Por otra parte, los funcionarios pueden anticipar ascensos de acuerdo con criterios conocidos y están sometidos a una disciplina homogénea que no depende de las decisiones arbitrarias de sus superiores sino solamente del desempeño de sus funciones. No pueden apropiarse de su empleo ni de los medios administrativos que se les confía. Como se ve, Weber atribuye una importancia decisiva a los criterios de reclutamiento (por examen o concurso, sobre la única base de la capacitación debidamente certificada), la no apropiación del puesto, el cobro del salario y la existencia de reglas generales que rigen la promoción y definen la disciplina impuesta a los funcionarios.[112] Lo que muchos estudiosos de la formación del Estado occidental moderno llaman las "burocracias estatales", en realidad se parece mucho más a una burocracia de *tipo patrimonial*: se otorgan los puestos de acuerdo con criterios sociales (riqueza, cuna, parentesco, relaciones) sin relación directa con la capacitación profesional debidamente certificada; el funcionario puede apropiarse de su puesto, sea adquiriéndolo o dejándolo en herencia; la remuneración depende de las "prebendas" del puesto más que de un salario regular; existen reglas particulares para cada "oficio" administrativo; por último, la carrera del funcionario depende sobre todo de los favores del príncipe o de un superior. Antes de que se impusieran, en medio de fuertes conflictos, las reglas y los criterios que según Weber definen la burocracia moderna (tal vez bajo la influencia de un "modelo" idealizado de la burocracia prusiana de fines del siglo XIX),

---

[112] Weber [1971], pp. 226-228. En *Le savant et le politique*, el autor destaca el "honor del funcionario", que "consiste en su capacidad para ejecutar concienzudamente una orden bajo la responsabilidad de la autoridad superior, incluso si —despreciando su opinión— se obstina en seguir un camino equivocado" (p. 129); esta obligación moral deriva de la doble exigencia de obedecer los deberes objetivos de la función y someterse a la disciplina.

debieron organizarse e institucionalizarse verdaderos *cuerpos administrativos* capaces de obtener, una tras otra, las medidas de "racionalización".

Es necesario tener presente las diferencias entre la burocracia en sus formas patrimonial y contemporánea —considerada esta última como más cercana al tipo legal y racional— para conocer su desarrollo en los Estados europeos. Aparece en todos los países a fines de la Edad Media; luego se desarrolla de manera muy desigual y distinta, según la naturaleza de las relaciones sociales, desde el Renacimiento hasta fines del siglo XIX. El proceso de consolidación de una burocracia estatal frondosa y compleja resulta más difícil y *tardío* en los países del noroeste (Inglaterra, Provincias Unidas) que en cualquier otra región de Europa. Se ha visto que esos países conocieron un desarrollo precoz del mercado capitalista, que el protestantismo en su forma puritana (calvinista y metodista) se arraigó allí con fuerza y que la creación de una aristocracia de nobles y burgueses dio lugar a una forma particular de relaciones sociales. Pero sería peligroso encontrar en esta concordancia una relación de causa y efecto; antes bien, se trata de procesos sociales y políticos estrechamente relacionados, en interacción constante. Inglaterra conoció en la Edad Media, al igual que los reinos continentales, la constitución de una *burocracia centralizada y diferenciada*.[113] En el siglo XIII aún se confundía la administración del reino con la de la casa real; se asemejaba a un servicio doméstico. Sin embargo, en el siglo XIV las tareas numerosas y variadas que exige la administración de un país unificado, embarcado en costosas guerras exteriores, gradualmente enriquecido mediante el comercio de la lana, exige un personal nutrido y lo más estable que sea posible; funcionarios reales, notarios, jueces y secretarios, reclutados entre el clero, atiborrados de registros y archivos difíciles de transportar, se radican en Londres mientras el rey viaja. Primero lo hace la administración fiscal de la Hacienda, luego la Cancillería, los servicios de justicia y de correspondencia pública. Los jefes de esos servicios todavía llevan los títulos de la casa real (chambelán, canciller), pero se convierten en agentes del Estado, negocian directamente con los barones, se aferran a sus prerrogativas, a veces se oponen abiertamente al rey y sus consejeros. Sin duda es una burocracia en la medida que en su seno se elaboran *reglas y procedimientos propios* (para archivo, uso de sellos, clasificación de asuntos a tratar, relaciones entre las oficinas), el personal de servicios afirma su competencia, su habilidad para tratar los asuntos, en fin, su irremplazable *savoir-faire*. Pero es una burocracia patrimonial, donde los puestos se obtienen mediante el favor de un poderoso (soberano o pariente) y la remuneración depende de los beneficios eclesiásticos y de una gama impresionante de "pequeñas" ventajas, que van desde el derecho de pernoctar gratuitamente en una abadía hasta el

---

[113] Véase el capítulo sobre el nacimiento de la burocracia inglesa, de T. F. Tout, pp. 68-79, en Robert K. Merton [1952]; y G. M. Trevelyan [1949].

de aceptar "favores" de los particulares que deben tratar con la administración. Si bien los Grandes, los nobles y sobre todo los obispos que se suceden a la cabeza de los servicios periódicamente dejan el terreno libre a sus protegidos, la inestabilidad del personal es limitada debido a la escasez de clérigos capaces de ocupar los puestos cada vez más especializados, las destrezas adquiridas por los agentes en el desempeño de la función y la devoción constante que saben demostrar a los amos nuevos... y futuros.

Diferenciada de los servicios que hacen a la gestión de la casa real y la guardia del sello privado, la burocracia estatal crece en Inglaterra bajo los Tudor y los Estuardo; con todo sus dimensiones son relativamente modestas. La monarquía no dispone de recursos para ampliar sus aparatos administrativos; está obligada a economizar para compensar los gastos de las guerras y evitar el pedido frecuente de fondos a un Parlamento reacio. La administración local sigue en manos de los grandes propietarios, suficientemente ligados a los intereses nacionales para no aparecer como los rivales "periféricos" del poder central, cuyas actividades deben controlar incluso dentro de los señoríos. El patriciado urbano, rico e influyente, conserva celosamente el control de sus propios servicios administrativos, confundidos con los aparatos económicos y las milicias urbanas. La institucionalización de la administración pública se lleva a cabo aprovechando la afirmación de la legitimidad propia de las actividades políticas; pero sin la amplitud y la difusión que alcanzaba en las monarquías del continente. La aristocracia que domina Inglaterra a partir de la Gran Revolución se empeñará en conservar los instrumentos de control de la vida local: tribunales, milicias, guardias. Los aparatos estatales centrales existentes a mediados del siglo XVII subsisten y crecen lentamente durante el XVIII bajo la autoridad de los ministros y del mismo Parlamento, a través de la aprobación del presupuesto.[114] El conflicto político entre los reyes y el Parlamento, la herencia relativamente modesta de la política de los Tudor en materia administrativa y las relaciones entre los grupos sociales explican en lo esencial el "retraso" de Inglaterra en la constitución de una burocracia estatal. A su vez, ese retraso sin duda creó o magnificó las condiciones para el debilitamiento del poder real, la permanencia de la dominación aristocrática y la instauración de una verdadera vida parlamentaria. Por otra parte, no cabe duda de que las concepciones religiosas puritanas facilitaron lo que algunos autores llaman la "supremacía de la sociedad civil".[115] Fue sólo a mediados del siglo XIX que se pudo encarar en Inglaterra una reforma pro-

---

[114] Se calcula que en Inglaterra a principios del siglo XIX había unos 20 000 agentes estatales. Es difícil comparar esta cifra con las de otros países porque no comprende los efectivos del ejército permanente ni los agentes locales, reclutados y pagados por los notables de las ciudades, los burgos y los condados. Un siglo y medio más tarde, los agentes centrales del Estado inglés suman casi 600 000.

[115] Sobre los problemas que entraña el uso de este concepto, véase más arriba, pp. 112-113.

funda de los servicios administrativos del Estado: en 1854, con la publicación del informe Northcote-Trevelyan, se asientan algunos principios fundamentales del *Civil Service* (relación entre la capacitación, el reclutamiento y los nombramientos; remuneración de los agentes mediante un sueldo fijo suficiente; obligación del agente de ejercer las funciones para las que ha sido contratado; independencia frente a las presiones políticas, especialmente de la corte real); con todo, pasarán varias décadas antes de que esos principios entren realmente en vigencia.[116]

A este desarrollo irregular y globalmente modesto de la burocracia estatal inglesa se suele oponer, siguiendo a Tocqueville, la deslumbrante expansión de los *aparatos estatales burocratizados de la monarquía absoluta francesa.* Es incuestionable que los servicios centrales del Estado francés emplean una cantidad impresionante de agentes[117] y que en todas partes se constituyen servicios burocratizados para impartir la "justicia del rey" y cobrar impuestos; también se ha demostrado que las intendencias y oficinas centralizadas de Versalles bregaban por imponer las mismas reglas en todas partes. Sin embargo, ¿se puede atribuir una significación global a semejante fenómeno sin tomar grandes precauciones? Esta "burocracia", amalgama de servicios sumamente variados, no posee una verdadera unidad: por ejemplo, impera una fuerte rivalidad entre los miembros, de hecho hereditarios, de los parlamentos legislativos centrales, los jueces de las jurisdicciones particulares y de excepción, los tribunales locales y las intendencias en el ejercicio de sus funciones judiciales. Cada "aparato de Estado" se vuelve una presa codiciada en la competencia entre los grupos sociales; es comprensible que la nobleza del siglo XVIII se empeñe en conservar o reconquistar el monopolio de ciertos puestos elevados, sobre todo los militares. Según Tocqueville, "los funcionarios administrativos, casi todos burgueses, ya conforman una clase con su espíritu particular, sus tradiciones, virtudes, honor y amor propios. Es la aristocracia de la nueva sociedad, ya formada y palpitante";[118] los trabajos de los historiadores no le han dado la razón sobre esto último. Más aun, esta "burocracia" conserva los rasgos de un acentuado arcaísmo: muchos puestos se compran siguiendo el procedimiento de venalidad de los cargos, que en el si-

---

[116] Véase H. Parris [1969]. La lentitud de las reformas, sobre todo en lo que hace a las modalidades de reclutamiento de los funcionarios, no es un hecho casual. El principio del reclutamiento por concurso se impuso tardía y penosamente en la mayoría de los países, incluso en Francia (donde toda evolución en ese sentido —salvo para los "puestos técnicos"— suscitó la hostilidad de los políticos deseosos de "colocar" a sus clientes, protegidos y partidarios, e incluso de los administradores). Véase D. Chagnollaud [1988].

[117] Centenares de miles a fines del siglo XVIII, pero contando a los militares y los miembros de diversas instituciones que, aunque están al servicio del Estado, conservan una amplia autonomía.

[118] Tocqueville [1952], p. 136. Véase la crítica de esta tesis en François Furet [1978], pp. 227-228.

glo XVII se extiende a los "comisarios reales", una función creada expresamente para impedir esas prácticas; el pago de la *paulette*, un impuesto anual de hacienda y justicia, asegura la transmisión de los puestos a los herederos, es decir, la apropiación progresiva de los empleos; la compra del puesto se paga con los beneficios del cargo (se estima que la función reporta un beneficio promedio tres o cuatro veces mayor a su costo); y en definitiva, los servicios centrales controlan apenas una fracción de las enormes sumas que procuran los impuestos, que en su mayor parte no van a parar a las arcas del Estado sino a las de los financistas que prestan al rey las fortunas amasadas en el cumplimiento de sus funciones.[119] Esta burocracia también es ineficiente, rasgo que, empero, no se ha de considerar totalmente arcaico; como dice Tocqueville,[120] la pretensión de los servicios centrales de administrar y controlar todo puede engañar a los contemporáneos, pero los hechos rara vez la confirman: "reglas rígidas, cumplimiento laxo".

Con estas observaciones no se quiere negar el impresionante crecimiento de los aparatos estatales en la Francia del Antiguo Régimen. La obtención de un puesto o un cargo administrativo es un buen medio para hacer fortuna, mejorar o conservar una posición social, ejercer una autoridad puntillosa en el sector de actividad correspondiente a la función. Esto conduce a una innegable "burocratización" del Estado, término aceptable sólo a condición de no ver en él sino la *condición previa* de una funcionarización ulterior. El desarrollo del moderno Estado europeo, fruto de procesos sociales complejos, aparece desde este punto de vista como un mecanismo de diferenciación progresiva de los aparatos y los agentes que ejercen el monopolio de la coacción legítima. Pero esto no implica la constitución inmediata de una "clase dirigente burocrática", "exterior" —por sus funciones, sus intereses propios y su *ethos*[121] particular— a los grupos sociales de donde provienen sus miembros. Sólo significa que se pueden imponer las reglas propias de la actividad política, los *savoir-faire* y conocimientos especializados, así como métodos de trabajo particulares cuya *transmisión* es garantizada por distintos procedimientos. La posibilidad de transmitir las reglas legítimas propias de la actividad política es una característica fundamental del Estado occidental; en este sentido, conviene prestar mucha atención al desarrollo de los aparatos "burocratizados".

---

[119] Goubert [1973] hace una presentación exhaustiva y amena de estos mecanismos tan complejos. Véase también Denis Richet [1973].

[120] Tocqueville [1952], p. 140. Furet [1978] hace la siguiente glosa a la frase de Tocqueville: "Por arriba, extraordinaria minuciosidad en la reglamentación de todas las cosas; por abajo, desobediencia crónica" (p. 225). Como se ve, pretender administrar todo no significa ser un administrador eficiente.

[121] En el sentido más general, *ethos* es el conjunto de los valores compartidos por los miembros de un grupo y que caracterizan a éste en la medida que los valores influyen sobre las *conductas*. Véase el uso de este concepto en la sociología de Bourdieu (que lo toma de Weber).

Esta característica también es propia de las *burocracias estatales de Europa central y oriental*, cualesquiera que sean sus diferencias con la francesa o la española. Sin duda, la mayoría de los puestos y los cargos están en manos de la nobleza terrateniente.[122] Sin duda, este dominio corresponde tanto a los intereses de estos propietarios (que lo emplean para dominar a siervos y fugitivos y reprimir las revueltas campesinas) como a las obligaciones internacionales: el Estado prusiano, sueco o ruso es militar. En la Prusia de Federico II, el ejército absorbe casi el 80% de los ingresos fiscales. De aquí se puede postular que el aparato estatal es un "subproducto de la máquina militar".[123] También da lugar a un *ethos* de clase (disciplina, honor, devoción absoluta) y a una nobleza de servicios cuyos nuevos miembros se integran progresivamente en la aristocracia de los grandes propietarios, *junkers* o boyardos: "El servicio de la nobleza en el aparato del absolutismo aseguraba que el Estado absolutista sirviera a los intereses políticos de la nobleza."[124] Lo cual no impide que esta forma particular de burocracia genere reglas muy precisas, reveladoras de la diferenciación de un orden político con respecto al religioso y, en cierta medida, al económico; que imponga progresivamente el principio del salario para los empleos públicos; que produzca oficios especializados en abundancia, como lo demuestran los impresionantes reglamentos administrativos prusianos; por último, que participe de la elaboración de un derecho administrativo de aplicación universal, verdadero instrumento de racionalización a largo plazo. Por consiguiente, contribuye a la instauración de un sistema estatal *distinto* (a los ojos de todos) de los mecanismos económicos, religiosos y culturales que garantizan, cada uno por su lado, la coherencia de las conductas en un territorio, aunque es verdad, como se ha dicho, que el sistema no es exterior a la sociedad y los procesos que la afectan.

Así se comprende que los sociólogos políticos hayan utilizado la burocratización estatal como criterio para elaborar tipologías o clasificaciones de los Estados europeos modernos.[125] B. Badie y P. Birnbaum privilegian esta característica al tratar de elaborar un *"ideal-tipo"* de Estado. Para estos autores, sólo existe una verdadera "institucionalización del Estado" cuando éste refuerza constantemente "las múltiples burocracias civiles y militares" por medio de las cuales acentúa su dominación de la sociedad civil. La burocratización per-

---

[122] Aunque este carácter está más acentuado en Prusia y en Suecia, también se encuentra en España —al menos en Castilla, donde la burguesía está excluida del servicio estatal— y, como ideal de la nobleza, en Francia (donde en el siglo XVIII se produce una "reacción nobiliaria" cuyas consecuencias son objeto de controversia).

[123] Anderson [1978], vol. 2, p. 28.

[124] *Ibidem*, p. 48.

[125] No se dirá nada aquí sobre los intentos de aplicar este criterio a la clasificación de *todos* los Estados contemporáneos, "occidentales" o no. Las diferencias entre las sociedades son demasiado acentuadas como para que esos intentos posean un interés más que formal.

mite al centro (de las decisiones políticas) transformarse en Estado, penetrar en todos los engranajes de la vida social y tratar de "administrar el sistema social". El tipo ideal del Estado moderno sería entonces el Estado burocrático, tal como se desarrolló en Francia casi sin interrupciones desde el Antiguo Régimen hasta el Consulado y desde el Primer Imperio a la Tercera República. Mientras Prusia, España e Italia siguen una "trayectoria similar", Inglaterra y Estados Unidos parecen poseer "un centro sin un auténtico Estado", forma de poder político "donde la organización de la sociedad civil vuelve inútil la aparición de un Estado poderoso y una burocracia dominante".[126] Esta tipología tiene el mérito de presentar la institucionalización del Estado como una conquista difícil, realizada en condiciones históricas particulares (fin del feudalismo occidental, desarrollo del capitalismo), en el contexto de una cultura determinada (en síntesis, católica), por actores interesados en la autonomización de las instituciones centrales y la imposición de su primacía sobre la sociedad civil. Sin embargo, plantea algunos problemas. ¿De acuerdo con qué principios se puede privilegiar un criterio hasta el punto de excluir a ciertos Estados occidentales de una *categoría elaborada*, considerada el "tipo ideal"? ¿Cómo explicar las fuertes analogías organizativas que acaban por imponerse en *todos los sistemas administrativos* de los países occidentales (incluidos Inglaterra y Estados Unidos) a fines del siglo XIX y comienzos del XX? ¿Cómo se explica la presencia de la burocratización, entendida como la realización progresiva de los principios weberianos del tipo ideal de burocracia moderna, en la evolución de *todos los aparatos estatales* durante el siglo XX? La polémica sigue en gran medida abierta. Sea como fuere, parece imposible limitarse a la consideración de los mecanismos burocráticos de institucionalización para comparar y clasificar los Estados y definir sus características.

Debate político y dominación legal

Distintos ritmos, modalidades variadas de acuerdo con las particularidades sociales y culturales de cada país, efectos distintos en el espacio y el tiempo: es imposible reducir el proceso de afirmación de mecanismos y aparatos burocráticos en Europa occidental a un "modelo" uniforme. Sin embargo se impone el mismo resultado, en el cual se advierte una característica común: en todos los Estados aparecen instituciones especializadas en las actividades de administración política (o, si se quiere, pública); se elaboran y transmiten las reglas propias de la actividad política, consideradas legítimas, así como las

---

[126] Badie y Birnbaum [1982], pp. 171-172; véase también pp. 174-176 y 179-187. El paradigma del Estado moderno burocrático en oposición a las formas políticas "sin Estado" inspira la obra de Birnbaum [1982]. También se lo encuentra en Badie [1986].

destrezas correspondientes.[127] Se debe aplicar el mismo método para estudiar el *funcionamiento de las instancias de decisión:* prestar la mayor atención a las "diversidades" nacionales sin renunciar a conocer las similitudes. Considerado en sus distintas formas concretas, el Estado occidental moderno se caracteriza por dos fenómenos relativos a la elaboración y codificación de las reglas, es decir, la actividad constituyente.[128] Por un lado, la elaboración de las reglas da lugar a un enfrentamiento entre opiniones divergentes sin que una autoridad exterior a lo político pueda imponer, en virtud de su *sola* legitimidad religiosa, económica o familiar, una solución aceptable para todos: en el *debate político* se enfrentan agentes especializados de reconocida legitimidad para participar de la elaboración de leyes y reglamentos, representantes de un interés público (aunque en la práctica hagan coincidir sus intereses particulares con el interés colectivo y aunque se conciba a éste como el resultado de un compromiso entre particulares). Esto concierne también a los miembros de la sociedad a quienes se les reconoce el derecho de "tener una opinión". Por otra parte, el encuadramiento o codificación de las reglas que a partir de entonces todo individuo debe obedecer bajo pena de sanciones se realiza de acuerdo con procedimientos conocidos y aceptados por el grupo, compatibles con los principios generales de una *legislación* considerada *racional.*

La importancia adquirida por el debate político y la reivindicación de una racionalidad particular parecen concordar con la aparición de un espacio público burgués. Sin embargo, se debe estudiar esta relación, de la que Habermas ha presentado la concepción más sistemática, con la mayor prudencia y, por lo menos, con dos reservas. Hablar de espacio público *burgués* es referirse a un fenómeno que, como se ha visto, no se puede reducir exclusivamente a la expresión de los intereses particulares de las clases burguesas ni corresponde sólo a las concepciones de éstas (tal como se las puede definir sobre la base de la situación, las actividades y la posición social de sus miembros). Por otra parte, el espacio público "burgués" sólo se pudo establecer sobre la base de mecanismos de representación anteriores al período de expansión del capitalismo comercial: el debate político apareció progresivamente durante el feudalismo, en asambleas convocadas por los reyes y príncipes. Estas *reuniones,* cualesquie-

---

[127] En general se preferirá el término administración *pública* al de administración política para seguir el uso corriente y evitar cualquier contrasentido. La administración estatal es "política" en cuanto participa directamente de la elaboración e imposición de las reglas llamadas políticas en el sentido estricto del término, que rigen las relaciones sociales; pero no está librada, como podría sugerir el término "administración política", a la misma clase de competencia que las instituciones de gobierno ni está sometida a los mismos cambios. Piénsese, desde este punto de vista, en los intentos constantes de "despolitizar" la administración.

[128] Aquí se entiende por actividad constituyente la promulgación de los reglamentos en vigencia por parte del gobierno; por la manera como afectan las conductas, estos reglamentos *constituyen* el grupo y lo definen en tanto agrupamiento de dominación. Véase el capítulo 1, p. 37.

ra que sean sus nombres (Parlamento en Inglaterra, estados generales en Francia, Cortes en España, etc.) descienden directamente de las asambleas feudales; sin su acuerdo, el rey no podía obtener el derecho de recaudar los impuestos de manera directa y sistemática ni el de atentar contra las "libertades" (los derechos reconocidos) de los grupos constituidos, o "estados", del reino: nobleza, clero, burguesía.[129] Los procesos de unificación de vastos principados o reinos, así como las guerras que se libraron por ese motivo en los siglos XIII a XVI, inciden directamente sobre los presupuestos de las monarquías: el mantenimiento de grandes ejércitos durante períodos cada vez más prolongados es muy costoso; ante la insuficiencia de las rentas de los dominios reales, se hace necesario recaudar impuestos en todo el reino. Guerra, centralización y fisco van de la mano. Por eso los reyes deben convocar con frecuencia las asambleas de representantes de los "estados", escuchar sus quejas y reivindicaciones y en ocasiones hacerles concesiones importantes.

Si bien es un fenómeno general en una Europa donde el feudalismo sufre transformaciones, en cada país toma caminos muy diferentes. En 1215, un rey inglés atrapado en graves dificultades se ve obligado a concederle al Parlamento el compromiso de no recaudar impuestos sin el consentimiento de las cámaras (de Lores y Comunes). Organismo de origen feudal, el Parlamento *inglés* evoluciona durante los siglos XIV y XV, con el acercamiento entre nobles y burgueses enriquecidos, hasta volverse una *institución* lo suficientemente coherente para arrogarse poco a poco el derecho de discutir las leyes, debatir la política general del reino y su organización (sobre todo los privilegios de la Iglesia y las ciudades) e incluso rechazar, dado el caso, los pedidos de recursos de la corona. La única manera de evitar el debate político es dejar de convocarla: es la solución que ensayan los Tudor. En *España* y *Francia*, los reclamos de las asambleas de "estados" tienen al principio el mismo efecto: en 1305, Fernando IV se compromete a no modificar las leyes sin el acuerdo de las Cortes; los Valois se ven obligados a permitir que los estados generales discutan los problemas políticos y se opongan a sus proyectos cuando éstos no conforman a las leyes fundamentales de la monarquía. Sin embargo, en ambos países, durante los siglos XVI y XVII el absolutismo pone fin a esta incipiente vida parlamentaria: en Francia no se convocan los estados generales entre 1614 y 1789; en España, antes de sufrir la misma suerte, las Cortes pierden el carácter de institución legislativa. Esta evolución obedece a múltiples razones: el rey es bastante rico como para prescindir del acuerdo de los "estados" (sea porque se beneficia con el ingreso de metales preciosos, como en

---

[129] En el siglo XIII, la representación parlamentaria de los comunes y los pequeños propietarios libres se limita de hecho a los burgueses ricos y los campesinos pudientes (*freeholders*). Esto no contradice la tendencia general a asimilar el "tercer estado" con la burguesía acomodada. Aquí como en otros países, los "estados" del reino son grupos sociales ricos, poderosos, dominantes.

España, o porque recibe subsidios de la Iglesia y la burguesía, en Francia); el rey francés aprovecha las rivalidades entre los grupos sociales constituidos para combatir a los Grandes; en España, las fortísimas particularidades locales impiden la formación de una verdadera coalición antiabsolutista; la derrota del protestantismo en el sur de Europa favorece la instauración de Estados centralizados coercitivos, apoyados por la Iglesia Católica. En España y en menor grado en Francia, la "casta" nobiliaria ve en el absolutismo la única manera eficaz de conservar su posición y honores frente a las reivindicaciones de una burguesía rica y ambiciosa. El Estado español, "el más resueltamente nobiliario y hostil al desarrollo burgués", aplasta la revuelta de los Comuneros (burgueses de las comunas) de Castilla y entrega las más altas responsabilidades a los Grandes (consejos reales, virreinatos, gobernaciones, grados militares). Sólo Aragón y Cataluña logran conservar sus Cortes y Diputaciones, así como sus derechos (*fueros*), lo cual impone límites locales a la extensión del absolutismo castellano.[130]

Por eso, a primera vista, se diría que el *debate político* sólo se desarrolla en los países que escapan al absolutismo: Inglaterra, Provincias Unidas y más adelante los Estados Unidos de América. Es verdad que Inglaterra constituye el modelo. Allí el parlamentarismo es una práctica permanente, con reglas que se imponen progresivamente a partir del siglo XIII; el Parlamento adquiere una legitimidad indiscutible como centro de decisiones, al menos entre los grupos dominantes. A partir del siglo XVIII se impone la publicidad del debate político, y la constitución de "partidos" que organizan la confrontación de opiniones y el agrupamiento de los diputados en la Cámara de los Comunes contribuye a consolidar las reglas. Para los observadores continentales, de Montesquieu a Benjamin Constant, el ejemplo inglés demuestra la superioridad de una "institución modificada por el tiempo, flexibilizada por el hábito" y, por consiguiente, propicia al debate dentro del respeto por las costumbres y las reglas.[131] Sin embargo, por otras vías, en los países del continente se produce un desarrollo evidente del debate político. Por ejemplo, en Francia, los cuerpos constituidos reclaman el derecho de objetar ciertas decisiones del rey y sus consejos; en el siglo XVIII llegan a solicitar el apoyo de una "opinión pública" a la que informan y reivindican. Con todo, los parlamentos (en especial el de París) sólo son tribunales superiores de justicia e inscriben (pero no elaboran) las leyes. Pero aprovechando su derecho reconocido de hacer observaciones jurídicas, o "amonestaciones", sobre las leyes, a partir del siglo XVIII y, sobre todo, desde 1715 pretenden oponerse a la inscripción de aquellas que consideran contrarias a las "antiguas leyes del reino". Este grupo de nobles muy apegados a su posición, sus funciones y privilegios sociales, a la vez que imbuido

---

[130] Véase sobre todo Anderson [1978].

[131] Benjamin Constant, *De l'esprit de conquête et de l'usurpation dans leurs rapports avec la civilisation européenne*, 1ra. ed. reimpresa, Ginebra, 1980, p. 75.

de su dignidad, pretende actuar en nombre del interés público; en la segunda mitad del siglo XVIII no vacila en difundir sus altercados con el poder real, que en ocasiones se ve obligado a desterrar un parlamento demasiado revoltoso y entrometido. Además, el debate político se instala en los salones, las sociedades literarias y las logias masónicas. Estas "sociedades del pensamiento", donde la nobleza y la burguesía intelectual ocupan un lugar privilegiado,[132] tratan de definir una forma ideal de organización política donde la opinión de las personas esclarecidas (léase acomodadas e instruidas) generaría una voluntad colectiva que originaría las leyes. La nobleza misma, sobre todo la de toga, apela directamente a la opinión al oponerse a las reformas iniciadas por la monarquía; en 1774, contra los proyectos del ministro Turgot, reclama y obtiene el apoyo de burgueses contrarios a la supresión de las corporaciones, grupos populares urbanos temerosos de que la instauración del librecambio provoque un aumento en el precio del pan, incluso propietarios campesinos que ven en la anunciada supresión de las prestaciones personales un paso más hacia la monetización de los arriendos. Por todas esas vías, diversos grupos hacen su aprendizaje del debate político, hasta entonces excluido de las instituciones gobernantes. La revolución de 1789-1799 genera brutalmente las condiciones e instituciones (asambleas legislativas y constituyentes, consejos departamentales) para que ese debate incida directamente sobre las decisiones; sólo un vasto proceso social (también visible en el norte de Italia y en la Alemania renana, donde los clubes burgueses y las universidades cumplen un papel relevante) puede explicar esta "explosión" de la palabra pública y el *savoir-faire* político a fines del siglo XVIII en todos los Estados europeos.

Al igual que la aparición del debate político, la adopción de una forma "racional" de tomar las decisiones, sobre todo mediante la sanción de leyes, supone el desarrollo de una opinión pública, es decir, un conjunto de juicios sobre problemas considerados de interés público. Durante el siglo XVIII, en todos los países de Europa se impone una concepción de la ley como *regla fundada en la razón*, capaz de generar el consenso general en virtud de su conformidad con los principios generales de la vida en sociedad y con las exigencias de la naturaleza humana. Sólo se puede comprender el desarrollo del derecho natural en las Provincias Unidas, Inglaterra, Francia, como en las universidades alemanas o españolas, por su utilidad social tal como la conciben los teóricos: fundamentar los grandes actos de gobierno sobre un cuerpo de creencias que ya no sea de esencia religiosa. La política encuentra su propia legitimidad en los conceptos "laicizados", aunque no estén totalmente desprovistos de significación cristiana: la razón, que guía el entendimiento humano; la justicia, principal obligación de los gobernantes; la equidad, representación ideal del fin de toda acción humana. Ello implica la difusión por toda Europa de una concepción común

---

[132] Daniel Roche [1965].

de los derechos humanos fundamentales: la libertad de opinión, el derecho de expresarla públicamente sin reservas (por la palabra o la prensa), el derecho de recibir del Estado la protección de su vida, sus bienes y su intimidad y —si se lo considera de juicio libre (es decir, que no depende de un maestro, un grupo de coacción o un propietario)—, el derecho de participar del debate político. Se suele contraponer, tal vez con exceso, el "modelo inglés" de conquista progresiva de los derechos al "modelo francés", de imposición brutal, por medio de una revolución, de una concepción abstracta e ideológica de los derechos del ciudadano. En realidad, aquí como allá, por distintas vías, la expansión de una forma legal de la dominación da lugar a la consolidación de una *ciudadanía política*.[133]

Por consiguiente, el Estado constituido en la Europa occidental moderna como forma legítima de la organización política y la dominación es el producto de procesos sociales propios de esta región del mundo. En este contexto, se pueden definir sus características generales.

1. Corresponde a la *diferenciación de instancias especializadas* de gobierno, autorizadas a tomar decisiones, imponer reglamentos y controlar los aparatos encargados de ejecutarlas, por un lado; y a instancias de administración, o aparatos estatales, que derivan su legitimidad formal de la aplicación de procedimientos y reglas de ejecución particulares, por el otro. Estas instancias no se confunden con las que decretan o aplican reglamentos de orden religioso, social o económico, si bien los miembros de unas y otras tienen un origen social parcialmente idéntico.

2. Obtiene su legitimidad del *reconocimiento social de un orden diferenciado* de actividades políticas y de un conjunto de organismos especializados en este orden; estos organismos aplican las reglas que les corresponden, a veces pretenden imponer decisiones de alcance general, que afectan todas las actividades públicas (económicas, culturales, religiosas, educativas) e incluso privadas que realizan sus miembros.

3. *Está institucionalizado*, en el sentido de que a las instancias de gobierno y administración se les reconoce públicamente una "existencia", derechos, obligaciones sociales, y se las concibe como independientes de los individuos que cumplen funciones en ellas. La transmisión de reglas y procedimientos particulares contribuye a la institucionalización de esas instancias.

4. El papel atribuido a las instancias del Estado en la realización de los reclamos de interés público y la competencia entre grupos sociales por el con-

---

[133] Aquí se podría demostrar cómo este proceso condujo a la instauración de las "parejas" características de la ciudadanía política: participación en el gobierno/sumisión a sus órdenes; pertenencia a la comunidad política/pertenencia a los grupos sociales. Véase Jean Leca [1986], pp. 159-209.

trol de aquéllas tienden a generalizar en Europa una *forma de dominación legal y racional.* El reconocimiento de una ciudadanía política con derechos fundamentales, las formas legales de elaboración y codificación de las reglas y el desarrollo de mecanismos fundamentales son inseparables de la institucionalización del Estado.

Apenas a principios del siglo XX, las formas concretas de organización política en los distintos países europeos empiezan a presentar esas características, aunque de manera desigual y diversificada. Las particularidades de cada historia nacional, tan contrastantes cien años atrás, no pasaron sin dejar huellas duraderas: la burocracia inglesa (como la norteamericana) no es idéntica a la francesa o la alemana, como no lo son las relaciones que sus ciudadanos mantienen con ellas en la práctica; el papel político y las reglas de funcionamiento del parlamento italiano o francés difieren de las del inglés o el Congreso norteamericano; la centralización es fuerte en algunos países, limitada en otros. Así, cada uno de los Estados occidentales conserva su propia fisonomía en "su" sociedad particular y de acuerdo con su historia. Pero la comparación con otras formas de organización política, en otras regiones del mundo, revela los rasgos comunes de los Estados. Por consiguiente, no es casual que a muchos de los objetos de estudio de la sociología política (elecciones, partidos, grupos de interés, políticas públicas) no se los pueda abordar de la misma manera, según se trate de los Estados occidentales o de otras formas contemporáneas de organización política.

3. LA POLÍTICA COMO SISTEMA

COMO SE HA VISTO, la forma de organización política de las sociedades corresponde concretamente a la *especialización* de roles, reglas y procedimientos particulares, así como de instancias y aparatos con distintos grados de institucionalización. En un sentido, esta especialización tiende a diferenciar el orden de actividades políticas de otros órdenes objetivados, es decir, dotados de una "consistencia" propia, acreditados con características duraderas y específicas.[1] Sin embargo, esta especialización, llevada al extremo en los Estados occidentales contemporáneos, sólo es posible si las instancias y los papeles de gobierno gozan de legitimidad social, en otras palabras, si se les reconoce el derecho de imponer decisiones de alcance general, que afecten a todos los "ciudadanos", sus actividades públicas y sus relaciones con la comunidad. Ahora bien, como se ha visto, esta legitimidad de los gobernantes y las instituciones políticas es producto de la competencia entre grupos sociales, así como de los mecanismos de dominación vigentes en la vida social; en este sentido, sólo se concibe lo político como una *forma objetivada de las relaciones sociales*. Por un lado, diferenciación del orden de las actividades políticas; por el otro, inserción (algunos dirían, metafóricamente, "inmersión") de esas tareas especializadas en el conjunto de las actividades sociales: la sociología política debe tener en cuenta esta *tensión constitutiva de lo político*. Sobre todo, debe hacerlo porque los gobernantes aprovechan esta doble dimensión de sus actividades: ora dicen poseer esa competencia particular a la que se atribuye su especialización destacada, ora se presentan como meros portavoces de los grupos sociales de los cuales pretenden recibir su legitimidad y "representatividad".

Lo que es cierto del Estado, que se presenta como producto de una diferenciación y a la vez como expresión de las relaciones de fuerza en el conjunto de la sociedad, también lo es de los "objetos consagrados" de la sociología política: partidos, elecciones, formas de reclutamiento de los dirigentes, socialización de los individuos, etc. En efecto, se puede aprehender y presentar todos estos objetos tanto desde el ángulo de su *especialización* (es decir, de la particularidad de los mecanismos "políticos" que ellos sustentan y a la vez aprovechan) como de su *inserción* en los mecanismos generales de la vida social, tales como la reproducción de las desigualdades sociales, las formas de

---

[1] Se definirá más precisamente el concepto de objetivación en el capítulo siguiente.

identificación de los individuos con grupos exclusivos o la competencia para la obtención de puestos y posiciones ventajosos.

Es necesario tenerlo en cuenta al tratar de comprender los *marcos de análisis* que se han elaborado para explicar las relaciones entre los distintos roles e instituciones políticas, como también entre el conjunto de éstos y el funcionamiento global de la sociedad. En efecto, algunos autores privilegiaron las relaciones específicas entre los "elementos" de lo político (partidos, actividades electorales, formación de opiniones), aislando así de alguna manera los agentes y las instancias de actividad política, separándolos analíticamente del conjunto de las relaciones sociales hasta el punto de desconocer lo que deben a éstas. Otros, a la inversa, se dedicaron a estudiar los mecanismos que orientan la actividad social (la competencia entre grupos e individuos, la transmisión de las creencias, la acumulación de bienes) hasta el punto de despreciar la especialización de las instancias y las reglas de la competencia política. El objetivo general de los capítulos 3 y 4 es presentar estos distintos marcos de análisis.

¿Qué llevó a los sociólogos de la política a elaborar esos marcos generales o "conceptuales" de análisis?[2] Por cierto, no se puede desconocer las consecuencias de la competencia entre investigadores para proponer sus teorías globales de lo político, paso obligado para la adquisición de una verdadera "legitimidad" científica (o notoriedad...). Pero la realidad de esta competencia no explica la coacción intelectual que la hace posible. Se comprenderá esta coacción intelectual (o de *inteligibilidad*) a partir de la siguiente constatación sencilla. Si uno trata de comprender lo que sucede mientras se realizan las elecciones parlamentarias en un país cualquiera, no basta describir la manera como se vota ni contar con precisión los votos obtenidos por cada candidato. También habrá que analizar los efectos de la reglamentación particular de los procedimientos de voto (el modo de escrutinio), estudiar las modalidades de selección de los candidatos (esencialmente en los partidos políticos), comprender el grado de competencia, indagar en las características sociales y culturales de los electos (mejor dicho, de los "elegibles"), e incluso determinar en qué medida los electores creen en su participación electoral. Por bien que se lo defina, no se puede aprehender ningún objeto de estudio parcial exclusivamente de por sí. Lo más importante en primer término es comprender cómo distintos objetos (la reglamentación de los procedimientos, la actividad partidista, la cultura ciudadana, la jerarquía social de los puestos, etc.) "conforman un sistema"; en otras palabras, qué *relaciones características* existen entre los roles, las instancias y las tareas políticas, como entre todos estos y el conjunto de las actividades sociales.

Como se verá, no hay escasez de marcos generales de análisis: sistema, campo, marco de interacción, sistema de acción son otros tantos conceptos

---

[2] David Easton [1974], p. 813.

utilizados corriente y conjuntamente en las investigaciones. Aquí se hace necesaria una advertencia. Existe una gran tentación de *fetichizar* los conceptos, es decir, atribuirles propiedades mágicas, como si bastara hablar de "sistema", "campo" o "marco de interacción" para designar exactamente una realidad, explicar todas las características de la vida social, revelar de manera "intelectual" la supuesta "realidad" de las relaciones entre grupos e individuos. Hay un grave riesgo de confundir un marco que facilita el análisis de los hechos sociales con la realidad misma de esos fenómenos. Si uno dice que los enfermos de un hospital compiten por las atenciones de las enfermeras, y que por eso se puede analizar sus conductas en términos de un "juego de seducción" (lo cual en un sentido es "verdad"), está en condiciones de comprender mejor sus relaciones cotidianas con el personal del establecimiento; pero eso no lo autoriza a afirmar que "lo que sucede" en el hospital *es* un conjunto o sistema de juegos. La mayoría de los marcos de análisis que emplea la sociología política pueden estimular la reflexión, sugerir preguntas, orientar los métodos de trabajo y las investigaciones; permiten comparar fenómenos aparentemente extraños unos a otros; ayudan a realizar análisis rigurosos. Fetichizados, toman el lugar de los análisis; en el mejor de los casos, reducen los análisis al papel de confirmaciones aproximativas de concepciones preestablecidas a las que se considera inaccesibles para la crítica.

Pocos marcos de análisis han sido objeto de defensas y críticas tan apasionadas como aquel que define las relaciones entre los roles, las actividades y las instancias políticas en términos de "sistema". El *concepto de sistema*, si no se lo emplea a la ligera, designa —como en física o biología— las relaciones características entre elementos determinados, definidos por sus caracteres propios; este conjunto está sometido a las influencias de su "ambiente" (es decir, de todo lo que no entra en la definición del sistema mismo) y a su vez puede ejercer una acción sobre éste. Por consiguiente, los caracteres propios de los elementos o componentes del sistema, como las relaciones características que los vinculan entre sí, son indisociables de la definición del sistema: éste será "político" en la medida que sus elementos (equilibrio, comunicación, negociación) concurren en la realización de un orden político. En ciencias sociales, el concepto de sistema sustenta un conjunto de teorías parciales, explícitas o implícitas, sobre la sociedad. Lleva al investigador a recurrir a concepciones globales, la más general de las cuales es que las relaciones características que vinculan los elementos del sistema son el objeto principal del análisis, en tanto que la más habitual es que el estudio de los fenómenos sociales compete a un enfoque funcionalista (o estructural-funcionalista) que permite el *comparativismo* y la elaboración de "tipologías" de sistemas políticos.

El éxito de los análisis "sistémicos" en sociología obedece a varios factores. Digamos solamente, antes de entrar en un estudio más preciso, que permitieron renovar los estudios comparativos, empantanados en enfoques formales (por ejemplo, entre presidentes elegidos por medio del sufragio universal o entre Estados monárquicos); sobre todo, que facilitaron el descubrimiento de relaciones y actividades dotadas de una dimensión política, cualquiera que fuera el aspecto de éstas y aunque al principio no se presentaran como tales a la vista del observador. Como dice uno de los principales representantes del análisis sistémico: este método "nos lleva a *abstraer* del mundo empírico sus *aspectos políticos* como centro de interés principal y, si lo deseamos, podemos describir esos aspectos como un sistema de interacciones o de conductas".[3] Un éxito deslumbrante, como lo demuestra la historia de las ciencias políticas en Estados Unidos en la década de 1960; pero un éxito temible.

El marco de análisis sistémico, sobre todo en su versión estructural-funcionalista dominante, proporcionará a muchos politólogos un medio aparentemente cómodo, pero en realidad muy artificial, para "clasificar" las actividades, las instancias y los roles sociales de acuerdo con categorías en gran medida arbitrarias: "sistemas" político, económico, cultural; "subsistemas" administrativo, policial, partidista, judicial, etc. De suerte que las más de las veces, el análisis sistémico produce una *visión de la sociedad artificialmente ordenada* en esferas de actividades distintas, separadas, encerradas mal o bien en una gran "totalidad social" organizada y coherente.[4] Peor aún, algunos investigadores han tomado esquemas gráficos ilustrativos, cuyo único objeto era facilitar la localización de las funciones del sistema político (¡y a los cuales los "sistemistas" son muy aficionados!), por la explicación misma de las conductas políticas: aquí la fetichización (incluso la figuración) del concepto es llevada al extremo.

Nuevamente, más que denunciar los riesgos (reales) de un enfoque de lo político como sistema, conviene visualizarlo en principio como un *marco de análisis* que, si se lo emplea con rigor, permite descubrir y concebir ciertas formas de relación entre las actividades políticas y el conjunto de las actividades sociales.

EL ANÁLISIS SISTÉMICO

Este marco de análisis debe mucho a la sociología funcionalista, sobre todo a los trabajos de Robert Merton y Talcott Parsons, hasta el punto de que no puede disociarse de ellos. Lo desarrollaron de la manera más sistemática los sociólogos norteamericanos, principalmente Gabriel Almond y David Easton, a quienes se hará abundantes referencias en estas páginas.[5]

---

[3] David Easton [1974], p. 468 (el subrayado es nuestro).
[4] Véase la severa crítica de Bernard Lacroix [1974] al análisis sistémico aplicado en ciencias políticas (pp. 275-299) y la respuesta de Pierre Favre, pp. 301-322.
[5] Sobre todo Robert K. Merton [1965]; Talcott Parsons [1973]; "General Theory in Sociology", en Merton [1960], pp. 3-38; Gabriel Almond, G. Bingham Powell Jr. [1978]; Easton [1965 y 1974].

Funciones y sistema

Las exigencias funcionales del sistema

Ante todo, conviene señalar que el análisis de las actividades sociales en términos de "funciones" no se reduce a la descripción de los mecanismos que garantizan la satisfacción de necesidades identificadas. Desde luego, se puede decir que una organización política tiene la "función" de satisfacer los deseos de ascenso de sus miembros más activos al garantizar su designación como candidatos en una elección, o también la de satisfacer la necesidad de sus adherentes de identificarse con un grupo de individuos que comparten un ideal y creencias comunes. Pero tanto daría afirmar que la organización política es el resultado de las actividades de sus miembros, que se agruparon sea por compartir un ideal, sea para acrecentar sus posibilidades de ser elegibles. Incluso, esta formación es preferible a la primera porque enuncia los efectos (o resultados) de actividades que no tienen necesariamente el objetivo explícito de satisfacer esos "deseos". Por consiguiente, para que se pueda hablar con propiedad de análisis funcionalista, es necesario que el sociólogo se aboque a identificar las *estructuras* capaces de garantizar la satisfacción de las *exigencias funcionales de un sistema* de relaciones.[6]

Si se considera que el sistema social es un conjunto definido por la interdependencia de los roles y las instancias estructuradas de la sociedad, la conservación de esos roles, instancias y las relaciones que ellos sustentan no se puede garantizar *salvo* que se cumplan ciertas actividades: tal es el postulado fundamental de todo análisis funcionalista. Por tanto, para conocer las actividades necesarias para el mantenimiento del sistema y las estructuras que realizan esas actividades es necesario identificar las exigencias funcionales del sistema. Como se ve, ese enfoque requiere que se definan las funciones y las estructuras no en sí mismas sino *a partir del sistema social* del cual son elementos. Georges Lavau lo dice así: "Las funciones son contribuciones (o soluciones) a las exigencias fundamentales de los sistemas, aportadas por los actores vinculados con éstos; se supone que esas exigencias funcionales son las que necesita el sistema para sobrevivir, adaptarse, alcanzar sus fines, no

---

[6] Para una crítica del término "función" cuando se trata de indicar las consecuencias de una actividad, véase Kingsley Davis [1968]. Según una frase célebre, decir que el ruido del latido cardíaco es producto de la actividad de ese músculo no significa que la "función" del corazón es producir ese ruido.

desnaturalizarse."[7] En esta perspectiva, la desaparición de un sistema social o, lo que viene a ser lo mismo, su transformación radical (mediante la sustitución de las estructuras y los roles existentes por otros nuevos) se debe a la incapacidad del sistema para asegurar la realización de las funciones necesarias para conservarlo en un contexto de cambios rápidos; así, el sistema japonés anterior a la "revolución" Meiji (1868-1900), o el sistema social del Antiguo Régimen francés habrían "desaparecido" porque ya no estaban en condiciones de aportar soluciones satisfactorias a las exigencias funcionales, o "funciones sistémicas".[8]

La identificación de estas exigencias funcionales supone que se distingan cuidadosamente los *objetivos* formalmente asignados a tal o cual elemento del sistema por sus miembros o por otros elementos, de la manera como éste *contribuye efectivamente* al mantenimiento del sistema en sí; o incluso que se distingan los objetivos (intencionales, buscados, previstos o presuntos) de las actividades, de su dimensión no intencional, es decir, su aporte práctico a la realización de las exigencias funcionales. Desde esta perspectiva, también se podrá distinguir las "funciones manifiestas" (la función de un partido político es reclutar y formar dirigentes) de las "latentes" (la función del partido es integrar un grupo social de fuerte potencialidad contestataria o subversiva en el juego democrático). Para Lavau, una de las exigencias funcionales del sistema político en una sociedad cuya cohesión está amenazada por divergencias profundas es "lograr neutralizar las fuerzas centrífugas a las que no se puede integrar inmediata y plenamente"; en Francia esta "función tribunicia" sería realizada principalmente por el Partido Comunista, que sin embargo no asume como objetivo (o función manifiesta) la de "neutralizar" las potencialidades contestatarias de la clase obrera.[9] En el siguiente cuadro, Almond y Powell ilustran a su manera la importante necesidad de distinguir entre objetivos y funciones, entre los fines asumidos por una estructura y su aporte a la realización de las exigencias funcionales, incluso entre las funciones manifiestas y latentes.

A partir de aquí se comprende que las actividades de una instancia particular o una estructura organizada puedan contribuir a la realización de numerosas funciones sistémicas. En su definición amplia como "conjunto de roles interdependientes, identificable en términos de adhesión y dotada de un aparato central de decisión que le permite actuar intencionalmente como actor colectivo",[10] una estructura organizada (gobierno, parlamento, partido, minis-

---

[7] Georges Lavau [1969], p. 32. Adviértase que la mayoría de las definiciones del sistema político (Almond, Easton, Kaplan, Holt, etc.) recurren al concepto de "estructuras organizadas" (*corporate structures*) para designar a los "actores".

[8] Robert Holt, John Turner [1966].

[9] Georges Lavau [1969], pp. 7-81. Robert Merton [1963] hace la distinción entre las funciones manifiestas y las latentes, pero con otra significación.

[10] Aquí se traduce la definición de Holt [1967], p. 89.

CUADRO 2. *Estructuras sociales y funciones políticas en Inglaterra*

Estructura social	Objetivos formales	Funciones políticas realizadas
Familia nuclear	Educación de niños y vida conyugal	(socialización política)
Firma industrial	Producción de bienes económicos y ganancia	(socialización política: adquisición de actitudes políticas)
Confederación patronal de industrias británicas	Expresión de intereses industriales	*expresión de intereses,* suma de intereses diversos (comunicación, socialización)
Electorado	Elección de dirigentes políticos	*reclutamiento político,* suma de intereses
Partido Laborista	Elección de dirigentes, movilización en apoyo de proyectos políticos	suma de intereses *reclutamiento político* (comunicación, expresión de intereses, socialización políticas)
Cámara de Comunes	Votación de leyes	*elaboración de políticas,* reclutamiento político, ejecución de políticas (socialización, comunicación, expresión de intereses)
Administración pública	Ejecución de políticas	*ejecución de políticas* (expresión y suma de intereses, elaboración de políticas, socialización, reclutamiento, comunicación)

Se subrayan las funciones enunciadas entre los objetivos formales de una estructura. Las funciones episódicas aparecen entre paréntesis.
Adaptado de G. Almond y B. Powell, *Comparative Politics*, 1978, p. 53

terio, etc.) es *plurifuncional.* Almond y Powell demuestran, por ejemplo, que en todo régimen político el "ejecutivo" —aparte de su función propia de elaborar políticas y asegurar su ejecución— puede contribuir a la realización de diversas exigencias funcionales, tales como la socialización política de los ciudadanos jóvenes, el reclutamiento de dirigentes, la comunicación entre elementos del sistema, la defensa de grupos minoritarios, etcétera.[11]

La *clasificación de las exigencias funcionales* varía sensiblemente de un autor a otro. Esta obra no se detendrá en las distintas clasificaciones propuestas, que con frecuencia corresponden a elecciones arbitrarias o reflejan las preocupaciones de los investigadores ante la necesidad concreta de identificar las funciones satisfechas por la actividad de tal o cual estructura.[12] Generalmente, las clasificaciones más complejas derivan del modelo propuesto por Parsons y Smelser en 1956. Según estos autores, *todo sistema social* implica cuatro exigencias funcionales: 1) el mantenimiento de un modelo de organización social y la reducción de las tensiones, es decir, "el mantenimiento de una conformidad a las prescripciones del sistema cultural (creencias y valores)"; 2) la realización de los objetivos del sistema, especialmente "la conservación de la sociedad misma"; 3) la adaptación, sobre todo mediante la realización de "actividades que procuren recursos para el sistema social" y 4) la integración, que garantiza la cohesión y la "interdependencia de las unidades —roles y estructuras— en el sistema social".[13] Por su parte, Almond intenta definir las *funciones propias del "sistema político"* refiriéndolas expresamente a las exigencias funcionales del sistema social en su globalidad: así, la expresión de los intereses (función política) contribuye a la reducción de tensiones y a la realización de los objetivos del sistema; la función de socialización política contribuye fundamentalmente a mantener el modelo de organización social y a integrar las unidades de base del sistema social. Con algunas variaciones de una obra a otra, Almond distingue siete funciones del sistema político:[14] reclutamiento político, socialización, comunicación política, expresión de intereses, admisión de intereses, elaboración de políticas y ejecución de políticas (véase el cuadro 2). Resta decir que el pago del concepto de sistema social al de sistema político impone una redefinición de las funciones sistémicas que acrecienta sensiblemente el riesgo de una clasificación arbitraria.

La dinámica del sistema político

En estas condiciones, concebir lo político en términos de sistema significa abstraer del conjunto de la vida social los roles, las actividades y las estructu-

---

[11] Gabriel Almond, G. Bingham Powell [1978], pp. 256-262. Lo que se dice sobre los ejecutivos es válido para los parlamentos (pp. 262-270) y la burocracia (pp. 270-279).

[12] Bertrand Badie ([1975], p. 15) señala la imposibilidad de lograr un consenso entre los investigadores sobre "una lista exhaustiva de las exigencias funcionales de un sistema determinado".

[13] Talcott Parons, Neil Smelser [1956], pp. 16-19. Los comentarios que hemos considerado oportuno incluir aquí están tomados de Holt [1967], pp. 93-94.

[14] G. Almond, B. Powell [1978], pp. 167-197 y 79-107. Véase también citas de G. Almond, J. S. Coleman [1960] en Pierre Birnbaum y François Chazel [1971].

ras particulares (llámense habitualmente "políticas" o no) y definir los meca-nismos mediante los cuales todos ellos contribuyen a la realización de las fun-ciones políticas necesarias para el mantenimiento del sistema social. En otras palabras, el sistema político no designa una "realidad" inmediatamente per-ceptible, visible, concretamente aprehensible (como podría serlo un sistema biológico, es decir, un ser viviente) sino el *resultado de una operación intelectual de abstracción*, elección y construcción teórica de un modelo de relaciones. Es-to no significa que los fenómenos sociales interdependientes abarcados por el modelo sólo existen en la mente del investigador; al concebir y enunciar un modelo, éste puede sacar a la luz relaciones concretas, observables, que adquieren entonces su pleno sentido:

> De hecho, es útil —escribe Easton no sin humor— suponer la existencia de un mundo concreto o material del que forman parte las interacciones sociales. Al escribir que un sistema político es "analítico", no formulamos un juicio sobre su carácter real o empírico. Nos limitamos a describir el proceso por el cual utilizamos el interés que manifestamos por la política, cualquiera que sea la definición de ésta, para elegir ciertos aspectos o ti-pos de interacciones sociales y abstraerlos del mundo tangible.[15]

Dejando voluntariamente de lado las polémicas sobre la identificación de es-tructuras y papeles —que varían, como se advierte fácilmente, de una socie-dad a otra—, aquí se estudiarán los modelos de relaciones sociales que apare-cen en las descripciones del sistema político que hacen distintos autores; en otras palabras, *sus concepciones del funcionamiento de las sociedades*, su dinámica, la evolución de sus objetivos y las transformaciones de sus mecanismos de re-lación. Karl Deutsch postula una concepción del funcionamiento de los siste-mas políticos según el modelo de las máquinas electrónicas que reaccionan ante las informaciones recibidas del entorno (tales como la elevación de la temperatura, la presencia de un obstáculo, la disminución de un ruido, etc.) mediante una modificación de su "régimen de marcha", el encendido de un mecanismo de aceleración o freno o un cambio de trayectoria. Este "modelo cibernético", que Deutsch ha aplicado a las relaciones internacionales, llama la atención sobre los flujos de comunicación entre un sistema político y su entorno (sea éste otro sistema —económico, cultural, religioso— o bien las condiciones materiales que pesan sobre la vida social); además, puede facili-tar la comprensión de los efectos de la comunicación entre los elementos del sistema político. Pero no se comprende por qué en este punto Deutsch privi-legia una de las exigencias funcionales del sistema, salvo que se reconozca que asimila arbitrariamente la vida social con el funcionamiento de una "má-

---

[15] David Easton [1974], p. 469.

quina informada": lo que a fin de cuentas era apenas una metáfora interesante se ha convertido en una concepción eminentemente peligrosa de la dinámica de las sociedades. Semejante asimilación sólo conduce a una descripción muy mecanicista, reduccionista y, en fin, muy falsa de las relaciones sociales y políticas.[16]

En una perspectiva muy diferente, otros autores formularon la hipótesis de que todo sistema político tiende normalmente a conservar un estado característico de *equilibrio* entre sus elementos, cuya desaparición (por acción de factores del entorno) significaría la caída del propio sistema. En ese marco, se interpreta que las reacciones de los elementos del sistema ante las transformaciones del entorno tienden a conservar el equilibrio adquirido, o a restaurarlo cuando se encuentra gravemente alterado. Está claro que semejante concepción no admite fácilmente los cambios y que privilegia los mecanismos "estabilizadores" del sistema político; en ese sentido, se le ha reprochado con razón que reproduce una visión conservadora de las relaciones sociales. Sin embargo, no carece de interés como marco general de análisis cuando se trata de visualizar la persistencia de las relaciones de fuerza entre los elementos de un sistema. Así, Kaplan utiliza este marco en el estudio de las relaciones internacionales para describir el estado de equilibrio que caracteriza al sistema europeo después de 1870: la oposición irreductible entre Francia y Alemania, considerando a los dos Estados nacionales como elementos de un sistema, genera una estructura permanente de relaciones internacionales entre dos polos antagónicos de alianzas; en tanto perdura el sistema, lo caracteriza un rígido "equilibrio de poderes" que de alguna manera rige las conductas funcionales de todos los actores, a veces incluso en contra de sus propios intereses. Según Kaplan, el sistema político (que en este caso es interestatal) "tiene intereses identificables que no son idénticos —aunque no son necesariamente opuestos y pueden ser complementarios— a los de los miembros del sistema".[17] No todos los autores que privilegiaron los mecanismos de conservación del equilibrio "homeostásico" del sistema tuvieron la prudencia de Kaplan, atento a no erigir en modelo teórico general aquello que él llama un "primer orden de aproximación" para guiar los análisis; pocos supieron evitar el riesgo de hacer de ese marco de análisis un principio explicativo de las conductas. Con todo, ese marco permite formular una pregunta importante: cuáles son los procesos concretos que llevan a los actores a adecuarse en la práctica a las "exigencias del sistema".

Las concepciones de Gabriel Almond y de Herbert Spiro, para no citar sino a estos dos autores, tienen el mérito de proponer una *visión más dinámica del*

---

[16] Karl Deutsch [1963]. La concepción "cibernética" del sistema social o político no es funcionalista en sentido estricto; no por ello deja de tener vinculación concreta con teorías de inspiración funcionalista.

[17] Morton Kaplan [1957], p. 13, traducción del inglés del autor.

funcionamiento del sistema a partir de las modalidades de producción de las decisiones. Spiro atribuye un papel fundamental al conjunto de las relaciones que se establecen entre los elementos del sistema en el curso de un proceso global de problemas a resolver, de discusión sobre las soluciones posibles y de toma de una decisión: aquí se concibe la interdependencia de los elementos como una *interacción evolutiva.* "Un sistema político puede existir allí donde haya gente preocupada por los problemas comunes, comprometida por ello en la cooperación y el conflicto a propósito de su solución."[18] Por su parte, Almond destaca la sensibilidad de las instancias de decisión (o, en términos que comparte con Easton, de "conversión" de las exigencias experimentadas en decisiones seguidas de efectos) a las *transformaciones del ambiente:* éstas, que pueden resultar tanto de factores externos al sistema político como de las decisiones del propio sistema, obligan a las instancias de decisión a modificar constantemente sus actividades y relaciones, y a adaptarse por ese medio a los efectos rebote de su funcionamiento. Así lo muestra claramente el esquema siguiente (gráfico 1).

Easton es, sin duda, el autor que más ha avanzado en una concepción dinámica del funcionamiento del sistema político. Aquí no se hará una presentación completa de su marco sistémico de análisis, que él ha afinado, enriquecido y ampliado constantemente, sino sólo de sus lineamientos generales. Para Easton, el sistema político tiene una función general esencial para el mantenimiento del sistema social en su conjunto: la de convertir los *inputs* en *outputs* en un *flujo continuo que afecta toda la vida social.*[19] Así todo queda insertado en un proceso dinámico: el entorno del sistema político, que se transforma por efecto de las decisiones que emanan tanto del propio sistema como de otros; las instancias de decisión (o autoridades políticas), sometidas a exigencias siempre renovadas y a modificaciones de sus pilares de sustentación; las relaciones entre los elementos del propio sistema político, que cambian en función de la evolución de los efectos de rebote o "lazos de retroacción". El sistema se mantiene en la medida que se transforma.[20] Easton ha intentado sintetizarlo en un esquema gráfico que se reproduce aquí (gráfico 2), pero cabe recordar una vez más que es sólo *una representación* de los procesos que son objeto del análisis.

Si bien no parece necesario detenerse en las múltiples implicaciones de un marco conceptual que ha sido objeto de muchas críticas, incluso por parte de los autores norteamericanos que en un principio se inspiraron en él, interesa mencionar algunos de sus aportes metodológicos valederos.

---

[18] Herbert Spiro [1967], p. 172, traducción del inglés del autor.

[19] En el gráfico 1, se tradujo *inputs* como "exigencias experimentadas" y *outputs* como "decisiones seguidas de efectos". Esta traducción crea problemas importantes que no se pueden resolver aquí. Por eso en el texto que sigue se emplean los términos ingleses *inputs* y *outputs.*

[20] Easton [1974] rechaza con razón en un epílogo (p. 471) la crítica que le hacen algunos autores de presentar una visión estática de los sistemas políticos.

GRÁFICO 1. *Una concepción sistémica del proceso político*

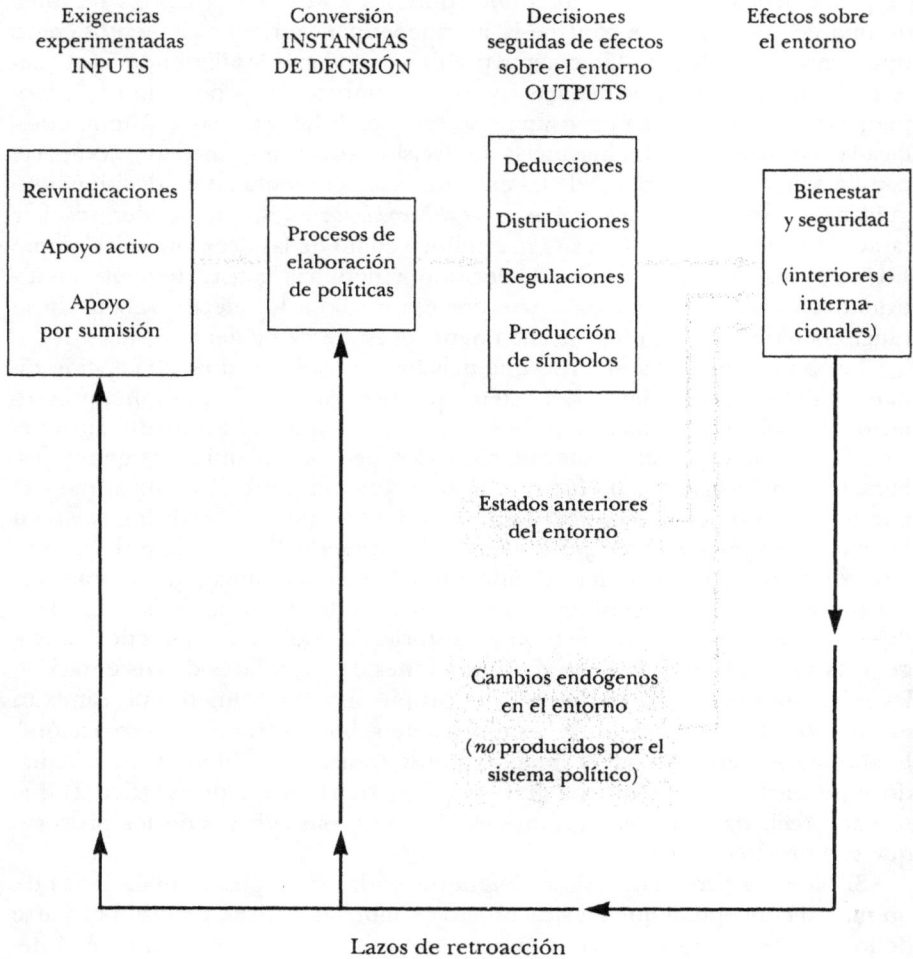

Exigencias experimentadas INPUTS	Conversión INSTANCIAS DE DECISIÓN	Decisiones seguidas de efectos sobre el entorno OUTPUTS	Efectos sobre el entorno

Reivindicaciones

Apoyo activo

Apoyo
por sumisión

Procesos de
elaboración
de políticas

Deducciones

Distribuciones

Regulaciones

Producción
de símbolos

Bienestar
y seguridad

(interiores e
interna-
cionales)

Estados anteriores
del entorno

Cambios endógenos
en el entorno

(*no* producidos por el
sistema político)

Lazos de retroacción

Esquema adaptado de G. Almond y B. Powell, 1978, p. 10. Para los autores, las *reivindicaciones* son exigencias articuladas y expresadas en el sentido de un reclamo de decisión autoritaria; los *apoyos activos* son actividades políticas no impuestas a quienes las realizan (adhesión a un partido político, participación electoral); los *apoyos por sumisión (subjective supports)* son los que resultan de la obediencia a la coacción política (pago de impuestos, cumplimiento de las leyes, etcétera).

GRÁFICO 2. *Modelo de reacción dinámica de un sistema político*

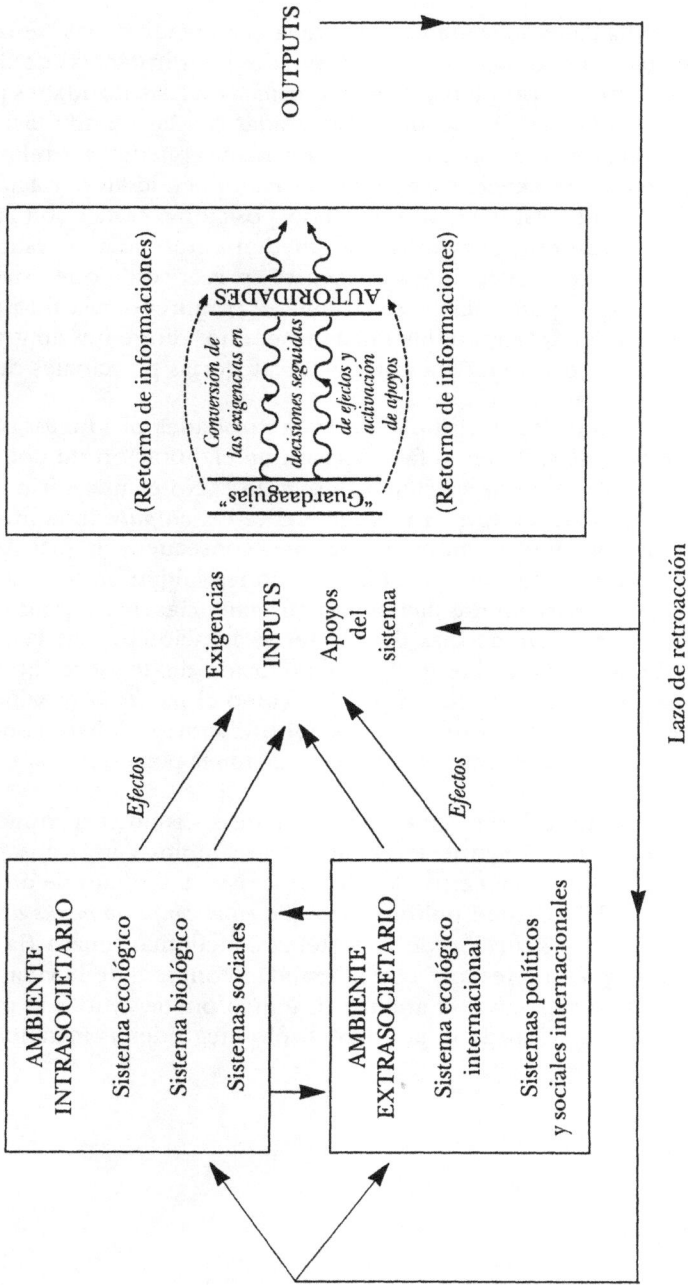

SISTEMA POLÍTICO

OUTPUTS

(Retorno de informaciones)

AUTORIDADES

Conversión de las exigencias en decisiones seguidas de efectos y activación de apoyos

"Guardagujas"

(Retorno de informaciones)

Exigencias

INPUTS

Apoyos del sistema

Lazo de retroacción

AMBIENTE INTRASOCIETARIO

Sistema ecológico

Sistema biológico

Sistemas sociales

Efectos

AMBIENTE EXTRASOCIETARIO

Sistema ecológico internacional

Sistemas políticos y sociales internacionales

Efectos

Esquema adaptado libremente de David Easton, *A Systems Analysis of Political Life*, Londres, John Wiley and sons, 1965 (traducción francesa, 1974).

1 / Easton ha llamado la atención sobre la percepción de las "señales" del entorno por parte de los actores, las autoridades o las instancias de decisión; esto a su vez plantea el problema de la *receptividad* de las autoridades políticas a los cambios en las reivindicaciones expresadas o a las manifestaciones de erosión de los puntales del sistema: "Las autoridades pueden ser relativamente incapaces de tomar conciencia de las indicaciones emitidas por actores que no poseen sus mismas características de clase, posición o casta y con las cuales se identifican."[21] En esta perspectiva, se pueden emprender investigaciones sobre las cualidades sociales de los dirigentes en la medida que éstas condicionan su capacidad para recibir, seleccionar y comprender la información: asimismo, el estudio del sostén que encuentran estos dirigentes en grupos sociales particulares corresponde a una de las categorías principales de la problemática de Easton.

2 / Para Easton, las decisiones de las autoridades productoras de *outputs*, cuyo trabajo se sitúa en la fase decisiva de elaboración de políticas no resultan necesariamente de cálculos conscientes: "No es necesario considerar que las autoridades estudian racionalmente los *outputs* de la misma manera que nosotros interpretamos sus posibles consecuencias [...] Así como en otras partes de nuestro análisis, las intenciones subjetivas o racionales de los actores no necesariamente dictan las consecuencias de su conducta dentro del sistema."[22] Tampoco las decisiones se relacionan con la presunta "voluntad" de un grupo indiferenciado y unificado de decisores que hablan con una sola voz; antes bien, se las concibe como el *resultado de múltiples conflictos* entre dirigentes y entre intereses contradictorios.[23] Esta concepción ha resultado sumamente fecunda en investigaciones posteriores sobre la decisión política.

3 / Finalmente, cabe destacar que el análisis sistémico propuesto por Easton plantea el interrogante sobre "los intercambios y las transacciones" incesantes que se producen entre los distintos sistemas; dicho de otra manera, sólo concibe la actividad política *insertada en el conjunto de las actividades sociales:* lo que la construcción de un sistema conceptual separa (la política y su "entorno") no está desunido en la realidad concreta de la vida social.[24] Visto desde esta perspectiva, el análisis sistémico puede ayudar al investigador a evitar la reducción de lo político al solo juego de las instancias especializadas.

---

[21] Easton [1974], p. 411.
[22] *Ibidem*, p. 406.
[23] *Ibidem*, pp. 424-425.
[24] *Ibidem*, p. 26.

La comparación de los sistemas políticos

De la constatación de las diferencias a la investigación de las culturas

El *método comparativo*, que consiste en una aproximación racional de objetos de naturaleza análoga a fin de identificar mejor sus características (sean semejantes, diferentes u opuestas) es necesario en todas las ciencias. Se encuentra en el principio de las "ciencias naturales", inspiró los primeros intentos de clasificación de las formas de organización política (sobre todo en Aristóteles), es inseparable de la estética (recuérdense las inevitables comparaciones entre el arte romano y el gótico, entre el barroco y el clásico). Tocqueville sólo pudo descubrir y explicar las características de la sociedad francesa del Antiguo Régimen en comparación con la sociedad inglesa, o la democracia norteamericana en comparación con las formas de organización social y política de los países del continente europeo. En términos generales, es imposible formular una proposición sobre las sociedades humanas sin recurrir explícita o implícitamente a una comparación. Evidentemente, no cabe detenerse sobre esta necesidad, que se menciona aquí por dos razones: la primera es que el desarrollo de ramas de la ciencia política "especializadas" en el comparativismo demuestra que con frecuencia se ha descuidado esta necesidad; la segunda es que las críticas dirigidas a muchos trabajos de comparación sistemática —entre formas de Estado, regímenes, partidos, etc.— de ninguna manera implican que se deba renunciar al método en sí.

Ahora bien, muchos autores han señalado con razón que la principal dificultad del método radica en la *identificación de los objetos* que conviene comparar. La evidencia indica que términos idénticos pueden identificar instancias de gobierno que no cumplen los mismos papeles, intervienen de la misma manera en los procesos de decisión ni ocupan la misma situación en distintos países: es el caso de los "senados" norteamericano, canadiense y francés, o de los "presidentes de la República" norteamericano, chino, francés, libanés o italiano. ¿Qué significaría, a los fines comparativos, la acumulación de conocimientos sobre estos roles o instituciones... puesto que además no se trata de objetos comparables? A lo sumo, llevaría a la conclusión de que un mismo término designa fenómenos diferentes en los distintos países: ¡por cierto que no es un gran descubrimiento!

El análisis de lo político en términos de sistema debe su éxito en buena medida a que permite efectuar comparaciones racionales; se espera de esta "teoría intermediaria" que defina los elementos del sistema susceptibles de ser comparados. Con este criterio, Almond escribió que la consideración de las *funciones del sistema político* en distintos países es el único camino posible para construir objetos verdaderamente comparables, en tanto el estudio de las estructuras políticas (gobiernos, partidos, grupos de interés, etc.) es de interés limitado y puede conducir al error: "Se pueden emplear algunas categorías funcionales para comparar los sistemas políticos tomados en su conjunto; y en primer lugar, para comparar los sistemas occidentales modernos con los sistemas transitorios y tradicionales."[25] Así, sería escasamente provechoso comparar los grupos de intereses de Indonesia con los de Estados Unidos, salvo para constatar que aquí son numerosos, bien organizados y muy activos, mientras que allá son pocos y mal organizados; según Almond, sería mejor descubrir de qué manera —sobre todo, a través de qué estructuras— se expresan los intereses en uno y otro país. Entonces se descubriría que las funciones que cumplen en Indonesia la burocracia, las redes de parentesco y de descendencia, en Estados Unidos están en manos de grupos especializados. A partir de esta proposición, muchos autores sugieren comparar los mecanismos mediante los cuales se satisfacen las exigencias del sistema social y se realizan las funciones propias del sistema político; se ha dicho que este método corresponde al estudio de las "equivalencias funcionales".[26] Se advierte inmediatamente que a este método se le exige la *identificación* de las estructuras que cumplen la misma "función" —o funciones— en distintos sistemas políticos nacionales: así, la elaboración final de las decisiones puede ser privativa del Parlamento (Inglaterra, Tercera República francesa), de las instancias dirigentes de los partidos asociados para gobernar (Italia) o de los Estados Mayores militares (en los países gobernados por juntas). También se ve que esta identificación, si se la hace de manera rigurosa, no constituye una explicación sino que la requiere.

La máxima ambición de los estructuralistas-funcionalistas es definir por vía de la comparación los *tipos de sistemas políticos*. Kaplan subraya que la comparación entre todos los sistemas nacionales, aunque se limite a los sistemas políticos, puede conducir a la acumulación de una masa de indicios cuya significación general será difícil de descubrir: la enumeración de múltiples estructuras capaces de realizar la misma función en distintas sociedades, con la descripción minuciosa de las formas, los roles y los mecanismos propios de cada sistema, en última instancia daría lugar a un panorama coloreado, infinitamente variado, que desalentaría cualquier intento de comprensión. Por eso, según este autor, conviene comparar racionalmente algunos tipos de sistemas políticos para descubrir las similitudes y las diferencias.[27] En esta perspectiva, el análisis sistémico puede servir de fundamento metodológico para los intentos de construir tipologías de sistemas y regímenes políticos.

La constatación que resulta de estos intentos (de los cuales más adelante se propondrán algunos ejemplos) no es sorprendente: es la infinita varie-

---

[25] Almond, "Le système politique", en Birnbaum y Chazel [1971] p. 50.
[26] Mattei Dogan, Dominique Pelassey [1981], pp. 40-45.
[27] Kaplan [1967], p. 156.

dad de las formas nacionales de sistema político, estructuras y papeles que aseguran la realización de las funciones sistémicas. Más allá de la descripción de las diferencias fundamentales, ¿puede el análisis sistémico brindar una explicación? Toda una corriente de la sociología política norteamericana destaca como factor explicativo la *diversidad de las culturas políticas*, lo que significa atribuir un papel privilegiado a lo que los teóricos del sistemismo (sobre todo Easton) llaman el "sistema cultural". El concepto de "cultura política" elaborado por Almond y Verba designa el conjunto de valores y creencias que conciernen a lo político, característico de una sociedad nacional.[28] Las conductas y actitudes de los individuos con respecto a lo político, así como las formas de relación colectiva con las instituciones y actividades políticas se atribuyen en gran medida a esas creencias y valores compartidos. De suerte que las diferencias que revela el comparativismo (entre sistemas o tipos de sistemas políticos nacionales) se explicarían principalmente por las culturas políticas originales, propias de cada sistema concreto: así, las conductas (participación, abstencionismo, etc.), prácticas (votar, afiliarse a un partido, apoyar las acciones organizadas) y la socialización políticas, como, en fin, el "éxito" o fracaso de ciertas instituciones, se deberían a una cultura particular.

El primer desengaño que experimentan los investigadores al tratar de describir las culturas políticas "nacionales" proviene de la imposibilidad de definir con precisión *una* cultura característica de la sociedad estudiada. En cada país estudiado por Almond y Verba es claro que conviene hablar de combinaciones de culturas particulares, a veces contradictorias, según los *grupos sociales*, las *regiones*, incluso las *etnias;* por ejemplo, existen diferencias mayúsculas en cuanto a creencias, valores, conductas y actitudes entre los italianos del Mezzogiorno (el Sur), las provincias del Norte, la Emilia y las Marcas; la "cultura política italiana" se resuelve en un abanico de culturas políticas particulares. Los estudios compilados en 1963 por investigadores norteamericanos y franceses bajo el título colectivo de *À la recherche de la France*[29] muestran la misma gran diversidad de sistemas de creencias y valores en un país que en definitiva parece descuartizado entre grupos que suscriben a los mitos tradicionales y otros que celebran la modernización, entre culturas localizadas y una cultura de origen urbano característica de los grupos sociales "innovadores" (entre ellos, los ejecutivos). A esta constatación sólo se puede replicar con estereotipos trasnochados (el francés indisciplinado que desconfía de la política; el inglés pragmático, apegado a las instituciones parlamentarias; el norteamericano solidario, con su fe en la democracia liberal, etc.) o bien —con mayor seriedad— por medio de un trabajo colosal de investigación y encuestas

---

[28] Almond, Sydney Verba [1963 y 1980]; esta última obra presenta una serie de estudios críticos sobre las investigaciones inspiradas en las hipótesis de 1963.

[29] Stanley Hoffmann y cols. [1963].

entre las diversas poblaciones nacionales a fin de determinar para cada país un conjunto de similitudes significativas, incluso un "credo" común que trascienda las "subculturas" particulares de los grupos.

Entonces resulta claro que el concepto mismo de cultura política, tal como lo elaboraron Almond y Verba, deriva de premisas teóricas y metodológicas muy discutibles.

1. *El aislamiento de las creencias y actitudes concernientes a lo político* conduce a separar arbitrariamente los juicios relativos sobre el sector particular de la vida social de los que abarcan el conjunto de las relaciones sociales; con todo, señalar la indiferencia con respecto a las actividades y los partidos políticos sólo tiene sentido si se pueden descubrir las actitudes con respecto a otras actividades y organizaciones (religiosas, culturales, de caridad, etc.); constatar la desconfianza hacia los dirigentes políticos (siempre que la expresión de ésta no sea un mero efecto del discurso predominante en un momento dado) no tiene la misma significación en un país donde los dirigentes parecen disponer de gran autonomía con respecto a otros grupos dominantes, económicos, religiosos o militares, que en otro donde un mismo grupo social detenta todas las posiciones de poder. En términos más generales, no se pueden disociar las creencias y los valores "políticos" de los que hacen al conjunto de las relaciones sociales. Por ejemplo, en un estudio sobre la sociedad bordelesa, se pudo demostrar que la aceptación de valores "políticos" comunes (apego al consenso, elogio del pragmatismo, rechazo de las oposiciones partidistas, creencia en las virtudes de la "unión") por una mayoría de habitantes pertenecientes a distintas categorías sociales era indisociable de las creencias relacionadas con la vida económica, las relaciones entre individuos, las obligaciones de la elite e incluso el papel de las prácticas religiosas.[30]

2 . En realidad, la cultura política, tal como la conciben Almond, Verba y Pye sólo se puede aprehender mediante la *conducta de los individuos* o la representación que ellos tienen de dicha conducta. De ese modo, el enfoque culturalista se inscribe en esta concepción general del método sociológico que privilegia la medición empírica de las prácticas y las actitudes, su cuantificación y la construcción estadística de regularidades en las conductas observadas: en este sentido forma parte de la *corriente conductista* predominante en Estados Unidos durante las décadas de 1950 y 1960.[31] De ahí derivan dos efectos: una asimilación mal fundada con la teoría de los valores y las conductas, y una "circularidad" del razonamiento que despoja al concepto de cultura política de toda dimensión explicativa. En primer lugar, confusión entre los valores y las conductas: se atribuyen prácticas individuales tales como la participación electoral o la abstención masiva, o incluso el respeto por agentes de policía,

---

[30] Jacques Lagroye [1973].
[31] Para un estudio más preciso de los efectos de esta clase de enfoque, véase el capítulo 7.

congresistas o administradores a las creencias y concepciones de los individuos sobre la vida política. Ahora bien, estas prácticas pueden derivar de presiones sociales, hábitos, conformismos que no tienen *nada que ver* con una valoración de las conductas correspondientes. En segundo lugar, la circularidad: pretender explicar las conductas por el apego de los individuos a valores que se descubren esencialmente mediante la observación de las conductas mismas, y hacer de este conjunto de valores (denominado "cultura política") el factor explicativo de las particularidades de un sistema político nacional, es como decir que un individuo se enamora *porque* experimenta el sentimiento que se le puede atribuir al constatar que se ha enamorado...[32]

Por consiguiente, el uso del concepto de cultura política en una concepción sistémica de lo político no permite hallar una explicación de las diferencias observadas; a lo sumo, permite ampliar la constatación, al incluir en la comparación los elementos "culturales", tales como las creencias, los valores defendidos, las actitudes de los individuos frente al sistema. Con todo, esta ampliación no es desdeñable. Por ello no es casual que muchos autores hayan tratado de conservar este concepto, otorgándole una significación más amplia y separándolo parcialmente del contexto sistémico en que se había afirmado. Así, Reinhold Bendix compara siete sociedades (Inglaterra, Alemania, Francia, Rusia, Japón, China y la sociedad islámica) para demostrar que a cada una de ellas corresponde una concepción de la autoridad política, una *cultura de la autoridad* propia;[33] estas culturas diferentes son producto de procesos históricos, y en especial, religiosos y morales: fuerte diferenciación entre lo temporal y lo espiritual en la Europa occidental cristiana, fusión parcial de las fuentes de autoridad y legitimidad en Rusia y China, confusión de lo político y lo religioso en el Islam...[34] No obstante, Bendix no escapa a una concepción muy "autonomizada" de la cultura, frecuentemente asimilada por él a las creencias de las elites y los intelectuales.

Bertrand Badie postula una concepción más amplia de la cultura cuando compara, desde una perspectiva absolutamente historicista, las culturas cristiano-occidental e islámica, y cuando las vincula con la construcción de las formas correspondientes y contrastadas de organización política.[35] En la concepción de Badie, la cultura es la matriz intelectual o el modelo de inteligibilidad que, en una sociedad, permite a los individuos pensar sus relaciones, como aquéllas entre grupos o entre el orden divino y el orden humano ideal. Si bien tiene una importante incidencia sobre la organización política de las

---

[32] Sobre el particular, véase la severa crítica de Brian Barry ([1978], especialmente pp. 90-93) a las premisas del culturalismo.
[33] Reinhold Bendix [1976].
[34] Véase capítulo 2.
[35] Bertrand Badie [1986].

sociedades, la cultura no se reduce a las creencias referidas a lo político: se la observa en las concepciones tanto económicas como religiosas, culturales y políticas. Por consiguiente, cada cultura aparece como el producto de una historia particular; así, la cultura islámica se afirma a partir de creencias religiosas (el Dios único no ha delegado su autoridad en hombre alguno; ha revelado su voluntad de una vez y para siempre en la Ley, o sharî'a); se ha forjado en la historia de una sociedad unificada por un largo emprendimiento de conquistas, donde la tierra tiende a permanecer como bien colectivo, donde se ha establecido una fuerte solidaridad entre los creyentes (la comunidad de la 'Umma), donde persiste la influencia de las estructuras sociales originales, de tipo tribal y nómade. "El monismo islámico está fuertemente ligado a las características de la formación social en la cual surgió. Más importante aun, se corresponde con la historia de ésta y con los ritmos que todavía la caracterizan."[36] De esta cultura particular deriva una concepción original del poder, que confiere legitimidad al gobernante en la medida que obra por el cumplimiento de la sharî'a, manifestación intangible de la voluntad de Dios; puesto que la interpretación de esa voluntad no ha sido delegada en aparato religioso alguno, en principio cualquier sabio, incluso cualquier creyente instruido, está en condiciones de apreciar si la acción política es conforme a la Ley revelada y denunciar los actos de gobierno que contravienen sus prescripciones. Por eso, a diferencia de la cultura cristiana occidental, la islámica otorga a todo gobierno e institución una legitimidad condicional y precaria. En definitiva, Badie sustituye la concepción en términos de "sistema cultural" por una reflexión sobre "la cultura de los sistemas políticos", factor de sus identidades propias, cuando no explicación decisiva de la originalidad de cada uno.[37] Este enfoque hace de la cultura un resultado a la vez que un factor determinante del curso particular de la historia, y se distingue nítidamente de la mayoría de las premisas del culturalismo. Resta decir que se puede indagar en las distintas significaciones que adquiere en concreto el concepto de "cultura" dentro de esa perspectiva, porque puede designar tanto el conjunto de prácticas, representaciones y relaciones con los poderes en el seno de un sistema político (en otras palabras, las modalidades de la implicación de los individuos en las relaciones políticas) como las construcciones "eruditas" a las que el autor suele atribuir un efecto determinante sobre la construcción de las formas de organización política.[38]

---

[36] Bertrand Badie [1986], p. 101.

[37] Badie [1986 (b)], pp. 148-149.

[38] Véase sobre todo los capítulos 1 y 2 de Badie [1986]. Por ejemplo: "En un sentido general, la tendencia del Islam a innovar siempre ha estado estrechamente controlada por los datos de ese debate [entre las escuelas de interpretación del Corán]" (p. 50).

La ilusión de las tipologías

Es fácil advertir la influencia del método sistémico y los postulados estructuralistas-funcionalistas; además, se los reivindica en muchos estudios comparativos de los *regímenes políticos*. Esto no significa que todos los estudios de "política comparada" se inscriban en una perspectiva estructural-funcionalista, ni
que todos tiendan a crear "tipologías" o, en términos más rigurosos, *clasificaciones racionales* de los sistemas políticos.[39] Comparar y clasificar regímenes (o
gobiernos) es examinar los procesos y las estructuras mediante las cuales se
cumplen las funciones escogidas; es tratar de caracterizar la "naturaleza" de
los sistemas políticos a través de las relaciones entre gobernantes y gobernados, las formas de autoridad y coacción, las relaciones entre instituciones y
ciudadanos (de exclusión, de participación selectiva o generalizada). La preocupación por "tipificar" los regímenes no apareció con el estudio sistémico
de lo político, puesto que en el siglo IV a. C. Aristóteles ya distinguía entre regímenes democráticos, tiranos, oligárquicos y monárquicos; pero se ha dicho
que el sistemismo y el estructural-funcionalismo le proporcionarían un fundamento metodológico más riguroso e incluso resguardarían al investigador
de las tentaciones normativistas.

Conviene evitar los comentarios irónicos sobre la variedad de tipologías
elaboradas sobre la base de estos postulados, que desalienta cualquier intento
de exposición. En efecto, no sería imposible demostrar que en las distintas
clasificaciones aparecen prácticamente las mismas categorías de regímenes.
También se demostraría que esas categorías corresponden esencialmente a
las que elaboraron los autores antiguos a partir de consideraciones más normativas que explicativas. La pregunta que conviene formular aquí es: ¿qué
enseñan esas clasificaciones, aparte de la constatación poco sorprendente de
la variedad de sistemas o regímenes? Dos lecciones se desprenden de la lectura atenta de esta clase de trabajos: las tipologías de los regímenes políticos poseen un *interés esencialmente descriptivo*, sin ofrecer por ello indicaciones que en
verdad sean útiles para orientar las investigaciones (en ese sentido, no poseen
el mismo interés que el marco analítico sistémico en el que dicen inspirarse);
en la mayoría de los casos agrupan formas de organización pólítica muy disímiles en categorías de clasificación tan generales que carecen de significación práctica.

1. Cuando Almond y Powell comparan las estructuras gubernamentales a
partir de las funciones que éstas cumplen en los distintos tipos de sistemas

---

[39] Distinto es el enfoque que emplea, por ejemplo, Yves Mény [1987] cuando confronta los
mecanismos institucionales (y su participación en los procesos de decisión) en cinco países que
tienen sistemas políticos análogos, aunque sus regímenes institucionales muestran diferencias
importantes.

políticos, se formulan concretamente el objetivo de "describir empíricamente las funciones cumplidas por las instancias de gobierno en los distintos países y extraer de ahí algunas conclusiones sobre sus características generales".[40] De hecho, el resultado de este trabajo es una *descripción muy aproximativa* del aporte de cada estructura a la realización de las funciones políticas, y las conclusiones que derivan de ello sólo tienen un alcance descriptivo: los ejecutivos son instancias colectivas o bien equipos muy personalizados; los cuerpos legislativos están formados, según los casos, por una o dos cámaras cuyos poderes están más o menos equilibrados y están dotados o no, según los regímenes, de una verdadera capacidad para elaborar y controlar las políticas; las burocracias realizan muchas más funciones de las que les corresponden oficialmente, pero que difieren de un país a otro, etc. Sobre esta base, nada se puede decir sobre la capacidad real de tal o cual régimen para satisfacer mejor que otro las necesidades funcionales del sistema político, salvo que se introduzca como último recurso un juicio de valor (lo cual evidentemente no significa nada en cuanto a la legitimidad de tales juicios en su propio orden, pero muestra bien los límites sociológicos del método comparativo cuando se lo aplica de acuerdo con estos postulados). Análogamente, Jean Blondel se propone comparar las estructuras de gobierno sobre la base de las funciones generales ("asegurar la dirección general de la organización", responder a la necesidad "de liderazgo, es decir, de impulso, de arrastre en el contexto de la vida pública del país") o más concretas ("motivar a la población", difundir la idea de que la acción gubernamental redundará en resultados positivos", elaborar políticas, etc.).[41] Tampoco aquí la reivindicación del estructural-funcionalismo como inspiración conduce a la identificación precisa de los problemas a investigar o de orientaciones para un análisis comparativo; por el contrario, su efecto es el de negar la posibilidad de debates fecundos (siquiera sobre los méritos comparados de los distintos sistemas) y en definitiva vuelve a yuxtaponer las descripciones de los mecanismos estudiados. En estas condiciones, ciertos especialistas en comparativismo institucional tuvieron el mérito de reconocer los límites y la fragilidad de las reglas generales que se pretendía fundamentar sobre una descripción de los efectos contrastados de distintos equilibrios institucionales o procesos políticos.[42]

2. Por otra parte, los criterios empleados para construir "tipos de regímenes" y comparar sus características esenciales conducen a la elaboración de *categorías de clasificación tan generales* que en última instancia no presentan el

---

[40] Almond, Powell [1978], pp. 256-257, traducción del inglés nuestra. Véase el capítulo "Governmental Structures and their Functions", pp. 256-279.

[41] Jean Blondel [1985], pp. 355-405.

[42] Véase las reservas que expresa Jean-Louis Quermonne [1986] sobre los criterios generales de clasificación de las relaciones entre el Ejecutivo y el Legislativo o entre el jefe del Estado y el del gobierno. Véase también las conclusiones con matices que extrae Jean-Luc Parodi [1985].

menor interés para el sociólogo, salvo que se interese en... los mecanismos de clasificación de las formas políticas. En este sentido, una de las clasificaciones más conocidas y complejas de los sistemas políticos contemporáneos, la de Samuel Finer, es muy reveladora.[43] Lo más interesante del trabajo de Finer es que toma en cuenta un amplio conjunto de funciones y procesos para clasificar los tipos de gobierno. Se aplican cuatro criterios fundamentales: el grado y las modalidades de participación de individuos, grupos y asociaciones en las actividades políticas (o su exclusión de éstas); el empleo por los gobernantes de la coerción bajo distintas formas (manipulación, regimentación, terror) o la persuasión, que implica información, debate y negociación; el estatus que la mayoría le reconoce a la minoría; y el papel que cumplen los objetivos inmediatos y a largo plazo en la conducción política. Bajo estas designaciones se reconoce fácilmente las exigencias funcionales del sistema social (conservación de un modelo de organización y reducción de las tensiones, estímulo a las actividades que obtienen recursos para el sistema, integración y realización de objetivos) adaptadas a la clasificación de los regímenes. Al combinar estos criterios, Finer define no menos de dieciséis regímenes posibles que agrupa en *siete tipos principales*. Las categorías de clasificación así constituidas alcanzan tal grado de abstracción y generalidad, que se producen curiosas similitudes entre regímenes "concretos" correspondientes a sociedades muy diferentes (incluso no comparables históricamente). Así, la vasta categoría de "regímenes militares" (en la que Finer incluye 42 Estados, divididos en subcategorías) abarca sociedades europeas (la Grecia de los coroneles), islámicas (Irak, Argelia, Paquistán), latinoamericanas (la Argentina de los generales) y africanas (Mali, Nigeria); también comprende Estados descolonizados hace muchos años (Argentina, Brasil), junto con otros de independencia reciente (Burundi); sociedades que jamás tuvieron gobiernos "civiles" junto con otras afectadas por golpes de Estado recientes. Se descubre con alguna sorpresa que la subcategoría de regímenes democráticos liberales que sufren inestabilidad política desde 1948 (ocho países) reúne a Francia con el Líbano, Ceilán con Turquía. En estas condiciones, la gran sutileza de las interpretaciones propuestas por Finer en cada caso no alcanza a disimular el carácter formal de la clasificación y su incapacidad de generar interrogantes que interesen al análisis sociológico. Por ejemplo, ¿qué significa indagar en la inestabilidad institucional de un sistema si ese término se refiere tanto a una reforma constitucional acelerada y convulsionada por los trastornos de una descolonización difícil (Francia) como a los intentos de reencauzar las relaciones políticas entre comunidades religiosas que conviven penosamente en un mismo territorio (Líbano)? ¿Cómo no advertir que se trata de contextos, procesos, relaciones de fuerza y, en definitiva, sistemas fundamentalmente diferentes?

---

[43] Samuel Finer [1982].

Así, por más que se tomen precauciones, la *construcción de tipologías* reduce el marco de análisis sistémico —que interesa para designar los problemas a investigar— a una justificación aproximativa de descripciones yuxtapuestas y categorías de clasificación muy artificiales. Aquí no se expresan los intereses legítimos del enfoque comparativo ni la exigencia de comprender las relaciones entre las actividades políticas y otras actividades sociales.

SISTEMA POLÍTICO Y MODERNIZACIÓN

Una serie de trabajos que asignan al sistema político (asimilado con frecuencia al Estado) una función general en el desarrollo de las sociedades revelan el interés por comprender cómo el sistema se inserta en el conjunto de los procesos sociales. Inspirados en los principios estructuralistas-funcionalistas, estos trabajos se inscriben en una fecunda corriente de investigación de la sociología política norteamericana de la década de 1960, el *desarrollismo*. Este término engloba un conjunto importante de estudios que comparan los distintos sistemas políticos desde el ángulo del "desarrollo" o la "modernización" política. Muchos autores han rechazado los postulados funcionalistas predominantes en dichos estudios, sin renunciar por ello a comparar las formas de modernización política. Así como el concepto de cultura política puede tener un significado no funcionalista, se pueden analizar los sistemas políticos y la modernización sin retener las teorías sociológicas que suelen fundamentar el enfoque desarrollista.[44]

La concepción funcionalista de la modernización

Los autores identificados con el desarrollismo afirman resueltamente su originalidad con respecto a los teóricos del desarrollo económico: subrayan sobre todo que la *modernización política* es un concepto concreto referido a mecanismos estrictamente políticos como la diferenciación, la institucionalización y la movilización. Sin embargo, su reflexión se desprende en gran medida de un estudio impregnado de postulados económicos sobre el porvenir de las sociedades "subdesarrolladas". El estudio fue realizado después de la Segunda Guerra Mundial y en el contexto de la rivalidad entre los "bloques", cuando se constituye la zona de influencia norteamericana en el Tercer Mundo. En

---

[44] Badie [1984] hace una presentación muy detallada y crítica del desarrollismo. También hace una enérgica defensa de los enfoques que rompen con la "teoría desarrollista" de inspiración estructural-funcionalista.

1959, cuando se realiza el primer gran coloquio sobre la modernización política organizado por el Committee on Comparative Politics, el gobierno norteamericano buscaba elementos de apreciación para orientar su política de ayuda a los países subdesarrollados. En 1963, el politólogo Gabriel Almond propone al comité un esquema general de análisis de las relaciones entre la modernización política, el desarrollo económico y la democratización de los regímenes.[45]

Por consiguiente, en un principio el concepto de modernización es inseparable de las investigaciones sobre la correlación entre el enriquecimiento y la estabilización de regímenes políticos que correspondan lo más estrechamente posible a los "criterios" de la democracia. El economista Rostow defiende la tesis de que el apaciguamiento de los conflictos sociales, condición para una verdadera vida democrática, es producto del éxito de la industrialización, por más que ésta en sus inicios provoque los trastornos propios de una etapa de "despegue".[46] No se forzaría su pensamiento al afirmar que el desarrollo económico de los países del Tercer Mundo, favorecido por la ayuda internacional, debe traducirse en todas partes en una democratización demorada únicamente por la resistencia de las oligarquías locales. El politólogo norteamericano Lipset expresa el mismo razonamiento, aunque afina sensiblemente el análisis de las formas políticas del fenómeno al establecer una correlación estrecha entre el *desarrollo económico* y el *progreso de la democracia*, cualquiera que sea el país en estudio: "La riqueza de conjunto de una nación la vuelve más accesible a los ideales democráticos [...] Cuanto más pobre es un país, más expuesto está al nepotismo, al régimen de las recomendaciones y los favores; en ese caso le será difícil contar con una administración eficiente, indispensable en los Estados democráticos modernos."[47] Lipset trata de demostrar empíricamente la validez de esta tesis por medio de indicadores económicos (ingreso individual, consumo, tasa de industrialización y concentración urbana) y la clasificación de los países en cuatro categorías políticas: democracias europeas estables, dictaduras europeas, democracias latinoamericanas y dictaduras latinoamericanas estables. La "verificación" empírica de esta tesis, aislada de cualquier reflexión sobre las condiciones particulares del desarrollo histórico de estas sociedades, basada en estadísticas discutibles y, además, en correlaciones en las que resta explicar las relaciones de causa y efecto, puede parecer con-

---

[45] Almond [1963]. El Committee on Comparative Politics auspicia coloquios e investigaciones desde hace varios años. No menos de ocho obras importantes de la corriente desarrollista aparecieron entre 1963 y 1967; entre ellas cabe mencionar Almond y Powell [1978]; James S. Coleman, comp. [1965]; Lucian W. Pye, Sydney Verba [1965]; Joseph La Palombara, Myron Weiner [1966].

[46] W. W. Rostow [1960].

[47] Seymour Martin Lipset [1962], p. 79. La edición norteamericana (*Political Man*, Nueva York, Doubleday and co.) es de 1960. Se encontrarán cuadros que establecen empíricamente la correlación entre el desarrollo económico y la democratización en las páginas 64-66.

vincente a primera vista, pero no resiste el menor análisis, por poco riguroso que fuera. No obstante, Lipset tiene el mérito de reconocer que los conflictos políticos y su eventual resolución están relacionados con las configuraciones sociales particulares; así abrió el camino a la reflexión sobre las particularidades nacionales de la modernización política.[48]

Estos postulados "economicistas" no están ausentes de obras que sin embargo demuestran un enfoque más riguroso de las formas de desarrollo político. Así, Kenneth Organski establece una correlación estrecha entre cuatro *etapas de desarrollo político* y cuatro estadios de crecimiento económico: la etapa de unificación política (mediante un mayor control gubernamental sobre las diversas poblaciones) corresponde al primer estadio de industrialización, muy intervencionista; al segundo estadio de industrialización corresponden tres formas posibles de movilización autoritaria de los recursos (burguesa, "estaliniana" o fascista); el Estado benefactor *(welfare state)* puede existir cuando sólo subsisten los problemas de distribución de las riquezas creadas por la industrialización; al estadio final de abundancia económica corresponderá por fin una forma de poder político de tipo tecnocrático, que existe en germen en las democracias más avanzadas.[49] Presente aquí en una forma extrema, el *evolucionismo* de inspiración económica también aparece de alguna manera en la tesis de Edward Shils, que, sin embargo, modifica el enfoque del desarrollo político: según este autor, todos los sistemas políticos contemporáneos tienden hacia el modernismo, que implica una diferenciación de las instituciones, una cultura de participación y la desaparición progresiva de las prácticas tradicionales. Si bien el análisis se vuelca resueltamente a las estructuras y conductas políticas de grupos sociales, por otra parte definidos en términos demasiado generales (elites, oligarquía, masas), el estadio de desarrollo económico sigue siendo el telón de fondo de la interpretación: en efecto, las actitudes de las elites están condicionadas en gran medida por las exigencias del despegue y la movilización de los recursos. Ahora bien, es a partir de estas actitudes que se establecen los tipos contrastados de regímenes, sean "predemocráticos" (oligarquías tradicional, totalitaria o modernizadora) o "democráticos" (democracia tutelar y democracia política, el último estadio de evolución).[50]

Desde una perspectiva estrictamente sociológica, los autores estructural-funcionalistas se abocarán a definir con precisión los *criterios de la modernización política*, concebida como función general del sistema político en todas las sociedades contemporáneas. Al afinar y completar el marco de análisis propuesto en 1963, Almond privilegia la *secularización* de la cultura y la *diferenciación* de las estructuras políticas. La secularización cultural, estrechamente li-

---

[48] Seymour Martin Lipset [1962], sobre todo pp. 147-195.
[49] A. F. Kenneth Organski [1965].
[50] Edward Shils [1962].

gada al desarrollo de la ciencia, la tecnología, la educación y el consumo de medios (diarios, radio) corresponde según él a la adquisición por los individuos de la creencia en su capacidad para modificar el ambiente y elegir líneas de acción eficaces; permite, pues, dominar los mecanismos de conversión de los *inputs* en *outputs*. La diferenciación de las estructuras, que supone una especialización acentuada de los papeles y la desaparición progresiva de las estructuras de poder indiferenciadas, asegura una mayor sensibilidad del sistema político a las exigencias y una movilización más eficaz de los recursos sociales.[51] Así se distinguen conceptualmente la modernización económica y el desarrollo político: "Las fuerzas de cambio económico y social no producen necesariamente el desarrollo político, aunque parecen generar en todas partes un poderoso *deseo* de cambios políticos capaces de mejorar las condiciones generales. Y a la inversa, a veces el desarrollo político se produce en condiciones que no son las de una transformación económica y social."[52] Sobre esta base, Almond y Powell proponen (cuadro 3) un esquema que sugiere las *posibilidades de evolución* de los sistemas políticos, desde los "primitivos" hasta los "modernos" que penetran en todas las actividades sociales *(penetrative modern systems);* pero no hablan de las condiciones y modalidades de esa evolución. Desde este punto de vista, el aporte fundamental de Lucian W. Pye es haber elaborado un marco de análisis de las *crisis* de desarrollo que pueden afectar a una sociedad cuando pasa de un sistema a otro: crisis de identidad, de legitimidad de las instituciones, de penetración de las actividades sociales, de participación, de integración y de distribución de los recursos.[53]

No cabe duda de que los fenómenos sobre los que Almond y Pye fundamentan sus análisis de la modernización política, así como las categorías analíticas que emplean, deben mucho al estudio de las características del Estado occidental moderno; y que para ellos, este Estado es un "modelo" para todas las sociedades. Esta observación no se aplica de manera igualmente directa al marco de análisis propuesto por S. Huntington;[54] considerando que el desarrollo político no conduce en todo tiempo y lugar a la construcción de un sistema análogo al de los Estados occidentales, este autor considera que la característica universal de la modernización es el fenómeno generalizado de la *institucionalización*. Un sistema muy institucionalizado, es decir, que hubiera alcanzado un alto grado de complejidad, es para Huntington el que muestra mayor adaptación a los cambios, autonomía en relación a su entorno (social, económico, religioso, etc.) y coherencia en la elaboración de políticas; lo cual se verifica tanto en las sociedades antiguas (China, las ciudades griegas, el Imperio Romano) como en los Estados contemporáneos. Los reveses sufridos

---

[51] Almond, Powell [1978], pp. 19-22 y 358-424.
[52] *Ibidem*, p. 21 (tradución del inglés nuestra).
[53] Lucian Pye [1966].
[54] Samuel Huntington [1968].

CUADRO 3. *Una tipología desarrollista de los sistemas políticos*

	Sistemas totalitarios radicales	*Sistemas democráticos de fuerte autonomía*
Sistemas modernos -de penetración social	Sistemas totalitarios conservadores	Sistemas democráticos de autonomía limitada
-de movilización	Sistemas autoritarios conservadores	Sistemas democráticos de autonomía débil
-de premovilización	Sistemas autoritarios de premovilización	Sistemas democráticos de premovilización
Sistemas totalitarios	Imperios burocráticos	
	Sistemas patrimoniales	Sistemas feudales
Sistemas primitivos	Sistemas "piramidales"	
	Sistemas primitivos intermitentes	Sistemas primitivos segmentados
	débil media fuerte	
	Autonomía de los subsistemas sociales	

(Eje vertical izquierdo: Diferenciación de estructuras y secularización cultural)

Adaptado de G. Almond y B. Powell, *Comparative Politics*, ob. cit., p. 72

por la institucionalización en muchas sociedades del Tercer Mundo revelan, según este autor, un fracaso de la modernización política: en esos casos conviene hablar más bien de decadencia política. De acuerdo con esta concepción, el avance logrado con respecto a las teorías etnocéntricas de la modernidad se compensa con una gran imprecisión en el concepto de "institucionalización"; ésta designa, según las sociedades, fenómenos muy heterogéneos, incluso incomparables: tanto la organización en la Roma imperial de estructuras administrativas de tipo patrimonial, ocupadas por la clase de los caballeros, como la creación en los Estados contemporáneos de reparticiones y comités y encargados de elaborar determinadas políticas. De esta manera, sólo se escapa del evolucionismo para caer en un *universalismo* que en última instancia desconoce la especificidad de los procesos históricos.

Diríase que David Apter es el autor que mejor se cuida de la discutible voluntad de definir *a priori* el desarrollo político, en la medida que propone analizar distintos *tipos de desarrollo*: "En el examen dinámico de las relaciones entre el gobierno y la sociedad, el problema central es la capacidad de cada tipo para absorber el cambio y generar innovaciones en forma continua."[55] A partir de estudios empíricos realizados en África y Asia, Apter identifica las formas de *estimulación de las fuerzas sociales* por las instancias políticas a fin de favorecer la innovación. La observación empírica de esas formas de existencia lo lleva a descubrir tres "perfiles de desarrollo", tres posibilidades de movilización de las fuerzas sociales, lo que le permite definir otros tantos sistemas que él considera se pueden generalizar a todas las naciones nuevas. El "sistema de movilización" corresponde a un intento de reconstrucción de las relaciones sociales en torno de los objetivos de la modernización mediante la imposición de instancias nuevas de gobierno y valores innovadores; esta empresa requiere una adhesión total de los individuos al régimen. El "sistema de comunidad" (o "consocietario") privilegia los acuerdos entre los diversos grupos, que conservan su identidad y objetivos propios, pero se asocian en un esfuerzo común de transformación de la economía y la sociedad. El "sistema de autocracia moderna" (o "modernizador") activa las instituciones existentes y las formas tradicionales de autoridad para importar y adaptar técnicas de desarrollo económico y social sin modificar el orden social. Estos tres tipos (cuadro 4) corresponden a *estrategias de modernización*, es decir, de adaptación de cambios tecnológicos y transformación funcional de las estructuras y relaciones políticas; en cierto sentido, la concepción de Apter se une a las definiciones anteriores (industrialización, institucionalización, diferenciación de estructuras), pero al cabo del análisis —no *a priori*— y privilegiando las dinámicas sociales y políticas. Lo más importante es que este proceso permite concebir la posibilidad de otras estrategias, otras "combinaciones nuevas", otros "mecanismos de orientación política" del cambio social que los que aparecen a la vista. Y reconoce plenamente la importancia del análisis de los procesos sociales concretos de cada nación o grupo de naciones.

Obligación del análisis sistémico y estructural-funcionalista aplicado al desarrollo político: la búsqueda de las exigencias funcionales conduce a comparaciones dudosas, a la elaboración de categorías analíticas extremadamente generales y vagas (modernización, diferenciación, secularización, institucionalización). Con todo, este marco de análisis posee el interés de que no encara las actividades y estructuras políticas (es decir, los elementos del sistema que mantienen relaciones características) por sí mismas sino en relación con el conjunto de las actividades y "funciones" sociales.[56] Así, los enfoques es-

---

[55] David A. Apter [1971], p. 332. La evolución de los esquemas analíticos de Apter aparece claramente en una compilación de sus escritos publicada en 1988.
[56] Posición metodológica que aparece claramente en los trabajos de S. Eisenstadt, sobre todo [1963 y 1973]. Lo mismo sucede con Arendt Lijphart [1968]. Véase el extenso análisis de las concepciones de Eisenstadt en Badie [1984].

tructural-funcionalistas de los sistemas políticos considerados desde el ángulo de la modernización pueden alimentar la reflexión y *dar lugar a análisis precisos*, a condición de que no se los tome por esquemas explicativos. Por ejemplo, ¿hasta qué punto y bajo qué relaciones se pueden comparar formas de organización política de sociedades diferentes, salidas de historias particulares, expresiones de relaciones de fuerza concretas entre grupos sociales y correspondientes a diversas formas de dominación, pero que aseguran de manera análoga (o aparentemente análoga) el control de las funciones sociales? En las sociedades políticamente organizadas, ¿de qué manera se especializan

CUADRO 4. *Tipos de sistemas políticos modernizadores*

	Sistema de movilización	Sistema de comunidad	Sistema de autocracia moderna
Forma de legitimidad	Autoridad jerárquica	Autoridad piramidal	Autoridad jerárquica
Tipo de lealtad requerida	Adhesión total	Lealtades múltiples	Lealtad exclusiva
Autonomía de decisión	Flexibilidad táctica	Necesidad de compromisos	Flexibilidad táctica
Distribución de la autoridad	Unitarismo	Pluralismo	Unitarismo
Ideología expresada	Especializada (o utopía)	Difusa	Neotradicionalismo
Principal agente de evolución	Partido Gobierno	Estructuras políticas	Estructuras tradicionales
Ejemplos	Guinea* Ghana (China comunista-URSS)	Nigeria (Estados Unidos)	Pakistán Marruecos (Japón del Meiji)

*Antes de la muerte de Sekou-Touré
Según David Apter, "Systèmes, processus et aspects politiques du développement économique", en Hoselitz, Moore, comps.: *Industrialisation et société*, París, Unesco, Mouton, 1963; extractado en P. Birnbaum y F. Chazel, *Sociologie politique*, 2, pp. 332-345.

las estructuras o instancias de gobierno y fundamentan su *legitimidad* (o su derecho reconocido de ejercer la coacción) sobre la reivindicación de la aptitud para conducir "políticas de desarrollo" (económico, social, cultural, incluso religioso y moral)? ¿Cómo se articulan, por un lado, las transformaciones de las relaciones sociales y las representaciones que se hacen de éstas los grupos y los individuos y, por el otro, los cambios que afectan a las estructuras políticas y sus relaciones? ¿Qué categorías de análisis permiten explicar las relaciones características que mantienen los elementos de un "sistema político", tanto entre sí como con los elementos de otros sistemas?

Son preguntas fecundas, sin duda, pero sólo preguntas, o *incitaciones a un análisis* que tenga en cuenta todas las actividades sociales y políticas. Existe el gran peligro de fetichizar las categorías y los esquemas de análisis. El análisis sistémico tiene sus riesgos, descritos en las páginas anteriores. Entre ellos se encuentran la ilusión del universalismo y la tentación del *etnocentrismo*, como señala Karl von Vorys:

> La conclusión según la cual el resultado del desarrollo político debe ser una suerte de facsímil de los sistemas occidentales es esencialmente perniciosa. Las fórmulas presentes en la modernidad pueden haber correspondido a sistemas políticos viables en Occidente precisamente porque eran indígenas y bien adaptadas al entorno occidental. Pueden ser inadaptables, peor aún, irrealizables, en los entornos originales de los Estados de independencia reciente.[57]

Otro de los riesgos es la obsesión de la "funcionalidad" de las estructuras, conductas y actividades políticas, hasta el punto de que es imposible explicar los efectos de todo lo que no se integra lógicamente en el esquema de funcionamiento sistémico; de todo lo que, en otras palabras, *parece disfuncional.* Y sobre todo, tentación de considerar una explicación de los fenómenos aquello que en definitiva no es sino la observación, la *descripción detallada y sistemática*; en este sentido, Anthony Giddens critica severamente la pretendida "explicación" por la evolución —en la medida que este término sólo designa una sucesión cronológica de fenómenos, sin revelar el mecanismo de los cambios— o por la adaptación, "un concepto tan vago que no permite explicar absolutamente nada".[58] La lógica de Giddens invita al lector a superar por medio del análisis de los procesos sociales la mera identificación de los mecanismos a explicar: "Identificar una exigencia funcional de una sociedad o rasgo social no tiene, en sí y de por sí, implicación alguna en cuanto a su influencia efectiva sobre la formación de las instituciones que cumplen esa exigencia."[59]

---

[57] Karl von Vorys [1967], p. 360 (traducción del inglés nuestra).
[58] Anthony Giddens [1987], pp. 287-324.
[59] *Ibidem,* p. 296.

Historicidad y particularidad de los sistemas políticos modernos

No renunciar a la comprensión de los efectos del sistema, es decir, de las relaciones que caracterizan la articulación de los elementos de actividad política en una sociedad, sin caer por ello en los postulados estructural-funcionalistas del "sistemismo", parece ser la preocupación común de varios autores que analizan los mecanismos de la transformación política; en ellos se encuentra el problema de la modernización, a condición de no cargar ese término con premisas funcionalistas. En todos los casos, esta preocupación conduce a insistir en la *historicidad* de los procesos de edificación de la organización política y con frecuencia a privilegiar la *particularidad,* la originalidad irreductible de cada sistema concreto de relaciones.

El interés por la historicidad se hace evidente sobre todo en los autores de inspiración marxista, que prestan una atención particular a las transformaciones resultantes de las relaciones de fuerza conflictivas entre grupos y clases sociales. Desde esta perspectiva, se concibe la modernización esencialmente como *resultado de los conflictos* en el seno de cada sistema político; en principio, el término no denota un juicio de valor, aunque en ocasiones cabe dudar de la superioridad reconocida en los hechos a ciertas formas de organización política o tipos de sistemas. La definición de B. Moore de tres tipos de desarrollo es una buena ilustración de este método: las vías de la modernización política o "modos de aparición de la sociedad moderna" corresponden a tres configuraciones históricas de las relaciones entre las clases sociales.[60] A la coalición de una burguesía enriquecida por el comercio y la industrialización con una nobleza interesada en las nuevas formas de producción corresponde una vía "burguesa" que, a costa de una ruptura revolucionaria con el pasado, conduce a la instauración de sistemas políticos democráticos. A la alianza coercitiva de una poderosa aristocracia terrateniente con una burguesía dividida o políticamente dominada corresponde un sistema de dominación militar y burocrático de las clases populares, sistema que en última instancia toma la forma del fascismo: en esta vía "capitalista reaccionaria", la modernización económica, impuesta por la fuerza, provoca reacciones desesperadas del campesinado y las capas medias de la población. La vía "revolucionaria" supone que las masas, sobre todo campesinas, sometidas durante muchos años por burocracias estatales represivas y aferradas al respeto por las tradiciones, son afectadas por cambios importantes en los modos de producción, que destruyen sus estructuras sociales y trastornan sus condiciones de existencia; para que se produzca la revolución también es necesario que esas masas encuen-

---

[60] Barrington Moore [1979].

tren apoyo, e incluso liderazgo, en otros grupos sociales: intelectuales, burgueses radicalizados, artesanos, obreros industriales (como en Rusia y China). Es evidente que estos grandes "tipos de modernización" toman formas específicas en cada sociedad concreta; Moore presta atención especial al análisis de las características propias de cada sistema y grupo social en los distintos países que cita como ejemplos de su tipología. Por ejemplo, se preocupa por señalar que el término "burguesía" designa en cada caso a grupos con distintas características (en cuanto a recursos, actividades, relaciones con la aristocracia terrateniente o el extranjero): a fines del siglo XIX, los burgueses "compradores" chinos (que trabajan en estrecha relación de dependencia económica con los negociantes extranjeros) difieren fundamentalmente de los burgueses de Japón, vinculados con la nobleza terrateniente y militar, cuya "ética feudal" comparten. De suerte que la modernización política reviste una forma propia en cada sistema.

Los teóricos de la *dependencia*, que tratan de explicar los fracasos o las formas convulsivas de la modernización política en los países del Tercer Mundo, muestran análoga preocupación por el análisis de las relaciones entre las burguesías y las masas campesinas durante las últimas décadas. Pero al privilegiar la relación de dependencia económica y política del país en su conjunto con respecto a las naciones ricas y "desarrolladas", generalmente desconocen las particularidades de cada sistema nacional. El hecho de prestar atención casi exclusivamente a las relaciones de dominación en el *sistema internacional* los vuelve curiosamente insensibles a la historicidad de cada elemento del sistema; es verdad que algunos de estos autores, como James Caporaso y Gunder Frank, llegan a considerar que los verdaderos elementos del sistema *no son* los Estados nacionales sino las alianzas "transnacionales" entre clases extranjeras y nacionales, económicamente dependientes, sobre todo las burguesías "locales".[61] Aquí el desplazamiento del interés es particularmente evidente: lo que merece estudio es el sistema internacional, tanto por sus elementos (clases sociales, empresas multinacionales, Estados dominantes, masas oprimidas de los países dependientes) como por las relaciones entre ellos (dominación, explotación económica, extorsión de productos excedentes, formas de intervención "neocolonialistas" o "imperialistas"). Sólo Guillermo O'Donnell se dedicó a analizar las consecuencias políticas propiamente dichas de la dependencia sobre los sistemas nacionales: la modernización económica es producto de un acuerdo entre los intereses de las firmas multinacionales y los intereses locales de burguesías despojadas de toda posibilidad de extender sus empresas si no se someten a la coacción de las transacciones internacionales; las consecuencias sociales de este acuerdo se pueden imponer a las masas desposeídas y pauperizadas por una inflación galopante solamente por medio de la instauración

---

[61] James A. Caporaso [1979]. André Gunder Frank [1970].

de regímenes autoritarios, como dictaduras y juntas militares. El paso de los regímenes "populistas" —que recurren al nacionalismo para garantizar los intereses de las clases dominantes— a los "burocrático-autoritarios" es producto tanto de la coacción del sistema internacional como de los conflictos internos de cada sistema nacional.[62]

Si bien los conceptos de modernización y de sistema encuentran un lugar en todos estos trabajos, cuyo interés explicativo global es innegable, resta decir que los términos aparecen con una fuerte polisemia (es decir, están dotados de múltiples significados). De ahí que en la actualidad los investigadores prefieren estudiar los procesos en curso en cada sistema político o tipo de sistemas, utilizando categorías analíticas de alcance general, pero *rechazando con vigor cualquier pretensión de construir modelos universalistas*. Aquí se dará un ejemplo de este tipo de método, que se encuentra profusamente ilustrado en obras recientes de sociología política.[63]

En su libro sobre el Estado en África,[64] J. F. Bayart indica claramente su deseo de descartar los análisis de inspiración estructural-funcionalista, que según él disimulan el verdadero principio explicativo de la vida política y sus formas institucionales: la competencia para conquistar y conservar el poder. También rechaza la mayoría de los postulados del análisis sistémico aplicado a las sociedades africanas. A las teorías desarrollistas, como a las de la dependencia, les reprocha su común desconocimiento de las *temporalidades propias* y las *especificidades locales* de los países del África negra; la imposición de una temporalidad "exógena" (la historia de los países colonizadores o la de los Estados dominantes en las relaciones internacionales) puede inducir, sobre todo, la ilusión evolucionista de una relación generalizada entre institucionalización e innovación, entre transformaciones "modernizadoras" de los regímenes políticos e intervenciones exteriores. La realidad es que cada sociedad africana tiene su temporalidad concreta, su "historicidad"; cada una trató a su manera los grandes choques históricos que afectaron al continente en todo o en parte. Según los métodos variados de los colonizadores, así como las distintas maneras como utilizaron su presencia aquellos que la sufrieron, no hubo *una* sino *muchas* colonizaciones. Asimismo, los elementos tomados de las sociedades occidentales (técnicas, instituciones, modos de vida, etc.) fueron asimilados e interpretados de distinta manera por los distintos países; de alguna manera, los Estados africanos contemporáneos son distintos ejemplos de esta

---

[62] Guillermo O' Donnell [1978]. Esta tesis se asemeja parcialmente en sus conclusiones, aunque no en su inspiración, a la de Huntington [1968] sobre las "sociedades pretorianas". Véase un alegato sobre la necesidad de tomar en cuenta las particularidades de cada sistema nacional en Eduardo Palma [1965].

[63] Por ejemplo, el estudio del sistema político y social marroquí de Rémy Leveau [1985], así como la obra de Gilles Kepel [1984].

[64] Jean-François Bayart [1989]. Las citas son de las páginas 48 y 84.

"reinterpretación apropiadora" de los aportes extranjeros. Finalmente, si bien no se puede desconocer los efectos de la dependencia económica que pesa sobre todos los países del Tercer Mundo, el análisis debe tratar de comprender cómo se sufre esta dependencia en cada uno y cómo se integra en las características particulares de cada sistema político nacional. La manera como los dirigentes utilizan esta situación de dependencia e incluso la aprovechan para sus campañas políticas define de este modo una pluralidad de relaciones nacionales en el sistema político y económico internacional: "Lejos de ser prisioneros de su muy real vulnerabilidad, los gobiernos africanos utilizan, a veces con talento, recursos de una dependencia de la que nunca se ha subrayado suficientemente cómo ha sido hábilmente fabricada, e incluso predeterminada." De ahí que no se puede hablar de modernización ni modernidad como categorías generales de interpretación, sino de definiciones múltiples y contradictorias de *formas de modernización irreductibles* unas a otras, tan variadas como las relaciones de fuerza y los conflictos entre los grupos sociales propios de cada sociedad africana.

La oposición clásica entre la "tradición" (o las estructuras "tradicionales") y la modernidad (o las instituciones "modernizadoras"), tan empleada por las teorías desarrollistas, es para Bayart una representación "execrable" que impide estudiar las características de la actividad política en África. Así sucede, por ejemplo, con la referencia habitual a las *etnias*, a las que se suele asimilar con grupos sólidamente constituidos que obstaculizan la creación de verdaderos Estados modernos. Hablar de etnia significa designar frecuentemente un grupo social cuyos propios integrantes identifican con dificultad y que oculta la existencia de contradicciones y conflictos reales y significativos (entre jóvenes y viejos, dominantes y dominados, ricos y pobres, etc.); es desconocer que muchas etnias fueron creadas o estructuradas por la acción de extranjeros —administradores coloniales, misioneros, incluso etnólogos— y que luego los africanos se apropiaron, por muchas razones, de una clasificación que podían utilizar en sus relaciones; sobre todo, es condenarse a no comprender que la afirmación de la identidad étnica es hoy el medio preferido por los grupos dirigentes para reivindicar su ejercicio del poder o protestar su expulsión de puestos prestigiosos o rentables: el argumento de la etnicidad puede ser una estrategia eficaz en las luchas políticas. Así rutinizada, utilizada, activada para justificar marginaciones o reivindicar privilegios, la etnicidad es una construcción de identidad que participa directamente de la construcción del moderno Estado africano; es "un marco entre otros de lucha social y política". Análogamente se puede asimilar la institución del *caciquismo* y la conservación de las estructuras tradicionales: conferido por "instruidos" (léase licenciados), ocupado con frecuencia por detentadores de papeles políticos llamados "modernos", integrado en el funcionamiento de los partidos políticos y la administración, el caciquismo es un elemento del sistema político que no se puede clasificar entre las instituciones hostiles a la modernización.

En esas condiciones, se comprende que Bayart utilice rara vez el término mismo de sistema.[65] Sin embargo, es correcto hablar de sistema político, sin implicaciones funcionalistas, al designar el conjunto de actividades, papeles e instituciones cuyas características particulares el autor trata de definir en las sociedades africanas. El Estado africano, en sus diversas formas institucionales (que para el caso parecen poco determinantes), es el lugar político donde se desarrollan los conflictos sociales según las *modalidades particulares* de estas sociedades; en este sentido, es revelador de los principios de funcionamiento del sistema social. ¿Cuáles son las características del sistema político africano? Ante todo, que el Estado aparece como un conjunto de posiciones institucionales cuya detentación procura recursos vitales a los dirigentes y sus equipos (o clanes). Pertenecer al grupo de los gobernantes o la alta administración es participar del control de los recursos que vienen del exterior (ayuda internacional, préstamos, financiación de grandes proyectos, etc.) y su redistribución. Es tener la posibilidad de adquirir tierras, beneficiarse con las nacionalizaciones, obtener parcelas importantes en las operaciones inmobiliarias.[66] Por consiguiente, significa poder constituir vastas clientelas de deudores, beneficiarios de préstamos, empleos (sobre todo en la administración) y recursos para escapar al hambre y la indigencia; lo que se llama un poco a la ligera "corrupción", suele ser un intercambio de recursos de valor desigual de mercado en el seno de unas redes que penetran toda la vida social y hacen del africano un "Estado rizoma". En definitiva, poco importa emplear o no el término sistema. Lo decisivo es que el análisis pueda mostrar cómo las actividades y los papeles políticos están vinculados según una *relación característica* (en este caso, de conflictos por posiciones institucionales que procuran recursos vitales, es decir, la "política del vientre"); cómo esas actividades y papeles *se insertan en el conjunto de las actividades sociales* (se las conciba como económicas, culturales o religiosas...); y cómo su especialización hace de la adquisición de posiciones políticas un objetivo particularmente deseable, un "premio" esencial en los conflictos entre grupos.

Hay que avanzar un poco más: la interpretación que propone Bayart no escapa a la necesidad de establecer una clasificación de los sistemas políticos concretos que él y otros africanistas pudieron analizar con precisión.[67] El interés comparativista, felizmente liberado del espejismo de las tipologías institu-

---

[65] Cuando se usa el término "sistema político", por ejemplo en la página 61, se explica que se lo debe entender como "actualización" y producción de relaciones sociales, y que no tiene el mismo significado en todos los autores. Adviértase que Bayart suele emplear el término "Estado" para designar lo que otros autores prefieren llamar "sistema político".

[66] Bayart cita un informe oficial de la administración zaireña según el cual M. M. Mobutu (jefe del Estado) y Engulu (interventor) poseen el 6% de las tierras cafetaleras, 16% de las tierras de cacao, 29% de las plantaciones de palmito y 33% de las de caucho en las regiones ecuatoriales (p. 116).

[67] Sobre todo Bayart [1979]; M. Cahen [1987]; C. Coulon [1981].

cionales y de la pretensión de definir estructuras funcionales o conceptos generales, aparece en la presentación de tres tipos de construcción de lo político en África. Afín en esto a David Apter, pero sin utilizar su terminología,[68] Bayart presenta tres "escenarios" de formación de una clase dirigente, capaces de caracterizar los tipos o "cursos ideales" de edificación del Estado: la *revolución social*, que provoca la caída de antiguos grupos dominantes y su expulsión de la vida política (Ruanda, la Guinea de Sékou Touré); la *modernización conservadora*, en que los grupos dominantes logran conservar su posición hegemónica a costa de compromisos y a veces al cabo de conflictos violentos (Nigeria); la *asimilación recíproca de elites* heterogéneas en una clase dirigente diversificada —Apter hablaría de "sistema consocietario"— (Costa de Marfil, Camerún, Senegal). El interés de esta tipología radica en que no trata de "explicar" las modalidades de la modernización, sino orientar la investigación hacia el estudio preciso de los mecanismos de constitución de grupos políticos, lugares e instancias institucionales donde se realiza su homogeneización (ejército, administración, clubes, asociaciones) y las manifestaciones políticas concretas de estos procesos (funcionamiento de partidos, composición de los gobiernos, distribución de puestos de dirección administrativa). Así, la comparación entre los sistemas políticos se basa en el análisis y la tipificación de las distintas modalidades de dominación.

[68] Véase pp. 158-159.

4. LA INTERACCIÓN POLÍTICA

COMO SE COMPRENDE, el solo uso del término "sistema", social o político, no indica que se está en presencia de un procedimiento sistémico; lo característico de este procedimiento es la aceptación de los postulados estructural-funcionalistas, la búsqueda de "exigencias funcionales" a las que corresponden las actividades de diversas "estructuras", agrupamientos, organizaciones e instituciones. En todo caso, el análisis sistémico privilegia la explicación de lo político por la *funcionalidad*, tanto del conjunto como de los elementos que componen la totalidad. Como señala Giddens, el término clave de este análisis es adaptación (a las transformaciones ambientales, a la evolución de las exigencias funcionales, a la modificación de los sostenes, etc.). De suerte que se considera a la capacidad de adaptación de los elementos del sistema el principio mismo de la actividad política y el principal objeto de estudio de los investigadores.

Considerar lo político desde el ángulo de la *interacción* entre unidades sociales es buscar el principio (o los principios) que explique la actividad política en la propia relación, no en su funcionalidad hipotética. El fundamento metodológico de este procedimiento se puede presentar así: el análisis de las formas y modalidades de la interacción permite al sociólogo comprender y verificar qué tipo de relación vincula las diversas unidades sociales y estructura las relaciones que ellas mantienen entre sí. En términos generales, se habla de "interacción" entre unidades sociales —grupos, organizaciones, conjuntos de individuos, instituciones— cuando éstas mantienen relaciones tales que cualquier acción de una afecta las acciones de las demás. Para calificar esas relaciones se suele recurrir a distintas metáforas: la de un "juego" (o conjunto de juegos) entre socios en la que cada movimiento de uno provoca respuestas de otros, que modifican sus posiciones; la del "mercado", en la que cada actividad de un participante (oferta de un producto nuevo, adquisición de un bien a precio bajo, amenaza de retirarse, acuerdo con el vecino) afecta la conducta de los demás en cuanto a cómo evalúan sus posibilidades de obtener los bienes deseados y la forma de sus relaciones ulteriores. Estas metáforas tienen el mérito de que ayudan a comprender lo que sucede en la interacción política; incitan a no olvidar que las actividades políticas muestran ciertas analogías con otras y se las puede interpretar según esquemas comparables. Pero no dicen qué *es* la interacción política ni ahorran el trabajo de investigar los tipos de relaciones concretas que prevalecen en ella.

Un ejemplo sencillo permitirá demostrar qué se pretende con esta clase de procedimiento. Si dos equipos de alpinistas tratan de ganar la primera ascensión a una alta montaña, hazaña a la que va unida un premio (medalla, título, cobertura televisiva del ascenso final), analizar la interacción entre ambos no se puede limitar a una minuciosa descripción de sus acciones y movimientos. Es necesario comprender qué *tipo de relaciones* se impone en su interacción: sea de cooperación, mediante la coordinación de esfuerzos, sea de competencia abierta, que incluya eventuales "maniobras desleales". Es evidente que el tipo de relación que se impone depende en gran medida de las condiciones de obtención del trofeo, sea que lo recibirán ambos equipos o solamente el primero en llegar a la cima, o incluso que la hazaña esté al alcance de uno solo. Análogamente, el análisis de la interacción política permite comprender qué es lo que estructura la interacción entre las unidades sociales y determina sus modalidades concretas: competencia, cooperación, dominación, antagonismo de intereses, etc. Lo que "hace" al sistema no se ha de buscar en la funcionalidad del conjunto sino en el principio mismo que rige la interacción entre sus elementos.

De ahí que también interesa determinar las *características propias* de cada una de las unidades sociales involucradas en la interacción, en la medida que estas características contribuyen a definir las modalidades imperantes de la relación. Hay que tratar de comprender por qué y cómo tal unidad social participa de la interacción; qué la hace actuar y cuál es su interés al "entrar en el juego"; qué conductas logra imponer y con qué recursos cuenta para competir. La variedad de características, prácticas e intereses así descubiertos afecta directamente la interacción, tanto en sus formas como en su intensidad y resultados. Volviendo al ejemplo elemental de los dos equipos de alpinistas, es claro que sus relaciones no tendrán el mismo carácter si uno de ellos se juega su financiamiento posterior —y por consiguiente, su existencia misma— en el éxito de la ascensión, o si supera totalmente al otro en experiencia y recursos (entrenamiento intenso, material costoso, capacidad técnica de seguir una senda inaccesible para el rival). Hablar aquí de la "cualidad" o la "habilidad" de una de las unidades involucradas en la interacción no tendría gran importancia: el análisis deberá volcarse más bien a descubrir cómo cada unidad adquirió sus características, según qué procesos sociales, en función de qué posición en el espacio social. Así, el enfoque de lo político en términos de interacción excluye por definición la tentación de caer en el universalismo abstracto como suele suceder con el enfoque "sistemista".

La característica más pronunciada de la interacción política es su efecto de conferir "el poder" a ciertas unidades sociales por encima de otras, o legitimar el poder que detentan en la práctica gracias a su posición en la sociedad. Es verdad que en un sentido, toda interacción (de índole económica, cultural, religiosa, etc.) provoca modificaciones en las posiciones sociales ocupadas por los participantes y, por consiguiente, afecta el poder que puedan ejercer, sea porque adquieren mayores recursos o porque acrecientan su legitimidad. Pero a diferencias de otras formas de relación, la interacción política es concebida explícitamente como el medio para designar, reconocer o legitimar a los dirigentes del grupo; por eso permite, más que cualquier otra, aprehender la *naturaleza relacional del poder*: poder sobre los demás, para definir y controlar lo que se desea obtener, para imponer conductas y creencias. Pensar en términos de interacción es adoptar con respecto al poder "el modo de pensamiento *relacional* que, al romper con el modo de pensamiento sustancialista, permite caracterizar cada elemento por las relaciones que lo unen con los demás en el sistema";[1] dicho de otra manera, es interesarse en las conductas de los distintos actores que, en una relación compleja de dependencia recíproca, elaboran las estrategias capaces de confirmar o establecer su poder;[2] es comprender las "estrategias de poder" de individuos y grupos como conductas adoptadas "en situación de relación" y que sólo tienen sentido en esa situación.[3] Adviértase que el acuerdo de estos autores sobre una definición relacional del poder y su común negativa a tratar el poder como una "cosa" que se posee, una característica que se detenta, no implica que tengan una concepción idéntica del tipo de relaciones que prevalece en la vida social y política.[4]

Por consiguiente, conviene empezar por el análisis de las propiedades de la interacción para comprender de qué manera participan en ella las unidades sociales, los grupos, las organizaciones, los conjuntos de individuos o instituciones, cada uno con sus características propias.

LAS PROPIEDADES DE LA INTERACCIÓN

En términos muy generales, los autores que encaran lo político desde el ángulo de la interacción[5] reconocen la existencia de *reglas* que rigen la conduc-

---

[1] Pierre Bourdieu [1980], p. 11. Adviértase que se emplea el término "sistema" en un sentido muy distinto del que caracteriza el método estructural-funcionalista. Aquí se trata de un sistema definido por las relaciones que impone a las demás unidades participantes.

[2] Michel Crozier, Erhard Friedberg [1977], pp. 42-44, de la reedición, 1981.

[3] François Dupuy, Jean-Claude Thoenig [1986], pp. 8-9.

[4] Se podrían multiplicar los ejemplos de definiciones relacionales del poder. La más célebre es la de Robert Dahl: "El poder de una persona A sobre una persona B es la capacidad de A de lograr que B haga algo que no hubiera hecho sin la intervención de A." Sin embargo, esta definición no es del todo satisfactoria, ya que podría aplicarse igualmente a la influencia y deja de lado el problema mayor de la naturaleza de esa "capacidad".

[5] Aquí se emplea una concepción muy amplia del enfoque "interaccionista", es decir, no se la reduce a las teorías específicas de autores que se definen "interaccionistas", sean los que se identifican con la escuela de la "interacción estratégica" o con la "interacción simbólica".

ta de las unidades relacionadas. De alguna manera estas reglas comunes estructuran el "juego", como si coaccionaran a todos los actores o agentes.[6] Así, la interacción política impone sus propias reglas (qué es legítimo, qué no se debe hacer, qué puede hacer un agente y no otro, etc.) a todas las unidades participantes, las obliga a ajustar sus modalidades de acción, a adecuarse a sus concepciones y a las maneras de actuar admitidas en la práctica por todos los agentes; un participante que transgrediera abiertamente las reglas correría el riesgo de no ganar el juego o incluso de quedar excluido. Sin embargo, sería erróneo concebir esta obligación como un mecanismo social que actuara "desde afuera" sobre los individuos y grupos y fijara imperiosamente sus conductas: la coacción de las reglas es indisociable de su uso. Los sistemas de interacción se definen en última instancia por el uso de las reglas y, por consiguiente, por las *cualidades exigidas a los agentes* para usarlas.

Las reglas de la interacción

Las reglas políticas y la actividad social

Si se permite a dos grupos de niños "inventar" las reglas de un juego (desde luego, dentro de los límites de lo que saben y pueden hacer), toda la interacción entre las unidades sociales constituidas se desarrolla según reglas establecidas. En cierta forma, que "existan" ciertas reglas antes de que un agente haya aprendido a aplicarlas, a utilizarlas, es una característica de muchas interacciones, desde un partido de *rugby* hasta un debate parlamentario sobre un capítulo del presupuesto nacional. Tampoco se debe ceder a la tentación de desarrollar en exceso la metáfora del "juego" (o de un conjunto de juegos). Por cierto, lo que sucede en el encuentro entre dos equipos deportivos puede ayudar a descubrir y designar las propiedades de la interacción política; pero concebir la vida social como una simple yuxtaposición de juegos y enfrentamientos aislados unos de otros, comprensibles en sí mismos, daría lugar a un cuadro singularmente ingenuo; y se tendría una concepción mediocre de las unidades sociales si se las aprehendiera tan sólo por su interés de participar en los juegos. Más aun: detenerse excesivamente en los efectos de la interacción, sin tener en cuenta lo que los agentes deben a su posición en la sociedad y lo que la interacción misma debe a la historia de la sociedad sería desconocer lo que está en juego en el con-

---

[6] Aquí se empleará el término "agente" para designar un participante en la interacción, una unidad en relación con otras. El término "actor" puede crear la impresión de que los participantes en la interacción se definen esencialmente por el papel que se les atribuye en ella, lo cual llevaría a desconocer la importancia mayor de sus propiedades sociales en las acciones que emprenden y las posiciones que adoptan.

junto de las relaciones sociales.[7] Por ejemplo, no basta analizar lo que sucede en un "conflicto social" entre organizaciones que participan en él a distinto título (cámaras patronales, sindicatos de asalariados, partidos políticos, agentes del Ministerio de Trabajo, incluso organismos de crédito bancario), ni el resultado de su interacción (acuerdo negociado que certifica la "victoria" del sindicato o acuerdo "impuesto" que consolida la posición del aparato estatal) para estar en condiciones de explicar este sistema de relaciones. También hay que situar el conflicto en el conjunto de conflictos y negociaciones en los que están involucrados los distintos participantes; analizar los recursos de que disponen en función de sus respectivas posiciones en las distintas relaciones sociales; explicar, en fin, cómo se establecieron las prácticas y reglas de enfrentamiento habituales en esta categoría de conflictos. Las modalidades de la interacción resultan del conjunto de las actividades sociales; desde este punto de vista, es la totalidad de las relaciones sociales (económicas, religiosas, culturales, etc.) la que *estructura la interacción política* y define finalmente sus reglas.[8]

Se dijo anteriormente que múltiples procesos históricos contribuyeron a estructurar la interacción política al establecer la especificidad de los roles y las instancias que ejercen legítimamente la coerción, la autonomía de los aparatos de gobierno (o de conducción de la sociedad), así como la particularidad de las reglas y el *savoir-faire* transmisibles.[9] Estos procesos sólo adquieren sentido en relación con los fenómenos de todo orden que afectan la vida social: transformaciones de los modos de producción y de cambio, evolución de las concepciones religiosas, luchas sociales, etc. Las reglas que rigen la interacción política, como los recursos y trofeos en juego, son tributarios directos "de los *conjuntos de normas que reglamentan* la interacción económica, la vida familiar, la organización religiosa, las posibilidades educativas y así sucesivamente".[10]

En esta perspectiva, F. G. Bailey analiza las reglas, es decir, las *prescripciones efectivas* que rigen las relaciones políticas en la aldea de Bisipara, en la India.

Estas reglas, verificadas por la observación de las conductas, conciernen a: 1) la definición de los trofeos a conquistar y las acciones o cualidades requeridas para obtenerlos; 2) la designación de los individuos o agentes autorizados

---

[7] Sin duda, ésta es la limitación principal de la aplicación de la teoría de juegos en el análisis de las relaciones sociales.

[8] Hablar de estructura de interacción significa designar el conjunto de las relaciones características de un sistema social que dan una forma duradera particular a las relaciones políticas. Se entiende que dicho conjunto no es una "constatación" sino una construcción abstracta sobre la base de la observación de conductas regulares. Conviene no confundir esta acepción del término "estructura" (tal como se usa en "estructura social") con el que le dan los estructural-funcionalistas. Para estos autores, estructura es una unidad identificable y observable del sistema. Véase más arriba, pp. 105-106. Para un estudio de los significados del término, véase Raymond Boudon [1967] y Anthony Giddens [1987], sobre todo pp. 65-77 y 219-286.

[9] Véase capítulos 1 y 2.

[10] F. G. Bailey [1971], pp. 162.

a participar en la competencia por los trofeos; 3) la composición de los "equipos" admitidos en la competencia; 4) la manera como se debe desarrollar la competencia (tácticas autorizadas o prohibidas, acciones permitidas o interdictas, etc.), y 5) la conducta a seguir cuando se viola una regla, o sea, el "control del juego". Estas reglas pueden ser *pragmáticas* si sólo enuncian lo que conviene hacer para obtener tal o cual resultado, o *normativas* si expresan los valores comúnmente admitidos que inciden en la competencia. Por ejemplo, son normativas las reglas tales como las prohibiciones relacionadas con la pertenencia a una casta o la lealtad que los miembros del equipo deben al jefe mientras dure la competencia. Se advierte que la fijación de reglas, en especial las abiertamente normativas, no resulta sólo de la interacción política (aquí, la competencia entre equipos), sino de un conjunto de interacciones religiosas, familiares y sociales. En la medida que comprometen los intereses y las creencias más diversas de las unidades sociales, estas reglas son reconocidas y observadas sin que hayan sido escritas o reunidas en un código.

Arriesguemos una comparación —Bailey no se priva de hacerlo— con lo que sucede en una sociedad occidental contemporánea durante una competencia electoral. Salta a la vista que existen reglas sobre los trofeos (en este caso, los puestos electivos), los agentes autorizados a participar (condiciones de edad, empadronamiento, aptitud cívica), la composición de los equipos (partidos, listas electorales), el desarrollo de la competencia (duración, modo de escrutinio, método de votación) y el control (organización del recuento, jurisdicciones). También se ve que estas reglas resultan de una *historia particular* durante la cual se "inventaron" los electos y los alcaldes, la representación proporcional, los partidos, el cuarto oscuro y los tribunales administrativos. Además, la mayoría de estas reglas fueron escritas y reunidas en un código después de haber sido elaboradas por especialistas, funcionarios y juristas. Así, las reglas de la interacción política y de cada una de sus secuencias son producto de una historia particular y sólo se pueden comprender con referencia a ella. Con todo, las analogías entre la competencia política en Bisipara y la competencia electoral en una sociedad occidental contemporánea no son producto del azar: incitan a buscar los efectos generales que hacen a la existencia de las reglas de interacción.

Entre esos efectos cabe considerar en primer término el problema de la *"coacción"* que ejercen las reglas sobre la conducta de los agentes. Es fácil comprender que los participantes en una interacción, en la medida que saben llevar a la práctica las reglas en vigor, se abstienen de transgredirlas por temor a las consecuencias de semejante acto: miedo a las sanciones, la censura de los demás participantes, incluso la exclusión. En esta perspectiva, las reglas políticas aparecen como particularmente coercitivas; su fuerza propia deriva de lo que creen los agentes en su conformidad con las normas generales, los valores fundamentales, los objetivos comunes de la vida en sociedad; transgredirlas sería de alguna manera colocarse fuera de la colectividad. Además existen roles y rituales que recuerdan a los individuos la envergadura acordada a las reglas políticas: son los festejos cívicos y las conmemoraciones. De ahí resultaría el poder coercitivo de las reglas: al establecer y distribuir los papeles, al imponer las conductas, constituirían en cierta forma una "estructura de juegos" que reduce enormemente (o anula) la posibilidad de "jugar con las reglas" o jugar de otro modo de lo que indican las reglas. No obstante, semejante grado de coacción es inconcebible si no se tiene en cuenta la implicación de la interacción política en el conjunto de las interacciones sociales.

Es verdad que los hindúes de Bisipara hacen generalmente lo que *deben* de acuerdo con las reglas que definen las relaciones entre los equipos competidores. Pero es igualmente cierto que pueden introducir recursos nuevos en la interacción, tales como refuerzos provenientes de relaciones externas a la competencia o sumas de dinero capaces de ganar equipos de mercenarios. Más aun, el enriquecimiento de los miembros de una casta inferior o las facilidades que les brinda una nueva legislación nacional, es decir, la modificación de las propiedades de una unidad social que participa en la interacción pueden inducir una lenta transformación de las reglas normativas. Tanto más por cuanto, como se ha visto, la interacción política (y los cambios de posición que ésta puede provocar) es el conjunto de las interacciones (de índole económica, religiosa, cultural) que modifica a la vez las propiedades y los recursos de los agentes así como las reglas que rigen sus relaciones: la estructuración no se adquiere de una vez para siempre ni constituye una coacción permanente e intangible; es un *proceso continuo* de elaboración de reglas, dentro de los límites propios de la organización general de la sociedad y del alcance normativo que ciertos grupos pueden atribuir a las reglas transmitidas.

Además, los agentes participantes en la interacción política, sobre todo si no son especialistas en esta actividad (a diferencia, por ejemplo, de los partidos), introducen en sus relaciones con otros agentes reglas y modalidades de acción propias, correspondientes a sus actividades habituales. Así, cuando una iglesia o una organización sindical interviene en la competencia política —aunque sólo fuera para hacer reconocer sus derechos—, debe ajustar sus acciones a las reglas de esa clase de competencia; pero obliga a su vez a los demás (partidos, gobierno) a tener en cuenta su lógica de acción y sus reglas propias, a "entrar" de alguna manera en su juego. De ahí que la interacción política, en la que participan unidades sociales definidas por otras actividades, no es regida por reglas intangibles. Pero la *institucionalización de esas reglas* ayuda a defenderlas de la redefinición permanente.

La objetivación de las reglas políticas

Entiéndese por objetivación el conjunto de los procesos que contribuyen a inscribir las relaciones sociales y las reglas vigentes en ellas en el orden de una "realidad objetiva", es decir, percibida como exterior a los individuos, que se impone a ellos y rige sus conductas.[11] Se puede considerar la institucionalización de las reglas políticas como una forma particular, y particularmente coercitiva, de la objetivación. Entiéndase que no se trata sólo ni principalmente de la creación de instituciones especializadas y diversificadas que cumplen papeles políticos,[12] sino del mecanismo más general que lleva a los individuos a considerar que las reglas existen por sí mismas y se imponen como fenómenos naturales: la lluvia, la muerte, el hambre. Peter Berger y Thomas Luckmann sitúan la institucionalización en la lógica de un proceso al que los humanos están habituados: proceso que consiste en identificar a los seres humanos, los objetos y las acciones con *"tipos"* generalizables; una tipificación. Así, se tipifican los individuos concretos en categorías tales como comprador, europeo, alegre, comunista o judío (a los que se atribuyen cualidades generales imaginarias); así se tipifican las acciones como signos o índices de categorías de sentimientos que supuestamente designan todas las relaciones afectivas de uno con los demás o con los dioses. El hábito de la tipificación permite la *institucionalización de las reglas*, es decir, tipificaciones particulares según las cuales las acciones de tipo X deben ser realizadas por agentes de tipo Y de acuerdo con procedimientos específicos.

En la medida que la mayoría de las tipificaciones (o reglas) utilizadas en política no nacen de una interacción directa entre individuos, sino que son heredadas y transmitidas a partir de múltiples interacciones anteriores, la institucionalización somete a los agentes al peso de un conjunto de reglas establecidas: "Las instituciones que se han cristalizado [...] aparecen como existentes por encima y por debajo de quienes las "encarnan" en un momento dado. En otras palabras, las instituciones aparecen detentando una realidad propia, que enfrenta al individuo como un hecho exterior y coercitivo."[13] El orden institucional, producto de la actividad humana, accede así a la *objetividad*, ya que aparece como algo dado, inalterable, dotado de fuerza propia: la objetivación de las relaciones sociales toma su forma en las reglas.

Este orden institucional objetivado, cuyas reglas son interiorizadas por los individuos en el curso tanto de su socialización como de sus relaciones cotidianas, implica la definición y el mantenimiento de los roles, es decir, de tipos de actores que deben cumplir ciertas acciones; a través de esos roles se

---

[11] Esta definición da apenas una idea parcial de las consecuencias sociales de la objetivación. Para comprender el interés de este concepto en el análisis de los procesos políticos, véase Bernard Lacroix [1985].

[12] En el sentido en que Samuel Huntington habla de institucionalización. Véase pp. 157-158.

[13] Peter Berger y Thomas Luckmann [1986], p. 86.

perpetúa la institución: "Los roles le permiten a la institución existir para siempre jamás, como una presencia real en la experiencia de los individuos vivientes."[14] Los roles *políticos*, como en ciertas sociedades los religiosos, tienen una posición concreta: se les atribuye la representación de todas las reglas y todas las instituciones, en un conjunto ordenado que tiene un sentido; según la expresión de Berger y Luckmann, aseguran una "representación simbólica del orden institucional en tanto totalidad integrada".[15] Por consiguiente, gozan de una legitimidad particular: en efecto, las relaciones sociales se objetivan en prescripciones cargadas de una fuerte dimensión simbólica y, por ello, altamente coaccionantes. Esta concepción de los roles políticos conduce una vez más a buscar su especificidad en la significación global que les reconocen todos los agentes sociales; lo cual incita a analizar cómo esta creencia resulta de los usos (sobre todo simbólicos) que hacen de esos roles aquellos que los cumplen o pretenden hacerlo.[16]

En estas condiciones, la preservación de las reglas institucionalizadas constituye una de las tareas esenciales de las "autoridades". Primero, porque tienen un *interés directo* en el mantenimiento de las prescripciones y formas de actuar que garantizan su propia posición en la interacción. Así, el líder hindú, jefe de un equipo de fieles y mercenarios, hace respetar las reglas que aseguran la cohesión de un grupo de donde él deriva su poder frente a otros agentes en la competencia. Así, el árbitro, que vela por el respeto de las reglas que hacen al conjunto de la interacción, recurre a la amenaza cuando una transgresión arriesga gravemente su prestigio, es decir, su propio papel en la competencia.[17] Las autoridades políticas actúan como agentes especializados en el respeto por las reglas, tareas en las que participan también, en muchas sociedades, roles directamente interesados en la preservación de las conductas y las creencias tradicionales: sacerdotes, escribas y juristas. El hecho de que todos estos agentes tengan un interés de rol en el mantenimiento de las reglas establecidas no significa que conciban y orienten explícitamente sus actos "por interés": en general, actúan en nombre del respeto que les merece el conjunto de las leyes, es decir, por conciencia del "deber" y las responsabilidades atribuidas a sus funciones. Empleando la metáfora del mercado, se concibe que estos agentes se comportan como instancias de regulación que arbitran los conflictos en torno de las reglas (cámaras arbitrales, jurisdicciones especializadas) o como "estabilizadores" del juego debido a la posición predominante que han adquirido en su funcionamiento: esas instancias, en-

---

[14] Peter Berger y Thomas Luckmann [1986], p. 105.
[15] *Ibidem*, p. 107.
[16] Estos usos contribuyen directamente a la legitimación de las instituciones y los regímenes. Véase cap. 7.
[17] Bailey [1971].

cargadas de velar por que el mercado no se desorganice, tienden a percibir su función como un interés común de los participantes.[18]

La codificación de las reglas, que resulta del trabajo de estos agentes, contribuye poderosamente a su objetivación. Se dice que hay *codificación* cuando las reglas vigentes en la interacción están reunidas en un conjunto explícito, transmisible y evidentemente coherente de prescripciones. De esta manera, las reglas dominadas en la práctica por los agentes en la interacción son homologadas y oficializadas; las conductas se vuelven previsibles en la medida que el encargado de reglamentarlas (y que de hecho las reglamenta en parte) es conocido por todos y no deja lugar a la improvisación.[19] De esa manera, lo que sucede en la interacción, es decir, en realidad, la relación de fuerzas que garantiza la supremacía de un agente sobre los demás, adquiere la apariencia de un orden conforme con las reglas legítimas. La codificación acentúa la fuerza de las reglas que ella ordena y a las que da forma: "La fuerza de la forma [...] es este poder simbólico que se puede ejercer plenamente cuando se hace desconocer en tanto fuerza y se hace reconocer, aprobar y aceptar por el hecho de presentarse bajo la apariencia de la universalidad, la razón o la moral."[20] El hecho de escribir las reglas aparece como una modalidad particularmente elaborada del trabajo de codificación. Sin embargo, no se puede deducir de ello una relación directa entre la ley escrita y la eficacia de su coacción; incluso en las sociedades donde se atribuye una legitimidad superior a las reglas escritas, muchas acciones políticas importantes escapan a esta forma de codificación: "A veces esas reglas no están escritas, pero se las puede leer entre las líneas de las acciones humanas".[21]

Del hecho de que se perciba a las reglas como parte de un orden objetivo de obligaciones, como recuerdan en toda ocasión las autoridades y los guardianes de la tradición, oficializado además por la codificación, no deriva que los agentes las respeten por tener un conocimiento intelectual de ellas. Su objetivación resulta generalmente de la repetición de las prácticas que les dan una existencia concreta. El uso de las armas y la violencia física está excluido de los enfrentamientos entre parlamentarios, al menos en lo habitual; sin duda, la transgresión de esta regla expondría al culpable a sanciones previsibles, y los parlamentarios lo saben. Pero sería exagerado afirmar que se

---

[18] François Dupuy y Jean-Claude Thoenig [1986] analizan con mucha precisión el papel de esos agentes estabilizadores o reguladores (los "integradores del sistema") en los mercados francés, norteamericano y japonés de los electrodomésticos.

[19] Bourdieu [1987] pp. 98-105.

[20] *Ibidem*, p. 103. Sobre la fuerza que deriva de la puesta en forma, acto casi mágico, véase Georges Duby [1987], sobre todo pp. 214-215.

[21] Bailey [1971], p. 41. Lacroix [1985] da el ejemplo de una regla tácita, respetada por todos los dirigentes políticos franceses: la de pronunciar obligatoriamente un "discurso de comienzo de año".

abstienen de dar puñetazos a sus adversarios simplemente porque recuerdan las sanciones en las que incurrirían; si actúan conforme a la regla, es porque saben aplicarla en la práctica y porque en general todos la respetan sin que sea necesario oficializarla. Dicho de otra manera, es el *uso de las reglas* por los agentes habituados a ello lo que estructura la interacción.

Giddens demuestra que el desarrollo de las acciones y la regulación de las interacciones resultan de un *conocimiento práctico* adquirido por los individuos, que les permite hacer gala de gran competencia en la realización de las actividades sociales.[22] Este saber, de alguna manera anterior a los razonamientos de los agentes sobre sus acciones, más esencial que las reglas explícitas que ellos reivindican y pueden explicar, está como interiorizado en ellos; en él se consuman y perpetúan las reglas en vigor. De suerte que la regulación de la interacción resulta del conocimiento práctico de las unidades participantes: regulación que no excluye la transformación de las reglas, porque "en el curso de la acción surgen incesantemente consecuencias no deseadas por los actores y, de manera retroactiva, esas consecuencias no intencionales pueden devenir en condiciones no reconocidas de acciones ulteriores".[23] Así, el conocimiento práctico propio de las relaciones sociales es creador de nuevas posibilidades, "a la vez coaccionante y habilitante".[24] Desde esta perspectiva, las reglas de la interacción política son establecidas, defendidas y modificadas por la acción de conocimientos prácticos, desde luego de los políticos, pero también de los agentes que tienen otros intereses en sus actividades.

Para ilustrar este enfoque, se utilizará aquí el ejemplo de la *reforma constitucional de 1962* en Francia.[25] La iniciativa del general De Gaulle de llamar a un referéndum sobre la forma de elección del presidente de la República constituye un intento de modificar tanto las reglas constitucionales como las reglas tácitas que rigen las relaciones entre las instancias políticas (presidente, primer ministro y gobierno, cámaras del Congreso): en efecto, más allá de las modalidades de designación, surge que la reforma propuesta llevará a una modificación de los recursos (principalmente simbólicos) de los distintos agentes. En su resistencia al proyecto, los dirigentes de los partidos políticos se ven obligados a poner en marcha todos los aspectos de su conocimiento práctico, adquirido mediante el uso consagrado de las reglas en vigencia: empleo de todos los recursos oratorios y de procedimiento de la vida parlamentaria, maniobras intimidatorias, censura del gobierno, negociación de alianzas inesperadas, etc. Al mismo tiempo, líderes políticos, juristas, intelectuales, periodistas, según los

---

[22] Giddens [1987].

[23] *Ibidem*, p. 76. En estas "condiciones no reconocidas de acciones ulteriores" se reconocen las reglas tácitas de la interacción.

[24] *Ibidem*, pp. 70-75. Lo que Giddens llama "conocimiento práctico" es muy similar al *habitus* de Bourdieu. Véase más adelante, p. 191.

[25] Jacques Lagroye [1988].

conocimientos prácticos propios de sus oficios, apelan públicamente a las reglas normativas que, según ellos, definen el papel y las prerrogativas del Congreso en una "verdadera" democracia: reglas de la tradición republicana, de la constitución, incluso —último recurso— del liberalismo político. Así, los diversos conocimientos prácticos de los múltiples agentes que participan en el conflicto dan vida concreta a las reglas de la competencia política (tanto las que están escritas en la Constitución y las leyes como las que constituyen las prácticas parlamentarias); no obstante, de la interacción surgen las condiciones de un arbitraje popular (por medio del referéndum) de donde surgirán nuevas reglas o nuevos usos de las ya existentes. En este sentido, cabe destacar que ninguno de los agentes interesados parece haber anticipado con precisión las consecuencias del conflicto para las reglas ulteriores de la competencia política, como si, en cierta forma, ellas no derivaran de sus cálculos sino de los *efectos de su interacción.*

En las sociedades políticas que yuxtaponen grupos y colectividades participantes en interacciones parciales, limitadas, a veces estrechamente localizadas, que apenas se rozan unos a otros (como en el Imperio Chino del siglo V) pueden coexistir distintas reglas. En las sociedades más integradas y estables, donde "el poder presupone relaciones regularizadas de autonomía y dependencia entre actores o colectividades en contextos de interacción",[26] se puede visualizar la codificación de las reglas como la forma extrema de un trabajo de homogeneización, producto de las relaciones entre una multitud de "juegos" o contextos de interacción. Para Giddens, el estudio de los sistemas sociales es el de "los modos mediante los cuales esos sistemas, consolidados por la actividad de los actores competentes, situados en el tiempo y en el espacio y utilizando reglas y recursos en una diversidad de contextos de acción, son producidos y reproducidos en y por la interacción de los actores".[27]

Los sistemas de interacción

El alcalde de una ciudad mediana de Francia participa simultáneamente en muchas interacciones relacionadas con actividades de todo orden: discute con agentes económicos y administrativos el informe de administración de una zona artesanal capaz de interesar al alcalde de la ciudad vecina; compite con una asociación privada por el control de un centro de trabajadores jóvenes; le dis-

---

[26] Giddens [1987], p. 64.

[27] *Ibidem,* [1987], p. 74. Destacar, con Giddens, la "competencia" de los actores, es decir, el dominio de un conocimiento práctico de las reglas y las convenciones es romper con un "sociologismo" que tiende a presentar a los agentes como si actuaran sin saber cómo ni por qué lo hacen. Significa no tratarlos como "idiotas culturales" condenados a desconocer lo que hacen (H. Garfinkel, citado por Alain Coulon [1987], p. 50).

puta a un concejal de su mismo partido la candidatura a diputado. Diversidad de interacciones, diversidad de reglas en cada una: aquí importa demostrar una lealtad absoluta a las creencias de los militantes, allá hacer gala de una competencia técnica "sin espíritu partidista", aquí desarmar a un posible rival, allá "ajustarle las riendas" a otro. Cada interacción tiende a constituir un "sistema" objetivado, caracterizado por reglas, modalidades que prevalecen en las relaciones entre los agentes, por lo que se puede llamar las "lógicas específicas".

Lógicas específicas y selección de los agentes

En cierta forma, las reglas que prevalecen en un sistema de interacción designan a los agentes que poseen las cualidades requeridas para participar. Para demostrarlo, se utilizará como ejemplo el *sistema internacional*; el tipo de relaciones que lo caracteriza establece de alguna manera la *legitimidad de ciertas unidades sociales* (esencialmente Estados soberanos) y excluye otras o limita su papel. Por cierto que el sistema internacional presenta particularidades que se deberá tener muy en cuenta; las unidades en interacción no comparten creencias y valores comunes en la misma medida que las unidades sociales constitutivas de un sistema "nacional"; no reconocen la autoridad de un poder coercitivo capaz de hacer prevalecer conductas "legítimas" e imponer sus decisiones a todos los participantes. No por ello el sistema internacional deja de ser una forma de interacción política, porque de las relaciones entre sus elementos resulta un poder efectivo y manifiesto de algunos sobre los demás, y porque esas relaciones se establecen entre unidades definidas prioritariamente por sus características políticas (amplitud de medios coercitivos disponibles, recursos propios del Estado soberano, presunción de legitimidad).

Se puede concebir *la demostración y el uso declarado de la fuerza* como la forma característica de las relaciones entre unidades constitutivas del sistema internacional.[28] En efecto, todo sucede como si cada unidad tratara de imponer su supremacía sobre el conjunto o una parte del sistema (subconjunto regional, coalición de unidades) o por lo menos impedir que otra imponga la suya; este objetivo orienta los cálculos, las estrategias y las acciones de todas las instancias dirigentes de la unidad participante del sistema. Asimilando cada unidad al conjunto de las instancias que concurren a fijar sus lineamientos de acción, se puede decir que está obligada a "calcular" las fuerzas de que disponen tanto ella como los demás —sobre todo los medios militares—, a "definir" sus estrategias en función de la eventualidad de un enfrentamiento armado, incluso sacrificar los principios morales que "reivindica" para garantizar

---

[28] Así lo subrayan, siguiendo a Hobbes y Clausewitz, los partidarios del enfoque "realista" de las relaciones internacionales. Véase Raymond Aron [1961 y 1976].

su seguridad a largo plazo: los ejemplos de *realpolitik* abundan.[29] La naturaleza de este "juego" o, dicho con mayor rigor, la configuración y las obligaciones de esta interacción, indican como participantes a las únicas unidades capaces de utilizar legítimamente la fuerza armada: los Estados. Ellas muestran "de alguna manera la debilidad del derecho internacional, el fracaso de los esfuerzos para transferir el monopolio de la fuerza legítima a la organización internacional, la inestabilidad de la diplomacia del equilibrio".[30] En esta perspectiva, el sistema político internacional aparece esencialmente como un sistema de relaciones entre Estados; también Raymond Aron descarta resueltamente una definición demasiado ambiciosa de la sociedad internacional que engloba el conjunto de las relaciones —políticas, económicas, culturales, etc.— entre Estados, grupos, organizaciones transnacionales y personas particulares para privilegiar el análisis del *"sistema interestatal"*.[31] El tipo de interacción predominante, o lógica del sistema, conduce a la exclusión (tanto en la práctica de las relaciones como en su definición erudita) de otras unidades.

Con todo, la definición de los Estados como las únicas unidades que participan plenamente en el sistema de las relaciones internacionales no impide tener en cuenta los fenómenos que escapan parcialmente al control de esas unidades: fuerzas transnacionales (económicas, religiosas, sindicales, culturales), distribución de recursos económicos y conocimientos tecnológicos, efectos de la evolución demográfica, transformaciones de las redes de comunicación, etc. La coacción del "entorno" (es decir, del conjunto de factores que no entran en la definición del sistema interestatal) afecta las relaciones entre Estados y, sobre todo, puede conducirlos a conflictos armados para los cuales no estaban preparados;[32] la libertad de acción de las unidades constitutivas del sistema está limitada por todas partes. Las estrategias que aplican están determinadas en parte por la forma de la interacción: se puede concebir el orden internacional como un juego complejo que *impone sus reglas*, y el costo de la transgresión es tan elevado que a todos los participantes les interesa respetar y hacer respetar esas reglas. Hacia fines de la década de 1980, el orden internacional se caracterizaba, según Henry Kissinger, por la sumisión efectiva de las grandes potencias a las "reglas de juego" establecidas en la década de 1940: conservación de un equilibrio relativo entre las grandes potencias, rechazo de las guerras hacia la periferia (hacia Estados de escasas fuerzas), re-

---

[29] La afirmación de que los Estados "calculan" o "definen" sus estrategias es una expresión aproximativa; se debe comprender que esos "cálculos" e "intenciones" no son sino el sentido que se atribuye al *resultado* perceptible de una multitud de conflictos y decisiones, al desenlace de negociaciones complejas entre un gran número de agentes, interesados cada uno en la definición de la política exterior de su país. Los responsables supremos de esta política tienden naturalmente a presentarla como fruto de sus reflexiones (como lo es *en parte*). Véase más adelante, pp. 205 y ss.

[30] Stanley Hoffmann [1985], p. 670.

[31] Aron [1984], pp. 18-28.

[32] Aron [1961].

laciones caracterizadas por la flexibilidad de las conductas y una intensa actividad diplomática.[33] En el respeto práctico por esas reglas, bajo el equilibrio del terror nuclear, las grandes potencias llegan de hecho a un acuerdo para administrar las crisis con la mayor flexibilidad, y durante cuarenta años una jerarquía de Estados asegura la supremacía de Estados Unidos y la Unión Soviética sobre las dos partes de un mundo polarizado. Por consiguiente, la configuración del sistema internacional ejerce una coacción permanente sobre el conjunto de las unidades convocadas a participar debido a sus características. En ese contexto, si la paz es imposible, la guerra mundial se vuelve improbable, según la célebre fórmula de Raymond Aron.

Por cierto que se puede señalar el carácter parcialmente ficticio de semejante concepción. En rigor, más que de *un* sistema de interacción entre Estados corresponde hablar de diversas interacciones entrelazadas: entre las grandes potencias, regida por el equilibrio del terror nuclear; entre las grandes y pequeñas potencias, donde se establece principalmente una relación de dominación; entre pequeñas y medianas potencias, como partes de conjuntos regionales, donde predomina la competencia franca (y a veces violenta) por una supremacía limitada. Por otra parte, no carece de riesgos el empleo del mismo término (Estado) para referirse a unidades evidentemente tan desiguales en tamaño, recursos y posibilidades de acción, además de diferentes en cuanto a sistemas de creencias, valores, formas de organización política y concepción de actos legítimos; Marcel Merle critica con razón las teorías que desconocen este hecho.[34] Resta decir que la historia reciente ha hecho del *Estado soberano* la única unidad política dotada de plena legitimidad en el conjunto del sistema internacional (y en las diversas partes de ese conjunto), confirmando así el predominio del sistema interestatal. Construcción social y jurídica que se afirma a partir del siglo XVIII,[35] el Estado europeo se ha convertido en el modelo formal de las unidades que pueden participar legítimamente en la interacción internacional. La descolonización precoz de los Estados de las dos Américas, el movimiento de las nacionalidades europeas en el siglo XIX, la gran "oleada" de descolonización de las sociedades africanas y asiáticas durante el segundo tercio del siglo XX y sobre todo, a partir de 1945, confirieron a unidades desiguales y heterogéneas derechos internacionales, prerrogativas y recursos simbólicos que les otorgan el estatus de actores teóricamente soberanos e iguales, limitando así las posibilidades de acción de otros Estados (grandes y medianas potencias) con respecto a ellos.[36]

---

[33] Henry Kissinger [1957].
[34] Marcel Merle [1986 y 1988].
[35] Véase cap. 2.
[36] Merle [1986], pp. 32-43. El principio según el cual cada Estado, cualquiera que sea su fuerza, tiene voz en las asambleas internacionales, ilustra perfectamente esta ficción igualitaria; desde luego, esta ficción no carece de consecuencias prácticas.

El problema sigue siendo el de medir la *exclusión de hecho de las unidades no estatales* del sistema de interacción internacional. Actores distintos de los Estados aparentemente cumplen un papel nada despreciable; es, sobre todo, el caso de las empresas multinacionales (capaces de modificar los equilibrios económicos o financieros y, por consiguiente, los recursos de los Estados, capaces de fomentar golpes de Estado o revoluciones con efectos importantes en el plano internacional) o carteles internacionales de organismos bancarios, empresas energéticas e instancias de regulación de los mercados de ciertos productos.[37] Los teóricos de la dependencia (como G. Frank, S. Amin y J. A. Caporaso) destacan el papel de estos "actores nuevos" en el estudio de las relaciones internacionales.[38] Es también el caso de las organizaciones internacionales no gubernamentales (ONGs), que pueden cumplir el papel de eficaces grupos de presión frente a los Estados y los organismos, sobre todo cuando apelan a la "opinión pública" nacional: piénsese en las campañas realizadas por Amnesty International, Greenpeace y Médicos sin Fronteras. Las iglesias desempeñan un papel importante en su intento de imponer principios morales universales (como los derechos humanos) en las relaciones internacionales. Es significativo que a partir de la década de 1950, la Iglesia Católica se ha referido a los derechos de los pueblos más que de los Estados, y ha propuesto el refuerzo de las instituciones internacionales. Una verdadera evolución doctrinaria revela su ambición de participar con plenos derechos en una interacción manifiestamente reservada a los Estados.[39] Sin embargo, estos esfuerzos de las ONGs y las fuerzas transnacionales no parecen introducir una modificación fundamental en el juego: la eficacia de su acción pasa por la presión sobre las instituciones estatales, sea directa o por medio de "campañas sobre la opinión pública". Sólo una modificación de las condiciones de interacción, improbable a corto plazo, podría otorgarles la posición de unidades con participación plena y directa.

En estas condiciones, la preservación del sistema de interacción *interesa a las unidades afectadas de manera directa*; es el resultado de las conductas de esas unidades, de sus líneas de acción y no de una funcionalidad hipotética del conjunto. La primera "coacción" del juego deriva de la concepción que tienen los participantes de su interdependencia, así como de su interés por conservarla (en detrimento de unidades excluidas, se resignen o no a su expulsión). Thomas C. Schelling insiste en la importancia de un *interés común* entre adversarios en situación de mutua dependencia: todos aspiran a llegar a un resultado final ventajoso, que los conduce a colaborar de cierta manera cuando existen escasas posibilidades de destruir al adversario sin sufrir graves daños. Por eso, en una situación conflictiva, rivales como Estados Unidos y la

---

[37] Edward Morse [1976].
[38] Véase pp. 163-164.
[39] Merle, Christine de Monclos [1988].

Unión Soviética, comparten una visión común de la "naturaleza del juego" y de las reglas que deben prevalecer (estimación de los recursos y la resolución del adversario, cálculo de los costos de un enfrentamiento abierto, intercambio de mensajes con los socios); en esta perspectiva, la decisión interdependiente y la negociación suponen la posibilidad de identificar claramente a los socios estables, cuyas acciones son, en cierto sentido, previsibles.[40] Por su parte, Erwing Goffman sostiene que todo "movimiento" de un participante depende de los efectos "reales", incluso "físicos", de las acciones ajenas, no de los propios cálculos o intenciones. La interacción se encuentra estructurada por intercambios entre adversarios identificables, capaces de afectar gravemente *con sus actos* la posición de los demás; entre los socios se establece una interdependencia efectiva, lo único que hace posible la previsión, el cálculo, la decisión; de ahí que en un sentido, el interés común de los participantes en la interacción es conservar la estructura de relaciones que reduce la incertidumbre y permite la acción.[41]

Los agentes comprometidos en la interacción buscan su objetivación en un sistema con reglas propias, con lógicas específicas, que excluye las unidades sociales que no presentan las características requeridas para participar.

La interdependencia de los sistemas de interacción

La *coordinación de los sistemas de interacción objetivados* (sean económicos, culturales, administrativos, políticos o de otro tipo) es garantizada por un buen número de mecanismos y procesos sociales. Lo más manifiesto se relaciona con la participación de grupos, organismos e instancias institucionalizadas simultáneamente en muchos sistemas. Esta "multiposicionalidad" de los agentes redunda en un acercamiento parcial de las reglas en vigor aquí y allá; así, la participación de los jefes sindicales en comisiones donde se codean con patrones y "expertos" económicos modifica insensiblemente sus enfoques y prácticas en reuniones con otros dirigentes. Desde esta perspectiva, se reconoce fácilmente que no se pueden analizar las acciones de una unidad social sin tener en cuenta el hecho de que generalmente participa de muchos sistemas de interacción, aunque sólo lo hagan algunos de sus miembros. La evolu-

---

[40] Thomas C. Schelling [1986], sobre todo pp. 17-31. El autor analiza las relaciones soviético-norteamericanas desde esta perspectiva de la decisión interdependiente de un interés común. Tal vez la Guerra del Golfo presenta, entre otras particularidades, la de enfrentar a adversarios que comparten la misma concepción de la "naturaleza del juego" y las reglas que deben prevalecer, lo que limita la previsibilidad de las acciones.

[41] Erwing Goffman [1970]. Schelling y Goffman son dos de los representantes más destacados de la corriente de investigadores de la "interacción estratégica", inspirada en la teoría de juegos, que aplica a las ciencias sociales.

ción de un movimiento como la Acción Católica Obrera (ACO) no se explica
solamente por las relaciones de esta asociación con otros grupos religiosos, sino también por las que mantiene con los sindicatos (CGT, CFDT), las asociaciones profesionales e incluso con partidos o tendencias de éstos.

También es concebible que la coordinación de los sistemas de interacción sea el resultado de un mismo *tipo de relaciones sociales* que actúe en el seno de cada uno. Aparte de las particularidades de cada sistema, derivadas de
la distribución social de las actividades, la especialización de los roles y las reglas, un modelo dominante de relaciones entre las unidades sociales estructu-
raría de alguna manera el conjunto de los sistemas en una sociedad determinada. Paul Veyne señala que la obligación de hacer ofrendas (caridad)
explica ciertas formas de las relaciones que se observan en los diversos sistemas de interacción en la ciudad romana;[42] la homología de las formas de interacción se relaciona con el tipo dominante de relaciones sociales, que explica tanto el clientelismo político como los gastos suntuarios en que se
invierten las ganancias económicas, e incluso las creencias sobre los "deberes"
de los notables. Michel Crozier atribuye el "miedo de las relaciones cara a cara", que rige diversas formas de interacción, a un rasgo cultural propio de la
sociedad francesa, heredado de su historia y perpetuado por las prácticas.[43]
La acción constante de las autoridades para imponer una *visión unificada* del
mundo a todos los miembros de una misma sociedad también puede contribuir al acercamiento entre las reglas vigentes en distintos sistemas de interacción; esto no quiere decir que sea un proceso fácil ni que las codificaciones a
que da lugar estén libres de contradicciones; es sabido que el titánico esfuerzo de la burocracia estatal del Antiguo Régimen para imponer reglas idénticas en las transacciones económicas y sociales o en las diversas provincias no
obtuvo los frutos esperados.[44]

El efecto de la interdependencia de los sistemas de interacción no sólo es
el de coordinar y aproximar sus reglas; también contribuye a su objetivación,
como señala Michel Dobry en su análisis de las transacciones entre "sectores"
de la vida social.[45] Según el autor, un sector de las relaciones sociales se puede
definir como "zona limitada de interdependencia táctica" de diversos agentes,
lo cual corresponde a un sistema particular de interacción. Es, por ejemplo, el
"sector militar" de una sociedad, que se identifica en la interacción de las diversas armas, las instancias de decisión y los organismos de estudios especiali-

---

[42] Paul Veyne [1976].
[43] Crozier [1963]. El hecho de recurrir a una característica cultural para explicar las prácticas expone esta tesis a las críticas dirigidas a las concepciones culturalistas. Véase cap. 3. Distinto
es el caso de la obligación de la ofrenda, que según demuestra Veyne, corresponde a un estado
particular de las relaciones económicas y sociales.
[44] Alexis de Tocqueville [1952].
[45] Michel Dobry [1986].

zados (Estado Mayor, Ministerio de la Defensa, etc.), grupos interesados en problemas de defensa y empresas productoras de armamentos. Los distintos sectores de la vida social tienen sus lógicas propias, que toman la forma de reglas de conducta valoradas por los agentes y presentadas como que "van de suyo"; identificadas con especializaciones "naturales" de las actividades sociales, imponen a individuos y grupos sus "leyes", exigencias y límites. El concepto de sector pone el acento en la existencia de *lógicas propias fuertemente objetivadas*, características de cada sistema de interacción, y en la división de la vida social en zonas de actividad consideradas naturales.[46] Entre los distintos sectores se realizan intercambios constantes, o "transacciones colusorias", cuyo resultado es que se consolida su autonomía; se trata esencialmente de actos de reconocimiento recíproco de sus derechos y reglas particulares. Así, el sector militar manifiesta con sus acciones la intención de no inmiscuirse en actividades propias del sector político, o demuestra su respeto por las reglas propias de otros sectores (económico, religioso, etc.), a la vez que recibe idéntico reconocimiento por parte de los demás sistemas de interacción. Así, como consecuencia de las transacciones colusorias entre sectores, se objetiva la separación de las actividades sociales; en otras palabras, se la "naturaliza".

Para ilustrar este conjunto de mecanismos que hacen a la interdependencia de los sistemas de interacción a la vez que aseguran su coordinación y objetivación, es útil el estudio de los "sistemas locales". Importantes investigaciones realizadas entre 1965 y 1975 permitieron conocer las características del "sistema político-administrativo local".[47] Este término designa el sistema de interacción entre los funcionarios electos locales (alcaldes, concejales) y los representantes provinciales del Estado (sobre todo los prefectos). Estos agentes difieren en cuanto a posición y recursos: unos son designados, gozan de la doble legitimidad de ser representantes del gobierno central y jefes de una burocracia presuntamente competente e imparcial; los otros son elegidos, se benefician de la confianza de sus mandantes y el conocimiento que dicen tener de los problemas e intereses locales. Esta oposición genera conflictos y sobre todo una desconfianza que se expresa en la descalificación recíproca de los actores: los electos denuncian la "tecnocracia" del prefecto, mientras éste tacha a aquéllos de voceros de "intereses localistas". Sin embargo, la estructuración de su interacción en un sistema obliga a unos y otros a ponerse de acuerdo. El sistema tiene sus *reglas*: ante todo la negociación, realizada generalmente de manera indirecta porque cada uno trata de presionar al otro por

[46] Esto también autoriza a Dobry a utilizar el concepto de los "sectores" para designar las unidades sociales (sindicatos, partidos, organizaciones) que participan en la interacción y presentan lógicas propias, fuertemente objetivadas.

[47] Desde luego, se trata del sistema anterior a las grandes reformas de la década de 1980. La mayoría de estos trabajos fueron realizados por investigadores del Centre de Sociologie des Organisations, en particular Jean-Pierre Worms y Pierre Grémion. Véase Worms [1966], Grémion [1976], Crozier y Thoenig [1975].

medio de un elemento de un nivel distinto al grupo de agentes (o "hilera") a la que pertenece: el ministerio cuando se trata de "actuar sobre" un notable, un funcionario local cuando hay que hacer entrar en razones a un alcalde (véase el cuadro 5, con el esquema del mecanismo de "regulación cruzada"). Otra regla es la búsqueda de acuerdos, que en general requieren la transgresión de las reglas propias de cada agente: sea la obligación del prefecto de aplicar estricta e impersonalmente el reglamento, sea la negativa del electo a "transigir en los principios políticos". La regla más general del sistema es la puesta en práctica de una flexibilidad pragmática en las relaciones, a costa de la multiplicación de "excepciones", "arreglos" y otras medidas de favor.

CUADRO 5. *Modelo de regulación cruzada*

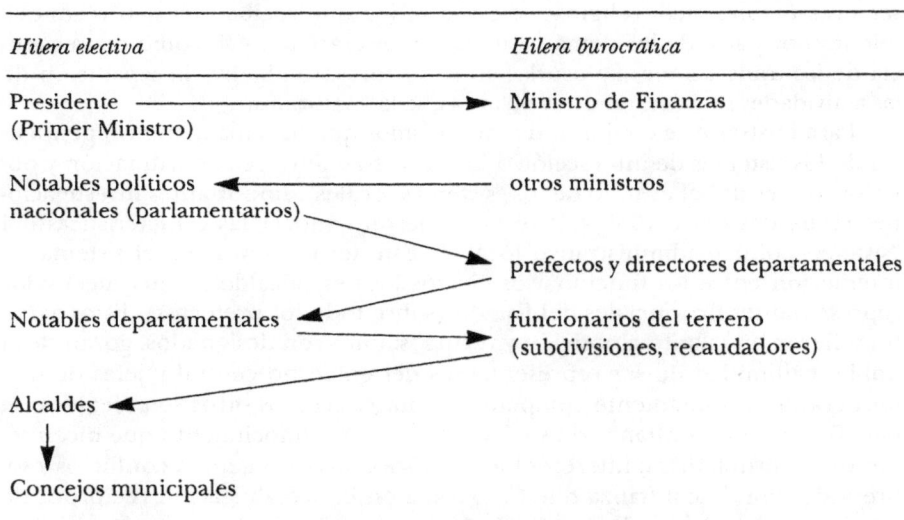

Hilera electiva	Hilera burocrática
Presidente ————————————————▶	Ministro de Finanzas
(Primer Ministro)	
Notables políticos ◀————————————	otros ministros
nacionales (parlamentarios)	
	▶ prefectos y directores departamentales
Notables departamentales ◀——————	funcionarios del terreno
	▶ (subdivisiones, recaudadores)
Alcaldes ◀——————	
↓	
Concejos municipales	

Según Michel Crozier, Jean-Claude Thoenig, "La regulation des systèmes organisés complexes", *Revue française de sociologie*, 16, 1975

El sistema de relaciones así definido se mantiene porque los agentes tienen en ello un *interés común*: el de poder aprovechar los recursos que controlan sus socios (como el prefecto que desea conocer los problemas locales a través de una relación permanente con los electos), y ser, por consiguiente, los "amos del juego" local, del que tratan de excluir a otros pretendientes tales como los directores de los grandes servicios administrativos de salud pública

o acción social, o dirigentes y militantes de las instancias locales de los partidos sin mandato electoral. Así se genera una verdadera complicidad, que no
depende de la buena voluntad de unos y otros sino que es producto del propio sistema de interacción. Esta complicidad aflora cada vez que el gobierno
o las instancias nacionales de los partidos tratan con mayor o menor energía
de modificar las reglas del juego; por ejemplo, una ley de 1971 que alentaba
la fusión de las comunas quedó en letra muerta. Así, el sistema político-administrativo local, con sus reglas y sus roles coaccionantes, se impone como una
"necesidad objetiva"; elogiado por unos como contrapeso indispensable a la
tecnocracia o los daños causados por el espíritu partidista, criticado por otros
como obstáculo a cualquier evolución, en definitiva aparece como un elemento de resistencia a todo intento de modificación y fue durante mucho
tiempo la desesperación de los reformadores. Al reconocer en la práctica sus
particularidades, otros sistemas de interacción contribuyen a objetivarlo, sobre todo porque deben ceder a su lógica propia: los agentes de acción social
aprenden a "jugar" de funcionarios locales para tener acceso a los servicios
del Estado y de prefectos para obtener las subvenciones municipales, respe-
tando así su modelo de relaciones.

Por consiguiente, el análisis de la interdependencia del sistema político-
administrativo y otros sistemas locales indica que todos contribuyen simultáneamente a la objetivación de cada uno y a su coordinación. En esto cumple
un papel importante la multiplicidad de posiciones del prefecto y los electos.
El primero, en virtud de las competencias que le fueron reconocidas en la década de 1960, participa directamente del sistema de relaciones entre agentes
económicos locales (cámaras patronales y de comercio, sociedades de inversión, etc.). El alcalde es parte interesada en las relaciones entre grupos, organizaciones y asociaciones vinculadas a la acción social y cultural. En términos
más generales, todo sistema de interacción incide en las relaciones entre
agentes administrativos y políticos, desde aquel que enfrenta a los sindicatos
obreros con las cámaras patronales hasta el que reúne a todos los grupos y
movimientos interesados en definir las normas religiosas (en la medida que
éstas pueden contribuir a la legitimación de tal o cual práctica social). Por
consiguiente, estudiar las reglas de la "vida política local" no es limitarse al
análisis del sistema político-administrativo, aunque éste deba ser privilegiado
en su carácter de sistema institucionalmente central. Se trata de mostrar la interdependencia de las múltiples interacciones objetivadas y sobre todo las reglas que las estructuran.[48]

---

[48] Grémion [1976] tiene en cuenta las modalidades de inserción del sistema político-administrativo local en el conjunto de las interacciones sociales. Sin embargo, se ha criticado a muchos trabajos de investigación inspirados en este modelo su desconocimiento de la interdependencia de los sistemas de relaciones (económicas, culturales, etc.) que *en conjunto* ayudan a
estructurar la "sociedad local". Véase un estudio de esta interdependencia en Lagroye [1973].

El campo político

La asimilación del "campo político", tal como lo concibe Pierre Bourdieu, con un sistema de interacción requiere la mayor prudencia. Esta actitud se impone sobre todo debido a la concepción tan particular de las relaciones sociales, y en especial de los fundamentos de la interacción, que se desprende de los trabajos de este autor; el empleo de conceptos originales (*habitus*, desposeimiento, capital simbólico, etc.) destaca la especificidad de su enfoque. El uso de sus categorías analíticas en investigaciones empíricas[49] pone de manifiesto su fecundidad, como se verá más adelante. A esta altura se impone una presentación del *marco teórico*, indispensable para familiarizar al lector con las nociones o conceptos que se han de emplear con rigor, evitando a la vez su "fetichización"; en efecto, sólo adquieren su pleno sentido en el uso concreto que se hace de ellos en las investigaciones. El mismo Bourdieu advierte sobre la tentación de dar a sus conceptos un valor absoluto, de atribuirles un sentido exclusivamente en virtud de su definición rigurosa:

> Pienso que se puede tener una impresión de "vaguedad" ante algunos de los conceptos que he forjado si se los considera el producto de un trabajo conceptual, cuando en realidad me he abocado a aplicarlos en análisis empíricos en lugar de dejarlos "girar en el vacío"; cada uno de ellos (pienso, por ejemplo, en el concepto de campo) es, en forma condensada, un programa de investigaciones y un principio para evitar todo un conjunto de errores.[50]

En un terreno de actividades cualquiera (económico, cultural, sindical, religioso), un "campo" corresponde a las *relaciones de fuerza* entre los agentes interesados en dichas actividades. Así, se puede definir el campo del arte o la literatura como el conjunto de las relaciones entre productores y consumidores de diversos tipos de obras artísticas o literarias, y fijarse como objetivo de la investigación el estudio de las propiedades de ese campo. Como se ha visto, el modo de pensamiento relacional permite la comprensión de las interacciones, por eso privilegia el análisis inicial de las relaciones entre unidades; "conduce a caracterizar cada elemento por las relaciones que lo unen con los demás en un sistema, en cuyo seno adquiere su sentido y funciones".[51] Así se puede visualizar que cada campo está estructurado por las luchas entre unidades que compiten por "premios" y bienes escasos y son capaces de emplear

---

[49] Por ejemplo en los trabajos de Luc Boltanski, Daniel Gaxie y Sylvain Maresca.
[50] Bourdieu [1987], p. 54.
[51] Bourdieu [1980], p. 11.

en la competencia recursos particulares o "capital efectivo". Constituidos y objetivados por procesos históricos que les confieren una gran autonomía, los campos sociales se imponen a los individuos; éstos de alguna manera están insertos en las relaciones constitutivas de cada campo, sin tener necesariamente conciencia de ello: "No se entra en el juego por un acto consciente, se nace en él, con él, y la relación de creencia, de *ilusión*, de inversión, es tanto mayor, incluso incondicional, cuanto más se la desconoce como tal."[52] El consumidor de música clásica es elegido como tal en razón de sus cualidades sociales; su "gusto" por Lully, Mozart o Brahms depende de su selección en el campo incluso antes de aparecer como una opción personal.

En esta perspectiva, los agentes convocados a participar en las relaciones constitutivas del campo son designados de alguna manera por su aptitud social para comprender lo que está en juego, movilizar los recursos y adoptar las conductas características de un tipo de interacción. Bourdieu emplea el concepto de *habitus* para referirse a esta aptitud social. La posición social, más precisamente la pertenencia a un grupo o "clase particular de condiciones de existencia", confiere al individuo una disposición permanente que modela su manera de ver y de actuar; está predispuesto a concebir las relaciones sociales y observar en la práctica la conducta que requiere su compromiso con un campo; es un agente eficaz de mantenimiento de las concepciones y prácticas características de ese campo, incluso antes de haber "optado" por hacerse promotor consciente de ellas. Los *habitus* son

> sistemas de *disposiciones* duraderas y transportables, estructuras estructuradas predispuestas a funcionar como estructuras estructurantes, es decir, como principios generadores y organizadores de prácticas y representaciones a las que se puede adaptar objetivamente a sus fines sin suponer que exista una visión consciente de éstos ni un dominio expreso de las operaciones necesarias para alcanzarlos, "reglamentar" y "regularizar" objetivamente sin que ello sea producto de la obediencia a las reglas [...][53]

Adviértase que este concepto importante de la sociología de Bourdieu se asemeja al "conocimiento práctico" de Giddens, del cual difiere por atribuir menor importancia que al dominio consciente de las prácticas, el *savoir-faire* y las reglas de acción por parte de los agentes.

Las unidades comprometidas en las relaciones constitutivas de un campo se interesan ante todo por esas relaciones, a las que están apegadas y predispuestas por su *habitus*. Por ello toma la forma de una "fe práctica", una *creencia* en la seriedad, la importancia y el valor de las actividades a las que están con-

[52] Bourdieu [1980], p. 112.
[53] *Ibidem*, pp. 88-89.

vocadas, así como en ciertas premisas fundamentales compartidas por todos los agentes. Intervenir en el campo religioso es creer en el interés de lo que significa esa clase de interacción, de lo que se dice y se hace en ella; es prestar atención a las relaciones de fuerza en el seno de la Iglesia, incluso aunque se dejara de creer en Dios: así, el sacerdote que ha colgado los hábitos pero se ha convertido en un erudito en asuntos religiosos, manifiesta su fe práctica en la importancia de ese campo.[54] Resta decir que otros intereses fundamentales están en juego en la pertenencia a un campo, principalmente, el de los agentes en mantener las relaciones de dominación que los benefician.

Producir y reproducir la dominación es la propiedad principal del campo político, que Bourdieu asimila, por ejemplo, al "sistema de mecanismos que aseguran con su propio movimiento la reproducción del orden establecido".[55] En un sentido, la reproducción de la dominación, es decir, un tipo de relación que establece de manera duradera el poder de una unidad social sobre las otras en virtud de sus propiedades características y su posición en la sociedad, está en el principio de toda relación social, cualquiera que sea el campo en que se ejerza. Así, las relaciones de dominación estructuran el funcionamiento de todos los campos y establecen entre ellos una identidad esencial, hasta el punto de que "cada uno de ellos es una forma transformada de todos los demás";[56] los grupos dominantes derivan de su inserción en todos los campos un refuerzo de los recursos en los cuales se basa su poder. La especificidad del campo político radica en que en su seno la dominación está objetivada en mecanismos e instituciones dotados de propiedades particulares. Por eso, corresponde indagar en las formas concretas de objetivación del campo político.

Como muchos autores mencionados anteriormente, sobre todo Berger, Luckmann y Giddens, Bourdieu presta singular atención a la *institucionalización* y la codificación. En las sociedades "precapitalistas", incluso en las esferas de actividad que escapan parcialmente a la lógica del capitalismo, los dominantes —sean individuos o grupos— deben demostrar constantemente su derecho de ejercer la dominación; emplean una gran parte de su riqueza para constituir redes de favorecidos, círculos de parientes y allegados, clientelas, que exhiben en toda ocasión (bodas, funerales, fiestas y banquetes) para demostrar su superioridad (tanto moral como económica) y reforzar la creencia del grupo en su legitimidad. Con ello los dominantes acumulan un "capital simbólico" que asegura su posición social sin que tengan que recurrir con frecuencia a la violencia franca; se ejerce una violencia simbólica, "censurada y

---

[54] Bourdieu [1987], p. 107.

[55] Bourdieu [1980], p. 223. Para evitar cualquier desviación "sistémica" en la interpretación de esta fórmula, entiéndase "mecanismos" como formas objetivadas de las modalidades de interacción.

[56] Bourdieu [1979], p. 127.

eufemística", de persona a persona; con ella se cumple una función de domi-nación que debe "disimularse bajo el velo de las relaciones idílicas según el modelo oficial de las de parentesco, en fin, hacerse desconocer [como domi-nación] para hacerse reconocer".[57] Como consecuencia esencial de la autono-mización del campo político y la objetivación de los mecanismos que lo carac-terizan, desaparece la necesidad de ese trabajo incesante y personal de conversión de los bienes económicos en recursos simbólicos; a partir de en-tonces, las relaciones de dominación se establecen expresamente entre posi-ciones reconocidas (administradores de todo nivel, ministros y diputados, diri-gentes de partidos, "meros" electores, etc.), y el acceso a las que confieren poder se realiza mediante procedimientos definidos con claridad. Las posicio-nes dirigentes están al alcance de determinados individuos o grupos debido a los recursos que les brinda su posición en la sociedad. De alguna manera, las propiedades que les confiere su situación social hacen de los dominantes los ocupantes legítimos de los puestos de dirección en el campo político:

> En lugar de las relaciones entre agentes indisociables de las funciones que cumplen y que sólo pueden perpetuar pagando sin cesar con sus personas, la institucionalización impone relaciones estrictamente esta-blecidas y jurídicamente garantizadas entre posiciones reconocidas, de-finidas por su *rango en un espacio* más o menos autónomo de posiciones dotadas de existencia propia, distinta e independiente de sus ocupantes actuales y potenciales, definidos a su vez por *títulos* que, como los de no-bleza, propiedad o escolares, los autorizan a ocupar dichas posiciones.[58]

Por cierto que Bourdieu no es el único que demostró que el hecho de perte-necer a un grupo dominante afecta directamente las creencias y las prácticas del individuo, así como sus posibilidades de acceder a posiciones socialmente valorizadas o participar con las mayores posibilidades de éxito en distintas cla-ses de competencias. Tanto mayor razón para destacar los aportes originales de su concepción de la institucionalización. En la interacción reglamentada y codificada entre unidades sociales que participan en el campo político se rea-liza no sólo la reproducción de la dominación sino también su *disimulo* por medio de una serie de mecanismos que "permiten economizar la reafirma-ción continua de las relaciones de fuerza mediante el uso declarado de és-ta".[59] Lo mismo sucede con el *derecho*, que según Bourdieu registra y presenta en presunta conformidad con reglas universales un estado particular de las

---

[57] Bourdieu [1980], p. 217.

[58] *Ibidem*, p. 227. Sin embargo, no se debe ignorar que los ocupantes de los puestos de direc-ción deben "pagar de su propio peculio" para confirmar su derecho a conservar ciertas ventajas derivadas de esas posiciones (por ejemplo, el derecho a un ascenso rápido o la "estima" de los colegas) y consolidar la legitimidad social de éstas.

[59] *Ibidem*, p. 229.

relaciones de fuerza entre grupos y clases sociales, así como la existencia de
instituciones que aseguran la reproducción de esa relación. Como se vio anteriormente, el derecho suma su fuerza propia a los mecanismos que legitiman
el orden establecido, es decir, el orden de la dominación.

Sin embargo, confirmar y legitimar la diferenciación y jerarquización de
posiciones ocupadas en función de las propiedades sociales de individuos y
grupos no es la única consecuencia de la interacción entre agentes del campo
político. Uno de los propósitos fundamentales de la competencia es que el
conjunto de los agentes reconozca la superioridad social de las características
sociales de tal o cual grupo dominante. En efecto, en la lucha política compiten categorías de agentes que disponen de distintos recursos —o "capital efectivo"—, que les aseguran una posición dominante en sus respectivos campos
(económico, intelectual, religioso, etc.). En este sentido, la competencia tiende a hacer prevalecer, a imponer como principio general de legitimidad, la
posesión de un tipo de capital y las modalidades para su adquisición o conservación; es la "*lucha por el principio legítimo de legitimación*", en la cual los grupos
competidores desarrollan "estrategias simbólicas que apuntan a legitimar el
fundamento social de su dominación, es decir, el capital efectivo sobre el cual
se basa su poder y el modo de reproducción inseparable de éste".[60] Sus estudios empíricos llevan a Bourdieu a destacar la oposición, en todos los campos,
entre los detentadores de un capital (principalmente) económico y los que
poseen un capital (principalmente) cultural; en esos casos el espacio social es
definido por una doble polarización, de acuerdo con el volumen de capital
que posee el agente y la naturaleza de ese capital (véase el cuadro 6). El uso
de este diagrama en el estudio del campo político permitió a Daniel Gaxie explicar las diferencias entre los partidos franceses en cuanto a la manera de reclutar sus dirigentes.[61] Bourdieu renueva así, en términos de conflictos entre
grupos definidos por *propiedades sociales* particulares, el principio de explicación marxista de las luchas políticas entre grupos que *representan categorías de
intereses*: los de la propiedad terrateniente y los de la industria, es decir, dos especies de capital económico y dos formas específicas de reproducción del capital.[62] En estas condiciones, la distinción entre capital económico y cultural
se presenta como una hipótesis original que requiere confirmación empírica
en los distintos campos; es a ese título que interesa aquí.

Sistema de interacción objetivado por la institucionalización de la dominación, en definitiva el campo político es una forma particular, regida por
mecanismos particulares, de las relaciones sociales que se observan en todos
los campos. Dentro de esta concepción no parece conveniente privilegiar el
análisis de los procesos que ayudan a dar autonomía al campo político, por-

---

[60] Bourdieu [1989], pp. 376-377.
[61] Véase cap. 5.
[62] Karl Marx [1969], sobre todo pp. 98-101.

CUADRO 6. *El espacio social**

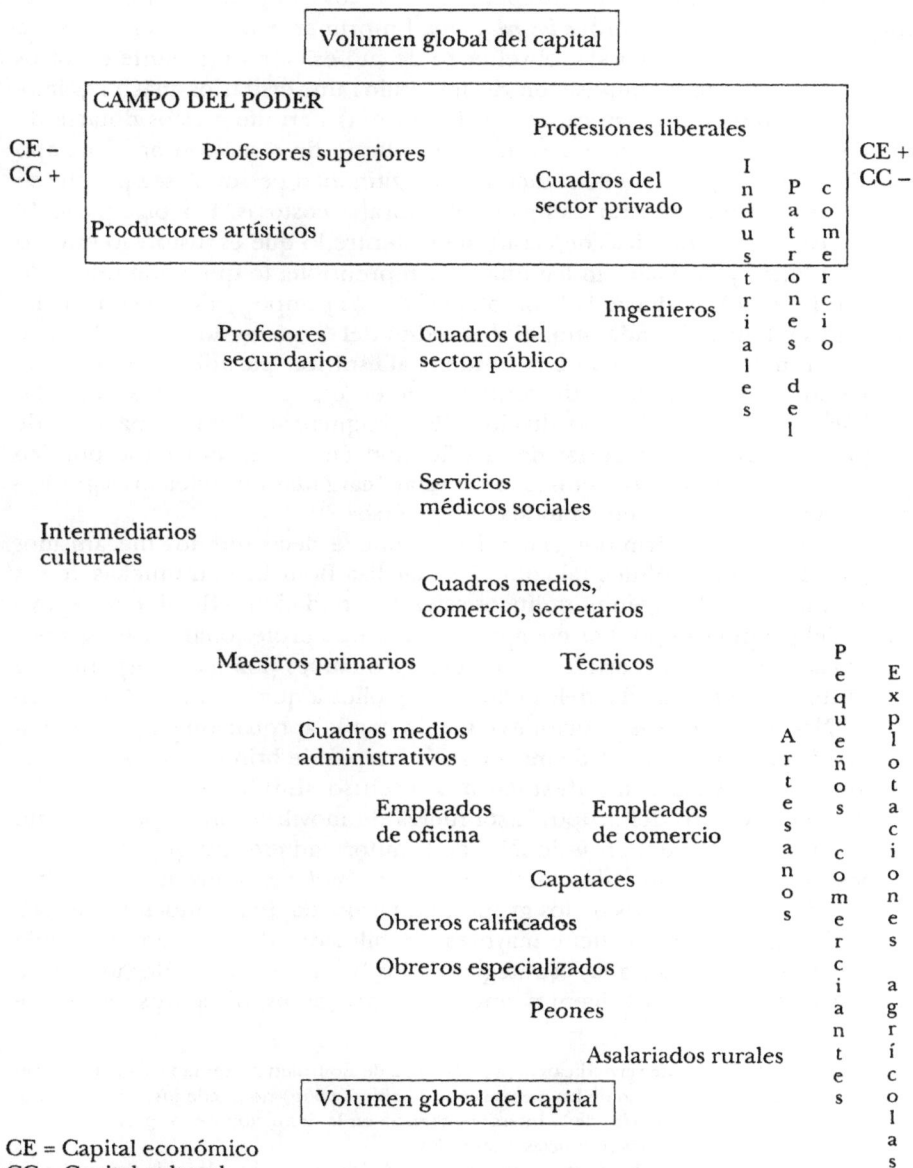

Volumen global del capital

CAMPO DEL PODER

Profesiones liberales

CE –
CC +

Profesores superiores

Cuadros del
sector privado

Productores artísticos

CE +
CC –

Industriales

Patrones del

comercio

Ingenieros

Profesores
secundarios

Cuadros del
sector público

Servicios
médicos sociales

Intermediarios
culturales

Cuadros medios,
comercio, secretarios

Maestros primarios

Técnicos

Cuadros medios
administrativos

Artesanos

Pequeños comerciantes

Explotaciones agrícolas

Empleados
de oficina

Empleados
de comercio

Capataces

Obreros calificados

Obreros especializados

Peones

Asalariados rurales

Volumen global del capital

CE = Capital económico
CC = Capital cultural

* P. Bourdieu, *La distinction*, pp. 140-141.

que al demorarse en su descripción se corre el riesgo de perder de vista las múltiples modalidades de interdependencia de los campos;[63] Bourdieu invita más bien a analizar *todo lo que los relaciona*. En primer lugar, las estrategias de los agentes; en muchos casos, el refuerzo de su posición dominante en otros campos (mediante la adquisición de los títulos universitarios más prestigiosos, o el incremento de su capacidad financiera) permite a éstos dotarse de los recursos necesarios para acceder a un puesto de dirección en el campo político, sea porque con ello refuerzan su legitimidad personal, sea porque su dinero les permite encarar campañas electorales costosas. Por otra parte, el uso de categorías idénticas de clasificación (entre lo que es justo y lo que no lo es, lo "alto" y lo "bajo", lo legítimo y lo reprensible, lo que tiene valor y lo que no lo tiene) establece la "homología" de los campos y de las concepciones en uso dentro de cada uno. El descrédito del "espíritu dogmático" puede tomar, en política, la forma de la condena al espíritu "partidista"; en las relaciones administrativas, la de desconfianza en el "espíritu de sistema"; en tal o cual sector profesional, la exaltación del "pragmatismo" y la capacidad de adaptación. Así, las categorías de clasificación en uso en el campo político pueden derivar su fuerza del hecho de estar "cargadas de todos los significados isomorfos que reciben en todos los universos".[64]

Finalmente, en términos generales, se puede decir que los mecanismos propios del campo político tal como los visualiza Bourdieu en muchas de sus obras exigen que los agentes políticos estén en condiciones de obtener apoyo fuera del propio campo. Por ejemplo, los políticos profesionales y los grupos controlados por ellos (partidos, asociaciones o clubes políticos) disponen de una autoridad reconocida, delegada, por aquéllos a quienes dicen "representar".[65] Necesitan que sus posiciones cuenten con la aprobación de grupos amplios, así como una "fuerza de movilización" capaz de brindarles distintas clases de apoyo (votos, manifestaciones, incluso simplemente que nadie desmienta al vocero del grupo). Esta fuerza de movilización es producto no sólo de la habilidad del profesional o de la autoridad efectiva que le confiere su posición en el campo, sino también de la *concordancia* entre los propósitos expresados y los intereses de los grupos. La búsqueda de reconocimiento por parte del agente político tiene mayores posibilidades de éxito en la medida que corresponda mejor a las estrategias de los "representantes" de vastos grupos en otros campos (dirigentes sindicales, sacerdotes, directivos de asocia-

---

[63] Muchos trabajos que reivindican la problemática de Bourdieu presentan esta paradoja; el "cierre" del campo (que es uno de los mecanismos de objetivación) no puede justificar el desconocimiento de las consecuencias de la interdependencia en la definición de los premios, las reglas, los recursos legítimos y las conductas requeridas.

[64] Bourdieu [1989], p. 384. Para una teoría global de los ajustes entre los principios y las categorías de clasificación vigentes en distintos universos, véase el trabajo, estimulante pero complejo, de Boltanski [1987].

[65] Sobre el concepto de la *representación* en Bourdieu, véase caps. 5 y 6.

ciones, todos igualmente deseosos de encontrar "interlocutores" bien dispuestos entre los políticos y sus agrupaciones).

> Las estrategias que la lógica de la lucha interna dicta a los profesionales, y que, más allá de las divergencias manifestadas, pueden tener como fundamento objetivo diferencias de *habitus* y de intereses (más precisamente, de capital económico y educativo, así como de trayectoria social) vinculadas con las distintas posiciones en el campo, sólo pueden triunfar en la medida que coincidan con las estrategias (a veces inconscientes) de grupos exteriores al campo.[66]

La lógica de la reflexión de Bourdieu lleva al investigador a privilegiar el análisis de las relaciones entre campos. Nuevamente, en este caso, se puede aprehender la inserción de lo político en el conjunto de las actividades sociales a partir de la interdependencia de los sistemas de interacción.

LAS UNIDADES EN LA INTERACCIÓN

Gracias a los títulos adquiridos, las características de la organización social o las modalidades coyunturales de la competencia política, ciertos individuos pueden cumplir un papel destacado en la interacción. Así sucede en las situaciones en que se establece una dominación política de tipo carismático, en el sentido weberiano del término; en esos casos se reconoce la "cualidad extraordinaria [...] de un personaje que, por así decirlo, está dotado de fuerzas o características sobrenaturales, sobrehumanas, o que, al menos, trascienden la vida cotidiana"; el problema no es saber si "en verdad" posee esas cualidades, sino cómo lo ven "aquellos que son dominados carismáticamente, los adeptos".[67] Incluso y *a fortiori* en las situaciones en que se ejerce otra clase de dominación política, la interacción relaciona entre sí a *agentes colectivos, agrupaciones*. En política, la forma de agrupación más fácil de identificar es el aparato institucional, la institución, en el sentido más común del término.[68] Pero también se debe tratar como tales a los organismos de todo tipo, asociaciones, clubes, grupos de presión, redes de organizaciones; lo cual no significa que sea siempre fácil o pertinente identificar con precisión un agente colectivo con una de esas categorías mal definidas. Por ejemplo, se puede incluir a una organización sindical entre las redes de organización, los grupos de presión o incluso (en ciertos regímenes políticos) los aparatos institucionales del

---

[66] Bourdieu [1981], p. 13.
[67] Max Weber [1971], p. 249.
[68] Una vez más se advierten los inconvenientes derivados de la polisemia del término "institución".

Estado. Cualesquiera que sean sus diferencias de "representatividad" o influencia social, las agrupaciones son generalmente *los agentes concretos de la interacción*. En este sentido, Amitai Etzioni habla de interacción representativa *(representational interaction):* "Las unidades de cohesión social interactúan por intermedio de los aparatos institucionales u organizativos de las propias unidades de interacción o las de una unidad que las engloba."[69]

Por consiguiente, lo más importante no es la forma de la agrupación tal como se la reivindica o como está establecida jurídicamente, sino su manera de funcionar, es decir, la forma en que se ejercen las relaciones entre sus miembros. Una asociación reúne a individuos dotados de características sociales idénticas, que aceptan la autoridad de una instancia de dirección muy coherente; otra reúne grupos pequeños, socialmente heterogéneos, que sólo reconocen las decisiones negociadas por sus respectivos voceros. Por tanto, se puede tratar a los agentes colectivos como *sistemas parciales de interacción* cuya cohesión deriva de los intereses comunes, las prácticas similares y los mecanismos que conducen a la agrupación permanente de sus miembros.

Los sistemas de acción

A fin de no limitar el análisis de los sistemas parciales de interacción a los aparatos institucionales, las organizaciones y las asociaciones vistas de manera aislada y tan sólo en razón de su visibilidad inmediata, en otras palabras, para determinar concretamente los agrupamientos que participan en cada interacción, conviene considerarlos como conjuntos *estructurados por el tipo de acción* principal resultante de la actividad de sus miembros. Así, se ha de analizar un sindicato o una asociación permanente de organizaciones sindicales como un sistema productor u organizador de acciones particulares (huelgas, manifestaciones, ocupación de fábricas, etc.) tendientes a promover los intereses de los asalariados en cierta clase de empresas. Privilegiar así las acciones que resultan de la asociación de un cierto número de individuos o pequeños grupos de individuos significa concebir al sistema parcial de interacción ante todo como un *sistema de acción*.

Las "estructuras de acción colectiva"

En la competencia política, y a veces sólo en una etapa particular de ésta, intervienen sistemas de acción colectiva a los que se debe identificar. Éstos pue-

[69] Amitai Etzioni [1968], pp. 102-103 (traducción del inglés nuestra). El concepto de "unidad de cohesión social" puede designar tanto a una clase social o una casta como a un vasto conjunto de individuos que tengan intereses comunes (un grupo religioso, los intelectuales de una sociedad, etc.).

den ser organizaciones muy estructuradas, dotadas de cierta permanencia y del derecho de participar en la vida política, como los partidos y clubes políticos. Pueden ser agrupaciones que participan activamente en cierta etapa de la competencia aunque se las clasifique —y se autoclasifiquen— como organizaciones de otra clase (sindicatos, iglesias, grupos económicos). O bien pueden ser coaliciones, redes de asociaciones o grupos pequeños movidos coyuntural o permanentemente por los mismos motivos de acción. Descubrir y analizar los sistemas de acción significa no limitarse al estudio de una nomenclatura preestablecida de agrupaciones políticas ni aceptar las designaciones habituales y las clasificaciones prefabricadas de los "agentes políticos" debidamente identificados como organizaciones o asociaciones, sino *fijarse un objetivo de investigación:* ¿cuáles son los grupos de agentes que participan en la competencia política y cuál es el factor que les da su identidad y su (relativa) coherencia?

La concepción de los sistemas de acción de Michel Crozier y Erhard Friedberg resulta aquí particularmente fecunda. Para explicar la inserción de un grupo en un tipo de interacción y comprender sus acciones no importa tanto su designación (habitual o jurídica) como la manera como se establecen relaciones duraderas entre sus miembros, que lo caracterizan en tanto sistema de acción particular. El estudio de los sistemas de acción permite *identificar* a los "actores concretos" de la interacción, a los que no se debe confundir con los grupos inmensos (clases, categorías, castas, etc.) definidos por las propiedades comunes de sus miembros; si bien es necesario tener en cuenta estos grupos para el análisis de las relaciones sociales, no se los puede tratar *a priori* como agentes efectivos de la competencia política: "El análisis de los sistemas de acción concretos [...] es una herramienta sumamente útil que *obliga a investigar y permite descubrir* a través de lo vivido por los actores los *verdaderos agrupamientos y divergencias*, que no son sino en última instancia y de manera cada vez más indirecta, los factores de clase o de categoría socioprofesional."[70] Desde este punto de vista, un sistema global de interacción como la competencia política constituye un conjunto de conflictos en torno de problemas a resolver; en función de ellos se organizan "estructuras de acción colectiva a través de las cuales se abordan esos problemas y sin las cuales no se los podría tratar, incluso no serían lo que son".[71] Se trata de comprender cómo esos sistemas de acción, estructurados por la acción a realizar para alcanzar un objetivo o conjunto de objetivos, adquieren en ocasiones una cohesión duradera, se objetivan bajo la forma de reglas colectivas, de prácticas legítimas y de normas coactivas que rigen las relaciones entre sus miembros. El aprendizaje de la acción colectiva y las necesarias conductas es un mecanismo especialmente interesante de la construcción de los sistemas de acción orga-

---

[70] Crozier, Friedberg [1977].
[71] *Ibidem*, p. 292.

nizados; desde este punto de vista, se podrá postular que la *organización*, en tanto modalidad fuertemente objetivada de los sistemas de acción, constituye un "modelo experimental"[72] de los procesos en marcha en cada uno de los sistemas, más que una forma particular de ellos. "En efecto, entre la gama de posibles estructuraciones de un campo de acción, la organización constituye la forma más visible y formalizada, ya que está siquiera parcialmente instituida y se la controla de manera consciente."[73]

En esta perspectiva, sólo se puede concebir un sistema de acción como una forma de *cooperación* establecida por individuos (o pequeños grupos de individuos) interesados en colaborar en la acción. Por ello concilia objetivos colectivos —o al menos presentados como tales— con las metas personales de cada participante, al que deja el margen de autonomía que sea capaz de aprovechar. Se lo puede asimilar a un "juego de cooperación" cuyo resultado aparecerá como el objetivo común de los miembros del sistema; así, la elección del candidato de un partido, resultado concreto de las acciones coordinadas de todos los adherentes (pegar carteles, repartir panfletos, hablar con los electores, etc.) permite designar su objetivo común a la vez que cada afiliado persigue individualmente, dentro de la organización, sus objetivos particulares, que eventualmente podrían enfrentarlo con otro. Por consiguiente, el juego mismo, como conjunto de actividades propias de la acción emprendida, establece las formas de cooperación en mucho mayor medida que las "estrategias" de los participantes, es decir, las "posiciones" que adoptan en el juego. Se puede decir que, en última instancia, la conciencia que tienen los individuos de sus intereses comunes es menos determinante para la creación y el mantenimiento de un sistema de acción que su aptitud para cooperar, su "capacidad de interacción", que varía de acuerdo con su situación, sus características sociales, el contexto y lo que está en juego. Esta aptitud para la cooperación es reforzada por mecanismos "de integración de las conductas de individuos y grupos, en fin, de los actores sociales interesados, que persiguen, cada uno de ellos, objetivos divergentes y hasta contradictorios" dentro del sistema de acción.[74] Crozier y Friedberg vinculan esos mecanismos de interacción tanto con la coacción y la amenaza de sanciones como con la negociación (implícita o explícita) de un contrato; pero la aceptación de normas tales como la lealtad a los términos de un contrato supone que los participantes *perciben* que tienen un interés común en mantener su cooperación para que el juego pueda continuar.

---

[72] Crozier, Friedberg [1977], p. 18.

[73] *Ibidem*, p. 21. Según Crozier, la "sociología de las organizaciones" permitirá analizar los fenómenos que puedan afectar a otras estructuras de interacción. Esto interesa directamente a la ciencia política.

[74] *Idem.*

Porque la realización de los objetivos personales que persiguen unos y otros a través de su participación en [el juego] implica nada menos que su supervivencia. Por eso las "reglas del juego" organizativas se vuelven obligatorias para todos los participantes; porque se apoyan en una fuente de incertidumbre que se impone a todos, a saber, la posibilidad de supervivencia de la organización y, con ella, de su capacidad de jugar.[75]

Hacer de la cooperación efectiva entre los "actores" el principio esencial de los sistemas de acción no significa desconocer las tensiones y contradicciones que pueden resultar de sus esfuerzos en pos de sus objetivos particulares. Tampoco significa ignorar que en cada sistema de acción se ejerce una *relación de fuerzas para la adquisición de poder*. En un estudio sobre el funcionamiento de Seita, una empresa que posee el monopolio de una rama de la producción, Crozier observa que tres categorías del personal —los jefes de taller, los obreros de producción semicalificados y los trabajadores altamente calificados de mantenimiento— sostienen relaciones conflictivas más o menos manifiestas.[76] Lo que está en juego en esas relaciones es la defensa, por cada categoría, de su posición y recursos dentro de la empresa (que exige una resistencia constante a las "invasiones" por las otras categorías), la conservación de la propia parcela de poder (conquistada por la acción sindical y la aptitud de ser indispensable para el funcionamiento normal del conjunto) y, por último, la conquista de una posición dominante en el proceso global de producción, con las relaciones que esto implica. Considerado una "estructura de acción colectiva" a la que en un principio se le había asignado una función productiva e impuesto una organización puramente técnica, el "monopolio" se puede analizar como un sistema de interacción para la obtención de un poder relacional; "y las estrategias utilizadas sólo se comprenden en relación con esta estructuración del poder que ellas condicionan a su vez".[77] Este análisis supone que el investigador debe formular un postulado práctico sobre la autonomía del actor, capaz de utilizar las "zonas de incertidumbre" de la organización para acrecentar su propio poder; este postulado cumple una función práctica en la medida que el análisis lo requiere, independientemente de las incidencias que pudiera tener en un debate filosófico... Este análisis también requiere un estudio profundo de los *recursos* que puede utilizar cada actor en la interacción. En este aspecto, Crozier y Friedberg distinguen la competencia (vinculada con la especialización), la capacidad de con-

---

[75] Crozier, Friedberg [1977], p. 106. Crozier y Friedberg observan que las "reglas del juego" son más o menos coaccionantes para los individuos, según tengan o no las "soluciones de recambio" en caso de desaparición del sistema de acción. El análisis de las consecuencias del "juego de cooperación" es muy similar al de Goffman [1970].

[76] Crozier [1963].

[77] Crozier, Friedberg [1977], p. 63.

trolar recursos en otros sistemas de acción (que confiere un poder especial a todo agente insertado en varios sistemas: la "secante marginal"), el dominio de la información relacionada con el sistema y su ambiente y la ocupación de un puesto que autorice al individuo a emplear las reglas codificadas de la organización (es decir, a utilizarlas frecuentemente en beneficio propio). En este sentido, consideran que ningún individuo carece totalmente de recursos en las relaciones de poder dentro de un sistema de acción.[78]

La estabilización de estas relaciones de poder, que resulta de la propia interacción y del interés común de los participantes en conservar la posibilidad del juego, puede aparecer como principio explicativo de la objetivación de un sistema de acción en una organización estructurada y "racionalizada". Así concebida, la organización permite el ejercicio regular de las relaciones de poder, sobre todo en la medida que las reglas utilizables como recursos están codificadas; además garantiza la permanencia de esas relaciones, por lo cual interesa a todos los que pueden beneficiarse con ella (o así lo creen). La existencia de la organización permite controlar las relaciones de poder mediante los reglamentos que de alguna manera fijan las condiciones del juego, las normas institucionales que los actores deben respetar y la definición de metas o trofeos en pos de los cuales se pueden movilizar. Finalmente, la estructura de la organización define y jerarquiza las posiciones, las prebendas propias de ciertos puestos y las características exigidas para pretenderlos. Por tanto, Crozier y Friedberg conciben la organización como un tipo formalizado de sistema de acción, es decir, de "conjunto humano estructurado que coordina las acciones de sus participantes mediante mecanismos de juego relativamente estables y que conservan su estructura, es decir, la estabilidad de los juegos y las relaciones entre éstos, por medio de mecanismos reguladores que constituyen otros juegos". En el extremo de un continuo de tipos de sistemas de acción, la organización se caracteriza por su alto "grado de formalización, estructuración, de conciencia de los participantes y de responsabilidad humana reconocida expresamente en los reglamentos".[79]

Para completar y diversificar este análisis se considerarán ahora algunas propiedades particulares de las dos formas que pueden tomar los sistemas de acción en la interacción política. En primer lugar, el concepto de *equipo*, desarrollado por Bailey, ofrece un modelo interesante de las relaciones que caracte-

---

[78] Renaud Sainsaulieu [1981] en un balance de *L'acteur et le système* observa con razón que esos recursos no están distribuidos igualitariamente entre los actores, y que Crozier y Friedberg, en el contexto particular de los años 1945-1975, subestiman el carácter dis-simétrico de las relaciones entre las categorías del personal que participa en el sistema de acción.

[79] Crozier, Friedberg [1977], pp. 286-287. Como se ve, esta definición no tiene un carácter jurídico. Si bien puede suscitar reservas en cuanto a la asimilación de los mecanismos de regulación con los juegos o con productos de la "conciencia de los participantes", no es por ello menos útil para el análisis de los agentes colectivos que participan en la competencia política.

rizan a un sistema de acción cuando las relaciones de poder en su interior benefician a un dirigente reconocido y las actividades de los miembros se dirigen a garantizar la supremacía de éste en la competencia.[80] Definido como el conjunto de los "partidarios" del líder, el equipo político —es decir, especializado en la acción política— agrupa a individuos que tienen objetivos personales diferentes y a veces divergentes: adquirir bienes o dinero; cumplir una obligación moral; obtener un puesto de líder subalterno; disponer de recursos para utilizarlos en otros sistemas de interacción. Dos tipos fundamentales de motivaciones pueden explicar la adhesión a un equipo y, según el predominio de uno u otro, imprimirle una orientación particular. Sobre estas bases, Bailey distingue el equipo "moral", con relaciones basadas en una solidaridad cuasimística, en vínculos de amor y deber, del equipo "contractual", en el que las relaciones son producto de una transacción de mutuo beneficio. En la práctica, la combinación de motivaciones e intereses determina relaciones complejas entre el líder y sus seguidores, como entre el "núcleo" de fieles y un "séquito" de contratados. Diríase que lo más interesante de este análisis es el enfoque del *trabajo del líder* para mantener la cohesión del equipo, trabajo sin el cual la existencia de un objetivo común (la preservación del sistema de acción) no sería fácilmente perceptible por los participantes ni actuaría como un coaccionante. El líder debe estimular la adhesión de ciertos participantes (concretamente, en este caso, parientes, amigos, "hijos" vinculados a él por una partenidad ficticia) al identificarse con sus ideales, despertar su amor mediante ofrendas, utilizar los símbolos que despiertan su fe; simultáneamente, debe dar pruebas de su capacidad de satisfacer a los miembros del equipo vinculados a él por contrato, incluso tratar de convertir a los "mercenarios" en "fieles". Obligado a actuar como árbitro, debe demostrar su aptitud para controlar las relaciones entre los miembros, a fin de que todos comprendan que es de su interés permanecer agrupados bajo su dirección. Debe hacer una demostración de su fuerza, condición para la supervivencia del grupo, mantener su "crédito" personal y el del equipo, promover una cierta especialización de roles e incluso imponer métodos capaces de instaurar y oficializar una cooperación duradera (llegado el caso, mediante la burocratización parcial de las relaciones). "Dirigir es todo un emprendimiento. Triunfar como líder significa reunir más recursos que el adversario y emplearlos con mayor habilidad."[81] Es claro que semejante formulación se apoya en la idea del sistema de acción estable como resultado del uso de los recursos acumulados en diversas interacciones, o campos de actividad, por aquellos que se benefician con las relaciones de poder al interior del sistema.

Por otra parte, el concepto de *red* puede facilitar la comprensión de las modalidades de cooperación entre individuos que pertenecen a sistemas de

[80] Bailey [1971].
[81] *Ibidem*, p. 50.

acción objetivados —sobre todo organizaciones— diferentes. Para evitar la confusión, conviene precisar que aquí se llama red política a un sistema de relaciones que atraviesa de alguna manera distintos sectores de la vida social (política, económica, cultural, administrativa, etc.) y une en forma permanente a sus miembros mediante un interés común que los obliga a respaldarse mutuamente en la acción política: es "un haz de relaciones recíprocas que funcionan a largo plazo".[82] Es, por ejemplo, la red que moviliza un "notable" local que se postula como candidato a una legislatura provincial: militantes y dirigentes de diversas asociaciones, "clientes" a los que se ha prestado algún servicio, jefes de empresa interesados en el triunfo electoral de un hombre que comparte sus concepciones económicas, individuos influyentes, etc. En cierta forma, la identificación de los miembros de una red permite caracterizar al agente que la utiliza: el origen social de sus miembros, sus profesiones, sus actividades principales, sus relaciones habituales, los "círculos sociales" de los que forman parte establecen el "perfil" de la red. Suponiendo que se pueda caracterizar a ambos como "notables", un alcalde cuya red está conformada por jóvenes empresarios, cuadros sindicales, docentes y especialistas económicos, difiere en lo social (tal vez incluso en lo político) de otro cuya red se compone de pequeños comerciantes, jefes de distrito, notarios y organizadoras de fiestas de caridad. Así, la pertenencia a una red condiciona en gran medida las posibilidades de un individuo de aparecer como candidato potencial creíble para tal o cual categoría de electores, de ingresar en la familia de los "elegibles".[83] El lector habrá comprendido que el interés de esta concepción no consiste en incitar al investigador a enumerar y clasificar a todos los individuos de una red (tarea imposible, además de probablemente inútil), sino en que permite identificar los sistemas de acción concretos que ofrecen recursos en distintos campos de actividades: "El análisis de las redes puede ayudar a obtener una visión coherente de una estructura social diferenciada."[84] Todavía falta caracterizar con precisión los grupos o "círculos sociales" que, con sus relaciones estabilizadas, conforman la *red social* en cuyo seno el individuo puede construir "*su*" *red* personal, estructurarla y utilizarla en la acción política.[85] También falta analizar el trabajo de ciertos miembros de la red (por ejemplo, el notable político local) para "manipular" el sistema potencial de acción en beneficio propio.

---

[82] Marc Abélès [1986], p. 223.

[83] Abélès [1989].

[84] Ulf Hannerz [1983], p. 222.

[85] Alain Degenne [1986] insiste con razón que "la relación interindividual no es primaria" (p. 293) y que la articulación de los círculos sociales condiciona previamente las relaciones entre individuos, así como la forma de su cooperación. Por lo tanto, hay que evitar la confusión entre las redes más o menos estabilizadas que relacionan los agrupamientos y las interpersonales construidas sobre esta base. Véase p. 296.

El modelo de los *"Bureaucratic Politics"*

Más arriba se habló del riesgo de concebir a los agentes colectivos tales como los Estados en el sistema internacional según el modelo de individuos capaces de calcular, decidir y definir estrategias.[86] Es mucho más coherente visualizarlos como vastos sistemas de acción en los que participan instituciones, organizaciones, grupos interesados en las relaciones internacionales. Por cierto que visto desde este ángulo, el Estado se define por un sistema general de interacción, el de las relaciones interestatales, en el cual está inmerso, del cual recibe reconocimiento jurídico y el carácter de participante de pleno derecho; pero también se define por las relaciones imperantes entre sus miembros o componentes. Su cohesión está garantizada por prácticas y reglas aceptadas por todos (codificadas e institucionalizadas sobre todo bajo la forma de un régimen político) y por la *identificación* de sus miembros con el conjunto. Esta identificación se advierte no sólo en la aceptación de creencias comunes y la fuerza de un "sentimiento de solidaridad", sino también por la adecuación de las conductas a las reglas prácticas en vigor. Debe su "consistencia" —así como su visibilidad social— a *mecanismos de integración* muy complejos: socialización de los individuos mediante el aprendizaje de conductas sociales legítimas y representaciones que garantizan su cooperación; "marcación" de grupos, que establecen su identidad social colectiva mediante celebraciones, ritos de iniciación, atribución de signos distintivos o símbolos (comunes a todos los grupos, como la bandera, el himno nacional y la lengua; o particulares, tales como la vestimenta, la manera de hablar, el "estilo de vida"); difusión de clasificaciones que permiten pensar el mundo (tal nación es peligrosa, tal otra es amistosa y bienintencionada; tal conducta es amistosa, tal otra es amenazante, etc.). Aunque se ha verificado que la identificación de los componentes con las prácticas y las reglas comunes varía según los grupos sociales, las instituciones y las organizaciones, y que su integración en el conjunto alcanza distintos grados, no es menos cierto que el conjunto formado por todos, el Estado, puede ser visto como un *sistema de acción muy complejo.*

Desde esta perspectiva se plantean los interrogantes señalados anteriormente: ¿cómo resulta la acción del Estado de la cooperación entre miembros que persiguen objetivos distintos y aun divergentes? ¿Cómo se puede visualizar esta acción, producida por la interacción en el seno del sistema, *como objetivo común* de los miembros asociados? ¿Se la puede presentar como una consecuencia de su "voluntad colectiva" (hasta el punto de que, habiendo actuado las más de las veces en beneficio propio, puedan creer que lo hicieron en aras

---

[86] Véase p. 182, nota 29.

del "interés general")? Finalmente, ¿como se objetiva constantemente y se mantiene el sistema de acción mediante un conjunto de "mecanismos reguladores que aseguran la integración de las conductas de los actores en estructuras colectivas"?[87] Goffman y Schelling trataron de responder a estas preguntas; a partir de ellas, Allison y otros autores elaboraron el modelo de la *"bureaucratic politics"*.[88] Aunque en un principio se lo concibió para el estudio de las relaciones internacionales, este modelo es de interés general para el análisis de los sistemas de acción complejos.

Las acciones que se atribuyen habitualmente a la "voluntad" de un Estado o su gobierno —quién "decide" acrecentar las tensiones en un lugar del mundo u "opta" por el camino de la negociación— de hecho no son sino el *resultado* de un proceso de interacción entre unidades asimilables a los participantes en un juego de cooperación:

> El "autor" de una política gubernamental no es un tomador de decisiones que calcula, sino más bien un conglomerado de vastas organizaciones y autores políticos que difieren sustancialmente en cuanto a sus expectativas respecto de una decisión gubernamental y compiten por ejercer su influencia sobre las decisiones y acciones de éste.[89]

Por consiguiente, la acción efectiva de un Estado, así como sus decisiones (es decir, las acciones que anuncian u ordenan sus instancias dirigentes oficiales), aparecen como productos de una negociación entre jugadores de distinto estatus y posición jerárquica. Las elecciones que efectúa cada uno al tratar un problema concreto, las decisiones que toma o deja de tomar, la conducta que adopta habitualmente, son otros tantos fragmentos de una construcción cuyo diseño general sólo aparece en la acción realizada. Esto no deja de causar problemas en cada sistema. Cuando el "número uno" soviético Nikita Jruschov retiró los misiles de Cuba a fin de desactivar la grave crisis en la isla, debió enfrentar la hostilidad de muchas instituciones de su país y velar por que las iniciativas de algunas de ellas no desembocaran en actos de guerra con Estados Unidos.[90] Así, cada uno de los participantes en el sistema de acción estatal contribuye a elaborar la acción en función de sus propios objetivos, hábitos e intereses concretos, y de acuerdo con su propia percepción del problema a encarar. Por ejemplo, si se estudia el retiro de tropas norteamericanas de Europa, el Estado Mayor temerá una disminución de su presupues-

---

[87] Crozier, Friedberg [1977], p. 96.

[88] La traducción de este término suscita problemas temibles. Hablar de "políticas burocráticas" deformaría su sentido, por más precauciones que se tomaran. En rigor, se podría traducir como "construcción de políticas en los sistemas burocratizados"; ¡es preferible conservar el término no en inglés!

[89] Graham T. Allison, Morton H. Halperin [1972], p. 42 (la traducción es nuestra).

[90] Allison [1971].

to; la secretaría de Hacienda verá en ello la oportunidad de reducir los gastos federales; la oficina de Asuntos Europeos temerá las consecuencias de esa acción sobre sus relaciones con la OTAN; un asesor presidencial aprovechará la ocasión para mejorar las relaciones del Ejecutivo con el Senado, etcétera.

> Las consecuencias de las acciones se pueden ver afectadas por las políticas relacionadas con el problema a encarar, por el juego de las decisiones en torno de éste y también por el juego de las decisiones *en torno de otros problemas*. Las consecuencias también pueden verse afectadas por la ausencia de decisiones de las instancias superiores interesadas en el problema, por la falta de maniobras de parte de ciertos jugadores o por la conducta rutinaria de ciertas organizaciones.[91]

El sistema de acción estatal también es "consolidado" por diversos mecanismos que contribuyen a mantener su coherencia y crean la posibilidad de atribuirle un proyecto, un objetivo consciente, es decir, atribuir a la intención y el cálculo colectivos el resultado de la interacción. Entre esos mecanismos cabe mencionar: 1) la *rutinización* de las prácticas dentro de cada componente del sistema, que garantiza una cierta regularidad de las relaciones entre los componentes[92] y asegura la aplicación de un mínimo de reglas comunes; 2) la existencia de *intereses comunes* a los diversos componentes, tales como la preservación de la "independencia del Estado", condición esencial de las actividades de sus diversas instancias, o la proyección de una imagen positiva de las políticas realizadas (es decir, de los efectos de esas políticas sobre el bienestar de todas las categorías de la población); 3) el acuerdo de los diversos componentes del sistema sobre ciertos *valores fundamentales* que resulta de una visión idéntica de los problemas, una aceptación de los principios de clasificación y juicio. Así, la mayoría de los participantes en el sistema de acción "Estados Unidos de América" (instituciones, organizaciones, dirigentes, periodistas, etc.) concuerdan con los siguientes postulados: Estados Unidos debe detener el avance del comunismo en el mundo; la pérdida de la posición dominante en el sistema monetario internacional significaría el fin de la prosperidad; la capacidad de destrucción es la condición necesaria de la disuasión; la unificación de Europa es deseable, etc.[93] La coherencia del sistema de acción es tal que el Estado tiene así la posibilidad de una interacción regular y una cooperación efectiva entre "jugadores" con intereses propios, a veces conflictivos, para el tratamiento de un problema que afecta su relación con otros Estados, es decir, su inserción en el sistema general de interacción. De suerte que "la influencia de las acciones de una nación sobre otra resulta de las conse-

---

[91] Allison, Halperin [1972], p. 51 (la traducción y el subrayado son nuestros).

[92] En estas relaciones rutinarias se advierte una forma de las "transacciones colusivas" de las que habla Dobry [1986].

[93] Allison, Halperin [1972], p. 56.

cuencias de aquéllas sobre las posiciones o los poderes de los participantes en los juegos de acción y decisión de ésta".[94] Por ejemplo, el retiro de las tropas soviéticas de Afganistán influyó en las acciones norteamericanas debido a los efectos de esa retirada sobre las posiciones y el poder que poseen en Estados Unidos, el ejército, el presupuesto, las asociaciones patrióticas, los fabricantes de armas, los grupos de presión paquistaní e hindú, etc. La subsiguiente acción del gobierno norteamericano (acelerar las negociaciones con los soviéticos sobre la limitación de los misiles de alcance intermedio) fue producto de la interacción entre esos grupos e instituciones diversamente afectados por el problema. Como resultado de esa interacción, se impuso la tesis del retiro soviético de todos los países de su *glacis* militar (tesis que, evidentemente, no todos los componentes aceptan o de la cual no extraen las mismas conclusiones).

Tal vez el modelo de la *"bureaucratic politics"* ofrece una visión de conjunto de las relaciones sociales como juegos de interacción de alguna manera encajonados; en una interacción global (como el sistema de relaciones interestatales o la interacción política en una nación), se puede analizar los sistemas de acción como interacciones parciales y dependientes, y así sucesivamente. Sin embargo, este modelo no interesa como esquema general de interpretación de las relaciones sociales: sería incorrecto concebirlo como una suerte de gran "mecano" sociológico en el que los sistemas de interacción y de acción, los campos y los sectores, se encajonan unos dentro de otros para mayor placer de los ojos o el espíritu. Es un método fecundo para *orientar el análisis empírico* de las distintas formas de relaciones, más o menos institucionalizadas y objetivadas, que intervienen en la actividad política. Así se lo utilizará en los capítulos siguientes. Previamente se debe considerar cómo los agentes individuales se insertan en los sistemas de acción y los mantienen con sus diversas prácticas.

Los individuos en la interacción

El método empleado aquí para analizar las conductas de los agentes privilegia decididamente la estructura de la interacción y la constitución de sistemas de acción, enfocándolos desde el ángulo de las modalidades de relación y las reglas que imponen a los individuos, o bien destacando las consiguientes "coacciones" colectivas. El método de tomar como punto de partida lo colectivo —aun concebido en términos de estructuras de relaciones— es rechazado por los autores considerados partidarios del *individualismo metodológico*. Éstos basan su explicación de las relaciones que se establecen en la vida social en las conductas y estrategias individuales; independientemente de las premisas

---

[94] Allison, Halperin [1972], p. 57 (la traducción es nuestra).

filosóficas, por otra parte bastante variadas, que puedan haber orientado esa elección *metodológica*, ellos entienden que queda establecida "la *primacía* de la *acción individual* [al acordar] la mayor importancia a los cursos *alternativos* de acción entre los cuales deben *elegir* los individuos".[95] El individualismo metodológico tiende a presentarse como el único método que escapa al "simplismo" de las teorías "que tratan de analizar directamente las consecuencias de los hechos *estructurales* o *culturales* y esquivan el de las motivaciones y conductas individuales".[96] Sus partidarios siempre están dispuestos a desalojar el "individualismo mínimo" o "vergonzante"[97] de los autores que, según ellos, reintroducen subrepticiamente al actor —y sus motivaciones propias— en análisis que no tienen en debida cuenta su autonomía. Cualquiera que sea la fuerza de los argumentos empleados, esta discusión no parece tener mucho sentido; primero, porque entre los sociólogos que razonan en términos de interacción sería difícil diferenciar a los auténticos partidarios del individualismo metodológico de los individualistas vergonzantes; segundo, porque el problema de las conductas individuales y sus consecuencias está planteado directamente, aunque en otros términos, en las obras de los autores llamados "holísticos".[98]

Conductas individuales y pertenencia al grupo

Las relaciones entre individuos o entre lo colectivo y lo individual dentro de un grupo no son idénticas en todos los agrupamientos sociales o sistemas de acción. Un sistema de acción que se ha formado coyunturalmente en torno de un problema a afrontar, aunque se haya constituido de la manera más formal, tal vez no pueda imponer a sus miembros otra coacción que la de coordinar sus acciones en relación con ese asunto concreto. Por el contrario, otro sistema, fuertemente objetivado y dotado de poderosos medios de coerción, puede imprimir su sello en la conducta de sus miembros, hasta obligarlos a definirse en relación con los intereses colectivos, es decir, de la propia institución. Entre esas situaciones extremas cabe imaginar toda una gama de estructuras de relaciones más o menos coaccionantes para los individuos.

Aquí sólo se hará una breve descripción del modelo de las *instituciones totales*, no tanto por el interés que puedan tener para el análisis de las relacio-

---

[95] François Chazel [1986], pp. 244-245. La obra compilada por Birnbaum y Leca [1986] ofrece una amplia gama de trabajos y críticas referidos al individualismo metodológico. Véase también François Bourricaud [1977], sobre todo pp. 280-299.

[96] Boudon [1986], p. 53.

[97] *Ibidem*, p. 54.

[98] Incluido Emile Durkheim. Véase Lacroix [1981]. Se puede considerar el "holismo" un método que privilegia las condiciones estructurales o colectivas de la acción por sobre los móviles individuales.

nes políticas[99] como para ilustrar los mecanismos al interior de diversos agrupamientos, bajo una forma menos extrema y por añadidura muy parcial. El estudio de las instituciones de "rehabilitación", sobre todo las penitenciarias y carcelarias, que se multiplican a principios del siglo XIX, permite a Michel Foucault demostrar cómo un universo disciplinario, cuya lógica está inscrita incluso en la arquitectura de los edificios y en el detalle de las actividades cotidianas, tiende a forjar individuos definidos por la sola pertenencia a ese universo.[100] Al "hacerse cargo minuciosamente del cuerpo y el tiempo del culpable, custodiar sus gestos y sus conductas mediante un sistema de autoridad e información",[101] la cárcel crea un individuo que no tiene otra identidad que la del delincuente; el adiestramiento de su cuerpo, los hábitos que debe adquirir, su rigurosa separación del mundo "exterior" modelan su conducta según las exigencias de la institución. En cárceles, hospitales, cuarteles y escuelas, un tipo de construcción, el panóptico imaginado por Jeremy Bentham, impone una misma visión del mundo y las relaciones sociales, una misma concepción del poder y la disciplina: "jaula cruel y omnisciente", el panóptico permite elaborar nuevos conocimientos sobre los hombres sometidos a vigilancia perpetua, que el personal penitenciario alimenta (mediante sus observaciones, investigaciones, prontuarios) y transmite (mediante los archivos o la enseñanza de las técnicas punitivas apropiadas para cada tipo de delincuente). Así, el mismo personal penitenciario aprende a hacer lo que su puesto en la institución carcelaria exige de él y con ello le da sentido y vida a la institución. La institución total, creada para el adiestramiento —o la rehabilitación— de los hombres, fabrica los individuos que necesita, por así decirlo, y a los que impone las conductas y concepciones de su rol.

Goffman arriba a conclusiones en muchos sentidos análogas en su estudio del funcionamiento de un hospital norteamericano, pero subraya que en las instituciones que él llama "totalitarias" los individuos conservan una *autonomía nada despreciable* con respecto a sus roles.[102] Ciertas prácticas colectivas —reuniones, fiestas, representaciones volcadas hacia el "exterior"— producen un acercamiento entre el personal y los internados hasta el punto de alejarlos de su conducta habitual. Por otra parte, los individuos aprenden a apartarse de sus roles para conservar un cierto grado de autonomía y defenderse de la coacción institucional. El *uso de los roles* revela que el individuo puede es-

---

[99] Sin embargo, no se debe olvidar que el modelo de las "instituciones totales" fue ampliamente utilizado en los estudios sobre dictaduras y sociedades totalitarias. La intención de los autores que desarrollaron este tipo de análisis suele ser más normativa que explicativa. Véase, por ejemplo, cómo lo emplea André Glucksmann (*La cuisinière et le mangeur d'hommes*, París, Le Seuil, 1975) en su interpretación del sistema soviético. Es verdad que ciertos pasajes del libro de Michel Foucault [1975] autorizan este uso (sobre todo pp. 211-219).

[100] Foucault [1975].

[101] *Ibidem*, p. 133.

[102] Goffman [1974].

capar, en cierta medida, a los imperativos de la "función" que se le ha asignado en la institución o el sistema de acción. Por consiguiente, la autonomía de acción individual no es un residuo, un fracaso parcial de la conformación al rol, ni el refugio del investigador perezoso que no consigue explicarlo "todo" al cabo de un análisis de las estructuras de interacción; es más bien la forma que asume la relación del individuo con su rol social: sin duda, relación de identificación, pero también de distanciamiento. En este sentido, no se puede aceptar la hipótesis de un individuo totalmente coaccionado por su socialización o por su inserción en un sistema de acción, aunque éste se asemeje a una institución totalitaria.

A *fortiori*, cuando el sistema de acción o el grupo social de pertenencia no tiene las características de una institución total, su funcionamiento se vuelve rápidamente incomprensible si no se toman en cuenta las acciones individuales, su autonomía y sus consecuencias para la interacción. Como se vio anteriormente, el análisis vuelve constantemente sobre el individuo. Por ejemplo, las reglas se inventan y transmiten en la medida de su "competencia" en el ejercicio del conocimiento práctico; ahora bien, la distribución de esta competencia es social y también *individualmente* desigual. La cohesión de un sistema de acción supone la integración de los individuos, sea mediante su percepción del interés común de perpetuar un tipo de juego, sea mediante su aceptación de los valores y principios en vigor. Ahora bien, como lo demuestran las desviaciones, los fracasos y las "anormalidades", esta integración no está asegurada mecánicamente. Las acciones emprendidas por los componentes de un sistema de acción dependen en parte de la representación que se hacen los individuos de los problemas a tratar, de su importancia y de los métodos pertinentes en cada situación particular. El trabajo de ciertos individuos condiciona el mantenimiento de los sistemas de acción: el líder reactiva constantemente las relaciones entre los miembros, el "manipulador" trata de utilizar en beneficio propio la red en la cual está inserto, los individuos que participan en muchos sistemas pueden utilizar los recursos adquiridos. En definitiva, cualquiera que sea la explicación de su conducta y el grado de conformidad de sus acciones al tipo medio de acción correspondiente a tal o cual situación, sólo el individuo puede *concebir* los efectos de la interacción: no es "la nobleza" sino *los* nobles quienes experimentan de distintas maneras los resultados de su competencia con los burgueses y campesinos enriquecidos en el siglo XVIII, y son las reacciones diversificadas (aunque generalmente conformes a un patrón medio de acciones análogas) de esos individuos nobles las que constituyen la "reacción nobiliaria"; en otras palabras, *la* nobleza y *la* burguesía son "variables abstractas".[103] Para el sociólogo, no se trata de utilizar esos argumentos para abandonar un análisis que privilegia las formas y los

---

[103] Barrington Moore [1979]. p. 57.

efectos y se puede verificar empíricamente. Tampoco es cuestión de saber si este conjunto de aptitudes individuales corresponde a la "libertad individual" tal como la definen los filósofos; ¿a qué concepción de la libertad debería recurrir de acuerdo con su trabajo? Se trata simplemente de explorar lo que el análisis de las interacciones concretas debe al estudio de las dimensiones individuales de las conductas.

Un autor citado con frecuencia por los partidarios del individualismo metodológico, Mancur Olson, ha elaborado una reflexión estimulante sobre los efectos de las conductas individuales en la organización de los sistemas de acción.[104] Si bien los individuos aceptan de buen grado asociarse unos con otros para obtener ventajas que benefician a todos, una cooperación de ese tipo sólo puede establecerse y perdurar en grupos pequeños, incluso muy pequeños. Cuando se debe imponer la cooperación en grupos grandes o vastas organizaciones (como sindicatos y partidos), los inconvenientes superan a las ventajas; para cada individuo, el costo de asociarse (sobre todo la obligación de renunciar parcialmente a la satisfacción de sus propios intereses) supera los beneficios de su participación y puede incitarlo a practicar una estrategia de "*ticket* gratuito", es decir, aprovechar las ventajas adquiridas por la acción ajena sin haber dado nada de su propia persona. "Cuando una organización tiene muchos miembros, el individuo advierte que su esfuerzo o aporte personal no tiene un efecto perceptible sobre la marcha del emprendimiento, y espera recibir la parte preestablecida de las ganancias, haya o no contribuido a obtenerlas."[105] La hipótesis de que las grandes organizaciones subsisten debido a que sus miembros son conscientes de los intereses comunes, o de que privilegiar los intereses colectivos conviene a sus intereses personales,[106] significa suponer —equivocadamente según Olson— que aquéllas están en condiciones de satisfacer a los individuos al proveerlos de bienes colectivos, y que ello basta para volverlas indispensables. Ahora bien, cada individuo persigue objetivos personales, espera ventajas que pueda obtener a *menor costo* mediante su esfuerzo individual o los de sus vecinos. Desde ya que las grandes organizaciones no corresponden verdaderamente al interés de los individuos: lo que éstos tienen en común, es decir, su deseo de obtener ventajas personales, *no interesa a la acción colectiva* de la organización.

A partir del análisis de las estrategias individuales en el funcionamiento de los sistemas de acción Olson postuló tres hipótesis principales: 1) Las grandes organizaciones tienen mayores probabilidades de perpetuarse en la medida

---

[104] Mancur Olson [1978]. Los adversarios del método "holístico" suelen citar este libro, incluso de manera abusiva, porque no descarta todo análisis a partir de las estructuras de acción sino sólo aquellos que pretenden *hacer abstracción* de los intereses individuales.

[105] *Ibidem*, p. 77.

[106] Hipótesis que surge de los trabajos de Harold Laski [1939]; también de Arthur Bentley [1949].

que están en condiciones de satisfacer, de manera selectiva, los *móviles sociales individuales* de sus miembros, cualesquiera que fueran.[107] Así, los sindicatos ofrecen a sus afiliados ventajas tales como alojamientos económicos, préstamos a tasas de interés bajas, seguros, prioridad en la contratación, en fin, "bienes no colectivos seductores". 2) Las grandes organizaciones como los sindicatos sólo pueden perpetuarse y conservar su influencia mediante la *coerción* que ejercen sobre sus miembros, sea a través del monopolio del empleo en ciertas ramas de la producción y la distribución, la participación obligatoria en las huelgas (piquetes, paros, ocupaciones de fábricas), el cierre de las mutuales a los no afiliados e incluso la presión social (denuncia, discriminación de los "amarillos" y no afiliados en sus talleres, etc.). Esta coerción se ejerce con mayor violencia cuando las relaciones con la patronal se vuelven abiertamente conflictivas. Por tratarse de un autor que atribuye tanta importancia a los "móviles individuales", es sorprendente que Olson no conceda mayor peso a las creencias de los individuos en las virtudes o la necesidad de la gran organización. 3) Por lo tanto, la integración de los individuos en una organización —un sistema de acción objetivado— no es resultado de la conciencia "espontánea" de los objetivos comunes que se pueden alcanzar mediante la cooperación; antes bien es producto de mecanismos que garantizan el *poder de un pequeño grupo muy organizado de dirigentes* sobre una masa de individuos a los que se debe tratar constantemente de convencer y, sobre todo, de contener. En esto Olson coincide con Carlos Marx cuando éste dice que los individuos (nobles o burgueses) no siempre tienen conciencia de sus intereses comunes de clase,[108] o que la "conciencia de clase" sólo aparece con la organización política o sindical del grupo. Ésta a su vez es producto de una experiencia de conflictos y de la resistencia de individuos sometidos a idénticas condiciones de opresión que descubren gradualmente la necesidad de una organización fuerte, coaccionante, incluso autoritaria, que se impondrá a los recalcitrantes.[109]

Muchos de los autores que privilegian la interacción atribuyen otro significado a la autonomía de las conductas individuales con respecto a los imperativos colectivos. Crozier demuestra cómo los individuos, lejos de conformarse exactamente con el papel que se les asigna, lejos de dejarse encerrar a riesgo de no tener nada que ofrecer en sus transacciones con los demás (aunque más no fuera el retorno "a la norma"), tienden a tomar distancia cada vez que esta actitud les puede proporcionar algunas ventajas.

---

[107] Olson [1978] observa que "aparte de los estímulos pecuniarios y sociales, existen los eróticos, psicológicos, morales, etc." (p. 84). De todas maneras, sus análisis sólo tienen en cuenta los estímulos pecuniarios y sociales.

[108] Marx [1969].

[109] Marx [1967]. Desde este punto de vista, véase el papel que asigna Lenin (*¿Qué hacer?*, Buenos Aires, Ed. Cartago, 1974) a *un pequeño grupo* de revolucionarios profesionales, minoría esclarecida, y a la *disciplina* en el Partido Bolchevique.

Nuestros análisis han descubierto que al margen y, por así decirlo, detrás del juego de la socialización hay una tendencia instintiva más o menos consciente de todos los actores a jugar con las funciones que se les
ha asignado y transformarlas a fin de poder escapar a las previsiones y
presiones de sus pares, lo cual les permite conservar e incluso ampliar
su margen de libertad.[110]

Sin embargo, esta *aptitud para distanciarse del propio papel* está distribuida de manera muy desigual entre los individuos, de acuerdo con la posición que ocupan
y los recursos de que disponen. Albert Hirschmann subraya el mismo concepto
en un marco de análisis muy distinto, al describir los tres tipos posibles de conducta para los miembros de una organización:[111] la lealtad *(loyalty)*, semejante a
una adhesión firme a la organización, que se expresa sobre todo en la conformación con el papel; la toma de la palabra *(voice)* para apelar a la dirección del
grupo a fin de que modifique las reglas y cursos de acción que disgustan al individuo; y la deserción *(exit)*, que se traduce concretamente en el abandono de
la firma (y sus productos) o la organización. Así, el individuo puede "elegir" su
conducta, manifestar su autonomía en relación al sistema de acción y las conductas que éste tiende a imponerle, desde luego teniendo en cuenta que las
cualidades sociales individuales condicionan en gran medida las posibilidades
de elección. Por ejemplo, los padres atentos a la calidad de la enseñanza (fruto de su propio conocimiento del sistema escolar) y capaces de pagar los altos
costos de la escolaridad privada retiran a sus hijos de la escuela pública que no
les satisface, en tanto los padres que no cuentan con esos medios demostrarán
mayor interés en una enseñanza gratuita de calidad.[112]

Por consiguiente, la relación entre el individuo y el grupo —o sistema de
acción— que le asigna un papel y le impone conductas adaptadas es muy
compleja. Oponer la estructura del sistema (considerada determinante, coaccionante) a la acción individual (considerada autónoma, meditada, incluso
"libre") no tiene de por sí el menor sentido.[113] Antes bien, conviene indagar
en las modalidades de ajuste imperfecto de las conductas individuales a los
mecanismos y coacciones de la interacción, así como en la incidencia de esas
conductas individuales sobre la elaboración y perpetuación de los mecanismos. Con ese criterio Dupuy y Thoenig definen el funcionamiento de un
mercado: si bien "es el factor colectivo el que regula el sistema", la "regulación organizativa [...] no es sólo la expresión de una dirección general que
trata de orientar el funcionamiento de las unidades de base, sino que es inte-

---

[110] Crozier, Friedberg [1977], p. 98.
[111] Albert Hirschmann [1972].
[112] *Ibidem*, pp. 51-52.
[113] Como señala Giddens [1987] en su "teoría de la estructuración".

riorizada por las propias unidades en su modo de ajuste recíproco".[114] El problema de la interiorización por el individuo o, si se quiere, de la *individuación* de las reglas y posibilidades que crea el uso de aquéllas es un asunto central, no marginal ni vergonzante, en muchos análisis en términos de interacción.

El individuo "operador práctico"

La aptitud de un individuo para observar la conducta conveniente en un sistema de acción, es decir, para aprovechar las reglas del sistema es producto —para un sector que es necesario estudiar— de disposiciones adquiridas. Por cierto, se puede considerar que la autonomía de acción de los individuos, su competencia, su capacidad de "jugar" hábilmente, revelan una cualidad particular del hombre —propia de su naturaleza o producida por las relaciones interpersonales— que hace una elección filosófica, perfectamente legítima en su orden pero carente de interés aquí. Porque lo propio del análisis sociológico, aparte de cualquier concepción filosófica, es el estudio de las *predisposiciones* de ciertos individuos, o categorías de individuos, para sacar el mejor partido de su inserción en un sistema de acción. Estas predisposiciones, concretamente reconocibles por su aptitud para aplicar las prácticas que aseguran el "éxito" en un campo determinado de actividades, dependen de las condiciones de existencia de los individuos, es decir, de su posición social. Al adoptar este punto de vista metodológico, se está en condiciones de descubrir (incluso medir) la relación entre la pertenencia del individuo a tal o cual grupo social y su dominio de tal o cual categoría de acciones. Su inserción en una "clase particular de condiciones de existencia" permite comprender sus conductas en los distintos sistemas de acción en los que participa: ésta no es una elección filosófica sino un postulado de investigación cuya fecundidad puede —y debe— ser verificada.

Hablar de *clases particulares de condiciones de existencia* es evitar cualquier definición apriorística de las formas de agrupación que inculcan creencias, concepciones y *savoir-faire* al individuo.[115] En efecto, el concepto se puede aplicar de igual manera a las clases sociales o sectores de clase, las organizaciones, las comunidades de vida y las unidades de trabajo. En su sentido más general, el que emplea Bourdieu, se refiere menos a una forma particular de grupo que a un mecanismo: el que conduce al individuo a ajustar sus necesidades, esperanzas y prácticas a sus "condiciones objetivas", es decir, a las probabilidades objetivas de obtener tal o cual bien, dada la posición que ocupa en el conjunto de las relaciones sociales. En efecto, esa posición determina lo que puede (y no puede) tener o hacer, las libertades que se puede tomar con

---

[114] Dupuy, Thoenig [1986], p. 153.
[115] Bourdieu [1980], p. 88.

las reglas, las prohibiciones que pesan sobre él; en síntesis, las probabilidades de éxito, estadísticamente mensurables, que acompañan la pertenencia a tal o cual grupo. El ajuste de las esperanzas y las prácticas no deriva de un conocimiento intelectual de las probabilidades de éxito, ni menos aún de un cálculo, sino de las *experiencias* vividas por la mayoría de los individuos que ocupan una posición social determinada: la experiencia de éxitos y fracasos, de lo que es posible o imposible, de las relaciones que ponen a cada uno "en su lugar" (o lo devuelven a él). Es verdad que muchos textos de Bourdieu tienden a asimilar las "clases de condiciones de existencia" con las clases sociales, tal vez simplemente porque el autor define la pertenencia a una clase social como la clasificación en un grupo de individuos que ocupan las mismas posiciones en el espacio social, comparten idénticas condiciones de vida, tienen las mismas prácticas y concepciones, de las cuales se apartan muy poco. "En función de la posición que [la gente] ocupa en este espacio tan complejo, se puede comprender la lógica de sus prácticas y determinar, entre otras cosas, cómo clasifican a los demás, a sí mismos y, dado el caso, se conciben miembros de una 'clase'."[116] Sin embargo, como se verá, el análisis de clase de las condiciones de existencia se puede extender a formas de agrupación no asimilables a las clases sociales.

Así concebida, la pertenencia a una clase toma la forma de un *habitus específico*. Este concepto, ya explicado en la presentación de los "campos", es inseparable del de institución. La historia de las relaciones sociales, de los conflictos entre grupos, de las desigualdades y los antagonismos, se objetiva en los individuos como historia "incorporada" bajo la forma de disposiciones generadoras de prácticas, a la vez que en las instituciones, bajo la forma de mecanismos rigurosos, en apariencia necesarios y naturales. El *habitus* es un sistema de prácticas y representaciones que permite a los individuos "habitar las instituciones, apropiarse de ellas en la práctica y con ello darles vida, vigor [...], revivir el sentido depositado en ellas".[117] En un sentido, el hecho de poseer el *habitus* apropiado le permite al hijo de un profesor universitario habitar y dar vida en la práctica a un politécnico o una escuela superior de magisterio, perpetuar sus ritos y mantener sus formas. La aptitud para reproducir las prácticas es a la vez la condición de la reproducción social y el producto de pertenecer a un grupo o clase definido por su posición en la sociedad (es decir, en relación con otros grupos). Se advierte a primera vista que semejante concepción no explica fácilmente los fenómenos de movilidad social, reproducción frustrada o individuos que triunfan a pesar de carecer del *habitus* requerido a causa de su origen social; sólo explica los fenómenos estadísticamente mayoritarios y socialmente dominantes.

---

[116] Bourdieu [1987], p. 65.
[117] Bourdieu [1980], p. 96.

De acuerdo con la concepción de Bourdieu, el agente individual, condicionado por su pertenencia a un grupo social y determinado en sus conductas por el *habitus*, debe su *autonomía relativa* a la distorsión entre lo que ha heredado del pasado (bajo la forma de disposiciones incorporadas) y las condiciones imprevistas que surgen del presente inmediato; si bien sabe actuar y pensar como de alguna manera ha aprendido a hacerlo, debe aplicar ese conocimiento a situaciones nuevas, a las "urgencias" de las interacciones en las que participa.[118] Como *"operador práctico"*, puede improvisar, inventar, tomarse libertades con las reglas para salvaguarda de lo que éstas buscan preservar; en ese sentido, puede desarrollar —dentro de límites estrictos— "estrategias" para acrecentar sus recursos, "lo cual no favorece la obediencia mecánica a la regla explícita, codificada".[119] En verdad, esta concepción de la autonomía de los agentes en el juego sigue siendo muy limitada; como dice Alain Caillé: "¿Qué sentido tiene hablar de estrategia, consciente o inconsciente, semiconsciente ni inconsciente, si el juego está resuelto de antemano?"[120]

En los análisis de Bourdieu desaparece el rol de los cálculos individuales de los sistemas de acción. Así lo demuestra su estudio de un sistema de acción poco formalizado, pero de rol social decisivo, como es la red de las "grandes familias" de Francia.[121] Uno siente la tentación de atribuir las políticas matrimoniales o educativas (como la elección de los "linajes de excelencia") de esas familias, como sus prácticas de frecuentar asiduamente ciertos clubes, comités y coloquios donde se encuentran representantes de distintos universos, detentadores de distintas clases de capital económico y cultural, al simple cálculo. En realidad, Bourdieu explica esas prácticas que "contribuyen a mantener el mínimo de cohesión necesario para imponer los intereses colectivos de los dominantes" como un *producto del habitus* y un *efecto de la posición social* que ocupan los agentes, porque se las realiza "sin haberlas concebido explícitamente ni planteado en relación con ese fin".[122] Sin duda, esta concepción explica los mecanismos de reproducción mejor que otra, puramente voluntarista, de las estrategias y las conductas, aunque está condenada a pasar por alto la aptitud diferencial de los individuos para hacer buen o mal uso de esos mecanismos e incluso para dominar el juego. En otro sistema de interacción, el "espacio de la educación terciaria", Bourdieu relaciona el éxito en tal o cual certamen con las cualidades y predisposiciones sociales de los alumnos (sobre todo, con la clase de capital de que disponen), los gustos y las concepciones derivadas de

---

[118] Bourdieu [1980], pp. 94-95.

[119] Bourdieu [1987], p. 79.

[120] Alain Caillé [1988], p. 193. Bourdieu confirma que concede poco margen de autonomía a los individuos cuando escribe que los agentes son "la mediación activa a través de la cual las jerarquías inscritas en la objetividad de las estructuras sociales devienen actuantes" ([1989], p. 13).

[121] Bourdieu [1989], sobre todo pp. 557-558.

[122] *Ibidem*, pp. 557 y 386.

sus *habitus*: entre los adolescentes "tan bien concertados que todo los predispone para entenderse", se pueden establecer formas de cooperación, lenguajes comunes, conjuntos de prácticas reforzadas por "ritos institucionales" que consagran su pertenencia a la elite y les otorgan "competencia vitalicia".[123] Evidentemente, esto no excluye la competencia entre las instituciones según el origen de los alumnos, es decir, concretamente, según que predominen los detentadores de un capital económico o cultural (véase el gráfico 3).[124]

Como se verá en el capítulo siguiente, este modelo, que no toma en cuenta las estrategias individuales, parece más difícil de aplicar —al menos en su forma más rigurosa— a los sistemas de acción que participan en la competencia política. Pero conserva todo su interés como *interrogante* capaz de orientar una investigación en todo o en parte; sobre todo, incita a precaverse de una concepción demasiado voluntarista e individualista de las relaciones de poder, en la que se podría caer debido al uso imprudente de la metáfora del juego.

La política considerada como interacción: el lector habrá comprendido el riesgo de enfocar sobre esta base a *autores tan distintos* como los citados en estas páginas. El autor hubiera podido destacar aquello que los separa y con frecuencia los opone, sobre todo la diversidad de sus concepciones de la vida social, o de las determinaciones y coacciones que pesan sobre los agentes. Prefirió confrontar en lo posible sus enfoques, respetar la originalidad de cada uno, pero destacar lo que en definitiva les es común: las relaciones de poder y las relaciones entre agentes colectivos sólo se conciben claramente en una perspectiva relacional, en sistemas de interacción.[125] Éste es un postulado fundamental de la sociología política, de fecundidad probada por las investigaciones empíricas y ratificada por muchos trabajos. Más allá de eso, cada enfoque tiene sus características irreductibles, como se ha tratado de demostrar aquí. En toda investigación se presenta un interrogante de orden *teórico*. La diversidad de lenguajes no es la mera consecuencia de una pretensión de "originalidad" ni de un gusto perverso por el empleo de jergas de variados grados de hermeticidad; revela una atención legítima al buen uso de términos y conceptos cargados de contenido teórico. Por eso mismo, cada enfoque permite abordar aspectos interesantes de la actividad política, en tanto ninguno de ellos los revela a todos. Por eso no se puede excluir *a priori* a ninguno de ellos en el estudio de los fenómenos abordados en los próximos capítulos, si bien algunos conceptos y marcos de análisis parecen más fecundos y adecuados que otros para explicar dichos fenómenos.

---

[123] Bourdieu [1989], pp. 140-167 y 257-258.

[124] Gráfico reproducido de Bourdieu [1989], p. 241. El comentario es del autor.

[125] No es casual que todos estos autores utilicen las metáforas del "juego" y el "mercado", aunque de distintas maneras.

GRÁFICO 3. *Distribución de alumnos en las escuelas terciarias según la profesión del padre*
(en porcentaje)

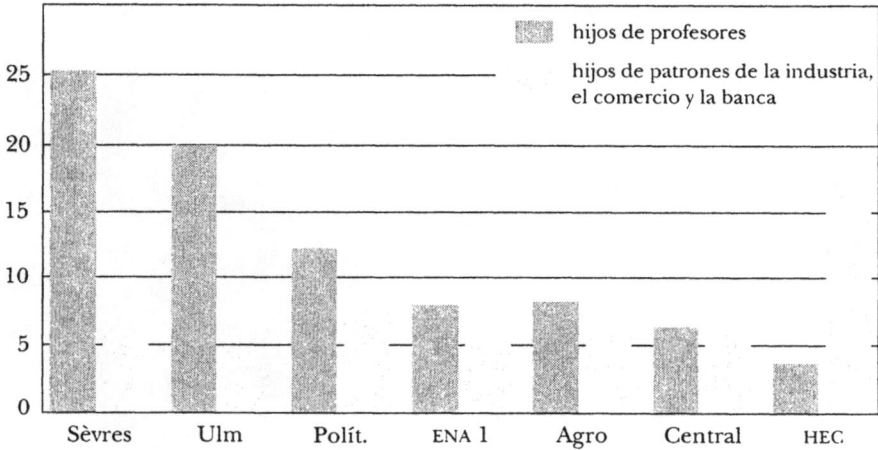

El gráfico que representa la distribución por escuelas de los hijos de profesores y los
hijos de patrones de la industria, la banca y el comercio permite visualizar la estructura carismática del sistema terciario. En efecto, se observa que la barra que representa
a hijos de profesores e intelectuales varía en sentido inverso a la de hijos de patrones.
La oposición mayor es la que separa a la escuela técnica de las escuelas superiores de
magisterio de Sèvres y la calle Ulm. Si la agropecuaria parece menos cercana al polo
económico de lo que cabría esperar es porque los hijos de patrones de la industria y el
comercio son relativamente poco numerosos (5,5%) y porque para tener un panorama más exacto habría que incluir a los hijos de propietarios rurales, que representan
el 7,2% del alumnado, contra el 2% en otras escuelas. En la Central están subestima-
dos los hijos de patrones de la industria y el comercio: esta escuela está un poco más
cerca de la técnica de lo que este gráfico permite suponer.

Pierre Bourdieu, *La Noblesse d'État*, 1989, p. 241

5. LAS ORGANIZACIONES POLÍTICAS

EN LA MEDIDA EN QUE CONTRIBUYEN a la formación y difusión de las opiniones concernientes a las relaciones entre grupos e individuos, la invención y el aprendizaje de las modalidades legítimas de acción y la transmisión de creencias sobre el poder, todas las agrupaciones participan de una u otra manera en la vida política de una sociedad; esto es tan cierto de los sindicatos como de las iglesias, de las asociaciones profesionales como de los grupos organizados para la defensa de determinados intereses. Sin embargo, la especialización de los roles y las actividades políticas va de la mano con la de organizaciones (generalmente llamadas "partidos políticos") que se caracterizan por su *participación directa en la competencia* por los puestos y las posiciones de poder político. Por ese motivo, todas las definiciones propuestas destacan entre las distintas características de los partidos la tendencia a "procurar el poder para sus jefes" (Max Weber), "conquistar el poder" (Georges Burdeau), beneficiar a sus miembros con "el ejercicio del poder, es decir, de la conquista o la conservación del poder" (Raymond Aron).[1] Por manifiesta que sea esta característica, en la que muchos autores ven la "función" principal de los partidos,[2] ella no basta para explicar el conjunto de las actividades de la organización política ni tampoco para definirla. Es fácil convencerse de ello al considerar los múltiples efectos de las actividades partidistas: por ejemplo, garantizan la transmisión de las creencias relativas a lo político y las reglas deben regirla, cultivan las "opiniones" políticas hasta erigirlas a veces en sistemas ideológicos, enseñan el *savoir-faire* y las técnicas de la acción política, contribuyen a politizar las actividades sociales, etc. Resta decir que los miembros de las organizaciones políticas, salvo aquéllas cuyo objetivo es la destrucción del régimen y las fuerzas que lo sostienen, consideran que el objetivo inmediato y la consecuencia directa de sus actividades son precisamente lograr que algunos de los suyos ocupen puestos y funciones dirigentes. Al mismo tiempo, son las

---

[1] Max Weber [1971]; Georges Burdeau [1966], vol. III, p. 268; Raymond Aron [1949].

[2] Desde el punto de vista funcionalista, preguntar "para qué sirven los partidos políticos" significa indagar en las funciones que cumplen las organizaciones políticas para la conservación del equilibrio del sistema, incluso su perpetuación. Como se vio anteriormente (cap. 3), este enfoque conduce a la búsqueda de las estructuras que realizan esas funciones sistémicas, postuladas como necesarias para la supervivencia de todo sistema político cuando defeccionan los partidos.

organizaciones políticas las que seleccionan a los individuos que pueden pretender esos puestos y funciones.

Por consiguiente, se puede considerar a las organizaciones políticas como agrupaciones *especializadas en la competencia* por la obtención de puestos o funciones cuyo otorgamiento depende de las decisiones tomadas por los dirigentes; por la actividad de sus miembros, por los *recursos y la capacidad de acción* que ofrecen, estas agrupaciones acrecientan las posibilidades de ciertos individuos de ser seleccionados como dirigentes *según las reglas vigentes* del sistema. Esta definición no explica todas las actividades de la organización política, ni menos aún sus consecuencias, pero constituye una hipótesis sobre la orientación general de esas actividades. Permite visualizar ciertos problemas importantes, a título de preguntas formuladas al investigador: 1) ¿El análisis de las organizaciones políticas puede utilizar categorías generales, válidas para cualquier situación, desde aquella en que un "partido único" detenta el cuasi-monopolio de la selección de los dirigentes (aunque deba competir con las organizaciones consideradas "no políticas" como la iglesia y el ejército), a otra en que varios partidos se enfrentan públicamente en el marco de una competencia legítima y reglamentada, en el seno de un sistema de los llamados "pluralistas"? Con todas las reservas que merece la comparación de organizaciones muy distintas designadas con un mismo término, se puede admitir que la existencia de una *competencia organizada* por los puestos de dirección tiene por lo menos algunas consecuencias análogas en contextos distintos: adecuación de las conductas a un "modelo" de buen candidato elaborado en las actividades partidarias; constitución de equipos rivales, unidos por intereses comunes y vínculos de tipo normativo; resistencia a la pretensión de otras organizaciones o agrupaciones (sindicatos, fuerzas armadas, iglesias, clientelas) de contribuir a la selección de dirigentes; reivindicación del monopolio de la construcción de las "opiniones políticas", etc. 2) La forma de la organización, ¿se corresponde con los procedimientos institucionalizados en el marco del régimen para la selección de los dirigentes, es decir, con las *reglas en vigencia?* Hipotéticamente se puede postular que existe una relación entre la forma de la organización política (por ejemplo, una mera asociación de candidatos y diputados que cuentan con recursos personales importantes, o bien una organización muy estructurada, con estamentos diversificados y jerarquizados) y los métodos de designación (elecciones con sufragio limitado o universal, modos de escrutinio, pluralidad o unicidad de las candidaturas, modalidades de otorgamiento de puestos administrativos que dependen de la voluntad de la dirección política, etc.); cabe señalar que esa relación se puede ver modificada por las prácticas de los grupos sociales representados por tal o cual organización. 3) ¿Qué recursos y capacidad de acción ofrecen las organizaciones políticas? Sobre todo, ¿cómo se movilizan los *variados recursos sociales* en beneficio de sus miembros? Desde este punto de vista se debe prestar especial atención al apoyo recibido de otras agrupaciones y organizaciones, no identificadas socialmente como "políticas", pero vinculadas de distintas maneras con los partidos. Ese apoyo, esas relaciones más o menos oficializadas, más o menos reconocidas y legitimadas, permiten a las organizaciones políticas ofrecer a sus miembros recursos sociales útiles para la competencia, que por eso mismo se politizan, es decir, se convierten en medios de acción política.

Estas preguntas distan de abarcar el conjunto de las actividades a tener en cuenta en el estudio de las organizaciones políticas. Tampoco dan una "buena definición" de los partidos. En efecto, el concepto de partido político es una categoría que se impuso en contextos históricos muy diferentes; revela las dificultades derivadas del uso de "conceptos elaborados por fuera de la ciencia y en función de necesidades que no tienen nada de científicas".[3] Dadas las circunstancias, no es sorprendente que hayan aparecido tantas y tan variadas definiciones: jurídicas, descriptivas, funcionalistas, normativas. Algunas son amplias, abarcan a cualquier agrupamiento que tenga un papel y objetivos políticos (hasta el punto de llamar "partido devoto" a la corte de Luis XIV, o de asimilar a un partido el Club de los Jacobinos durante la Revolución Francesa). Otras, más estrechas, sólo incluyen a las organizaciones contemporáneas que compiten por los puestos de dirección según los procedimientos codificados de elección mediante el sufragio universal.[4] Sin duda conviene atenerse a una categorización de los partidos políticos basada en características que se encuentran "lo suficientemente afuera como para saltar a la vista";[5] no una definición sino un medio de identificación. Con este espíritu reproducimos las cuatro *características fundamentales* señaladas por La Palombara y Weiner, que asimilan un partido político a una organización: 1) duradera, cuya esperanza de vida política es superior a la de sus dirigentes actuales; 2) arraigada localmente, cuyas instancias locales mantienen relaciones regulares con las nacionales; 3) cuyos dirigentes aspiran a tomar y ejercer el poder, solos o con otros (no sólo a ejercer influencia sobre los dirigentes), y 4) que aspira a obtener el apoyo popular, sea mediante las elecciones o por otros medios.[6]

Al privilegiar así las características manifiestas de los partidos, el investigador tiende a estudiar en primer término sus *formas de organización*, modos de funcionamiento y capacidad para realizar actividades especializadas, entre ellas la participación electoral, el "momento de la verdad", al menos (y se trata de una restricción importante) en los regímenes pluralistas de competencia abierta. Así, se pone el acento en los efectos y las condiciones de la *especialización política*, inseparable de una forma de Estado contemporáneo.[7] William R.

[3] Emile Durkheim [1983], p. 32.
[4] El lector encontrará un gran catálogo de definiciones en Jean Charlot [1971] y en Jean y Monica Charlot [1985]. Michel Offerlé [1987] muestra los límites e inconvenientes de los métodos que privilegian la búsqueda de una definición.
[5] Durkheim [1983], p. 35.
[6] Joseph La Palombara, Myron Weiner [1966], p. 5.
[7] Véase cap. 2.

Schonfeld aboga vigorosamente por un enfoque "socio-organizativo" que permita aprehender las relaciones de autoridad dentro de la organización, el grado de cohesión de sus miembros y la clase de relación que prevalece entre ellos, la manera de tomar las decisiones, las formas de activismo (es decir, "el grado de compromiso, el tiempo y la energía dedicados al partido"), así como las modalidades de reclutamiento de los dirigentes.[8] Se espera que este enfoque explique las relaciones del partido con su "entorno" y cómo cumple su papel de "escuela de formación" de los (futuros) dirigentes políticos del país, que eventualmente llegarán al poder mediante el sufragio universal. Según Schonfeld, "el factor esencial que permite comprender a un partido es su estructura interna de poder", en otras palabras, las relaciones de poder entre sus miembros y dirigentes, que actúan en pos de objetivos cuya naturaleza es necesario precisar.[9] Existen otras maneras de privilegiar las formas y consecuencias de la especialización de las organizaciones políticas; se puede atribuir mayor importancia a la profesionalización de los dirigentes, la burocratización de los partidos, las relaciones entre los diversos elementos de la organización (miembros del bloque parlamentario, diputados, militantes), etcétera.

A la inversa, se puede prestar menos atención al análisis de la organización y su funcionamiento para profundizar el estudio de la *inserción del partido* en un conjunto de asociaciones y agrupaciones que, cada uno por su lado y en su esfera particular, reivindican el derecho de "representar" a los mismos grupos de individuos, "defender sus intereses", hablar en su nombre. Esta opción metodológica no implica que se dé por conquistada la identificación del partido con una clase social, comunidad étnica o religiosa o con un vasto grupo de individuos a los que se atribuye una similitud de opiniones (los "buenos ciudadanos", los "partidarios del cambio", etc.); tampoco que se conciba las relaciones entre un partido y otras "organizaciones representativas" de los mismos grupos sociales como vínculos institucionalizados, ocultos o confesos. Significa simplemente que en lugar del estudio del partido "en sí mismo", se orienta la investigación hacia sus modalidades de inserción en las relaciones sociales ampliadas, es decir, con otras organizaciones o agrupaciones que contribuyen a la definición y objetivación de vastos grupos o "unidades de cohesión social".[10] El lector habrá comprendido que se trata de situar los partidos en sistemas de acción más o menos estructurados, cuyo efecto principal es mantener la clasificación de los individuos en grupos sociales con los que se deben identificar. Jürgen Habermas lleva esta hipótesis al extremo al

---

[8] William R. Schonfeld [1989] y [1985].

[9] Esta afirmación tiene alguna relación con la conocida hipótesis de Max Weber, de que el "fin" de los partidos políticos es "procurar a sus jefes el poder en el seno de un gobierno y a sus militantes activos las posibilidades —ideales o materiales— de perseguir metas objetivas, obtener ventajas personales o ambas a la vez" (Weber [1971], p. 292).

[10] Amitai Etzioni [1968], p. 102.

postular que los partidos contemporáneos son los representantes políticos del "sistema de asociaciones", voceros parlamentarios de los intereses de organizaciones que, surgidas en la esfera privada (profesional, sindical, cultural, etc.) han invadido la esfera pública; el autor atribuye a este hecho la presencia de representantes de los grupos de interés en las instancias dirigentes, así como la creciente disciplina partidista en muchos países.[11] No se puede aceptar semejante generalización, ni considerar que se trata de un fenómeno universal. Pero se advierte la utilidad de este enfoque para evitar que la atención puesta en la especulación partidaria se convierta en desconocimiento de su "arraigo" social.

Los estudios sociológicos sobre las organizaciones partidistas, tanto los que enfocan los efectos de la especialización como los que indagan en la inserción de los partidos en la vida social, son demasiado numerosos para extenderse sobre todos ellos o siquiera presentar sus aportes más importantes.[12] Por consiguiente, en las páginas siguientes se abordan dos problemas que derivan de una y otra perspectiva: ¿Cómo pudieron las organizaciones políticas reclamar con éxito creciente, en muchos sistemas políticos, un papel dominante en la selección y formación de los dirigentes políticos? ¿Qué recursos y capacidad de acción están en condiciones de ofrecer a sus miembros en la competencia política?

LA SELECCIÓN ORGANIZADA DE LOS DIRIGENTES POLÍTICOS

Los puestos que permiten participar en la dirección política de las sociedades, así como las cualidades o características requeridas para acceder a ellos varían según el tiempo y el lugar: si en determinada sociedad los ministros forman parte del grupo dirigente supremo, y si el hecho de ser general de aviación o almirante es un requisito para ocupar esa función, tal vez en otra los ministros son dirigentes sin mayor margen de acción y los militares están descartados de los puestos políticos. En muchas sociedades, el hecho de pertenecer a una organización política reconocida (llámese partido, liga, movimiento o frente) constituye el medio más seguro y legítimo para obtener un puesto de dirección, aunque evidentemente no garantiza por sí solo el acceso al puesto, que depende de procedimientos de designación "exteriores" a la

---

[11] Jürgen Habermas [1978], pp. 213-214.

[12] El lector tendrá una idea precisa de la magnitud de los datos a manejar para hacer una presentación precisa de los diversos partidos o sistemas de partidos si consulta Daniel L. Seiler [1980], o Kay Lawson [1980]. Para una presentación de los partidos y el sistema de partidos en Francia véase el trabajo exhaustivo y preciso de Colette Ysmal [1989].

actividad partidista (elecciones, cooptación, designación por una instancia especializada o por un dirigente supremo, etc.). La pertenencia a una organización política generalmente acrecienta las probabilidades de ser reconocido o seleccionado como capaz de acceder a una posición dirigente, ser "cooptable", "designable" o "elegible".[13] Hace que se atribuya al candidato la *competencia para gobernar* y la *aptitud para representar* a una "familia" política, un grupo de electores, una unidad de cohesión social, incluso la colectividad en su conjunto. Garantiza además que el candidato, si accede al puesto deseado, ejercerá sus funciones según las reglas y exigencias que se ha comprometido a respetar al solicitar el apoyo de la organización. En ese sentido, pertenecer a un partido tiene el valor de un compromiso "moral", ya que éste cumple el papel de garante de la lealtad a los principios y las prácticas. Por lo tanto, conviene indagar en los procesos históricos que legitimaron la pretensión de los partidos de monopolizar, o ejercer prioritariamente el papel de organizaciones de selección del personal político dirigente.

La profesionalización política

La aparición de los profesionales de la política y la burocratización

Durante el siglo XIX, en los Estados occidentales se afirmó una tendencia a la especialización de los individuos que ejercían las actividades políticas. Esa tendencia contrastaba radicalmente tanto con las prácticas habituales como con la idea dominante (sobre todo en las clases altas de la sociedad), de que la política era propia de aficionados esclarecidos y abnegados, que dedicaban parte de su tiempo a servir a la comunidad. En esa época, las tareas políticas, el "trabajo político", pasan a ser —no sin dificultades, reservas y oposición— el patrimonio de los *profesionales de la política*. Este proceso sufrió un desarrollo desigual según los regímenes, los tipos de puestos reclamados, los recursos de los candidatos y las formas de agrupación. Por consiguiente, téngase en cuenta que el análisis de la tendencia general desconoce en parte la variedad de fenómenos sociales cuyo resultado global es la profesionalización. Se designará con un mismo término procesos tan distintos como el surgimiento de los militantes de tiempo completo en los partidos obreros, carentes de recur-

---

[13] Decir que la pertenencia a un partido acrecienta las probabilidades de ser reconocido como "elegible" no significa que las características o propiedades requeridas al individuo seleccionado se limiten al éxito en las actividades partidistas. En la mayoría de los casos, la selección confirma que el individuo posee propiedades sociales, culturales y profesionales que lo predisponen para ocupar un puesto de dirección; así lo demuestran los estudios sobre el origen social de los dirigentes. Véase, entre otros, Marc Abélès [1989]; Pierre Birnbaum [1985]; Pierre Bourdieu [1989] (sobre todo pp. 475-481); Daniel Gaxie [1978].

sos económicos personales y que se hacen elegir por medio de su actividad partidaria, y la aparición de individuos que utilizan una actividad rentable y prestigiosa, como la de cirujano o abogado, para hacerse designar y dedicarse en lo sucesivo a la tarea permanente y remunerada del funcionario electo.[14] Más allá de algunas explicaciones generales (proliferación de las tareas políticas, división del trabajo social, burocratización de las organizaciones políticas), el estudio de la profesionalización requiere que se preste atención a la variedad de vías y formas en que se produjo.

El fenómeno de la profesionalización aparece en primer término y con la mayor nitidez en los partidos que reivindican el monopolio de la representación de los grupos económicamente dominados y socialmente postergados, es decir, los "partidos de la clase obrera". Ya en 1914, Roberto Michels pone al descubierto la verdad del supuesto funcionamiento democrático e "igualitario" de los partidos socialdemócratas, en cuyo seno el poder es detentado por una *oligarquía de profesionales de la política*.[15] Constata la aparición de un grupo de "jefes" que concentran la capacidad de decisión y escapan al control de los meros afiliados, verdaderos "funcionarios remunerados por la organización". Michels atribuye esta tendencia a la oligarquización tanto a las características de las masas (lo que él llama la "patología de las turbas") como a las destrezas y conocimientos que la evolución de las tareas políticas exigen a los dirigentes; el proceso es indisociable de la *burocratización* y la *remuneración* de las actividades políticas. La profesionalización va de la mano con el desarrollo de institutos de formación y escuelas para dirigentes; condena el voluntarismo o lo relega a tareas subalternas; lleva ineluctablemente a escoger a los diplomados para dirigir y representar la organización, o bien a la formación por el partido de una "elite obrera" que por su forma de vida se distancia cada vez más de la masa de afiliados. Se comprende fácilmente cómo las organizaciones políticas que representan a los grupos socialmente favorecidos y cuyos candidatos disponen de recursos personales (propietarios, abogados, médicos, escribanos, etc.) pudieron escapar durante mucho tiempo al proceso de profesionalización. En su caso, la proliferación y especialización de las tareas políticas, la necesidad de mantener relaciones regulares con otras asociaciones y organismos burocratizados, el aumento constante de las remuneraciones de los diputados y, más adelante, la relativa diversificación social de los dirigentes, conducen a una profesionalización política de otro orden: los funcionarios tienden a vivir cada vez más de la política y de los *recursos* que obtienen de ella, pero no se los puede comparar con los profesionales de los partidos de base popular.

---

[14] Unos y otros viven "de la política" (de la que obtienen la mayor parte de sus ingresos) y "para la política" (que constituye su principal actividad permanente).

[15] Roberto Michels [1914].

En uno y otro caso, para atenerse a estos tipos extremos, la profesionalización está condicionada por el *desarrollo de empleos remunerados*: puestos políticos (ministros, diputados, alcaldes) que conllevan dietas y la posibilidad —lícita o ilícita— de obtener gratificaciones materiales; puestos en los partidos u organizaciones afines dotados de sueldos regulares; puestos en la propia administración, cuando su otorgamiento depende de la decisión de los dirigentes políticos. Para Weber, este proceso significa que los políticos expropiaron a los administradores y funcionarios que en las monarquías anteriores controlaban los medios de gestión y se apropiaban de sus beneficios. El servicio del Estado supone una remuneración bajo la forma de empleos por la cual compiten las organizaciones políticas: "Las luchas partidistas se libran no sólo por metas objetivas sino también y sobre todo por el control de la distribución de los empleos."[16] Weber establece así una estrecha relación entre la profesionalización política y la proliferación de los empleos burocráticos en las sociedades contemporáneas; de ahí que se podría incluir en la categoría de "profesionales de la política" a los que, sin ser diputados, viven de los recursos controlados por las organizaciones políticas (desde luego, los empleados de tiempo completo de los partidos y las asociaciones que dependen de ellos, pero también los miembros de diversos organismos, incluso los asalariados de las empresas de comunicación o asesoría política). Aunque ejerza una "segunda profesión" (abogado, comerciante, agricultor, etc.), el político se ve obligado a concentrar sus esfuerzos en las tareas principales, es decir, las actividades políticas, que en definitiva le brindarán los medios para vivir e incluso enriquecerse.[17]

Por lo tanto, la profesionalización política entraña la constitución de *intereses profesionales específicos* de los que aquí se darán sólo algunos ejemplos. Las dietas y prebendas parlamentarias, que aparecen al principio como un medio para asegurar la subsistencia (e independencia) de los diputados de origen popular obligados a interrumpir su trabajo, se convierten progresivamente en una reivindicación profesional, no sólo de los propios funcionarios sino también de las organizaciones políticas, que obtienen de ellas distintos beneficios;[18] los aumentos sucesivos han suscitado la indignación, fingida o real, de quienes desprecian los regímenes democráticos. Asimismo, la burocratización de las organizaciones políticas y las "redes" de asociaciones y empresas capaces de dar empleo a sus miembros deriva en gran medida de la multiplicación y diversificación de los profesionales de la política, cuyo primer recla-

---

[16] Weber [1959]. El autor aborda el problema de la financiación de los partidos desde este punto de vista (Weber [1971], p. 295).

[17] Joseph Schumpeter [1965].

[18] Es el caso sobre todo de los partidos comunistas y socialdemócratas, que retienen una parte a veces importante de la remuneración de los funcionarios electos, a los que compensan con trabajo secretarial y otros beneficios en especie.

mo es que sus partidos les brinden los medios de vida; lo cual, como señala Schumpeter, no significa que carezcan forzosamente de motivaciones en el terreno de los valores.[19] En un sentido más general, la profesionalización política es parte de la extensión de la categoría de *"profesionales de la representación"* en la sociedad contemporánea. Desde este punto de vista, el proceso es similar al que se observa en las organizaciones económicas o sindicales.

En su análisis de la evolución de los sindicatos norteamericanos, Lipset describe fenómenos análogos a los que estudiaba Michels cincuenta años antes en los partidos socialdemócratas:[20] los dirigentes conservan el poder en la medida que demuestran una competencia y un *savoir-faire* de los que carecen los afiliados; competencia adquirida en la lealtad escrupulosa a los principios y las prácticas de la organización, como a las opiniones de los superiores. Acceder a un puesto elevado en la jerarquía sindical significa gozar de una remuneración mayor y de una posición más estable que la mayoría de los afiliados; también significa disfrutar de mayor prestigio, debido tanto a la consideración de patrones, periodistas y políticos como al respeto que le profesan los propios miembros. Por eso, la conservación del puesto de dirección es indisociable del éxito de la organización a la cual los dirigentes están *unidos profesionalmente* como a una *empresa*. Tanto en el orden de las actividades sindicales como de las políticas, los profesionales de la representación contribuyen poderosamente a la burocratización de las organizaciones; las menos afectadas por el proceso no dejan de utilizar el argumento de la burocratización para descalificar a las demás.

Asimiladas así a *empresas administradas por profesionales*, se ha acusado a las organizaciones políticas —y, de manera análoga, a muchas de orden económico, sindical, cultural o religioso— de "confiscar" en beneficio propio los mecanismos de la representación democrática.[21] En el mismo sentido, los moralistas que denuncian las perversiones de la "política politiquera" consideran que ésta es consecuencia de la profesionalización: según ellos, en los partidos priman los intereses de los profesionales, diputados, funcionarios y dirigentes de la organización sobre los de los grupos y ciudadanos a los que pretenden representar. Si bien es verdad que la lógica de la profesionalización tiende a hacer prevalecer los intereses específicos, no por ello es menos aventurado suponer que los representantes ignoran los intereses —grupales o individuales— de los representados, o que éstos se pueden expresar por otras vías en épocas normales. Por eso, la asimilación de los partidos con *empresas que compiten en el mercado de los bienes* políticos requiere mucha prudencia. En ese sentido, Offerlé propone considerar a los partidos "una de las formas históricamente deter-

---

[19] Schumpeter [1965], p. 388.
[20] Seymour Martin Lipset [1962].
[21] Véase la denuncia de Moïsei Ostrogorski [1903], de la "tiranía que engendra el régimen actual de los partidos".

minadas de empresa política", que reivindica con éxito dispar tanto "el monopolio de la actividad en el mercado de los bienes electivos", como, en competencia con otras clases de empresas (asociaciones, grupos de prensa, sociedades de comentaristas profesionales, etc.), el de la producción de "bienes
políticos" tales como la oferta de programas, la definición de los premios o la
imposición de creencias. Pero complementariamente visualiza a los partidos
como formas de relación social entre individuos y grupos.[22] Por su parte, Gaxie y Lehingue desarrollan ampliamente la analogía entre las organizaciones
políticas y las empresas (o "subempresas") que compiten, pero destacan el carácter particular tanto de los premios en la competencia política —en especial, la posibilidad de "acceder sin restricciones a los emblemas y atributos del
poder"— como el de los bienes y el mecanismo del "crédito" político. Por otra
parte, la diversidad de los mercados, o "terrenos de competencia" en los que
actúan las organizaciones les merece atención especial.[23]

La comparación entre las actividades políticas y los mecanismos del mercado o entre las organizaciones y las empresas sólo es fructífera si permite descubrir las *particularidades de los fenómenos políticos*. No tiene sino escaso interés si se
limita a enunciar el hecho de la competencia entre las organizaciones (¿quién
duda de ella?); además es peligrosa si ayuda a reforzar una imagen creada por
los actores, que obtienen un beneficio simbólico de la asimilación de sus actividades con sus cualidades de empresarios en una época en que la opinión pública es favorable a estos últimos.[24] A diferencia de las empresas industriales o
comerciales, las organizaciones políticas "competidoras" ofrecen productos
adaptados a determinados públicos y que no pueden interesar a otros electores; además, estos productos no apelan a las mismas motivaciones que los bienes de consumo. No tienden a funcionar de la misma manera que las sociedades que compiten en el mercado de bienes electrónicos o de productos
metalúrgicos. No emplean los mismos métodos de producción y difusión, aunque en determinadas coyunturas adopten técnicas análogas para promover sus
objetivos. Finalmente, unas y otras no emplean los mismos principios para reclutar sus dirigentes y cuadros, los que no actúan a idéntico título. En este sentido, el Partido Comunista Francés sólo compite *marginalmente* con el Partido
Socialista, el gaullismo o el Frente Nacional; al contrario, éste debe destacar
sus diferencias para conservar su electorado.

A la vez que engendran intereses profesionales específicos, los variados
mecanismos de la profesionalización ayudan a construir *formas de organización
política*. Se advierte la diferencia entre los partidos en los que solamente los

---

[22] Michel Offerlé [1987], pp. 21-27.

[23] Daniel Gaxie, Patrick Lehingue [1984], sobre todo pp. 10-16.

[24] Aquí se advierte cómo la definición *social* de las conductas legítimas puede sugerir en cierta medida a los investigadores los modos de análisis, los conceptos, incluso —en ciertos casos—
las analogías apresuradas.

diputados, aparte de algunos asalariados que realizan tareas subalternas, son profesionales de la política y aquéllos en los que importantes grupos de militantes de tiempo completo pueden acceder a posiciones de dirección (en la propia organización o en asociaciones vinculadas con ella). En muchos partidos únicos burocratizados de distintas orientaciones doctrinarias, los "hombres de aparato" —como los *aparachiki* de la Unión Soviética— controlan férreamente la distribución de puestos, las carreras de los miembros y los recursos de la organización. En otro contexto político, partidos que cuentan con un núcleo fuerte de militantes de tiempo completo generalmente poseen una organización y un modo de funcionamiento que reduce la influencia y la autonomía de los diputados y otorga a aquéllos la supremacía en la definición de objetivos y estrategias. Se ha estudiado este fenómeno en los partidos comunistas europeos occidentales, en especial el francés. Se comprende la importancia que adquiere aquí la formación de profesionales de la acción política en "*escuelas técnicas*" capaces de seleccionar a los militantes de tiempo completo; beneficiarios de la transmisión de un conocimiento práctico particular, éstos devienen como grupo en "una estructura generadora de continuidad, homogeneidad, fidelidad comunista a su naturaleza original".[25] Al abandonar su oficio de origen y quedar separados, disfrutan de una posición privilegiada y de la deferencia de los demás miembros: su control del funcionamiento del partido, sus instancias de dirección y sus recursos está garantizado y perpetuado por la organización interna, la jerarquía de las posiciones y los métodos de decisión a los cuales evidentemente se aferran y tratan de conservar. En este sentido, la comparación entre los políticos de tiempo completo y los clérigos de ciertas iglesias no carece de significación.

Las relaciones entre categorías de personal político

Los funcionarios electos y los de tiempo completo son, cada uno a su manera, profesionales de la política. Pueden competir entre ellos dentro de sus organizaciones, y la evolución de las relaciones de fuerza suele provocar modificaciones en las reglas de funcionamiento. Pero unos y otros también compiten con otras categorías del personal político, a los que se suele agrupar de manera arbitraria bajo el título de "aficionados" o "simpatizantes". Estos términos no deben crear ilusiones: muchos "aficionados" —militantes, activistas, dirigentes no remunerados de asociaciones vinculadas con el partido (y miembros de éste), incluso funcionarios electos locales que conservan su profesión original y viven de ella— poseen el *savoir-faire* necesario para triunfar en política. Si bien no son "profesionales" en sentido estricto, poseen esa clase parti-

---

[25] Annie Kriegel [1968], pp. 185 y 139.

cular de competencia que se asemeja a un "oficio" (en el sentido de la expresión "tal individuo tiene oficio"). La diferencia entre la posición de un militante remunerado y otro que está permanentemente al servicio del partido, o entre un abogado retirado que vive de su dieta de alcalde y un subalcalde que vive de su profesión de abogado, es importante desde el punto de vista social: burocratización, financiación de los partidos, creación de organizaciones vinculadas con el partido que ofrecen empleo a sus miembros, etc. Pero no implica forzosamente que unos y otros observen conductas diferentes, o que se los pueda distinguir fácilmente en su práctica o en su competencia en el desempeño del oficio político.

La competencia por el control de la organización se advierte claramente cuando coexisten categorías nítidas de personal político capaces de autoidentificarse. Así, los funcionarios electos profesionalizados, que viven de los ingresos de sus mandatos y adhieren al desarrollo de una burocracia partidaria en la cual pueden participar, suelen enfrentar a los *"notables"*, elegidos debido a su posición social, que disponen de importantes recursos personales y ejercen una profesión rentable que no abandonan durante sus mandatos (escribanos, empresarios, terratenientes, etc.); por ejemplo, los primeros años de historia del Movimiento Popular Republicano en Francia muestran rastros de esos conflictos. Sin embargo, la historia ha hecho desaparecer de la mayoría de los países occidentales la figura del "notable" que dispone de suficientes recursos para "dedicarse a la política como aficionado".[26]

Es esencialmente en los partidos donde grupos grandes de militantes participan de las actividades políticas que se plantea la competencia e incluso conflictos entre los aficionados y los profesionales (funcionarios electos y/o de tiempo completo). Si bien el concepto de *militante* es de uso corriente en muchos partidos, no es fácil definirlo: destacar el activismo individual es desconocer la dimensión normativa del fenómeno (el militante es un "modelo", un "ejemplo" debido a las cualidades morales que se le atribuyen); privilegiar su conformidad a un conjunto de cualidades valoradas por el partido significa no poder distinguirlo claramente del adherente respetado, el funcionario de tiempo completo o el electo que ha adquirido popularidad. Generalmente los investigadores enfocan a este grupo a partir de características exteriores que saltan a la vista. Algunos asimilan a los militantes con "cuadros" o "dirigentes", sin distinguir a los que son rentados por la organización (o por asociaciones próximas) de los que no perciben remuneración.[27] Otros toman como criterio la participación en los congresos o en las conferencias locales preparatorias, actividad que se supone otorga una "representación fácilmente

---

[26] Esto no excluye la elección de individuos que obtienen apenas una pequeña parte de sus recursos del ejercicio de la profesión política. Marcel Dassault, diputado gaullista por Oise, o Bernard Tapie, diputado socialista por Bouches-du-Rhône son ejemplos interesantes en Francia.

[27] Mark Kesselman [1972].

verificable de la población militante del partido".[28] El uso de una variable compleja, que combina la asistencia regular a las reuniones, el tiempo dedicado a las actividades partidarias y la participación en los congresos permite distinguir a los militantes de los partidos de izquierda, pero parece poco adecuada a los de otras organizaciones políticas.[29] También se puede atribuir gran importancia a un conjunto de cualidades o características que los militantes generalmente poseen: experiencia en distintas formas de actividad partidaria (reuniones, congresos, manifestaciones, negociaciones, distribución de panfletos, venta de periódicos); familiaridad con los dirigentes y gran aptitud para orientarse entre los grupos y fracciones que diferencian a los miembros; posesión de un conocimiento especializado que se trata de transmitir y valorar.[30]

La influencia de los militantes en un partido depende menos de su número que del papel que se les atribuye. Algunos partidos, sobre todo los conservadores, se apoyan en la acción de otros agentes sociales (la prensa, las instituciones de enseñanza, las iglesias, etc.) para difundir los valores y las normas que reivindican sus dirigentes, en tanto otros deben privilegiar las actividades militantes y favorecer los mecanismos de movilización de sus simpatizantes (reuniones frecuentes, cursos de formación, mitines e incluso actividades que fomentan la sociabilidad). En efecto, a falta de otros medios, el militantismo puede ser un *recurso colectivo* para los partidos escasamente subvencionados por los mecenas políticos. Se lo puede considerar la garantía de perpetuación de un "modelo" al que los candidatos partidarios deben su credibilidad; en este sentido, el militante es la garantía visible de la fidelidad del partido a un ideal político; así, el militante comunista aparece como la imagen viva de un ideal de hombre comunista. Más interesante es mostrar que la valoración del militantismo en ciertos partidos obedece a que sus miembros provienen de categorías sociales o grupos *predispuestos a esa clase de participación*: obreros y dirigentes de otras organizaciones, principalmente las sindicales, que movilizan periódicamente a sus afiliados y atribuyen su éxito a esa movilización; grupos de jóvenes católicos que hicieron el aprendizaje de la militancia en organizaciones de inspiración cristiana (scoutismo, asociaciones de ayuda social y caridad, Acción Católica). En su estudio sobre las prácticas militantes de los afiliados socialistas, realizado en 1972, Jacques Capdevielle y Roland Cayrol observaron la consolidación de "un nuevo tipo de militantismo, nacido junto al comunista y en gran medida como reacción contra éste [...] En la gran mayoría de los casos parece ser un militantismo de origen católico [...] del cual conserva el vocabulario y quizás algunos análisis."[31] Por úl-

---

[28] Roland Cayrol [1975]. Véase también en el mismo sentido Jacques Derville [1975]; François Platone, Françoise Subileau [1975].

[29] Jacques Lagroye, Guy Lord, Lise Mounier-Chazel y Jacques Palard [1975].

[30] Lagroye [1989].

[31] Jacques Capdevielle, Roland Cayrol [1972].

timo, es indudable que en períodos de crisis los dirigentes de partidos de escasa actividad militante habitual optan por *movilizar coyunturalmente* a sus afiliados y simpatizantes, lo cual despierta manifestaciones de militantismo que afectan el funcionamiento de las organizaciones y las estrategias rivales de sus dirigentes: el ejemplo de los "Comités de Defensa de la República" gaullistas en 1968 ilustra este tipo de fenómeno.[32]

En general, la presencia de importantes grupos de militantes en un partido político genera tensiones, incluso *conflictos*, entre esos grupos y los profesionales, sobre todo los funcionarios electos. No es que falten los conflictos entre militantes y profesionales, sobre todo cuando éstos tienden a monopolizar la conducción, pero generalmente se ven limitados por la comunidad de creencias, *savoir-faire* y origen social, el hábito del trabajo en común y los intereses convergentes con respecto a los funcionarios electos.[33] Los conflictos más frecuentes surgen de la oposición entre los funcionarios electos profesionalizados y los simpatizantes, tanto en los partidos como en las organizaciones sociales que tienen "representantes electos" en ciertos organismos sociales.[34] Los militantes, despojados de las gratificaciones materiales y simbólicas a las que aspiran, extraños a la lógica de la interacción cotidiana entre representantes, pueden "replegarse" sobre sí mismos o abandonar el partido;[35] también pueden apoyar a los profesionales que tratan de controlar férreamente la selección y actividad de los diputados. La historia del Partido Comunista Francés entre las dos guerras mundiales muestra las consecuencias de la desconfianza colectiva hacia los profesionales de la política que cuentan con recursos sociales (y universitarios) o políticos personales, y "viven de otra manera": los diputados de esta clase se ven sometidos a un control estricto, son removidos y reemplazados por personalidades más acordes con el modelo del militante obrero, carentes de capital propio.[36]

Las explicaciones propuestas sobre el origen de estos conflictos privilegian los mecanismos generales de la lógica de grupos o bien los de la competencia. Jean y Monica Charlot sostienen que la oposición entre funcionarios electos, profesionales y militantes deriva fundamentalmente de "los conflictos

---

[32] Sobre el militantismo gaullista de 1981 a 1984, véase Pierre Bréchon, Jacques Derville, Patrick Lecomte [1987].

[33] Véase el preciso análisis de Bernard Pudal [1989], sobre todo pp. 142-143, de los efectos de la semejanza, pero también de diferencia de *habitus*, entre los militantes y los funcionarios del Partido Comunista francés. También se observan conflictos entre los funcionarios (de los sindicatos ligados al partido) y los militantes locales en la historia reciente del Partido Laborista inglés.

[34] Sobre esa clase de conflictos en las organizaciones sindicales, véase John Hemingway [1978] y Jean-Daniel Raynaud [1975].

[35] Albert Hirschmann [1972] distingue y analiza las conductas de "lealtad" y "uso de la palabra" *(voice)* y de "salida" *(exit)* y las combinaciones de esas conductas.

[36] Bernard Pudal [1986 y 1989]. Denis Lacorne [1980] demuestra cómo los funcionarios electos comunistas locales se ven obligados a conciliar la lógica de conservación de sus recursos políticos personales con los recursos colectivos de la organización.

de roles que la división del trabajo no puede dejar de generar" al interior de los partidos.[37] Georges Lavau es más preciso al atribuir esos conflictos a las distintas posiciones de militantes y funcionarios electos; aquéllos están estrechamente ligados a los voceros de los grupos sociales referentes del partido y, por lo tanto, son más sensibles a sus reclamos; éstos están en relación con el conjunto de los profesionales y los participantes directos en el sistema político, por lo cual tienden a conciliar las obligaciones que derivan de ello con los reclamos de los grupos referentes.[38] Los efectos de una identificación con la "naturaleza verdadera" del partido, tal como ellos la conciben, sobre la psicología y la conducta de los militantes han permitido a ciertos autores atribuirles una férrea adhesión a las reglas, creencias y prácticas que los funcionarios electos, por su parte, se ven constantemente obligados a disimular o transgredir.[39] Para Offerlé, la competencia entre los agentes para quienes "el partido lo es todo" y aquellos que cuentan con otros recursos (puestos electivos consolidados, clientelas de favorecidos, redes permanentes de relaciones diversificadas) constituye la base de los conflictos entre funcionarios electos y militantes o profesionales: unos y otros compiten dentro del partido por el control de un "capital objetivado" de bienes, puestos, tecnologías, incluso símbolos y tradiciones.[40]

En definitiva, cabe concebir las oposiciones entre las distintas categorías de personal político como producto tanto de los *recursos diferenciados* que cada una está en condiciones de esgrimir —y que, por lo tanto, trata de imponer al conjunto de la organización—, como de la manera en que cada una *se representa la conducta de los electores*. Por un lado, los militantes tienden a privilegiar el efecto de sus prácticas (mitines y reuniones, conversación individual, manifestaciones simbólicas de participación en huelgas o movilizaciones, lealtad a la "tradición" partidaria, "acción por la base"); por el otro, los profesionales que participan en múltiples interacciones y tienen acceso a diversos tipos de información (debates parlamentarios, contactos con representantes de organizaciones distantes, encuestas, nuevos métodos de "comunicación", etc.) suelen representarse a sus electores como determinados por motivaciones distintas de las que les atribuyen los militantes. Así, cada grupo tiende a concebir las actividades y relaciones partidarias según sus propios recursos, experiencia e intereses; de ahí que no es fácil combinar en la práctica concepciones a veces antagónicas. Los conflictos entre categorías de personal político se vuelven particularmente intensos cuando se trata de seleccionar o designar los candidatos: en ese momento la "lógica" de los diputados se opone a la de los militantes.

[37] Jean y Monica Charlot [1985], p. 494.
[38] Georges Lavau [1969].
[39] Annie Kriegel [1968]; Patrick Dunleavy, C. T. Husbands [1985].
[40] Offerlé [1987], pp. 26-27 y 75-80.

La legitimación de los partidos

Si bien la profesionalización política creó progresivamente un cuasi monopolio colectivo de la selección de los dirigentes por los partidos,[41] la conquista del reconocimiento de ese papel no va de suyo. Por eso se indagará a continuación en los procesos que permitieron a las organizaciones políticas reivindicar el derecho de representar a los grupos de ciudadanos y a la vez el de designar a los individuos más aptos para detentar los puestos políticos.

Legitimidades variadas

Según una concepción muy difundida, los partidos políticos derivarían su legitimidad de la participación en el funcionamiento democrático de las sociedades, en la medida que se supone que cada uno reúne y articula los reclamos de grupos sociales variados, a los cuales (o a la mayoría de los cuales) da la posibilidad de estar representados en el debate. Este esquema ideal, que presupone un consenso sobre el pluralismo y el sistema de representación, no tiene la menor relación con los *múltiples procesos concretos* que han consolidado la legitimidad de los partidos en distintas sociedades y regímenes. Por cierto, es indudable que la democracia pluralista, que valoriza la competencia entre los candidatos a un puesto político, se desarrolló al mismo tiempo que los sistemas partidistas. Esto es producto de los enfrentamientos que caracterizaron la historia de las sociedades europeas occidentales y norteamericanas contemporáneas, sociedades muy diferenciadas en las que ningún grupo social homogéneo tuvo los medios para imponer una forma perdurable de exclusión de los partidos. En ese contexto cultural, la competencia política entre organizaciones acabó por imponer su legitimidad e, incluso, aparecer como el modelo ideal. Pero en cierto modo se llegó a ese resultado a pesar de los reclamos y las pretensiones de los partidos: cada uno a su manera reclamaba el monopolio de la representación de los "buenos ciudadanos" y la selección de los dirigentes; por tanto, cada uno negaba esos derechos a los demás. Diríase que sólo la historia particular de las sociedades occidentales

---

[41] En la casi totalidad de los países donde los partidos se han consolidado como agentes privilegiados del "juego político" es cada vez más raro que un candidato independiente, que rechace el apoyo explícito de las organizaciones políticas, pueda competir por un puesto electivo importante con alguna posibilidad de éxito. Sin embargo, esta estrategia "apartidista" puede tener éxito en el plano local (sobre todo en Francia). Lo cual no significa que el candidato, una vez elegido, pueda prescindir por mucho tiempo del apoyo expreso de un partido. El caso de Dominique Baudis, alcalde de Tolosa, es un buen ejemplo de este fenómeno.

llevó a los partidos a aceptar (a regañadientes) el monopolio de la representación que se les reconocía *colectivamente*. Esto no significa forzosamente que la pluralidad de partidos sólo sea concebible en ese contexto concreto.

No es fácil comprender de dónde deriva la legitimidad de la organización política, es decir, qué lleva a vastos grupos de individuos a concederles el derecho de representarlos.[42] Es más fácil comprender las prácticas y los discursos mediante los cuales los dirigentes de un partido tratan de justificar o legitimar la reivindicación de ese derecho. Esta perspectiva permite analizar la distinción clásica entre "partidos de cuadros" y "partidos de masas" (o "de militantes"). Al establecer esa distinción, Maurice Duverger puso el acento en dos fenómenos: el papel de los afiliados en el funcionamiento del partido y la orientación de sus actividades, y las consecuencias políticas de la extensión del cuerpo electoral hasta llegar a la instauración perdurable del sufragio universal.[43] Los *partidos de cuadros*, surgidos de agrupamientos flexibles de notables elegidos mediante el sufragio calificado, aparecen esencialmente como adaptaciones de esos grupos a las obligaciones del sufragio universal. Sin duda, se dotan progresivamente de prácticas y modos de funcionamiento que permiten una mínima expresión popular: consultas a las organizaciones de barrio para la designación de candidatos (el sistema del *caucus* en el Partido Liberal inglés); realización de "primarias" en las que los "afiliados" de los partidos norteamericanos —llámense provisoriamente así por cumplir ese papel— eligen un candidato entre varios postulantes; comités locales del Partido Radical francés donde personalidades influyentes apoyan al candidato propuesto, etc. Pero durante mucho tiempo siguen siendo asociaciones de diputados individualmente en la medida que pueden movilizar recursos materiales y financieros (dádivas, colectas, servicios prestados) y gozar de una legitimidad personal derivada de su posición social. En los *partidos de masas*, que aparecen con el sufragio universal, los afiliados, que pagan una cotización regular y participan activamente en la vida de la organización, son "la materia misma del partido, la sustancia de su acción".[44] Sometidos a la organización, convocados constantemente a movilizarse, constituyen una reserva de la cual los dirigentes seleccionan un nuevo tipo de elite política; con sus cotizaciones le aseguran al partido los recursos que le niegan los poseedores.

Detrás de esta oposición entre los dos tipos de partidos[45] se distinguen claramente *dos modalidades de legitimación* históricamente enfrentadas. Por un lado, los diputados de los partidos de cuadros insisten a porfía en las cualidades que revelan en sus actividades sociales: habilidad y competencia, como lo

---

[42] Véase cap. 6.
[43] Maurice Duverger [1951].
[44] *Ibidem*, p. 84.
[45] Duverger observa que ninguno de estos tipos se encuentra en estado puro dentro de las organizaciones reales, salvo tal vez a fines del siglo XIX.

testimonia su éxito personal; moralidad y honestidad, que les ha granjeado la estima general; influencia revelada en la amplitud de sus relaciones; presentan la forma de su organización política como garantía de la independencia que conviene al representante del pueblo. Reivindicar esta clase de legitimidad era condenar las demás formas de organización, que escogían candidatos carentes de influencia, prestigio social y recursos personales (por lo tanto, "indignos" o "ineptos") y que someterían a los diputados al control de los ciudadanos no electos (es decir, a una secta de afiliados). A la inversa, la legitimidad reivindicada por los dirigentes y miembros de los partidos de masas —vinculaciones populares, independencia colectiva que asegura la autonomía financiera de la organización, voluntad de cambiar la sociedad, lealtad al partido— se define punto por punto como la inversión y negación de las normas de legitimidad dominantes. Lo cual no impide que con frecuencia los diputados de esos partidos, ante los ataques violentos de sus adversarios políticos —y sociales— deban reivindicar cualidades y adoptar conductas contrarias a las que valoran sus organizaciones.[46] Por consiguiente, la legitimación del derecho de representar a los ciudadanos y seleccionar los dirigentes procede del enfrentamiento entre *modelos contradictorios*, cuyos respectivos caracteres universales son proclamados por cada partido. En ese sentido, Habermas destaca la relación entre el desarrollo contemporáneo de partidos burocratizados "de clase" o "de masas" que imponen a sus diputados una disciplina de voto estricta (rayana en el mandato imperioso), estrechamente vinculada con otras organizaciones movilizadoras, y el surgimiento de un nuevo concepto de la representación, es decir, un nuevo modelo de legitimidad.[47]

Los dirigentes de los llamados *partidos "totalitarios"* europeos recusaron explícitamente estas concepciones para tratar de establecer su propia reivindicación del monopolio de la representatividad y la selección de dirigentes. En otras partes (sobre todo en la Unión Soviética y los países que cayeron bajo su tutela entre 1939 y 1948), los *partidos comunistas* lograron imponer su monopolio y la legitimidad de un solo modelo de organización política. En virtud de algunas de sus características, éstos constituyen partidos de masas, que eliminaron por la violencia toda otra forma y concepción tolerable de organización política.[48] Sin embargo, unos y otros reivindican distintas legitimidades. Los comunistas se aferran a la formación y selección de una elite dirigente, con frecuencia de origen popular (obrero o campesino), a la vez que

---

[46] Offerlé [1984] hace un análisis muy preciso de este fenómeno.

[47] Habermas [1978], pp. 211-214.

[48] Duverger [1971] los vincula con los partidos de masas, pero propone diferenciarlos por el hecho de que en su seno se presta especial atención a una "elite" de militantes, los únicos que participan verdaderamente de las actividades y reciben sus beneficios. Sugiere designarlos "partidos de fieles". Ejemplo de ello es la Liga de los Patriotas de fines del siglo pasado; Zeev Sternhell [1978] aporta datos valiosos sobre esta organización.

valoran la disciplina y lealtad a la "línea" impuesta por los dirigentes. En cambio, el partido nazi funda su pretensión de legitimidad en la obediencia ciega a un jefe infalible, único creador de las reglas, investido de una misión fuera de lo común; en la promoción de una elite "natural" (la raza elegida); en la eficiencia suprema atribuida a una organización burocrática con instancias estrictamente jerarquizadas.[49] Dadas las circunstancias, es inútil tratar de construir un modelo explicativo general de la legitimación de los partidos políticos; a lo sumo se podrá formular la hipótesis de que la legitimidad resulta, en cada sociedad, de procesos complejos que consolidan el derecho de una o varias organizaciones a seleccionar los dirigentes, pero según distintos criterios y procesos.

Sin embargo, conviene indagar en los motivos del amplio éxito obtenido por una modalidad de legitimación que parece haberse impuesto en mayor o menor medida en todas las sociedades constituyentes de la "periferia" del capitalismo occidental durante el siglo pasado y la primera mitad de éste. En términos generales, esta legitimidad corresponde a un presunto imperativo de *modernización*.[50] Según los dirigentes de los partidos en cuestión, este imperativo supone la movilización de todos los grupos sociales contra los defensores de la tradición y los adversarios (nacionales y extranjeros) del progreso económico y social; obliga a los partidos a dedicar sus esfuerzos a la integración de grupos heterogéneos para conciliarlos en un esfuerzo colectivo nacional.[51] Este razonamiento y las prácticas a que da lugar aparecen en los partidos comunistas de Europa del Este y China, a la vez que en organizaciones políticas vinculadas con regímenes autoritarios sudamericanos. Los partidos políticos de países recientemente descolonizados los han reivindicado con tanto fervor, que muchos sociólogos han identificado esas pretensiones con las características de los "partidos de la modernización": organizaciones presentadas como instrumentos predominantes de la construcción del Estado, la transformación económica y la renovación de las estructuras sociales; partidos integradores, capaces de movilizar grupos en todo el territorio; partidos que expresan y ejecutan la voluntad de las elites modernistas.[52] Va de suyo que existe una gran distancia entre esta legitimidad reivindicada por su capacidad de justificar las ambiciones de los grupos dirigentes y acrecentar su autoridad, y el funcionamiento de los partidos políticos analizados: Balandier demuestra que la reivin-

---

[49] Hans H. Gerth [1952] ve en el partido nazi la fusión de legitimidades de tipo carismático y burocrático, una perversión de las categorías weberianas de la burocracia.

[50] También es estudiada por los autores que suscriben a la concepción de la política como sistema y asignan a las estructuras de éste una "función" de modernización. Véase más arriba, cap. 3.

[51] S. M. Lipset, Stein Rokkan [1967], objetivan esta concepción y reivindicación de la legitimidad bajo la forma de una exigencia funcional de los sistemas modernizadores (pp. 3-6).

[52] Véase sobre todo David Apter [1965].

dicación de una misión modernizadora es un instrumento "ideológico" en la competencia por el acceso a los puestos de dirección.[53]

Es, pues, un instrumento ideológico que permite *legitimar la acción* de los partidos, y no un conjunto de características que permite definirlos. La modernización justifica la movilización simbólica contra el opresor (colonialista, capitalista, imperialista), el uso de consignas unitarias y la sacralización del hecho nacional a veces en detrimento de grupos expoliados o sometidos a la dependencia, así como la importación de concepciones supuestamente modernistas. Fundamenta la pretensión de elites nuevas, escasamente integradas en la sociedad, de reivindicar un papel dirigente y organizarse con ese fin. En el movimiento de los Jóvenes Turcos, el Wafd egipcio o el Neo-Destour tunecino se reconoce esta intención de "ilegitimar una visión tradicional de la sociedad" a costa de importar "una simbología y una técnica política de corte occidental";[54] para ciertos grupos formados en la escuela del colonizador, el programa modernizador es un proyecto simbólico acorde con los recursos disponibles y los conocimientos adquiridos. Lo cual no quita que estas organizaciones estén a menudo integradas en la llamada sociedad "tradicional", asociadas con elites de jefes y notables locales cuya autoridad deriva de posiciones sociales adquiridas antiguamente o según procedimientos antiguos. De esta manera, los partidos africanos permiten la reactivación de conflictos entre clanes y fracciones al servicio de dirigentes rivales (aunque esos conflictos adquieran una dimensión étnica, tribal, religiosa o familiar), u ofrecen a los notables locales ricos y de posición consolidada el acceso a los nuevos recursos y la oportunidad de hacer "demostraciones de poder".[55] En otras partes se establece una simbiosis estrecha entre el "partido modernizador" y tal o cual movimiento religioso local de carácter sincrético (por ejemplo, en Kenia, Uganda o Zaire). "Aunque utilizan instrumentos propios de la modernidad —medios de información y persuasión, aparato burocrático—, los partidos se ven obligados a adaptar su lenguaje y simbolismo al medio tradicional sobre el cual quieren actuar", dice Balandier.[56] Sucede que con frecuencia esos partidos son arenas de conflicto entre grupos variados que utilizan en beneficio propio los símbolos adaptados a sus prácticas y recursos, o que consideran capaces de consolidar su legitimidad social.

Muchas tipologías de partidos o, en términos más rigurosos, clasificaciones racionales de las organizaciones políticas, son sólo expresiones eruditas

---

[53] Georges Balandier [1967], sobre todo pp. 208-217.

[54] Bertrand Badie [1989], p. 276. Jacques Berque [1960] analiza muy precisamente las condiciones que permiten importar y de alguna manera "aclimatar" esquemas políticos extranjeros (sobre todo el marxismo) a una sociedad islámica: entre esos esquemas y las concepciones o mitos tradicionales puede existir una homología que los hace compatibles.

[55] Jean-François Bayart [1989], sobre todo pp. 265-282.

[56] Balandier [1967], pág. 213.

de las categorías mediante las cuales los propios dirigentes se han esforzado por consolidar la legitimidad de sus organizaciones. Se puede concebir que esas "estrategias de legitimación" conforman diversas modalidades de asociación o agrupamiento, de una variedad que el estudioso podría desconocer si las designa con un solo término tal como partido u organización política.[57] La legitimación del derecho de representar a los grupos sociales o "familias" de individuos, como el de seleccionar a los dirigentes, deriva de múltiples procesos que no se pueden reducir a un modelo general, aplicable a todos los partidos y sistemas. Desde este punto de vista, se puede interpretar los conflictos entre organizaciones políticas o entre agrupaciones al interior de aquéllas (clanes, tendencias, fracciones, corrientes, sectores o clientelas) como luchas por la imposición de un tipo de legitimación supuestamente más eficiente que otras en la competencia política.[58]

La legitimidad de los representantes

Los funcionarios electos, tanto los que deben su carrera a su organización política como aquellos a quienes la competencia obligó a agruparse en partidos, pueden aprovechar *su propia legitimidad* de "representantes del pueblo". Extienden este beneficio a su organización a la vez que aprovechan la legitimidad de ésta: la legitimación de los partidos es indisociable de la de sus representantes y sus dirigentes. Como se ha dicho, las características valoradas en cada organización difieren según el origen social de los diputados, los electorados, las formas de profesionalización. Con todo, las reglas de la interacción política, el estado de las relaciones de fuerza y la imposición de los valores establecidos —o dominantes en una sociedad— esbozan un perfil del representante del cual el funcionario electo difícilmente puede apartarse. La forma legítima de la competencia requerida a los representantes (o dirigentes) coacciona las organizaciones políticas a la vez que constituye el objeto de su enfrentamiento. Por consiguiente, no es casual que en cada organización coexistan concretamente diversas estrategias en la construcción del tipo del "buen" representante, sobre todo cuando un partido reúne a diputados alejados de la figura más común.

La vía habitual de legitimación de los representantes es la de la *eficiencia humana*; entiéndase por ello una presunción de eficiencia no burocrática, no impersonal, en la que interviene la relación de confianza tejida entre el representante y sus electores o entre el dirigente y sus mandantes. Esta empresa puede

---

[57] Designación procedente. por otra parte, en la medida que permite caracterizar el papel de las organizaciones en la selección y formación de los dirigentes de la mayoría de las sociedades políticas contemporáneas.

[58] En el sentido que Bourdieu [1989] habla de "lucha por el *principio legítimo de legitimación* e, inseparablemente, por el modo de reproducción legítimo de los fundamentos de la dominación" (p. 376).

tomar diversas formas. Sirve de apoyo a las *relaciones clientelistas*, frecuentes en Italia y algunas regiones de Francia: el funcionario, a veces llamado —por extensión del término— el "notable", debe conocer personalmente a sus protegidos, estar al tanto de sus intereses y expectativas; está "a su servicio" para facilitar la solución de los múltiples problemas concretos que se les presentan (falta de empleo, gestiones administrativas, relaciones con las instancias estatales); resuelve sus dificultades o al menos las tiene presente. Sus secretarios y ayudantes responden la correspondencia y firman por él cuando no tiene tiempo. Mantiene la ficción de una relación persona a persona, diádica, de la que no están ausentes la gratuidad y los favores.[59] En Estados Unidos, el *"boss"* de la *máquina política* local y sus agentes realizan esta tarea de transformar la relación política en vínculo personal; permanecen cerca de los vecinos del barrio; los ayudan a orientarse en la red de obligaciones administrativas y coacciones resultantes de la dispersión institucional de los poderes; ponen sus relaciones al servicio de empresarios y asociaciones locales; ofrecen a los desheredados la posibilidad de salir de su aislamiento, y a algunos elementos de esos grupos les brindan la oportunidad de conseguir empleos rentables... en actividades legales o ilegales.[60] La legitimidad adquirida por el político en sus actividades suele extenderse a la empresa de legitimación de la organización política a la que pertenece: la nutre, la refuerza, concretamente le da una existencia real a los ojos de los electores. El Partido Demócrata Cristiano del sur de Italia, no es sino una asociación de "patrones" agrupados en fracciones, cuya legitimidad sirve de base a la de la organización y cuya eventual descalificación repercute sobre el partido.[61] Pero la aptitud de los "notables rojos", funcionarios electos locales del Partido Comunista, para administrar eficientemente sus municipios, responder a las necesidades de los desposeídos y tener en cuenta los pedidos individuales (viviendas, guarderías, puestos de trabajo, etc.) les granjea una legitimidad personal que el partido sabe aprovechar, como se advierte cuando los "feudos municipales" resisten la erosión de votos en el plano nacional.[62]

Las organizaciones políticas se benefician de distintas maneras con la presunción de *representatividad social* de sus diputados y dirigentes. Un partido que agrupa a los funcionarios y presenta candidatos en quienes ciertos grupos de electores descubren las cualidades que ellos valoran (porque son las que ellos mismos consideran que pueden o deben poseer, aunque fuera en menor grado) puede utilizar su representatividad como condición y garantía de su crédito. El funcionario que afirma su identidad vasca y habla ese idioma, cualesquie-

---

[59] Jean-François Médard [1976].

[60] Robert K. Merton [1965], sobre todo pp. 126-138. La inspiración funcionalista de la interpretación de Merton no disminuye la importancia de su preciso análisis de los mecanismos del "bossismo".

[61] Luigi Graziano [1980].

[62] Jean Ranger [1986].

ra que sean las razones por las cuales lo eligieron ciudadanos con distintos intereses, confirma que el Partido Nacionalista Vasco es representativo del grupo que reivindica y puede hablar en su nombre. A fines del siglo XIX, los partidos obreros experimentaron de manera aguda la contradicción entre la representatividad social de sus diputados (es decir, su afinidad con un grupo de electores mayoritariamente obrero) y la obligación de adaptar sus prácticas a la legitimidad política dominante, definida en otros términos por las reglas de la interacción parlamentaria, por las organizaciones adversarias, por los diputados socialistas "independientes" y por el predominio social de las normas "burguesas". Para tratar de superar esa contradicción, algunos funcionarios optaron por destacar sus rasgos ilegítimos a fin de crear una nueva legitimidad: desde este punto de vista, el obrerismo es la valorización de una "capacidad obrera" específica derivada de las virtudes atribuidas al trabajador manual asalariado. Pero a principios de este siglo, la mayoría de los diputados del partido socialista francés utilizaban su (discutida) aptitud para sobresalir en las cualidades que sus adversarios atribuían al buen representante; es verdad que eran cada vez menos los que surgían de las filas de la clase obrera.[63] La interacción política, en la medida que tiende a definir las reglas aceptadas por la mayoría, y la selección por todos los partidos de candidatos emergentes de los medios favorecidos conducen en los hechos a la descalificación de los funcionarios electos y las organizaciones que hacen alarde de su aptitud social para representar a grupos desprovistos de "competencia política". La exclusión de los diputados poujadistas en 1956 ilustra este rechazo sufrido por unos políticos y una organización sin duda muy representativos de la mayoría de su electorado (artesanos, tenderos, pequeños comerciantes), pero demasiado alejados de los hábitos, costumbres, ritos y reglas que se habían impuesto progresivamente como los únicos legítimos al Parlamento.[64]

Conservar de manera espectacular la representatividad social de los diputados y los dirigentes (en relación a los grupos de referencia privilegiados) significa embarcarse en un oneroso *trabajo de legitimación* en el seno del partido y frente a los electores. Bernard Pudal[65] muestra cómo en 1936 los dirigentes y militantes de tiempo completo del Partido Comunista francés emprendieron la redacción y publicación de las biografías de los setenta y dos diputados recientemente electos a fin de consolidar su legitimidad. En esta empresa de legitimación se dedica un gran espacio al enunciado de las características sociales de los electos, a veces atribuidas con cierta generosidad (ser hijo del pueblo o parte de éste por el oficio y los gustos), pero la condición fundamental y garantía de la legitimidad popular es el hecho de estar al servicio del "partido proletario": el funcionario electo comunista es un militante

[63] Offerlé [1984].
[64] Annie Collovald [1989].
[65] Bernard Pudal [1989], pp. 212-222.

disciplinado y experimentado, dedicado por completo al pueblo a través de su lealtad al partido y su incansable actividad en éste. Por eso las biografías de 1936 pasan por alto o minimizan las cualidades que valoran otras organizaciones y, más generalmente, la imagen del buen diputado difundida por la prensa, los libros, la escuela y las personalidades influyentes; en especial, los títulos escolares y universitarios. Las numerosas autobiografías publicadas en la misma época por los dirigentes del Partido Comunista —sobre todo la de Maurice Thorez, *Fils du peuple*, en 1937— confirman y precisan este modelo de mandatario popular, afín a sus electores, próximo a ellos y, por último, representativo del "pueblo comunista", es decir, de los miembros del partido (véase el cuadro 7). Así, la legitimación de los electos y los dirigentes en función de su pertenencia social y sus cualidades políticas fortalece la del partido, de la cual aparece como indisociable.

Si bien la representatividad social es acentuada cuando los grupos de referencia de la organización política poseen o puede atribuirseles una identidad y unas características marcadas[66], la mayoría de los partidos basan su legitimidad en las cualidades de sus candidatos y diputados, de las cuales lo menos que se puede decir es que están ampliamente difundidas entre los miembros de la profesión. Los más aptos y competentes para acceder a puestos de dirección se definen generalmente —con diferencias significativas de un partido a otro— por el *éxito obtenido en las actividades sociales más valoradas;* las "mejores" organizaciones son las que pueden demostrar la excelencia de sus candidatos en este sentido. Es evidente que en los partidos socialistas, cuando se designan los candidatos, la aptitud para atraer votos en razón de esta excelencia se impone sobre las cualidades militantes, apreciadas sólo por los miembros de la organización. Sin embargo, esto es relativo cuando se trata de candidatos a puestos menores (como el de concejal municipal), y no se debe olvidar que los candidatos mejor dotados socialmente son perfectamente capaces de militar cuando su carrera depende de ello. Este proceso se ve limitado parcialmente en los partidos socialdemócratas y laboristas por las exigencias de los sindicatos, recolectores de fondos y reclutadores de afiliados, que imponen una cantidad nada despreciable de sus propios dirigentes en las listas de candidatos. En cuanto a los partidos conservadores, es evidente que el origen de sus dirigentes y diputados[67] los coloca en una situación inmejora-

---

[66] La construcción de grupos de referencia (cristianos, proletarios, víctimas de la modernización, incluso corsos o escoceses) por las organizaciones políticas es el resultado de un trabajo complejo, sobre la base de la erección de *características parciales* en criterios de pertenencia. Este trabajo es realizado tanto por las organizaciones "no políticas" (asociaciones, iglesias, sindicatos, instituciones culturales, etc.) como por los mismos partidos. Sobre la construcción y uso del grupo de "cuadros" por las organizaciones en la década de 1950 en Francia, véase Luc Boltanski [1982]; Alain Garrigou [1980].

[67] Gaxie [1980].

CUADRO 7. *Composición socioprofesional de los parlamentarios comunistas*
(1936-1939)

	La más baja (M1)		La más alta (M2)	
	N	(%)	N	(%)
Clase obrera				
Agricultores	5	6,5	3	3,9
Obreros sector privado	39	50,7	21	27,3
Obreros de servicios públicos	10	13	12	15,6
Total	49	63,7	33	42,9
Clase media				
Pequeños comerciantes, artesanos	5	6,5	7	9,1
Pequeños propietarios			4	5,2
Empleados	4	5,2	10	13
Asalariados medios	2	2,6	4	5,2
Docentes primarios o equivalentes	5	6,5	5	6,5
Total	16	20,8	30	38,9
Clase alta				
Profesores	4	5,2	4	5,2
Asalariados altos (ingenieros)	1	1,3	3	3,9
Profesiones liberales	2	2,6	1	1,3
Profesiones literarias y artísticas			3	3,9
Total	7	9,1	11	14,3

Cuadro elaborado por Bernard Pudal, *Prendre parti*, ob. cit., p. 82. La distribución de parlamentarios se realizó según dos modalidades: tomando en consideración la profesión más baja que ejercieron (M1) y luego la más alta (M2).

ble para aprovechar la competencia social, económica y política atribuida a sus candidatos.

Sería de escaso interés indagar aquí en las múltiples formas que toma la *reivindicación de esta competencia social*: exhibición de títulos y diplomas, demostración de buenas relaciones con personalidades destacadas (sean operadores económicos, dirigentes de organizaciones de caridad o "estrellas" del arte, la ciencia y la literatura), muestra de realizaciones, auspiciantes prestigiosos, o simplemente certificados de éxito expedidos por especialistas de buena voluntad. Sin duda, es más interesante analizar el conjunto de los mecanismos que conducen a los electores desprovistos de las cualidades sociales legitimadas a delegar el derecho de hablar en su nombre —de representarlos— en los candidatos que poseen o a los que se atribuyen esas cualidades. Pierre Bourdieu sostiene la hipótesis de que es el sentimiento de incompetencia generado por sus experiencias y por las prácticas de los sectores dominantes lo que incita a los electores menos favorecidos a confiar en representantes socialmente provistos de "capital" económico o cultural.[68] La satisfacción que experimentan los afiliados y electores del Rassemblement por la République (RPR) al ser dirigidos o representados por miembros de los grupos más favorecidos se relaciona así con el relativo nivel cultural de esos individuos.[69] Si bien parece que el mecanismo de la "delegación incondicional y prolongada"[70] es un problema planteado por los estudios sobre la representación y selección tanto de los dirigentes como de los funcionarios electos, sería peligroso establecer una comparación apresurada entre la *delegación* (la postergación de sí mismo) sobre la cual se basa la autoridad de un dirigente o un electo del Partido Comunista y la que deriva de la *deferencia* observada por agentes sin experiencia política, sindical u organizativa hacia los dirigentes y electos en los "partidos de cuadros": ¡deferencia debida sin duda a la incapacidad de esos agentes de poner en tela de juicio las normas y creencias sociales dominantes y que, evidentemente, tiene poco que ver con la actitud de un militante sindical! La variedad de las condiciones sociales y culturales que pueden explicar los distintos mecanismos de delegación, una vez constatada su existencia y la analogía parcial de sus efectos, sigue siendo un campo muy poco investigado.

Regímenes políticos, partidos y sistemas partidistas

La variedad de los procesos de profesionalización, las formas que asumen las organizaciones, las legitimidades que reivindican y las modalidades de selección del personal dirigente que aplican no sólo es el resultado de las condiciones históricas muy diversificadas según las cuales se realizó la especialización política en cada sociedad. En efecto, esta variedad puede ser acentuada por la competencia entre los partidos, en la medida que los miembros de cada uno consideran de su interés destacarse fuertemente. En el marco de la competencia, acentuar las diferencias puede ser una estrategia provechosa frente a electores supuestamente sensibles a una identificación contrastada.

---

[68] Pierre Bourdieu [1981].
[69] Patrick Guiol, Erik Neveu [1984].
[70] Bourdieu [1981], p. 22.

Sin embargo, ya hemos observado que la *interacción* entre organizaciones políticas conduce fácilmente a la uniformación relativa de los argumentos de legitimación, las figuras que hacen al "buen" representante e incluso los mecanismos de selección. En cierta forma, los regímenes políticos de competencia franca entre una pluralidad de candidatos a puestos dirigentes no escapan a este proceso de uniformación, que en los regímenes unipartidistas adquiere un peso brutal y coaccionante. Indagar en las consecuencias de la interacción sobre la selección organizada de los dirigentes significa plantear el problema del "sistema de partidos".

Los sistemas de partidos

La expresión "sistema de partidos" designa la configuración de las organizaciones políticas correspondiente a un régimen determinado; generalmente, esta configuración depende de su número y su importancia relativa. Conviene avanzar más allá de la consideración de estos indicadores. Como hemos visto, se puede enfocar un sistema de interacción desde el punto de vista del sistema en sí, es decir, de las reglas que definen las propiedades exigidas a los participantes y las modalidades legítimas de las relaciones que mantienen entre ellos. También se lo puede aprehender a partir de las características (sociales, jurídicas, organizativas, etc.) de los agentes participantes, que contribuyen a definir la forma del sistema. De suerte que la expresión "sistema de partidos" en un régimen político determinado designa las relaciones que mantienen las organizaciones políticas en función tanto de su importancia respectiva como de las *reglas* que aplican y las *propiedades* que ellas deben a su inserción en este tipo particular de interacción.[71] Desde ya que no se puede disociar un sistema de partidos de las formas institucionales a que ha dado lugar la especialización política en la sociedad, y sobre todo de las modalidades legítimas —generalmente codificadas— de la relación entre las instancias de gobierno o de "dirección de la sociedad": entre el Ejecutivo y el Legislativo, entre aparatos políticos y administrativos, entre los estamentos locales y nacionales de decisión y ejecución de políticas.

Por consiguiente, el acuerdo reconocible entre el régimen político y el sistema de partidos es fundamental; tanto, que con frecuencia se caracteriza al primero sobre la base del segundo. Cuando Raymond Aron distingue los

---

[71] Hablando con rigor, no se debe asimilar "sistema de partidos" o sistema correspondiente a la interacción entre los partidos con "campo político" en el sentido con que Bourdieu emplea esta expresión. Según el criterio de este autor, el campo político se define por la competencia entre agentes (grupos, instituciones, asociaciones, profesionales de la política más o menos organizados, etc.) que dan interés a la política y a su vez están interesados en participar. Pero no todos esos agentes se pueden identificar como organizaciones políticas.

regímenes unanimistas de los pluralistas, de hecho atribuye un lugar preponderante a la ausencia o existencia de una competencia abierta entre muchos partidos que reivindican distintos principios, aunque también tiene en cuenta otras características. Asimismo, otros autores proponen "tipologías" de regímenes en las que, a pesar de sus precauciones, el sistema de partidos constituye la variable determinante.[72] Ello se debe a que las modalidades de selección de los dirigentes, en las cuales los partidos cumplen el papel ya descrito, constituyen uno de los elementos importantes para la *caracterización de los regímenes políticos*; los modos de funcionamiento de las organizaciones políticas, sus relaciones y formas de competir, su papel en la conservación de las reglas políticas, son tan importantes como las reglas institucionalizadas del juego político; y las transformaciones del sistema de los partidos, así como de los partidos mismos, en general son indisociables de las modificaciones introducidas en las reglas codificadas de la competencia tales como el escrutinio o el reparto de atribuciones entre el Poder Ejecutivo y el Parlamento.[73]

Un ejemplo permitirá comprender la importancia de esta correlación. El *sistema de partidos de Estados Unidos* se caracteriza por la competencia entre dos organizaciones políticas, los partidos Demócrata y Republicano ("dualismo" partidario o "bipartidismo"), que se disputan un conjunto de puestos políticos locales (alcaldes municipales, gobernadores de los Estados, etc.) y nacionales, entre los cuales los más atractivos son los de senadores y representantes y el de presidente, cuyo titular tiene la potestad de distribuir una gran cantidad de funciones y puestos políticos federales.[74] Cada partido es una asociación nacional de organizaciones locales muy autónomas que tienden a controlar la designación de candidatos a los muy numerosos puestos electivos; poco importa aquí distinguir si esas "máquinas partidistas" son controladas férreamente por un "*boss*" o si funcionan por acuerdos entre los dirigentes locales. Lo que interesa subrayar es que el sistema federal norteamericano garantiza la redistribución periódica de un gran número de puestos que conllevan ventajas importantes y que los partidos son ante todo, de manera muy concreta, las organizaciones que seleccionan los candidatos a esos puestos; de esta manera aseguran a sus dirigentes carreras "locales" prestigiosas y a menudo rentables, lo cual refuerza su adhesión a las reglas del federalismo. La transformación de una trayectoria de ese tipo en una carrera política nacional su-

---

[72] Raymond Aron [1966]. Gabriel Almond, George Bingham Powell [1978], p. 213.

[73] Adviértase la existencia de una *correlación*, aquello que no establece una relación de causalidad simple. Preguntarse cuál fue "primero", el régimen institucional o el sistema de partidos, tiene tanto sentido como preguntarse si el aumento del número de automóviles es el resultado del mejoramiento de las vías de comunicación entre las ciudades o viceversa.

[74] Existe una frondosa bibliografía sobre los partidos norteamericanos, y muchos autores de ese país los han tomado como referencia al tratar de definir el concepto mismo de partido o sus "funciones". Referimos al lector al exhaustivo análisis del sistema político norteamericano de Marie-France Toinet [1987], pp. 484-520 y su bibliografía (pp. 521-522).

pone el apoyo tanto de los dirigentes más influyentes del partido como de los dirigentes de la economía o las grandes corporaciones; se realiza mediante la obtención de un escaño de senador o representante y, sobre todo, mediante la elección a una comisión influyente de una u otra cámara. El papel importante que reconocen la Constitución y las costumbres a las asambleas parlamentarias corresponde aquí al funcionamiento "nacional" de los partidos, a las modalidades de ascenso político en su interior y a los juegos complejos de alianzas, rivalidades y protecciones que caracterizan las relaciones entre los dirigentes. Finalmente, la elección del presidente de Estados Unidos orienta las estrategias de los dirigentes partidarios, sea para postularse o para brindar su apoyo al postulante que lo solicita: alianzas, acuerdos de tipo contractual, apoyo a un dirigente local debilitado, distribución de los recursos, todas las relaciones tienden a la constitución de equipos que se movilizarán por uno de los postulantes a la candidatura suprema. Los tiempos agitados que representan las "primarias" en cada Estado sólo son la parte más visible de una competencia incesante en la cual se permite toda clase de golpes (como la divulgación de aspectos socialmente censurables de la vida privada de los competidores): los partidos sólo demuestran cohesión en los ritos espectaculares de lealtad al vencedor (las convenciones). Este sistema no implica, y en un sentido no permite, la definición de un "programa" partidario, la disciplina de voto de los diputados ni la constitución de un verdadero aparato de dirección a escala nacional. Así se entrelazan las reglas institucionales del régimen político (elección del presidente mediante el sufragio universal, separación de poderes, federalismo, papel de las comisiones permanentes del Congreso, puestos federales cuyo otorgamiento es atribución presidencial) con el sistema de partidos, definido no sólo por el bipartidismo sino también por la complejidad de las relaciones entre dos grandes coaliciones de organizaciones, estructuradas localmente en "máquinas" que controlan candidaturas, recursos y carreras. De este modo, el funcionamiento de los partidos norteamericanos es *acorde con la forma del régimen*, lo cual no significa que ésta lo explique del todo.

También merece destacarse la relación entre el régimen político y el sistema partidista en los países cuyos dirigentes reivindican el marxismo-leninismo para legitimar su poder. El funcionamiento de la competencia en el seno de los partidos únicos o "hegemónicos", en la medida que se lo puede conocer con alguna precisión, revela el enfrentamiento de fracciones constituidas en torno de dirigentes sobre la base de afinidades e intereses múltiples: intereses de carrera en un sector del Estado (ejército, policía, aparato ideológico), afinidades de origen geográfico o derivadas de una comunidad de formación o de la posesión de recursos idénticos tales como el apoyo de las instancias sindicales o las relaciones anudadas con dirigentes de "partidos hermanos". Por cierto, no se trata de un sistema de partidos en el sentido que tiene esta expresión en las democracias pluralistas; conviene más bien hablar de un *sistema de fracciones* que compiten por imponer la legitimidad de sus recursos y sus modalidades propias de selección de los dirigentes. Teniendo en mente esta (nada despreciable) reserva, se puede considerar que este sistema revela la "forma real" del régimen político: durante mucho tiempo, el análisis de las carreras de los principales dirigentes ha sido el índice más preciso de la jerarquía efectiva de las instancias de gobierno y los aparatos del Estado. El estudio de las carreras políticas y las transformaciones en la selección de los dirigentes locales permitió comprender la evolución efectiva de las relaciones entre la Unión Soviética y sus repúblicas más allá de los principios oficiales que supuestamente las regían.[75] Cabe agregar que la evolución reciente de los regímenes políticos en los países de Europa oriental ha asumido, entre otras, la forma de una transformación drástica del sistema de partidos; evidentemente, el estudio de este problema supera el objeto de este capítulo y no se lo puede encarar antes de realizar una amplia investigación. Finalmente, constatar *grosso modo* la estrecha correlación entre estas manifestaciones complementarias de la especialización política que son el régimen político y el sistema partidista permite evitar la tentación de estudiar el sistema en sí mismo o, dicho de otra manera, desconocer lo que sus reglas deben a las prescripciones institucionales.

Restrigiéndonos a los regímenes occidentales contemporáneos, cuya comparación se ve facilitada por su historia parcialmente común, la correlación entre el sistema de partidos y el *modo de elección* ha resultado sumamente significativa. A partir de 1951, en una obra llamada a ejercer gran influencia en este aspecto, Duverger señala que la representación proporcional es una forma de elección que tiende a favorecer el pluripartidismo, o la competencia franca entre varios partidos, obligado después de las elecciones a concertar alianzas para formar una mayoría parlamentaria; en cambio, la elección mayoritaria a una sola vuelta tiende a instaurar o consolidar un sistema dualista (o bipartidista) en el cual el partido ganador, al obtener la mayoría nacional de escaños, puede gobernar solo hasta la siguiente elección.[76] Por consiguiente, las diferencias en el modo de elección afectan el número y la configuración de los partidos, así como las relaciones entre ellos: alternancia, independencia y acentuación estratégica de sus diferencias programáticas en los sistemas bipartidistas; alianzas, administración flexible de la oposición, moderación de las diferencias para gobernar, en los pluripartidistas. Sin du-

---

[75] Véase al respecto Hélène Carrère d'Encausse [1978]. Se encontrará un análisis minucioso de las relaciones entre el Partido Comunista y el régimen político de la URSS (antes de las transformaciones de la era gorbachoviana) en Michel Lesage [1987].

[76] Maurice Duverger [1951]. La elección por mayoría en dos vueltas tiende al pluripartidismo, pero obliga a los partidos a concertar acuerdos de desestimiento luego de la primera vuelta y por ello los vuelve mutuamente dependientes en un grado mayor que el sistema de representación proporcional.

da, el interés que despertó esta correlación en Francia en la década de 1950 fue producto de la combinación de tres preocupaciones: conocer las consecuencias sociales de las disposiciones institucionales para establecer un vínculo entre los estudios de derecho constitucional y las investigaciones en ciencias políticas; verificar la validez sociológica de la polémica, antigua pero nuevamente vigente, sobre las consecuencias políticas del modo de elección;[77] tratar de explicar, ante la eventualidad de las reformas, el pluripartidismo francés de la Cuarta República, al que muchos actores políticos (entre ellos el general De Gaulle) atribuyen la inestabilidad gubernamental y la consiguiente "impotencia del régimen". En ese contexto político, la comparación entre el régimen bipartidista inglés, considerado el producto del modo de elección mayoritario a una sola vuelta, y el sistema francés, de un pluripartidismo reforzado y acentuado por la representación proporcional, se impone a los investigadores como un ejercicio insoslayable.

Los estudios ulteriores modificaron considerablemente el sentido de esta interpretación y ampliaron sus alcances.[78] En escritos posteriores a su obra de 1951, el mismo Duverger flexibilizó la correlación entre la forma de elección y el sistema de partidos al introducir otras variables. La polémica se introduce en las consecuencias del dualismo partidista sobre los programas políticos: el bipartidismo no tiende automáticamente a acentuar las diferencias, sino que puede inducir a los dirigentes de ambos partidos a moderar sus propuestas a fin de atraer los votos decisivos de electores "centristas" o moderados, que no se identifican con los proyectos antagónicos.[79] Se proponen tipologías precisas de los sistemas de partidos. Jean Blondel distingue dos formas de bipartidismo, una "perfecta" (en la cual los dos partidos dejan a las demás organizaciones una parte ínfima de los votos, inferior al diez por ciento, como en Estados Unidos o en Gran Bretaña hasta la década de 1970), y la otra "imperfecta" (cuando un tercer partido, como el Liberal de la República Federal de Alemania, cuenta con una representación nada despreciable). El pluripartidismo puede ser "integral" (cuando ninguno de los partidos alcanza el 40% de los

---

[77] La larga historia de la Tercera República francesa (1875-1940) se caracteriza por los ensayos de diversos sistemas electorales y ásperos debates sobre las consecuencias políticas de cada uno. Después de la derrota del nazismo, el debate renace en el contexto archipolitizado de las reformas parciales que tratan de limitar la representación parlamentaria del Partido Comunista y del Rassemblement du Peuple Français, creado bajo la dirección del general De Gaulle luego de su retiro del gobierno.

[78] Aquí se describe este proceso a grandes rasgos. Para un estudio detallado, que destaca la vigencia de la "ley Duverger" a la vez que muestra la necesidad de introducir otras variables aparte del modo de elección propiamente dicho, véase Jean-Marie Cotteret, Claude Emeri [1970].

[79] Albert Mabileau, Marcel Merle [1965]. Monica Charlot muestra cómo a partir de la competencia electoral, el sistema bipartidista pudo atenuar hasta 1979 las diferencias entre los dos partidos con respecto a una serie de problemas fundamentales (Charlot [1972 y 1976]).

votos) o "de partido dominante".[80] Douglas W. Rae tuvo el mérito de demostrar, tras un análisis muy completo de las correlaciones entre sistemas de partidos, votos y formas de escrutinio, la necesidad de tener en cuenta —más allá de la mera oposición entre representación proporcional y elección mayoritaria a una vuelta— la totalidad de las *disposiciones contenidas en las leyes electorales*. Entre esas disposiciones, dos tienen consecuencias notables. Se trata, en primer lugar, del conjunto de medidas que favorecen la sobrerrepresentación parlamentaria de los partidos que obtienen el mayor número de votos y la subrepresentación (o la no representación) de los que obtienen escasos sufragios: pisos de representatividad, correcciones (de tipo proporcional) al recuento mayoritario, modalidades de distribución de los cocientes, etc. Se trata, sobre todo, de la división en circunscripciones electorales, cuyo tamaño afecta directamente la proporcionalidad entre los votos recibidos por cada partido y el número de escaños que éste obtiene, cualquiera que sea la forma de elección. Es en este punto donde radica la mayor originalidad del trabajo de Rae.[81]

Así, las disposiciones institucionales contribuyen a estabilizar o transformar un sistema de partidos. A la inversa, se podrá demostrar que los cambios en la codificación de las reglas institucionales relativas a las elecciones son *producto de la interacción* entre los partidos y las estrategias que adoptan sus dirigentes para modificarlas, anticipando sus consecuencias en función de sus experiencias anteriores o su conocimiento de los sistemas extranjeros, en ocasiones a costa de errores groseros. En efecto, consideran que los cambios en las disposiciones institucionales reducirán la representación de sus rivales. Abundan los ejemplos de esas "políticas institucionales": maniobras con la ley electoral entre 1946 y 1951 de los partidos franceses asociados para gobernar (mediante la agrupación de listas), imposición de un sistema electoral especial para las ciudades de más de 30 000 habitantes, retorno a la elección proporcional en las elecciones legislativas de 1986 (a fin de atenuar el éxito previsto de la oposición), etc. Puesto que las relaciones entre los partidos políticos sufren las consecuencias de los cambios institucionales y que así se modifican tanto sus posiciones respectivas como las reglas que deben aplicar, cada uno puede verse afectado en su estructura, su manera de actuar e incluso su *modo de funcionamiento*. El estudio de la incidencia del modo de elección —considerado el conjunto de las disposiciones electorales— sobre el funcionamiento de los partidos políticos es uno de los temas preferidos por la sociología política, sobre todo en Francia.[82]

---

[80] Jean Blondel [1968].

[81] Douglas W. Rae [1967]. Hay un pasaje significativo de esta obra, traducido al francés, en Jean Charlot [1971], pp. 225-229.

[82] Véase sobre todo los trabajos realizados en el Centre d'étude de la vie politique française de la Fondation nationale des sciences politiques.

Los partidos políticos, elementos de un sistema

¿Cómo afectan las transformaciones institucionales a los propios partidos? Los estudiosos franceses debieron abordar este interrogante tan general de manera muy concreta para explicar la evolución espectacular de los partidos después de 1962, es decir, ante los efectos acumulados de un cambio global en las instituciones (refuerzo de las atribuciones del ejecutivo, "presidencialización" del régimen, limitación y control estricto de las atribuciones del parlamento, etc.) y una modificación en el modo de elección (con la adopción del sistema uninominal mayoritario a dos vueltas para las elecciones presidenciales y legislativas). A esta *transformación del régimen político* se le atribuyen generalmente dos fenómenos: por un lado, la construcción de partidos que funcionan bajo la obligación de designar un candidato "presidenciable" y seleccionar los futuros ministros de gobierno que el presidente electo designará si cuenta con una mayoría parlamentaria estable; por el otro, la aparición de "partidos dominantes" de izquierda y derecha, capaces de constituir la base de una mayoría parlamentaria a la que se agregarán los partidos aliados, más o menos dependientes de aquéllos.

El primero de estos fenómenos es destacado por autores como Oliver Duhamel, quien atribuye los cambios sufridos por los partidos de izquierda a partir de 1962[83] principalmente a las transformaciones institucionales, o como Schonfeld, quien aboga por un enfoque "socio-organizativo" de los partidos que tome en cuenta las modificaciones del ambiente institucional.[84] Con distintos términos, ambos subrayan que la evolución de partidos como el socialista o el "gaullista" expresa la supremacía creciente del "presidenciable", que provoca una confrontación aguda entre los postulantes a ese puesto e incluso esboza —según Schonfeld— el modelo de una "monocracia", atemperada por las negociaciones incesantes entre el jefe y sus colaboradores. Este enfoque también permite comprender que el ejercicio de responsabilidades en la "cúpula" se ha de considerar un anticipo, una preparación, un "curso de formación" para el ejercicio posterior de actividades gubernamentales por parte de los altos dirigentes y, sobre todo, de los jefes de las tendencias (sean públicas o disimuladas). Desde este punto de vista, se puede establecer la relación entre los partidos y las reglas institucionalizadas del régimen, que de alguna manera los modelan y hacen de ellos *"sistemas políticos en miniatura"*.[85] Sin duda, los partidos adecuaron su organización y su funcionamiento visible

[83] Olivier Duhamel [1980].

[84] Véase p. 224, los inconvenientes del uso del término "entorno"; véase cap. 1, p. 46.

[85] Según la expresión de Samuel J. Eldersveld empleada por William R. Schonfeld [1985], p. 193.

a las condiciones en las que se desarrolla la competencia política, es decir, en este caso, a las reglas codificadas del certamen; los conflictos internos del RPR o del socialismo francés entre postulantes a la investidura de presidenciable son elocuentes en ese sentido. Pero no faltan ejemplos de otros países: así sucede en Gran Bretaña, donde las modalidades de designación del *leader*, eventual primer ministro en caso de alternancia, son objeto de una competencia constante en el seno de los partidos políticos, a la medida del papel que corresponde al *premier*, el "monarca electo" de las instituciones. Sin embargo, cabe dudar de que la coacción derivada de las reglas del régimen político, por más que los actores las hayan interiorizado, explique los fenómenos importantes (captación de afiliados y dirigentes, formación de tendencias, elaboración de estrategias de los líderes para "destacarse", tipos de carrera, cambios que sufren los programas, etc.) que debe analizar la sociología de los partidos.

Se ha atribuido el *surgimiento de los "partidos dominantes"*, que afecta tanto las relaciones entre los partidos como su estructuración y funcionamiento, a las modificaciones de las reglas electorales en Francia entre 1958 y 1962. La elección uninominal mayoritaria a dos vueltas de los diputados y el presidente perjudica a los partidos cuyos candidatos tienen pocas posibilidades de pasar a la segunda vuelta y lo saben. Al contrario, favorece a los candidatos —de derecha y de izquierda— que reciben los votos tanto de los electores que se identifican claramente con uno u otro campo como el de los poco inclinados a sostener posiciones extremas, pero que carecen de un "moderado" a quien votar en la segunda vuelta. Así, los "partidos dominantes" nacerán de una coalición de sufragios claramente identificados de izquierda y derecha y de los votos captados en detrimento de los "centristas". El fenómeno parece manifestarse claramente en la derecha antes que la izquierda. La UNR (luego UDR), cuyos dirigentes reivindican un gaullismo unificador, acrecienta su audiencia en detrimento de las organizaciones identificadas con el conservadurismo tradicional (los independientes) o con el centrismo (MRP, Centro Demócrata); el partido "gaullista" toma la forma de una coalición de dirigentes históricamente fieles al general De Gaulle (los "compañeros" o "barones"), notables, diputados y jóvenes dirigentes atraídos por un gran partido renovador... y asociado al gobierno. A principios de la década de 1970, parece capaz de reunir a la mayoría de las "afinidades" de derecha e incluso ampliarse para englobar a ciertos grupos que se dicen "izquierdistas" (véase el gráfico 4). Aunque es el partido "del presidente", es derrotado por V. Giscard d'Estaing, quien en 1974 dirige la creación de la UDF, una federación de dirigentes y diputados "centristas" (es decir, en este caso, de los que disputan a los "gaullistas" los puestos y las posiciones conquistadas a partir de 1962). Entonces pierde su condición de "partido dominante".

Después de 1978 parece surgir un partido dominante por la izquierda, el Partido Socialista. La ampliación de su audiencia coincide con la elección de un presidente salido de sus filas, François Mitterrand, y con el debilitamiento progresivo del Partido Comunista, cuya "decadencia", como se ha convenido en llamarla, se acelera a partir de 1981. Nuevamente, el partido dominante toma la forma de una vasta coalición de dirigentes y diputados que reivindican distintas "afinidades", a los que se suman los autotitulados herederos de la SFIO (de lo mejor de ella), funcionarios de carrera de las instituciones republicanas, ex jefes de círculos políticos, dirigentes salidos de los sindicatos (tanto de la FEN como de la CFDT) o de organizaciones de izquierda dispersas... En este sentido, las "tendencias" organizadas en el PS sólo reproducen en un primer momento esta variedad de trayectorias, orígenes y "afinidades". Se advierte claramente que la formación de los partidos dominantes, donde cohabitan elementos heterogéneos asociados por un interés común y obligados a reivindicar todos los "valores" y principios de la derecha o la izquierda, está vinculada en muchos aspectos a la transformación de las instituciones y a las *consecuencias de las leyes electorales*. Se comprende también que su organización interna (representación prácticamente garantizada de los dirigentes de las tendencias en las instancias nacionales; papel del secretariado nacional; modalidades de designación de los candidatos a los puestos electivos) y su funcionamiento (es decir, las formas de la competencia interna) aparecen como consecuencias de esta situación.[86]

Sin embargo, pocos autores atribuyen las transformaciones de los partidos bajo la Quinta República a la sola "coacción" del sistema institucional. Es verdad que frente a esta tentación, Lavau no deja de recordar el papel fundamental de *otros factores*: el descrédito relativo que padecen ciertos partidos, sobre todo el Comunista, no obedece a los cambios institucionales, pero explica mejor que cualquier otro fenómeno la evolución de las organizaciones izquierdistas. Los "pluralismos sociales" se expresan en la persistencia de un pluripartidismo constantemente renovado, en el que el surgimiento de un partido dominante no anuncia —a pesar de la llamada "bipolarización"— la aparición de un sistema bipartidista basado en la competencia entre dos inmensas organizaciones federativas.[87] En su estudio de la formación de un partido gaullista dominante, Jean Charlot atribuye el fenómeno al efecto del "carisma" gaulliano, no al modo de elección ni a las transformaciones institucionales, si bien considera ese partido como el prototipo de las organizaciones estructuradas para conquistar un gran electorado (partidos "de electores"). Incluso esboza una explicación basada en los mecanismos de mercado: en ese sentido, compara la competencia entre organizaciones políticas con la que se desarrolla entre las empresas en busca de clientes: "el paso de un mercado 'abierto', 'atomizado' o 'browniano', en el que ninguna marca logra imponerse, a un

---

[86] Sobre las *consecuencias* en materia de organización y funcionamiento de una posición de partido dominante en el sistema de partidos, véase Jean Charlot [1970], sobre todo pp. 93-102 y 123-137.

[87] Georges Lavau [1969 y 1980].

GRÁFICO 4. Del "pluripartidismo perfecto" al "pluripartidismo con partido dominante": el partido gaullista

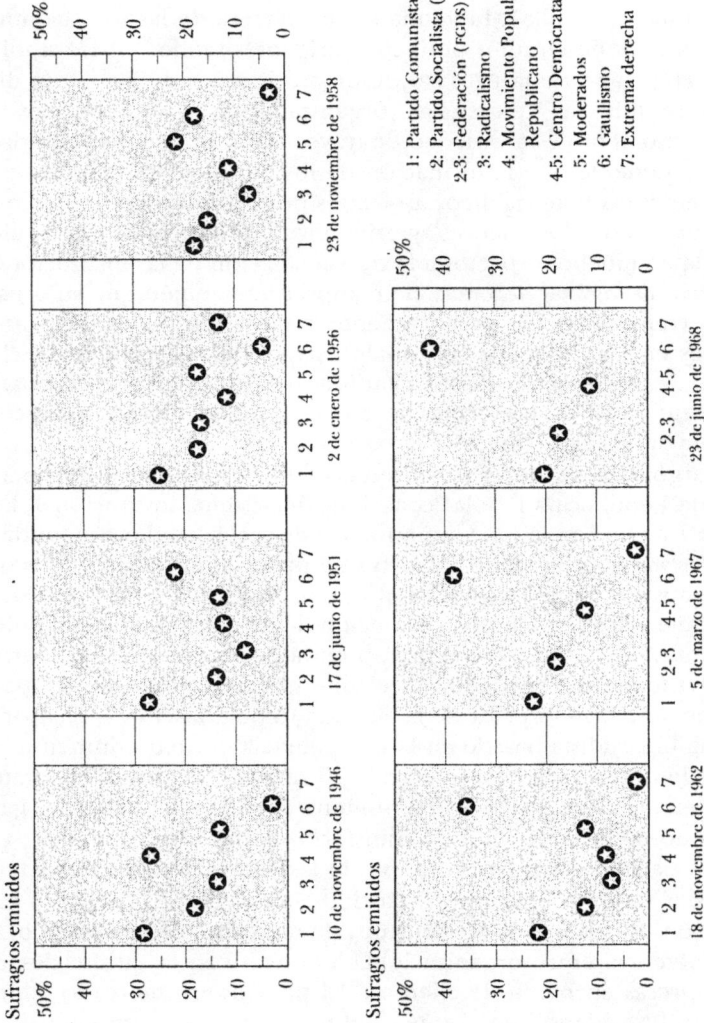

Sufragios emitidos

1: Partido Comunista
2: Partido Socialista (SFIO)
2-3: Federación (FGDS)
3: Radicalismo
4: Movimiento Popular Republicano
4-5: Centro Demócrata
5: Moderados
6: Gaullismo
7: Extrema derecha

Tomado de Jean Charlot, *Le phénomène gaulliste*, París, Fayard, 1970, p. 38.

Charlot no intenta explicar el surgimiento de un partido dominante y se cuida de atribuir el hecho a la modificación de la forma de escrutinio. Prefiere insistir en la correlación entre ese fenómeno y: a) las dimensiones "carismáticas" del gaullismo; b) la aparición de un nuevo tipo de partido, el partido "de electores" (semejante al "partido atrapa todo" de Otto Kirchheimer).

mercado 'cerrado', en el cual una marca, gracias a una innovación exitosa, logra despegarse del conjunto de pequeños potentados locales o especializados para ocupar una posición dominante en el mercado".[88] Así, la oposición canónica entre el pluripartidismo, integral o de partido dominante, y el bipartidismo, perfecto o imperfecto, ya no constituye una explicación satisfactoria de la evolución de los sistemas de partidos y de las propias organizaciones; tanto menos por cuanto quedan por explicar los cambios a veces sustanciales que sufren los partidos mientras el régimen político y las disposiciones electorales permanecen aparentemente inmodificadas. El hecho de que en Francia se sucedan un "juego de cuatro" (RPR, UDF, PS, PC) y un pluripartidismo con partido dominante, o de que en Gran Bretaña los partidos sufran transformaciones espectaculares (nuevos métodos de designación del líder en el laborismo, escisión de los "demócratas sociales", modificación de las reglas de funcionamiento del Partido Conservador, etc.) sin que se hayan producido cambios institucionales de parecida importancia obligan a adoptar otras bases para el análisis de los partidos.[89]

Sin embargo, no se debe descuidar el estudio de las relaciones entre la evolución del régimen político y la del funcionamiento de los partidos, con la salvedad de no atenerse exclusivamente a las disposiciones institucionales. Si por régimen político se entiende no sólo las reglas codificadas sino el *conjunto de normas prácticas*, constantemente creadas y renovadas por la interacción de los agentes, y si por sistema de partidos se entiende el *conjunto de las características de esas organizaciones competidoras* (e incluso las reglas y modalidades de esa competencia), entonces la correlación entre una y otra sigue siendo un importante objeto de estudio. En este sentido, Gaxie intenta demostrar que para explicar las reglas características de la preeminencia de la institución presidencial en Francia es necesario tener en cuenta las transformaciones fundamentales de las prácticas en vigor en los partidos; sobre todo, la aparición de una disciplina de voto inseparable de las modificaciones del reclutamiento de los dirigentes, su profesionalización y su fuerte dependencia de los recursos colectivos que los partidos detentan y distribuyen entre ellos.[90] En un sentido muy distinto, es lo que quieren dejar sentado Duhamel y Parodi cuando proponen un esquema de "análisis estratégico" de la vida política francesa.[91] Desde este punto de vista, los partidos se ven obligados a elaborar sus estrategias en función de un *conjunto de factores coaccionantes*, interiorizados y experimentados por sus dirigentes. Hay factores institucionales (es decir, codificados en la

---

[88] Jean Charlot [1970], pp. 39-40.
[89] Jacques Leruez [1989] demuestra que no es posible establecer una correlación simple entre la evolución del régimen político y el de los partidos en el marco de disposiciones electorales inmutables (véase pp. 230-293).
[90] Gaxie [1988].
[91] Duhamel, Parodi [1985].

Constitución y en las leyes, en especial las electorales) y prácticos (resultantes de la relación de fuerzas, tal como se impone a los actores y es percibida por ellos). Así, las estrategias de alianzas o de selección del "presidenciable", decisivas para el porvenir de una organización política, se pueden analizar como respuestas a la evolución coyuntural de las relaciones entre partidos en el marco de los exigentes y fortísimos factores coaccionantes del régimen político. Sobre estas bases, Parodi interpreta las transformaciones del espacio político francés, "espacio de acción estratégica para las organizaciones partidistas".[92] Este espacio es "forjado por los factores coaccionantes institucionales" (elección legislativa y presidencial por mayoría, con una segunda vuelta decisiva; atribución presidencial de disolver el parlamento) de donde derivan la identificación de los electores con un partido y la construcción de grandes coaliciones precarias de derecha como de izquierda. Pero también lo define el papel de los "marcadores ideológicos", entiéndase los partidos que señalan los límites de las representaciones en este espacio: partidos cuyo apoyo se puede aceptar o rechazar, lo cual implica un costo; partidos de los que conviene diferenciarse u obligar al competidor a distanciarse. Parodi atribuye las transformaciones del espacio político entre 1962 y 1988 precisamente a la evolución de los marcadores ideológicos (el Partido Comunista hasta 1984, el Frente Nacional a partir de entonces) en el marco de los factores coaccionantes institucionales permanentes, tanto como a las consecuencias electorales de las estrategias de las grandes organizaciones políticas. Así, cada período, debidamente ajustado a un modelo, se puede caracterizar por la aparición de nuevas alternativas estratégicas (acentuación o moderación simbólica de las diferencias, alianzas, relaciones entre partidos, tácticas electorales, escisiones, realineaciones). Como se ve, este modelo establece una relación estrecha entre la evolución del sistema partidista y el funcionamiento de las organizaciones, por un lado, y los efectos coaccionantes —sean constantes, derivados de las reglas institucionales, o cambiantes, producto de la relación de fuerzas— del régimen político, por el otro. Sin embargo, deja sin respuesta una multitud de problemas, como el de los "recursos" de los actores, el de los factores sociales del cambio político —y partidista— y el de las modalidades de interiorización por parte de los actores de unas reglas modificadas constantemente por la interacción y sus propias estrategias.[93]

Considerar los partidos políticos como organizaciones especializadas en la selección (y eventualmente la formación) de candidatos que pueden aspirar a un puesto dirigente con alguna posibilidad de éxito significa en definitiva interesarse principalmente por las relaciones entre las organizaciones competido-

---

[92] Jean-Luc Parodi [1989].

[93] Bastien François ("Le Président, pontife constitutionnel" [1988]) se pregunta sobre la posibilidad de concebir, en este tipo de análisis, opciones estratégicas "previsibles".

ras dentro de un mismo sistema de interacción, así como entre los equipos (fracciones, tendencias, corrientes, etc.) que se enfrentan en el seno de cada una de ellas. En este sentido se puede visualizar cada partido como un sistema de interacción. El número y la importancia de los puestos a ocupar, las reglas aplicadas para la selección de los dirigentes, los mecanismos objetivados de la interacción, incluso las modalidades de legitimación de los partidos y sus miembros varían de una sociedad a otra; por ello conviene estudiar las diversas *condiciones de interacción*. Entre esas condiciones, la forma del régimen (es decir, de las relaciones entre las instancias políticas especializadas) y el conjunto de las prescripciones codificadas relativas a las reglas legítimas de la competencia política merecen una atención especial. Esas reglas constituyen una verdadera *coacción* para los agentes en la medida que han experimentado sus efectos, las tienen en cuenta en sus previsiones, las aceptan e interiorizan hasta el punto de considerar su transgresión un acto estratégica y moralmente costoso. Por consiguiente, la capacidad de cada agente de triunfar sobre sus rivales depende de su aptitud para actuar según las reglas, o al menos para aparentar que las respeta y domina su uso en beneficio propio. También depende de su capacidad para emplear en la competencia los recursos (políticos, sociales, financieros) derivados de su posición social. De ahí se plantea el problema de la inserción social de las organizaciones políticas.

ORGANIZACIONES POLÍTICAS Y RELACIONES SOCIALES

Las organizaciones políticas y sus candidatos emplean en la competencia ciertos *recursos* que para el análisis se considerarán colectivos o personales: los primeros son bienes, apoyos o posiciones institucionales controlados por la organización (es decir, en términos generales, por los dirigentes); los personales son controlados por los candidatos y los diputados (cuya dependencia con respecto a la organización es inversamente proporcional a la magnitud de sus recursos personales). Todo puede ser un recurso en una competencia de este tipo: la posesión de un título que el adversario no tiene, el dinero disponible, una red de relaciones "bien situadas", la esperada fidelidad de un vasto grupo de electores, una fama bien cultivada de honradez y abnegación, etc. El concepto de recurso sólo tiene significado en un sentido *relacional* y *relativo*: relacional, porque es lo que se posee en mayor medida que el adversario; relativo, porque una cualidad o posición social sólo es un recurso en función de la jerarquía de valores que reconoce el grupo: la presencia de un obispo o un gran rabino tiene un "valor" distinto (o distinto grado jerárquico en la escala de valores) ya sea en un grupo católico o en uno de judíos practicantes. Movilizar los recursos en la competencia política es apelar a un conjunto de propiedades y aptitudes que derivan de la posición social de los candidatos y del "capital colectivo" (para usar una metáfora expresiva) de sus organizaciones.

Que un candidato pueda contar con los votos de los individuos a los que ha prestado servicios en el ejercicio de su profesión, que pueda aprovechar el apoyo público o discreto de distintas asociaciones religiosas o caritativas, que disponga de fondos aportados por grupos industriales o comerciales, que demuestre su respeto por los valores sustentados por ciertos grupos: todo puede servir como recurso en una campaña electoral o en la competencia por la candidatura partidaria. Pero en primer término hay que estudiar esos recursos como indicadores de la posición del candidato y el partido en la *estructura de las relaciones sociales*: estar situado políticamente significa poder movilizar recursos en grupos sociales que habitualmente apoyan a tal partido en lugar de tal otro; significa aprovechar las relaciones que mantienen los afiliados y dirigentes del partido con las organizaciones y asociaciones que se beneficiarán con la victoria de aquél. Esto no significa que una organización política será tratada como "agente" de agrupamientos vastos y coherentes, con intereses fácilmente identificables, cuyas actividades, reivindicaciones y creencias son controladas —incluso "manipuladas"— por dirigentes ocultos o manifiestos. Sin embargo, rechazar con razón una concepción tan superficial de las relaciones sociales no significa renunciar a comprender las múltiples interacciones que aseguran la inserción de los partidos en la vida social.

Grupos de referencia y sistemas de acción

El mantenimiento de los grupos de referencia

La historia de las sociedades occidentales del siglo XIX se caracteriza por los enfrentamientos entre grupos sociales más o menos identificables, a los que se ha definido sobre la base de sus intereses económicos contradictorios: grupos de individuos que obtienen sus ingresos esencialmente de la renta de la tierra y grupos cuya fortuna está más ligada al desarrollo de la industria, el comercio y la banca; fundamentalmente, poseedores de tierras y capital de trabajo contra sectores que no poseen otro medio de subsistencia que su "fuerza de trabajo" o su relativa capacitación profesional. Si bien los enfrentamientos, a veces muy violentos, que se producen en Europa suelen tener otros determinantes (como sucede con los conflictos religiosos, étnicos, incluso "políticos"), Marx y Engels atribuyen un papel destacado a los fundamentos económicos de la "lucha de clases".[94] Desde este punto de vista, las movilizaciones políticas, cual-

---

[94] Véase cap. 2.

quiera que sea su forma (motines, "descontento popular", reunión de notables en partidos y fracciones a veces inestables) se relacionan con la constitución de clases sociales con intereses antagónicos; a los partidos que aparecen en la segunda mitad del siglo se los considera *medios de expresión política de las clases*. La autonomía que Marx reconoce a las instancias de gobierno, derivada de la afirmación de los intereses propios de las burocracias y el desarrollo de los métodos de selección de los dirigentes hubiera podido aplicarse de manera análoga a los partidos. La mayoría de los trabajos marxistas posteriores revelan una concepción mecanicista de las relaciones entre clases y partidos; desaparece el intento de explicación sociológica o se lo tergiversa en beneficio de identificaciones movilizadoras infinitamente más útiles para los dirigentes de las organizaciones "populares". De la hipótesis inicial, según la cual una clase social sólo puede existir en plenitud si está *políticamente organizada*,[95] sólo quedará en la práctica, y a veces en la teoría, la improbable intención de desenmascarar al "partido de la gran burguesía" y llevar a la victoria al "partido de la clase obrera" (y eventualmente a "sus aliados").

Sin embargo, aparte de los extravíos intelectuales que haya suscitado o justificado, el análisis marxista de los conflictos políticos apunta a un problema insoslayable: ¿qué intereses organizados o grupos sociales reivindican los partidos y cuáles, por el contrario, se niegan a expresar? Stein Rokkan aborda este problema al tratar de identificar las oposiciones que se constituyen dentro de una sociedad en torno de los problemas fundamentales que afectan su existencia como tal; de alguna manera, los grupos e individuos se ven obligados a distribuirse en función de *oposiciones duraderas*, correspondientes a las "divergencias" principales identificadas por el autor.[96] Se puede definir las *divergencias* como la forma objetivada y atenuada de los conflictos fundamentales entre grupos e individuos a lo largo de la historia; afectan a todas las sociedades europeas, si bien de diferente manera y en distinto grado debido al "destino" particular de cada país. Rokkan identifica dos conflictos derivados de la construcción nacional —entre el Estado y la Iglesia, y entre el centro y la periferia (es decir, entre el proceso de centralización y la resistencia a ese proceso)— y otros dos provocados por la revolución industrial: la oposición entre los intereses urbanos y los rurales y el enfrentamiento de los "trabajadores" contra los poseedores.[97] Cada uno de estos conflictos se perpetúa en alguna clase de divergencia.

---

[95] Karl Marx, *Manifiesto comunista* (1848). Lenin desarrolla esta concepción *voluntarista* de la organización política de la clase en *¿Qué hacer?* (1902), donde asigna a los revolucionarios profesionales, educados ideológicamente y formados en el combate político, la tarea de crear y dirigir la organización clasista. Por lo tanto, no atribuye al movimiento espontáneo de las masas ni a la historia el surgimiento de un partido de clase, verdadero portador de los intereses políticos del proletariado.

[96] Seymour M. Lipset, Stein Rokkan [1967].

[97] Rokkan [1970] tendrá en cuenta finalmente la brecha abierta por la revolución bolchevique de 1917, que escinde en dos familias los grupos y partidos identificados con los intereses de los trabajadores.

Daniel-Louis Seiler retoma este concepto al realizar su gigantesca clasificación de todos los partidos políticos. Al identificar cada partido con una de las posiciones simétricas generadas por cada divergencia, postula la existencia de siete *familias políticas*: partidos burgueses y obreros (divergencia poseedores/ trabajadores), cristianos y anticlericales (Iglesia/Estado), centralistas y populistas (centro/periferia) y, por último, los partidos agrarios (sobre la única vertiente que aún existe de la divergencia urbano/rural).[98] La posición que ocupa cada partido es identificada sobre la base de su historia, su programa y, en cierta medida —a veces muy aproximada—, su "inserción" en determinados grupos sociales.[99] La clasificación de Seiler admite muchas críticas: la identificación de un partido con una familia suele ser intuitiva y por eso puede variar de una obra a otra; las categorías de clasificación son imprecisas (¿qué es, en verdad, un "partido burgués" sino la estigmatización histórica de ciertas organizaciones políticas mediante un concepto mal definido, el de "la" burguesía?); las "familias" constituidas designan según el país fenómenos sin punto de comparación, incluso cargados de significados contrarios (por ejemplo, la de los partidos "centralistas"). Sobre todo es insatisfactorio el método que asimila cada partido, tomado como una totalidad coherente, con la posición que se le atribuye en *una* vertiente de *una sola* divergencia. Por ejemplo, ¿se puede reducir el Partido Socialista francés al rótulo de partido "obrero" (se lo debe incluir en esta "familia" en virtud de sus orígenes y algunos elementos de su programa)? ¿No se deben tener en cuenta también, y quizás en primer término, sus posiciones históricamente anticlericales o el "jacobinismo" centralista de un sector de sus dirigentes? Finalmente, ¿se puede tratar como una entidad homogénea un partido en cuyo seno se enfrentan intereses diferentes, incluso contradictorios? En definitiva, del intento de Seiler sólo se conservará aquí un elemento de interés: el de constatar la existencia de grupos históricamente constituidos sobre la base de grandes enfrentamientos y estabilizados por la persistencia sostenida de las divergencias (lo cual no significa que sean socialmente homogéneos y coherentes), utilizados como grupos de referencia por tal o cual partido.

El mantenimiento de la representación de los grupos sociales, al que suscriben actores y comentaristas y que por ello tiene efectos sociales y políticos considerables, depende de los mecanismos de objetivación.[100] En este sentido,

---

[98] Daniel-Louis Selier [1980 y 1986]. Véase sobre todo el cuadro de partidos (no reproducido aquí) que propone el autor en *Partis et familles politiques* [1980], pp. 128 y 129.

[99] Para una presentación detallada de los métodos para medir la inserción de un partido en un grupo social, véase Jean y Monica Charlot [1985], pp. 451-458. Medir con precisión la proximidad del electorado habitual de un partido con una categoría social (o conjunto de categorías) significa adoptar los medios para indagar en los mecanismos que crean o mantienen esa relación; pero el resultado de la medición en sí no posee valor explicativo.

[100] Véase p. 175.

la presunta existencia de enormes grupos de individuos que tienen actitudes comunes hacia un conjunto de problemas fundamentales que conciernen a toda la sociedad, refleja una clasificación objetivada que utilizan los dirigentes de los partidos; en otras palabras, los dirigentes tratan de obtener el apoyo de grupos que se puedan movilizar —permanente u ocasionalmente— mediante la agitación de problemas específicos. Estos *grupos de referencia* no existen solamente en la cabeza y los discursos de los políticos y sus sabios consejeros; no son una mera construcción intelectual a la que se aferran por rutina o dogmatismo. Son producto del accionar de muchas organizaciones políticas, sindicales, culturales, religiosas, interesadas en conservarlos y movilizarlos. Plasman, de manera episódica o permanente, las relaciones de afinidad creadas por comunidades de modos de vida, de oficio, de creencias, costumbres o educación. Se estructuran en torno de las oposiciones sociales que los individuos experimentan en su vida y les permiten definirse: soy esto y no aquello, me siento próximo a estos hombres y alejado de aquéllos... Aquí no se trata de discutir la "realidad" de esos grupos y sus fundamentos, ni menos aún las relaciones de un individuo con su "grupo de pertenencia", sino de comprender cómo una serie de organizaciones —*entre ellas* los partidos políticos— contribuyen a consolidar los grupos de referencia al reactivar las divergencias y oposiciones que permiten movilizarlos.

La "clase obrera" es un ejemplo singularmente ilustrativo de estos mecanismos de construcción, identificación y consolidación de un grupo de referencia. En todos los países occidentales, la revolución industrial se traduce en el crecimiento rápido de ciertas categorías de trabajadores manuales —sobre todo de los obreros de las grandes fábricas textiles, metalúrgicas y mecánicas—, pero el grupo constituido por ellos no se define ni organiza de la misma manera en Alemania, Francia, Gran Bretaña o Estados Unidos. A pesar de sus posiciones similares en las relaciones de producción, la construcción de una unidad de cohesión social llamada "clase obrera" sigue distintos procesos. Por ejemplo, en Francia, el trabajo realizado durante los años 1880 a 1900 por las organizaciones "obreras" (o las que se definen como tales) es producto de la combinación de *concepciones y proyectos antagónicos*. La representación y organización de la clase obrera que intentan imponer Jules Guesde y sus seguidores deriva de las condiciones de implantación del Partido Obrero Francés (sobre todo en industrias concentradas que emplean mano de obra no calificada); por ello privilegia la disciplina organizativa y la imagen del proletario. En cambio, las concepciones de Paul Brousse o Jean Allemane, adecuadas a la movilización de obreros muy calificados por las organizaciones que ellos dirigen, atribuyen a la clase obrera cualidades propias de una "aristocracia" del trabajo manual: educación, dominio de técnicas complejas, cultura, autonomía de conducta. Las organizaciones que definen así los contornos y las características de esta clase desarrollan prácticas políticas diferentes y representaciones divergentes de la relación entre la actividad sindical y la política (sobre todo parlamentaria): mientras los dirigentes del Partido Obrero Francés atribuyen un papel preponderante a la organización política centralizada y disciplinada, los líderes de otros grupos, en general descentralizados, desconfían de los parlamentarios y diputados socialistas, surgidos de categorías sociales relativamente privilegiadas, la "otra clase", según la expresión nada ambigua de Yvetot. En esas condiciones se producen conflictos incesantes por la definición de la clase obrera como grupo de referencia (por ejemplo, cuando se plantea el problema del lugar que deben ocupar los trabajadores no manuales sindicalizados, como los docentes y los funcionarios de baja categoría).

A principios de siglo, con la separación progresiva (que no todos aceptan) de las estructuras de acción sindicales y políticas, el problema de la jerarquización de las organizaciones adquiere una dimensión crucial.[101] Pero todas las organizaciones "de la clase obrera", se adecuen o no a la separación, acepten o rechacen la autonomía parcial de los diputados socialistas, contribuyen a la construcción de una representación de esta clase como un grupo que trasciende la variedad de partidos obreros y posee una cultura colectiva, una tradición de solidaridad propia, en fin, una identidad. Durante el decenio de 1930, el Partido Comunista francés, la CGT y diversas organizaciones (asociaciones culturales y de socorros mutuos, círculos de intelectuales, municipios "rojos") reactivan y consolidan esta concepción y las prácticas del "obrerismo". El trabajo de historiógrafos y memorialistas, las conmemoraciones, los discursos de los militantes, concurren en gran medida a generar la imagen de una sociedad en la que se enfrentan, en un combate sin cuartel, la clase obrera, pacífica y fraternal, con la clase burguesa, maligna, opresora y belicosa; donde las organizaciones que se reclaman de la clase obrera expresan fielmente sus verdaderos intereses; donde el obrerismo garantiza la representatividad de los diputados y los dirigentes de esas organizaciones.[102] De la aceptación de esta representación por un gran número de obreros, predispuestos a ello por una serie de prácticas y experiencias diversas (pero compatibles con los mitos difundidos), deriva su *identificación con una clase*, lo que beneficia al Partido Comunista, entre otras organizaciones. Adviértase que esta identificación es posible gracias al trabajo convergente de múltiples agentes colectivos que se reclaman del mismo grupo de referencia; en otras sociedades, donde priman otras condiciones de competencia política, la construcción de una clase obrera produce efectos muy distintos.

Pocos grupos de referencia han sido objeto de un trabajo tan constante y eficaz de definición y objetivación; mientras en los países occidentales todo

---

[101] Jacques Julliard [1965] señala cómo las prácticas de acción obrera en Francia no distinguen lo sindical de lo político. El sindicalismo revolucionario, cuyas concepciones están expresadas y simbolizadas en la Carta de Amiens, rechaza —sobre todo contra los guesdistas— una separación de roles que la clase obrera no puede sino padecer.

[102] Georges Lavau [1981], pp. 60-75 y 242-243; Bernard Pudal [1989].

parece apuntar al desarrollo de intereses divergentes entre distintas catego-rías de obreros, a la transformación de las relaciones de producción y al debi-litamiento de la identificación con la "clase" entre los individuos en cues-tión,[103] las organizaciones —sobre todo las comunistas— se empeñan en conservar la creencia en una identidad obrera, en una clase cuya representa-ción es monopolizada por ellas. Es que sus militantes y dirigentes no pueden concebir ni visualizar la desaparición de la referencia a ese grupo, a sus prác-ticas e intereses, sin pensar en el costo que ello significaría para el funciona-miento y la existencia misma de las organizaciones.[104] No obstante, parece que el mismo tipo de análisis se puede aplicar a la *definición de los grupos "na-cionales"*. Considérese, por ejemplo, la afirmación a lo largo de los últimos treinta años de una "nación vasca" a la que se atribuye una identidad fuerte (a pesar de la gran variedad de grupos que la componen), prácticas y creen-cias propias (a pesar de la diversidad de conductas de los individuos afecta-dos) e intereses comunes (aunque *a priori* es difícil ver qué tienen en común patrones y obreros, habitantes de las ciudades y campesinos, pescadores hosti-les a la CEE e industriales o comerciantes partidarios del ingreso en el Merca-do Común). Esta afirmación, que ha tenido consecuencias espectaculares, es producto de las acciones convergentes de muchas organizaciones: asociacio-nes culturales, clero local, sindicatos, partidos nacionalistas. En este caso apa-rece también el poder de los mecanismos de identificación grupal producidos por una vivencia cotidiana, individual y colectiva, de la diferencia y oposición a otros grupos objetivados: en este caso, los "españoles" o "castella-nos", que hablan otra lengua y disputan a los vascos los puestos de dirección, que durante mucho tiempo se identificaron globalmente con el régimen franquista opresor y aparecieron como agentes del "centralismo" (político, económico, policial) madrileño. Al fin y al cabo, como producto de esta cons-trucción en condiciones favorables, el pueblo vasco existe y es capaz de movi-lizarse políticamente.

La mayoría de los grupos de referencia de los partidos no tienen la mis-ma visibilidad ni han alcanzado el mismo grado de objetivación. Su moviliza-ción es episódica, por más que un conjunto de militantes y dirigentes agite constantemente los principios, las prácticas y los mitos que establecen su identidad. Al respecto se podría decir que las organizaciones que los constru-yen y les dan vida no logran diferenciarlos de manera duradera y que la iden-tificación de los individuos con el grupo es siempre parcial, coyuntural y por demás desigual. Aquí se dará como ejemplo la *"nebulosa laica"* francesa, que

---

[103] Debilitamiento que se mide tanto por las prácticas (de sindicalización, militantismo, mo-vilización organizada por los sindicatos) como por las respuestas a las encuestas, que solicitan la adhesión a categorías de clasificación objetivadas de las cuales los encuestados difícilmente pue-den apartarse.

[104] Stéphane Courtois [1987]; Marc Lazar [1988].

cultiva la fuerza movilizadora de la oposición entre los partidarios de la Iglesia y los del Estado, a pesar de que tanto la práctica religiosa como el militantismo laico estén en correlativa decadencia.[105] Surgida en parte de la colosal movilización de 1876-1905 contra la Iglesia Católica y los grupos sociales que la apoyaban, la red de organizaciones laicas es sumamente variada: los sindicatos agrupados en la Federación Nacional de Docentes; asociaciones como la Liga Francesa de la Enseñanza (que mantiene fuertes vínculos con el Gran Oriente de Francia, la principal logia masónica del país); mutuales y cooperativas que aseguran a los militantes laicos empleos bien remunerados y posibilidades de hacer una carrera profesional; organizaciones juveniles o recreativas creadas para competir con el scoutismo y los grupos confesionales; cajas y organismos de crédito. Todas estas organizaciones, vinculadas por acuerdos financieros e intereses compartidos, pero, sobre todo, que ofrecen recursos a un conjunto de militantes y dirigentes en buena medida común a todas, trabajan por el mantenimiento del "ideal laico". Éste se define por la negativa en relación a las pretensiones (reales o supuestas, antiguas o actuales) de la Iglesia Católica y el conservadurismo; por la positiva, en relación a los valores republicanos de libertad, igualdad y tolerancia del espíritu crítico. En ese espíritu se debe interpretar la declaración del secretario general de la FEN en 1976 (futuro ministro del gobierno de Mauroy en 1981), que asimila el ideal laico a "la orientación de la lucha de clases por una sociedad socialista".

Sin duda, la conocida expresión "pueblo laico" o "familia laica" es metafórica: los que suscriben a los valores generales del laicismo no constituyen un grupo coherente. El grupo de referencia "laico" al que apelan periódicamente —a su manera— los partidos Socialista y Comunista *sólo se moviliza en ciertas ocasiones*, cuando se puede reactivar la divergencia clericalismo/anticlericalismo: durante las elecciones (como las de 1951 y 1959) o cuando se estudia una modificación de la ley de enseñanza privada (como en 1984). En esos momentos, su movilización puede ser espectacular. Sin embargo, adviértase que los militantes de las organizaciones de la "nebulosa laica" constituyen una parte importante de los efectivos del Partido Socialista, como otrora lo fueron del Partido Radical. A este conjunto de organizaciones sindicales, culturales, sociales y políticas le interesa cultivar la imagen de un grupo coherente, unido por objetivos comunes, amenazado por la coalición mitificada de los enemigos de la libertad y la tolerancia; por ficticio que sea este grupo, y aunque en definitiva no sea sino una "familia de opinión", contribuye a mantener una divergencia mayor en la vida política francesa, cuya importancia se advierte al considerar las opiniones religiosas de los militantes de distintos partidos (véase el cuadro 8).

---

[105] El trabajo más documentado sobre el tema es el de Véronique Aubert, Alain Bergounioux, Jean-Paul Martin, René Mouriaux [1985].

CUADRO 8. *Actitudes religiosas de los militantes del PS y el RPR*
(en porcentaje)

Religión de los militantes	RPR 1984	PS 1981
Católicos practicantes	33 ⎫	10 ⎫
	⎬ 90	⎬ 35
Católicos no practicantes	57 ⎭	25 ⎭
Otra religión	3	4
Sin religión	7	59
No contesta	1	2

Según Pierre Brechon, Jacques Derville, Patrick Lecomte, *Les cadres du RPR*, París, Economica, 1987. Las fuentes de las cifras son: a) para el RPR, una encuesta entre los delegados al congreso nacional de noviembre de 1984; b) para el PS, investigación realizada por Roland Cayrol y Colette Ysmal en el congreso de 1981.

Se advierten las diferencias entre los grupos fuertemente objetivados como la clase obrera o la "nación" vasca y los agrupamientos que sólo se movilizan de manera esporádica como la "familia laica". Sin embargo, unos y otros tienen en común el hecho de ser definidos, construidos y conservados por el trabajo convergente de múltiples organizaciones, entre ellas los partidos políticos. En este sentido, se puede aprehender el partido como participante de una red objetivada de organizaciones o de un sistema de acción, fuera del cual sería incomprensible. Cabe agregar que muchos partidos son producto de la asociación de grupos de individuos que participan de múltiples grupos de referencia, y en ese sentido no se los puede tratar como entidades coherentes.[106]

Los sistemas de acción

Llámese sistema de acción al conjunto de grupos, organizaciones y asociaciones que contribuyen, cada uno a su manera y según su propia lógica de funcionamiento, a la construcción de un grupo de referencia. De sus distintas actividades resultan la difusión de valores y creencias comunes sobre las reglas de la vida en sociedad, la aplicación de prácticas concretas, así como la legitimación de las conductas que distinguen al grupo en cuestión. La existencia de un *sistema de acción* no significa que esas asociaciones y organizaciones estén vinculadas por un contrato explícito, es decir, que constituyan una red mani-

[106] Véase al respecto Bernard Lacroix [1985].

fiesta; pueden estar ligadas entre sí tan sólo por una trama de relaciones individuales entre sus miembros, escasamente formalizada y visible sólo bajo un análisis cuidadoso. Pero es bastante común que esas relaciones reciban una forma oficial, e incluso que sean reivindicadas, sobre todo por los dirigentes de los partidos políticos.[107] La selección de los dirigentes políticos, candidatos y diputados, en la medida que se realiza con distintos resultados de un partido a otro, resulta en particular de los sistemas de acción rivales; todo sucede como si la inserción de la organización política en un sistema de acción determinara parcialmente la elección de los elegibles y dirigentes de aquélla.

Presentado por los dirigentes interesados como legítima garantía del porvenir de un modelo social, el sistema de acción en el que están insertos los partidos comunistas de Europa occidental es una estructura sólida, extensa y sumamente visible. El rol predominante que tanto actores como observadores atribuyen al partido en la coordinación de las actividades de todos los elementos del sistema se expresa hasta 1936 en el reconocimiento oficial de la "función dirigente del Partido Comunista" y permite comprender por qué se designaba a las organizaciones no políticas "satélites del partido" o "correas de transmisión" de sus políticas. La sólida estructuración del "ecosistema comunista"[108] está avalada por multitud de pruebas: ocupación de los puestos de dirección de todas las organizaciones por cuadros del partido o militantes allegados a éste; carreras de militantes de tiempo completo que incluyen el paso por varias organizaciones (muchos dirigentes del PCF ocuparon cargos de responsabilidad en la CGT); polémicas análogas al interior de cada organización; apoyo mutuo de los diversos elementos del sistema. En esas condiciones, se han interpretado las repetidas ofensivas del Partido Comunista, sobre todo en Francia, para asegurar su control sobre otras organizaciones como intentos de "manipulación" o "domesticación" de éstas.[109] No obstante, conviene destacar que en la interacción de los elementos del sistema, los dirigentes de la CGT, el SNE Sup, el MODEF y las organizaciones culturales suelen verse obligados a privilegiar los intereses propios de su organización tal como aparecen en la competencia con sindicatos o asociaciones fuera del sistema; es así que los dirigentes no actúan siempre y exclusivamente en función de los intereses y las directivas del Partido Comunista. En 1985, el influyente directivo de la CGT Henri Krasucki propuso una política de pluralismo interno que contradecía los intentos de integrar el equipo de dirección con elementos estrechamente controlados por el partido.[110] Asimismo, el desarrollo de nuevas formas de

---

[107] En este caso se puede considerar que el sistema de acción está *organizado* de acuerdo con las reglas aceptadas por todos los elementos integrantes. Véase pp. 198-202.

[108] Según la expresión de Lavau [1981], p. 130.

[109] Kriegel [1968] y Lavau [1981] insisten sobre todo en esta "domesticación" y en las creencias relativas a la clase obrera que la hacen posible.

[110] Discurso de Henri Krasucki en el 42º congreso de la CGT, diciembre de 1985.

movilización sindical en las empresas públicas y la universidad impulsa a los dirigentes de la CGT, el SNE Sup y la UNEF-Solidaridad a adoptar conductas y prácticas no indicadas por una "consigna" del partido. Resta señalar que el sistema de acción comunista, sólidamente controlado por los dirigentes, otorga al partido un rol que le es discutido en otros sistemas de acción.

Si bien no es legítimo limitar el estudio de los sistemas de acción *socialdemócratas* a la relación principal entre el partido y la organización sindical, porque muchos de ellos incluyen otras organizaciones (culturales, deportivas, educativas; cajas de ahorro, mutuales, compañías de seguros, etc.), lo cierto es que ese vínculo dominante tiende a definirlos. Alain Bergounioux y Bernard Manin caracterizan sobre esa base a los partidos socialdemócratas europeos, que son "masivamente representativos de su clase obrera nacional, sobre todo por los vínculos que mantienen con los sindicatos, cualquiera que sea el carácter de esa relación, de subordinación del sindicato al partido o a la inversa, o bien de complementación [...]". La originalidad del socialismo francés radicaría ante todo en que "no está ligado a ningún movimiento sindical poderoso, unificado y centralizado".[111] La relación entre el partido y el sindicato en el sistema de acción varía de un país a otro. En Austria, los vínculos son muy oficiales y afectan de manera directa la designación de los dirigentes políticos: los "jefes" de los sindicatos de obreros y empleados de la poderosa Federación Sindical Austríaca (OGB) acceden a puestos ministeriales y a la presidencia de la cámara alta del parlamento bajo la bandera del Partido Socialista; existen organismos comunes de discusión; se reconoce oficialmente el financiamiento del partido por los sindicatos.[112] En Alemania Federal, existen estrechos vínculos oficiales entre la federación sindical DGB y el partido socialista SPD, pero las reglas imponen la separación formal de los mandatos políticos y sindicales. Desde hace mucho tiempo el partido aprovecha el poderío financiero de la DGB, que le ha permitido ayudar indirectamente al Partido Socialista Obrero Español (PSOE), y cuya magnitud salió a la luz en la década de 1980 tras una serie de quiebras y liquidaciones de bienes.

Un caso distinto es el sistema de acción laborista británico. En un principio, la posición dominante corresponde a la unión sindical *(Trade Union Congress)*. El Partido Laborista *(Labour Party)*, fundado oficialmente en 1906, aparece inicialmente como un "comité de representación del trabajo", una emanación política del Trade Union Congress. Se lo ha llamado partido "indirecto", estrechamente controlado por las federaciones sindicales más poderosas, que sólo recluta sus miembros a través de la afiliación sindical y cuya financiación y funcionamiento cotidiano dependen del movimiento obrero. La conquista de la *autonomía del partido político* en el sistema de acción laborista

---

[111] Alain Bergounioux, Bernard Manin [1989], pp. 14-15 y 187. Los autores atribuyen otras características (electorales, estratégicas, ideológicas) a este modelo socialdemócrata.
[112] Gerhard Lembruch [1979].

es el resultado de múltiples procesos: institución de un sueldo para los diputados, distinción entre las cuotas sindical y partidaria (aunque el sindicato cobra ambas y envía ésta al partido); la creación, a partir de 1918, de organismos locales propios del partido con fines electorales y que admiten la afiliación individual; los efectos de la coacción propia de la competencia con los partidos Conservador y Liberal y las reglas del régimen político; acceso de los dirigentes laboristas al gobierno después de la Segunda Guerra Mundial. Como se verá más adelante, no han faltado los conflictos entre las dos organizaciones, que reflejan las dificultades de la colaboración estrecha dentro de un mismo sistema de acción donde sindicato y partido cuentan con recursos diferentes, funcionan según la lógica propia de sus respectivos campos de acción y persiguen objetivos parcialmente inconciliables. Esto no implica en absoluto la disolución del sistema de acción: el Partido Laborista necesita los militantes, recursos y fondos del sindicato (véase el cuadro 9); éste requiere la acción del partido para obtener las medidas sociales y las decisiones que fortalecerán o conservarán su audiencia; en fin, uno y otro reivindican el derecho de representar al mismo grupo de referencia y difunden concepciones análogas de la vida social.[113]

Mientras los sistemas de acción socialdemócratas y comunistas tienden a constituir sus grupos de referencia sobre la base de características sobre todo, pero no exclusivamente, sociales y profesionales, los sistemas *demócrata cristianos* buscan y fomentan las cualidades de orden "religioso". Estos sistemas de acción existen en países donde se mantiene una fuerte tradición católica, en competencia con otros modelos (comunista en Italia, protestante y laico en Bélgica y Alemania Federal); esto no excluye que en circunstancias especiales el acercamiento entre varios grupos cristianos muy estructurados —católico y protestantes— pueda dar lugar a un sistema demócrata cristiano, como ocurrió en los Países Bajos a partir de 1976. Además, los partidos insertados en esos sistemas pueden presentar características especiales en países como Alemania Federal, donde el sistema partidista confiere a la CDU-CSU el lugar y el papel de una gran organización política conservadora que compite con el SPD. En términos generales, la democracia cristiana aparece como un sistema de acción fuertemente integrado y muy extenso, donde se asocian organizaciones que actúan en la mayoría de las esferas de la vida social y, por lo tanto, pueden organizar a los individuos en todas sus actividades. Sería imposible enumerar prolijamente todas esas organizaciones: movimientos de acción católica general y especializada —por grupos sociales, profesiones y edades; asociaciones culturales y de socorros mutuos que unen la formación religiosa con las actividades "profanas"— como el Centro Femenino italiano; agrupa-

---

[113] Véase sobre todo los tomos 2 y 3 de John H. Goldthorpe, David Lockwood, Frank Bechhofer y Jennifer Platt [1969].

CUADRO 9. *Cotizaciones de los principales sindicatos al Partido Laborista en 1987*
(en libras esterlinas)

	Afiliaciones	Pagos a la caja laborista central — Aportes al presupuesto electoral	Fondos políticos (sumas totales)
Transport and General Workers Union	998 625	1 279 000	4 716 915
General Municipal, Boilermakers and Allied Trades Union	487 500	630 750	2 572 736
National Union of Public Employee	450 000	260 000	1 439 839
Amalgamated Engineering Union	502 500	250 000	769 543
National Union of Railwaymen	100 500	161 800	519 545
Union of Shop, Distributive & Allied Workers	261 750	62 150	503 675
National Communications Union	134 738	158 120	457 794
Confederation of Health Employees	150 000	111 000	368 460
National Union of Mineworkers	86 250	207 000	453 650

Tomado de Jacques Leruez, *Gouvernement et politique en Grande-Bretagne*, ob. cit., p. 296.[114]

ciones y sindicatos profesionales; federaciones sindicales rurales (como el "Coldiretti" italiano, que en la década de 1980 auspiciaba las carreras de unos 150 diputados y senadores, o la poderosa "Boorebond" flamenca); confederaciones sindicales de importancia comparable con la de sus rivales "laicas" socialista o comunista: la Asociación Cristiana de Trabajadores Italianos (ACLI) o la Federación Cristiana de Sindicatos belga; organizaciones juveniles y educativas, etcétera.

En cierto sentido, no se puede comprender a los partidos demócrata cristianos fuera de sus sistemas de acción. La socialización de sus afiliados, la formación de sus militantes, el reclutamiento de sus dirigentes, su financia-

[114] Jacques Leruez observa que los sindicatos entregan sólo una parte de su "fondo político" al Partido Laborista y se reservan el resto para financiar su *propia* acción "política" (publicaciones, campañas contra las privatizaciones, etc.), así como para subvencionar directamente a *ciertos candidatos* en las campañas electorales. En 1988, las subvenciones públicas al Partido Laborista se elevaron a 839.700 libras (alrededor del 8% de las sumas entregadas por los sindicatos).

ción, las rivalidades entre sus fracciones, tendencias y corrientes internas, la posibilidad que se les ofrece de presentarse como expresión política de un grupo de referencia "cristiano" (por sus valores, si no por sus prácticas religiosas reales): todo esto es el resultado de las actividades parcialmente convergentes de las organizaciones constitutivas del sistema. Aparentemente, no conviene atribuir la responsabilidad exclusiva —o siquiera principal— por la conservación de semejante sistema a la influencia directa o la autoridad moral de la jerarquía católica. Dentro de cada organización se libra una lucha franca para limitar el control que pretenda ejercer el clero... cuando la autonomía de decisión y elección de objetivos no es ya un hecho. Y la lógica propia de cada organización se afirma en la competencia con organizaciones "no cristianas" análogas, así como en la adaptación a las reglas propias de cada campo de actividad (sindical, político, cultural, etc.). En síntesis, el sistema de acción demócrata cristiano no es un "instrumento" dócil y coherente de la Iglesia Católica, que en ocasiones no deja de criticar ciertas prácticas y orientaciones; sólo se mantiene por la fuerza propia de los recursos acumulados por cada uno de sus elementos (afiliados y militantes, diputados, posiciones sociales, bienes materiales, influencia) que todos pueden aprovechar en tanto perduren las relaciones; no obstante, alimenta permanentemente un vasto grupo de referencia o, para ser más precisos, un *vasto conjunto de grupos de referencia* al que se atribuye una existencia objetiva y a través del cual se transmiten ciertos valores y creencias comunes, así como algunas actitudes fundamentales.

Limitarse a describir las relaciones entre organizaciones dentro de un país o grupo de países daría una visión muy aproximada de estos sistemas de acción. En realidad, un sistema "nacional" como el demócrata cristiano italiano es un cúmulo de múltiples sistemas regionales con características propias. El sistema de acción socialdemócrata presenta distintas configuraciones en Flandes y Valonia; el sistema comunista de Emilia o Toscana se opone en muchos sentidos al de Sicilia o Córcega y Cerdeña. A veces conviene analizar *a escala local* las relaciones entre organizaciones políticas y no políticas asociadas en la construcción y conservación de grupos de referencia. Aquí se desarrollará un solo ejemplo: el del sistema de acción en el que se insertó la organización política de Chaban-Delmas en Burdeos durante los años 1950 a 1990.[115] A partir de objetivos distintos y según sus propias modalidades de acción, distintas organizaciones y asociaciones elaboran y difunden creencias comunes sobre la vida social y las prácticas legítimas: afirmación de la supremacía tanto moral como eficiente de las prácticas de negociación y consenso entre personas de "buena voluntad"; rechazo de las conductas y actitudes consideradas "sectarias" o "ideológicas" por inspirarse en la sumisión a "doc-

---

[115] J. Lagroye [1973].

trinas" políticas y a los intereses de determinados grupos; elogio del respeto por las libertades (económica, religiosa); exaltación de las virtudes individuales del "notable" consagrado a sus empleados, a las obras de caridad y al servicio de sus conciudadanos. Este corpus de creencias sólo es creíble en una situación económica y social en la que predominan las empresas pequeñas y medianas dirigidas de manera paternalista, y en un período de la historia bordelesa cuando el "consenso" y las "alianzas" contribuyen al olvido colectivo de los enfrentamientos y las conductas anteriores caracterizados por su brutal ilegitimidad (sobre todo, las prácticas de colaboración económica con la ocupación alemana). Tiende a hacer de las propiedades de los grupos dominantes (económicas, sociales, culturales, religiosas) el modelo de las cualidades legítimas requeridas para todas las actividades, incluso las políticas. Contribuyen a este emprendimiento tanto el clero católico y las organizaciones religiosas como las organizaciones profesionales, las cámaras de comercio e industria e incluso, en una ocasión, las instancias locales de algunos sindicatos obreros (CGC y CFDT). Aunque esas organizaciones persiguen distintos objetivos, afirman su independencia y se enfrentan en algunas cuestiones, todas participan de un sistema de acción cuyos efectos son claramente visibles: difusión de un modelo dominante de las relaciones sociales, definición de las cualidades exigidas a un representante —profesional, sindical o político—, legitimación de ciertas prácticas —negociación, compromiso, respeto mutuo—, reconocimiento de las legitimidades propias de cada organización participante. En este sistema de acción se inserta la organización política personalista que garantiza el liderazgo local de Jacques Chaban-Delmas: obtiene de él importantes recursos (apoyo expreso y reconocimiento de personalidades influyentes, desde el arzobispo hasta el presidente de la cámara de comercio, relaciones con los medios profesionales, participación de "notables" en su equipo político, descalificación de sus oponentes "sectarios", etc.) y a su vez contribuye a legitimar las organizaciones no políticas, los valores que éstas reivindican y el rol social que pretenden cumplir en Burdeos. Además, ciertas instituciones privilegiadas garantizan la "puesta en escena" del acuerdo: el Comité de Expansión creado en 1954, las instituciones regionales del decenio de 1960, incluso las grandes manifestaciones culturales.[116]

Las *consecuencias* de estos sistemas de acción sobre la *selección de los dirigentes políticos* son particularmente importantes. En efecto, se puede atribuir la selección de ciertos tipos de candidatos en gran medida a las complejas relaciones que mantienen las organizaciones políticas y no políticas: militantes y dirigentes sindicales en los partidos socialdemócratas y laboristas, obreros y militantes de ese origen en los partidos comunistas, militantes sindicales cató-

---

[116] El sistema de acción de Chaban evoluciona durante la década de 1970 debido a las transformaciones de ciertos elementos del sistema, sobre todo la Iglesia católica y la CFDT.

licos (campesinos u obreros) y de las asociaciones cristianas en los demócrata cristianos. Asimismo, en Burdeos, Chaban-Delma constituye sus listas de candidatos con dirigentes profesionales, miembros de asambleas de notables, universitarios vinculados con la burguesía local, así como destacadas personalidades católicas y protestantes. La inserción de una organización política en un sistema de acción particular explica en gran medida *la lógica de selección propia* que predomina en la organización.

El estudioso recurre a este tipo de explicación para comprender el predominio de militantes de las organizaciones laicas en las instancias intermedias del Partido Socialista, de militantes de origen obrero entre los candidatos comunistas o del gran número de personalidades cristianas —que se presentan como tales— entre los dirigentes y diputados del MRP, o en la actualidad del CDS. Así, cada partido tiende a adoptar una lógica propia de selección de dirigentes, que generalmente influye sobre la lógica selectiva dominante y a veces (raramente) la contradice. Gaxie aplica este análisis de las lógicas particulares en su minucioso estudio estadístico de los diputados franceses.[117] La *lógica selectiva dominante*, que sólo tiene en cuenta el origen social y/o la profesión inicial, conduce a la sobrerrepresentación de las categorías más favorecidas por sus riquezas, ingresos y nivel de calificación: categorías sociales "altas" y, dentro de éstas, los sectores más favorecidos. Conduce a la vez a la exclusión de ciertos grupos sociales o su subrepresentación (salvo cuando ciertas disposiciones rígidas, como la norma de las candidaturas "obreras" del Partido Comunista, contradicen parcialmente la norma general) y garantiza la sobrerrepresentación global de los grupos de individuos mejor dotados de capital económico y cultural. Pero la *diferenciación de las lógicas propias* de cada organización política aparece nítidamente al estudiar las categorías superiores más sobrerrepresentadas entre los diputados de cada partido. En los partidos "de derecha" (RPR, Partido Republicano, CDS, etc.) predominan las profesiones de origen más asimilables al "polo económico de las clases altas": agricultores ricos y grandes terratenientes, industriales y grandes comerciantes, ejecutivos del sector privado, profesionales liberales;[118] sobrerrepresentados de manera desigual de un partido a otro. En el Partido Socialista, como en la vieja SFIO, el "polo intelectual de las clases superiores" (sobre todo los profesores) tiene una fuerte sobrerrepresentación, pero también están representados los sectores de las clases medias mejor dotados de capital cultural (véase el gráfico 5).

---

[117] D. Gaxie [1980]. Se encontrarán datos sobre el perfil sociológico de los *candidatos* en el artículo de Gilles Fabré-Rosane y Alain Guede [1978]. Sobre los *alcaldes*, véase Philippe Garraud [1989], pp. 49-56.

[118] La identificación estadísticamente necesaria de ciertas profesiones (abogados, médicos, altos funcionarios) con un "polo económico" o "intelectual" de las clases altas plantea una cantidad de problemas. Véase el lugar que les asigna Gaxie en el gráfico 5.

GRÁFICO 5. *Esquema sintético del espacio de las posiciones sociales*[1]
y las posiciones en el campo político[2]

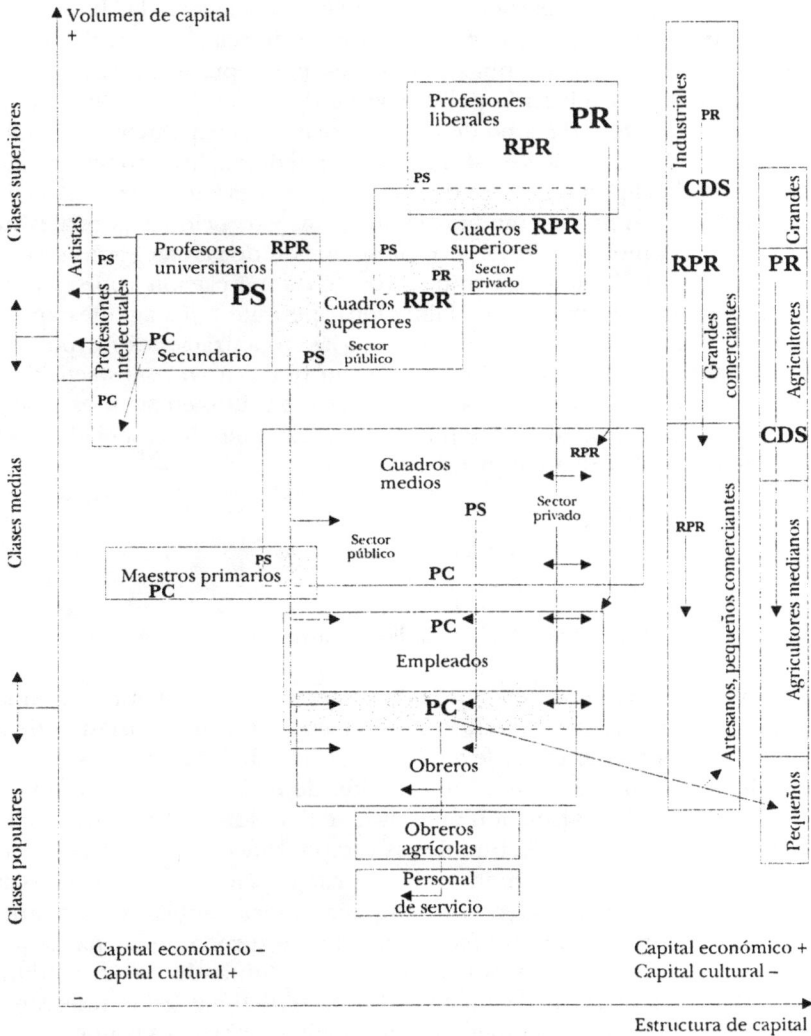

Volumen de capital +

Clases superiores

Clases medias

Clases populares

Artistas

Profesiones intelectuales

Profesores universitarios **PS**
RPR **PS**

Profesiones liberales **PR**
RPR

PS

Cuadros superiores **RPR**
PS
PR Sector privado

PC Secundario
Cuadros **RPR** superiores
PS Sector público

PC

Industriales **PR**

CDS

RPR **PR**

Grandes comerciantes

Grandes

Agricultores

CDS

Cuadros medios
PS **RPR**
Sector privado
Sector público
PS
PC

Maestros primarios
PS
PC

RPR

Agricultores medianos

Artesanos, pequeños comerciantes

PC

Empleados

PC

Obreros

Obreros agrícolas

Personal de servicio

Pequeños

Capital económico –
Capital cultural +

Capital económico +
Capital cultural –

Estructura de capital

(1) Para mayores detalles véase el artículo citado más abajo.
(2) Las siglas de los partidos indican las regiones del espacio social en las que cada organización privilegia el reclutamiento de sus dirigentes. El tamaño de las siglas sugiere en qué medida los agentes originarios de una categoría social deben su ascenso a la organización. Las flechas indican hipotéticamente las líneas de fuerza de la influencia ejercida por cada organización. Sobre el particular véase más abajo.
Tomado de Daniel Gaxie, *Les logiques du recrutement politique*, ob. cit., p. 29.

Estas relaciones estadísticas nítidamente establecidas requieren una explicación: ¿cómo comprender las lógicas diferenciadas de la selección política manifestadas por los distintos partidos? Gaxie invita a considerar las homologías entre los campos que se presentan bajo la forma de relaciones visibles entre oposiciones políticas y oposiciones sociales. Desde este punto de vista, las lógicas diferenciadas de la selección política serían homólogas a las de acumulación y conservación de cada "tipo de capital" social (principalmente económico o cultural). Para el autor de estas líneas se puede analizar concretamente estas lógicas desde el punto de vista de una competencia *entre sistemas de acción*: esta competencia explica las modificaciones y las excepciones parciales que afectan la lógica dominante de sobrerrepresentación de las categorías superiores; introduce otros elementos significativos de diferenciación (por ejemplo, la religión o las condiciones de socialización); permite a los agentes aprovechar conocimientos concretos adquiridos en las organizaciones no políticas. Sobre todo, al establecer una estrecha relación práctica entre las actividades sociales "políticas" y "no políticas", convierte a los partidos en agentes especializados, pero no aislados, en los conflictos fundamentales de la sociedad, sean económicos, culturales, de identidad o religiosos...

Agrupaciones en interacción

La diferenciación de las organizaciones

Ahora se pueden estudiar los efectos de la distinción histórica entre organizaciones políticas y no políticas, incluso si están asociadas en los sistemas de acción y contribuyen conjuntamente a la socialización de los militantes, la construcción de grupos de referencia, la selección de dirigentes y la difusión de creencias comunes. Esta distinción se mantiene debido a la diferenciación de tareas, la lógica propia de cada uno de los campos que compiten y las estrategias de reivindicación de un monopolio en cada sector de actividad socialmente constituido: la interacción entre organizaciones políticas y no políticas toma ante todo la forma de un reconocimiento recíproco de las particularidades, los derechos y los intereses respectivos.[119] Resultado de un conjunto de procesos históricos, la distinción entre los tipos de organizaciones generalmente se concibe en torno del modo de oposición de objetivos y modalidades de acción entre los *partidos* por un lado y los "*grupos de presión*" por el otro. Desde este punto de vista, se considera que lo que define a una organización partidista es su objetivo de "conquistar el poder" y su participación en activi-

---

[119] Reconocimiento recíproco en el cual se advierte una forma de "transacción cómplice" entre sectores de actividad. Véase Michel Dobry [1986].

dades (principalmente electorales) que aseguran a sus miembros el acceso posiciones de poder de acuerdo con las reglas vigentes en la sociedad. Lo que se supone define al grupo de presión es su objetivo (ejercer "influencia" sobre los responsables de las decisiones políticas) y sus modalidades particulares de acción, tendientes a "presionar" las instancias de decisión política, los partidos y la opinión pública.

Aparece inmediatamente la dificultad de aplicar el mismo término —grupo de presión— a organizaciones tan diversas como un sindicato obrero, una iglesia, un grupo de defensa de intereses profesionales, una asociación de veteranos de guerra o la sociedad de los que ejercen una profesión desusada, si bien los dirigentes de todas ellas se ven obligados, de manera permanente o coyuntural, a movilizar a sus miembros y emplear todos sus recursos para presionar a los responsables de las decisiones. En otras palabras, no se las puede calificar de organizaciones por el solo hecho de recurrir a esta clase de actividad, tanto más por cuanto puede ser episódica o secundaria en relación con otras (socialización, información, transmisión de conocimientos especiales, servicios, etc.). Muchos autores proponen definir las organizaciones políticas —capaces de utilizar los medios de presión— sobre la base de los intereses que defienden: intereses materiales vinculados con la posición objetiva de los miembros (en cuyo caso se trata de un *grupo de interés*) o con sus creencias (grupos de *actitud* y de *causa*).[120] La posibilidad de que esos grupos traten de influir sobre los gobernantes o la opinión pública dependerá de muchos factores, de los cuales el más evidente es que se vean afectados o no por las decisiones políticas o amenazados por medidas que afectan sus intereses materiales y morales; así, una iglesia (concretamente, una parte o la totalidad de sus dirigentes y miembros) podrá actuar como grupo de presión en la medida que la preparación de nuevas leyes sobre la interrupción del embarazo, el matrimonio civil o el divorcio parece estar a punto de modificar las normas y reglas de vida con las cuales se identifica; una asociación de cazadores, agrupación dedicada sobre todo a la organización de actividades de cacería y a establecer relaciones entre los poseedores de permisos de caza, desarrollará las actividades propias de un grupo de presión si el poder público trata de limitar su pasatiempo favorito. En síntesis, se llama grupo de presión a todo grupo de interés, actitud o causa que se moviliza ante las consecuencias previstas de una decisión política, cualesquiera que sean las actividades habituales que lo caracterizan. En definitiva, el término designa una *modalidad de acción* más que las organizaciones no políticas en sí mismas.

Dadas las circunstancias, es tentador buscar otros criterios para calificar el funcionamiento de las organizaciones no políticas. El *grado de solidaridad* en-

---

[120] La bibliografía sobre los grupos de presión, de interés o de actitud es muy abundante. Entre las obras que incitan a la reflexión cabe citar Jean Meynaud [1958 y 1962]; Henry W. Ehrmann [1958]; Jean-Daniel Raynaud [1975]; así como la obra fundamental de Mancur Olson [1978].

tre los miembros, generalmente relacionado con la importancia que éstos acuerdan a la defensa de los intereses colectivos, puede constituir un criterio muy pertinente para evaluar las probabilidades de movilización del grupo cuando se ve afectado por la amenaza de decisiones políticas "peligrosas" o la esperanza de decisiones favorables. Pero la medida de esta solidaridad es aleatoria, nada permite establecer una relación necesaria entre la importancia de los intereses colectivos para los miembros del grupo y su capacidad efectiva de movilización: la percepción de la utilidad de una acción colectiva varía considerablemente de un grupo a otro, según los individuos puedan aspirar o no a obtener beneficios personales.[121] El grado de *institucionalización* (incluso de burocratización) del grupo puede ser un indicador valioso de su capacidad para actuar ante una amenaza; por ejemplo, es indudable que un sindicato o una iglesia pueden hacer gala de una mayor "eficiencia" en la movilización de sus miembros que una asociación de consumidores... Pero eso no sucede siempre: la Iglesia Católica no logra movilizar a sus miembros de manera permanente y eficaz contra el aborto, en tanto un conglomerado coyuntural de pequeñas asociaciones obliga al gobierno a renunciar a sus planes de construir un depósito para desechos radiactivos. Parece más adecuado el criterio de evaluar la capacidad de acción de un grupo en función de los recursos financieros que puede obtener, las posiciones sociales de sus miembros y sus relaciones en el gobierno o los partidos, su capacidad para obtener apoyo en distintos sectores de la vida social y de dar a sus reclamos una gran envergadura simbólica. Con este criterio se puede hacer un estudio profundo de cada grupo, pero no elaborar generalizaciones o tipologías, porque la capacidad de acción varía de acuerdo con la coyuntura (económica, social, cultural, política) y el tipo de intereses defendidos.

En definitiva, la distinción entre las organizaciones políticas y no políticas o —para usar los términos aceptados— entre los partidos y los grupos de interés organizados, es *difícil de establecer teóricamente*. Además es débil: los "sindicatos" pueden reivindicar explícitamente un proyecto político, como hizo la CGT francesa a principios de siglo cuando sus dirigentes opusieron el proyecto de "huelga general" insurreccional al proyecto de los socialistas. El movimiento "Solidaridad" en Polonia durante la década de 1980 se caracteriza por la confusión de objetivos "sindicales" (aumentos de salarios, organización por lugar de trabajo, negociación directa con las direcciones de las empresas) y "políticos" (liberalización del régimen, libertad de expresión, elecciones libres). En términos más generales, los llamados grupos de interés a veces se ven obligados a realizar actividades políticas, legales o ilegales: la Unión de Defensa de los Comerciantes y Artesanos de Pierre Pujade presenta candidatos bajo la sigla UFF (Union et Fraternité Françaises) en las elecciones legislativas de 1955; las asociaciones ecolo-

---

[121] Véase un análisis apasionante de este problema en Olson [1978].

gistas alemanas y francesas tuvieron diputados antes de convertirse en partidos políticos declarados. Con el mismo criterio se puede considerar que tal o cual componente de una organización política es sólo la manifestación (sometida a los factores coaccionantes propios de la actividad partidista) de un grupo de individuos vinculados por los intereses materiales y/o morales que promueven en el seno del partido; las modalidades de acción del grupo tienen muchos puntos en común con la actividad de un "grupo de presión" (presentaciones ante la conducción, maniobras de aparato contra un proyecto de ley que lesiona sus intereses particulares, campañas de opinión, etc.).

Por consiguiente, conviene atenerse más bien a las modalidades de *construcción social (y conservación) de la distinción* entre organizaciones políticas y no políticas. La "distribución de roles" entre las organizaciones es producto fundamentalmente de la "coacción del campo", es decir, de los efectos de la inserción de las organizaciones en campos de interacción especializados; proviene de la diferenciación social de un "espacio público" y uno "privado", o incluso de "órdenes de actividades" autónomos: económico, cultural, político, religioso, etc.[122] Es así como en Gran Bretaña, durante el siglo XIX, la diferenciación de un campo de acción política con sus reglas, *savoir-faire* y modalidades de acción concretas obliga de alguna manera a los dirigentes de las *trade unions* a "inventar" el Labour Party, una organización capaz de participar en la competencia política; y como se vio antes, ésta adquiere rápidamente una gran autonomía. A partir de entonces, sus dirigentes actúan en función de las necesidades particulares de la competencia política organizada, aprenden a comportarse como candidatos durante las elecciones o como parlamentarios sometidos a las reglas y los ritos de la institución (aunque no la usan tal como lo hace un diputado conservador o liberal); elaboran el ritual propio de los congresos políticos, distinto del de las asambleas sindicales; interiorizan las reglas de la carrera política; sobre todo, reivindican una legitimidad que no deriva principalmente de su origen sindical sino de la elección de los ciudadanos. En la medida que sus acciones corresponden a objetivos estratégicos conscientes, privilegian una concepción de su rol y de sus posibilidades de éxito que no se compadece con una visión sindical de las relaciones sociales, que a veces es criticada por los dirigentes de las *trade unions* y cuya consistencia propia es así reconocida. Por consiguiente, la distinción entre los partidos y los grupos de interés se puede objetivar en la afirmación de una distinción "natural" (es decir, presentada y comprendida como tal) entre lo político y lo no político.

En muchos casos, esta distinción se ve reforzada por las características distintas de los individuos dedicados a uno u otro tipo de actividad. Sea porque su *origen social* los diferencia u opone: mientras los dirigentes de la CGT de

---

[122] Véase cap. 2.

principios de siglo provienen mayoritariamente de grupos con fuertes raíces obreras, interesados en promover una concepción de la conquista del poder por la acción de las masas organizadas, los de la SFIO son de un origen más "burgués" (abogados, docentes, periodistas...) y una aptitud social para asimilar rápidamente las reglas del juego político; por consiguiente, les interesa concebir la conquista del poder como la obtención de una mayoría de diputados en el Parlamento. O bien, sea porque las modalidades de su *socialización* los lleva a preferir las normas de acción "sindicales" u "organizativas" y despreciar las formas de acción partidista: así, los militantes católicos franceses de las décadas de 1950 y 1960 se lanzaron masivamente a las acciones sindicales (CNJA-CFTC), culturales u organizativas (a favor de la regionalización, el orden de vida, el "trabajo social", etc.), en muchos casos compromisos previos a las afiliaciones partidarias, consideradas necesarias pero menos legítimas que aquéllas.

La separación de las organizaciones políticas y no políticas, cualquiera que sea la fuerza de los vínculos que unen esas organizaciones y la importancia de los principios comunes de funcionamiento, se institucionaliza y se *objetiva en prácticas diferentes;* su legitimidad se basa en una concepción ampliamente difundida de la división de roles en la sociedad. El *lobbying* norteamericano, que confiere a los grupos organizados y reconocidos *(lobbies)* una función importante en la elaboración de las leyes, supone que todos los dirigentes (políticos y no políticos) coinciden en reconocer a los parlamentarios el monopolio de la toma de decisiones; "implica el reconocimiento formal por todos los miembros de una sociedad civil que un individuo o una categoría determinada de individuos tienen el derecho y el poder de tomar o hacer aplicar decisiones autoritarias que afectan a la sociedad en su conjunto".[123] Los *lobbies* norteamericanos pueden arrogarse una "función de influencia" ante los responsables de las decisiones, tener representantes permanentes ante el Congreso, contratar especialistas y encargar estudios, usar todos los medios de presión en sus relaciones con los congresistas; se les reconoce un rol fundamental en la expresión de los intereses organizados, actividad considerada una condición de la democracia.[124] No obstante, es evidente que esta distinción elaborada por la sociedad disimula la globalidad de los procesos de gobierno al separar arbitrariamente la influencia y la decisión. Efectivamente, los *lobbies* norteamericanos participan en la definición de los asuntos en debate (qué se debe discutir y hacer) y las situaciones (tal problema es "crucial", tal otro es secundario), la elaboración de la "percepción correcta" de los problemas e incluso la elaboración de los textos que los congresistas convertirán en leyes; a la par de los partidos, establecen qué es realizable y qué no lo es, qué se puede tratar polí-

[123] Lester W. Milbrath [1963].
[124] Roger W. Cobb, Charles D. Elder [1972] y 2da ed. ampliada [1983].

ticamente y qué no debe ser objeto de decisiones autoritarias, qué se presentará como asunto de "interés público" o bien, a la inversa, de "orden privado". Como se verá más adelante, los estudiosos han demostrado que los gobernantes y grupos de interés comparten la responsabilidad por las decisiones políticas, sobre todo cuando éstas afectan a sectores de la producción o intercambio controlados por un pequeño número de empresas; es el caso, sobre todo, del sector militar.[125]

La *legalización de las actividades de ciertos grupos de interés o "grupos de causa"* afirma aun más la distinción entre organizaciones políticas y no políticas al atribuir a estas últimas una "función consultiva" oficial. La larga historia del reconocimiento público de los derechos obreros demuestra cómo se impuso progresivamente la obligación de aceptar el rol propio de los sindicatos en la aplicación de las leyes sociales: el monopolio que se les reconoce en Francia de las elecciones en el fuero laboral, el derecho de promover acción judicial, las ventajas legales otorgadas a sus dirigentes en las empresas dan lugar a una "función de representación" ante los poderes públicos y las instancias judiciales. La extensión de los *procedimientos consultivos* tuvo efectos análogos en Alemania, Italia y Francia. Los sindicatos y muchas asociaciones adquirieron un rol en la elaboración de los programas de modernización, la definición de los objetivos de la planificación, incluso en la preparación de planes urbanísticos y de administración territorial. Dirigentes de la CGT, la CFDT, Force Ouvrière y los sindicatos agrarios franceses participan —debido a sus responsabilidades sindicales— en el Consejo Económico y Social, los CODER y los comités económicos regionales, así como en muchas instancias en las que se supone que defienden los intereses de los trabajadores. No se puede deducir de ello que las opiniones de las organizaciones no políticas siempre influyen sobre las decisiones; pero su reconocimiento oficial y participación favorecen la difusión de concepciones comunes y, sobre todo, la legitimación del reparto de roles entre agentes políticos y no políticos.[126]

El *crecimiento de las burocracias especializadas* también contribuye a consolidar la separación de las organizaciones no políticas y los partidos. Al asimilar sus intereses grupales y profesionales a los de la organización, los militantes de tiempo completo destacan sus particularidades y reivindican para ella el monopolio de la acción en un sector diferenciado (la defensa de los asalariados, la promoción de los valores religiosos, el control del uso de un título, etc.), a la vez que elaboran permanentemente las reglas de conducta que refuerzan la autonomía de su campo de actividad y sus objetivos. Como se vio anteriormente, Michels ha destacado este aspecto de la burocratización, y a fi-

---

[125] Véase cap. 8.

[126] La fuerte integración de los sindicatos en el proceso de decisión llevó a ciertos autores a elaborar una teoría del "neocorporativismo" en las sociedades industriales desarrolladas. Véase más adelante, cap. 8.

nes de la década de 1950 Lipset observaba que la burocratización de los sindicatos correspondía de alguna manera a la de los aparatos de gobierno: "El crecimiento de la burocracia en una esfera institucional —en este caso, la del gobierno— arrastra a la de otro sector de instituciones: los sindicatos, que no pueden dejar de mantener relaciones con aquélla."[127] En términos generales se puede considerar que la burocratización de las organizaciones no políticas acompaña el desarrollo de los procedimientos tendientes a inculcar la lealtad en los afiliados y unirlos de manera permanente a la organización, cualquiera que fuera el interés capaz de apartarlos individualmente de la acción colectiva. Así, las burocracias dirigentes de los sindicatos se afanan por conservar, cuando lo han conquistado, el monopolio de medios coercitivos tales como el control del empleo y la capacitación, la afiliación obligatoria y el derecho de instalar "piquetes de huelga" muy disuasivos; los sindicatos británicos y la CGT francesa han reaccionado con violencia contra los gobiernos que intentaron quitarles esos medios. Finalmente, el desarrollo de las burocracias está vinculado con el otorgamiento de beneficios a los afiliados (seguros, cooperativas de consumo, préstamos, ayuda familiar, rebajas en las entradas a espectáculos, etc.), que atraen a los individuos en la misma o menor medida que las exhortaciones reiteradas a tomar conciencia de sus intereses colectivos.[128]

Todo ello implica un trabajo de legitimación de las actividades "no políticas" por los dirigentes de las organizaciones, que se arrogan su control y, con ello, la difusión de una representación de la sociedad que separa la influencia sobre los gobernantes de la decisión tomada por éstos. Así se afirman una distinción social de los tipos de organizaciones y sus prácticas propias, así como una diferenciación de roles que refuerzan las tipologías "eruditas" cuando éstas asignan una "función social" determinada a cada una de ellas.

Las relaciones entre organizaciones

La forma más general de los vínculos concretos establecidos entre una organización política y otros agrupamientos es el *activismo pluriposicional* de sus miembros. La mayoría de los estudios realizados en Francia, Gran Bretaña y Estados Unidos demuestran que los miembros de los partidos políticos tienen globalmente un nivel de participación en las actividades de otras organizaciones superior al de sus conciudadanos.[129] La adhesión de los afiliados a las asociaciones no políticas, sobre todo a los sindicatos, proporciona indicaciones valiosas sobre los distintos partidos, el origen social de sus miembros y su lu-

[127] S. M. Lipset [1962], sobre todo pp. 389-397.
[128] M. Olson [1978].
[129] Véanse los estudios comentados por Robert E. Lane [1965]; también el importante artículo de David Berry [1969].

gar en la sociedad. Se han podido caracterizar (cuadro 10) tres tipos de activismo pluriposicional en las federaciones de la Gironda del PCF, el PS y la UDR en 1972. Dos tercios de los afiliados comunistas son miembros de sindicatos (CGT y organizaciones docentes) y la mitad de sus miembros declaran dedicar al menos una hora por semana a la actividad sindical. También la mayoría de los afiliados socialistas están sindicalizados, pero militan activamente sobre todo en diversas "asociaciones no políticas" (culturales, sociales, educativas, deportivas, etc.), lo que prueba el fuerte arraigo de su partido en los municipios. Finalmente, pocos afiliados al "gaullismo" están sindicalizados, pero se advierte su presencia en muchas organizaciones cuyas actividades son acordes con sus características sociales: asociaciones culturales, de comerciantes, de defensa de los intereses locales; grupos de veteranos de guerra; movimientos católicos; asociaciones patronales, etc. Por cierto que la medición de este activismo pluriposicional es imprecisa y no permite determinar la adhesión a redes informales de relaciones que también definen la especificidad de cada filiación partidista; sin embargo, da una idea del poder de los vínculos concretos entre las organizaciones políticas y no políticas; además se sabe que el activismo "por fuera del partido" aumenta con la intensidad del militantismo de los afiliados políticos.

Así, se advierte la inserción social de los militantes políticos en *sistemas concretos de adhesión múltiple*, que esbozan los contornos de configuraciones características de alianzas entre las organizaciones, incluso cuando no están formalizadas ni oficializadas. Así, la inmensa mayoría de los militantes urbanos del PCF son miembros de tres organizaciones sindicales: la CGT, la FEN, en el caso de los docentes (sobre todo la tendencia "Unidad y Acción") y la UNEF, los estudiantes; el sistema de acción en el que participa el Partido Comunista recibe de éste coherencia y eficacia.[130] Los militantes sindicalizados del PS se distribuyen entre organizaciones sindicales rivales o que mantienen relaciones hostiles: el 26% son miembros de la FEN (lo que expresa la importancia numérica de los docentes socialistas), 28% pertenecen a la CFDT, 10% a la CGT, 6% a FO y 10% a otros sindicatos (entre ellos la UNEF-ID y la CGC); como se ve, el PS asocia a grupos de militantes insertos en distintas redes, teniendo en cuenta la variedad de sus orígenes y modos de socialización.[131] Finalmente, sólo una minoría (39%) de los afiliados de la RPR están sindicalizados, casi todos a sindicatos patronales, de comerciantes y artesanos, profesionales liberales y ejecutivos (25,2% de los afiliados); es una inserción social muy distinta la que aparece aquí.[132] Desde este punto de vista, la existencia de relaciones institucionales entre organizaciones políticas y no políticas no es sino la *oficia-*

---

[130] Estas tres organizaciones agrupan al 98% de los militantes sindicalizados parisinos. Véase François Platone, Françoise Subileau [1975].

[131] Datos tomados de R. Cayrol, C. Ysmal [1982].

[132] P. Bréchon, J. Derville, P. Lecomte [1987].

CUADRO 10. *Activismo pluriposicional de los afiliados de tres federaciones en la Gironda*

	Activismo social					
	PCF		*PS*		*UDR*	
	Número	*%*	*Número*	*%*	*Número*	*%*
Afiliación sindical						
Sí	169	65,3	144	58,5	66	29,6
No	64	24,7	88	35,8	143	64,1
No contesta	26	10	14	5,7	14	6,3
Afiliación a asociaciones no políticas						
Sí	101	39	127	51,6	92	41,2
No	144	55,6	104	42,3	117	52,5
No contesta	14	5,4	15	6,1	14	6,3
Afiliación a organismos de carácter oficial						
Sí	23	8,9	34	13,8	14	6,3
No	215	83	194	78,9	190	85,2
No contesta	21	8,1	18	7,3	19	8,5

Tiempo semanal dedicado a las actividades de asociaciones no políticas

	PCF		*PS*		*UDR*	
	Número	*%*	*Número*	*%*	*Número*	*%*
Menos de una hora	39	38,6	25	19,7	29	31,5
De una a tres horas	34	33,7	51	40,2	29	31,5
Más de tres horas	21	20,8	42	33,1	23	25,0
No contesta	7	6,9	9	7,0	11	12,0
Total	101	100	127	100	92	100

Tomado de Jacques Lagroye, Guy Lord, "Trois fédérations de partis politiques", *Revue fran(aise de science politique*, 24 (3), junio de 1974.[133]

[133] Cifras de las tres federaciones en 1972.

lización de los vínculos creados y consolidados por la pluriposicionalidad de los afiliados. Va de suyo que esta oficialización tiene sus consecuencias: revela la inclusión del partido en un sistema de acción, legitima la pretensión de sus dirigentes de representar un grupo o un conjunto de grupos sociales al que se atribuye intereses comunes, facilita la difusión de creencias comunes sobre la vida social y permite el paso de los militantes de una posición a otra a medida que desarrollan su carrera.

A la inversa, vuelve más visibles y onerosos los *conflictos* entre las organizaciones políticas y no políticas oficialmente asociadas. Por ejemplo, en los decenios de 1970 y 1980, las relaciones entre el Partido Laborista británico y la central sindical (TUC) fueron muy conflictivas. En 1969, la aparición de un libro blanco del gobierno laborista, *In Place of Strife*, que preconiza la aplicación de medidas contra la extensión de las huelgas salvajes y esboza severas críticas al poder excesivo de los sindicatos, provoca una enérgica reacción del TUC. El enfrentamiento más fuerte se produce en 1971, cuando la *Industrial Relations Act* trata de reglamentar estrictamente las actividades de los sindicatos. Durante quince años, las dos organizaciones oficialmente asociadas y en gran medida —como se ha visto— mutuamente dependientes se enfrentan de manera brutal; en determinado momento, la reforma del modo de designación del jefe del partido parece consolidar la supremacía de los sindicatos. El costo del enfrentamiento es elevado: en efecto, ninguno de los socios puede romper un acuerdo que los vincula histórica y socialmente, pero el debilitamiento de uno perjudica al otro, tanto más por cuanto las campañas de prensa, las declaraciones estrepitosas y las encuestas dramatizan el conflicto. La reanudación de las buenas relaciones a partir de 1984 es resultado de una serie de factores no dominados por los dirigentes de las dos organizaciones: la acción incesante del gobierno conservador para debilitar, dividir y descalificar los sindicatos, el fracaso espectacular de una serie de huelgas de envergadura nacional (sobre todo la de los mineros), las divergencias entre las direcciones de los sindicatos sobre las estrategias a adoptar, la marginación de los dirigentes laboristas más "doctrinarios" y las crisis de los municipios controlados por ellos, los efectos de la escisión de los laboristas moderados (Social Democratic Party), etc. Las reglas que rigen las relaciones entre el Labour Party y el TUC sufren modificaciones a raíz de ese enfrentamiento complejo.[134]

La relación entre el Partido Socialista y la "nebulosa" de las organizaciones laicas de Francia no estaba institucionalizada —aunque sí era muy fuerte— y por eso el conflicto de 1984 entre ambos no fue tan elevado. En 1981, la elección de François Mitterrand a la presidencia de la República y la formación de una mayoría parlamentaria de la Unión de Izquierdas dominada por los socialistas habían despertado esperanzas de una vigorosa política laica en-

---

[134] Véase sobre todo Martin A. Schain [1989].

tre los dirigentes de los sindicatos y organizaciones adheridos a esta "movida socializante, más o menos teñida de anticomunismo, cimentada por el ideal laico y eventualmente por la referencia masónica".[135] Ahora bien, los intereses estrictamente políticos de los nuevos gobernantes (en particular, el deseo de mantener buenas relaciones con los medios católicos a los que pertenece una parte del electorado socialista) llevan al ministro de Educación, Alain Savary, a imponer un plan que mejora la situación y concede beneficios importantes a la escuela católica. A la frustración experimentada por los dirigentes laicos se suman otros factores: el fastidio por el lugar importante que ocupan los dirigentes de la CFDT en los equipos ministeriales y el renovado activismo de los comunistas de la tendencia "Unidad y Acción" en la FEN. Es así como las rivalidades entre sindicatos y tendencias provoca un endurecimiento de las posiciones. En 1984 se produce una verdadera movilización de las organizaciones laicas (sindicatos, Pensamiento Libre, Gran Oriente de Francia, Liga de la Enseñanza, Comité Nacional de Acción Laica, etc.) que provoca divisiones en el propio Partido Socialista y finalmente el retiro del proyecto de ley de Savary. Como se ve, la ausencia de vínculos institucionales entre el partido y las organizaciones no políticas permite a unos y otros conservar un gran *margen de maniobra* y facilita la resolución de la crisis en condiciones relativamente poco costosas para los socios.

Estos ejemplos revelan claramente las tensiones y los antagonismos que se producen en los sistemas a raíz de las diferentes lógicas y líneas de acción de las organizaciones que participan en distintos campos de interacción. Los dirigentes y militantes de un sindicato, aunque sean miembros de un partido que proclama su afinidad con esa organización, se ven obligados a pensar su actividad en los términos y según las concepciones que caracterizan la acción sindical, actuar en función de los enfrentamientos con sindicatos rivales, observar líneas de conducta que tienen sentido en la competencia entre sindicatos, no entre partidos. De algún modo, juegan su suerte en la conservación de los *objetivos* y las *prácticas propios de su organización sindical*, aunque fuera a costa de conflictos con las "lógicas políticas". Por ello, el ajuste individual de las lógicas de interacción diferentes constituye un objeto de estudio de la sociología de la conducta.

La interacción dentro de los partidos políticos

Hasta aquí se ha tratado a los partidos como *entidades colectivas* insertas en sistemas de acción; se ha intentado mostrarlos como son, en tanto organizaciones que compiten con otros partidos e interactúan con agrupaciones defini-

---

[135] Véronique Aubert y cols. [1985], p. 149.

das como no políticas. En ese proceso, el autor tiende a privilegiar todo lo que asegura la unidad aparente del partido: la especialización de sus actividades, la cohesión relativa de sus miembros en la competencia con partidos rivales, el interés que ellos tienen en conservar las reglas comunes y el "capital colectivo" (sigla o señales distintivas, bienes materiales y simbólicos de la organización, electorado leal), así como el conjunto de los mecanismos que garantizan la permanencia de la organización en distintas situaciones. Este enfoque conduce a aprehender el partido a la manera de una realidad social coherente: el Partido Socialista "existe" porque yo desentraño *su* lógica en la competencia y la interacción... Lo cual, en un sentido, no es falso: el partido existe en tanto entidad activa en la conciencia de sus militantes y la de sus adversarios; se le atribuyen globalmente los efectos de las actividades de sus miembros. En última instancia, por comodidad de expresión o pereza intelectual, se le atribuyen objetivos (el partido "quiere" conquistar el poder), estrategias (el partido "opta" por la oposición) e incluso aptitud reflexiva (el partido "tomó conciencia" de sus debilidades o "se interroga" sobre su futuro): formas de expresarse que pueden parecer una tendencia ingenua a personificar las organizaciones, lo cual a veces sucede.[136] Para corregir esta visión unificadora del partido conviene utilizar ahora otro enfoque, para luego recapitular los fenómenos que justifican, hasta cierto punto, que se trate la organización partidista como una unidad ficticia coherente.

Como se ha dicho, se puede considerar al partido político como una asociación compleja de *agrupamientos parciales en interacción*. El término agrupamiento parcial se usa aquí en varios sentidos: tanto un grupo de afiliados que se identifican como miembros de una "corriente", "tendencia" o "fracción", como el conjunto de los miembros de una federación local, con sus particularidades, características e identidad propias. Sólo se lo puede analizar en relación al conjunto de los agrupamientos asociados que conforman la realidad concreta de la organización, y cuya interacción se confunde con la "vida" del partido, sucesión de alianzas, enfrentamientos, acuerdos y conflictos en torno de la imposición de un modelo legítimo de prácticas y conductas. El análisis debe destacar lo que cada agrupamiento parcial, considerado como elemento de un sistema de interacción, debe a las cualidades propias de sus miembros y a las características sociales que determinan a nivel nacional o local las características de su asociación. En efecto, considerar esos agrupamientos desde el único punto de vista de la competencia entre ellos significaría renunciar a explicar los principios de su constitución para no ver sino los mecanismos de su interacción. Se llega-

---

[136] Véase la crítica de Offerlé [1987] a este proceso de construcción de "unidades seudoconcretas". En un texto fundamental, dos estudiosos norteamericanos de las relaciones internacionales muestran claramente los inconvenientes de un modelo de análisis que atribuye una unidad ficticia a sistemas complejos de organizaciones y grupos burocratizados; véase Graham T. Allison, Morton H. Halperin [1972].

ría entonces a una visión aparentemente erudita de interpretaciones reduccio-
nistas a las cuales se suele recurrir para explicar tanto los conflictos entre tendencias —"peleas entre jefes", "juego de ambiciones"— como la oposición entre los organismos nacionales y locales del partido: "rivalidad entre barones",
"enfrentamientos entre los feudos", "resistencia de los notables".[137]

A pesar de que los dirigentes de un partido suelen tratar de negar la existencia de agrupamientos parciales de afiliados que compiten entre sí, los análisis precisos permiten identificarlos. Así, es imposible escribir la historia de los
partidos comunistas sin estudiar la interacción de "grupos" constituidos sobre
la base de sus orígenes comunes ("metalúrgicos", "ferroviarios" o "mineros"),
de modalidades particulares de socialización ("intelectuales", "combatientes de
la resistencia" en el interior o el exterior), incluso de intereses especiales (los
campesinos de los decenios 1930 y 1950). Estos grupos, que pueden disputar
enconadamente el control de la dirección y el aparato del partido, generalmente no están dotados de una estructura formal; se asemejan a redes de afinidad
escasamente estructuradas. Por consiguiente, es difícil identificarlos, tanto más
por cuanto su legitimidad —y su existencia misma— suele ser negada, considerada incompatible con el principio del "centralismo democrático" y la necesaria unidad del "partido de la clase obrera". Durante mucho tiempo, la estigmatización de todo grupo parcial que tratara de organizarse como
"fraccionalista" y el vigor de las medidas tomadas para hacerlo desaparecer
("purgas" colectivas, expulsiones, sanciones) pudieron conservar la *ilusión de
los partidos disciplinados y dotados de una fuerte cohesión.* La reciente evolución del
Partido Comunista italiano, las escisiones que sufrió el español y las críticas espectaculares al funcionamiento del francés por parte de grupos más o menos
organizados (reconstructores o renovadores) revelan la existencia de tensiones y conflictos que no se reducen al choque de ambiciones personales ni a divergencias pasajeras sobre estrategias políticas.[138] Asimismo, los estudios sobre
los sucesivos partidos que reivindicaron la "tradición gaullista" demuestran la
existencia de agrupamientos parciales organizados, a veces en "comités" y
"asociaciones", a veces difíciles de identificar, cuyas complejas relaciones
(alianzas coyunturales, enfrentamientos, redistribución periódica de puestos y
responsabilidades) acompañan sus giros. Su visibilidad es limitada por la obligación colectiva interiorizada de presentar cada vez la imagen de una "concentración" unitaria y coherente, indisociable del mito gaullista: una reunión de

---

[137] Es claro que las rivalidades entre personas y equipos por la obtención de puestos políticos tienen sus consecuencias. Pero no son las únicas que explican los procesos que conducen a la
formación de agrupamientos parciales.

[138] Se encuentran elementos para identificar a los agrupamientos en el interior del Partido Comunista francés en las numerosas crónicas autobiográficas de dirigentes expulsados o renunciantes
del partido en épocas de "crisis". Estas autobiografías se deben tomar con prudencia, por cuanto
acentúan el papel de las luchas de aparato y con frecuencia toman la forma de alegatos.

"compañeros", de "leales" que celebran periódicamente su solidaridad durante los ritos unificadores (las "asambleas"). Pero su interacción sólo explica las transformaciones que afectan a los partidos "gaullistas": la reorganización de 1967[139] y la adopción de una nueva sigla (la UDR, que "sucede" a la UNR en 1968); la reconstitución del movimiento sobre nuevos principios en 1976 ("creación" de la RPR); el enfrentamiento —luego oficializado— de diversos grupos o tendencias en 1990, identificados por sus líderes (Alain Juppé y Jacques Chirac, Philippe Seguin y Charles Pasqua, Michel Noir y Alain Carignon), sin que esa personificación diera cuenta de sus principios constitutivos, cualquiera que fuese la edad de los capitanes... Muchos partidos (PS y UDF en Francia, democracia cristiana en Italia, CDU-CSU alemán, Partido Social Cristiano belga, entre otros) se constituyen sobre el principio del reconocimiento oficial de las agrupaciones parciales, designados con diversos términos: corrientes, tendencias, fracciones, clanes, componentes, incluso "partidos asociados".[140]

En la competencia interna de los partidos se desarrolla un trabajo de *"demarcación" recíproca de los agrupamientos parciales*. Los dirigentes y miembros de cada uno acentúan, a veces con estrépito, sus particularidades: el programa que los diferencia parcialmente (es decir, dentro de los límites permitidos por la adhesión a la organización misma), prácticas específicas (como la "mayor democracia" en las reuniones, invitación a simpatizantes, o la prioridad otorgada a las actividades más "combativas"), uso de símbolos propios (una sigla, un "logo", ritos no usados por otros), vocabulario original (autogestión o cogestión, liberalismo social, participación), etc. Este empeño en diferenciarse, que a veces se refleja espectacularmente en declaraciones rimbombantes o "pequeñas frases" agresivas, tiende a reactivar la conciencia de pertenecer a un "equipo" y conservar la propia identidad amenazada por los efectos uniformantes de la interacción. Puede contribuir tanto a la constitución de equipos rivales para la conquista de puestos y el control de la organización como a la conservación de redes de relaciones preexistentes formadas en determinado momento de la historia del partido, lo cual es verdad, por ejemplo, para los "veteranos" de la Convención de instituciones republicanas en ciertas federaciones y en los organismos nacionales del Partido Socialista, o en otra forma, para los "componentes" de la UDF. En todos los casos, el trabajo de demarcación tiende a convertir cada agrupamiento parcial en un equipo consolidado por vínculos normativos, incluso afectivos, y no solamente por intereses materiales o estratégicos comunes.[141]

---

[139] Al respecto véase Jean Charlot [1970].

[140] En su tesis doctoral, Yves Poirmeur [1987] compara con justa razón el juego de las corrientes y tendencias en los partidos y los sindicatos. Con ese criterio ha reunido una profusa documentación sobre numerosas organizaciones.

[141] F. G. Bailey [1971]. Sobre el análisis del trabajo de demarcación de una organización política, véase Guy Birenbaum [1987].

Como se ve, es necesario abordar la actividad de los agrupamientos parciales tales como las corrientes, tendencias o clanes desde dos puntos de vista diferentes. Por un lado, es lícito analizar cómo los dirigentes *utilizan* su diferenciación y competencia en el seno del partido: recuento periódico de los fieles, ampliación de sus "clientelas" (en un sentido metafórico), refuerzo de su imagen particular, demostración de su influencia. Desde este punto de vista, es decir, en términos de juegos, los equipos se enfrentan o negocian, siguen líneas de acción parcialmente divergentes pero conciliables, "afirman su identidad" o "dan golpes" estratégicos rentables; su identificación con líderes revela el rol que se atribuye a éstos en una interacción considerada estratégica.[142] Por otro lado, es necesario estudiar los *procesos* que conducen a la formación y conservación de esos agrupamientos parciales, es decir, indagar en los principios de asociación de sus miembros. La historia de las "corrientes" en el Partido Socialista francés, identificadas formalmente con letras (A, B, C...), pero designadas con siglas (CERES, Socialismo y República) o con los nombres de sus jefes (corrientes "rocardista", "mitterrandista", "jospiniana") revela la variedad de procesos constitutivos de un agrupamiento parcial. Algunos consolidan la existencia de redes de asociaciones estrechamente ligadas por el activismo pluriposicional de sus miembros; así sucede con la "corriente Mauroy" de la década de 1970, donde se encuentran adherentes formados en la red de clubes Léo-Lagrange, asociaciones laicas y sindicatos de maestros. Otros oficializan vínculos creados por una acción anterior en un contexto político diferente; así, el CERES conserva (amplía) en el Partido Socialista después del congreso de Epinay (1971) la coalición de militantes formada contra la "desviación socialdemócrata" de la SFIO en la década de 1960. En este caso particular, el agrupamiento parcial se organiza férreamente y se distingue de los demás por sus prácticas (reuniones tendenciales excluyentes, actividades de los militantes en sus empresas, acciones de formación), un discurso característico (que toma conceptos y fórmulas rituales del "marxismo" del momento), una prensa propia y una fuerte identificación con los "líderes históricos" de la corriente. En última instancia, algunos de esos grupos corresponden apenas a la transcripción en forma de tendencia, organizada con fines tácticos, de redes de vínculos locales tejidos por los dirigentes de una fracción; es el caso de la corriente identificada con Gaston Defferre, diputado y alcalde de Marsella, cuya prédica no se extiende más allá del departamento de Bouches-du-Rhône.

En términos generales, un agrupamiento parcial aparece al principio —es decir, antes de haberse ampliado con alianzas coyunturales de dirigentes locales o nacionales— como una asociación de miembros de un partido que pre-

---

[142] Véase cap. 4.

sentan ciertas características comunes.[143] El Centro de Demócratas Sociales dentro de la UDF agrupó a dirigentes y militantes representativos de "sociedades locales" fuertemente estructuradas por redes que reivindicaban el catolicismo tradicional: "notables" en el sentido de que pertenecían a estratos sociales privilegiados (patrones del comercio y la industria, altos ejecutivos del sector privado, agricultores ricos, abogados y médicos), que eran influyentes y gozaban de un gran prestigio local, a veces heredado de sus padres. Eran cristianos en el sentido de contar con el apoyo de organizaciones identificadas con la militancia católica (acción católica rural, sindicalismo agrícola, asociaciones de jóvenes empresarios y altos ejecutivos, incluso "clientelas" personales de sacerdotes y dirigentes de obras católicas) y de haber estudiado en escuelas privadas. Por su socialización, posición social, relaciones y las creencias adquiridas en ese contexto, los dirigentes y militantes del CDS muestran "perfiles" análogos que le dan a la agrupación su identidad y su relativa permanencia.

La corriente rocardiana del Partido Socialista francés también corresponde a una agrupación de militantes que presentan características acentuadas, sobre todo en la década de 1970. Son militantes formados en movimientos cristianos o que reclutan en la juventud católica: la CFTC y luego la CFDT; la acción católica estudiantil; los movimientos juveniles como el scoutismo, etc. Muchos de ellos ingresaron colectivamente al PS después de haber militado contra la guerra de Argelia en la UNEF o las organizaciones políticas de la "nueva izquierda" (PSA, PSU, clubes o grupos de acción municipal) y los sindicatos (afiliaciones de 1974 durante las "asambleas del socialismo"). Pertenecen a grupos diplomados dentro de sus categorías socioprofesionales (docentes, altos ejecutivos, ejecutivos medios de las empresas públicas) y han pasado por experiencias idénticas. En síntesis, a los rocardistas se los identifica por ciertas *características sociales y culturales* que los miembros de otras corrientes no dejan de enrostrarles, a costa de caer con frecuencia en generalizaciones y caracterizaciones abusivas. Ser dirigente rocardiano significa aquí "enviar invitaciones en la tarjeta de visita", allá "ser graduado de una escuela privada" y acullá formar parte de la "segunda izquierda", la que aparece cuando ya está ganada la batalla. En el juego de denuncias cruzadas generado por la competencia interna, se transparenta así un aspecto de la naturaleza social de un agrupamiento parcial, aunque exagerado y caricaturizado: el "sentido común" de los actores políticos (o los periodistas) da una imagen parcialmente deformada, pero fundamentalmente inexacta, de las relaciones sociales.

Por consiguiente, se puede considerar que las tendencias, corrientes, clanes y fracciones introducen en la interacción interna del partido las oposicio-

---

[143] Hasta el presente no existen estudios sistemáticos sobre este proceso, salvo en el caso de la Democracia Cristiana italiana; véase las indicaciones de Alan S. Zuckerman [1979]. Para los partidos franceses aquí se utilizan los datos de dos autores, con su autorización: Guy Birenbaum para la UDF y Frédéric Sawicki para el Partido Socialista.

nes y divergencias características del *conjunto de las relaciones sociales y culturales* de una sociedad. Desde ese punto de vista, son portadoras de objetivos que no se reducen a la conquista de puestos políticos: cada agrupamiento parcial tiende a imponer sus propias pautas de conducta, prácticas, normas como modelo legítimo para la organización en su conjunto. O por lo menos lucha por conservar la legitimidad de sus conductas distintivas y la existencia de su modelo dentro del partido; modelo que sólo adquiere su plena significación en relación con los múltiples procesos sociales de los que deriva: modalidades particulares de socialización, posiciones sociales análogas, concepción contrastada de las actividades sociales, etc. En el complejo enfrentamiento de tendencias en la democracia cristiana belga aparecen las rivalidades regionales y lingüísticas de flamencos y valones, las diferencias de posición social entre los agricultores ricos del Boorebond y los obreros afiliados a los sindicatos cristianos, los conflictos entre los "progresistas" y los católicos tradicionalistas. Las tendencias organizadas sólo se pueden estudiar en relación con las redes rivales de asociaciones y organizaciones que, a través de ellas, penetran de alguna manera en el partido (es decir, lo constituyen en su diversidad). Lo mismo sucede con la Democracia Cristiana italiana: los clanes y fracciones constituidos en torno de líderes rivales son como la proyección de múltiples redes constitutivas de la sociedad italiana y la Iglesia Católica: redes "progresistas" de sindicatos obreros, movimientos católicos juveniles, asociaciones educativas; redes "conservadoras" de organizaciones patronales cristianas, sindicatos campesinos, ramas especializadas de la Acción Católica; red "fundamentalista" de asociaciones y movimientos espirituales consagrados a las relaciones estrechas con la Santa Sede; redes clientelistas mantenidas por la actividad de los "patrones" en las provincias meridionales.[144]

Por consiguiente, los fuertes lazos de solidaridad que suelen unir a los miembros de un agrupamiento parcial no derivan solamente de los intereses comunes ni de la adhesión a un líder, por fuerte que sea esta inversión afectiva.[145] Su *comunidad de prácticas y concepciones* no es el mero resultado del juego de las relaciones que los unen y su participación en un mismo equipo de postulantes a puestos políticos. En cierta forma, su unidad está determinada por procesos sociales "externos" a la actividad partidista, procesos de donde provienen sus prácticas, valores y maneras de ser. En otras palabras, sus *habitus* particulares, no limitados a los efectos de sus posiciones socioeconómicas, pueden afirmarse en su adhesión a tal o cual agrupamiento parcial dentro de una organización política.

La interacción que define la "vida" de un partido, sus evoluciones y rupturas, es producto también de las *variadas características de las federaciones y sec-*

---

[144] Adviértase que se puede considerar estas redes como sistemas de acción, una de cuyas tendencias, fracciones o clanes sería el elemento especializado en actividades políticas.

[145] Sobre este aspecto de la relación con lo político, véase Philippe Braud [1980], pp. 224-226.

ciones locales, consideradas como agrupamientos parciales. Por cierto que poderosos factores de homogeneización tienden constantemente a reducir esta diversidad: la imposición de normas y reglas comunes en el conjunto de la organización, los factores coaccionantes del sistema de acción nacional en el que está inserto el partido, las consecuencias de las cualidades sociales análogas de los afiliados y militantes en todo el territorio, incluso la generalización de formas de actividad consideradas eficaces y legítimas en todas partes. En este sentido, sería vano oponer las conductas y prácticas "nacionales" a las "locales", considerando a estas últimas formas residuales de resistencia a la acción unificadora del "centro"; los factores de homogeneización actúan a escala local tanto como a nivel nacional. Pero cada agrupamiento local de un partido se define concretamente por las particularidades del espacio donde se constituye;[146] entendemos por ello que las características económicas, sociales y culturales de una región, departamento o ciudad —como de una provincia, comité o generalidad en otro país— influyen directamente sobre las relaciones entre los agentes políticos, sobre las prácticas y los valores legitimados localmente. Se advierte una forma particular de esta correlación en la estructuración de sistemas particulares de acción local.[147]

En este aspecto, el ejemplo del Partido Socialista francés es muy instructivo. Se puede estudiar cada federación con referencia a las características de su "entorno", es decir, la sociedad local de la que forma parte. Así se pudo esbozar una tipología general de las federaciones de la SFIO tomando en cuenta el contexto económico y las particularidades locales de la competencia política.[148] De manera más profunda, el estudio de la federación de Pas-de-Calais del Partido Socialista permite comprender cómo *formas particulares de sociabilidad,* derivadas de las prácticas diferenciadas de categorías sociales características (mineros, obreros metalúrgicos, etc.) determinan las actividades específicas de los militantes socialistas del lugar, las relaciones que mantienen y las concepciones que reivindican.[149] Las actividades políticas conservan, fomentan y legitiman esas formas particulares de sociabilidad; los dirigentes socialistas locales, surgidos de grupos aferrados a esas prácticas o afines a ellos por su socialización (sobre todo los docentes), organizan actos culturales, sociales o deportivos que, arraigados en las conductas cotidianas, ayudan a perpetuarlas. La vida de la federación es parte de la trama de actividades sociales; no se puede disociar de ella. La federación local del PS tiene además características muy visibles que hacen a su originalidad: obrera, con una imagen celosamente cuidada de unidad (a pesar de los conflictos

---

[146] Para un análisis del problema a la luz de los trabajos franceses sobre el "poder local", véase Jean-Louis Briquet, Frédéric Sawicki [1989].

[147] Véase más arriba el ejemplo del "chabanismo" en Burdeos, pp. 273-274.

[148] Marc Sadoun [1988].

[149] F. Sawicki [1988].

que, como en otras partes, existen entre los dirigentes), afirma sus diferencias con la vecina federación del Norte; sus militantes la ven y presentan como un modelo para todo el partido.

Asimismo, se puede considerar a las federaciones socialistas de la región parisina como agrupamientos parciales con características distintivas, más allá de los mecanismos partidistas que las hacen afines a todas. En Yvelines, el origen social de los dirigentes (altos ejecutivos, profesores, graduados universitarios), el predominio de "notables" que controlan férreamente desde la derecha el consejo general y los municipios residenciales, así como la ausencia de "tradición socialista", establecen la supremacía de una red de militantes vinculados personalmente con Michel Rocard, miembros de la corriente dirigida por él. En Seine-Saint-Denis, Essone o Val-de-Marne, las condiciones diferenciadas de implantación en las municipalidades donde el Partido Comunista sufrió graves reveses a partir de 1981, la presencia puntual de antiguas redes que han garantizado aquí y allá la reelección de funcionarios notables, la vigorosa competencia entre equipos constituidos en situaciones muy variadas (grupos de dirigentes de sindicatos estudiantiles, militantes de barrio sensibles a los problemas locales, redes formadas en "clubes" socialistas rivales, etc.) explican la agudeza de los conflictos entre las corrientes, la mano pesada de los organismos nacionales e incluso la fuerte "politización" de las actividades municipales en ciertas comunas.

Tampoco se debe pasar por alto la diversidad de agrupamientos parciales locales *en partidos aparentemente muy homogéneos,* aun cuando cada federación parece reproducir las características generales de la organización, sus prácticas y sus ritos. Investigaciones recientes han destacado las características originales de muchas secciones locales del Partido Comunista francés.[150] Las prácticas y los valores atesorados por los militantes comunistas de Saint-Nazaire o Bobigny derivan de antiguos modos de vida casi "aldeanos", conservados durante mucho tiempo en los barrios, que crearon un "comunitarismo" fomentado por las actividades municipales, a tal punto que en la década de 1950, "no ser comunista, afiliado o simple elector significaba quedar parcialmente excluido de las relaciones de sociabilidad local. Serlo significaba pertenecer plenamente a esta 'ciudad roja' y compartir sus conductas propias";[151] esta sociabilidad particular dejó su profunda huella en la organización local del partido. El comunismo de Halluin, en el norte, es la reconstrucción mítica y la conservación de figuras idealizadas (el contrabandista, el tejedor, el inmigrante flamenco) con las cuales se identifica una población característica: aquí los dirigentes "se dedican a desarrollar una intensa política conmemora-

---

[150] Annie Fourcaut [1986]; Michel Hastings [1987]; Jean-Noël Retière [1987]. Véase también los artículos en el número especial de *Communisme,* 15-16, 1987 (en especial los de Stéphane Courtois y Jean-Paul Molinari).

[151] Fourcaut [1986], p. 160.

tiva, asociativa y festiva" que hace del comunismo local un "fundador de la identidad".[152] Surgido del grupo obrero del Arsenal, convertido en dimensión constitutiva de una cultura local original, el comunismo de Lanester corresponde a una síntesis muy particular de patriotismo local, relaciones familiares, solidaridad de vecindario e identificación con una "comunidad rancia"; se mantiene mediante la valorización de un tipo de administración municipal volcada hacia las actividades sociales; permanece al margen de todas las formas de acción militante preferidas a nivel nacional: las organizaciones asociadas con el partido en otros "feudos" comunistas, aquí son inexistentes, inoperantes o esqueléticas. El comunismo lansteriano establece su identidad en la referencia constante a "criterios locales de legitimidad".[153]

Ante las recientes crisis y reveses sufridos por el Partido Comunista, se ha podido comprobar la *diversidad de los tipos de implantación y organización* de un departamento (o municipio) a otro. En Seine-Saint-Denis y algunos sectores de Val-de-Marne, la supremacía comunista se apoyó durante mucho tiempo en una fuerte identidad obrera, desarrollada conjuntamente por las células de fábrica y las seccionales de la CGT, así como las municipalidades que controlan la totalidad de las asociaciones deportivas y culturales, los organismos de ayuda social y los programas de vivienda: modalidad ejemplar del comunismo, muestra del estrecho entretejido de actividades políticas, sindicales, sociales y educativas.[154] En muchas comunas escasamente industrializadas —al menos en el pasado— de Essone y Val-d'Oise, la hoy amenazada presencia comunista se vuelca con mayor fuerza a la acción municipal; sin duda, sería exagerado hablar de "comunismo clientelista", pero es verdad que la obtención de una vivienda, un puesto de trabajo municipal (o en las sociedades vinculadas con la comuna), el acceso a cargos dirigentes en las asociaciones, son controlados directamente por funcionarios electos locales del partido; la rápida urbanización, las carencias de los servicios públicos y la precariedad del empleo otorgan un valor determinante a la acción municipal. Por último, París constituye un modelo muy particular de implantación comunista: los militantes de la década de 1970 son más jóvenes y con mayor porcentaje de profesionales que la media; la federación es dominada por los docentes (cuadro 11). Es difícil explicar esta particularidad, porque el "aburguesamiento" de París, por espectacular que fuera, no basta para explicar la desproletarización del comunismo parisino. En 1975, había un 22% de obreros en la población activa de París, pero sólo un 13% entre los militantes comunistas. Las consecuencias de este hecho sobre las prácticas y la organización locales saltan a la vista: en la federación reina la disidencia intelectual, sus dirigentes son mal vistos en los organismos nacionales, las relaciones con el aparato central del partido

---

[152] Hastings [1987(b)], pp. 118 y 116.
[153] Retiére [1987].
[154] Véase un análisis muy preciso de este modelo en Jean-Paul Brunet [1980].

son difíciles y a veces francamente conflictivas, los mecanismos de selección de los dirigentes federales introducen distorsiones graves entre la masa de afiliados y sus representantes.[155] Estas particularidades por sí solas no explican la magnitud de las crisis que conmovieron a la federación ni el retroceso electoral del comunismo en París; pero ayudan a comprender la impotencia del aparato partidario ante estos fenómenos.

CUADRO 11. *Los militantes comunistas en la Gironda y en París*
(en porcentaje)

	Gironda 1972	París 1977
Comerciantes y artesanos	7	1
Cuadros superiores y profesiones liberales	3,5	25
Cuadros medios	11,6	29
Empleados	12,6	27
Obreros	53,8	13
Personal de servicio	2	2
Otros	9,5	2
	100	aprox. 100
entre ellos...		
título de bachiller y/o educación superior	9,2	56

En París, el 58% de los militantes "cuadros superiores-profesiones liberales" son *profesores*; el 38% de los "cuadros medios" son *maestros*.
Tomado de Lagroye y cols., *Les militants politiques*, París, Pedone, 1976 (en lo referido a la Gironda); Françoise Subileau, "Les communistes parisiens en 1977", *Revue française de science politique*, 29 (4-5). Las cifras corresponden a distintas fechas y poblaciones de militantes no exactamente análogas; en estas condiciones, la comparación sólo da algunas indicaciones de índole general.

Tendencias, corrientes y fracciones se enfrentan en los organismos nacionales y locales; formas locales de organización se corresponden con las modalidades parciales de agrupamiento; agrupamientos parciales son de alguna manera portadores de distintos "modelos" de conductas, relaciones y prácticas. Cada grupo debe afirmar su identidad en la interacción dentro del partido;

---

[155] Véase Marie-Claire Lavabre [1982]; Platone, Subileau [1975]. Véase también Jean Baudouin [1980] y el relato de un actor de esa crisis, Henri Fiszbin, *Les bouches s'ouvrent*, París, Grasset, 1980.

no sólo porque la competencia entre los dirigentes reactiva periódicamente la solidaridad que los constituye, sino también porque sus miembros se *identifican* con ellos, a veces más que con el partido mismo. Es en este marco que se deben comprender los ritos de adhesión, las estrategias de demarcación, incluso los espectaculares fenómenos de demarcación que suelen afectarlos. Por consiguiente, la cohesión de los partidos no es un hecho; es producto del trabajo constante de los militantes y dirigentes; es consecuencia de múltiples procesos sociales que contribuyen a objetivar la organización política.

La diversidad de los agrupamientos asociados en un partido político no impide considerar a éste una entidad social relativamente coherente; en los análisis precedentes se ha podido ver todo un conjunto de fenómenos que contribuyen a la construcción de esta percepción o la condicionan. Es la *institucionalización* de los partidos, que corresponde a la creación de organismos jerarquizados de decisión y consulta, la elaboración de reglas codificadas uniformes que rigen las relaciones entre los miembros, la profesionalización de un plantel de "militantes de tiempo completo" y asalariados... Es la existencia de *intereses comunes* a todos los afiliados, de los cuales el primero es la persistencia de una organización capaz de administrar el conjunto de los recursos —materiales, relacionales, simbólicos— que aprovechan todos los miembros, cualquiera que sea la extrema variedad de sus expectativas y sus inversiones individuales...[156] Es el *reconocimiento* del partido como *agente colectivo* autorizado a participar en la competencia política organizada; reconocimiento que emana tanto de otros partidos como de organizaciones consideradas "no políticas", del trabajo de los comentaristas, de las prácticas de los electores, de los organismos de gobierno y de clasificación... Por último, el *trabajo de los dirigentes* tiende a afirmar las particularidades de los agrupamientos asociados en el partido (trabajo de conservación y diferenciación de equipos rivales), a la vez que a "hacer existir" la organización común como bien colectivo, referencia suprema, entidad social constituida para representar un grupo o conjunto de grupos.

Los propios *mecanismos de la interacción* contribuyen a unificar los diversos agrupamientos que constituyen el partido político. Entre esos agrupamientos se establecen reglas y prácticas comunes a las que cada uno se debe someter, que debe respetar y dominar para tener alguna posibilidad de "seguir en juego", es decir, obtener los premios que aseguran su propia existencia.[157] En este sentido, por ejemplo, ningún grupo que reclame puestos y votos en la "familia gaullista" puede negarse a suscribir los mitos y rituales que definen

---

[156] Véase sobre todo el artículo de Gaxie [1977].

[157] De modo análogo, Philippe Garraud [1989] demuestra la unificación de reglas y prácticas que resultan de la interacción en el seno del grupo francés de los elegidos locales (más allá de las diferencias vinculadas a sus respectivas posiciones políticas).

socialmente este grupo político: al contrario, les interesa reactivarlos para presentarse como la mejor expresión de ese "capital" común.[158] Asimismo, dentro de un sistema de acción en el que participa un partido, todas las organizaciones tienden a reconocerle una "existencia" social propia, en el cumplimiento de las tareas particulares que definen su identidad. En esas condiciones, el análisis sociológico no puede limitarse a mostrar la diversidad de los componentes de la organización política, sus costumbres y las relaciones diferenciadas con la empresa colectiva que mantienen sus miembros. También debe abordar el conjunto de los procesos que construyen la unidad aparente y la presunta permanencia del partido en tanto tal. Doble interés que sólo se puede expresar mediante la opción metodológica de tratar a los partidos políticos como espacios de interacción.

[158] Jacques Lagroye [1989].

6. LAS PRÁCTICAS DE PARTICIPACIÓN

EL EJERCICIO HABITUAL de las actividades políticas, es decir, definidas y reconocidas como tales, concierne a los agentes especializados que las profesan o que, al menos, están interesados en su cumplimiento: diputados, gobernantes, funcionarios, militantes y afiliados de los partidos, incluso periodistas y comentaristas políticos. De ello no deriva que los demás individuos y los grupos a los que pertenecen estén totalmente marginados de las actividades políticas. Algunos reivindican con mayor o menor éxito el *derecho de participar* en actividades de las que se encuentran oficialmente excluidos: en el siglo XIX, los pequeños burgueses reclamaron la extensión del padrón electoral; a principios del XX, las *sufragettes* inglesas realizaban marchas por el derecho a voto y en la actualidad las minorías étnicas exigen su representación en la clase política. Otros pretenden que sus intereses y actividades queden incluidos entre las "prioridades" políticas y rechazan el monopolio que beneficia a otros grupos u organizaciones considerados legítimos; así, en todos los países de Europa occidental, los ecologistas reclaman que la protección de la naturaleza ocupe un lugar destacado en los debates políticos y que se les reconozca un papel en esa discusión.

Las movilizaciones periódicas de estos grupos e individuos para reclamar que se discutan sus reivindicaciones y se escuche a sus "representantes", así como la exigencia de participación en la vida política expresada por una cantidad de agentes sociales podrían crear la idea de que el "interés por la política" está muy extendido y sobre todo que expresa un interés social generalizado. Limitarse a esta impresión equivaldría a fomentar una ilusión, a concebir la vida política como el enfrentamiento entre una minoría que trata de conservar su monopolio de la representación y grandes grupos que le niegan ese derecho, sin comprender que estos últimos, cuando existen, en realidad son minoritarios. Equivaldría también a desconocer el conjunto de los mecanismos que incitan o incluso obligan a todos los miembros de una comunidad política a participar episódicamente en los enfrentamientos políticos. En efecto, los gobernantes, los candidatos, las organizaciones especializadas (partidos y asociaciones políticas) tratan de obtener el apoyo y la aprobación de grupos e individuos cuya posición social les impide reclamar los puestos dirigentes para sí mismos y que, en general, ni siquiera conciben la posibilidad de acceder a ellos. Por eso se *requiere la participación* del conjunto de los miembros de la comunidad en el funcionamiento del "sistema político". Participación limitada, parcial, a veces muy controlada, pero considerada necesaria desde que ningún gobierno puede perpetuarse y actuar mediante la sola coacción física sobre los gobernados. Participación que no es atributo exclusivo de los regímenes democráticos, aunque en éstos adquiere una importancia decisiva; el dictador no sólo quiere que lo teman sino también que lo aclamen.

Por consiguiente, el *interés práctico* en ciertas actividades consideradas políticas (votar, expresar una opinión, dar un apoyo) no es forzosamente ni mucho menos señal de un interés consciente por el juego político, con sus ritos y premios. En términos generales se lo puede considerar el fruto de incitaciones apremiantes de las que el individuo no se puede sustraer: incitaciones que emanan de su entorno (familiar, profesional, residencial, etc.), pero en última instancia conformes al interés de los agentes políticos que solicitan su atención, su adhesión, incluso un compromiso episódico de su parte. Por consiguiente, el proceso de *politización*, definido como el mantenimiento o desarrollo de actividades dotadas de significación política, se debe a la acción constante de esos agentes (dirigentes, partidos, periodistas, comunicadores). Desfilar por la calle para reclamar colectivamente un aumento de salarios no es en sí una acción política, pero adquiere ese carácter a partir de que los agentes especializados logran que los manifestantes, los espectadores, el gobierno y la prensa crean en la significación política de esa acción colectiva: es decir, crean que la "intención de los manifestantes" es fustigar a gobernantes incapaces de definir una política social justa. Así, la politización de los individuos y los grupos se puede definir en un primer sentido como el conjunto de prácticas y razonamientos que tienden a investir a las acciones y conductas de significación política, a despertar un interés práctico por la participación episódica en actividades consideradas políticas y a difundir la creencia en la necesidad y la dignidad suprema de la organización política de las sociedades. Es un conjunto de procesos que corresponden a las "esferas" bien identificadas de la sociología política: movilizaciones, participación, elecciones, socialización, comunicación política, legitimación... Si bien la participación en actividades políticas no implica por parte de los individuos una conciencia clara de la significación "política" de sus acciones, no por eso deja de desarrollar en ellos una percepción más o menos compleja de las características propias del orden político. Esto sucede cuando el individuo participa de acciones colectivas organizadas —movilizaciones— como cuando cumple periódicamente sus "deberes" de ciudadano, sobre todo al votar. Se trate de actividades aparentemente perturbadoras del orden social y que por ello exigen un fuerte compromiso personal, o bien de actividades destinadas a conservar ese orden y que sólo requieren una participación episódica y limitada, en este segundo sentido la politización es *resultado* de una participación a la cual los actores y comentaristas *atribuyen* la cualidad de "conducta política".

Así, las movilizaciones o la participación regular en actividades específicas que interesan a todos los miembros de una comunidad permiten realizar un *"aprendizaje" de lo político.* No va de suyo que un individuo pueda acceder a la comprensión del significado político de sus actos e intereses cotidianos. Lo que en un principio le parece un reclamo social legítimo —recibir un sueldo mejor, garantizar el mantenimiento de su hogar, educar a sus hijos—, *él mismo* debe comprenderlo como una "reivindicación política" a la que algunos funcionarios electos prestarán más oídos que otros. Aquello que tiene sentido en el contexto de sus relaciones concretas —con los vecinos, el patrón, el cura o el médico— deberá proyectarlo sobre los enfrentamientos entre partidos y diputados de diversas tendencias que abordan, o parecen abordar, esos problemas en un lenguaje abstracto y muy especializado. Más aun, aunque él mismo desconfía de esas "lenguas de oro" llenas de promesas ("más vale pájaro en mano...") y encuentra que su desconfianza es compartida por sus parientes y amistades, deberá aceptar el principio de la "representación", aprender a "dar crédito" a los candidatos, aceptar compromisos vagos.

Aprender política es aceptar un *vocabulario* en parte extraño (que toma términos de la vida cotidiana y les modifica el sentido original); es el paso difícil de los intereses concretos a los *programas* abstractos, de los problemas locales a las polémicas nacionales, de las esperanzas sociales inmediatas a los proyectos políticos. Este aprendizaje se puede realizar tanto en los enfrentamientos de un período de turbulencia social (la Revolución Francesa de 1789, el conflicto entre la Iglesia y el Estado a principios del siglo XX, una poderosa "oleada de huelgas") como en el cumplimiento regular de un "deber cívico" (informarse, "formarse una opinión", votar, etc.). Puede ser más o menos fácil según los grupos sociales, más o menos rápido, más o menos conforme a las esperanzas de los agentes políticos. Los historiadores han demostrado que ciertos grupos o sectores sociales sólo llegan apenas a una comprensión aproximada de las categorías de juicio político propiamente dicho.[1]

Aprender política es también asimilar las *reglas* impuestas por los dirigentes, por los voceros de grupos sociales interesados en instaurar o conservar un orden político legítimo que garantice su posición dominante, por "especialistas" que razonan según categorías extrañas al "sentido común" (juristas, políticos, intelectuales); reglas cuya finalidad no es siempre evidente ni explícita y que a veces contrastan con las que rigen las relaciones sociales comunes. Son muchos los que sólo aceptan con renuencia acudir a la justicia para castigar a un agresor, pagar más impuestos para acrecentar el bienestar o elegir un diputado en función de lo que dice o del partido que representa. Por consiguiente, es evidente que los sectores sociales más aptos para *acceder a la comprensión del hecho político,* los más *proclives a participar en él,* son precisamente los que detentan o han adquirido los complejos instrumentos para evaluar su

---

[1] Es el caso sobre todo de los agricultores del Sur de Francia durante la segunda mitad del siglo XIX, según Eugen Weber [1980 y 1983].

posición en la sociedad. Esta adquisición puede ser producto de estudios y una formación prolongados, pero también de una experiencia concreta, objeto de una interpretación política asumida por el individuo.

LAS MOVILIZACIONES

Una movilización de individuos o grupos de individuos unidos por un reclamo común constituye una forma de acción colectiva que no es política de por sí. Como se ha dicho, es el significado que le dan los propios autores o los intérpretes autorizados lo que eventualmente permite calificarla de "política". Por eso conviene en primer lugar indagar en los mecanismos generales de las movilizaciones.

La acción colectiva y su significación política

Las condiciones de la acción colectiva

Un grupo de individuos movilizados aparece ante todo como un conjunto que actúa en función de intereses comunes, a partir de motivaciones idénticas y en pos de un objetivo compartido. A este *"actor colectivo"* se le atribuye una identidad concreta, que se supone es la única capaz de explicar su acción.[2] Desde este punto de vista, se comprende fácilmente que el investigador se haya concentrado en el estudio del grupo y descuidado un poco el problema de las motivaciones y predisposiciones que llevan a los individuos a participar de una acción colectiva. En términos generales, parece que los grupos más capacitados para movilizarse en defensa de sus intereses o de una causa con la cual se identifican son aquellos que están estructurados por redes de solidaridad, por la práctica habitual de relaciones complejas que superan el nivel elemental de las transacciones episódicas e instrumentales. Toda movilización implica un mínimo de organización permitida o bien dificultada por los mecanismos sociales habituales: "Los actores sociales sólo tendrán la oportunidad de testimoniar esta confianza y esta lealtad indispensables para triunfar, incluso para crear una organización, si ya han hecho la experiencia en verdaderas redes y centros de solidaridad."[3]

---

[2] Se habla generalmente de un enfoque "holístico" de la vida social, del que ciertos textos de Emile Durkheim constituyen sin duda el mejor ejemplo.

[3] François Chazel [1986], p. 250.

Las *características de la sociedad de adhesión* de los individuos movilizados se pueden analizar sistemáticamente de acuerdo con dos parámetros: el de las relaciones interiores del grupo y el de las que éste mantiene con otros.[4] Al indagar en la actitud del campesinado francés en la época en que se afirmaban las ambiciones del futuro Napoleón III (1850-1851), Karl Marx formuló la hipótesis de que la incapacidad de este vasto grupo para organizarse como clase y realizar acciones colectivas como tal, se debía tanto a la ausencia de relaciones regulares y estructuradas entre los campesinos parcelarios aislados como a su dependencia —individual— de los notables exteriores al grupo, fueran nobles o burgueses.[5] El estudio de movilizaciones recientes, sea de los grupos que entre 1955 y 1962 militaban a favor de la presencia francesa en Argelia,[6] o de la organización nacionalista vasca ETA,[7] demuestra que la existencia de redes estructuradas y relacionadas entre sí, vinculadas por los efectos de la pluriposicionalidad de algunos dirigentes, que les ha permitido anteriormente ejercer una estrecha colaboración, constituye una condición fundamental de la acción colectiva. Al desarrollar este razonamiento, los sociólogos hablan del grupo movilizado como si se tratara de un agente colectivo definido por su modo de organización y su posición en la sociedad, incluso por una "conciencia" de sus intereses: es la "clase" (o el "sector de clase") la que actúa, es la "generación" la que sale a manifestar... Si bien se puede caer en una peligrosa exageración al atribuir al grupo una existencia propia y presentarlo como una entidad coherente, cabe suponer que muchos de esos autores no ignoran —una lectura atenta de los textos de Marx y Lenin lo demuestra— que la naturaleza de aquél deriva en gran medida de las relaciones entre los individuos que lo integran e incluso de la conciencia que tienen de él.[8]

De ahí que la densidad de las redes de relaciones y "círculos sociales" que estructuran un grupo amplio y favorecen su eventual movilización aparece como la premisa para la acción colectiva.[9] Los principios de constitución de esos vínculos de solidaridad son extremadamente variados: relaciones familiares extendidas a una parentela lejana, hasta generar verdaderos vínculos de "clan"; relaciones profesionales extendidas hacia actividades re-

---

[4] Anthony Oberschall [1973]. Ésta es una de las obras de referencia más importantes para el análisis de las movilizaciones como fenómenos que se inscriben en la continuidad de las relaciones sociales de un grupo.

[5] Éste es uno de los pasajes más célebres y comentados del libro de Karl Marx, *El 18 Brumario de Luis Bonaparte* [Marx, 1969].

[6] Patrice Mann [1990].

[7] Michel Wieviorka [1988]. Para una visión de las "redes" que alentaron la movilización nacionalfrentista de J. M. Le Pen, véase el capítulo de Guy Birenbaum y Bastien François [1989].

[8] Esto lo suelen ignorar los "individualistas metodológicos" cuando critican el "holismo" de estos autores (véase más adelante).

[9] Vincent Lemieux [1982]; sobre los "círculos sociales" (familia, medio laboral, comunidad habitacional, etc.) y su articulación en "redes", Alain Degenne [1986].

gulares de ayuda mutua o de recreación común, a veces reforzadas por vínculos matrimoniales y complicidades eróticas; frecuentación asidua de lugares que alientan una cierta "sociabilidad", sean la iglesia, el templo o el *cabaret...* Por cierto que esas redes no poseen límites precisos, y su funcionalidad dominante —si la tienen— no es fácil de descubrir. No por ello dejan de ser lugares de aprendizaje de los roles sociales, difusores de información y creencias. En ellos se aprende a actuar "bien" o "como corresponde", ya que existe un importante *savoir-faire* acumulado por más que, desde el punto de vista estrictamente institucional, los vínculos entre los individuos que los integran sean "débiles".[10] Dado el caso, pueden transformarse en verdaderos "aparatos" de movilización. En todo caso, al frecuentarlos de manera habitual, sus miembros descubren la relación que se establece necesariamente entre la probabilidad de obtener ciertos bienes (satisfacción de estar en grupo, disfrutar de un bien indivisible como el uso de servicios colectivos o la preservación de un espacio de encuentros) y su propia participación en actividades colectivas; en términos más generales, se puede movilizar el grupo por medio de "estimulantes caracterizados por el hecho de que su disfrute sólo puede ser colectivo".[11]

Cuando los grupos de adhesión están lo suficientemente organizados para asegurar la transmisión de *creencias comunes,* aceptadas e interiorizadas por los individuos hasta el punto de que conciben la defensa de las normas y los valores colectivos como un imperativo personal, cualquier amenaza contra el grupo puede provocar la movilización. En ese caso, la acción colectiva es el resultado de una fuerte identificación de los miembros con una entidad social fuera de la cual no pueden concebir su propia identidad; su conducta se puede interpretar como una "expresión interiorizada de la sociedad".[12] Esta condición de la movilización aparece claramente en sociedades o grupos estructurados por creencias religiosas, tanto más cuando los dirigentes, los líderes de opinión y los "sabios" remiten el conjunto de las conductas a los imperativos de una revelación divina excluyente; las movilizaciones orquestadas por las cofradías islámicas corresponden a este orden de explicación, aun cuando se debe tener en cuenta otras condiciones (sociales, políticas, económicas).[13] Así, la acción colectiva depende de una "toma de conciencia" de la necesidad de mantener o reforzar los vínculos sociales concebidos como expresión de normas y reglas inviolables y sagradas; esa conciencia suele ser reforzada por mitos movilizadores como el "mesianismo" (la venida de un salvador) o el "milenarismo" (la espera de una edad de oro o tiempo de liberación).

---

[10] Mark Granovetter [1973].

[11] François Chazel [1986], p. 260.

[12] Expresión empleada por Adam Przeworski [1986], p. 80, para caracterizar el postulado fundamental de los autores marxistas e incluso de Pierre Bourdieu.

[13] Gilles Kepel [1984].

Sin embargo, los autores adheridos más o menos claramente a la corriente de investigación inspirada en el "individualismo metodológico" han criticado con vigor las explicaciones de la movilización que privilegian la presunta conciencia individual del interés común y de las ventajas derivadas de la acción colectiva, así como la supuesta determinación de la conducta del individuo por el hecho de pertenecer a un grupo movilizable. La obra de referencia de estos autores es *Logique de l'action collective*, de Mancur Olson,[14] que tiende a demostrar que la existencia (hipotética u objetiva) y la conciencia de un interés común a un gran número de individuos no sirven para explicar las movilizaciones ni, más generalmente, la participación en formas organizadas de acción colectiva. Según esta concepción, el individuo actúa en virtud de un cálculo racional de los costos y beneficios de sus actos, lo cual no significa que evalúe conscientemente el peso de unos y otros, sino sólo que *en la práctica* se comporta de manera racional al tratar de obtener el mayor número de bienes al menor costo posible. Ahora bien, muchos de los bienes deseados también benefician a otros miembros de la sociedad; por ejemplo, al cabo de una huelga "triunfante", todos los asalariados de una misma categoría obtendrán un aumento salarial. La obtención de ese beneficio no significa que el individuo participe de la acción colectiva; al contrario, puede esperar que la acción de los demás le permita beneficiarse sin pagar un "costo personal", sin tener que soportar los perjuicios a veces muy costosos de la participación (pérdida de jornales, sanciones, pérdida de su reputación de obrero dócil, etc.). En virtud de ese hecho, todo individuo interesado y racional tiende a adoptar la estrategia del "boleto gratuito" *(free ride)*, lo cual vuelve improbable la movilización.[15]

La tesis de Olson se aplica esencialmente a las movilizaciones que afectan a los "grupos grandes" como una clase social, un conjunto vasto de consumidores o los afiliados de una organización sindical. En efecto, el autor no ignora que un individuo en un *"grupo pequeño"* puede conocer por experiencia las ventajas derivadas de la participación activa en movilizaciones, así como los inconvenientes de permanecer en la retaguardia. Cualquier estudiante puede advertir que su negativa a participar de una gestión colectiva ante el maestro —por ejemplo, para obtener una autorización de salida en grupo— puede costarle muy caro (marginación, expulsión de los juegos colectivos, negativa de sus condiscípulos a ayudarlo en momentos de dificultad escolar, etc.), a la vez que comprometer el éxito de aquélla al "demostrar" el escaso valor que algunos alumnos asignan al objetivo. Por consiguiente, sólo el "grupo pequeño" es ca-

---

[14] Mancur Olson [1984].

[15] Según ciertos autores, esto explicaría la "decadencia" de las organizaciones sindicales en sociedades donde se pueden obtener beneficios por caminos distintos de la acción colectiva; e incluso la debilidad del socialismo en sociedades donde la "fuerza del mercado" tiende a alentar conductas utilitaristas (véase, por ejemplo, Pierre Birnbaum [1986], p. 272).

paz de imponer las motivaciones colectivas. Al "gran grupo" sólo se lo puede movilizar, según el paradigma de la racionalidad de los actores interesados, mediante la coacción o la oferta de beneficios personales, designados con el término de "incitaciones selectivas". Por eso un aparato sindical utiliza la amenaza (en la medida que detenta el monopolio del otorgamiento de puestos o ascensos, o puede enviar los "piquetes de huelga" a la puerta de la fábrica) a la vez que ofrece a sus afiliados ciertos bienes que de otro modo les resultarían más caros (viajes, seguros, actividades recreativas, bienes muebles, etcétera).

En realidad, esta tesis no es totalmente incompatible con un análisis de las redes y los círculos sociales —"pequeños grupos"— que garantizan la capacidad de movilización de un conjunto más vasto, o "grupo grande".[16] En principio, tampoco descarta (salvo en los ejemplos que da el propio Olson) la existencia de fuertes motivaciones extrañas a la racionalidad "económica": morales, psicológicas, religiosas, incluso eróticas.[17] Sin embargo, no explica qué es lo que une en determinado momento a centenares de individuos en una acción en la que cada uno participa, de alguna manera, a pesar de sus intereses personales: "dado que [desde el punto de vista de Olson] toda decisión colectiva deriva, o al menos depende, de múltiples decisiones individuales, ¿cómo es que millares de opciones individuales se entretejen para crear un gran movimiento social?"[18] Por último, invita a indagar en los factores que, en determinadas condiciones, hacen prevalecer una *conciencia del interés en actuar colectivamente* sobre los efectos de los cálculos individuales.

En esa misma línea se plantea el análisis de los *efectos de una posición social común* sobre los individuos, en tanto ella los obliga a organizarse y actuar colectivamente *de manera habitual*. Así, durante el siglo XIX, los obreros hacen la experiencia concreta de la ausencia de organización de los trabajadores, que los lleva a una desastrosa competencia interindividual por los puestos de trabajo, aprovechada por la patronal para reducir los salarios o aumentar los ritmos de producción; su posición común de clase les hace comprender la necesidad de la cooperación, a pesar de que muchos siguen tentados por las ventajas —entonces muy relativas— de la estrategia individualista.[19] Asimismo, la vivencia directa de un antagonismo con otras categorías de productores tiende a provocar el agrupamiento de ciertos agentes, a pesar de que las condiciones de trabajo, las prácticas, las creencias e incluso los intereses cotidianos los hacen desconfiar de las movilizaciones colectivas o incluso rechazarlas *a priori*: así lo demuestra en Francia, de 1953 a 1957, la multiplicación de las manifestaciones violentas y crecientemente organizadas de los campesinos o los pequeños comerciantes.

[16] Samuel L. Popkin [1979].
[17] Olson [1978], p. 84, nota 17.
[18] Charles Tilly [1986], p. 221.
[19] Przeworski [1986], pp. 33-34.

En definitiva, se puede considerar cualquier movilización como una acción que supone la existencia de condiciones favorables, tanto al interior como al "exterior" del grupo movilizado, tales como la permisividad social, la posibilidad de obtener información sobre "lo que pasa en otras partes",[20] y la creencia general en la eficacia de las acciones colectivas. Sólo se puede producir en la medida que los individuos tienen o creen tener un fuerte interés en participar, es decir, en renunciar siquiera provisoriamente a la búsqueda exclusiva de su interés personal. Sólo "triunfa" si los líderes utilizan símbolos movilizadores, si logran imponer una significación colectiva a una suma de actos diversamente motivados, si obtienen y conservan el suficiente "crédito" para hacer adoptar conductas recíprocamente orientadas hacia la obtención de un resultado del que todos los agentes movilizados esperan obtener beneficios.

Muchos estudios han demostrado la complejidad de estos fenómenos; aquí se darán dos ejemplos, escogidos arbitrariamente. Charles Tilly[21] atribuye la fuerza y la orientación de las movilizaciones antagónicas a favor o en contra de las medidas revolucionarias de 1789-1794 a las *diferentes características sociales de los grupos en cuestión*, a los modos de relación que derivan de su estado económico y su situación geográfica, a los sentimientos prevalecientes en cada grupo hacia los demás. Todos estos factores oponen las regiones de Val y Saumourois ("revolucionarias") a la de Mauves, centro de una activa movilización contrarrevolucionaria: la urbanización incompleta, la importancia de la agricultura de subsistencia, la marginalidad con respecto al mercado, la escasez de las vías de comunicación, la situación social de la mayoría de los agricultores, su antigua hostilidad hacia los burgueses. Cuando las condiciones políticas permiten la movilización en torno de elites por demás heterogéneas, toda una sociedad se subleva contra otra sobre la base de solidaridades preexistentes. Sin embargo, el autor presta escasa atención a la dinámica de esta movilización. Stéphane Courtois y Gilles Kepel[22] la analizan con mayor precisión, al estudiar la constitución de redes en el seno del grupo de inmigrantes musulmanes en Francia, sus principios de constitución en torno de las salas de oración, las escuelas islámicas y los centros obreros. La *movilización de esas redes* es producto a la vez de los cambios en los objetivos de los inmigrantes que tienden a arraigarse en Francia, la experiencia de las múltiples agresiones que sufre el grupo (tanto culturales y sociales como verbales y físicas) y, en fin, la acción de agentes movilizadores tolerados por las autoridades francesas. Estos agentes dictan o imponen el sentido de la movilización y proporcionan a los inmigrantes esquemas ideológicos acordes con su grado de desconcierto y su búsqueda de una identidad. Por eso el obrero inmigrante musulmán "reivindica sus orígenes mediante un proceso colectivo".

---

[20] Michel Dobry [1990].
[21] Tilly [1970].
[22] Stéphane Courtois, Gilles Kepel [1987].

La imposición de un sentido político

La movilización suele adquirir una significación política a costa de una *ruptura*, sea con las variadas motivaciones que provocaron la participación de los individuos, con las prácticas anteriores o con el sentido atribuido inicialmente a la acción colectiva (sentido "no político" que algunos agentes suelen seguir presentando como significación "verdadera" del movimiento antes de que fuera "traicionado", "recuperado", "desviado" de sus fines "reales"). Mientras algunos grupos participantes interpretan y utilizan una movilización con un sentido político —es decir, capaz de ejercer influencia sobre las autoridades—, otros no llegan a esa lectura de los hechos: para los nobles sediciosos, los motines del siglo XVII tenían el sentido de una acción política ya que constituían un acto de rebelión contra los agentes de un poder real abusivo; en cambio, para los campesinos sublevados eran fundamentalmente la "expresión" de su cólera, hambre, angustia, y no descartaban la posibilidad de un gesto liberador de parte del rey. Asimismo, las movilizaciones estudiantiles admiten una pluralidad de lecturas, por parte de los propios estudiantes, de sus organizaciones, de la policía y de los comentaristas: dentro del movimiento se desarrolla un conflicto entre los que quieren asignarle un sentido político y los que quieren defenderlo de la "politización".[23]

La historia de los movimientos sociales del siglo XIX ilustra el sentido de esta ruptura propia de la politización o de una reorientación de la acción política. Las revueltas obreras "luddistas" en Midlands y Yorkshire a principios del siglo son alzamientos insurreccionales combinados con motines y actos de sabotaje en favor del mantenimiento de un modo de producción amenazado por la aparición de nuevas empresas; su objetivo dominante es la obtención de una regulación protectora. La *politización del luddismo* es producto de la intervención de agentes externos, políticamente instruidos, y de la significación política que atribuyen los parlamentarios, en especial los liberales, a esta agitación permanente.[24] A fines del siglo XIX, la aparición de nuevas formas de movilización en Var, en beneficio de la corriente socialista, constituye una ruptura con las conductas políticas anteriores forjadas por los notables republicanos; el origen de los representantes electos y los agentes movilizadores, los modos de organización, las representaciones de la relación entre los pequeños burgueses y los obreros o campesinos acaban con un modelo de movilización más clientelista y consensual: "El viraje hacia el 'colectivismo' no

---

[23] Véase la edición de *Politix*, invierno de 1988, dedicada a las movilizaciones estudiantiles.
[24] Eric Hobsbawm [1966]. Sobre el problema de la politización de los movimientos obreros, véase también Tilly [1973].

fue el resultado de una lenta maduración, sino el producto de una ruptura franca y decisiva entre las dos corrientes."[25]

En la medida que reviste una significación política, la movilización supone que los agentes participantes acceden con mayor o menor dificultad, y de manera muy desigual, a una *nueva representación de su situación,* una nueva "clave de interpretación" de su situación social, sus problemas e intereses. Fue a costa de una verdadera transformación de sus actitudes habituales que los inmigrantes turcos en Francia, agrupados en asociaciones esencialmente culturales y religiosas, adquirieron conciencia de la "dimensión política" de sus acciones colectivas: en este caso, el reclamo del voto procede del descubrimiento de un interés común ("para que algo cambie para los musulmanes, es necesario cambiar las leyes del Estado francés", dijo el imán turco de Clermont-Ferrand), así como de la suma de cálculos individuales que incluían una evaluación de las consecuencias de un cambio de estatus político (la ciudadanía francesa reduciría las dificultades administrativas y facilitaría la obtención de empleo).[26] En circunstancias muy distintas, el contexto político revolucionario de 1848 modifica la percepción que tenían los campesinos, sublevados para obtener derechos de propiedad en el bosque del señor de Sabran, de sus posibilidades de obtener satisfacción: la instauración del gobierno provisional les parece el acto inicial de una entrega del poder efectivo al pueblo;[27] en este caso, la politización es producto de una nueva representación de los derechos de grupo y de sus relaciones políticas con otros grupos sociales. Semejante reorientación de los juicios que los individuos pueden formular sobre su propia situación y los medios para modificarla (mediante una acción política) no se cumple sin dificultades ni resistencias.[28] Como dice Daniel Gaxie, "la participación en una huelga, la afiliación a un sindicato o incluso a un partido, no constituyen un factor duradero de politización si no están acompañadas por la adquisición de los elementos necesarios para el manejo de un lenguaje político específico".[29]

Desde este punto de vista, se puede concebir la historia de la Revolución Francesa de 1789 como un vasto *proceso de politización* que afecta de manera desigual a todos los grupos sociales, pero los alcanza a todos debido a la frecuencia y envergadura de las movilizaciones provocadas, dirigidas o impuestas. Según François Furet, "el suceso revolucionario, *desde el día de su estallido,* transforma de arriba abajo la situación anterior e instituye una nueva modalidad de acción histórica"; "el poder multiplicado de la movilización de los

---

[25] François Gresle [1983], comentario sobre Tony Judt [1979].

[26] Riva Kastoryano [1987].

[27] Maurice Agulhon [1970].

[28] Stéphane Courtois, Gilles Kepel [1987]. Sobre las movilizaciones campesinas contemporáneas, véase Jean-Louis Marie (s/f).

[29] Daniel Gaxie [1978].

hombres y la acción sobre las cosas aparece como un trastorno total del senti-do".[30] Las movilizaciones revolucionarias que se suceden (manifestaciones, su-blevaciones, desfiles, reuniones, espectáculos, fiestas cívicas, asambleas y feste-jos) transforman y politizan el lenguaje (el "rico" es un enemigo de la Revolución, un antipatriota, aunque fuera un buhonero; el acaparador es agen-te del enemigo; ser cura es ser enemigo de la libertad...); dan una significa-ción política a las sublevaciones de los hambrientos, introducen nuevas creen-cias en drástica ruptura con el pasado, entronizan nuevos líderes que explican la situación: los pequeños burgueses jacobinos, los panfletistas,[31] los oradores de las asociaciones populares.

La politización de las movilizaciones implica un *trabajo de organización e interpretación*, lo único que puede asegurar su triunfo, es decir, su valor demos-trativo y de homogeneización (parcial, discutida, pero festejada) en torno de un objetivo político. Las manifestaciones obreras de fines del siglo XIX son ejemplares en ese sentido: son organizadas por un sindicato, comité, partido o liga; son los agentes organizadores quienes determinan los lugares y planes de reunión y desplazamiento, eligen las consignas y los estandartes, los colo-res altamente simbólicos de las banderas.[32] Pero a partir de 1823, en Lyon, el carnaval tradicional es politizado por los organizadores de un cortejo fúnebre que acompaña un féretro con la leyenda, "libertad, Constitución";[33] en 1825 y 1832, en París, las sociedades secretas organizan movilizaciones explícita-mente políticas durante los entierros de las personalidades opositoras. Cua-lesquiera que sean las motivaciones de los participantes (o de algunos de ellos), la *imposición de una significación política* a una reunión de individuos exi-ge un trabajo de "construcción simbólica con el que colaboran agentes que se unen a él y le dan un sentido".[34] Ello da lugar a una vigorosa competencia en-tre los que buscan darle esa significación: algunos pretenden imponer una vi-sión "conspirativa" del suceso al destacar la presencia de alborotadores, "ele-mentos provocadores" o manifestantes a sueldo; otros tratan de presentar a los participantes como un grupo coherente —"trabajadores", obreros, parti-darios de la libertad— cimentado por un objetivo político preciso o muy ge-neral ("obligar al gobierno a retroceder", "afirmar sus derechos", etc.); en fin, otros tratan de poner coto a la "recuperación política" de la movilización mediante la expulsión de políticos o "grupúsculos politizados" de las filas de los manifestantes o, a falta de ello, de los balances del suceso.

Por consiguiente, la caracterización de un suceso como acción "política" no se debe tanto a las interpretaciones —con frecuencia divergentes, incluso

---

[30] François Furet [1978]. pp. 44-45.
[31] Que Furet (*ibidem*) llama "sustitutos imaginarios de la clase dirigente".
[32] Michel Offerlé [1990].
[33] Vincent Robert [1990].
[34] Offerlé [1990].

contradictorias— de los agentes y comentaristas como a sus *efectos sobre la politización de los agentes y los problemas*. Las movilizaciones dan lugar a una amplia difusión de creencias e ideologías relativas a la organización política de la sociedad, de las épocas en que los enfrentamientos sociales aparecen como conflictos sobre las finalidades de la lucha política.[35] Permiten que las creencias acordes con las posiciones sociales de los agentes interesados revistan un significado político global; entonces las representaciones derivadas de la posición en el sistema de producción y la sociedad adquieren el estatus de "modelos" para una mejor organización social y lo conservan en ciertos grupos. Alain Touraine[36] demuestra cómo los obreros, de acuerdo con su oficio y condiciones de trabajo, adoptan representaciones del funcionamiento de la sociedad (posibilidad de éxito individual, percepción de las diferencias sociales, reconocimiento de adversarios o "enemigos de clase", importancia de la solidaridad en la acción), verdadera "conciencia obrera" que las sucesivas movilizaciones convierten en conciencia de clase. "Para el obrero, la conciencia de clase es el tipo de análisis social mediante el cual, al definirse a sí mismo como explotado por el capitalista, él afirma que la sociedad está dominada por esa relación, este antagonismo fundamental", hasta el punto de que esta conciencia induce "un tipo de orientación de la acción obrera y un proyecto de acción".[37] Fenómeno que no es concebible sin una experiencia repetida, "didáctica", del enfrentamiento.[38]

La pregunta, "¿esta movilización es política?" no tiene respuesta. *Sino* que los agentes o grupos que participan en ella, o que reclaman el derecho de interpretarla, la definen como tal, sea para exaltarla o condenarla. Sino que a veces politiza a los grupos interesados, los hace acceder a un lenguaje específicamente político, modifica su percepción de la sociedad y su propia posición en ella, en el sentido de una concepción política de las relaciones sociales. Sino, por último, que permite a los agentes especializados en actividades políticas reforzar su audiencia, consolidar o acrecentar su representatividad; la fuerza de su discurso, de la "oferta" política que contiene, proviene de la "fuerza movilizadora que ejerce, es decir, al menos en parte, del grado de *reconocimiento* que obtiene de un grupo numéricamente importante y poderoso, que se ve reflejado en él y del cual él expresa los intereses (bajo una forma más o menos transfigurada e irreconocible)".[39]

---

[35] Pierre Ansart [1977].

[36] Alain Touraine [1966].

[37] *Ibidem*, pp. 328 y 332.

[38] Como comprendieron los dirigentes del sindicalismo revolucionario. Véase Jacques Juillard [1965].

[39] Bourdieu [1981], p. 12.

La dinámica de las movilizaciones

Los efectos de la interacción

Las movilizaciones se producen en situaciones conflictivas, porque, por definición, tratan de obtener ventajas que los otros grupos se niegan a conceder. Por
consiguiente, su desarrollo es producto en gran medida de la interacción con
grupos contrarios, los aparatos gubernamentales que defienden el orden —o el
desorden— establecido (ejército, policía, justicia), las organizaciones que defienden el *status quo*. En este sentido, las fases sucesivas de una movilización
pueden parecer "secuencias" de golpes contra el adversario y recibidos de él: *dinámica conflictual* que modifica constantemente las situaciones de los protagonistas, las representaciones que ellos se hacen y las estrategias que adoptan.[40]
   El primer efecto de la interacción es el de *asociar* a varios grupos de individuos embarcados en la movilización por distintos intereses. Así, la entrada
en escena de sindicatos obreros, clubes políticos, periodistas de la Radio y Televisión Francesa y grupos intelectuales durante la movilización de mayo-ju-
nio de 1968 que en principio afectó a los estudiantes, es producto de una "extensión" del movimiento provocada en gran medida por las reacciones del
gobierno, las fuerzas del orden y ciertos sectores de la administración pública
(por ejemplo, las "autoridades" universitarias). Michel Dobry señala que toda
movilización amplia deriva en esas condiciones de la conjunción de acciones
autónomas, pero coyunturalmente compatibles:

> En distintas situaciones sociales, por "razones", "motivos" o intereses he-
> terogéneos, o, mejor dicho, por efecto de series causales o "determinis-
> mos" en gran medida independientes unos de otros, ciertos grupos o
> individuos se lanzan a apropiarse de las movilizaciones iniciadas por
> otros, a conferirles una nueva significación y, al "entrar en el juego",
> modificar sus trayectorias históricas. Dicho de otra manera, las moviliza-
> ciones no se realizan necesariamente ni mucho menos por objetivos o
> perspectivas estratégicas idénticas para todos los actores y sectores socia-
> les movilizados.[41]

Volviendo al ejemplo de la crisis de 1968, se comprende que los estudiantes
hayan tratado vanamente de "unificar" el movimiento mediante contactos repetidos con los sindicatos, las empresas en huelga (sobre todo la Renault) y los

---

[40] La sociología de las relaciones internacionales es el terreno preferido de los investigadores
que estudian esta dinámica conflictual y sus consecuencias. Entre los autores que adhieren a esta
"escuela" (en verdad muy diversificada) de la "interacción estratégica", véase Thomas C. Schelling
[1986] y Erving Goffman [1970]. Sobre el análisis en términos de interacción, véase cap. 4.
   [41] Michel Dobry [1986], p. 31.

políticos (Pierre Mendès France, François Mitterrand) a costa —para algunos— de una dolorosa renuncia a la "pureza" de la causa, es decir, sus reivindicaciones específicas; por lo cual se los acusó de "traicionar" el movimiento. En esas condiciones la asignación de un sentido político único a la movilización es un golpe de mano de ciertos protagonistas de la interacción; si el golpe triunfa, la situación se modifica, ciertas alianzas se vuelven posibles, otras quedan descartadas y los propios actores ya no conciben sus acciones de la misma manera (ni, por consiguiente, los medios que pueden utilizar).

Otro efecto de la interacción es que en determinado momento, un *recurso* utilizable por los agentes movilizados o sus adversarios puede resultar devaluado hasta el punto de volverse inútil, o a la inversa. Ante una manifestación que actúa en defensa de una libertad reconocida y amenazada, y que es vista como tal, el ejército no puede utilizar sus armas sin causar una indignación generalizada e incluso una agudización de los disturbios; si los adversarios de la movilización, por medio de un golpe de mano simbólico, logran presentarla como un movimiento político subversivo que amenaza la democracia y la estabilidad de las instituciones, el empleo de las armas se volverá lícito, sus depositarios legales podrán emplearlas y cambiará la definición de la situación, por más que los grupos movilizados traten de conservar la definición anterior.[42]

Por consiguiente, no se puede tratar las movilizaciones políticas como movimientos realmente unificados por un objetivo común aceptado por todos los agentes, que cuenta con "recursos" estables y funcionan según estrategias determinadas al comienzo. La *dinámica de la acción colectiva* modifica constantemente las percepciones de los protagonistas acerca del movimiento, sus preferencias y su grado de compromiso colectivo, su visión del adversario y sus recursos, las alianzas y los compromisos que están dispuestos a concertar. Las coaliciones que se hacen y deshacen no resultan necesariamente de las cualidades iniciales de los grupos (aunque éstas favorezcan ciertos compromisos y descarten otros), sino de las definiciones sucesivas de la situación, las "razones" y los objetivos del conflicto. Así, en 1968 la CGT acepta el compromiso de firmar los acuerdos de Grenelle con un gobierno antes tildado de reaccionario y hostil a toda negociación seria. Es que en ese momento los intereses sindicales y políticos imponen un cambio de definición: hay una crisis política grave que justifica recurrir al veredicto del electorado. Los procesos revolucionarios, sobre todo la sucesión de "etapas" de radicalización y pacificación, reflejan esta variabilidad de las alianzas, los recursos, los "golpes" lícitos e ilícitos, así como de las representaciones que tienen los actores de la situación.[43]

Lo que aparece como una "evolución" de los grandes movimientos movilizadores adquiere sentido en la interacción de los grupos y las organizacio-

---

[42] Michel Dobry [1986], sobre todo pp. 35-38.
[43] Tilly [1978] y Chazel [1975].

nes. La movilización en el País Vasco español en torno de la ETA reviste sucesivamente distintas formas:[44] paso de una movilización ideológica con acciones de tipo sindical a una acción violenta controlada por comandos militares, luego a un período de "acciones ejemplarizadoras" (asesinatos, secuestros); modificación de los grupos sociales más comprometidos en la movilización (retirada progresiva de la pequeña burguesía y algunos sectores obreros); transformación parcial de los "mitos movilizadores", como se advierte sobre todo en el debilitamiento de las tesis "tercermundistas" de la década de 1960... Esta evolución es producto en gran medida de los "golpes" del adversario (represión, otorgamiento de ventajas selectivas, apoyo a grupos rivales), de cambios en la situación (cuando la democracia sucede a la dictadura de Franco), de la disolución progresiva de los vínculos que unían a los dirigentes de la ETA con el clero antifranquista moderado y el Partido Nacionalista Vasco (PNV) y de la pérdida de influencia de algunos sectores culturales o profesionales. Dentro de la organización, se expresa en violentos enfrentamientos sobre la definición del adversario principal y los aliados potenciales, los métodos a emplear, los roles respectivos de "políticos" y "militares" y la utilidad de las acciones ejemplarizadoras. Por consiguiente, no basta analizar esta movilización como la consecuencia de una serie de determinaciones sociales y el fruto de la actividad de redes preexistentes (círculos culturales y sociales, relaciones de vecindad, escuelas vascas *ikastolak* y movimientos religiosos, etc.); debe concebirse como una concatenación de procesos que, en cierta manera, definen sus variaciones de audiencia y sus formas sucesivas. La prensa y la televisión cumplen un papel importante en la *imposición de las sucesivas definiciones* del conflicto, sea porque muestran las acciones violentas o, por el contrario, minimizan sus alcances; sea porque transmiten una imagen de terroristas sanguinarios o bien de nacionalistas oprimidos; sea porque destacan la persistencia de métodos policiales brutales o bien la democratización del régimen español. En este sentido, los medios pueden contribuir en cierta medida a legitimar o descalificar una movilización, lo que obliga a los agentes interesados a modificar sus conductas, adecuar sus métodos, buscar apoyo. Por otra parte, los agentes lo saben y actúan en consecuencia.[45]

Líderes y dirigentes

Apreciar la situación —mejor dicho, las situaciones sucesivas—, calibrar el grado de determinación del adversario y medir los recursos de que dispone, proponer objetivos accesibles y símbolos movilizadores a los manifestantes,

[44] Véase Wieviorka [1988].
[45] Wieviorka, Wolton [1987].

definir y modificar las estrategias, comprender la necesidad de "saber terminar" un conflicto cuando aumenta la posibilidad de la derrota: son todos juicios y decisiones que hacen al "oficio" de los agentes movilizadores.[46] Las movilizaciones son producto de la actividad de individuos o pequeños equipos que "ofrecen" a los grupos movilizables la posibilidad de pasar a la acción, que tratan de asignarles objetivos colectivos; lo mismo sucede con la evolución de esas movilizaciones.

Las movilizaciones obreras del siglo XIX fueron preparadas y organizadas por *distintas categorías de líderes*. A principios del siglo, en Francia, las organizaciones de solidaridad, mutuales, cajas de socorros mutuos administradas por dirigentes y "compañeros" de los antiguos gremios cumplen un papel decisivo en la movilización; lo mismo sucede con las sociedades secretas que proliferan en las ciudades. Sin necesidad de establecer una continuidad en gran medida ilusoria con las concepciones y el lenguaje de los gremios y corporaciones de donde surgieron,[47] resta decir que esos agentes proporcionan a los obreros más estructurados y, generalmente, más calificados un discurso de carácter político que les permite interpretar su situación y sus acciones en términos muy politizados: una elite de obreros-artesanos instruida y competente (tipógrafos, cerrajeros, toneleros, ebanistas), consciente de la relación entre los grupos dirigentes, el Estado y la dominación social, encuentra así un significado en la miseria, la represión policial, la opresión en todas sus formas. Después de 1848, bajo el Segundo Imperio y durante las primeras décadas de la Tercera República, los agentes movilizadores y los líderes de las acciones colectivas (obreras y también campesinas) provienen en su mayoría de la pequeña burguesía "radical" republicana: maestros artesanos, vendedores ambulantes, cafeteros, incluso médicos y periodistas. Su objetivo común es politizar fuertemente las movilizaciones, usarlas como arma contra el régimen o las fuerzas sociales conservadoras; lo cual no significa, como se ha visto, que la empresa obtenga en todas partes el éxito esperado.

Los *intelectuales*, por el hecho de ser supuestamente quienes dominan el lenguaje político y "comprenden" mejor que nadie el alcance de los conflictos y lo que está en juego en ellos, por el hecho de ser profesionales de la producción de ideologías y esquemas de interpretación de la sociedad, suelen ser convocados a cumplir el papel de dirigentes de las movilizaciones o aparecen como tales. Prueba de ello es la acción de los juristas, periodistas y "filósofos" durante la Revolución Francesa;[48] se ha destacado hasta el hartazgo la participación activa de Brasillach y Drieu La Rochelle en las movilizacio-

---

[46] Lo cual no significa que estos agentes movilizadores sean necesariamente "profesionales" de la movilización.

[47] William H. Sewell Jr. [1983].

[48] Su papel dirigente es destacado tanto por Burke, Mallet du Pan, Tocqueville como por el historiador François Furet.

nes fascistizantes de la década de 1930, el compromiso de Jean-Paul Sartre como "inspirador" de las acciones "izquierdistas" de los años setenta; se ha demostrado el papel de los estudiantes en el desarrollo del populismo ruso como el de las movilizaciones fundamentalistas islámicas. Con todo, esta apreciación exige muchas reservas: 1) el término "intelectuales" designa según la época y la sociedad a profesiones y posiciones sociales muy variadas; ¿qué tienen en común un filósofo erudito, rico y prestigioso como Condorcet, un estudiante becado de la Universidad de Túnez de origen campesino, un escritor de talento —o aventurero— extraviado en política y un "clérigo" convencido del valor supremo del mensaje que entiende transmitir a los hombres, sino su capacidad específica, aunque desigual, de "dar forma" a tal o cual concepción de las relaciones sociales?; 2) muchos intelectuales que se presentan y se consideran líderes de una movilización sólo cumplen el papel de fiadores, referentes simbólicos, incluso recursos publicitarios, al servicio de los dirigentes que realmente aprecian las situaciones y definen las estrategias políticas; la presencia de Aragon en una manifestación organizada por el Partido Comunista no hace de él un dirigente, aunque ocupe el centro de la tribuna, sino un "peón" (en el sentido del juego) que se utiliza cuando es necesario para darle prestigio al movimiento; 3) la dinámica de las movilizaciones puede conducir a la expulsión, incluso la eliminación física, de los intelectuales en tanto representantes y defensores de una etapa superada del movimiento, por ejemplo, la de la movilización inicial en torno de símbolos y esquemas normativos; cuando imponen su presencia a la cabeza del movimiento, es porque se han "convertido" en dirigentes debido, entre otros recursos, a su origen, pero se mantienen allí en virtud de otras cualidades.

En términos muy generales, los líderes de las movilizaciones deben su audiencia y su "éxito" a las características coyunturales de la situación, los efectos de la interacción y la identificación con los valores y las normas del grupo movilizado. Un dirigente musulmán se impone en una comunidad, no *porque* es un imán culto, respetable y políglota sino porque la situación de su país determina el retorno a las tradiciones religiosas, porque los dirigentes "laicos" (y la ideología que difundían) han perdido legitimidad y parecen foráneos y porque él es más capaz que otros de establecer una relación estrecha entre el mensaje del Corán y un conjunto de reclamos secretos: de una vida mejor, del derecho al trabajo y la dignidad. El líder de la movilización parece "representar" las múltiples aspiraciones mejor que nadie gracias a su habilidad para conciliarlas en abstracto y "orientarlas" mediante un discurso ideológico: vuestros verdugos son los enemigos de *la* humanidad, vuestros opresores son obstáculos *al* progreso;[49] gracias también a que los grupos amenazados por la movilización lo consideran su adversario más temible. Fruto de una configuración

---

[49] Pierre Ansart [1977].

particular de la interacción, el líder dispone de un *"carisma situacional"*[50] que debe conservar con ayuda de todos los que se benefician con él.

Uno de los efectos de la interacción, y no el menor, es el de *renovar* constantemente a los líderes de una movilización a partir de que ésta se prolonga y tiende a adquirir una organización duradera. La competencia es un factor nada despreciable, pero de ninguna manera el único. Es necesario comprender cómo las transformaciones de la situación, los cambios en la definición de "lo que pasa" y las rupturas significativas *benefician a ciertos individuos* a la vez que perjudican a otros: si un conflicto entre grupos movilizados tiene visos de resolverse pacíficamente, un líder inclinado a la negociación, un "político", incluso un dirigente considerado aceptable por el adversario (debido a su origen, su profesión, su familia o sus relaciones) tiene todas las posibilidades de imponerse; caso contrario, un buen general lo hará. Entre grupos movilizados, lo que permite la transacción, la primera condición de ésta, es la designación de los líderes adecuados, los "hombres para la situación".

El término "movilización" puede designar fenómenos muy variados, que en última instancia tienen que ver con los distintos métodos de análisis, cualesquiera que sean sus características comunes: vastos movimientos de politización que afectan a un grupo social; sublevaciones esporádicas o prolongadas provocadas por la exacerbación de los antagonismos sociales; manifestaciones de masas aisladas o bien enmarcadas en una situación de agitación y turbulencia; consolidación de compromisos individuales que se aúnan en un movimiento organizado e institucionalizado; incluso la obtención de apoyo por un grupo politizado durante un conflicto que requiere el "efecto de masas". No cabe duda de que a las movilizaciones se las puede en gran medida ritualizar, *domesticar*, que pueden convertirse en una técnica más de los enfrentamientos políticos habituales. Es lo que sucede cuando un régimen autoritario reúne periódicamente —por medio de una mayor o menor coacción— a las multitudes para que vociferen su entusiasmo frente a un país enemigo. En otro contexto, es lo que sucede cuando los sindicatos y los partidos obreros aprenden a organizar grandes manifestaciones de intención simbólica, bien controladas, sólidamente encuadradas, contenidas por cordones de militantes, para recorrer trayectos negociados con las fuerzas del orden.[51] De esta manera, la manifestación rutinaria, objeto de un juego complejo de interpretaciones antagónicas (por parte de los organizadores, los medios y los políticos), se convierte en movilización para exteriorizar un acuerdo preestablecido; es necesario explicar el significado político del suceso al público, más que a los propios

---

[50] Dobry [1986], pp. 227-237.
[51] Aprendizaje que analizan con gran precisión Dominique Cardon y Jean-Philippe Heurtin [1990].

agentes movilizados. De ahí el papel de primera importancia de los medios, del cual los organizadores tienen plena conciencia: sin los medios no hay suceso; en última instancia, sin ellos nada tiene sentido. "En los hechos, una manifestación es una suma de millares de acciones individuales más o menos bien orquestadas y controladas por los organizadores de la reunión con la ayuda más o menos eficiente de su servicio de orden"; simbólicamente, sus intérpretes —sobre todo los periodistas ("manifestaciones de papel...")— la convierten en un *acto colectivo de participación política*.[52]

LA PARTICIPACIÓN POLÍTICA

La concepción de ciudadano que se impone en occidente en el siglo XIX, invocada por los partidarios del sufragio universal e incluida entre los principios fundamentales de la democracia, es la del individuo capaz de "formarse una opinión" y expresar mediante su voto tanto sus preferencias políticas como su interés en la cosa pública, es decir, concretamente, por el gobierno de su comunidad, a la cual se supone que lo une un sentimiento fuerte de identificación. Un politólogo norteamericano expresa la idea en estos términos: un elector debe

> poseer una estructura de personalidad conforme [a los imperativos de la democracia], debe interesarse en los asuntos públicos, participar en ellos, informarse, guiarse por principios, percibir correctamente las realidades políticas, discutirlas, juzgar racionalmente y tener en cuenta los intereses de la comunidad.[53]

La participación en las actividades colectivas, sobre todo las políticas, que conciernen al *conjunto de los miembros de la comunidad* tiende así a confundirse con el ejercicio de la ciudadanía y adquiere el carácter de una obligación moral.[54] Sin embargo, este "mito democrático" es considerado una peligrosa ilusión, tanto por los dirigentes y teóricos socialistas —que ven en la participación una trampa tendida por las clases dirigentes a las clases trabajadoras— como por los partidarios de la organización dictatorial de la sociedad, quienes proclaman que las "masas" son incapaces de acceder a una verdadera conciencia política. En las décadas de 1950 y 1960 recibió además un áspero

[52] Patrick Champagne [1990], pp. 339-340.
[53] Bernard Berelson [1952], p. 329, traducción del inglés nuestra.
[54] Es lo que enseñan los manuales de instrucción cívica. Sobre las dimensiones de la ciudadanía participante, véase la importante obra de Jean Leca [1986].

mentís de los investigadores que se dedican a medir las conductas efectivas de participación: el *conductismo* (definido en general como el método científico que privilegia el estudio sistemático de las conductas observables y cuantificables) pone en tela de juicio las creencias sobre el ciudadano participante y los fundamentos filosóficos de la democracia.

¿Participar o padecer?

El "censo oculto"

El título del libro de Daniel Gaxie sobre las desigualdades en las prácticas de participación[55] expresa lúcidamente la división de la sociedad en ciudadanos participantes y una *mayoría de individuos* cuya posición social, como en otras épocas el padrón electoral, tiende *a excluirlos de las actividades políticas* de rutina. Dos hechos dejan mal parada la "mitología de las sociedades occidentales contemporáneas": por un lado, la constatación de una fuerte mayoría de no participantes (o participantes episódicos) desmiente "la existencia de un interés por la política universalmente compartido por individuos universalmente competentes para pronunciarse sobre todos los asuntos en discusión"; por el otro, la interpretación del voto como producto de una elección política meditada, motivada racionalmente, es sustituida por una explicación más general que privilegia —para la mayoría de los casos y en última instancia— los "determinismos de edad, sexo, posición social, nivel de instrucción, situación familiar, historia personal, así como los factores aleatorios de los encuentros, las amistades, los criterios de evaluación, las preocupaciones o la fantasía de cada uno".[56]

Las conclusiones de las investigaciones realizadas según el método conductista concuerdan perfectamente.[57] Dejando de lado la participación elec-

---

[55] Gaxie [1978]. Esta obra contiene análisis y datos indispensables para el estudio de la participación en Francia.

[56] *Ibidem*, pp. 21-22 y 12. En el segundo pasaje, Gaxie se acerca a los determinismos mensurables (edad, sexo, posición social, nivel de instrucción, etc.), factores "aleatorios" propios de las vidas individuales (historia personal, encuentros, amistades, incluso "fantasías") y los efectos de sistemas de representación y concepciones "aprendidas" del mundo (criterios de evaluación). Este acercamiento, que no deja de ser problemático, tiende precisamente a poner en tela de juicio la supuesta importancia de las opciones meditadas, las "decisiones que obedecen a los datos de la coyuntura política"; no significa que se trate de "determinismos" análogos o que tengan los mismos efectos.

[57] Puede haber diferencias de estimación según los distintos trabajos, pero éstas no afectan las conclusiones globales que se pueden extraer. Sobre el particular y sobre las interpretaciones de la participación propuestas desde distintos puntos de vista, véase el capítulo tan fecundo y documentado de Dominique Memmi [1985].

toral, demasiado dependiente de las particularidades nacionales como de las consignas lanzadas por poderosos grupos de referencia o de las prescripciones jurídicas relativas al voto,[58] se constata que en la mayoría de los regímenes democráticos pluralistas los ciudadanos participantes son una *pequeñísima minoría*. Menos del 5% de los individuos con derecho a voto están afiliados a un partido político en Francia o Estados Unidos. Si bien el porcentaje es más elevado en Noruega (20%), Gran Bretaña (20 a 25%) y Austria (28%), la cantidad de afiliados que participan efectivamente en las actividades partidarias, sobre todo durante las campañas electorales, es del orden del 3 al 4%. Apenas el 5% de los austríacos y el 14% de los ciudadanos norteamericanos (la cifra más alta) tienen contactos con los políticos. Por consiguiente, casi el 90% de los ciudadanos no realiza actividades específicamente políticas aparte de la esporádica emisión del voto. Además, toda una serie de indicadores permiten evaluar el *escaso interés* de la mayoría de los individuos por los asuntos políticos: más de la mitad de los ciudadanos encuestados declaran que jamás —o en muy raras ocasiones— discuten de política (70 a 80% en Estados Unidos, 64% en Gran Bretaña, 57% en Francia). El 42% de los norteamericanos, el 48% de los alemanes, el 64% de los ciudadanos británicos y... ¡el 80% de los noruegos!, jamás o en muy raras ocasiones siguen los informes políticos de la prensa y la televisión. Globalmente, apenas la décima parte de los votantes potenciales declara un interés fuerte por la política, en tanto una mitad amplia se define como indiferente. Por cierto, aparecen variaciones importantes entre las distintas encuestas (cuadro 12), sobre todo en función de la coyuntura (el porcentaje de individuos interesados puede aumentar durante las campañas electorales o una crisis política), pero estas cifras son tanto más impresionantes por cuanto corresponden posiblemente a una sobrestimación artificial del interés por la política, ya que en ciertos grupos resulta inaceptable la confesión de indiferencia hacia los asuntos políticos.

Esta constatación obligaba a una reflexión sobre la democracia, sus fundamentos y su modo de funcionamiento. Muchos autores norteamericanos la emprendieron en los años cincuenta y sesenta, y dejaron una huella profunda en los trabajos de sociología política. En efecto, ya no se podía negar que las actividades políticas o "cívicas" (afiliación a un partido, asistencia a reuniones y mítines, participación efectiva en las campañas electorales, etc.) eran propias de una minoría interesada y dotada de un mínimo de "competencia"; minoría a la que se designa desde entonces como una *elite* diferenciada de la masa de los ciudadanos. Desde el punto de vista "elitista", las sociedades, por democráticas que fueran, están integradas por una mayoría de individuos que experimentan una sensación de impotencia para torcer el curso de las acciones políticas, que

---

[58] Véase la tercera sección de este capítulo ("Las elecciones"). Señalemos a título de ejemplo que en algunos Estados, como Bélgica, la participación electoral es obligatoria.

CUADRO 12. *El interés por la política*
(en porcentaje)

Interés declarado por la política según la categoría socioprofesional en Francia

Declaran sentir interés por la política	Conjunto	Industriales, ejecutivos, supervisores, profesionales liberales	Cuadros medios empleados	Artesanos y comerciantes	Obreros rurales	Agricultores	Obreros
1958[1]							
mucho	-	13	9	-	5	17	6
poco	-	44	58	-	46	57	48
nada	-	43	33	-	49	26	46
Total	-	100	100[2]	-	100	100	100
1966[3]							
mucho	8	20	13	4	4	6	-
poco	29	42	33	25	32	21	-
muy poco	28	26	24	35	32	26	-
nada	35	12	30	36	32	47	-
Total	100	100	100	100	100	100	-
1969[4]							
mucho	6	23	8	6	3	3	-
bastante	14	22	20	22	10	6	-
poco	38	44	41	41	38	44	-
nada	41	11	31	31	49	45	-
no contesta	1	0	0	0	0	2	-
Total	100	100	100	100	100	100	-
1970[6]							
mucho bastante	38	68	46	37	32	25	-
poco nada	61	31	52	63	67	74	-
no contesta	1	1	2	0	1	1	-
Total	100	100	100	100[5]	100	100	-

1) *Sondages*, 4, 1960, p. 42. 2) Empleados y funcionarios. 3) Emeric Deutsch y cols., *Les familles politiques aujourd'hui en France*, ob. cit., p. 104. 4) *Sondages*, 1 y 2, 1969, p. 13. 5) Incluidos los industriales. 6) *Sondages*, 1 y 2, 1970, p. 56 y 1-2, 1971, p. 53. (Cuadro tomado de Gaxie, *Le cens caché*, ob. cit., p. 100).

no logran establecer un nexo entre sus asuntos cotidianos y los principios abstractos que parecen regir esas acciones, que reaccionan ante los envites políticos —si es que lo hacen— de manera irracional e inadecuada: "Debido a que
muchos votantes carecen de la suficiente instrucción, de oportunidades o incluso de razones tangibles y apremiantes para tomarse la molestia de tener
ideas políticas, sus reacciones ante los estímulos políticos, si éstos existen, son
singularmente irreflexivas e inadecuadas."[59] Por ello los ciudadanos participantes parecen ser los únicos capaces de tomar una decisión informada y racional,
de acceder a una forma de pensamiento compatible con los principios mismos
de la democracia. Llevados por las teorías elitistas, ciertos autores terminan por
aceptar una desigualdad fundamental, presentada en definitiva como condición de la auténtica democracia: la eventual participación de las masas, marginadas de la política y sometidas a las decisiones tomadas por los más competentes, sólo sirve para introducir disturbios y desorden, ignorancia e irracionalidad
en el juego frágil y delicado de los mecanismos del gobierno racional. Su aceptación pasiva de las reglas de juego, su vaga adhesión a los valores democráticos
asimilada a un "consenso" mínimo basta para sostener las bases de un sistema
cuyo funcionamiento es dominado por las elites.[60]

Evidentemente no era fácil conciliar ese punto de vista con la teoría que
concibe los regímenes democráticos como garantes de la expresión y articulación de todos los intereses. En ese sentido, la corriente dominante de la sociología política norteamericana, con excepción de los autores que denuncian la
"confiscación" del gobierno por una elite dirigente consolidada por poderosos
intereses comunes,[61] se dedica a destacar la *pluralidad de elites* rivales que participan efectivamente en las actividades políticas. Desde este punto de vista, la democracia no es producto de la participación masiva de los ciudadanos sino del
pluralismo social, de la aparición de elites capaces de renovarse, de su consenso
sobre las reglas de la competencia y su aceptación del veredicto de las urnas en
elecciones periódicas.[62] Si se reconoce que las decisiones de las elites gobernantes generalmente benefician a los grupos privilegiados e influyentes, que en
esas condiciones la estabilidad del sistema se logra a costa de la incapacidad para innovar y la defensa encarnizada del *status quo* (*law and order*, la ley y el orden) y, en fin, que la protesta de los grupos marginados (los negros, los pequeños agricultores endeudados, los obreros menos integrados a la sociedad) sólo
se puede expresar mediante la violencia y desde la ilegalidad, resta decir que

---

[59] Herbert McClosky [1971], p. 223.
[60] Concepción que subyace, por ejemplo, detrás de muchas apreciaciones de Lester Milbrath [1965].
[61] Véase el capítulo 8.
[62] Seymour Martin Lipset [1962]. Sobre todo Robert Dahl [1956 y 1971] (el trabajo norteamericano *Who Governs? Democracy and Power in an American City*, New Haven, Yale University Press,
es de 1961).

muchos grupos pueden organizarse y ejercer una presión eficaz para imponer la consideración política de sus problemas sociales. En un estudio sobre la ciudad de New Haven, Robert Dahl sostiene que ciertas decisiones importantes son elaboradas sin la intervención directa de los "notables" (las elites locales que detentan el dinero, la competencia y la influencia) y sin que sus voceros dicten las orientaciones adoptadas.[63] Por eso los ciudadanos excluidos del juego político debido a su posición social pueden cumplir de alguna manera un papel político indirecto al participar en las actividades de los grupos de intereses, las asociaciones profesionales, los sindicatos y las sociedades vecinales.

La perspectiva planteada por los teóricos del pluralismo es interesante para comprender cómo la participación en actividades no políticas, es decir, no identificadas o definidas como tales, constituye una importante modalidad de inserción de los individuos en la comunidad política, en sus conflictos y funcionamiento. La simple asistencia regular a oficios religiosos permite a ciudadanos políticamente pasivos acreditar la fuerte influencia de los dirigentes de su iglesia, otorgándoles así un importante respaldo en los debates políticos, sea que esos dirigentes participen en ellos (mediante mensajes, advertencias, acciones de *lobbying*, organización de manifestaciones), sea que agentes políticos autorizados usen sus discursos para justificar sus actos y posiciones. Desde ese punto de vista, el "peso" político de Acción Francesa a principios del siglo XX deriva de su asimilación a las concepciones de un clero mayoritariamente hostil a la República, fortalecido por la participación masiva de una amplia mitad de la población en actividades culturales. Resta decir que con frecuencia las "elites" dirigentes pueden limitar —a costa de concesiones parciales— la salida a la luz y consideración de problemas cuyo tratamiento político no dominan y que amenazarían seriamente sus intereses.[64]

Por consiguiente, la no participación es indisociable de los *procesos sociales de exclusión* de lo político que afectan a la mayoría de los ciudadanos. Expresa su impotencia social para intervenir en la decisión política, introducir en el debate asuntos considerados "ilegítimos" y, más aún, dominar los valores y las reglas que prevalecen entre las elites y les aseguran un monopolio del juego político institucionalizado. Esta impotencia no es consecuencia solamente de posiciones dependientes o de una indiferencia motivada frente a lo político; es producto de las prácticas de grupos minoritarios, socialmente diversificados pero cuyo interés común es *limitar y controlar* las concepciones de lo que es legítimo, de lo que se puede hacer y tratar en política, en última instancia, de lo que es concebible en términos políticos.[65] El censo oculto que limita la

---

[63] Dahl [1971].

[64] David Easton [1969] subraya este efecto de la censura. El "paso de la barrera" *(gate keeping)* que levantan los gobernantes y las elites dirigentes para impedir que se planteen determinados problemas es sumamente difícil para grupos desprovistos de competencia y recursos sociales.

[65] Peter Bachrach, Morton Baratz [1962].

participación no sólo es consecuencia directa de las desigualdades sociales, sino fruto de la *construcción del orden político* por aquéllos a quienes beneficia; construcción aceptada e interiorizada por una mayoría de individuos excluidos o marginados.

¿Sociedades de masas?

Sobre la base de otras consideraciones —el ascenso de los fascismos y las formas totalitarias de gobierno, la aparición de poderosos medios de información empleados para la propaganda política, la crisis de ciertas organizaciones colectivas— en las décadas de 1930 y 1940 muchos teóricos sociales formulan la hipótesis de una profunda transformación de los vínculos sociales que afectaría las conductas políticas. La constatación imparcial de la debilidad general de la participación y la ausencia de interés por la política en la mayoría de los individuos refuerza y aparentemente confirma esta visión: las democracias sufrirían las consecuencias de un fenómeno generalizado, que explicaría la "crisis" de civismo y se traduciría en la ausencia de participación: el advenimiento de las *sociedades de masas*. Hoy esta concepción es objeto de fuertes críticas; los análisis empíricos no aportaron las pruebas esperadas; los argumentos en su favor se sitúan en el nivel de las grandes generalidades. No obstante, merece alguna atención porque sigue inspirando muchas interpretaciones sociológicas de las conductas políticas: desde los efectos de la comunicación al debilitamiento de los grupos de afiliación y los partidos, pasando por la "decadencia" de las formas tradicionales de participación. Además permite, siquiera de manera hipotética, observar fenómenos que inciden en el sentimiento de exclusión y despojo que puede motivar la falta de interés de muchos individuos por lo político.

Las sociedades de masas, consideradas por algunos el fruto ineluctable de la evolución de las sociedades de "ciudadanos" y por otros, una forma de organización social que rompe con aquéllas y sus principios constitutivos, se caracterizan según los primeros teóricos por la *disolución progresiva de los fortísimos vínculos* que unían a los individuos, sobre todo en el marco de sus comunidades de residencia. El pluralismo social, necesario para el ejercicio de la democracia, es destruido por la uniformación de las condiciones de vida, por el "desarraigo" de los individuos arrancados de sus comunidades de origen, por la supresión de las elites que sostenían concepciones antagónicas de la organización social; en esas condiciones, la denuncia de la "masificación" de la sociedad tenía un fuerte tufo aristocrático, sobre todo en Europa.[66] Análisis de muy distinta inspiración, basados a veces en postulados incompatibles, enri-

---

[66] José Ortega y Gasset (*La rebelión de las masa*, cita ed. española), es quien mejor expresa esta actitud de desprecio aristocrático por las masas. La obra data de 1928.

quecen progresivamente la interpretación de los fenómenos que todos los autores coinciden en considerar característicos de las sociedades de masas: homogeneización de las conductas sociales, nivelación de las condiciones de vida, crecimiento de las organizaciones burocráticas, destrucción de las intermedias, uniformación de las masas por la acción del Estado, la propaganda y los efectos de la comunicación. El individuo tiende a no ser otra cosa que un elemento atomizado del cuerpo social, privado de referencias estables, aislado y sometido a los imperativos de las elites "tecnocráticas" y las burocracias impersonales. Un autor lo expresa con una metáfora poética: "La masa [es un] conjunto al vacío de partículas individuales, desechos de lo social e impulsos mediáticos."[67]

La *versión "tecnicista"* de esta concepción es la que atribuye mayor importancia a las nuevas condiciones de vida creadas por la transformación de los modos de producción, la mecanización creciente (asimilada falazmente por las elites al "progreso técnico") y la estandarización de las formas de consumo; otros tantos fenómenos que explicarían la "alienación" del individuo, privado de toda posibilidad de afirmar su personalidad en el trabajo, la vida cotidiana o la acción colectiva. "A partir de entonces, a la alienación que sufren los asalariados en tanto productores sin responsabilidad, se suma la alienación en tanto consumidores cuyas necesidades están condicionadas por la publicidad."[68] Se concibe la sociedad de masas como el desenlace de un doble proceso, el desarrollo del capitalismo en su forma monopolista (que implica sobre todo un control estrecho del consumo y una estandarización extrema de la producción) y el crecimiento de burocracias gigantescas (que deshumanizan todas las relaciones humanas): "Fundamentalmente, la transformación del hombre en hombre-masa es producto del capitalismo industrial moderno y la democracia de masas [...] Juntos atraparon al hombre en las redes de una organización semiautoritaria que controla su vida desde la cuna hasta la tumba y comenzaron a transformar la cultura en propaganda y cosa puesta a la venta."[69] El hombre aislado, desprovisto de criterios estables, es entregado a la "propaganda" insidiosa y la publicidad que difunden las burocracias y los grandes aparatos técnicos de comunicación; los medios manipulan sus creencias y condicionan su percepción de la realidad social.[70] Entonces está dispuesto a unirse a los movimientos de masas más irracionales y

---

[67] Jean Baudrillard, *A l'ombre des majorités silencieuses*, París, Denoël-Gonthier, 1982, p. 9.

[68] Pierre Belleville [1963], p. 15. Este autor, alejado de las teorías de las sociedades de masas, trata de explicar las transformaciones que afectaron a la clase obrera.

[69] Franz Neumann [1971], vol. 2, p. 242. Véase también David Riesman, *La foule solitaire*, París, Arthaud, 1966.

[70] Entre los numerosos estudios o ensayos que desarrollan este tema, cabe citar a Marshall MacLuhan, *Pour comprendre les médias*, París, Le Seuil, 1964 y Jacques Ellul, *Propagandes*, París, Colin. 1963; *La parole humiliée*, París, Le Seuil, 1981.

es cada vez menos capaz de adoptar una conducta racionalmente motivada de ciudadano participante.[71]

Los filósofos de la Escuela de Francfort postularon concepciones más ambiciosas de la *masificación de las sociedades occidentales*. Según Herbert Marcuse, los imperativos de la producción imponen un encuadramiento total de los individuos tendiente a disciplinarlos, condicionarlos, privarlos de libertad tanto en su vida personal, sexual y afectiva como en su vida social y conducta política. Las sociedades occidentales, al desarrollarse, han acrecentado los factores que coaccionan al hombre productor; a la represión de los deseos y las potencialidades humanas que exige la supervivencia de toda sociedad que enfrenta el riesgo de la escasez han sumado la coacción extrema de la "sobrerrepresión".[72] En una perspectiva histórica general que destaca las transformaciones del espacio público, Jürgen Habermas se dedica a establecer con precisión los efectos de la aparición de las sociedades de masas sobre la conducta política de los individuos. Las condiciones que permitieron la aparición de un *ciudadano informado y responsable* de sus decisiones, o más precisamente, de un "modelo" burgués del civismo —sin duda imperfectamente adecuado a la realidad de las conductas, pero tendiente a influenciarlas— se borran en las sociedades de masas. Desaparecen los lugares donde se intercambian opiniones e ideas generales; los individuos leen poco, casi no compran libros; los periódicos pierden su finalidad educativa, y su contenido despolitizado apunta a "distraer" al lector; los medios "calientes" (la radio y la televisión), anulan el distanciamiento crítico, no alientan la reflexión, personalizan los problemas; las "manipulaciones publicitarias", al recurrir a las técnicas psicológicas, fabrican la adhesión a "productos" impuestos.[73] La opinión pública, inseparable de la racionalidad y la discusión, ya no es más que una ilusión: "Se mantiene despierta la disponibilidad de los consumidores gracias a esa falsa conciencia según la cual ellos contribuyen, con toda responsabilidad y en tanto personas que hacen uso de la razón, a formar una opinión pública."[74] La falta de participación, que en un primer momento se debía a los obstáculos sociales que impedían la difusión del *modelo burgués de civismo*, tiende ahora a provocar la desaparición de las condiciones de formación de ese modelo.

En su versión más pesimista y extrema, la teoría de las sociedades de masa cree haber descubierto los gérmenes y las condiciones que posibilitan los *tota-*

---

[71] Wilhelm Reich [1972] visualiza la irracionalidad de la conducta del hombre-masa como una "estructura de carácter", resultado tanto de factores psicológicos y sociales (represión sexual, necesidad de autoridad) como del desarrollo de una "civilización maquinista autoritaria". Esta obra, publicada en alemán en 1933, influyó a muchos autores a pesar de que fue objeto de muchas críticas.

[72] Herbert Marcuse [1963 y 1968].

[73] Jürgen Habermas [1978], pp. 189-204.

[74] *Ibidem*, p. 202. Sobre esta concepción, véase Jean-Marc Ferry [1989].

litarismos contemporáneos. Hannah Arendt describe los procesos de masificación o atomización social (destrucción de las solidaridades de clase, burocratización de las relaciones humanas, desarrollo de un individualismo sin otro límite que la organización sistemática de las relaciones sociales), así como sus efectos sobre el individuo, entregado al resentimiento, el conformismo y el aislamiento: "La caída de los muros protectores de las clases transforma a las mayorías que dormían al abrigo de los partidos en una sola gran masa informe de individuos furiosos." Sobre todo, la autora trata de establecer la continuidad entre la extensión de esas sociedades "amorfas" y la instauración del régimen totalitario, nazi o stalinista, que persiguen y aceleran la destrucción de toda forma autónoma de organización, de toda solidaridad. La figura extrema e institucionalizada de la sociedad de masas es el "movimiento totalitario", la "organización masiva de individuos atomizados y aislados".[75] Muchos autores han retomado la concepción de Arendt para desarrollarla y extenderla —a veces sin precauciones— a otras sociedades asimiladas a la ligera con las totalitarias.[76] La han enriquecido con consideraciones sobre la extensión a toda la vida social de los *mecanismos y las tecnologías disciplinarias* minuciosamente estudiadas por Michel Foucault en los talleres, las escuelas y las cárceles de los siglos XVIII y XIX; en efecto, este autor sugiere que el tipo de aparato que se instala en esas instituciones para formar y disciplinar los cuerpos y las almas generaliza y extiende progresivamente su acción a todas las formas de actividad social; "debe hacerse coextensivo al cuerpo social en su conjunto, no sólo por los límites extremos que une sino también por la minucia de detalles que toma en consideración"; tiende a "vigilar permanentemente la conducta de los individuos".[77]

Literatura rica y abundante que, bajo distintas formas, desarrolla la divulgadísima concepción de una generalización de las sociedades de masa, pero que la sociología política no puede abordar sin desconfianza y muchas reservas... La mayoría de los escritos que la integran —hay excepciones— son *ensayos*, algunos de ellos brillantes y sugestivos, más que trabajos basados en análisis rigurosos. El reciente desengaño de los autores que habían "diagnosticado" la disolución de todo vínculo social particular y la atomización de la sociedad soviética en su conjunto (a imagen de un gulag) demuestra los riesgos de generalizar sin precauciones un modelo de explicación intelectualmente seduc-

---

[75] Hannah Arendt [1972], pp. 37 y 47.

[76] Alain Rouquié [1982] advierte que no se deben asimilar los regímenes autoritarios a los totalitarios.

[77] Michel Foucault [1975], pp. 215-216. Como ejemplo de la aplicación de esta hipótesis a los regímenes totalitarios contemporáneos, véase André Glucksmann, *La cuisinière et le mangeur d'hommes*, París, Le Seuil, 1975. Obsérvese que Foucault alerta con insistencia sobre la tentación de confundir las tecnologías propias de la prisión o el ejército, modelos y lugares de experimentación de una organización disciplinaria de los individuos, con los mecanismos más generales controlados por el Estado que aseguran la disciplina social.

tor y rico en connotaciones normativas. Estudios precisos han *desmentido muchas hipótesis* que se daban por demostradas en las teorías de las sociedades de masas: la "manipulación" de los individuos por los medios de comunicación y la propaganda tiene que ver con la "preocupación, que comparten las mayorías y los ideólogos inspiradores de políticas",[78] más que con la demostración científica; las solidaridades y los efectos de pertenecer a una clase no desaparecen, resultan visibles tanto en las sociedades técnicamente desarrolladas como en las totalitarias; no se ha logrado demostrar la continuidad entre las "sociedades de masas" y la organización del totalitarismo.[79] Sobre todo, con algunas excepciones, esas teorías suelen expresar un desprecio soberano por la historia y la sociología histórica:[80] se relaciona la *presunta "evolución"* de las sociedades con un estado anterior de la organización social idealizado, impreciso, diríase imaginado para justificar los postulados de la "masificación", y que por otra parte los análisis históricos suelen desmentir. Los efectos políticos de las transformaciones de las sociedades contemporáneas exigen un examen más riguroso que el que permiten esas teorías: "Los términos 'masa' o 'masas' reflejan la indulgencia del pensamiento sociológico frente a la renovación y las mutaciones de las relaciones sociales."[81]

No obstante, atraen la atención, y en ese sentido no carecen de interés, sobre diversos fenómenos propios de la participación política. Para empezar, no cabe duda de que los grupos y las organizaciones que invitan o alientan a los individuos a participar en actividades políticas se transforman o renuevan *por efecto de los cambios sociales*; en este sentido, el desarrollo de nuevas técnicas de comunicación, que permiten llegar a sectores muy variados de individuos, hasta entonces apenas expuestos a los envites de la política, obliga a los partidos y las organizaciones a modificar las prácticas y los "mensajes" que envían para alentar la participación.[82] El análisis de las transformaciones de la clase obrera, que innegablemente afectan la participación en las actividades sindicales y políticas, no puede pasar por alto la disolución de ciertas formas de solidaridad y el repliegue de ciertos sectores obreros sobre la vida privada.[83] Se advierten fenómenos de atomización social en ciertos barrios periféricos de

---

[78] Francis Balle [1985], p. 591

[79] Véase la crítica minuciosa, pero muy abierta a la comprensión de las tesis de los teóricos del totalitarismo, que hace Pierre Ansart [1985]. El autor subraya que el totalitarismo puede ir acompañado por una "acentuación de la división social" (p. 173).

[80] En particular los trabajos, citados abusivamente por los ensayistas, de Habermas, Foucault y Ellul.

[81] Jacques Zylberberg [1986], p. 36. Las investigaciones realizadas en el marco del trabajo de observación de las transformaciones sociales financiado por el CNRS (Mendras [1986]) muestran lo que puede ser un análisis riguroso de los fenómenos resultantes de la transformación de las relaciones sociales.

[82] Véase más adelante, pp. 364 y 366.

[83] Olivier Schwartz [1990].

las grandes ciudades, que en parte suscitan conductas de rechazo a la participación, como lo demuestran los fracasados intentos de movilización y la amplitud de la tendencia a no inscribirse en los padrones electorales. En términos más generales, varios teóricos de las "sociedades de masas" han señalado lúcidamente los *interrogantes* que formula a la sociología política un conjunto de transformaciones de la sociedad (que no podrían dejar de afectar las conductas políticas); esos problemas no conciernen sólo a la participación sino que interesan especialmente al análisis de las relaciones del individuo con la política, sea por la dificultad creciente para definir ciertas cuestiones en términos políticos, sea por las representaciones y creencias difundidas sobre el "oficio" y la "clase" políticos.[84]

Dominación y exclusión

Los conductistas fueron los primeros en descubrir y describir el reparto desigual de la participación entre las distintas categorías sociales. Los teóricos del elitismo y los autores que pertenecen a la corriente de interpretación pluralista destacan que algunos grupos están excluidos de la participación debido a su incapacidad —derivada de su posición social— de afectar las decisiones y su aguda conciencia de ello. Se encuentra un interrogante análogo en las investigaciones sobre la discriminación entre los agentes competentes (o que se consideran tales) y la mayoría de los agentes que experimentan y manifiestan su incompetencia en materia política, sobre todo mediante la no participación en las actividades "cívicas". Esta discriminación, constitutiva del orden político y que por consiguiente no puede considerarse una "perversión" de éste, resulta a la vez de las características sociales de los individuos y de las reglas propias del campo político. *Los grupos socialmente dominados*, es decir, desprovistos de los "capitales" (económicos, culturales, de relación, etc.) que poseen los grupos dominantes, están *excluidos* del juego político, de la comprensión de su lenguaje y sus reglas; por consiguiente, están condenados a la no participación, o a una participación totalmente extraña a las motivaciones que el "mito democrático" atribuye a los ciudadanos.

Los agentes capaces de participar en actividades políticas, de "hacerse una opinión", de expresar en términos adecuados el significado que atribuyen a sus prácticas (votar, afiliarse, militar) deben su competencia a su posición so-

---

[84] El estudio de las teorías de la sociedad de masas o de la sociedad tecnificada es interesante por otros motivos: estas teorías ampliamente difundidas ejercen su influencia sobre las creencias de algunos actores (por ejemplo, los "comunicadores" y los funcionarios electos) e incluso sobre las interpretaciones que hacen los comentaristas y sociólogos para "explicar" movilizaciones recientes (mayo del 68 o el "ascenso" de la extrema derecha en Europa); en este sentido se les puede atribuir efectos sociales nada despreciables. Pero ése es otro problema.

cial y a los recursos correspondientes. Por *competencia* se entiende la aptitud, más o menos mensurable, de los individuos para reconocer las diferencias entre las posiciones de los políticos y candidatos de las distintas tendencias o entre los partidos, para expresar y justificar su preferencia por tal o cual posición, así como su convicción sobre la importancia de los debates y actos de arbitraje entre los "programas" políticos. Desde este punto de vista, el interés por "la política", es decir, por los problemas definidos como tales y por las reglas de gobierno de las sociedades, supone que se conciba a este orden de actividades como capaz de modificar las posiciones y los recursos de los grupos —y no como un juego extraño y ajeno en el que participan "políticos" cómplices— y se dominen los esquemas de comprensión correspondientes. Si bien es cierto que sólo los profesionales de lo político manejan plenamente "los instrumentos materiales y culturales necesarios para la participación activa, es decir, sobre todo el *tiempo libre* y el *capital cultural*",[85] todos los miembros de los grupos dominantes, en virtud de sus cualidades sociales y su conocimiento de los efectos de la acción política sobre su propia posición, se interesan directamente por la participación en las actividades "cívicas".

A la inversa, los miembros de los grupos socialmente dominados son incapaces de aprehender los temas y las reglas de los debates políticos, así como el lenguaje especializado y abstracto que los caracteriza. La no participación es *una de las manifestaciones del "despojo"*, pero no la única. En efecto, estos individuos pueden participar en actividades políticas al depositar una confianza ciega en aquéllos a quienes consideran competentes, capaces de expresar una opinión acorde con sus intereses tal como ellos confusamente los perciben. Tan es así, que la participación no es producto de una "opinión personal", sino más bien de una entrega de sí mismo, una *delegación* incondicional en individuos u organizaciones: "La *fides implicita*, delegación total y global en la cual los más desposeídos otorgan en bloque al partido de su elección una suerte de crédito ilimitado, da libre curso a los mecanismos que tienden a despojarlos del menor control sobre el aparato."[86] Los agentes dominados también pueden imponer criterios de juicio *no acordes con los principios y las reglas* que supuestamente presiden la formación de una verdadera opinión política: su evaluación de los méritos de un candidato dependerá, por ejemplo, de una evaluación moral (es honrado, trabajador, valiente, bueno; o bien deshonesto, cobarde, "interesado"), o tomará elementos del vocabulario deportivo (es un "ganador" o un perdedor, sabe correr riesgos, sabe hacer lo que hace falta...); sus juicios de los políticos toman la forma de estereotipos ("son unos charlatanes", o "ladrones") que ellos presentan como opiniones bien fundamentadas cuando se les pregunta;[87] su "elección" dependerá de la iden-

[85] Bourdieu [1981]. p. 4.
[86] *Ibidem*, p. 5.
[87] Gaxie [1978], p. 190.

tificación afectiva con un líder, respetado por su vida privada, su edad, sus infortunios o sus supuestas cualidades humanas.[88]

El estudio de los resultados de las encuestas permite medir los *efectos de esta incompetencia* social.[89] Algunos individuos que no se sienten obligados a parecer competentes en materia política (como sucede con muchas mujeres y los agentes más desposeídos) se niegan a responder a las preguntas más difíciles y explícitamente políticas. Otros tratan de demostrar una competencia que no poseen, pero expresan con su respuesta una incomprensión del problema que se les plantea. Otros apelan a juicios morales. El porcentaje de no respuestas y respuestas inadecuadas decrece sensiblemente cuando se abordan temas correspondientes a las preocupaciones muy concretas de los encuestados, se les pide juicios morales o se los interroga sobre asuntos de su competencia profesional: así, los agricultores no contestan, o responden al azar, a las preguntas sobre los partidos políticos, el liberalismo o el papel del parlamento, pero expresan opiniones bien fundadas sobre los precios de productos agrarios, la política de las cuotas lecheras o el papel de sus organizaciones; las mujeres se pronuncian masivamente sobre los anticonceptivos, el matrimonio y la ayuda a los pobres. "El porcentaje de personas que no pueden responder a las preguntas de los encuestadores tiende [...] a reducirse a cero cuando las preguntas se refieren a los intereses reales del conjunto de los agentes sociales."[90]

El término incompetencia, empleado para caracterizar la posición de los grupos dominados en el orden de las actividades políticas, no debe dar lugar a falsas interpretaciones: se trata de la incapacidad social para penetrar en las *categorías de juicio y expresión de opiniones* impuestas por ese orden; mientras que los miembros de los grupos dominantes poseen y dominan esas categorías. Por ejemplo, Gaxie observa que las preguntas sobre los problemas más concretos se vuelven inaccesibles para los encuestados cuando se las formula en los términos habituales del profesional de la política.

> Basta utilizar las expresiones de los especialistas en el debate "social" (la de "billete moderador" es un buen ejemplo) para que los profanos, empezando por los más interesados en el problema en discusión, pierdan su capacidad de evaluación.[91]

En general, la incompetencia no significa que los miembros de los grupos dominados "no tienen opinión" sobre los problemas políticos; es verdad que su juicio no es producto de una "reflexión" acorde con las reglas idealizadas de formación de una opinión personal; no corresponde sino imperfectamente

---

[88] Philippe Braud [1980].
[89] Véase sobre todo Bourdieu [1977] y Gaxie [1978 y 1990].
[90] Gaxie [1978], p. 247.
[91] Gaxie [1990], p. 145.

—o para nada— a las proposiciones y formulaciones "legítimas" en vigencia en el debate político; sólo se puede expresar de manera indirecta, en categorías consideradas "no políticas" en comparación con las que usan los agentes considerados competentes; pero es un juicio. En una organización como el Partido Comunista francés, los asalariados rurales y los obreros especializados son incapaces de explicar su adhesión en otros términos que "yo he sufrido la miseria" o "yo he visto la injusticia", mientras un maestro o un capataz justifica su elección mediante razonamientos complejos sobre los conflictos entre las clases sociales. ¿Acaso la opinión de los primeros, aunque no está formulada con los términos de las categorías políticas requeridas, las únicas consideradas legítimas, está menos fundamentada y motivada que la de éstos?[92] Por consiguiente, la no participación no resulta de la "falta de opinión", sino de un *sentimiento de incompetencia* alimentado por los agentes socialmente autorizados a definir el lenguaje y los esquemas de lo político.

La imposición de categorías y problemáticas que conducen a la exclusión y la no participación de una mayoría de individuos no se puede concebir como resultado de un "cálculo" de los grupos dominantes. Los análisis que atribuyen a una clase social una estrategia de organización y control de aparatos destinados a inculcar en las masas la ideología dominante[93] corren el riesgo de ignorar los efectos de la actividad política así como exagerar la conciencia de sus intereses colectivos que posee la clase dominante. Es preferible concebir que las reglas del juego político, sostenidas por los profesionales y agentes directamente interesados (periodistas, encuestadores, comunicadores... y politólogos), tienden a favorecer a los grupos dominantes, los únicos capaces de dominarlas: el lenguaje político, las aptitudes requeridas para participar (y en primer lugar, para entender qué pasa), los mitos y las creencias así como los valores invocados restringen el número de participantes y limitan el acceso a los debates.[94] Así, la distribución social de la participación resulta de una *definición de lo político* que, en general, beneficia a los grupos socialmente favorecidos; así lo demuestran los estudios empíricos.

Distribución social de la participación

El interés por la política

La medición empírica de la participación política plantea un problema grave: ¿qué es lo que se puede medir y cuál es el valor de los indicadores utilizados? Parecería adecuado elaborar una lista de *actividades políticas* y contabilizar a los

---

[92] Jacques Lagroye, Guy Lord, Lise Mounier, Jacques Palard [1976].
[93] Por ejemplo, Louis Althusser [1970].
[94] Peter Bachrach, Morton Baratz [1962].

individuos que las realizan, clasificados por sector social, edad, nivel de ingresos o de educación: es el método que emplea la mayoría de los conductistas.[95] Ahora bien, esta elección metodológica no carece de inconvenientes. Por empezar, es muy difícil determinar *a priori* qué actividades se pueden clasificar como políticas: la afiliación a un grupo de defensa del ambiente que apoya a tal o cual candidato en las elecciones, ¿es una forma de participación política o se la debe excluir de ese orden de actividades por la sola razón de que los objetivos de los miembros de la asociación no apuntan prioritariamente a los fines de la campaña electoral? La presencia en una manifestación que los comentaristas y organizadores califican de política, ¿es una modalidad de participación política del individuo que asiste por motivos salariales? Mantener contacto regular con un político, en horas de trabajo o de ocio, ¿constituye un índice de interés en los asuntos políticos? Como se ve, las actividades consideradas como medida de la participación política sólo la aprehenden de manera imperfecta.[96] Hay más: las actividades políticas que afectan a la ciudadanía en su conjunto no tienen la misma significación y, por lo tanto, no son comparables con aquéllas. Si el voto es obligatorio o si el abstencionista está sujeto a la reprobación generalizada de su comunidad, la participación en las elecciones no se puede interpretar de la misma manera que la eventual afiliación a una organización política. Afiliarse a un partido no es una actividad del mismo orden que acudir a un concejal municipal para obtener una vivienda... En definitiva, ¿se puede clasificar en una misma categoría las actividades que suponen un buen conocimiento de las divergencias políticas y aquellas que se pueden realizar sin otro criterio de juicio que la opinión que le merece a uno el candidato?[97]

Por consiguiente, se puede pensar que la medida del *interés por la política*, definida por distintos indicadores, es más significativa que la de las prácticas para evaluar la participación o no participación. Pero con una condición importante: que no se evalúe ese interés a partir de las solas declaraciones de los individuos: en las democracias se suele presentar la participación como un deber u obligación moral, por lo cual muchos encuestados tienden a expresar un interés mayor del que realmente sienten por ese orden de actividades. El interés por la política se puede medir (sobre todo en las encuestas) sobre la base de los conocimientos que demuestra el individuo (al mencionar los nombres de los políticos, identificar a los partidos, nombrar las instituciones, etc.) y de la *propensión a actuar políticamente* que él manifieste. Desde este punto de vista, la "actitud participativa" corresponde al "individuo que sabe algo de política y piensa que puede realizar alguna actividad";[98] se distingue a la vez de la

[95] Como Robert A. Lane [1965] o Lester Milbrath [1965].
[96] Como destaca correctamente Alain Lancelot [1974].
[97] Véase al respecto el interesante análisis de Memmi [1985].
[98] Gabriel A. Almond, George Bingham Powell Jr. [1978], p. 36 (la traducción del inglés es nuestra).

actitud "particularista" *(parochial)* derivada de la ignorancia de las reglas políticas nacionales y de la actitud de sumisión *(subject)* de individuos que no conciben la posibilidad de realizar una actividad política. Las respuestas a las preguntas formuladas en las encuestas para medir esas actitudes revelan tales sorpresas que es lícito dudar de su pertinencia. Así, la encuesta realizada por Almond y Verba[99] "revela" que el 75% de los ciudadanos norteamericanos y el 62% de los británicos consideran haber participado en acciones nacionales contra alguna política injusta, en tanto esta opinión es compartida por apenas el 38% de los alemanes y el 28% de los italianos... La fiabilidad de semejantes resultados es dudosa, incluso si se tienen en cuenta los porcentajes más elevados sobre la posibilidad de actuar "localmente" contra una política injusta (62% de los alemanes y 51% de los italianos); sea como fuere, no son corroborados por otros indicadores como la afiliación a un partido o el vigor de los enfrentamientos políticos durante las elecciones.

En esas circunstancias parecería que el interés por la política no se puede medir con precisión. Parece más bien una *hipótesis necesaria* para explicar la participación, pero sin las rigurosas confirmaciones empíricas correspondientes. Los estudios incitan a pensar que este interés es producto de los cálculos de los individuos o, si se quiere, de sus *motivaciones conscientes*.[100] Un individuo puede adherir a un partido con la esperanza de obtener ventajas personales: la protección de dirigentes supuestamente poderosos, ayuda para conseguir empleo o vivienda; puede querer pagar una deuda de gratitud con un representante electo; puede encontrar en ello la garantía de un ascenso rápido, como sucede cuando los empleados municipales se afilian en masa al partido del alcalde.[101] Una derrota electoral del partido, sobre todo cuando entraña la pérdida del municipio, provoca una drástica reducción del número de sus afiliados; así sucedió en los municipios de los alrededores de París donde fue derrotado el Partido Comunista en 1977 y 1983. Con todo, no se puede aislar esta clase de motivación de otros factores capaces de despertar adhesión, tales como el deseo de adecuarse a la conducta dominante (por ejemplo, entre los empleados municipales), o el de destacarse al adquirir una cualidad que la mayoría no posee: afiliarse es una manera de distinguirse del resto. Por otra parte, revela entre los individuos en cuestión una creencia más o menos fundamentada en la posibilidad de obtener ventajas o modificar situaciones consideradas insatisfactorias por medio de la participación política: en ese sentido, afiliarse a un partido, marchar bajo su bandera, asistir a un mitin son

---

[99] Gabriel Almond, Sidney Verba [1963].

[100] Robert Lane [1965] dedica una parte importante de su obra a una reflexión crítica sobre los factores conscientes de la participación.

[101] Estas adhesiones motivadas por un interés individual consciente rara vez aparecen en las investigaciones; sin embargo, suelen expresarlas agentes desposeídos o individuos muy críticos de sus partidos. Véase Lagroye y cols. [1976].

formas de "tomar la palabra" *(voice)*, mientras que la no participación se aseja a una retirada *(exit)* provocada por una sensación de impotencia.[102]

El interés por la política también puede ser producto de la creencia en la *obligación moral de participar*. Esta creencia está distribuida de manera desigual en la sociedad; parece muy fuerte en grupos que, por razones morales o religiosas, inculcan en sus miembros el sentimiento del deber e incluso hacen de la no participación una falta grave. Este efecto se observa entre los católicos practicantes franceses. En los medios católicos conservadores se presenta el voto como una obligación, en general suficiente en sí misma: las actividades políticas "partidistas" despiertan suspicacias porque se las considera generadoras de conflictos artificiales, contrarios al "bien común".[103] Por el contrario, en los años cincuenta y sesenta los movimientos de Acción Católica —sobre todo la juventud agrícola (JAC), la juventud obrera (JOC) y la juventud estudiantil (JEC)— incitan a sus miembros a "comprometerse" en la acción política o sindical, a "asumir plenamente sus responsabilidades" como ciudadanos. Los partidos Socialista y Socialista Unificado se benefician con el ingreso de los militantes católicos que han interiorizado esta obligación moral. Finalmente, se ha demostrado que la pertenencia a un grupo practicante es un factor importante para el empadronamiento electoral, índice de un "conformismo social" que compensa los efectos de situaciones o estados que en otros grupos favorecen la no inscripción en el padrón.[104] De manera análoga, la participación puede ser fruto de una fuerte *impregnación ideológica*, aunque parece riesgoso establecer una relación de causalidad entre fenómenos tan estrechamente correlacionados que en última instancia parecen dos formas complementarias de un mismo interés;[105] lo mismo sucede con la explicación de ciertas actitudes de no participación (sobre todo el abstencionismo electoral) motivadas por una ideología que denuncia el carácter fraudulento y antidemocrático de los procedimientos electorales (es el caso de los "izquierdistas" que califican las elecciones de "trampa para bobos"). Sea como fuere, tales conductas incluyen un fuerte componente ideológico y sólo comprenden a una pequeña minoría.

Finalmente, la participación puede ser la expresión de un interés por la política resultante de *necesidades individuales inconscientes*, cuya importancia es difícil de medir y que no se pueden disociar empíricamente de otros factores

---

[102] Albert Hirschmann [1972].

[103] Los obispos piden a los sacerdotes que recuerden desde el púlpito a las fieles el deber de votar; en la década de 1960, en Francia, no vacilaban en lanzar —en forma eufemística— verdaderas consignas a favor del voto. Pero a la vez condenan los juegos vanos de la "politiquería". Para un análisis de la influencia del catolicismo sobre la participación, véase Lancelot [1968]; Marcel Merle [1962]; véase un ejemplo de consigna apenas disimulada en Lagroye [1973].

[104] Pierre Bréchon, Bruno Cautrès [1987]. Véase también Annick Percheron [1986].

[105] Guy Michelat, Michel Simon [1983].

como la presión colectiva, los efectos de la situación y la posición social, el nivel cultural o la clase social. Aquí se postula que la participación, sobre todo el acto de votar,[106] permite al individuo satisfacer deseos, impulsos y necesidades muy fuertes; la participación se asimila a una "descarga política de tensiones psíquicas interiores".[107] Así el individuo saciaría su necesidad de seguridad, fusión con el grupo, voluntad de poder y deseo de valorizarse, sus impulsos agresivos (desviados hacia la "lucha" política) y hasta sexuales (el amor por el líder). No cabe duda de que toda actividad social (sea política, religiosa, deportiva, cultural o de otro tipo) permite a los individuos satisfacer deseos que de otra manera no se pueden saciar, o que moral y psicológicamente no pueden realizar sino por vías indirectas. Resta decir que no se puede verificar con precisión la magnitud de este fenómeno, al que, por lo tanto, conviene visualizar como un postulado afectado por un alto grado de probabilidad pero imposible de confirmar empíricamente en el estado actual de los métodos de investigación.

Como se dijo anteriormente, el interés por la política *no toma las mismas formas* en todos los grupos sociales ni en todos los sectores dentro de un grupo: participar no significa lo mismo para un católico practicante asiduo no afiliado a los movimientos especializados de la Acción Católica que para los miembros de la JOC o la JEC. Muchos agentes sociales se limitan a realizar actividades esporádicas en "respuesta" a las incitaciones políticas (encuestas, elecciones); otros, una minoría, participan periódicamente de la producción y difusión de los "mensajes" políticos (al afiliarse a un partido, marchar, discutir de política); otros se comprometen en acciones que requieren una gran inversión personal (organizar manifestaciones, militar con regularidad, incluso participar de acciones clandestinas). Dados los hechos, es tentador imaginar una "escala" de participación que fuera desde las prácticas esporádicas acompañadas por un interés limitado por la política hasta las formas más exigentes y comprometidas, expresión de un vivo interés por este orden de actividades.[108] Se puede elaborar esa escala sobre la base de la hipótesis de que el interés por la política puede asumir la misma forma en todos los grupos sociales y que existe una continuidad de las actividades de menor a mayor grado de coacción. El individuo ocuparía un "grado de participación" y ascendería al escalón superior al agregar una nueva actividad a las que ya realiza. Esta visión de la participación lleva a desconocer la diversidad de las relaciones políticas; no hay una forma de interés común al conjunto de los grupos sociales, sino *formas diferenciadas* de participación desigualmente accesibles a los individuos y grupos.

---

[106] Véase más adelante, la tercera sección de este capítulo ("Las elecciones").
[107] Lane [1965], p. 118 (y, más en general, pp. 115-131). Véase también Braud [1980].
[108] En este sentido, véase Almond, Verba [1963].

Manifestar, marchar por la calle detrás de los portaestandartes, vocear consignas hostiles al gobierno es una forma de participación relativamente convencional para los obreros sindicalizados y los funcionarios de baja categoría; no implica una ruptura con las prácticas habituales en esos grupos sociales (aunque ellas no comprenden a la mayoría de los individuos). Para los médicos, los abogados, la pequeña patronal de la industria y el comercio, la misma acción puede parecer onerosa, desusada y, por lo mismo, cargada de un fuerte contenido simbólico; para estos agentes constituye una forma de participación excepcional, que exige un fuerte compromiso personal. Adherir a un partido no es señal de fuerte interés por la política en grupos y sociedades donde esta actividad puede parecer poco coaccionante o incluso como que "va de suyo" (por ejemplo, entre los obreros sindicalizados de Austria; o en Francia, entre los obreros que viven y trabajan en zonas "rastrilladas" por las organizaciones politizadas). En el otro extremo, es un acto impensable en medios muy hostiles a los partidos (por ejemplo, entre los asalariados de empresas pequeñas administradas de manera paternalista). En este sentido, la expresión "subir un grado" en la escala imaginaria de la participación no tiene el menor significado; conviene hablar de un cambio de actitud, la adopción de un *nuevo concepto de la participación*, por ejemplo cuando un individuo que antes se limitaba a votar ahora decide militar en un partido o asistir a las manifestaciones. Este cambio de actitud —difícil y costoso— puede ser producto de un cambio en las relaciones laborales (en una mujer que obtiene un empleo remunerado después de haberse dedicado exclusivamente "al hogar", o en un asalariado que pasa de un pequeño taller a una gran unidad de producción) o de una ruptura con el medio de origen (cuando el hijo de un campesino se vuelve obrero o funcionario de baja jerarquía). El interés por la política es un concepto muy general que arriesga desconocer la *diversidad de las relaciones con lo político*, verificable a su vez en la diversidad de formas o modelos de participación. Si bien ahora es necesario pasar a los factores sociales que, de manera general, tienen una incidencia mensurable sobre las prácticas de participación, conviene no olvidar que éstas no tienen los mismos alcances ni significación en todos los grupos, clases y comunidades.

Los factores sociales de participación

La participación en actividades políticas, cualquiera que sea el indicador empleado para abordarla, tiene una fuerte correlación con el hecho de pertenecer a un *grupo social privilegiado*, es decir, poseedor de propiedades (o, según la metáfora económica, de "capitales") que le aseguran una posición social dominante en relación a otros. Esta correlación se verifica cualquiera que sea el tipo de clasificación utilizado para agrupar a los individuos: categorías socioprofesionales o "clases" construidas mediante la acumulación racional de categorías próximas. Es así como el grupo creado mediante la acumulación de los industriales, grandes comerciantes, profesionales liberales y altos funcionarios (categorías "superiores") muestra un grado global de participación mayor que el del cúmulo de las distintas categorías obreras; pero en este último, los obreros calificados participan más en las actividades políticas que los peones y los especializados. La diferencia de un grupo o categoría profesional a otro es tanto más acentuada cuanto mayor es la capacidad que se supone debe poseer el individuo para afirmar su "competencia" frente a los demás. El cuadro 13 muestra que la propensión a hablar de problemas políticos está fuertemente ligada con la profesión y también —lo que no es casual— con el nivel de ingresos, que, en general, está en función de la profesión. Los demás indicadores de la posición social parecen mucho menos determinantes: el lugar de residencia tiene algún efecto porque de alguna manera "acompaña" a la profesión (¡los campesinos viven en el campo!); el cuadro muestra que la propensión a discutir disminuye progresivamente en función de la edad, pero sin duda uno tiende a abordar los problemas políticos con los miembros de su generación, y la capacidad de entablar conversación es mayor entre los jóvenes que entre los jubilados...

En términos generales, un individuo tiene mayores probabilidades de participar en actividades políticas en la medida que posee *características sociales acumuladas relativamente superiores* a las de otros: los obreros masculinos de edad media (25 a 50 años) con un nivel de estudios superior a la media del grupo (oficiales, capataces, obreros calificados) tienen mayores probabilidades de participar, sobre todo si viven en una gran ciudad, que los viejos, no calificados y mal pagos.[109] Estas diferentes características remiten a la situación social de los grupos a los que pertenecen, es decir, a su posición relativa en la clasificación "objetiva" que se puede hacer (sobre la base de ingresos, condiciones de vida y de trabajo, vivienda, posibilidades de recreación, nivel de educación, etc.). La inserción en el trabajo productivo, el desempeño de trabajos calificados, la autonomía derivada del uso parcialmente libre del tiempo de ocio son valorados por todos y confieren un prestigio relativamente alto a quien presenta esas características. Así se comprende que las *mujeres* parezcan —incluso en cierta medida a sí mismas, sobre todo si pertenecen a las capas más desposeídas— social y políticamente menos legítimas que los hombres; su participación en las actividades políticas es menor, su "competencia" en esa esfera está en tela de juicio. Lógicamente, se advierte una transformación de sus conductas, en el sentido de una participación comparable a la de sus homólogos masculinos, cuando cambian sus características (debido al acceso a empleos calificados, el ejercicio de profesiones "feminizadas" y valorizadas como la docencia o la pertenencia a categorías sociales de

---

[109] Gérard Adam, Frédéric Bon, Jacques Capdevielle, René Mouriaux [1970].

CUADRO 13. *Propensión a discutir según los grupos de población en Alemania* (en porcentaje)*

	Dispuestos a discutir un tema polémico	No dispuestos a discutir	Indecisos
Conjunto de la población			
(mayores de 16 años)	36	51	13
Hombres	45	45	10
Mujeres	29	56	15
Grupos por edad			
16-29 años	42	47	11
30-44 años	39	50	11
45-59 años	35	52	13
Mayores de 60 años	27	56	17
Profesión			
Campesinos	19	63	18
Obreros especializados	28	54	18
Obreros calificados	37	51	12
Empleados, funcionarios	41	49	10
Ejecutivos, altos funcionarios	47	44	9
Profesionales liberales	40	49	11
Ingreso mensual neto del jefe de hogar			
Menos de 800 DM	26	56	18
800 a 1 000 DM	32	53	15
1 000 a 1 250 DM	35	52	13
1 250 a 2 000 DM	42	48	10
Más de 2 000 DM	48	43	9
Lugar de residencia			
Aldeas	32	52	16
Ciudades pequeñas	37	52	11
Ciudades medianas	36	51	13
Ciudades grandes	38	49	13

* Se preguntó a los encuestados sobre su participación en una discusión con otros viajeros sobre los siguientes temas: instauración del socialismo; ilegalización del Partido Comunista alemán; el canciller Brandt; ¿pueden las parejas no casadas vivir juntas? Cuadro tomado de Elisabeth Noelle-Neumann, "La spirale du silence".

alto prestigio) o cuando se modifican las relaciones entre los sexos en un grupo social (como sucede hoy en las profesiones liberales, los cargos y ejecutivos y los sectores más jóvenes de la población).[110] El hecho de pertenecer al grupo de los jubilados, marginados de una situación privilegiada de trabajadores, afectados por la disminución de los ingresos y por la pérdida de la consideración por parte de los activos presenta efectos análogos: su participación es menor, sobre todo en actividades que requieren "buena" competencia política y en los grupos sociales menos favorecidos.

En esas circunstancias, el *nivel educativo* es un factor determinante de la participación.[111] En efecto, corresponde a la posibilidad de obtener un empleo calificado; es atributo de los grupos sociales dominantes (aunque tiende a caracterizar a algunos de éstos, los que Bourdieu sitúa en el polo de los poseedores de un "capital cultural" predominante); otorga la capacidad de dominar los esquemas políticos e incita a desarrollar actividades que la desarrollen (lectura, espectáculos, discusiones); autoriza a emitir juicios "motivados" sobre los asuntos políticos;[112] la sociedad considera que acrecienta la aptitud para "formarse" una opinión personal. El sentimiento de pertenecer al mundo de las personas cultas incita a participar, tanto más por cuanto demostrar capacidad para utilizar y clasificar las categorías abstractas de la política durante una conversación, en una reunión o desde una tribuna es *demostrar* una "superioridad" intelectual. El cuadro 14 revela por un lado la existencia de una brecha nítida entre los que no poseen un diploma técnico o general y los que sí lo tienen, y por el otro, la relación entre una formación prolongada (bachillerato, título universitario) y el dominio de conocimientos políticos precisos: si bien el poseedor de un certificado de estudios primarios (formación breve) muestra las mismas probabilidades de emitir opiniones políticas coherentes que un diplomado de la educación superior, "sabe" menos que éste dónde se sitúan los políticos en una escala de izquierda a derecha.

El hecho de pertenecer a una categoría social desposeída y, correlativamente, la falta de un diploma que requiere largos años de estudio, tienden a excluir al individuo de la participación en las actividades políticas. Sin embargo, lo que aparece como un grave impedimento se puede compensar mediante la *afiliación a ciertos agrupamientos*, grupos organizados o asociaciones. Aquí se tiene en cuenta tanto los efectos de la politización que afecta eventualmente a ciertos agrupamientos como la atracción que ejerce la actividad de los grupos o asociaciones con fines "no políticos". Es así como ciertas comunidades minoritarias, religiosas, culturales o étnicas, en la medida que se organizan para obtener derechos o ventajas colectivas, pueden incitar a sus miembros a participar activamente en la vida política; en efecto, favorecen el aprendizaje

---

[110] Mariette Sineau [1988].

[111] Frédéric I. Greenstein [1965]. Sobre la socialización política de los niños, véase cap. 7.

[112] Gaxie [1978], pp. 96-110.

CUADRO 14. *Capacidad para manejar los esquemas de clasificación
y evaluación políticos según el nivel de educación en Francia*

	Nivel de educación					
Manipulación de los esquemas de clasificación y evaluación políticos	Sin diploma	CEP	CAP	BEPC enseñanza técnica	BAC	diplomas universitarios
Capacidad de clasificar al personal político en una escala de izquierda a derecha						
no contesta	24	16	14	13	10	6
no sabe	31	18	15	17	2	10
clasificación incoherente	14	12	11	9	6	1
clasificación coherente	31	54	60	61	82	83
Total	100	100	100	100	100	100
Capacidad de formular opiniones políticamente coherente						
no contesta } no opina }	19	5	4	5	5	9
opiniones políticamente incoherentes	42	27	42	30	33	21
opiniones políticamente coherentes	39	68	54	65	62	70
Total	100	100	100	100	100	100

La relación es idéntica a las categorías socioprofesionales.
Cuadro tomado de Gaxie, *Le cens caché*, ob. cit., p. 116.

de las normas y los objetivos comunes, aseguran la transmisión de "mensajes" políticos entre los individuos y coordinan las redes de relaciones capaces de transformarse en aparatos de acción política. Los modos de organización propios de esos grupos, por ejemplo, los sistemas clientelistas, pueden de alguna manera "convertirse" en formas de participación tales como el "bossismo" en Estados Unidos o el "caudillismo" latinoamericano; por impulso de líderes politizados, directamente interesados en la obtención de puestos, estas comunidades se convierten en centros de participación a pesar de su situación dominada. Se ha verificado este proceso en las comunidades negras de Estados

Unidos,[113] donde la conciencia de grupo es fomentada por organizaciones religiosas, culturales, deportivas y políticas y donde es más acentuada entre los individuos de alta posición social. A la vez, se constata que ciertos grupos, aunque sólidamente estructurados, no incitan a sus miembros —en vista de los fines asignados a sus organizaciones por sus responsables y dirigentes— a participar de actividades políticas de rutina tales como las elecciones ni a afiliarse a partidos y asociaciones abiertamente políticas: así sucede con las comunidades de inmigrantes musulmanes en Francia.[114]

En general, el hecho de pertenecer a un sindicato o a diversas asociaciones conduce a individuos relativamente desposeídos y también a sus hijos[115] a una participación política mayor de lo que sus características sociales hacían prever (cuadro 15); todos los estudios corroboran este fenómeno.[116]

Desde luego que existe un riesgo al concebir esta correlación en términos de causalidad ("el activismo social determina la participación política"), cuando distintas formas de participación, sociales y políticas, pueden parecer manifestaciones complementarias de una misma actitud, por así llamarla, "participante". Pero resta decir que los caminos de la adhesión a un partido confirman generalmente que el activismo social conduce, en condiciones particulares de jerarquización de los tipos de actividades, a comprometerse en última instancia con un partido e incluso a militar en él.[117] Es como si ese activismo "politizara" poco a poco a unos agentes sociales cuya formación y situación "normalmente" no los predisponen a la participación política.

Se mida como se midiere, la participación política supone en definitiva que se incita a los individuos a concebir las actividades políticas como necesarias para el buen funcionamiento de la vida social, como legítimas y susceptibles de incidir sobre su suerte y la de los grupos con los que se identifican. Esta incitación puede provenir de su educación, de la acción de agrupamientos y asociaciones que asignan un sentido a las actividades políticas, de una socialización en la que intervienen la familia, la escuela, las relaciones de trabajo y las vivencias cotidianas. Es resultado del trabajo de agentes movilizadores, tales como los notables del siglo XIX al acudir a sus clientelas,[118] las "empresas" politizadoras de grupos sociales,[119] los *bosses* norteamericanos que convierten

---

[113] Lane [1965], pp. 235-255. Véase también Robert E. Agger, Daniel Goldrich, Bert E. Swanson [1964].

[114] Gilles Kepel [1987].

[115] Véase más adelante los efectos del activismo social, sobre todo sindical, sobre la socialización.

[116] Sobre todo Angus Campbell, Philip E. Converse, Warren Miller, Donald E. Stokes [1960]; Almond, Verba [1963]; Adam y cols. [1970].

[117] Véase los artículos de la edición especial de *Communisme*, 15-16, 1987; y Frédéric Sawicki [1988].

[118] Maurice Agulhon [1970].

[119] Offerlé [1985].

CUADRO 15. *Interés declarado por la política y la sindicalización*
(población obrera) (en porcentaje)

Declaran sentir interés por la política	Sindicalizados			No sindicalizados	Conjunto
	CGT	CFTC CFDT	FO		
1955[1]					
mucho	26	13	5	3	11
poco	49	67	65	48	50
nada	25	20	30	49	39
Total	100	100	100	100	100
1970[2]					
mucho	22	16	19	9	–
bastante	24	32	27	25	–
poco	31	35	38	35	–
nada	22	18	15	30	–
Total	≅ 100	≅ 100	≅ 100	≅ 100	–

1) *Sondages*, 21 de febrero de 1956, p. 73; 2) Adam y cols., *L'ouvrier français en 1970*, ob. cit., p. 208.
Tomado de Gaxie, *Le cens caché*, ob. cit., p. 175.

las redes de obligaciones recíprocas en máquinas electorales. La participación "es más bien [...] la respuesta a una solicitud, incluso el enrolamiento en una tropa a pedido del mandamás".[120] En este sentido, es más el *producto de un conjunto de factores sociales coaccionantes,* que la aspiración de los individuos de controlar siquiera un poco el gobierno de la sociedad a la que pertenecen.

LAS ELECCIONES

Según la imagen más difundida, el acto de votar es la forma "mínima" de la participación; es la que abarca al mayor número de individuos, la que supuestamente da la medida menos controvertible de su interés por la política, la

[120] Lancelot [1985], p. 79.

que se concibe como expresión periódica de las opiniones y preferencias políticas de los ciudadanos. La elección posee un *alto valor* como fundamento exaltado de la democracia, momento decisivo en que todos los miembros de una comunidad política eligen sus representantes y la orientación general de las políticas que los afectarán. Fuente de la legitimidad reivindicada por los dirigentes, desde este punto de vista sólo se la puede presentar como el resultado de un conjunto de decisiones racionalmente motivadas que se supone todos los ciudadanos son capaces de tomar: elección entre programas y candidatos cuyos méritos respectivos serían evaluados por cada uno a la luz de su concepto de lo deseable; elección entre políticas juzgadas de acuerdo con sus objetivos, credibilidad y oportunidad.

Es fácil comprender que las críticas de la "mitología democrática" apunten sobre todo a esta imagen idealizada del voto y hayan refutado la mayoría de los postulados, explícitos o implícitos, contenidos en ella. Ante todo, el de la igualdad de aptitudes de todos los ciudadanos para participar y emitir "opiniones" políticas motivadas por consideraciones racionales: la participación electoral, como todas las demás formas de participación, está *distribuida desigualmente* según los grupos sociales. Los que no votan o lo hacen en contadas ocasiones (los abstencionistas "habituales") son más numerosos en las categorías más desposeídas de la población: obreros rurales y pequeños campesinos, peones, obreros no calificados y personal de servicio;[121] son los mismos que demuestran menor interés por la política, que no poseen los criterios de evaluación requeridos para comprender lo que está en juego en la competencia electoral, que tienen la relación más distante (o ninguna relación apreciable) con las actividades políticas cualesquiera que sean (véase el cuadro 16); así, la marginación social y cultural de estos individuos se expresa en la no participación electoral y la incapacidad para dominar esquemas y categorías de juicio propiamente políticos, es decir, conformes con la definición predominante de este orden de actividades.[122] También se ha refutado el postulado según el cual las decisiones de los electores resultan de opiniones individuales racionalmente motivadas: la valorización de las *determinaciones "fuertes"*, en especial la pertenencia a una clase o grupo social consolidado por un conjunto de intereses coherentes, ha llevado a relativizar en extremo la parte que corresponde a la decisión personal en el acto de sufragar. Algunos autores han llegado al extremo de afirmar que la orientación del voto era generalmente el producto directo de esas determinaciones, que en la práctica era como si la clase o el grupo —no el individuo— decidiera esa orientación. Se llegó a decir que el voto de un obrero especializado por un candidato de "derecha" era una "aberra-

---

[121] Sobre los factores del abstencionismo electoral, la obra de referencia en francés es Lancelot [1968].

[122] Incapacidad destacada por los trabajos del "grupo de Michigan"; véase Campbell y cols. [1960].

CUADRO 16. *Abstensionismo electoral según el uso de los medios de difusión masivos durante la campaña electoral de 1962 en Francia*[1]

	Referéndum de 1962			Elecciones legislativas de 1962[2]		
	Votantes	Declara no haber votado	No contesta	Votantes	Declara no haber votado	No contesta
No escuchó por radio ni vio por televisión al general De Gaulle pronunciar un discurso	14%	38%	26%			
No escuchó por radio ni vio por televisión a los políticos	22%	49% 35% 42,5%		23%	43% 32% 40,2%	
Lee las noticias políticas en los diarios						
regularmente	34,5	11	16	34,9	13,9	
a veces	34,0	22	30	33,4	28,2	
casi nunca	17,4	26	25	17,5	24,0	
nunca	13,6	41	28	13,7	32,6	
no contesta	0,3	0	1	0,2	1,1	

1) Según Michelat, "Télévision, moyens d'information et comportement électoral", *Revue française de science politique*, 14 (5), octubre de 1964, pp. 887-892; Lancelot, *L'abstentionnisme électoral en France*, París, Presses de la Fondation nationale des sciences politiques, 1968, p. 166. 2) Primera vuelta.
Cuadro tomado de Gaxie, *Le cens caché*, ob. cit., p. 203.

ción", una desviación difícilmente explicable en relación a las preferencias "normales" del grupo y, por lo tanto, atribuible a la "alienación" sufrida por ese agente social y a la acción persuasiva de los "aparatos ideológicos" de clase o del Estado. Desde este punto de vista, lo que antes era la constatación estadística de una orientación predominante en tal o cual grupo socioprofesional se convertía en una regla predictiva, incluso normativa, acompañada de consideraciones teóricas sobre los determinismos sociales que definían las conductas individuales: concepción extrema que hoy resulta insuficiente.

De ahí que se estudie el voto con los criterios de análisis y las conclusiones verificadas por la participación política. Las explicaciones posibles de las conductas electorales, sea desde el punto de vista del grado de movilización electoral o de las preferencias expresadas, son en gran medida las que hacen a los mecanismos sociales de la participación. No obstante, conviene tener muy en cuenta las *particularidades de esta forma de actividad política*. Se presenta al voto como un deber cívico, a la abstención como un signo de indiferencia, incluso una falta a la democracia; mientras que afiliarse a un partido, asistir a manifestaciones, militar o participar de reuniones políticas aparecen como actividades posibles, incluso tal vez deseables, pero en modo alguno exigibles a la mayoría de los ciudadanos. La imagen del voto como acto fundamental de la vida política es difundida por muchos agentes, llevados por sus intereses comunes, pero también propios: organizaciones políticas y gobiernos, para los cuales la realización periódica de elecciones es una encrucijada fundamental; comentaristas y encuestadores, que encuentran en ellas la materia de su actividad profesional; asociaciones y agrupamientos que las utilizan para plantear sus reivindicaciones, etc. Si en un sentido general, como se ha visto, la participación resulta de incitaciones múltiples, en este caso ellas son particularmente fuertes y su eficacia relativa deriva de su conexión con el difundido sentimiento de que se trata de una *obligación moral*. El abstencionista que "se va de pesca", el elector sin opinión definida, son acosados por las encuestas, denunciados por los líderes de opinión, señalados como responsables del "debilitamiento de las concepciones democráticas" y los "perjuicios de la despolitización" en nuestras sociedades.

Los determinantes sociales del voto

El factor de clase

Muchos factores parecen determinar parcialmente la participación electoral de los individuos e influir sobre sus preferencias (por tal "familia" política, la derecha o la izquierda, tal partido, tal candidato). Por ejemplo, *la edad y el sexo* tienen un efecto mensurable sobre el empadronamiento electoral y el abstencionismo, regular o esporádico:[123] es así como los más jóvenes demoran su inscripción y, una vez hecha, votan menos que sus mayores; los electores mayores son más abstencionistas que los comprendidos entre los 30 y 60 años; las mujeres votan menos que los hombres.[124] Sin embargo, estos factores no parecen

---

[123] Lancelot [1968]. Véase también nota 104.

[124] Esto último se verifica cada vez menos, y el sexo aparece hoy como una variable poco determinante, sobre todo en los sectores sociales más favorecidos. Véase Françoise Subileau, Marie-France Toinet [1985] (y 2da ed., 1989, a la que pertenecen estas referencias). Véase también Mariette Sineau [1988], donde se analiza la evolución de las representaciones que se hacen de la política las mujeres "comprometidas".

afectar las *decisiones* electorales: no se ha verificado universalmente el presunto "conservadurismo" de las mujeres, y si bien se lo ha detectado en ciertos grupos sociales y en determinados períodos, parece depender de su relación con el trabajo y de la imagen que se presenta de su rol social, más que de inverificables y sospechosas "características psicológicas" de su sexo. La tendencia de los más jóvenes de votar "por la izquierda" no es estable ni se la ha verificado en todos los países; tampoco se la puede aislar de los *efectos generacionales*, es decir de características, comunes a los individuos de una franja de edad, que pueden ser producto de coyunturas demográficas, sociales o políticas particulares (una guerra, un influjo de profesionales en el mercado laboral, la experiencia de un gobierno autoritario o una crisis económica y social de gran magnitud): es así como "una vez verificados los fenómenos de generación, de período, ciclo de vida y tomados en cuenta los factores vinculados con la demografía, la edad aparece como una variable de escasa importancia".[125] De todas formas, cuando se intenta medir el peso relativo de las diversas variables, la edad, el sexo, incluso el lugar de residencia o la generación resultan en sí mucho menos determinantes que el hecho de pertenecer a una clase o sector social; con todo, pueden reforzar o atenuar los efectos de esa pertenencia.

Por consiguiente, el *posicionamiento de los electores* entre la "derecha" y la "izquierda", así como entre los distintos partidos está estrechamente correlacionado con el hecho de *pertenecer a un sector social*. Aquí se utilizará el ejemplo de Francia. El cuadro 17 muestra que los miembros de los grupos socioprofesionales más favorecidos (económica, social y culturalmente) suelen votar a la derecha más que a la izquierda: el desequilibrio en favor de aquélla está más acentuado entre los patrones de la industria y el comercio y, dentro del mismo grupo, en los sectores más acomodados (industriales y grandes comerciantes más que pequeños comerciantes y artesanos). A la inversa, el grupo de los obreros se caracteriza por una fuerte inclinación hacia la izquierda, aunque menos acentuada entre los capataces, el sector socioprofesional menos dominado en el trabajo y la vida cotidiana. Se observa la misma orientación en el grupo de los cuadros medios. Sin embargo, dos grupos aparecen como cúmulos artificiales de sectores con conductas contrastantes: si bien los profesionales liberales y los cuadros administrativos superiores votan mayoritariamente por la derecha, la mayoría de los profesores prefiere a la izquierda; si bien los empleados de oficina dan sus votos a la izquierda, los de comercio muestran una ligera inclinación hacia la derecha. Por último, se observa

---

[125] Annick Percheron [1985], p. 262. El debate abierto, y muy indeciso, sobre los "efectos generacionales" es el tema del trabajo colectivo dirigido por Jean Crete y Pierre Favre [1989]. Véase sobre todo las hipótesis presentadas en el capítulo de Paul Abramson sobre la extensión de las actitudes más tolerantes hacia el inconformismo que caracterizarían a las nuevas generaciones (pp. 142-143). Lacroix [1981] plantea persuasivamente el problema de los ciclos escolares y los efectos generacionales.

CUADRO 17. *Relación izquierda-derecha por categoría socioprofesional entre los activos en la primera vuelta de las elecciones legislativas de 1978*
(en porcentaje)

0. Agricultores explotadores	25	(220)
1. Asalariados rurales	50	(18)
2. Patrones de industria y comercio	31	(198)
industriales	0	(9)
artesanos	43	(61)
grandes comerciantes	12	(17)
pequeños comerciantes	31	(111)
3. Ejecutivos superiores, profesionales liberales	47	(165)
profesionales liberales	24	(38)
profesores	73	(62)
ingenieros	47	(15)
cuadros administrativos superiores	32	(50)
4. Cuadros medios	62	(314)
docentes	69	(100)
servicios médicos sociales	58	(60)
técnicos	65	(63)
cuadros administrativos medios	56	(91)
5. Empleados	62	(332)
empleados de oficina	66	(265)
empleados de comercio	45	(67)
6. Obreros	75	(554)
capataces	65	(51)
calificados	74	(221)
especializados	76	(178)
peones	76	(37)
otros	86	(59)
7. Personal de servicio	57	(111)
empleados domésticos	67	(9)
mujeres de limpieza	62	(16)
otros	55	(86)
8. Artistas, clero, ejército, policía	43	(37)
artistas	62	(13)
clero	14	(7)
ejército, policía	41	(17)
Total de activos	56	(1956)

Cuadro tomado de Mayer, Schweisguth, "Classe, position sociale et vote", en: Gaxie, *Explication du vote*, ob. cit., p. 264.

una fuerte orientación hacia la derecha entre los agricultores propietarios, lo que no puede ocultar la variedad de posiciones sociales y situaciones profesionales entre los miembros de este grupo (desde los empresarios cerealeros o ganaderos hasta los pequeños propietarios que practican el pluricultivo en sus tierras dispersas).

La interpretación del voto sobre la base de una determinación "de clase" es lícita cuando de trata de un grupo coherente de sectores sociales, cuya situación está bien establecida: tal es el caso de los patrones y los obreros. En otros casos, se debe tomar en cuenta la categoría socioprofesional, no el grupo en el cual lo ha colocado un sistema de clasificación (sea el del Instituto Nacional de Estadísticas Económicas o el de tal o cual investigador). En estas condiciones, la *posición de asalariado* o *no asalariado* (patrones, agricultores propietarios, profesionales liberales, etc.) explica claramente las preferencias políticas. La *relación con el trabajo*, en la medida que implica una independencia valorada o una dependencia experimentada con respecto al patrón, la empresa que paga el salario o incluso el personal jerárquico parece determinar el apego a los valores de la derecha o la izquierda; así, los pequeños comerciantes, cuya posición social suele ser baja, que no cuentan con grandes recursos financieros y cuyo nivel de formación escolar es muy bajo, votan masivamente a la derecha.[126] Si bien los asalariados, incluso los que poseen un importante "capital" cultural (profesores) votan más bien a la izquierda, conviene tomar en cuenta su posición en la empresa (inclinación menos acentuada de los capataces y jerárquicos), el tipo de empresa en la que trabajan (diferencia entre los empleados de oficina y los de comercio) e incluso la persistencia de actitudes adquiridas en un medio social distinto de aquél en que son encuestados: así, entre los hijos de obreros se nota una marcada inclinación por la izquierda aunque ellos mismos no sean obreros.[127] Como se ve, la determinación del voto por la pertenencia a una clase o sector socioprofesional pasa por mecanismos muy complejos tales como la relación con el trabajo, la transmisión de creencias adquiridas en un medio anterior (por ejemplo, las derivadas de los conflictos entre obreros y tenderos a principios del siglo XX), la coherencia del grupo de pertenencia (mantenida por organizaciones y condiciones de vida particulares), incluso el grado de identificación de los individuos con los valores predominantes en el medio de referencia. También es necesario que esos valores sean objeto de un verdadero acuerdo social: los sectores socioprofesionales cuyas preferencias políticas son menos acentuadas se caracterizan sin duda por una relativa indecisión en cuanto a su *lugar en la jerarquía de grupos sociales*; es como si esa ubicación fuera objeto de evaluaciones contradictorias, "negociaciones" entre grupos e individuos, de donde resultaría sobre todo una discre-

[126] Monna Mayer [1986].
[127] Michelat, Simon [1977].

pancia sobre los valores y una dificultad para identificarse con la derecha o la izquierda: fenómeno que afecta, por ejemplo, a los cuadros administrativos medios, los empleados de comercio y los artesanos.

La "elección" de tal o cual partido dentro de la misma "familia" política también muestra un correlato con la profesión o el sector al que pertenece el individuo. En este nivel, el análisis requiere *tener en cuenta una multiplicidad de factores* que, sin embargo, no contradicen las tendencias generales señaladas más arriba. Al respecto nos limitaremos a señalar algunos ejemplos ilustrativos de esta necesidad (cuadro 18).

Si los agricultores parecen preferir el partido de centro derecha (UDF) al identificado como más derechista (RPR), es porque aquél reúne a un número mayor de "notables" rurales que éste; como máximo, la "preferencia" verificada expresa la existencia de una mayor oferta de candidatos más arraigados localmente y apegados a los intereses rurales por parte de la UDF. La notable preferencia de los profesores por el Partido Socialista (mientras que en *1978* los docentes también votaron por el comunismo), así como por los candidatos de extrema izquierda y ecologistas deriva sin duda tanto de su posición social relativamente elevada como de su afinidad con el discurso y las prácticas de organizaciones con fuerte presencia de los intelectuales. El voto obrero por el Partido Comunista no se puede comprender sin referencia al sistema de acción del cual éste constituye uno de los elementos.[128] En la medida que un estudio pretende explicar las preferencias precisas (a favor de un partido o candidato, no sólo de una "familia" abstracta), mayor debe ser el número de determinantes a introducir en el análisis; es en este nivel de interpretación que la edad, el sexo, el lugar de residencia, las prácticas profesionales y los efectos generacionales adquieren toda su dimensión explicativa.

Por consiguiente, la introducción de variables secundarias permite afinar el análisis de la determinación del voto por la pertenencia a una clase o sector social. Por eso los estudios sobre la conducta electoral tienden a destacar la *variedad de situaciones concretas de pertenencia*. El obrero británico de Gales o de las Midlands no se encuentra en la misma situación que el de una ciudad industrial del conurbano londinense, aunque trabaje en el mismo sector de actividad; el "contexto regional", el ambiente social particular, las distintas formas de competencia política en cada caso explican las notables diferencias de conducta dentro del mismo sector social; la manera particular como se vive la pertenencia a una clase deriva de las condiciones propias de una circunscripción y la receptividad de los electores a la oferta política (discursos, tipos de candidatos, programas) varía así en función de múltiples factores.[129] Esos factores

---

[128] Véase cap. 5. Puesto que el cuadro se refiere a las elecciones de 1978, el "asentamiento" del electorado comunista todavía no ha tenido un efecto claro.

[129] Patrick Dunleavy, C. T. Husbands [1985]. Para una presentación crítica detallada de los estudios electorales recientes en Gran Bretaña, véase Leruez [1986].

CUADRO 18. *El voto del 12 de marzo según la profesión ejercida*
(en porcentaje)

	PSU, Extrema izquierda	*PCF*	*PS-MRG*	*Ecologistas*	*UDF*	*RPR*	*Otros*	*Abstención, en blanco, anulado, SR*	*Efectivos*
Agricultores	1	6	15	2	36	26	2	13	256
Pequeños comerciantes, artesanos	3	5	20	1	21	28	2	20	219
Industriales, profesionales liberales, grandes comerciantes	1	7	7	3	42	32	3	4	69
Ingenieros, cuadros administrativos superiores	3	7	21	4	35	18	1	12	77
Profesores	9	15	33	13	10	9	2	9	79
Docentes	6	24	24	4	11	13	1	17	127
Técnicos	5	23	23	7	14	7	5	17	75
Servicios médicos y sociales	11	8	28	3	17	13	3	17	83
Cuadros administrativos medios	4	16	30	3	21	15	3	8	102
Empleados de oficina	5	21	30	3	13	14	3	12	315
Conjunto de capas medias asalariadas	6	19	28	5	14	12	3	13	781
Empleados de comercio	2	18	16	1	22	21	2	18	83
Personal de servicio	2	16	28	2	19	15	3	16	124
Obreros	3	34	28	1	10	11	1	12	639
Conjunto de activos	3	19	25	2	18	16	3	14	2 335

Cuadro tomado de Lavau, Grunberg, Mayer, comps., *L'univers politique des classes moyennes*, París, Presses de la Fondation nationale des sciences politiques, 1983, p. 368.

modifican y a veces corrigen los efectos predominantes de la situación socioeconómica, pero no los anulan. A la inversa, se ha demostrado que las situaciones de *pertenencia reforzada* acrecientan la probabilidad de un voto conforme con las preferencias estadísticamente dominantes en el grupo social considerado: la posesión por parte de un elector de "atributos obreros" acumulados (por ejemplo, que sea un obrero hijo de obreros con una esposa nacida en un hogar de obreros) aumenta las probabilidades de que vote por la izquierda y por el partido que más se identifica en su medio con la clase obrera.[130] Cualquiera que sea el grado de análisis, la pertenencia a una clase o sector social aparece como una variable explicativa esencial; los intentos esporádicos por limitar su alcance son poco convincentes, sobre todo en la medida que se apoyan en cúmulos estadísticos demasiado "masivos" para ser adecuados.[131]

Una cosa es constatar la fuerte influencia de esta variable sobre la inclinación del voto; otra cosa es explicarla. Se ha visto la importancia de la diversidad de situaciones de pertenencia; se ha señalado el carácter variable de la identificación de los individuos con los valores grupales predominantes, sobre todo en función del acuerdo en torno de éstos; se ha subrayado el papel de la relación con el trabajo, que es consecuencia en parte de una evaluación hecha por los propios individuos. Es decir, la *determinación no se ejerce de manera mecánica*, ni siquiera cuando demuestra ser particularmente fuerte y explicativa. Si los patrones de la industria y el comercio se inclinan a votar por la derecha, no es porque padecen —bajo la forma de una coacción inmediata— los efectos de su posición profesional sino porque han interiorizado las creencias, adoptado las representaciones vigentes en su "medio"; porque han recibido una formación particular y asimilado los esquemas de interpretación del grupo, alentados por la familia, las asociaciones, las redes de relación en las que participan; porque han aprendido a "hacer la experiencia" de sus diferencias con respecto a los demás grupos sociales. La determinación del voto por la pertenencia de clase pasa por una identificación —que no es sino *parcialmente* voluntaria— con esa clase; es resultado de un proceso de construcción de la personalidad que refuerza la cohesión del grupo a la vez que ayuda al individuo a interpretar sus vivencias conforme a los valores predominantes en su seno.[132]

La reflexión sobre la conducta electoral de los sectores (o "capas") medios asalariados en Francia aclara este concepto. Estos grupos evolucionan

---

[130] Gérard Grunberg, Etienne Schweisguth [1981].

[131] En este sentido, la tesis de la escasa pertinencia de la variable de clase para explicar las preferencias de los electores italianos por la democracia cristiana o el Partido Comunista no resiste el examen profundo de las categorías de obreros o campesinos y la variedad de situaciones concretas de afiliación a estos grupos según las regiones.

[132] El concepto de *habitus* desarrollado por Bourdieu corresponde perfectamente a este proceso, aunque privilegia en extremo su dimensión involuntaria y atribuye escasa importancia a los efectos de una identificación consciente y "racional" al grupo.

"hacia la izquierda" —su voto por los candidatos que se reivindican de izquierda aumenta sensiblemente—, lo que los diferencia claramente del grupo de pequeños comerciantes y artesanos, con los cuales se los suele agrupar mediante la construcción de un cúmulo arbitrario llamado "clases medias". Su posición común de asalariados, su nivel de ingresos relativamente bajo y la elevación de su nivel educativo medio de los últimos años sólo explica su "viraje a la izquierda" en la medida que sus miembros tienden a adoptar las modas comunes de pensamiento, creencias y representaciones de la sociedad. En otras palabras, se debe postular una correlación entre la evolución de sus preferencias políticas y el acuerdo progresivo sobre *el lugar de estos sectores en la jerarquía social*. Así nacería un conjunto de creencias acorde con las representaciones establecidas o, si se quiere, objetivadas, de "lo que es" la izquierda en Francia. Conjunto de creencias que Gérard Grunberg y Etienne Schweisguth llaman el "liberalismo cultural", definido como "conjunto de valores que, sin ser contradictorios con los valores capitalistas o de defensa de los intereses colectivos de los asalariados ni tampoco estar implícitos en ellos, están centrados en los conceptos de libertad y desarrollo del individuo".[133] La posición socioprofesional de los individuos que pertenecen a las capas medias asalariadas facilita su adhesión a este "liberalismo cultural", tanto más por cuanto son jóvenes, viven en una ciudad importante, tienen un título superior, trabajan en los servicios y no cumplen funciones de autoridad en sus empresas.

En términos más generales, la determinación de clase o sector social supone que los individuos "recibieron y tomaron a su cargo" un *sistema simbólico* que funciona para cada uno como sistema de percepción de las relaciones políticas, la jerarquía de las posiciones sociales, los actos legítimos o ilegítimos, incluso las conductas adaptadas a los problemas que pueden enfrentar en la vida cotidiana. Esos sistemas, inseparables *aquí* de la situación socioprofesional, "estructuran sobre el modo de la evidencia, percepciones, valoraciones, convicciones y conductas, tanto en la esfera privada doméstica, íntima, como en el terreno profesional (y, más allá, en las conductas con incidencia económica) o de las actitudes, opiniones y conductas de significación más o menos inmediatamente política".[134] A partir de ello se comprende que la acción constante de las organizaciones, asociaciones y redes, agentes colectivos que mantienen y difunden los sistemas simbólicos, puedan reforzar la cohesión —y por consiguiente, la influencia sobre el voto— de las clases y los grupos sociales en la medida que se identifican con la defensa de los "intereses" de aquéllos y se presentan como sus representantes. Así es concebible que grupos constitui-

---

[133] Grunberg, Schweisguth [1983], p. 360. Todo este libro aboga por la construcción de dos grupos bien diferenciados (asalariados y no asalariados). Lacroix [1983] destaca el valor heurístico de esta construcción, aunque en ciertos sentidos es bastante discutible.

[134] Michelat, Simon [1977]. Se puede aplicar este análisis a los efectos de la investigación tal como los visualizan Berger y Luckmann [1986].

dos sobre otras bases que las socioeconómicas puedan aparecer como poderosos agentes de determinación del voto.

La identificación con grupos referentes

Anteriormente se vio cómo los sistemas de acción ayudan a constituir grupos referentes, cuya representación en la esfera de las actividades políticas es asumida por las organizaciones partidistas.[135] En muchos países europeos (y también latinoamericanos) esos sistemas reivindican más o menos explícitamente a la Iglesia Católica y los valores asociados con ella. Sin que se pueda relacionar la coherencia de esos grupos con las situaciones socioeconómicas que caracterizan a sus componentes, se constata que el sistema simbólico generado por ellos incide fuertemente sobre las conductas electorales, desde el empadronamiento hasta las preferencias. Así sucede en Bélgica, Italia, Países Bajos y, en menor grado, en Alemania y España. También sucede en Francia, donde los efectos de la "variable religiosa" parecen incluso más importantes que los de clase para explicar las variaciones de las preferencias políticas.[136] El cuadro 19 muestra una correlación impresionante entre el grado de *identificación con el sistema simbólico católico* (tomando como criterio la asiduidad de la práctica religiosa) y la tendencia a votar por los partidos de derecha; a la inversa, los individuos "sin religión" (es decir, esencialmente, en el contexto francés, los que se niegan a identificarse con el grupo católico), votan masivamente a los partidos de izquierda. Esta constatación está comprobada, cualesquiera que sean los indicadores utilizados para apreciar la identificación con el catolicismo. Guy Michelat y Michel Simon[137] encuentran una estrecha correlación entre el voto y la posición de los individuos en una escala de integración religiosa, construida según la asiduidad de la práctica (ritualismo) y la capacidad para dominar las categorías y los esquemas de las creencias católicas (ortodoxia). Frédéric Bon y Jean-Paul Cheylan[138] elaboraron mapas que permiten "visualizar" la correlación, por ejemplo al mostrar una relación negativa entre el voto de izquierda —sobre todo comunista— y la exposición de los individuos a la influencia del clero y las organizaciones católicas según las regiones (véanse los mapas más abajo).

La identificación con los valores y las creencias fomentados por el sistema de acción "católico" (es decir, los curas, las escuelas privadas, los movimientos juveniles, las asociaciones religiosas, las organizaciones sindicales, profesionales, caritativas o culturales dirigidas y mayormente integradas por católicos)

---

[135] Véase cap. 5.
[136] Michelat, Simon [1977].
[137] Michelat, Simon [1985], pp. 298-301.
[138] Frédéric Bon, Jean-Paul Cheylan [1988].

CUADRO 19. *El voto en 1986 según la práctica religiosa*
(en porcentaje)

	PC	PS	UDF-RPR	FN	Voto de izquierda
Católico practicante asiduo	2	16	67	9	20
Católico practicante esporádico	4	23	56	11	29
Católico no practicante	11	35	38	11	49
Otra religión	5	40	42	6	49
Sin religión	21	47	17	8	74
Conjunto	10	32	42	10	45

Nota: Practicante asiduo: que va a misa al menos una vez por mes. Esporádico: de vez en cuando, en las grandes festividades. No practicante: en las festividades o nunca. Voto de izquierda: proporción de votantes de izquierda entre los electores que dijeron votar por derecha o izquierda, excluyendo los ecologistas.

Cuadro tomado de Mayer, "Pas des chrysanthèmes pour les variables sociologiques", en: Dupoirier, Grunberg (comps.), *Mars 1986, la drôle de defaite de la gauche*, París, Presses Universitaires de France, 1986, p. 152.

tiene múltiples efectos, entre los cuales la orientación del voto es *apenas una dimensión*. Aquí el voto por la derecha va de la mano con una fuerte valorización de la familia y, como corolario, con la tendencia a la constitución de un "patrimonio" familiar. Traduce políticamente una serie de disposiciones que toman la forma de juicios en materia de conducta moral y de relación: hostilidad a la interrupción del embarazo, condena de prácticas consideradas aberrantes (homosexualidad, adulterio), rechazo de las concepciones "inmorales" atribuidas a los adversarios (relajamiento de las costumbres, aceptación de la disolución del vínculo conyugal). En cierta forma, la conducta electoral parece tributaria de una verdadera "subcultura". Por consiguiente, el militante católico que vota a la izquierda rompe con ese sistema complejo y coherente de valores y prácticas, hasta el punto de que se puede afirmar como hipótesis que su opción electoral expresa en muchos casos el rechazo de la visión de mundo predominante en el grupo al que pertenece; este proceso puede ir acompañado por la reivindicación de otra concepción religiosa, concretada en alguna ocasión por los movimientos de acción católica.[139]

---

[139] Sobre las concepciones divergentes de la vida social entre los católicos, véase Jean-Marie Donegani [1986].

Voto comunista y densidad del clero

Campo de fuerza del PCF entre 1958 y 1986

Tres grandes bastiones de la corriente comunista: el sur mediterráneo, el oeste y el norte del macizo central, el sector norte de la cuenca parisina hasta Dunkerque, se oponen a las zonas débiles: oeste interior, este de Francia y sur del macizo central, País Vasco. Estos últimos son bastiones de la derecha tradicional.

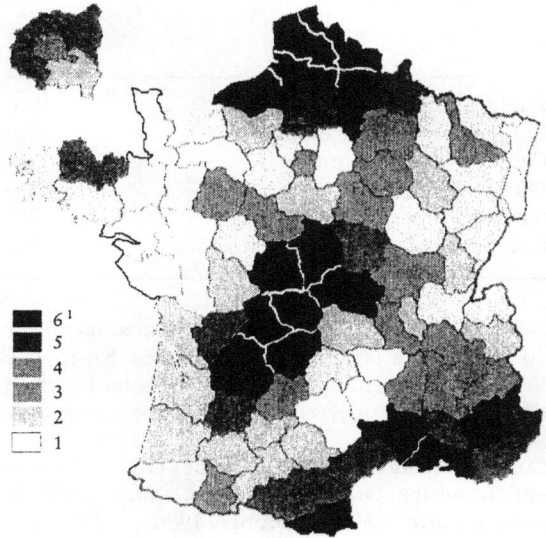

6 [1]
5
4
3
2
1

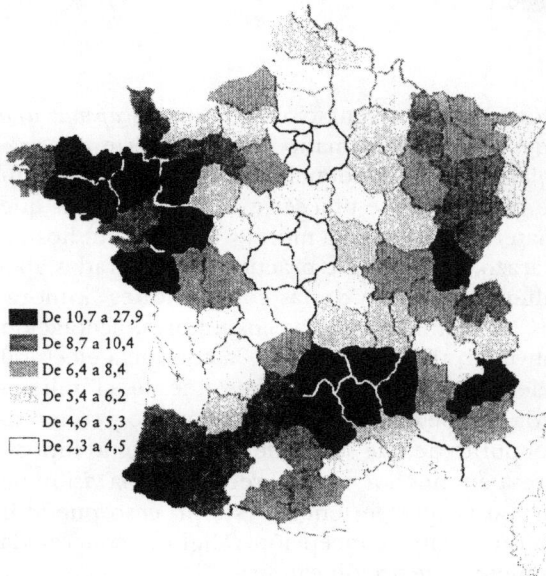

De 10,7 a 27,9
De 8,7 a 10,4
De 6,4 a 8,4
De 5,4 a 6,2
De 4,6 a 5,3
De 2,3 a 4,5

Sacerdotes activos (curas por 100 000 habitantes. Le Bras y Todd, 1981, según Potel)

La distribución de curas activos, similar a los votos por la derecha tradicional, coincide casi totalmente con las zonas de debilidad del comunismo. La exclusión de las culturas sigue siendo una realidad, la incompatibilidad de las ideologías conoce raras excepciones, como Ardèche y Côtes-d'Armor; se trata de departamentos poco homogéneos

Mapas y comentarios tomados de Bon y Cheylan, *La France qui vote*, París, Hachette, 1988, pp. 55 y 63.
[1] Sólo se señalan las diferencias de color, ya que los valores estadísticos no interesan en el mapa de los resultados electorales.

Por ello se debe emplear gran prudencia al relacionar una identificación tan global y fundamental con otros tipos de pertenencia: a un grupo étnico, una comunidad local muy estructurada o un "clan".[140] Desde este punto de vista, la *identificación con un partido* es sólo una versión atenuada y parcial del fenómeno considerado. Es verdad que en ciertos casos (partidos comunistas y socialdemócratas de Europa occidental, peronismo argentino, fundamentalismo islámico, etc.) es parte de la identificación con un sistema de organizaciones complejo y global. En otros casos, parece limitarse a la adhesión rutinaria a una organización política, que no implica la aceptación de una concepción del mundo y de las relaciones sociales que abarca todas las dimensiones de la existencia. Con todo, esta *identificación particularmente política* puede ser muy determinante, como lo demostraron los trabajos del "grupo de Michigan", que la considera el factor que mejor permite predecir el voto en Estados Unidos.[141] Hasta 1964, más de un tercio de los votantes declaraba una fuerte adhesión al Partido Demócrata o al Republicano y decía compartir las concepciones de uno u otro; los que se negaban a identificarse con ellos eran apenas una cuarta parte de los encuestados. La identificación partidaria se debilita a partir de 1966, hasta caer en 1978 al 20% de los votantes (fuerte identificación), contra el 40% que se negaba a reivindicar un partido (gráfico 6). Es evidente que la identificación con un partido, cualesquiera que sean las implicaciones morales y afectivas, no tiene la incidencia ni la fuerza de la identificación con un grupo que abarca todos los aspectos de la vida familiar, profesional y cultural de los individuos; lo cual no significa que deje de influenciar sobre las preferencias en el momento de votar.[142]

Coacción de voto y condiciones de la elección

El aprendizaje de una obligación social

Votar significa aceptar en la práctica una regla del juego, contribuir a la *instauración de un orden político*. Entiéndese por ello que otras formas de participar en los debates y enfrentamientos entre grupos sociales son *excluidos* por la actividad electoral, descalificados, relegados a la esfera de las prácticas ilícitas, llamadas "salvajes", antidemocráticas, peligrosas e ilegales. Aunque dependientes de las condiciones económicas, de las coyunturas de hambruna y desocupación, las movilizaciones populares que se suceden entre 1789 y 1794

---

[140] Véase, por ejemplo, Jean-Louis Briquet [1990].
[141] Campbell y cols. [1960]. Véase también Bernard Berelson y cols. [1944].
[142] Abramson [1989], p. 109.

GRÁFICO 6. *Evolución de la intensidad partidista y de la identificación partidista en la población blanca de Estados Unidos, 1952-1984*

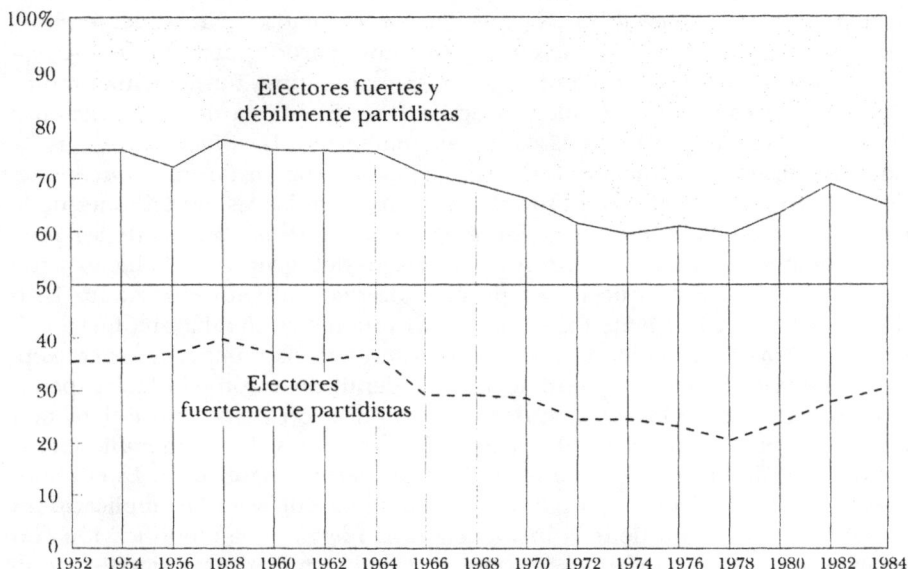

Según Abramson [1989], p. 109.

son actividades políticas; lo son en el sentido de que tienden a dividir a los hombres en función de criterios explícitamente políticos (patriotas, enemigos de la libertad o de la Constitución, etc.); que expresan una concepción particular de las relaciones entre el "pueblo unido" o el "pueblo en armas" y sus representantes (según la cual éstos dependen de sus mandantes); que permiten denunciar la timidez de los diputados, incluso su complicidad con los opresores. En estas movilizaciones se afirman brutalmente prácticas muy alejadas del juego electoral: ¿se dirá que los ciudadanos franceses estaban "escasamente politizados" o eran incapaces de comprender la significación política de los sucesos por el simple hecho de no revelar el menor entusiasmo electoral (las elecciones para la Convención de 1792 movilizaron a un sector ínfimo del electorado)? Parece más justo considerar que sus prácticas son formas no domesticadas —o "no civilizadas" según el término de Norbert Elias— de participación política.

Muchas movilizaciones tienen por efecto (cuando no por objetivo asignado por los agentes movilizadores y los comentaristas) el dar lugar a prácticas políticas *contrarias a los principios del juego electoral*: motines antiparlamentarios, enfrentamientos a veces cruentos entre grupos étnicos o religiosos cuya significación política —aunque sea difícil de descifrar— no es en modo alguno marginal, así como actos de violencia colectiva destinados a forzar la voluntad del gobierno en mayor grado y más rápidamente que un hipotético "voto castigo". Así, la no participación en las elecciones puede expresar algo muy distinto que una incapacidad social para "formarse una opinión" o asimilar correctamente las categorías de juicio político: el desposeimiento de una relación con la política inadmisible en el orden instituido de la representación electiva. El voto significa el triunfo, siempre precario y frágil, de una concepción que se impuso lentamente hasta convertirse en la única legítima, es decir, aceptable. Dista de ser aceptada universalmente; el aumento del abstencionismo electoral es tal vez el signo de que ciertos sectores de la población no participan —o han dejado de participar— de un "juego" cuya utilidad y eficacia se les escapa; que sustituirían de buen grado por otras modalides de relación política si concibieran la posibilidad de hacerlo.

El aprendizaje del sufragio universal y sus complejas tecnologías[143] instaura progresivamente una concepción exclusiva del orden político legítimo: la de un enfrentamiento, sin otra violencia que la verbal, entre representantes elegidos por una suma mayoritaria de votos individuales emitidos a su favor. Tiende así a disociar las prácticas políticas de las demás prácticas sociales y asignarles reglas propias; "tiende a autonomizar la actividad política en la exacta medida que libera al votante de la maraña de múltiples vínculos que lo definen socialmente".[144] Impone al ciudadano una *doble obligación*: la de no expresar sus eventuales preferencias políticas sino mediante el voto (o cualquier otra actividad reconocida, como afiliarse a un partido o manifestar sin atentar contra el orden público) por un lado; y por el otro, la de elegir entre lo que le ofrecen los agentes especializados (partidos y candidatos). En este sentido, el aprendizaje del sufragio universal impide el surgimiento de cualquier otra concepción, la condena a la ilegalidad, la descalifica con la acusación de inmadurez política o la sospecha de incompetencia. Se puede medir con mucha precisión la fuerza de las resistencias que encuentra el proceso de acostumbramiento al voto obligatorio y a la vez hasta qué punto era —y en algunos casos sigue siendo— extraña a muchos grupos sociales. Así, a fines del siglo XIX, una alta proporción de votantes potenciales (es decir, que poseían legalmente el sufragio) no se había inscrito en los padrones electorales de las zonas urbanas: un cuarto en París, un tercio en Burdeos. La participación en relación con el número de votantes potenciales muestra una tasa baja de movilización electoral, del orden del 50% en Burdeos, Le Havre o Saint-Etienne (menor aún en Brest, Rouen y Saint-Nazaire) y del orden del 60% en Lille y

---

[143] Véase sobre todo Alain Garrigou [1988]; Yves Deloye, Olivier Ihl [1991].
[144] Garrigou [1988], p. 45.

París.[145] En esas condiciones, la movilización de los electores es producto de la multiplicación de las incitaciones enérgicas a "entrar en el juego".

Entre los *agentes movilizadores*, corresponde reconocer un lugar muy importante a aquellos que tienen un interés personal inmediato en adquirir el derecho al sufragio. En los regímenes de padrón restringido, los grandes notables pueden aprovechar su posición social para reivindicar el papel de representantes, pero necesitan el reconocimiento y los votos de sus pares; la cosa es sencilla, basta que vayan a sufragar los votantes instruidos, que asimilan fácilmente las reglas de un juego que los beneficia y del cual pueden obtener ventajas personales (puestos, condecoraciones, pensiones) además de usar ese derecho para distinguirse en sociedad: votar es todavía un privilegio al que aspiran los pequeños burgueses. Con el sufragio universal, los candidatos menos favorecidos o carentes de estatus social legítimo deben esforzarse por crear en los votantes un sentimiento de obligación, hacerlos creer en la utilidad de una práctica a la que aún se resisten. Con ese fin utilizan todos los recursos movilizadores: oferta de bienes particulares, remuneración material, dinero, libaciones copiosas; oferta también de gratificaciones más abstractas, promesas de una vida mejor, de políticas más justas, de medidas sociales. Constituyen y mantienen grupos de favorecidos (clientelas) y protegidos (padrinazgo); aprovechan las redes de solidaridad por distrito, profesión, origen geográfico. En síntesis, se los puede calificar de "empresarios" políticos que sacan partido de un cúmulo de motivaciones y afinidades y a quienes se asigna el "sentido unitario" que justifica su pretensión de "representar".[146] Entonces surgen las organizaciones políticas, capaces de acumular de manera perdurable esos recursos variados.[147]

Sin embargo, no se puede subestimar la acción de agentes cuyo interés es menos directo y personal, pero a los que diversos factores impulsan a *hacer del voto una obligación social*. Los efectos de su acción se advierten claramente en Francia a fines del siglo XIX y comienzos del XX. Llevados por su creencia en las virtudes emancipadoras y educativas de la democracia, los maestros se convierten en apóstoles del sufragio universal, instrumento de lucha contra el "oscurantismo" de los devotos apegados a una concepción autoritaria y jerárquica del poder.[148] El clero se moviliza, a veces a regañadientes, en favor de una práctica que, espera, permitirá asegurar la elección de una sana mayoría de representantes conservadores, capaces de garantizar la defensa de los valores tradicionales y la derrota de los principios liberales: tal es el sentido de la consig-

---

[145] Offerlé [1985] distingue la "tasa de movilización", relación entre votantes y electores potenciales, de la "tasa de participación", relación entre votantes y electores empadronados.

[146] *Ibidem*. Véase también Raymond Huard [1985].

[147] Véase cap. 5.

[148] Jacques Ozouf [1967].

na de defensa de la República lanzada por el papa León XIII en 1891. Desde entonces, para los católicos votar es un deber; han hecho de la necesidad una virtud.[149] Asociaciones cívicas vinculadas con la masonería y la Liga de la Enseñanza también contribuyen a la creación y conservación de una imagen del sufragio universal como conquista esencial de la democracia, liberación del individuo de las ataduras sociales que limitaban su libre albedrío, condición fundamental del progreso moral e intelectual. Así, el consenso nace de un enfrentamiento entre grupos por el buen uso de una práctica, no de su coincidencia. Crece en la misma medida que se agudiza el enfrentamiento.

Hoy las campañas electorales son épocas privilegiadas para la reactivación del sentimiento de obligación. Muchos aspectos de estos enfrentamientos rituales tienden a *estigmatizar al asbtencionista*. Ante todo, el llamado insistente a cumplir un "deber cívico" por parte de organizaciones especializadas (cuyos carteles tapizan las paredes), los sindicatos, las iglesias, los medios de comunicación. Pero también intervienen una cantidad de asociaciones que aprovechan la ocasión para reforzar su credibilidad ante los candidatos ("no obtendrá los votos de los cazadores de palomas torcazas a menos que..."). A ellos se une el llamamiento apremiante de los dirigentes políticos, transmitido y justificado por los comentaristas, cuando responsabilizan a los abstencionistas por la eventual derrota del partido que, de obtener la mayoría en el Parlamento, velaría por sus intereses. Las organizaciones políticas y los agentes electorales ejercen una presión, difusa o expresa, al contabilizar y situar a los empadronados que no han votado, al buscarlos en sus propias casas, en autos o incluso en autobuses, si viven en colectividad, como en los hogares para jubilados. El elevadísimo costo de las campañas electorales, el uso de técnicas complejas de "contacto con los electores", el desarrollo de nuevas formas de comunicación no son producto tan sólo de la dureza de la confrontación; también se los considera una consecuencia de la obligación de "reactivar" el vínculo entre los electos y los electores mediante la periódica movilización electoral. Así se comprenden los esfuerzos desplegados por un diputado o un alcalde aun asegurada su reelección con una ventaja muy amplia sobre un rival desconocido: una campaña electoral activa le permite consolidar y acrecentar su legitimidad.[150] La acción de los agentes movilizadores, cualesquiera que fueran, consolida las disposiciones adquiridas durante el proceso de socialización de los individuos. Se vive la participación electoral a la manera de una coacción moral, o al menos se la presenta como tal: lo cual es, sin duda, un estímulo mucho más eficaz que la combinación de los cálculos racionales.

---

[149] Con todo, cabe recordar que una minoría activa de católicos desde un comienzo depositó sus esperanzas en el papel emancipador del sufragio universal, como Lamennais bajo la monarquía que impuso el padrón restringido.

[150] Groupe d'étude du métier politique (GEMEP), *Métier politique et communication*, informe de la investigación al CNRS, París, octubre de 1990.

La elección de los votantes

La importancia atribuida a las determinaciones fuertes —de clase, confesión religiosa o etnia— en la expresión individual de las preferencias, ¿permite negar que el votante hace una elección personal? Ante todo, adviértase que la decisión de votar por un partido o candidato determinado no se hace forzosamente en el *momento de la elección*. Así se plantea el problema de la adquisición de una preferencia permanente o, si se quiere, una "opción de identificación" inicial que tendrá consecuencias políticas persistentes y se expresará sobre todo en conductas electorales adaptadas. Considerada desde ese punto de vista, la opción política no se puede reducir al cálculo periódico; consiste en una serie de estimaciones y evaluaciones mediante las cuales el individuo adapta su conducta a su situación social y sus posiciones políticas a las exigencias de la situación... tal como él la ve.[151] En esas condiciones, la identificación con una preferencia política relativamente estable puede ser el producto de una sucesión de opciones más o menos pensadas entre presiones contradictorias. Un militante comunista que dice haber "comprendido" que su suerte está unida a la lucha de la clase obrera y no a la acción reformista de los partidos centristas por los cuales votan sus padres, expresa a su manera que ha "optado" por una conducta política de la cual derivan ineluctablemente sus preferencias electorales: decisión que otros, aun siendo minoritarios entre los obreros, no han tomado. Por consiguiente, no se debe concebir la elección política personal como una mera respuesta calculada a los envites coyunturales del período electoral. Esa opción, si existe, se debe aprehender *a largo plazo*.

Las decisiones de este orden no se manifiestan en la modificación de las preferencias de una elección a otra; la estabilidad de las conductas electorales las disimula, las encuestas no permiten descubrirlas. Por eso la reflexión sobre las condiciones de la decisión personal del votante se ha volcado en general al análisis de los cambios coyunturales en la expresión de las preferencias políticas. Se ha dedicado a sacar partido del descubrimiento de un *electorado* "*flotante*" o *inestable*, revelador de la existencia de realineamientos políticos, modificaciones de la decisión individual. En efecto, muchos estudios permiten medir la importancia creciente de la "volatilidad electoral", es decir, una proporción cada vez mayor de votantes escasamente identificados con algún partido, que se deciden en el momento de votar en función de otros factores y no expresan las mismas preferencias de una elección a otra. Así sucede hoy con dos tercios de los votantes británicos, que cambiaron una o más veces su preferencia electoral entre 1964 y 1979;[152] lo mismo hicieron uno de cada

---

[151] Lavau [1986], p. 316.
[152] Ivor Crewe [1985]. Véase una presentación detallada del problema en Grunberg [1985].

dos votantes franceses entre el 10 de mayo de 1981 y el 17 de junio de 1984. En Estados Unidos, se ha relacionado la volatilidad electoral creciente con el debilitamiento de la identificación partidista.[153]

En verdad, el elector "flotante" *no es forzosamente* aquel que toma una *decisión racional* en cada elección. La inestabilidad de sus preferencias puede ser producto de una mala comprensión de la oferta electoral, de un escaso interés por la política, incluso de la incapacidad para identificarse claramente con un partido. En este sentido, la volatilidad electoral reflejaría el fracaso de la socialización política en ciertos sectores de la población, sobre todo los más desposeídos desde el punto de vista cultural. Desde este punto de vista, el que cambia sus preferencias de una elección a otra es un votante irresoluto más que calculador, que se deja llevar por consideraciones alejadas de los criterios de apreciación estrictamente políticos: humores pasajeros, influencias momentáneas, impresiones superficiales recibidas al paso de los candidatos por la televisión, etc. Incómodo en una situación en que se ve *coaccionado a escoger* entre los términos confusos de una oferta que él no domina, el votante irresoluto cumple esta obligación al "optar" por un candidato sin saber bien por qué.[154]

Con todo, la inestabilidad electoral puede ser producto, en una proporción imposible de medir, de *decisiones motivadas* por apreciaciones y juicios de orden político. Esto remite entonces a lógicas de elección muy complejas de las que aquí se examinarán sólo algunas configuraciones. El cambio de preferencia de una elección a otra puede revelar en primer término que el individuo no aplica los mismos criterios de juicio en *distintos tipos de elecciones*. Así, un elector que vota regularmente por los socialistas en las legislativas, porque quiere que el gobierno esté en manos de los representantes de izquierda, bien puede votar por un alcalde derechista en las municipales, porque aprueba su gestión comunal, porque le reconoce el haber instalado guarderías, multiplicado los espacios verdes y mejorado la circulación en la ciudad. Esta coexistencia de dos lógicas de elección tiene efectos claros: los electorados de izquierda y derecha no son siempre los mismos en todas las elecciones, y la inestabilidad estadísticamente comprobada del voto se debe en parte a la alternancia de elecciones de distinta naturaleza. Es por eso que el general De Gaulle pudo contar con los votos de parte del electorado socialista y comunista, y que un socialista puede ser durante años el alcalde de una ciudad donde la mayoría de los votantes se vuelca hacia la derecha en las elecciones presidenciales.[155] Aquí, la volatilidad electoral es producto de la estabilidad relativa de distintas racionalidades.

---

[153] Gaxie [1982].
[154] Gaxie [1978], p. 233.
[155] Como en el caso de Pau y, más recientemente, Estrasburgo.

No se puede confundir con otra forma de volatilidad que corresponde a *rupturas de identificación episódicas y efímeras*, que según algunos autores son propias de las elecciones "sin obligaciones ni sanciones": las municipales y sobre todo las regionales, consideradas menos decisivas que las legislativas o presidenciales; elecciones cuyo sentido no es fácil de percibir para la mayoría de los votantes, como las del Parlamento Europeo. Es verdad que esas consultas pueden servirle al votante para expresar un malestar pasajero o la oposición a las políticas de un gobierno por el que volverá a votar en las legislativas siguientes. La "lógica de las elecciones intermedias", correctamente destacada en Gran Bretaña, parece confirmar la existencia de racionalidades divergentes en función de los tipos de consultas electorales y la importancia que se les atribuye.[156]

En términos más generales, la inestabilidad del voto puede ser producto de la *adaptación* de un sector del electorado a las *transformaciones de la oferta electoral*.[157] Se advierte este fenómeno, por ejemplo cuando la ausencia de un candidato centrista obliga a un cierto número de electores a elegir entre un candidato de izquierda y uno de derecha, es decir, a votar contrariamente a sus deseos o hábitos. También aparece en la conducta del "voto útil", es decir cuando los electores, al anticiparse a la decisión que deberán tomar en la segunda vuelta, prefieren pronunciarse desde la primera por el candidato "mejor situado" en la competencia. Entonces descartan a ciertos candidatos que sin duda prefieren políticamente, pero a quienes asignan escasas probabilidades de resultar electos o siquiera de estar presentes en la segunda vuelta. Sin duda, este mecanismo perjudica a los candidatos comunistas en las elecciones presidenciales.[158] En un caso extremo, una modificación drástica de la oferta electoral puede llevar a un sector del electorado a la abstención debido a su incapacidad para adaptar racionalmente su conducta a una coyuntura desusada.[159] Por consiguiente, la inestabilidad electoral responde a itinerarios y lógicas de elección muy variados, a los que es difícil atribuir la misma significación;[160] sin embargo,

---

[156] Véase una presentación completa del problema en Parodi [1983]. El autor considera que el retroceso de la izquierda en las elecciones municipales de 1983 es producto de un "voto de advertencia" emitido por los electores que votaron por François Mitterrand en 1981 y por un socialista en las elecciones legislativas; sin embargo, un tercio amplio de esos electores decepcionados o inquietos se pronuncia a favor de una victoria izquierdista en futuras elecciones parlamentarias.

[157] Adaptación individual a la oferta que analizan, en distintos términos, Grunberg [1985] y Gaxie [1985].

[158] Salvo cuando el candidato socialista aparece tan alejado de las posiciones del Partido Comunista que el fenómeno no lo favorece (1969).

[159] La tesis del abstencionismo como "opción" política es desarrollada sobre todo por Subileau, Toinet [1985]. Convengamos con Lancelot [1985] que esta clase de abstencionismo es de muy corto alcance.

[160] Georges Dupeux [1965].

demuestra que las preferencias expresadas en una elección obedecen, en una medida nada despreciable, a decisiones calculadas y racionalidades de decisión adaptadas a situaciones diferentes y percibidas como tales.

Se supone que el elector que vota en función de factores coyunturales es sensible a la personalidad de los candidatos y/o los temas del debate político. Siempre se destaca la importancia de la *popularidad de los candidatos*, incluso del "carisma" que se les atribuye, para explicar por qué ciertos votantes modifican sus preferencias políticas. Así, en 1952 y 1956, el general Eisenhower se benefició con los votos de los demócratas escasamente identificados con su partido; de la misma manera, en 1958 y 1962 el general De Gaulle obtuvo (para sí o para los candidatos que lo reivindicaban) un importante bloque de los votos de izquierda. En ningún caso se trató de una tendencia afectiva, sino de una evaluación de la capacidad de cada candidato para resolver los graves problemas del país: la guerra fría y las tensiones internacionales en aquél, la guerra de Argelia en éste. Por otra parte, sería equivocado pensar que todos los electores son insensibles al argumento, difundido por los medios, desarrollado en todos los ámbitos, aceptado por la mayoría de los formadores de opinión, que tiende a presentar a tal o cual candidato como el "hombre adecuado" para los tiempos de crisis o peligro; es significativo que en 1962 los adversarios del general De Gaulle rara vez pusieran en duda su capacidad para afrontar los problemas y prefirieran apuntar las críticas hacia su concepción "personalista" del poder presidencial. Por consiguiente, la popularidad es indisociable de los juicios de carácter político, de las apreciaciones sobre la situación y las posibilidades de acción que ofrece a los gobernantes. No le evitó al canciller Schmidt una derrota relativa en 1980 ni le ganó la elección presidencial a Raymond Barre en 1988.[161] Como además suele ser producto de las apreciaciones (realizadas por las elites políticas, los periodistas, etc.) sobre la gestión anterior de gobierno, también es producto de una serie de juicios políticos en la misma o mayor medida que una manifestación de adhesión al hombre y su "personalidad".

Algunos votantes prestan gran atención a los temas (para los norteamericanos, *issues*) que se plantean durante la campaña electoral. Estos temas son un elemento importante de la oferta política; la forma que adquieren durante la campaña emana de las organizaciones y los candidatos. Así, la limitación del número de trabajadores extranjeros en Francia (a costa de la repatriación forzosa de algunos) se constituyó en un tema dotado de una fuerte connotación simbólica cuando el Frente Nacional, a través de sus dirigentes, la presentó como condición necesaria y suficiente para una mayor seguridad, el sa-

---

[161] Alain Garrigou [1985] postula que el efecto de la popularidad varía según las coyunturas políticas y puede ser particularmente fuerte cuando existen escasas diferencias entre los programas y opciones que presentan los distintos candidatos. Lo cual se podría aplicar también a las apariciones televisivas; véase más adelante, p. 368.

neamiento del presupuesto de las prestaciones sociales y la conservación de la "identidad nacional"; acorralados para responder y tomar posición frente a esta concepción política, los demás partidos alimentan la creencia de que se trata de un problema "destacado" dentro del debate. De ahí que es perfectamente concebible que parte del electorado tome su decisión en función de este problema. Se puede afirmar que un tema tendrá mayores posibilidades de provocar y facilitar una modificación de las preferencias políticas en la medida que posea, para algunos sectores, un fuerte grado de aplicación real (por ejemplo, en el caso mencionado, la relativa proximidad de un vecindario poblado por trabajadores inmigrantes), una fuerte dimensión simbólica (por ejemplo, el temor de que la difusión del islam ponga en peligro la identidad "cristiana" de Francia), que provoque o reavive divergencias movilizadoras (como la oposición recurrente de los franceses "verdaderos... y de los otros"). Si además es destacado por partidos que encuentran la manera estratégica de aprovecharlo (como ciertos dirigentes del Partido Socialista que vieron en esa concepción inquietante un elemento de discordia entre los partidos de derecha), el tema se convierte en eje del debate político, y los medios y comentaristas lo imponen como *el* problema sobre el cual se debe pronunciar cada elector.

Sin embargo, la aparición de un tema saliente no siempre afecta las preferencias adquiridas ni lleva a un sector de los votantes a ponerlas en tela de juicio. En muchos casos, los candidatos y dirigentes tratan el tema que surge de la interacción en términos que buscan *reforzar las identificaciones partidistas*, no debilitarlas. Así, ante el aumento de la desocupación, la derecha propugnará una solución económica liberal, mientras que un partido de izquierda agitará la necesidad creciente de solidaridad social que se supone sólo él puede imponer a los grupos privilegiados. Por consiguiente, el "juego de los temas"[162] es una dimensión esencial de las estrategias partidistas, como lo son los intentos de impedir la aparición de debates que perturbarían de manera imprevisible las alianzas políticas.[163] Por otra parte, la *sensibilidad* de los votantes a *un tema determinado* es muy variable. Está relacionada con la inserción del problema en el conjunto de las preocupaciones que tienen para ellos importancia permanente. Grupos de votantes habitualmente atentos a los problemas escolares mostrarán una mayor tendencia que otros a movilizarse ante un debate sobre la prohibición de usar símbolos de la confesión religiosa —cruz, kipá o pañuelo— en la escuela pública. Varía en función de la situación social e incluso familiar: la solución social del desempleo no interesa a todos los sectores socio-

[162] Garrigou [1985], p. 373.

[163] Así, ciertos problemas son eliminados parcialmente de los debates políticos durante las campañas electorales debido a la complicidad práctica entre los partidos y grupos de interés que, por distintas razones, temen sus efectos. Véase Sawicki [1991].

profesionales, porque el fenómeno no afecta a todos por igual. También es producto de la capacidad de los individuos para aprehender una "realidad": una modificación de las cuotas lecheras en la Comunidad Europea es un tema decisivo para los agricultores, en tanto los obreros y empleados le prestan escasa atención, siempre y cuando comprendan de qué se trata.[164] Por consiguiente, la aparición de un tema en la campaña electoral puede ayudar a reforzar la identificación partidista de algunos y modificar las preferencias de otros; puede interesar a un sector de los votantes y dejar indiferentes a los demás; puede incitar a los más politizados a justificar racionalmente su decisión en lugar de cambiarla; sea como fuere, de ninguna manera explica por sí sola la inestabilidad electoral.

Por último, se atribuye a los medios de comunicación un papel decisivo en la elección de los votantes. Se dice que ellos colocan al votante ante la presencia directa, física, de los candidatos; que le permiten escuchar (y a los más politizados leer) los programas que compiten; le informan sobre los temas de la elección: la convicción sobre la importancia de esta forma de comunicación política, alentada por periodistas y políticos (tan deseosos de "aparecer en cámara" en una hora de gran audiencia para "explicar su programa" y convencer a los televidentes) se ha impuesto a todos. Es verdad, según todas las versiones... Por un lado, se dice que los medios le dan al individuo la posibilidad de "formarse una opinión personal" sobre los candidatos y los méritos de sus respectivas propuestas; ésta es la nueva versión del votante informado que elige racionalmente entre las muchas posibilidades que atraen su interés. Por el otro lado, se atribuye a los medios el poder de *modificar los criterios de apreciación* de los votantes, porque el "espectáculo" televisivo hace que la atención del espectador no se concentre en el programa sino en motivaciones políticas marginales: la seducción del candidato, sus características personales, incluso su vida privada, la claridad de su exposición y la sencillez de su lenguaje, su capacidad para convencer a los votantes-espectadores gracias a su serenidad, su seguridad, su fervor controlado. La fuerza de esta concepción se debe a que es alentada tanto por los políticos y sus asesores como por los comunicadores profesionales e incluso por los propios individuos en la medida que quieren creer que forman libremente su opinión personal y así conforman al ideal del ciudadano esclarecido.[165] Finalmente, se atribuye a los medios una influencia calculada e insidiosa sobre las decisiones por medio de la dramatización de ciertos temas en debate, el trato desigual que dispensan a los candidatos y la orientación que imprimen a las polémicas; aquí ronda la sospecha de "mani-

---

[164] Sobre el impacto diferenciado de los temas en debate entre los electores, véase Garrigou [1985]. La inclusión de un tema en la agenda política es analizado más adelante, cap. 8.

[165] Hay muchas variaciones sobre el tema de la "política-espectáculo": véase, por ejemplo, Roger-Gérard Schwartzenberg [1977]. Sobre las relaciones entre los políticos y los comunicadores, Jean-Baptiste Legavre [1989].

pulación de la opinión pública", periódicamente echada a rodar por los políticos que pierden puntos en las encuestas o sufren un revés electoral.

En todos los casos aparece el mismo postulado: los medios, muy en especial la televisión, provocan o facilitan los cambios de opinión, alejan al votante de sus preferencias habituales y excluyentes, contribuyen a la inestabilidad del voto, cuando no "forman", en casos extremos, la opinión del sector indeciso del electorado. Concebida en estos términos, es evidente que se ha exagerado la influencia de los medios. En efecto, está demostrado que existe una *distribución social desigual de la receptividad de los votantes a los "mensajes"* (implícitos o explícitos, fácilmente descifrables o formulados de manera subrepticia, racionales o afectivos): no afectan a todos los individuos ni a todos los sectores del electorado. Así, sólo una minoría de votantes sigue regularmente las emisiones políticas; la capacidad para aprehender las diferencias entre plataformas, comprender las alusiones y el significado de lo que se dice "entre líneas" o simplemente de situar correctamente el candidato en la gama de posiciones está distribuida de manera desigual. Además, los votantes que parecen más receptivos a la información que da la televisión —cuando la miran— son los menos dispuestos a participar activamente en la vida política: amas de casa, desocupados y jubilados, miembros de grupos sociales postergados (mientras que los ejecutivos, los profesionales liberales y los empresarios se informan políticamente mediante los diarios). Por otra parte, *la atención que se presta a los mensajes* y las modalidades de su receptividad son *selectivas*: generalmente, los oyentes, lectores y teleespectadores más politizados encuentran en los medios la posibilidad de fortalecer sus convicciones, verificar la indudable superioridad de "su" candidato, así como la duplicidad o mediocridad de sus adversarios, destacada incluso en los debates públicos menos comprometidos. No obstante, eventualmente están en condiciones de disociar la imagen "personal" del candidato (buena o mala según el caso) de la justeza o la atracción de su programa que, en última instancia, constituye su criterio de juicio principal: Valéry Giscard d'Estaing puede parecer "mejor" que François Mitterrand en 1981 en el plano de las cualidades personales y en cuanto a la confianza que inspira, a los ojos de votantes políticamente interesados que, sin embargo, optan por este último al cabo de la campaña electoral; otros electores, llevados por su lealtad incondicional al líder del partido que apoyan o bien por su incapacidad para hacer una evaluación estrictamente política, no realizan esa disociación.[166] En definitiva, los medios pueden contribuir a la formación de las preferencias cuando se trata de candidatos políticamente poco diferenciados (así perjudican a Jacques Chaban-Delmas en beneficio de V. Giscard d'Estaing durante la campaña presidencial de 1974), identificados con una misma "familia" política; también pueden in-

---

[166] Véase un estudio crítico del papel de la televisión en Roland Cayrol [1985].

fluenciar a una pequeña minoría de votantes indecisos, cuya decisión podría resultar determinante en una elección "reñida".

Los factores capaces de afectar la decisión electoral son, pues, muy variados; su fuerza respectiva varía según los grupos e individuos, es difícil de medir y a veces responde a postulados que no se pueden verificar empíricamente.[167] La inestabilidad electoral obliga a formular la hipótesis de que los votantes están menos determinados de lo que se pensaba por su identificación con un grupo social: algunos son indecisos, otros tratan de "formarse una opinión" sobre la base de evaluaciones más o menos racionales y en función de necesidades e intereses que corresponden en menor o mayor grado a las categorías establecidas del juicio política. En este panorama resta señalar la parte que corresponde a los cambios de preferencia derivados de una *inestabilidad persistente* (por la incapacidad de ciertos votantes para formarse una opinión personal estable o por su negativa a identificarse incondicionalmente con un partido) y los que implican una *realineación duradera de las preferencias*. En efecto, la elección puede ser la oportunidad para que el individuo dé el paso decisivo de "cambiar de bando", aunque en el momento de votar no aprecie la importancia de su decisión. Algunos votantes "de izquierda" que en 1962 dieron sus votos al candidato gaullista iniciaron un proceso de realineamiento político que tuvo su confirmación en 1965 (para los que prefirieron al general De Gaulle en lugar de F. Mitterrand en las presidenciales) y en las legislativas siguientes: así, la identificación con el gaullismo puede constituir un principio de clasificación política que perturba y enturbia parcialmente el juego preexistente de identificaciones partidistas. En 1984, cuando miles de votantes de muy diverso origen social y sensibilidad política toman la decisión coyuntural de votar por el Frente Nacional, también se producen modificaciones perdurables de las preferencias políticas, como lo demuestra la persistencia de un electorado de extrema derecha que pocos observadores se atrevían a vaticinar. Asimismo, es concebible que el Partido Comunista "perdiera" un sector importante de su electorado, que durante la década de 1980 votó por los candidatos socialistas o del RPR. En todo caso, el estudio de los contextos sociales y políticos que favorecen la persistencia de los realineamientos todavía está en sus comienzos.[168]

Con formas distintas, propias del régimen político y de la relación establecida entre los individuos y la política en cada sociedad, la participación re-

---

[167] Que una hipótesis no sea siempre verificable empíricamente no significa que sea inexacta ni carente de interés.

[168] Se pueden demostrar estadísticamente los "efectos contextuales" mediante la comparación de pequeñas unidades de análisis, como los barrios o cantones. François Goguel [1969] señala, por ejemplo, que la importancia de los realineamientos en favor del gaullismo está en función de un contexto (demográfico, económico, social y político) que permite diferenciar cuatro tipos de cantones. Es difícil encarar análisis parecidos en unidades más grandes.

viste en todas partes el carácter de una obligación social. Por cierto que existe una gran diferencia entre una turba reunida para aclamar a su dictador y la incitación al conjunto de los ciudadanos a optar por uno entre varios candidatos en una democracia pluralista; como también entre la movilización de grupos de manifestantes y la rutina de las elecciones. Sin embargo, en todos los casos se trata de una *construcción de lo político* mediante la imposición de actividades concretas.

1 / Estas actividades tienden a difundir y conservar una modalidad legítima de la relación individual y colectiva con el orden político: sumisión "entusiasta" al líder infalible, depositario de las aspiraciones colectivas; movilizaciones que acreditan la superioridad de la acción colectiva sobre las conductas individuales; elecciones que consagran la supremacía de la expresión de opiniones "personales"; militantismo partidista que ofrece a los agentes sociales interesados la posibilidad —que a veces puede ser ilusoria— de defender su concepción del mundo... Estas actividades contribuyen a desplazar hacia el terreno de lo ilícito las prácticas y representaciones incompatibles con las reglas del juego político vigente: mientras los regímenes que tienden a transformar drásticamente las relaciones entre grupos toleran e incluso alientan la violencia física, aquellos que privilegian el consenso y el arbitraje institucionalizado la destierran en favor de las prácticas de participación "domesticada". Al *definir lo que es legítimo* —es decir, acorde con el interés colectivo según su concepción vigente— y también lo que no lo es, las actividades políticas provocadas o alentadas diseñan la forma ideal del orden político. Mantienen un sistema de normas y valores en el cual se reconoce una "cultura política" concreta: participar en él es aceptar esa cultura. Así se comprende que tantos agentes tengan interés en alentar esa participación y se dediquen a ello.

2 / Estas actividades acreditan la creencia en la utilidad de la acción política, en la importancia de un orden especializado de las relaciones políticas, en la necesidad de una relación institucionalizada entre gobernantes y gobernados. Por consiguiente, constituyen el fundamento de la aceptación práctica de la política como *dimensión mayor de toda la vida social*; participar en ellas es manifestar la pertenencia a la comunidad. En última instancia, la participación política adquiere el carácter de una obligación moral por más que, concretamente, la mayoría de los ciudadanos esté marginada de ella por decisión propia o ajena.

3 / Estas actividades suponen —a la vez que favorecen— la aceptación de un conjunto de reglas inviolables y, por consiguiente, la interiorización de normas, la aceptación de creencias y el aprendizaje de prácticas que mantienen la interacción reglamentada entre grupos y entre individuos. En este sentido, la conservación de relaciones sociales previsibles es producto del estímu-

lo constante de actividades específicas, cargadas de sentido, relacionadas explícitamente con un ideal colectivo. Participar es *suscribir ese ideal* y conocer las obligaciones que derivan de él.

Como se ha visto, existe una gran brecha entre esta visión de la participación y la realidad de las conductas: grupos marginados por su posición social, indiferencia masiva de algunos sectores de la ciudadanía, actividades rutinizadas cuyo significado se comprende mal, compromisos motivados por intereses considerados contrarios al ideal propuesto, incapacidad general de los más desposeídos para dominar las categorías de juicio requeridas en principio para participar como corresponde. También hay que visualizar la participación como la imposición de un *aprendizaje de los roles* asignados a los individuos por los dirigentes y por todos los interesados en la conservación del orden político; proceso difícil, lento, comprometido a cada instante por efecto de las desigualdades sociales y culturales, incluso amenazado por la hostilidad de grupos que rechazan su asimilación por la comunidad política. Así, la politización es producto de una coacción social legitimada por la difusión de creencias sobre el orden político: la socialización de los individuos y la legitimación del poder son indisociables, tanto en los triunfos como en las derrotas.

7. LA ACEPTACIÓN DEL ORDEN POLÍTICO

POR MUCHAS RAZONES (en primer lugar, porque cada uno a su manera cree en la necesidad de un consenso de los gobernados), los gobernantes, los grupos dirigentes y los miembros de organismos de gobierno siempre andan en busca de apoyo: respaldo a la política que quieren aplicar, aceptación de los valores a los que responden sus acciones, aprobación de sus actos por la "opinión pública". En un sentido más amplio, se afanan por conformar el tipo de gobernante que se supone desea el conjunto de los gobernados, o al menos algún sector del cual esperan obtener votos, la eventual movilización, ayuda en momentos críticos... o simplemente, la docilidad en todo momento. Esta *búsqueda de apoyo* no implica forzosamente un cálculo cínico de gobernantes que tratan de aparecer ante la opinión pública tal como ésta los quiere ver, aunque sin duda algunos siguen el consejo de Maquiavelo a los príncipes: fingir que poseen las virtudes que sus súbditos esperan de ellos... a falta de poseerlas en la realidad. En términos generales se puede suponer que los dirigentes efectivamente comparten las creencias de los grupos que dicen representar y aceptan los valores compartidos por la mayoría de sus conciudadanos; y tanto más por cuanto son ellos quienes los producen o aprovechan.

Desde este punto de vista, se puede caracterizar a cada comunidad política por lo que se llamará, bajo reserva de un análisis más profundo, su "cultura política": el conjunto de las creencias y los valores compartidos que hacen a la vida en sociedad y al papel de las actividades políticas en la conservación y orientación de la cohesión social; actitudes fundamentales que permiten el ajuste recíproco de las conductas o la aceptación de actos autoritarios tendientes a imponer ese ajuste. Los individuos adquieren esas creencias y actitudes a través de un *proceso de socialización* cuya primera (y tal vez decisiva) etapa es la educación familiar. Es un proceso complejo en la medida que las diversas "agencias de socialización" (familia, grupos, escuela, empresa, medios) difunden mensajes parcialmente contradictorios. De ahí la importancia que todo análisis en términos de "sistema" atribuye a la "función" de socialización; es "el proceso mediante el cual se forman, conservan y modifican las culturas políticas. Cada sistema político posee estructuras que cumplen la función de socialización política, diseñan las actitudes políticas, inculcan los valores políticos, distribuyen las orientaciones políticas de la ciudadanía y las elites."[1] Se com-

---

[1] Gabriel Almond, George Bingham Powell Jr., [1978], p. 79; traducción del inglés nuestra. Véase también David Easton [1974].

prende también que otros autores tiendan a privilegiar la interacción entre las agencias de socialización políticas —o "no políticas"— que discrepan sobre ciertas creencias y actitudes aunque concuerden en muchas otras. El problema del ajuste individual de los mensajes contradictorios que emanan de esas agencias ocupa el centro de la reflexión sobre la adquisición de actitudes.[2]

En última instancia, un gobierno sólo puede *pretender la legitimidad* si existe un amplio consenso sobre su conformidad a las creencias y los valores resultantes de la socialización política; también tratará de "activarlas" para reivindicarlas mejor. Por consiguiente, las actividades que concurren a establecer la legitimidad de un régimen, es decir, una forma de gobierno, son indisociables de la constitución de una "cultura política" con la cual los individuos deben identificarse.

LA SOCIALIZACIÓN POLÍTICA

Los estudios de la socialización política tienden a detenerse en los mecanismos de aprendizaje y conservación de las creencias y actitudes comunes a todos los miembros de una sociedad, lo que permite comparar las diversas comunidades con sus agencias de socialización y sus "culturas" propias. Por eso, antes de analizar esos mecanismos, conviene indagar en lo que se llama habitualmente la "cultura política" y comprender los riesgos en que se incurre al emplear ese concepto.

¿Cultura política o culturas políticas?

La regulación de las conductas

Autores de corrientes muy distintas de la sociología política han postulado e investigado la existencia de un "fondo común" de creencias, actitudes, incluso sentimientos compartidos por todos los miembros de una sociedad. Para los partidarios del análisis sistémico, la *cultura política* garantiza la cohesión y permanencia del sistema; al imponerse a todos, "afecta la conducta de los individuos en sus roles políticos, el contenido de sus exigencias y sus actitudes ante las leyes".[3] Incluye dimensiones afectivas y cognoscitivas que sólo se pueden dis-

---

[2] Aunque este campo de investigación hasta el momento ha sido objeto de escasas exploraciones en los trabajos empíricos de sociología política.

[3] Almond, Powell [1978], p. 25; traducción del inglés nuestra. Véase cap. 3.

tinguir por medio del análisis, porque, al igual que muchos juicios sobre el régimen político, tienden a expresar confianza (u hostilidad) en los dirigentes y una evaluación tanto de sus conductas como de su aptitud para gobernar. En sus dimensiones *afectivas*, deriva de una experiencia de las relaciones entre grupos y entre individuos, resulta de una percepción de las situaciones habituales en la vida familiar, la escuela, la empresa, las transacciones. Según se experimente y perciba tales situaciones como conducentes a la negociación y la búsqueda de un acuerdo o, por el contrario, como caracterizadas por la violencia y el enfrentamiento, se consolida o bien se destruye la creencia en la posibilidad de un acuerdo entre grupos sociales. En sus dimensiones *cognoscitivas*, se la asimila a un conjunto de apreciaciones sobre la "buena conducción" de las acciones de gobierno, la aptitud de los dirigentes y organismos especializados para satisfacer las esperanzas de los individuos y las posibilidades de mejorar el sistema político. Desde este punto de vista, ser socializado significa adoptar las actitudes y compartir las creencias que conforman la cultura política común del grupo: parte de una cultura que abarca otros aspectos de la vida social.

Esta concepción permite visualizar diversos tipos de cultura política. La combinación entre las creencias sobre la imposibilidad de acuerdos entre grupos, por un lado, y las apreciaciones sobre el valor del régimen y los gobernantes, por el otro, diseña *tres grandes "tipos"* de cultura política: 1) una cultura que privilegia el apoyo al régimen y los gobernantes porque se los considera capaces de asegurar la negociación entre grupos o porque garantizan de manera autoritaria el orden social perturbado por conflictos aparentemente insolubles; 2) una cultura favorable a las reformas progresivas cuando el régimen y los gobernantes no satisfacen plenamente, pero se considera posible un acuerdo entre grupos; 3) una cultura que conduce a enfrentamientos revolucionarios cuando se considera imposible un acuerdo sobre la transformación progresiva de un régimen desacreditado (tipología cuyo principio está expuesto en el cuadro 20). A partir de este enfoque, los autores generalmente contraponen dos ti-

CUADRO 20. *Culturas políticas y orientaciones dominantes*

| | | Evaluación del régimen y los gobernantes | |
		positiva	*negativa*
Creencias relativas a las relaciones entre grupos sociales	Acuerdo posible	apoyo al régimen	pedido de reformas
	Acuerdo imposible	apoyo resignado al régimen	exigencia de cambios drásticos

pos predominantes de cultura política: una *cultura "consensual"* en la que la mayoría de los miembros de la comunidad política comparte opiniones moderadas sobre las reformas a emprender, donde existe una fuerte creencia en la aptitud de los gobernantes y el régimen y se valora la negociación entre grupos; y una *cultura "polarizada"* donde la mayoría de los individuos adopta posiciones irreconciliables sobre los problemas sociales y políticos, no cree en la posibilidad de un acuerdo y recela tanto de los dirigentes como de las instituciones. El gráfico 7, elaborado sobre la base de una variable destacada con fines de comparación (las posiciones declaradas de los individuos sobre los problemas políticos y las soluciones requeridas) ilustra muy bien esta contraposición.

GRÁFICO 7. *Culturas políticas consensual y polarizada*

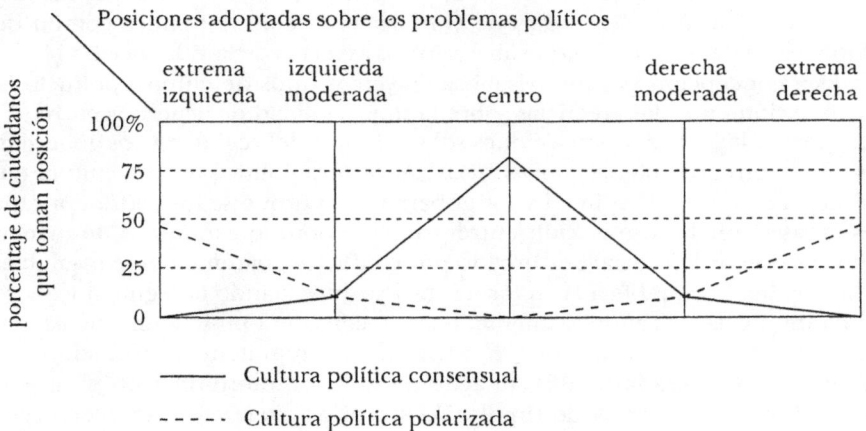

Según Almond, Powell, *Comparative Politics*, Boston, Little, Brown and Co., 1978, p. 29.

Este enfoque pretende explicar las características generales de una cultura política (consensual o polarizada), a la vez que la distribución habitual de opiniones entre "familias políticas": en última instancia, decir que los individuos se reparten entre familias de opinión polarizadas y antagónicas equivale a afirmar que la cultura política es extraña a los acuerdos, las negociaciones y el "consenso", que se caracteriza por la desconfianza recíproca de todos los grupos y de éstos hacia el gobernante, considerado portavoz del grupo antagónico más que punto de confluencia de distintas opiniones. De acuerdo con esta perspectiva, la *"cultura política francesa"* aparece como fuertemente polarizada, propicia a la conservación de actitudes que se enfrentaron con violencia (a principios de siglo, en los años treinta, durante la Segunda Guerra

Mundial) y de la oposición entre "familias políticas" cuyos valores, creencias y decisiones serían irreconciliables; sobre esa base se pretende explicar la inestabilidad institucional y política francesa, al menos hasta la década de 1960. Según una versión atenuada de esta concepción, la cultura política de los franceses aparece como una orientación general y persistente hecha de recelo hacia los gobernantes y políticos, escaso apego al o a los regímenes políticos, y viva hostilidad hacia los "adversarios" políticos y los grupos que representan sus opiniones (para unos, los sindicatos; para otros, la Iglesia Católica; para todos, los partidos políticos). En la búsqueda de una explicación se privilegia —incluso se exagera sistemáticamente— la oposición entre las "familias políticas".[4] A la inversa, la "cultura política americana" (es decir, la de Estados Unidos) es considerada de tipo consensual, propicia a la búsqueda de acuerdos y compromisos, cimentada por la creencia en valores comunes, favorable a la confianza en el régimen y los gobernantes.

Esta concepción de la cultura política, aunque muestra distintos matices entre los autores que la elaboraron,[5] merece severas críticas. Ante todo, implica una *apreciación normativa* demasiado elemental, en la medida que opone sistemas considerados estables y susceptibles de reformarse —donde la cultura política es "consensual"— a sistemas tildados de inestables, poco propicios a una "auténtica" vida democrática, donde la cultura está "polarizada"; ésta podría ser una mera constatación si la tipología no destacara las opiniones "centristas" y las posiciones consensuales. Ahora bien, no está demostrado ni mucho menos que la alternancia de gobiernos que aplican sucesivamente políticas opuestas sea menos propicia a la solución de los problemas y la expresión democrática de las opiniones que la permanencia de políticas "medias" basadas en el consenso. Por otra parte, atribuye una importancia excesiva a las *opiniones expresadas* por los individuos, tal como se las puede aprehender, por ejemplo, por medio de las encuestas. Ahora bien, nada permite demostrar que la elección de posiciones "extremistas" por parte de una mayoría de individuos, incluso su desconfianza de los gobernantes, el régimen y los partidos, corresponden a sus verdaderas conductas habituales, en las que de hecho pueden prevalecer las prácticas negociadoras, disimuladas por el radicalismo de sus expresiones y el vigor —puramente verbal— de sus ataques. Aprehender la cultura política por los valores que los individuos dicen defender, los sentimientos que expresan y las actitudes que muestran es correr el

---

[4] El libro de Emeric Deutsch, Denis Lindon y Pierre Weill [1966] contribuyó considerablemente a reafirmar la creencia en una oposición fundamental de los sistemas de actitudes permanentes e irreconciliables. El postulado de la permanencia de las "familias políticas" se encuentra en René Rémond [1982]; pero este autor insiste en las divergencias duraderas que afectan la "familia" de los derechos.

[5] Véase, por ejemplo, la evolución de las concepciones de Gabriel Almond y Sidney Verba entre 1963 —cuando apareció su libro *The Civic Culture*— y 1980, cuando compilaron la obra *The Civic Culture Revisited.*

riesgo de confundir los dichos con los hechos, las imágenes difundidas de la sociedad con las prácticas efectivamente empleadas en las relaciones. Por último, la mayor debilidad de esta clase de enfoque consiste en postular que en definitiva todos los miembros de una sociedad política, más allá de sus opiniones divergentes, comparten una *misma cultura*, una misma representación de la vida política, las relaciones entre los grupos y la capacidad de los gobernantes; y que todos adoptan actitudes fundamentales análogas. Desde este punto de vista, solamente los grupos minoritarios y marginales escapan a la identificación con una presunta cultura común; sólo ellos parecen desarrollar "contraculturas" extrañas a las creencias y las actitudes dominantes: contestatarios, revoltosos, excluidos, aparecen como los productos de una socialización frustrada, o de la "aculturación" si son de origen extranjero. Así, hablar de cultura política es condenarse a ignorar o minimizar los enfrentamientos entre grupos sobre el modelo deseable de organización social y política; también es desconocer que los miembros de una sociedad no tienen el mismo grado de relación consciente con la política y que, en la mayoría de los casos, sólo una minoría está en condiciones de utilizar correctamente las categorías que sirven para "definir" esa cultura.[6] En esas condiciones, se corre el riesgo de caer en estereotipos trasnochados sobre el "alma" del pueblo —el pragmatismo anglosajón, el conformismo alemán, el dogmatismo francés— y sobre la "mentalidad" característica de sus integrantes.[7]

Pero al descartar el enfoque de los "culturalistas" y los partidarios del "sistemismo" no se resuelve el problema de la cultura política. Como se vio anteriormente, en las sociedades llamadas "sin historia" (y no sólo en ellas) se advierte la existencia de mitos y creencias comunes a todos sus miembros, y de conductas consideradas "normales" en respuesta a determinados sucesos. Por ejemplo, en la sociedad kachin de las montañas de Birmania, se enfrentan constantemente dos modelos antagónicos de organización política, pero los dos usan los mismos relatos y mitos, abrazan los mismos valores fundamentales, aunque los presenten en versiones distintas y opuestas.[8] Una sociedad política tendría así su propio lenguaje para tratar (abstracta y prácticamente) los problemas políticos, lenguaje cuyas palabras serían las creencias, los valores, los conceptos y las representaciones, y cuya gramática serían las formas obligadas de articulación entre esos elementos. O bien se podría utilizar la metáfora de un "programa informático" que dictaría las secuencias de interpretación disponibles para resolver un problema.[9] Así se puede concebir *usos diferenciados de un mismo idioma*, o cultura común, y formular la hipótesis de que grupos

[6] Véase una crítica más desarrollada y amplia del concepto de "cultura política" en Bertrand Badie [1986 (b)]. Véase cap. 3.

[7] Riesgo señalado correctamente por Yves Schemeil [1985], pp. 280-282.

[8] Edmund R. Leach [1972]. Véase pp. 36-37.

[9] Clifford Geertz [1973], pp. 44-51.

sociales distintos no están expuestos a esa cultura —o "código" de conductas— de la misma manera, lo que corresponde más o menos a sus características particulares. Desde este punto de vista, la socialización es el aprendizaje de *un* uso particular *del* lenguaje que permite que los grupos se comuniquen.

Por consiguiente, el estudio no debe detenerse en la dimensión política de la cultura común, sino que debe indagar en las creencias y actitudes que prevalecen *en el conjunto de las relaciones sociales,* aunque se preste atención especial a las que afectan las conductas políticas. También se trata de descubrir las creencias y actitudes propias de cada grupo social relativas a la vida en sociedad y su "traducción" en creencias y actitudes políticas. Así se analizan las conductas políticas como ajustes, individuales y colectivos, entre los sistemas de creencias y actitudes de cada grupo y el sistema común al conjunto de grupos que resulta de una interacción a lo largo de un período prolongado. El fundamento de las representaciones dominantes de la vida política se encontrará en la orientación general de las reglas de la vida social, que funcionan como un "universo de significaciones". Así, en el "mundo árabe", la importancia efectiva de las relaciones de parentesco parece presidir la organización de las relaciones políticas (bajo la forma de clanes, familias ampliadas, clientelas patrimoniales, etc.), o al menos las representaciones habituales de esas relaciones: "La memoria colectiva dispone de un repertorio limitado de estructuras cognoscitivas, entre las cuales el parentesco cumple un papel preponderante; así, las relaciones interpersonales se conciben espontáneamente según ese modelo de representación social del mundo, aunque expresen todo lo contrario."[10] Asimismo, las conductas políticas de los afiliados al Partido Comunista francés se pueden interpretar como ajustes penosos entre las creencias y actitudes "obreristas", hostiles a cualquier acuerdo con la burguesía, y el sistema de creencias y actitudes derivadas, para todos los franceses, de la difusión de un conjunto de representaciones destacadas: libertad e igualdad garantizadas por la democracia parlamentaria; promoción por medio de la enseñanza laica, gratuita y obligatoria; posibilidad de reformas sociales en el marco del régimen republicano. Estos ajustes conducen periódicamente a los dirigentes comunistas a utilizar, *a su manera,* un lenguaje común a los diferentes grupos sociales y a justificar sus estrategias y prácticas (votar, apoyar la democracia, concertar alianzas con los partidos "burgueses") con argumentos basados en los valores ampliamente compartidos por sus "adversarios de clase".

Por consiguiente, se puede concebir la cultura política de una nación como el *resultado de múltiples interacciones* entre grupos sociales a lo largo de su historia, que constituye "una suerte de ideología central vinculada con el lenguaje común y, por tanto, con el grupo lingüístico o la sociedad global"; si

---

[10] Jean Leca, Yves Schemeil [1983]. Sobre el papel de las estructuras de parentesco en la organización y representación de las relaciones políticas en el Líbano, véase Schemeil [1979].

bien es verdad que se enfrentan las concepciones sociales de las distintas clases, en cierto modo proletarios y capitalistas europeos hablan la misma "lengua" aprendida, "caso contrario no podrían confrontar sus ideas, y, en general, tienen en común mucho más de lo que se cree, en comparación, digamos,
con un hindú".[11] Lo que el individuo adquiere por medio de la socialización
en cuanto a creencias y actitudes sobre la vida social y política es el producto
siempre amenazado y sujeto a revisión —pero muy poderoso— de una memoria social construida en el tiempo, reactivada por ciertos grupos y propuesta a todos como referencia común; la cultura política, considerada el resultado de una historia común de enfrentamientos y conflictos, pero también de
negociaciones y concesiones, "forja la identidad colectiva, que, a su vez, pone
su impronta en todos los sistemas de actitudes individuales por medio de la
socialización o aculturación".[12]

En su análisis de la formación del Estado absolutista y la consiguiente
transformación total de las relaciones sociales, Norbert Elias demuestra que
los individuos, para cumplir los actos que la nueva organización social requiere de ellos, deben aprender a controlar sus gestos y adoptar nuevas conductas; en parte *control consciente*, pero también empleo de *automatismos* inculca-
dos desde la infancia y que actúan como "autocoacciones": "La coacción
efectiva es aquella que cada miembro de la sociedad ejerce sobre sí mismo,
porque prevé las consecuencias de sus actos o porque ha sido condicionado
durante su infancia por los gestos de los adultos que lo rodean."[13] Esto, que
otros autores llaman "cultura política", constituye un mecanismo social de imposición de actitudes adaptadas, creencias y valores conformes con las reglas
dominantes de las relaciones sociales, "normas y modelos sociales" que permiten una "regulación continua y uniforme" de las conductas. De alguna manera, este mecanismo permite, siquiera en parte, economizar la coacción física para obtener el ajuste de las prácticas individuales:

> A medida que se extiende la interpenetración recíproca de los grupos
> humanos y se excluye la violencia física de sus relaciones, se asiste a la
> formación de un mecanismo social gracias al cual las coacciones mu-
> tuas que ejercen los hombres se transforman en autocoacciones. Estas
> autocoacciones —hechas de miradas retrospectivas y prospectivas in-
> culcadas a partir de la infancia en el individuo inserto en un conjunto
> de acciones concatenadas en constante expansión— se presentan en
> parte bajo la forma de un dominio de sí mismo perfectamente cons-
> ciente, en parte como una serie de hábitos sometidos a una suerte de
> automatismo.[14]

[11] Louis Dumont [1966], p. 15.
[12] Schemeil [1985], p. 245.
[13] Norbert Elias [1976], p. 199.
[14] *Ibidem*, p. 204.

Desde este punto de vista, evidentemente tan alejado de las definiciones "culturalistas", lo que se suele llamar cultura política es el producto de un mecanismo de *regulación de las conductas políticas* que inculca en los individuos actitudes fundamentales forjadas por la historia y los lleva a compartir, más allá de sus diferencias de opinión, creencias comunes sobre la mejor forma de organización social y gobierno.

Culturas en interacción

Concebir la cultura política de una sociedad como resultado de *interacciones* anteriores, pero también presentes, entre las concepciones y las actitudes fundamentales de distintos grupos sociales, obliga a prestar la mayor atención a las "culturas" propias de éstos. Por ejemplo, en la Francia del siglo XIX existe una oposición total entre la cultura aristocrática, hostil al rol de las masas, partidaria de la conservación y supremacía de los grupos dirigentes tradicionales con sus valores, y la de la "burguesía" liberal, que se acomoda al sufragio universal y privilegia el "mérito" individual expresado en el éxito profesional y social; sin embargo, a fines de siglo, se logra un frágil *acuerdo* entre las dos concepciones, hasta el punto de que el pretendiente al trono reconoce que el apoyo popular es uno de los fundamentos de la legitimidad monárquica.

La cultura propia de cada grupo social, que condiciona en parte las conductas, actitudes y creencias de sus miembros, es producto del modo de vida, las relaciones entre individuos y entre grupos, las "claves de interpretación" de los hechos sociales, tanto se adquieran esos modos de representación por transmisión familiar como por obra de las organizaciones que encuadran a los individuos colocados en situaciones análogas. Se vio anteriormente cómo se forjó una "cultura obrera" en ciertas comunidades restringidas, afectadas por problemas particulares (empleo, vivienda, etc.) y consolidadas por formas de sociabilidad propias;[15] la *traducción política* de esta cultura (adhesión al Partido Comunista o, en ciertos casos, al Socialista; la hostilidad hacia los "burgueses", los "ricos", los poseedores; la valoración de las conductas colectivas y la solidaridad de clase) toma la forma de creencias específicas y actitudes propias del grupo en cuestión.[16] Si bien es cierto que tiende a aislar a los individuos que se asimilan y se identifican con ella, no por eso está menos expuesta a la influencia de la cultura nacional, e incluso a la de otras específicas: el repliegue sobre el grupo social restringido, sus valores y actitudes, el aislamiento cultural y la conservación de las prácticas específicas jamás se realizan plenamente. Por esta razón, entre muchas otras, parece vano atribuir a

[15] Véase cap. 5.
[16] Véase también lo que dice Richard Hoggart [1970] sobre los efectos culturales de las condiciones de vida propias de un grupo social desposeído. También Michel Verret [1988].

un grupo social características acentuadas tales como el "autoritarismo" de la clase obrera o el extremismo fascistizante de las clases medias afectadas por la gran crisis social de la década de 1930.[17]

Si es posible diferenciar las culturas "de clase", sin descuidar las consecuencias de su interacción e integración en una cultura nacional, también se pueden distinguir las culturas *locales* o *"regionales"*, conservadas por la persistencia de relaciones sociales particulares y por la permanencia de normas y creencias transmitidas por la familia o el entorno. La deferencia hacia los notables en el sur de Italia, cuyas consecuencias políticas saltan a la vista, deriva tanto de la resistencia del sistema de producción y de las relaciones entre los grupos tradicionales, como de la imposición por una multitud de agentes de una representación que valora las relaciones de dependencia personalizadas.[18] La valoración de las relaciones clientelistas en muchas regiones de la Europa meridional (Italia, Córcega, Provenza) también permite, hasta cierto punto, hablar de una "cultura mediterránea" particular. Lo que se ha convenido en llamar "contracultura" también se puede analizar como un sistema de creencias y actitudes resultante de *condiciones de vida particulares*. Así, la cultura "de violencia" de los grupos de inmigrantes puertorriqueños y jamaicanos en Estados Unidos corresponde a la vivencia cotidiana de la marginación, la pobreza y el aislamiento.[19] En Francia, como en muchos otros países europeos, los distritos del conurbano donde vive la mayoría de los inmigrantes musulmanes no permiten su adhesión inmediata a los valores de la comunidad francesa ni su lealtad a los de la comunidad de origen, y ni siquiera su identificación con las presuntas normas de la "modernidad occidental".[20] Sólo una transformación profunda de los modos de vida y de las relaciones del grupo con el "exterior" que implique una evolución de las representaciones de la vida social y las actitudes les permitirá ingresar en un verdadero proceso de negociación con los demás y aceptar, siquiera parcialmente, las creencias y conductas predominantes en la sociedad global.

Sería del todo peligroso asimilar a estas culturas particulares los fenómenos colectivos de rechazo —sobre todo por parte de jóvenes "rebeldes"— de los valores y las actitudes vigentes en una sociedad; el uso del concepto de "contracultura" para designar a las culturas particulares y los fenómenos generacionales es particularmente falaz. Es verdad que un movimiento como el "fenómeno hippie" en Estados Unidos, durante los años sesenta, presenta muchas características de una cultura original en ruptura con los valores

---

[17] Theodor Adorno [1950]; Seymour Martin Lipset [1962].

[18] Con todo, esta cultura política no resiste la "competencia" de las representaciones y prácticas que emanan del sistema nacional. Un excelente estudio de esta resistencia y sus límites en la esfera de las prácticas terapéuticas es Ernesto de Martino, *La terre du remords*, París, Gallimard, 1967.

[19] Oscar Lewis [1969].

[20] Olivier Dabene [1990].

esenciales de la comunidad blanca norteamericana: rechazo ostensible de símbolos y creencias vigentes, experiencia de nuevas modalidades de relación entre los individuos, importación de modelos de conducta "hindúes", rechazo de actitudes tradicionales en materia de costumbres, conducta de no participación en las actividades sociales y políticas establecidas.[21] Pero aquí se trata de un *rechazo consciente* de las normas de la cultura dominante por razones circunstanciales y pasajeras y con consecuencias limitadas; el fenómeno hippie es producto de la modificación de la edad de separación de la familia, la transformación de los ciclos escolares, acontecimientos especiales (entre ellos la guerra de Vietnam), la evolución demográfica, la generalización de los estudios superiores en las capas medias y, en definitiva, el penoso ajuste de las esperanzas y las ambiciones a las posibilidades objetivas de empleo y de promoción ofrecidas a esa generación.[22] Se ha dicho que en última instancia el fenómeno obedecía a un intento "inconsciente" de renovar las creencias y las actitudes vigentes ante un cambio importante en las condiciones de vida y las relaciones sociales; hipótesis que, con todo, no explica las condiciones concretas de aparición de tales movimientos.

Por su parte, la distinción entre una *"cultura de elites"* (o de los grupos dominantes en la sociedad) y una cultura de los dominados parece particularmente fecunda; sobre todo, permite escapar a la ilusión de una cultura nacional uniforme a la que tendrían acceso todos los grupos sociales. Desde este punto de vista, la cultura se define esencialmente por dos características: por un lado, requiere el dominio de los conocimientos y las reglas adecuados a la posición social de los individuos (lo que diferencia a los que pueden acceder a roles políticos y sociales elevados que exigen determinados *savoir-faire* de aquellos que están destinados a ocupar puestos subalternos); por el otro, supone la existencia de creencias acordes con la posición social y las esperanzas objetivas de los individuos, es decir, sus probabilidades reales, establecidas estadísticamente, de acceder a tal o cual tipo de puestos. A los que, por su origen social y los estudios superiores que esa posición les permite realizar, están llamados a ocupar roles dirigentes en distintos sectores de actividad, de alguna manera se los *educa para creer* en la necesidad de las relaciones de autoridad, los organismos de gobierno, la coacción para garantizar el orden social y, sobre todo, en la superioridad de los valores que justifican ese orden. La "cultura de las elites" desarrolla actitudes que permiten a ciertos agentes sociales desempeñar mejor los papeles que tienen la oportunidad de ocupar y verse a sí mismos como los mejores defensores de las creencias y los valores que fundamentan su posición privilegiada. Así, la cultura

---

[21] Véase por ejemplo Jerry Rubin, *Do It Jerry Rubin*.

[22] Almond y Powell hablan de una "interacción entre sus ambiciones y las posibilidades estructurales existentes" (p. 102). Sobre Francia, véase el estudio de las comunidades alternativas de Bernard Lacroix [1981].

política de estas "elites sociales" es más compleja y desarrollada que la de las masas de gobernados.[23]

Pierre Bourdieu atribuye gran importancia a esta distinción, correctamente explicada por muchos autores norteamericanos. El discurso político, la referencia a los valores, el uso de argumentos abstractos para legitimar el régimen y los gobernantes, sólo pueden ser escuchados —o mejor, comprendidos— por los agentes socialmente "competentes", capaces de dominar estos conceptos gracias a su posición social. La exigencia de "formarse una opinión" y, por lo tanto, de demostrar una cultura extensa conforme a la representación legítima de lo político *no concierne realmente sino* a aquellos que pueden detentar las *posiciones dominantes*.

> Por un lado, los que reconocen que la política no es asunto suyo y que, por falta de los medios reales para ejercerlos, abdican de los derechos formales que se les reconoce; por el otro, los que se sienten con derecho a tener la opinión personal, incluso autorizada, activa, que es privativa de los competentes: dos representaciones opuestas, pero, en realidad, complementarias, de la división del trabajo político.[24]

Como se ve, semejante concepción puede llevar a pasar por alto la diversidad de las relaciones de los individuos y grupos sociales con la política, al privilegiar a uno de ellos —legitimado por una definición autorizada, ilustrada o "competente" de las actividades y las categorías políticas— y al descartar del conjunto de las opiniones fundamentadas todas las actitudes, creencias y universos de significación que no responden a los criterios dominantes.[25] También se ve que esta concepción tiende a despreciar (o restar significación a) las diferencias de orientación política entre grupos e individuos que, por su(s) posición(es) social(es), y su reconocida competencia, acceden al dominio de las categorías políticas y las representaciones de ese orden de actividad.[26] Sin embargo, tiene el mérito de llamar la atención sobre la importancia de un consenso de las elites o los grupos dominantes en torno de los valores a promover y las actitudes a valorar: la "cultura política" de una sociedad es, ante todo, la de los agentes sociales que la dirigen; sólo éstos atribuyen un valor predominante a las ideas y creencias que legitiman la organiza-

---

[23] Robert D. Putnam [1976]. Una célebre ilustración literaria de los mecanismos de aprendizaje de la conformidad al papel de dirigente es la novela breve de Jean-Paul Sartre, *L'enfance d'un chef*. Véase también cap. 6.

[24] Pierre Bourdieu [1977], p. 68.

[25] Rechazar esta dicotomía, que paradójicamente se suele atribuir a las pretensiones de los grupos dominantes, significa indagar en las relaciones con la política tachadas de ilegítimas o inadaptadas, o incluso en las concepciones políticas incluidas en las "culturas populares". Véase los números de *Politix* sobre "Le populaire et le politique", 13 y 14, 1991.

[26] Véase al respecto Percheron [1985], pp. 177-178.

ción política;[27] el discurso que elaboran, o del cual son los defensores más firmes, invalida constantemente otras concepciones, hasta el punto de que se tiende a considerarlas una señal de incapacidad para hacerse una imagen coherente de lo político. De ello no se desprende que las creencias y actitudes de los "profanos" —o los incompetentes— carezcan de interés o significación. Tampoco se desprende que no afecten las representaciones resultantes de la interacción entre la "cultura de las elites" y la(s) cultura(s) de los dominados: así, el reclamo de reducir la jornada laboral, proteger a los niños empleados en fábricas y minas y legalizar las asociaciones obreras fue aceptado paulatinamente por los grupos dirigentes a fines del siglo XIX, hasta el punto de convertirse en uno de los valores esenciales de las democracias occidentales y una de las creencias principales sobre el papel del Estado.

Socialización política y conservación de las opiniones

Todas las investigaciones han confirmado la importancia primordial de la socialización "inicial"; durante la infancia se adquieren las categorías fundamentales de evaluación y juicio, se constituyen las actitudes —disposiciones permanentes que se manifiestan en actos y conductas— y se forman las creencias. Las polémicas entre los sociólogos (y entre los psicólogos) no ponen en tela de juicio la importancia de los elementos más determinantes del aprendizaje para la constitución de las conductas posteriores del adulto, sobre todo en materia política. También se refieren a la especificidad de la dimensión propiamente política de la socialización. Aunque en esas condiciones se presta una atención especial a los mecanismos iniciales de la socialización,[28] conviene recordar que el proceso no "cesa" en la edad adulta; los grupos de afiliación, la enseñanza superior, la empresa, los medios de comunicación —por no citar sino algunos factores— envían al individuo un flujo de mensajes que refuerzan o perturban sus creencias y actitudes, lo obligan a efectuar un ajuste permanente, un verdadero *bricolaje* de las representaciones diferentes, incluso contradictorias, de la vida social que se le presentan. Desde este punto de vista, se puede concebir la comunicación política como un mecanismo de socialización continua que mantiene, sobre todo, las "opiniones" políticas.

---

[27] Así lo ven claramente muchos sociólogos norteamericanos, tanto de la corriente "elitista" como de la "populista". Véase por ejemplo Herbert McClosky [1971].

[28] A tal punto que la mayoría de los especialistas en socialización política sólo tienen en cuenta las franjas de edad menores de 16 o 17 años. Los trabajos más autorizados sobre la socialización política inicial son David Easton, James Dennis [1969], Dennis [1973], Percheron [1974 y 1978]. Véase sobre todo "La socialisation politique, défense et illustration", citado varias veces en este capítulo.

Las formas de la socialización inicial

No se puede separar la socialización política, adquisición de actitudes, conocimientos y preferencias sobre lo político, de los *procesos generales de formación* de creencias sobre la existencia, las relaciones con el otro, las jerarquías sociales y las reglas de conducta, incluso la significación moral o religiosa de los actos. Por ejemplo, está demostrado que el hecho de pertenecer a una familia católica practicante incide sobre el conjunto de las conductas (económicas, culturales, asociativas, etc.) y, en particular —pero no exclusivamente—, sobre las opiniones y actitudes políticas.[29] El niño "construye" su personalidad al identificarse, progresiva y penosamente, con los grupos con los que vive, al esforzarse por descubrir las normas y creencias a fin de asimilarlas y reproducirlas en su conducta cotidiana. En este sentido, la socialización es *fruto de una actividad*, el resultado de una serie de evaluaciones, a la vez que el aprendizaje inconsciente de automatismos.[30] El niño trata de observar las actitudes "normales" de quienes lo rodean en la familia, las asociaciones juveniles, los grupos de niños que frecuenta, la escuela. Trata de aprehender, aunque sea de forma confusa, las creencias acordes con esas actitudes, sobre la base de "signos" múltiples, vistos y repetidos. Por ejemplo, si pertenece a un grupo de niños exploradores, las posiciones corporales obligatorias en las reuniones, la vestimenta, los cantos y las actividades propuestas son otros tantos mensajes cuyo significado debe descubrir, y no sólo obligaciones que debe cumplir; ahora bien, algunos mensajes están *dotados de una dimensión "política" implícita* en cuanto implican la valoración de actitudes fundamentales frente al poder (el de los jefes de grupo, el responsable del campamento, eventualmente el capellán), los símbolos (la bandera, los banderines, los totems), las exigencias colectivas (de orden, disciplina, autonomía o comunicación). Es verdad que este aprendizaje no es consciente sino en parte, ya que el niño suele hacer "espontáneamente" lo que se espera de él sin preguntarse sobre su significado; pero no responde a los interrogantes suscitados por la contradicción entre las normas vigentes aquí (por ejemplo, en el hogar) y allá (la escuela, el grupo de amigos).

Por consiguiente, a partir de experiencias que en su mayoría no son expresamente "políticas" —ni presentadas como tales—, el niño adquiere actitudes y un conocimiento de las reglas que estructuran de manera progresiva la conducta que adoptará finalmente en las situaciones "políticas"; "en algunos casos, ciertas prácticas sociales, por ejemplo la religión, pueden cumplir

---

[29] Guy Michelat, Michel Simon [1977]. Véase pp. 354-355.
[30] Esta concepción de la socialización como actividad está inspirada directamente en los trabajos de Jean Piaget, *Le langage et la pensée chez l'enfant*, Neuchatel, Delachaux et Niestlé, 1970, y Henri Wallon, *L'évolution psychologique chez l'enfant*, París, Colin, 1941, autores de quienes Percheron se considera discípulo.

un papel más importante en la socialización que otros sucesos más estrictamente políticos".[31] Por eso, se enfrenta a la *percepción de un orden particular de actividades* que los adultos que lo rodean llaman *"la política";* percepción que varía de acuerdo con las familias y los grupos. En principio parece que la referencia a "la política" está cargada de una *dimensión afectiva* muy fuerte pero diferenciada. En ciertos países, los niños generalmente expresan confianza en las instituciones y los roles políticos, los gobernantes y los partidos (aunque sólo los distingan de manera confusa): es el caso de Gran Bretaña, Noruega y Estados Unidos, donde en la década de 1960 se expresaba un fuerte apego afectivo al presidente y los símbolos de la comunidad política (en especial, la bandera). En otros países, por ejemplo Francia, los niños y sobre todo los adolescentes expresan desconfianza, incluso hostilidad, hacia los gobernantes y los partidos. Es como si los niños asumieran los sentimientos predominantes entre los adultos, supuestamente característicos de las "culturas" nacionales. En realidad, las actitudes afectivas (positivas o negativas) con respecto a los agentes y las actividades políticas varían considerablemente, dentro de cada comunidad, según las épocas y los grupos. Por ejemplo, en Estados Unidos, la identificación afectiva con el presidente[32] es fuerte en los casos de Eisenhower y Kennedy, pero se debilita durante las épocas de Nixon y Carter. Aparece una nítida oposición entre los sentimientos de los niños de familias blancas bien integradas y los de familias negras y mexicanas (los primeros dicen "querer" a Nixon, mientras estos últimos expresan mayoritariamente el sentimiento opuesto).[33]

La percepción de la política implica también un *conocimiento de los papeles,* las *instituciones* y las *organizaciones* identificadas con esta esfera especializada de actividades. Lógicamente, este conocimiento aumenta con la edad, lo cual no quiere decir que proviene directa ni principalmente de la enseñanza impartida en la escuela, sino más bien que se alimenta con la información proporcionada por las agencias de socialización más diversificadas; no obstante, en lo esencial sigue siendo tributaria de la educación familiar. Desde este punto de vista, existe una diferencia notable entre los niños que casi nunca "escuchan hablar de política" (sea porque esas discusiones están desterradas por principio de la conversación familiar, sea porque los padres, debido a su posición social, tienen un conocimiento muy confuso del asunto y no se interesan por él) y aquellos que escuchan desde temprana edad palabras como alcalde, diputado y partido en boca de sus familiares. Por tanto, el nivel de conocimientos sobre política varía en función del nivel cultural y las concepciones políticas de los padres. En términos generales, los niños de los sectores

---

[31] Percheron [1985], p. 180.

[32] Medida por el porcentaje de respuestas afirmativas a una pregunta de tipo, "Eisenhower: me gusta, no me gusta".

[33] Véase el cuadro de D. O. Sears en Percheron [1985], p. 199.

sociales privilegiados son más capaces de identificar una institución, situar una personalidad, emitir un juicio correcto (es decir, lógico) sobre la política, que los hijos de obreros o empleados; pero las concepciones políticas pueden introducir diferencias entre los grupos privilegiados, según se considere que las discusiones son legítimas o ilegítimas.[34] A la inversa, si bien se ha verificado que en general el hecho de pertenecer a una familia obrera o campesina no favorece la adquisición de conocimientos precisos sobre política, puede suceder todo lo contrario cuando los padres son afiliados o militantes de organizaciones, asociaciones, sindicatos o partidos, sienten interés por las actividades colectivas y, en la mayoría de los casos, acreditan una orientación política; pero los conocimientos adquiridos no suelen ser los mismos que en una familia socialmente privilegiada. Se puede anticipar que el hijo de un alto ejecutivo tendrá mayores conocimientos que el hijo de un obrero sindicalizado sobre el Senado, la función del alcalde o las atribuciones del presidente de la República, mientras que éste conocerá mejor que aquél la importancia de una manifestación o una acción colectiva para obligar a los "dirigentes" (quienesquiera que sean) a modificar sus decisiones. Los conocimientos no son del mismo orden, pero nada permite afirmar que unos sean menos sólidos o válidos que otros.[35]

Así se llega a una aparente paradoja: los adolescentes de distinto origen social, aunque en general son capaces de expresar una preferencia ideológica y poseen conocimientos nada despreciables, demuestran un *grado de interés muy desigual por este orden de actividades*. Sucede que el "interés por la política" varía principalmente en función del sentimiento de competencia, es decir, de aptitud —experimentada, reconocida, alentada por el entorno— para dominar las categorías legítimas de lo político, comprender y reproducir los razonamientos autorizados (que escuchan por televisión, leen eventualmente en los diarios y que sus profesores esperan de ellos). Por el contrario, la afirmación "erudita" de una diferencia esencial entre la política y la acción asociativa invalida los conocimientos de los niños pertenecientes a familias desposeídas y los incita a no declarar el menor interés por actividades que además les parecen extrañas a sus vivencias. Así interiorizan el sentimiento de marginación que también expresa la actitud de sus padres. No hablar de política, no interesarse por ella, es manifestar que el único acceso reconocido a este orden de actividades es mediante la adquisición de un tipo particular de conocimientos, creencias y actitudes fuera del alcance de los grupos desposeídos. El lector habrá identificado ese tipo particular con lo que se llamó anteriormente la "cultura política de las elites" (véase el cuadro 21).

---

[34] Estas concepciones diferentes de la política tienen alguna relación con la profesión: es difícil que un docente exprese un juicio sobre los partidos y las polémicas políticas tan negativo como el de, por ejemplo, un empresario pequeño.

[35] Percheron [1985], p. 204.

CUADRO 21. *Expresión de afinidad ideológica, interés por la política, conocimiento de lo político según el grupo social de los niños (13-18 años) en Francia.*
(en porcentaje)

Profesión del padre	Expresión de afinidad ideológica*	Fuerte interés por la política	Buen conocimiento de política
Agricultor	69	20	36
Cuadro superior	75	36	39
Docente	83	50	48
Obrero	74	18	37

*Conjunto de posiciones sobre el eje izquierda/derecha aparte de los que no contestan. Cuadro tomado de Percheron, "La socialisation politique, défense et illustration", en: Grawitz y Leca (comps.), *Traité de science politique*, París, PUF, 1985, p. 206.

CUADRO 22. *Preferencias partidistas de los jóvenes italianos en función de las de su padre*
(en porcentaje)

Preferencias de los hijos	Preferencias de los padres				
	Izquierda	Centro-izquierda	Centro	Centro derecha	Derecha
Partidos de izquierda	80	25	11	4	2
centroizquierda	6	46	15	26	22
centro	12	26	71	7	30
centroderecha	2	3	2	57	10
derecha			1	4	24
	(113)	(94)	(213)	(46)	(29)

Cuadro tomado de Percheron, "La socialisation politique, défense et illustration", art. cit., p. 211.

Finalmente, la socialización política es la *transmisión de preferencias políticas*. Se constata que las preferencias declaradas por los niños coinciden en gran medida con las de sus padres, tanto más si ambos progenitores expresan las mismas opiniones y si la influencia familiar es reforzada por distintos grupos (niños exploradores, movimientos juveniles) y la cohesión del entorno (residencia en un distrito y asistencia a una escuela socialmente homogénea). El cuadro 22 muestra la importancia de la transmisión familiar: 80% de los niños italianos cuyo padre es partidario de la izquierda adoptan la misma posición, y lo mismo sucede con el 71% de los niños cuyo padre prefiere los partidos de centro. A la inversa, sólo un 30% de los niños cuyo padre es de centroderecha y un 24% de los hijos de derechistas prefieren los partidos izquierdistas o centroizquierdistas.

La coherencia y visibilidad de las preferencias de los padres favorecen la tendencia a la conformación, como muestra el cuadro 23: el 59% de los hijos de izquierdistas se declaran partidarios de la izquierda, lo que no sucede con un tercio de los niños cuyos padres (uno de los cuales es de izquierda) discrepan políticamente. Adviértase también que la identificación con una orientación política es tanto más marcada cuanto más coherentes y firmes son las opiniones de los padres; caso contrario se registra un porcentaje muy alto en la columna de "no contesta" (27%).

CUADRO 23. *Distribución de las preferencias ideológicas de niños franceses (13-18 años) según el grado de homogeneidad de las preferencias ideológicas de los padres* (en porcentaje)

	No contesta	Izquierda	Centro	Derecha	Efectivos
Los dos padres de izquierda	15	59	23	3	179
Padre de izquierda, madre de derecha o "centro"	27	34	25	14	119
Padre de derecha, madre de izquierda o "centro"	27	31	29	13	110
Los dos padres de derecha	19	13	22	46	186

Cuadro tomado de Percheron, "La socialisation politique, défense et illustration", art. cit., p. 213.

Esta regla general no puede ocultar una serie de fenómenos que restan importancia a la socialización política familiar. En primer lugar, los *grupos de jóvenes* (grupos de "pares") cumplen un papel importante que puede reforzar las preferencias y actitudes adquiridas en familia, pero también perturbarlas. Cuanto más expuesto está el niño a recibir mensajes contradictorios, menores son las probabilidades de efectuar la transmisión familiar; a la inversa, esa transmisión aparentemente se fortalece en la medida que los grupos de pares reproducen y confirman las enseñanzas de la familia. Los obispos defienden vigorosamente la escuela católica, alientan el scoutismo y apoyan la prensa infantil cristiana porque saben que los mensajes contradictorios debilitan la influencia familiar sobre el niño. Lo mismo sucede con las organizaciones políticas, que tratan de asegurar la socialización homogénea de los niños: así, la SFIO mantuvo relaciones estrechas con diversas organizaciones difusoras del laicismo, de donde provienen muchos de los afiliados del actual Partido Socialista. En segundo lugar, las *formas de sociabilidad* [36] predominantes en distritos, comunas o regiones cumplen un papel difícil de medir; estas formas conciernen simultáneamente a padres e hijos, hasta el punto de que aquello que parece una transmisión familiar de preferencias puede ser producto de determinaciones que afectan a todos los individuos —adultos o no— y las relaciones que los unen a la colectividad. Así, los estilos de vida de los sectores obreros (incluso en el ocio) o de grupos "étnicos" relativamente aislados pueden generar actitudes y creencias que no se pueden atribuir sin precaución a la sola "influencia de los padres".

Desde este punto de vista, el papel de la *escuela* es objeto de distintas evaluaciones. En el caso de Francia, hay que distinguir claramente la escuela privada (generalmente católica) de la pública: durante mucho tiempo sus respectivos manuales han difundido concepciones opuestas de la vida social y los episodios salientes de la historia nacional (la Revolución de 1789-1799 y, sobre todo, el período del Terror; la Comuna de París de 1871; los enfrentamientos de principios del siglo XX, cuando se separaba la Iglesia del Estado). El reclutamiento social de los alumnos, sobre todo en la segunda enseñanza, acentúa la diferencia entre los niños de hogares privilegiados y católicos, y los provenientes de medios heterogéneos donde no existe esa identificación unánime con una concepción tradicional de la vida social. Luego se debe diferenciar las escuelas instaladas en los distritos "acomodados", donde los niños provienen en su mayoría de grupos sociales privilegiados, de aquellas que por su situación geográfica reclutan a sus alumnos en medios sociales postergados (lo que sucede con instituciones tanto públicas como privadas, sobre todo en el medio rural). Esta distinción sigue siendo particularmente válida, a pesar de una relativa dispersión geográfica y la disminución de las imposiciones del "carné escolar", para los liceos tanto técnicos como generales que reciben alumnos de distintos orígenes sociales. La escuela parece cumplir un papel importante en la adquisición de actitudes, no tanto por la instrucción cívica que imparte —frecuentemente descuidada a pesar de las periódicas exhortaciones de las autoridades— como por el tipo de enseñanza (autoritaria o "participativa", teórica o profesionalizada), las relaciones entre los alumnos en clase y en el establecimiento y por las prácticas colectivas de los niños (jaleo, indiferencia, emulación, etc.). En última instancia, las prácticas de rechazo de la coacción escolar se pueden interpretar como formas de socialización para una vida profesional que desprecia o considera peligrosas las "cualida-

---

[36] Véase lo que dice Jean-Paul Molinari [1987] sobre la sociabilidad obrera en Saint-Nazaire.

des intelectuales" y los conocimientos teóricos;[37] cabe la hipótesis de que tales conductas tengan consecuencias políticas nada despreciables que merecen un estudio profundo. En definitiva, la escuela parece cumplir un papel muy importante en la *adquisición de conocimientos* sobre la política y la *transmisión de actitudes fundamentales* (interés por ese orden de actividades, aceptación de las destrezas requeridas para participar en ellas, confianza o desconfianza en los roles de autoridad) asimilables a una "socialización primaria". No se ha podido verificar tan claramente su papel en la adquisición de las preferencias políticas y la formación de universos particulares de significación, característicos de la "socialización secundaria";[38] con todo, no se puede descartar la hipótesis de que la escuela ha originado más de una ruptura con las preferencias políticas de los padres, aunque más no fuera por las esperanzas de promoción (o temores de regresión) social que despierta en los adolescentes. En efecto, estas esperanzas o temores pueden incitar al individuo a romper con el universo de significación propio de su origen social y, por consiguiente, con las opciones políticas que se desprenden de él.

Se pueden tener en cuenta otros factores de socialización: el contexto local, el sexo, la coyuntura política, la movilidad social de los padres, incluso las predisposiciones psicológicas del niño.[39] En definitiva, lo que importa es no considerar que las actitudes y creencias adquiridas en la socialización inicial son producto de una determinación unívoca y que quedan resueltas de una vez por todas a una edad determinada. Ya se ha dicho que el niño construye su personalidad mediante un "bricolaje" de *mensajes diferentes*, incluso contradictorios. El hijo de un alto ejecutivo norteamericano blanco confiado a los cuidados de una niñera negra del campo recibe visiones opuestas del mundo, definiciones contrastantes de la realidad;[40] aunque el ejemplo es extremo, sugiere un hecho bastante común. Entre distintas concepciones del mundo, el niño "elige" su identidad o sigue la tendencia a aceptar aquella que le parece más valiosa socialmente. Pero la identidad impuesta no elimina del todo los efectos de una socialización contrastada; "todos los hombres, una vez socializados, son 'traidores a sí mismos' en potencia".[41] Un cambio en las condiciones de vida (o la esperanza firme de que ese cambio es posible), el encuentro con distintos socios, la experiencia de un fracaso, el descubrimiento de conductas insospechadas ante sucesos imprevisibles pueden obligar al individuo a *ajustar sus creencias y modificar sus actitudes*, reinterpretar su pasado, incluso

---

[37] Paul Willis [1978]; y el comentario a la investigación de Willis sobre las adaptaciones anticipadas en Anthony Giddens [1987].
[38] Aquí se hace una interpretación libre de la distinción entre "socialización primaria" y "secundaria" de Peter Berger y Thomas Luckmann [1986].
[39] Percheron [1985].
[40] Berger, Luckmann [1986], p. 230.
[41] *Ibidem*, p. 231.

asumir "una identidad distinta de la determinada objetivamente e interiorizada durante la socialización primaria".[42] En definitiva, los llamados "fracasos" de la socialización suelen ser manifestaciones espectaculares de la complejidad de este proceso, que no se puede reducir a una transmisión automática de las preferencias y opiniones.[43]

La conservación de opiniones

El concepto de "opinión", utilizado constantemente por los agentes políticos especializados, los comentaristas, los encuestadores, los sociólogos de la comunicación, aparece incluso en el habla corriente, hasta el punto de que adquiere significados muy distintos para justificar cualquier clase de afirmación sobre la política: "la opinión de la gente es que...", "yo sé que la opinión prefiere...", "la opinión pública no acepta ese razonamiento...", "¡es mi opinión y no la cambio!", etc. Aquí se impone una aclaración preliminar. Durante el siglo XVIII se asimila la *opinión pública* a la deliberación y los debates entre individuos esclarecidos de donde surge una apreciación razonable y compartida de las acciones de gobierno; se forma dentro o fuera de los parlamentos, es difundida por la prensa, constituye el "tribunal crítico" de reyes y legisladores. Por consiguiente, es un fenómeno colectivo, pero producto de la confrontación de puntos de vista y de juicios individuales o, si se quiere, del choque de opiniones personales motivadas de manera racional. De aquí subsiste la creencia en un conjunto de aspiraciones y apreciaciones sobre la política que sería patrimonio de los individuos de una nación, expresión de sus actitudes fundamentales y esperanzas comunes con respecto a los gobernantes en cada circunstancia de la vida política. Apartada de las deliberaciones de individuos racionales que le dieron origen, sometida a toda clase de pasiones e intereses, la opinión pública sería, no obstante, el interlocutor obligado de los gobernantes. Ella aprobaría, sancionaría, juzgaría sus actos; ellos estarían obligados a tenerla en cuenta, acomodarse a ella, eventualmente actuar sobre ella en la medida de sus posibilidades; deberían estar siempre atentos a sus exigencias y en todo momento se verían amenazados por sus variaciones imprevisibles.

La creencia en la *"realidad"* y en la *"fuerza" de la opinión pública* así concebida es muy firme: entre los políticos, que tienden a imputarle el fracaso de ciertos actos de gobierno que ella rechazó por incomprensión o por estar mal informada; entre los periodistas, que para fundamentar sus análisis le atribuyen las dudas y reticencias que ellos mismos experimentan, y que no vacilan en erigirse en sus "voceros" cuando critican al gobierno; en las estrategias de

---

[42] Berger, Luckmann [1986], p. 233.

[43] Lo que ilustran, a través de historias familiares, admirables novelas como *Los Thibaut*, de Roger Martin de Guard, y *Los hermanos Karamazof*, de Dostoievski.

grupos y profesiones (asesores en comunicación, dirigentes de asociaciones humanitarias o morales, comentaristas políticos, etc.), que para legitimar sus opiniones y reclamos aluden al "estado de la opinión pública" e incluso dicen "representarla". Más aun, ciertos especialistas en encuestas pretenden ser capaces de "medir la opinión pública" sobre los asuntos más diversos (desde el aborto hasta las negociaciones entre Irak e Irán), la popularidad de los dirigentes y las reformas deseables; sin embargo, es necesario precisar que, de acuerdo con esta concepción, "lo que piensan los franceses" es sólo lo que declara la mayoría... de los que aceptan responder a la encuesta.

Desde este punto de vista, es verdad que la opinión pública existe, pero sólo como una *creencia difundida por muchos agentes* interesados en su existencia. Sin embargo, esto tiene su precio. Por un lado, afirmar que existe *una* opinión de los franceses sobre tal o cual problema equivale a suponer que todos o la mayoría se han puesto de acuerdo. Ahora bien, lo que captan las encuestas es, a lo más, una suma de puntos de vista reunidos artificialmente, que no son idénticos ni del mismo "valor" (es decir, capaces de tener las mismas consecuencias). Decir que el 62% de los franceses desconfía de los partidos políticos significa sumar toda una gama de posiciones, desde las que adhieren a una idea muy difundida sin saber bien por qué hasta las que quieren suprimir los partidos, se sienten decepcionados por el partido al que votaron, piensan que son necesarios partidos distintos de los existentes, expresan su escepticismo por las motivaciones de los políticos o se sienten momentáneamente conmovidos por denuncias sobre financiamiento ilegal u otros escándalos. En última instancia, la desconfianza en los partidos puede expresar tanto un rechazo del papel excesivo que se les atribuye como una manera de lamentar que hayan renunciado a su función en beneficio de las "*vedettes*" y "*stars*" de la política. Y también puede expresar que el encuestado repite lo que escucha a su alrededor... ¡y en los comentarios sobre las encuestas! Por el otro lado, afirmar que *hay* una opinión pública significa suponer que ella puede existir por "fuera" de los "comentarios" que se hacen sobre ella, los estereotipos corrientes ("los franceses, siempre individualistas, piensan que..."), el uso que hacen de ella los agentes especializados ("el domingo fui a mi circunscripción y pude comprobar que la opinión pública no aprueba..."); en verdad, esta opinión es demasiado maleable como para atribuirle una verdadera consistencia.

Sobre todo interesa destacar que la opinión pública suele ser una suma *artificial* de juicios y apreciaciones que los individuos expresan cuando se les presenta, por medio de preguntas, una problemática ajena a sus concepciones habituales; por consiguiente, cuando se les obliga a tomar posición frente a ciertos interrogantes cuyo significado en general interpretan mal. En esos casos, la llamada opinión pública es el sentido *atribuido* a unas respuestas que sólo expresan los torpes intentos de los individuos por parecer "competentes" y "capaces" de expresar un punto de vista sobre asuntos que desconocen o que *hu-*

bieran abordado en otros términos. Por ejemplo, sería bueno saber qué significa una pregunta como "¿Piensa usted que el lenguaje político es demasiado arcaico o demasiado moderno?"[44] en la mayoría de las encuestas. ¿Qué "lenguaje", el de un diputado comunista o el de un ministro centroderechista? "Arcaico" (en oposición a "moderno"), ¿debe interpretarse como "conservador", "inadaptado", "incomprensible", "anticuado", insuficientemente "especializado"...? Además, ¿se puede creer que alguien se formule habitualmente esta pregunta? Así, las encuestas suelen "interpretar" sumatorias de respuestas a preguntas que interesan sólo a los políticos y los fabricantes de cuestionarios, que no permiten conocer las ideas de los individuos sobre los problemas que realmente les preocupan.[45] Entonces, no es para sorprenderse si aparecen contradicciones manifiestas entre las respuestas a dos preguntas (cuadro 24). Los mismos individuos dicen mayoritariamente que es mejor escoger los ministros entre los "técnicos especializados" (¡prestigio de la especialización técnica!) que entre los "diputados" y, a la vez, que es mejor "tener políticos profesionales porque es un oficio particular que exige determinadas destrezas".[46] No obstante, cabe reconocer que las encuestas rigurosas permiten establecer *relaciones significativas* entre las cualidades sociales de los encuestados (profesión, edad, títulos, lugar de residencia, etc.), sus convicciones (morales, religiosas) y sus juicios sobre los políticos, las instituciones y los programas de gobierno; lo que se descubre de esa manera no es la "opinión pública", sino las relaciones habituales entre las cualidades sociales y los juicios, es decir, *opiniones.*

En efecto, parece indiscutible que, en general, los individuos son capaces de formular proposiciones relativamente coherentes sobre diversos problemas (deseos, vida cotidiana, relaciones entre asalariados, reformas necesarias, organizaciones que actúan en favor de los grupos a los cuales pertenecen, etc.) e indicar sus preferencias políticas, componentes variados de su *opinión "personal"* sobre la sociedad. Cabe precisar que la coherencia de esas proposiciones no salta a la vista ni es forzosamente "racional" (un individuo descontento con su suerte puede declararse conservador si teme más que nada los trastornos políticos y sus consecuencias en el plano moral, o si se lo ha socializado en la hostilidad a todo lo que sea de izquierda); que muchos individuos, provenientes sobre todo de sectores sociales desposeídos, pueden tener dificultad para expresar su opinión en el lenguaje "erudito" de las encuestas (o abstenerse de responder, o hacerlo al azar por desconfianza en las encuestas y su eventual utilización); y que, en la mayoría de los casos, la coherencia de las respuestas deriva de una actitud fundamental del encuestado de la cual él

---

[44] Encuesta realizada por SOFRES para *Le Monde,* jueves 6 de setiembre de 1984.

[45] Véase los puntos de vista, muy críticos con respecto a las encuestas y la manera de usarlas, de Bourdieu [1976] y Patrick Champagne [1988]. Véase también la polémica entre Champagne, Bernard Manin y Jean-Luc Parodi [1990].

[46] Gaxie y Lehingue [1984] destacan este efecto de creación artificial.

Cuadro 24. ¿*Técnicos o profesionales de la política?*

Pregunta: Se pueden elegir los ministros por medio del sufragio universal o entre los técnicos especializados. ¿Cuál le parece la mejor solución?

	Escoger los ministros entre los diputados	*Escoger los ministros entre los técnicos especializados*	*No opina*
Total (100%)	26	60	14
Preferencia partidista			
Partido Comunista	39	50	11
Partido Socialista	30	58	12
UDF	20	67	13
RPR	24	68	8

Pregunta: Con respecto a los políticos, ¿cuál de las dos opiniones siguientes es la más próxima a la suya?

Se necesitan políticos profesionales porque es un oficio particular que exige determinadas destrezas	60
Todo el mundo debería poder ejercer una función política en algún momento porque no es un oficio especializado	22
No opina	9
	100%

Le Monde, jueves 6 de setiembre de 1984, p. 8 (encuesta SOFRES).

suele no ser consciente. Por eso, generalmente la aprehensión de las opiniones es aproximada y parcial, lo cual no significa que sea imposible. En general, las opiniones individuales se inscriben en tipos identificables de *sucesiones concatenadas de proposiciones y juicios;* en ese sentido, se las puede relacionar con los *"tipos de opiniones"* atribuibles, por ejemplo, a la derecha o la izquierda, al conservadurismo o el reformismo. Las organizaciones políticas levantan constantemente esas concatenaciones objetivadas de proposiciones (bajo la forma de programas o plataformas), verdaderos esquemas de opiniones con los cuales los individuos pueden identificarse en mayor o menor grado; sea porque "adopten" esos modelos hasta el grado de convertirlos en su "propia" opinión; sea porque ajusten penosamente su opinión de la sociedad a tal o cual esquema, por ejemplo, al "identificarse" con el programa de la centroderecha más que con el de la extrema derecha; sea porque su socialización los lleva a asimilar su opinión, o la del grupo con el cual se identifican, con la de un partido a pesar de las contradicciones que descubran entre una y otra. En este caso, el término *opinión pública* designa una concatenación prefabricada de apreciaciones y juicios sobre la vida política a la que un cierto número de individuos suscribe en mayor o menor medida, que hacen "suya" y a la que tratan de adecuar sus creencias y conformar sus actitudes. Al constatar la desaparición de la opinión pública en su sentido original, Habermas sostiene que "el contexto de comunicación propio de un público de personas privadas que hacen uso de su razón se ha desintegrado; la opinión pública que antes se formaba así, por un lado se ha descompuesto en las opiniones informales de personas privadas que ya no forman un público y, por el otro, se ha concentrado en las opiniones formales de instituciones que poseen una verdadera eficacia 'publicística' ".[47]

A partir de ahí se puede hablar de opiniones políticas e intentar, *sobre todo por medio de encuestas,* descubrir con qué opinión un individuo trata de identificarse o efectivamente se identifica, a la vez que medir las discrepancias entre esa identificación y sus posiciones individuales expresadas en sus respuestas a determinadas preguntas. Decir que alguien *tiene* una opinión de extrema derecha significa simplemente que expresa su adhesión global a las proposiciones y creencias que proponen los partidos correspondientes, que sus respuestas son conformes a esas proposiciones y que existe una coherencia relativa entre sus juicios y los que cabe esperar de un individuo que se identifica con las organizaciones de esa tendencia. Como se ha visto, se puede reconocer que las opiniones de los individuos *resultan en buena medida de su socialización inicial,* que traducen en el orden político las creencias y actitudes adquiridas. Ahora cabe preguntarse cómo esas opiniones se conservan y consolidan, o bien cómo "evolucionan" y se modifican por imperio de los cambios en las condiciones de vida y las vivencias fuertes, capaces de perturbar las identificaciones primarias: dicho de otra manera, al azar de un proceso continuo de socialización.

Todo grupo de pertenencia puede constituir una "agencia de socialización" en la medida que contribuye a conservar las opiniones; ya hemos subrayado el importante papel de ciertas *organizaciones* que proponen concepciones complejas de la sociedad, que aseguran la articulación de proposiciones, creencias y juicios relativos tanto a la vida cotidiana como a las relaciones en-

---

[47] Jürgen Habermas [1978], p. 258.

tre individuos, a las reglas morales como a las actividades políticas. Entre ellas cabe mencionar las iglesias, los sindicatos y ciertos grupos que promueven una visión "global" del mundo (como la masonería). De manera más difusa, cualquier grupo profesional puede inculcar actitudes que refuerzan o modifican la manera de aprehender las relaciones sociales; así, ciertos equipos de trabajo pueden inculcar en sus miembros determinadas actitudes de probada eficacia (disposición a intercambiar servicios, cometer fraude, mantener un secreto frente a los jefes o a "los de afuera", hacer trampas con las reglas), lo que no deja de afectar las concepciones de esos individuos sobre la acción colectiva. En algunos casos, el individuo modifica totalmente su conducta, su jerarquía de valores, pone en duda todas sus creencias; en otros, por el contrario, la experiencia realizada puede consolidarlas. Una organización profesional, una empresa, un "cuerpo" (como el de administradores civiles o el de ingenieros en minas en Francia) tienden a unificar las conductas y creencias de los agentes, los incitan a ajustarse al grupo, incluso a costa de abandonar sus concepciones originales. "Uno de los efectos más poderosos del funcionamiento de las organizaciones en coyunturas rutinarias es justamente el de compatibilizar en la práctica, por la suma de sus resultados, las conductas de agentes con trayectorias disímiles y poseedores por ello de disposiciones heterogéneas."[48] Sin embargo, no es seguro que esas "realineaciones" individuales redunden siempre en un cambio en las preferencias políticas; éstas, como se ha dicho, son ajustes duraderos a esquemas prefabricados que admiten discordancias e incluso contradicciones individuales.

Hoy los *medios de comunicación masivos* parecen cumplir un papel decisivo en la conservación de opiniones. Aparentemente, el efecto principal de la comunicación política realizada por ellos es el de consolidar las representaciones de la política adquiridas durante la socialización inicial y confirmar las creencias. Esta constatación general no condice con las representaciones habituales de la "influencia de los medios" y los postulados de ciertas "teorías de la comunicación". Durante la década de 1960 se desarrollaron dos concepciones paralelas: una atribuía consecuencias revolucionarias al uso de los medios en la comunicación política; la otra consideraba que los mensajes que emanaban de la televisión podían formar, modificar y manipular las opiniones. Algunos politólogos sostenían que la función esencial del sistema político era la *comunicación*: según Karl Deutsch, el flujo continuo de información sobre las expectativas de los gobernados y sus actitudes frente al gobierno, sobre los obstáculos en la aplicación de decisiones, sobre las modificaciones en el ambiente y las relaciones en-

---

[48] Michel Dobry [1986], p. 249 (comentario sobre Bourdieu). Se reconocerá que esta "compatibilidad en la práctica" no se puede disociar de un acercamiento entre las concepciones; el ejército no sólo reúne agentes dotados de disposiciones heterogéneas, sino que los incita a adoptar opiniones idénticas sobre el papel de los políticos y los partidos, e incluso sobre la necesidad de una organización jerarquizada de la sociedad.

tre las estructuras funcionales del sistema, permite "guiar" y adaptar las estructuras de autoridad; en última instancia, asegura la transmisión de todo lo que concierne a lo político: informaciones, opiniones, reclamos, mensajes capaces de suscitar apoyo.[49] Sin embargo, para la mayoría de los funcionalistas, ésta es sólo una entre varias, la que permite (junto con la socialización) el cumplimiento de otras funciones sistémicas. Su interés particular resulta hoy del *desarrollo de los medios de comunicación de masas* que permite una relación directa entre gobernantes y gobernados.[50] Se supone que esta exposición directa de *todos* los individuos a los mensajes políticos de los dirigentes modifica tanto las prácticas de estos últimos[51] como las condiciones en las cuales cada votante "se forma su opinión" y "toma sus decisiones".

Paralelamente se plantea un interrogante sobre la capacidad de los medios (sobre todo la televisión) para manipular y *modificar las opiniones políticas.* Este tipo de reflexión provoca en algunos un profundo pesimismo: los mensajes televisados, el "espectáculo" mediático juegan con la dramatización de los sucesos, la inculcación de creencias y los mecanismos de la propaganda política; así pueden "formar opiniones", influir sobre el votante a pesar suyo, conmoverlo con argumentos irracionales, aprovechar sus emociones para asustar o seducirlo, no para convencerlo...[52] La mayoría de los sociólogos, en vista de las encuestas realizadas en Estados Unidos durante los años cincuenta y sesenta, prefieren una posición menos tajante y con mayor fundamento empírico: los medios suelen transmitir mensajes contradictorios y, además, recibidos de manera selectiva por los individuos. Si bien se puede determinar con exactitud "quién dice" algo, "qué es lo que dice", "por qué canal" (o "vector") y "a quién" se dirige, más difícil es responder a la pregunta "¿con qué consecuencias?"[53] Ahora bien, esta última pregunta es la que más interesa al politólogo que indaga en la influencia de los medios sobre las opiniones. Las investigaciones realizadas tienden a demostrar que: 1) los telespectadores prejuzgan favorablemente a los políticos a quienes identifican con su propia opinión, y ese prejuicio por lo general sale reforzado de la emisión; 2) la comunicación política tiende a homogeneizar las opiniones de los individuos en función de las discusiones que pueden tener con otros que manifiestan las

[49] Karl W. Deutsch [1963]. El autor postula que "se hace posible evaluar las distintas formas de las instituciones políticas según su capacidad para funcionar como un dispositivo de orientación más o menos eficaz", es decir, para recibir y elaborar las informaciones (traducción del inglés de Birnbaum y Chazel). Véase Jean-Marie Cotteret [1973].

[50] Almond, Powell [1978], p. 142.

[51] Así titula el semanario *Paris-Match* su número especial "Souvenirs" de 1990: "De Gaulle en la segunda vuelta de las elecciones de 1965. No supo usar la nueva arma: la tele."

[52] Véase cap. 6.

[53] El desglose del análisis en cinco preguntas ("¿Quién dice qué, a quién, por qué medio, con qué consecuencias?") se impone en la mayoría de los trabajos a partir de la publicación del libro de Harold T. Lasswell y Nathan Leites [1949].

mismas preferencias políticas (padres, amigos, colegas, vecinos);[54] 3) la influencia de la televisión es tanto más limitada por cuanto la mayoría de los individuos no mira las emisiones políticas sino en raras ocasiones o de manera superficial,[55] y le da mayor importancia al "espectáculo" (por ejemplo, durante los "debates") que al hecho de formarse una opinión;[56] 4) los telespectadores desarrollan mecanismos de defensa frente a todo mensaje capaz de perturbar sus opiniones (negación de la información suministrada, imputación de "mala fe" o "deshonestidad" al adversario de "su" candidato, desconfianza *a priori* de toda información contraria a su concepción de los hechos). En síntesis, se reconoce que el efecto de la televisión en esa esfera tiene sus límites[57] y, sobre todo, que en la mayoría de los casos sirve para conservar y reforzar las opiniones preexistentes.

Por consiguiente, la comunicación política realizada por los medios puede cumplir un papel *parcial* en la socialización continua. Ayuda a conservar la creencia en la utilidad de la acción política, a consolidar la idea de que es una actividad seria, importante, en la que se juega el porvenir de la sociedad y los votantes, idea que dista de contar con la adhesión de los individuos. Transmite conocimientos sobre política, instituciones, partidos, roles especializados. Pone en marcha símbolos real o presuntamente movilizadores y reactiva los mitos políticos con los que se pueden identificar ciertos grupos.[58] Permite contemplar todos los ritos constitutivos de la vida política: inauguraciones, desfiles, recepciones.[59] Se aboca a elaborar una imagen gratificante de los funcionarios electos, que resultan competentes (responden a todas las preguntas, conocen "los informes"), respetables (por su dignidad, la calidad de sus conceptos, las diferencias que expresan) y accesibles (en su familiaridad y en el hecho de admitir el ingreso de la cámara en su círculo privado). Finalmente, la comunicación política contribuye a conservar las opiniones mediante la constante "reconstitución de identidades políticas que contribuye a garantizar".[60] Rol parcial, en definitiva, muy distante de las concepciones exageradas y contradictorias que atribuyen a la televisión el poder de "arrastrar" a los votantes, "modificar las opiniones", transformar las reglas del juego político, o bien el de permitir que cada individuo se "forme" una opinión personal bien fundamentada sobre ca-

---

[54] Lo que confirma el papel de las redes informales de comunicación y de los "líderes de opinión", destacado a partir de 1944 por Bernard Berelson y cols.

[55] Robert E. Lane [1965]; Gaxie [1978].

[56] Por otra parte se preparan estas emisiones como verdaderos espectáculos, con una puesta en escena muy elaborada, textos redactados de antemano, efectos cuidadosamente preparados y un protocolo acordado entre los participantes.

[57] Elihu Katz [1989]. Véase también la obra colectiva de J. G. Blumer, G. Thoveron y R. Cayrol [1978].

[58] Murray Edelman [1964].

[59] Marc Abélès [1987].

[60] Jacques Gerstlé [1989], p. 213.

da asunto y problema... y se convierta así en ese votante racional y competente cuyo rastro se había perdido.

Sin embargo, persiste la ilusión de que los medios poseen un poder peligroso, en tanto *imagen* que ninguna constatación empírica logra refutar. Se puede buscar la razón de ello en los múltiples factores interesados en la conservación de esa ilusión. Intereses de políticos: se ha responsabilizado a la "influencia de la televisión" por derrotas aparentemente inexplicables, por la pérdida de electores de los que se cree (o finge creer) que cambiaron de opinión por efecto de una propaganda insidiosa; el Partido Comunista francés se hizo vocero de esa interpretación durante la década de 1960, y el Partido Socialista no dejó de denunciar los daños causados por la "televisión a la orden".[61] Así, difundir el miedo a una "domesticación" de los medios por el gobierno o, al contrario, el control de las cadenas por los "agentes de oposición" se vuelve un argumento importante en la lucha política. También intereses de asesores de los políticos: la competencia de estos agentes, próximos a los gobernantes y funcionarios electos, es decir, la posibilidad de hacerse indispensables y acceder a puestos gratificantes, se afirma en su capacidad para mantener relaciones de confianza con los periodistas "influyentes", para obtener la difusión de una entrevista en una hora de gran audiencia. Consolidar la creencia de que los medios son influyentes equivale a asegurar su propia posición, lo cual no equivale a decir que "en realidad" son escépticos con respecto a esa influencia.[62] Por último, intereses de los profesionales de la comunicación: la comunicación política se ha afinado, mejorado, diversificado desde los tiempos lejanos (1965 en Francia) en que los políticos debieron aprender a hablar en forma pausada, no agitar las manos frente a la cámara, emplear palabras sencillas y "mirar al espectador —Francia— a los ojos". La publicidad política (mediante la compra de espacios en la prensa y la realización de cortos publicitarios a cargo de agencias especializadas), el "*marketing* político" (que trata a los votantes como consumidores e intenta por distintos medios "acrecentar el segmento del mercado" de un político o partido), la asesoría en comunicación (que hoy supone verdaderos experimentos sobre el papel de las opiniones y las técnicas capaces de movilizarlas) se han desarrollado de manera impresionante, sobre todo en Estados Unidos y, en menor grado, en los países europeos. En este contexto han surgido muchas profesiones, que atraen sobre todo a individuos jóvenes, universitarios, a veces "ricos en recursos culturales"[63] y que ven al público en otros térmi-

---

[61] Dadas las circunstancias, se comprende la importancia que tiene en Francia el problema de la televisión, concretamente las disposiciones destinadas a garantizar la "independencia" de los periodistas. Véase Jacques Chevallier [1990]. Sobre los medios, véase Francis Balle [1973].

[62] Jean-Baptiste Legarve, "Le travail de construction d'une popularité de papier", ponencia en el coloquio sobre La popularité politique, Association française de science politique, París, octubre de 1990.

[63] Erik Neveu [1990], p. 153.

nos que los asesores voluntarios (o los sociólogos) de las generaciones anteriores. Para esos "agentes de la manipulación simbólica",[64] mantener la creencia en la eficacia de la comunicación política y sus técnicas más complejas, posibilitadas por la televisión, equivale a crear las condiciones para una práctica profesional de cuya eficacia muchos están convencidos.

"La comunicación política no ha 'digerido' a la política por que hoy es más bien la política la que se lleva a cabo de un modo comunicacional."[65] No cabe duda de que el desarrollo de los medios (y las encuestas), así como, correlativamente, el de los oficios de la comunicación, han creado las condiciones de una nueva dramaturgia de lo político;[66] dramaturgia que se desarrolla en los grandes actos como en los congresos. Resta decir que la conservación de las opiniones y el aprendizaje continuo de las reglas del juego político pasan aún esencialmente por la influencia de los grupos a los que se adhiere, la experiencia de las condiciones de vida y un flujo incesante de informaciones interindividuales del que no están ausentes el rumor, el juicio moral, la identificación afectiva y el uso de estereotipos;[67] la opinión política de un individuo o de un grupo pequeño se construye sobre la base de experiencias interpretadas, solidaridades experimentadas en la vida cotidiana, influencias complejas como la de la familia. En este sentido, la *comunicación política*, que asegura una socialización continua, no se puede asimilar simplemente a *uno de sus "vectores"* —los medios—, cualquiera que sea la importancia de este "nuevo espacio" de comunicación.

UN ORDEN LEGITIMADO

La mayoría de las teorías políticas se acercan al sentido común al distinguir dos tipos de relaciones de los individuos con el poder, según la naturaleza de los regímenes. La relación de sumisión, o de "obediencia sufrida",[68] se caracteriza por una actitud general sumisa resultante del temor que provocan los aparatos coercitivos; el miedo garantiza la docilidad. La relación de consentimiento, u "obediencia voluntaria", supone por parte de los individuos una conformidad, una aceptación del poder y sus manifestaciones. En realidad, la distinción no siempre es fácil de establecer: un poder se puede calificar de "legítimo" justamente porque inspira miedo... Además, el término *consenti-*

---

[64] Erik Neveu [1990], p. 153.
[65] Dominique Wolton [1989].
[66] Richard M. Merelman [1969].
[67] Groupe d'étude du métier politique (GEMEP), Métyier politique et communication, *rapport de recherche au CNRS*, octubre de 1990.
[68] Harry Eckstein [1971].

miento puede referirse a múltiples relaciones de poder, cargadas de significados diferentes. El individuo puede "consentir" en el sentido de que se resigna a la existencia de aparatos políticos especializados que le parecen inevitables, da su conformidad porque comparte una vaga creencia en su necesidad social. También puede concebir su utilidad, o carácter ventajoso, porque espera que les otorgará beneficios a él y sus conciudadanos. En fin, puede apoyarlo porque suscribe las creencias y los valores que reivindican el régimen y sus dirigentes. Desde este punto de vista, la *legitimidad* de una forma de poder corresponde a las creencias compartidas por un gran número de personas: "Para obedecer una orden o una regla que se podría desobedecer con impunidad, es necesario creer en su legitimidad y compartir esa creencia con el conjunto de la comunidad política a la que se pertenece."[69] Es un rasgo común de los dirigentes confiar en que podrán reforzar esas creencias por medio de procedimientos variados, destinados precisamente a generar el consenso y desarrollar el apoyo de los miembros de la comunidad política; así se puede analizar la *legitimación* del poder como producto de un conjunto de actos y razonamientos de los cuales los dirigentes esperan acrecentar su legitimidad.

Orden aceptado y orden deseado

Los fundamentos de la docilidad

De cierta forma, diríase que la docilidad de los miembros de una comunidad política aparentemente "va de suyo". El poder político, sus aparatos y sus exigencias forman parte de las estructuras de la organización social que el individuo ha aprendido a considerar *inevitables* en el curso de su socialización, y cuya desaparición le parece lisa y llanamente impensable; el poder "está ahí", es un producto de la objetivación,[70] un elemento insoslayable en su percepción de la realidad. "Las instituciones se presentan entonces como detentadoras de una realidad propia, una realidad que confronta al individuo como un hecho externo y coercitivo [...] Las instituciones están ahí, exteriores a él, persistentes en su realidad, le gusten o no. No puede desembarazarse de ellas. Resisten todo intento de cambiarlas o de huir de ellas."[71] Desde este punto de vista, el problema es que existan dudas sobre la utilidad social del poder; son ellas —no la docilidad— las que requieren explicación. Sin embargo, la experiencia del poder (sea familiar, religioso, económico o político) jamás se vive sin una percepción de la coacción padecida, de la represión de deseos o

---

[69] Jean-William Lapierre [1977], p. 54.
[70] Véase pp. 175-176.
[71] Berger y Luckmann [1986], pp. 84 y 86.

esperanzas incompatibles con el orden social; el orden político no es parco en esa clase de experiencias, tomen la forma del gendarme, el preceptor, el administrador que se escuda detrás del "reglamento" o el sargento de los reclutas. La docilidad también supone la *aceptación de la posición de dominado* en la que se encuentra el individuo: aceptación que suele ser resignada y "sin rodeos", aunque facilitada en general por la interiorización de creencias.

La representación del poder político que se hacen los miembros del grupo es *inseparable de sus creencias sobre la sociedad.* Un texto chino del siglo XVII que se difundía por las aldeas, ilustra con claridad la trama de las representaciones relativas a la familia, el trabajo, la moral y el papel del poder político, presentado como guardián del conjunto de las reglas sociales:

> Sé buen hijo. El amor filial comienza por el respeto de uno mismo. *Tus padres* agradecerán que no seas bebedor ni pendenciero, que ames a tu hermano menor y obedezcas al mayor. Si honras este principio, serás rico y querido por Buda, seguirás el camino recto y la tierra te dará *abundantes cosechas.* Por el contrario, si te entregas a la *pereza y el placer,* corres hacia la pobreza y la ruina; te verás reducido a robar. Entonces *la justicia* se encargará de ti, te atará las manos, te encerrará en una celda, tal vez te ahorcará. ¡Qué vergüenza para tus padres! Y obligarás a tus hermanos, tu esposa y tus hijos a *pagar el precio de tu crimen...* Sí, el agricultor conoce el destino más plácido *si paga regularmente sus impuestos.* Por eso, recuerda siempre el precepto que se te ha dado.[72]

De manera análoga, la representación del poder en la sociedad azteca se da conforme a un conjunto de creencias en peligros que la acechan constantemente, como el agotamiento de los recursos, el debilitamiento de la energía social a raíz de actos dañinos o excesos individuales (por ejemplo, en los juegos), la desaparición de las fuerzas vitales que garantizan la supervivencia colectiva; el Estado sacrificador y represivo aparece como el garante de una lucha incesante por la supervivencia del grupo.[73] En muchas "sociedades sin historia" se inculcan las creencias sobre la vida social y el papel del poder político en los individuos durante los ritos colectivos en los que participan todos. Por ejemplo, la muerte del rey servirá de ocasión para experimentar las consecuencias del desorden que destruiría rápidamente al grupo si el poder dejara de ejercer su habitual función tutelar; así, la sociedad se entrega durante varios días a actos de violencia impunes (pillaje, represalias, riñas, inversión de jerarquías, violación de las leyes) en los que acecha la postración total, verdadera muerte simulada de la vida social; el arribo del nuevo rey reestablece el orden bienhechor y la vida.[74]

---

[72] Texto citado por Barrington Moore [1979], p. 218; traducción del inglés nuestra.
[73] Christian Duverger [1978].
[74] Georges Balandier [1980]; Jean Ziegler [1979]. Véase otros ejemplos en Lagroye [1985].

Por consiguiente, no se debe subestimar el papel de las creencias, por difusas que fueren, en la *aceptación pasiva del poder político* y sus aparatos. Sin duda, se puede distinguir con toda razón entre los individuos que abrazan conscientemente las reglas de la vida social y política *(consenters)* y los que las aceptan sin compromiso alguno, sin participación en las actividades políticas ni interés por ellas *(assenters)*.[75] Pero esta distinción no permite caracterizar a los *assenters* como individuos desprovistos de creencias sobre la vida social y el papel de los aparatos políticos; a lo sumo, permite suponer que sus concepciones determinan, y sus actitudes de aceptación pasiva expresan, una docilidad global frente a las instituciones y las formas objetivadas del poder. La estabilidad social puede ser producto sobre todo de esta creencia vaga en el carácter ineluctable, en última instancia necesario, de los roles especializados en el gobierno de las sociedades. El conjunto de las actividades políticas garantiza el mantenimiento de esta representación. La necesidad social del poder es demostrada por el alcalde de una comunidad cuando se erige en "defensor" de sus conciudadanos ante las usurpaciones del gobierno, las molestias cotidianas, los desórdenes sociales; por el diputado cuando afirma su capacidad para defender los intereses de todos; por los ministros o el jefe del Poder Ejecutivo cuando proclaman su aptitud para mejorar las condiciones de vida de cada uno, detener los peligros exteriores y "encaminar el país" hacia la recuperación, la prosperidad o la grandeza. En última instancia cabe preguntarse si el poder deviene de necesario en casi deseable.

Afirmar que los ciudadanos *"desean" el poder* que se ejerce sobre ellos puede significar simplemente que perciben de manera confusa su carácter beneficioso. En efecto, los gobernantes se presentan como *donantes*, sobre todo en las sociedades donde movilizan sus riquezas, parentela y relaciones para ofrecer banquetes y espectáculos, edificar fuentes y monumentos públicos costosos. Son los notables *evergetes* de la antigüedad griega y romana,[76] los jefes de tribu proveedores de alimentos,[77] los reyes faraones y los emperadores romanos, distribuidores de trigo al pueblo, constructores de mercados, acueductos y bibliotecas (a veces de su "bolsillo"). Esta espectacular actividad donativa asegura la difusión de una imagen valorada de su rol, que disimula la violencia que ejercen sobre los individuos, tiende a justificarla y "transforma las relaciones arbitrarias en legítimas, las diferencias de hecho en distinciones oficialmente reconocidas";[78] esta "violencia simbólica" produce una visión idílica de la relación de dominación. Desde otro punto de vista, se puede considerar el "deseo de po-

---

[75] James D. Wright [1976] también analiza a los *dissenters*, que siendo conscientes de las reglas de la vida política se niegan a acomodarse a ellas; éstos se interesan por la política al igual que los *consenters* y a diferencia de los *assenters*.

[76] Paul Veyne [1976].

[77] Véase cap. 1.

[78] Bourdieu [1980], p. 216.

der" como una disposición psicológica de los individuos, que buscan *satisfacer sus deseos* y *apaciguar sus temores;* de alguna manera, el orden político se hace cargo de esos impulsos afectivos y los satisface. Así, en las sociedades contemporáneas, la burocracia bienhechora, presunta dispensadora del bienestar y la seguridad, realizaría las expectativas de sus súbditos, como en casos similares la madre satisface a sus hijos y la divinidad a sus fieles: "La organización centralista se afana en hacer niños."[79] Como se ha dicho, es muy difícil medir la proporción de motivaciones afectivas en la conducta de los individuos y, por consiguiente, convalidar empíricamente esa hipótesis. Además, las actitudes de rechazo y repudio del poder político hacen pensar, al menos, que muchos de los súbditos —acaso la mayoría— de ninguna manera "disfrutan de sus jefes"...

La conformidad con la relación de poder, la aceptación de los dirigentes y los aparatos de gobierno, la docilidad consentida frente al ejercicio del poder político corresponden a *disposiciones diferentes* y de *intensidad desigual.* Distinguir, como Easton, entre el "apoyo difuso" de la mayoría de los individuos y el "apoyo concreto" que brinda al régimen una minoría identificada con la comunidad política y sus reglas significa indagar particularmente en las condiciones de la conformidad activa.[80] Esta concierne ante todo a los individuos más politizados, los más interesados en esta clase de actividades, los que la conocen y se consideran capacitados para participar en ella, cualesquiera que sean sus preferencias políticas. Su consentimiento puede ser producto de la satisfacción que experimentan al considerar las políticas aplicadas y cómo éstas granjean juicios favorables a los gobernantes; esto depende de la *"eficiencia"* del régimen, de su aptitud para aprehender y resolver los grandes problemas de la sociedad; deriva en gran medida de las apreciaciones que predominan en los grupos dominantes como las altas finanzas, el ejército y los medios industriales.[81] Pero también puede derivar de su creencia en la *"legitimidad"* del régimen, es decir, de la conformidad de éste con las normas que —según ellos— fundamentan la vida social e incluso con las finalidades que, desde su punto de vista, se le deben asignar. La identificación del gobierno y los gobernantes con un "ideal" social sustentado por medio de símbolos del interés común se expresa de manera explícita en los discursos y las actitudes de los *consenters*, a la vez que está implícita en la conformidad pasiva de los *assenters*. Es uno de los resultados de la socialización primaria y, por lo tanto, afecta a la mayoría de los individuos, aunque con intensidad desigual. De ahí el papel esencial de los grupos dominantes; basta que le retiren su consenso para que todo un sector de la población deje de "reconocerse" en el régimen político y

---

[79] Pierre Legendre [1976], p. 190. Véase también lo que dice Philippe Braud [1980] sobre el rito electoral que moviliza "los afectos más que la razón" (p. 16) y garantiza así una "inversión libidinal" intensa en el Estado y sus leyes.

[80] David Easton [1974].

[81] Lipset [1962] distingue netamente el apoyo a la "eficiencia" del régimen y a su "legitimidad".

lo dejen sin sostén. Así sucedió cuando los dirigentes y líderes de opinión católicos asumieron una actitud global de rechazo a la república en Francia y en Italia; o cuando los jefes militares, los medios industriales y parte de la administración pública expresaron su rechazo al régimen de la Cuarta República. Pero también la acción de los propios gobernantes puede reforzar la creencia en la legitimidad del régimen por medio de los símbolos y la "puesta en escena" de los valores comunes.

Por último, las formas variadas de conformidad se pueden ejercer de distinta manera según el *objeto al que se presta apoyo*. Aquí se debe distinguir: 1) la aceptación de la relación de poder en sí, es decir, del derecho de los dirigentes de coaccionar a los gobernados (aceptación que no va de suyo, como se vio en el caso de las "sociedades sin historia"); 2) la conformidad con la existencia de un aparato especializado, más o menos distinto de otros aparatos de dominación (religiosos, económicos, culturales, etc.) capaz de ejercer la dirección política de la sociedad; 3) la legitimidad reconocida de las modalidades particulares de gobierno, es decir, sobre todo, los métodos de selección de los dirigentes, los reglamentos en vigor y las reglas de funcionamiento de los aparatos especializados: aquí se trata de la conformidad activa con la forma de régimen político. La "legitimidad" *personal* de los individuos que ejercen el poder según los reglamentos en vigencia parece corresponder a otro orden, aunque puede repercutir sobre el mismo régimen; tal vez en este caso conviene hablar de su "popularidad" o de su aptitud (social, cultural, moral) para cumplir de manera satisfactoria su papel legitimado.[82] El derrumbe de la confianza prestada a un régimen por la mayoría de los individuos (como la República de Weimar en la década de 1920, los regímenes poscoloniales africanos, las democracias populares del este de Europa en la actualidad) puede estar acompañado de una mayor conformidad con la coacción legitimada y la especialización de un aparato político coercitivo; muchas de las dictaduras que reemplazan a un régimen desacreditado suelen gozar de una fuerte legitimidad —reconocida por los grupos dominantes y los líderes de opinión— y del apoyo efectivo de los súbditos.

La *legitimidad del poder político* aparece entonces como el producto de actitudes y creencias de intensidad desigual, dotadas de distintas significaciones según los grupos sociales; le aporta a un régimen y sus dirigentes variadas formas de apoyo, que van desde la docilidad consentida hasta la movilización de grupos en defensa del poder amenazado. Garantiza una aceptación de la dominación política por parte de los agentes sociales sobre los cuales se ejerce, aunque no son siempre los mismos y a veces, por sus acciones colectivas o la actividad de sus "representantes", esperan obtener beneficios siquiera parcia-

---

[82] Véase Léo Hamon, Albert Mabileau [1964], así como las ponencias en el coloquio sobre la popularidad política, Association française de science politique, París, octubre de 1990.

les de esa relación desigual. Es la base *moral* y *legal* que permite a los dirigentes conservar su posición.[83] Si bien asume una representación conflictiva de la sociedad, supone en definitiva que es posible un acuerdo en torno a valores comunes y metas objetivas que el gobierno perseguirá en bien de todos.[84]

La legitimación

Las concepciones complejas de la sociedad, elaboradas y difundidas por agentes especializados y que pueden tomar la forma de ideologías del poder, varían sensiblemente de una sociedad a otra; pero ninguna sociedad política se ahorra el trabajo de elaborar este universo de significación, esta "bóveda" de representaciones que extiende sobre el orden institucional una "cobertura protectora de su interpretación cognoscitiva y normativa".[85] En efecto, todo poder instituido pretende adquirir una legitimidad duradera, un reconocimiento basado tanto en la argumentación racional (el poder es necesario) como en una imputación moral (el poder es bueno, está al servicio de los valores comunes); pero las formas de la legitimidad, los postulados sobre la vida que ella supone, los valores sobre los cuales se la proyecta, difieren con el tiempo, el lugar, las modalidades de las relaciones sociales y las creencias propias de los grupos. En un sentido, esto significa que no se puede tomar un tipo particular de reglas y normas como patrón universal de legitimidad de los regímenes ni menos aún como "modelo" hacia el cual deben tender todos los sistemas políticos. La ilusión mayor del desarrollismo es haber considerado que los regímenes democráticos liberales y el tipo de legitimidad que ellos suponen representaban el futuro (deseable e incluso ineluctable) de *todas* las sociedades políticas.[86] Mientras en las sociedades cristianas de Europa occidental acabó por imponerse la legitimidad de un poder político diferenciado, al servicio del "bien común" y actuando de conformidad con el derecho natural,[87] en los países musulmanes el poder político goza de una legitimidad precaria, derivada de la aptitud de los dirigentes para servir al Islam y aplicar escrupulosamente su Ley suprema *(shariá)*.[88]

---

[83] Gaetano Mosca [1939].
[84] Edelman [1964].
[85] Berger, Luckmann [1986], p. 88.
[86] Véase cap. 3. Tener en cuenta la relatividad de las formas de legitimidad no significa desconocer las consecuencias (sociales, económicas, culturales, morales) de los distintos regímenes ni formular un juicio de orden moral sobre ellas. Pero sí significa rechazar la tentación de "clasificar" los regímenes en una escala de legitimidad "universal" construida *a priori* en función de los criterios particulares de una época y una sociedad. Tener en cuenta la relatividad de las legitimidades es una exigencia metodológica para el historiador y el sociólogo.
[87] Lagroye [1985], pp. 432-434.
[88] *Ibidem*, pp. 434-437. Badie [1986].

Por eso se requiere mucha prudencia para aplicar la célebre distinción de Weber entre los tres *tipos de legitimidad*, o "tipos de *dominación legítima*". La dominación tradicional se basa en la creencia en el carácter sagrado de las tradiciones ancestrales y considera legítimos a los gobernantes escogidos de acuerdo con ellas; el fundamento de la dominación carismática es la creencia en la aptitud excepcional del jefe llamado a ejercer el poder, generalmente en tiempos de crisis, para salvar a la sociedad de los peligros que la amenazan; por último, la dominación legal-racional reconoce la legitimidad de los actos realizados y los dirigentes elegidos según procedimientos legales y sobre la base de reglamentos elaborados en función de las exigencias de la razón.[89] Por un lado, esta distinción es de orden conceptual; consiste en establecer "tipos puros" o "ideales" con los cuales no se puede asimilar ninguna sociedad concreta, porque ellos se pueden combinar en diversos grados en todas las sociedades:

> La tipología sociológica ofrece al trabajo histórico empírico simplemente la ventaja —que, sin embargo, no se debe subestimar— de poder darle, en un caso particular, indicaciones sobre la forma de dominación [...] y también la ventaja de trabajar con un concepto bastante claro. De ninguna manera creemos que la realidad histórica se deja "encerrar" en el esquema conceptual.[90]

Por consiguiente, el estudio de las formas "concretas" de adquisición de legitimidad por parte de tal o cual régimen no se puede confundir con la mera descripción de tipos ideales, ni se debe atribuir a éstos un alcance universal. Por otra parte, esta distinción se basa en la oposición implícita de los fundamentos "racionales" con los no racionales (incluso irracionales) de la dominación. En este sentido, no permite comprender que la multitud de razonamientos y prácticas que tienden a legitimar un régimen se inscriben en variados registros de racionalidad. Ahora bien, toda creencia relacionada con el poder, se refiera al carácter sagrado de las tradiciones, la legalidad de los actos o las características extraordinarias del jefe, tiende a tomar la forma de la "razón", es decir, la única forma de pensamiento posible, concebible, normal y, en un sentido, lógico en la sociedad considerada. Los discursos sobre la legitimidad, cualquiera que sea el tipo ideal empleado como referencia, son racionales, aunque responden a distintas racionalidades.

Conviene tener en cuenta la advertencia de Weber contra la tentación de confundir, por un lado, las creencias y actitudes que garantizan efectivamente la legitimidad de un régimen en los distintos grupos sociales o la comunidad política en su conjunto, y por el otro, las apreciaciones de los dirigentes sobre esas creencias y actitudes. En este sentido, se debe concebir la legitima-

---

[89] Max Weber [1971], p. 222.
[90] *Ibidem.*

ción como el conjunto de actividades mediante las cuales los dirigentes *tienden a establecer su legitimidad*, a *reivindicarla* en función de sus representaciones del régimen deseable y deseado por los gobernados; esto corresponde también al orden de las creencias, porque nada permite medir con precisión las "expectativas reales" de grupos e individuos en materia de poder y hay que darse por satisfecho con una estimación bastante aproximada sobre la base de los índices considerados (ausencia de perturbaciones y cuestionamientos del poder, docilidad general, las indicaciones confusas recogidas en conversaciones, "contactos con las masas", reuniones con los líderes de opinión, informes de inteligencia, alguna que otra encuesta...). Por consiguiente, los métodos de legitimación ilustran más —lo cual no significa exclusivamente— sobre las *representaciones* que se hacen los dirigentes y sus interlocutores habituales sobre la legitimidad, que sobre las "razones" por las cuales los grupos e individuos consienten un ejercicio del poder político y le dan su apoyo.

La legitimación así concebida es ante todo la sustentación por parte de los gobernantes y los grupos dominantes de un poder político *acorde con los valores* que al mismo tiempo *presentan como constitutivos* de la cohesión moral de la sociedad. Cuando las ciudades renacentistas europeas organizan suntuosos "recibimientos" para el emperador o el rey, los espectáculos presentados, los decorados y el orden del cortejo ilustran tanto los beneficios que proporciona el respeto por los valores (justicia, equidad, generosidad, jerarquía) como el papel predominante que cumple el príncipe en su realización; muestran lo deseable y la parte esencial que cumple el poder en su obtención. Asimismo, las fiestas cívicas organizadas bajo la Convención francesa celebran los "nuevos" valores (igualdad, libertad, justicia, fraternidad) y el poder revolucionario que permite que se impongan. En un registro más cotidiano, la celebración de las virtudes y cualidades morales de un diputado y alcalde de gran ciudad (Jacques Chaban-Delmas) es la idealización de las prácticas de ciertos grupos sociales, erigidas en normas de conducta: unidad, generosidad, rechazo de las oposiciones "ideológicas" y "partidistas", aliento a la iniciativa individual. Son precisamente los grupos dominantes locales los que difunden esas normas y dan testimonio de su conformidad con las prácticas políticas del alcalde; los que las erigen en modelo de conducta para todos los individuos; los que controlan los aparatos encargados de difundirlas. De alguna manera, el discurso político repite el de esos grupos y lo certifica; tiende a afirmar la superioridad de los valores que reivindica y pretende encarnar.[91]

En los períodos revolucionarios, la identificación de los dirigentes con los valores y objetivos fundamentales de la sociedad puede conducir a una verdadera "heroificación" de los líderes y a una poderosa inversión afectiva en su

[91] Lagroye [1973].

persona. El líder revolucionario aparece como el *portador de un "sentido colectivo"*, símbolo vivo de las nuevas aspiraciones. Con su energía y su rechazo de las concesiones, impone a la vez que garantiza la persistencia y realización del proyecto inicial: "El poder reconocido como legítimo no lo es a título de una mera delegación electiva ni menos aún en nombre de la división del trabajo social; se lo reconoce como la palabra de la verdad, la realización de los objetivos justos, el símbolo vivo de la voluntad común."[92] Al mismo tiempo, es él, con los grupos que lo apoyan, quienes definen esa verdad, esos objetivos justos y esa voluntad común. Así se realiza la plena fusión de la imposición de los valores con la legitimación del poder político. A tal punto, que Stalin pudo reclamar y hacer que le reconocieran los mismos atributos que al Dios de los cristianos —bondad, sabiduría, gloria y poder— y que sus fanáticos seguidores elevaran su nombre "por encima de cualquier otro nombre". En este sentido, el "culto de la personalidad" es un intento de inmortalizar las expectativas atribuidas a los hombres por sus dirigentes y, sin duda, compartidas por muchos de ellos.

En términos más generales, se suele atribuir a los textos fundamentales de un régimen político el carácter de escritura sagrada. En la sociedad norteamericana, la Constitución posee esa dimensión. Para Lincoln es un "signo de la gracia de Dios", y para los protestantes del nordeste la consumación de una alianza entre Dios y el pueblo norteamericano. Ella da un sentido a todo, y sus guardianes (en particular los jueces de la Corte Suprema) se presentan como los sacerdotes de la religión civil que garantiza la cohesión de los Estados Unidos. *Su validez es inseparable de las normas* que se supone predominan en la sociedad americana; cuando ciertas reglas particulares (como las de los mormones, o los esclavistas del Sur) se oponen a ella, los dirigentes pueden rechazarlas en su nombre. Así, la Constitución deviene en el principio único de la cultura moral común, la única fuente de normas aplicables a todos los ciudadanos. Por eso, al adoptar la ciudadanía norteamericana se presta juramento a la Constitución, es decir, se proclama la aceptación de los principios morales de la comunidad y su régimen político.[93]

Así se comprende cómo la legitimación puede ser un proceso de sacralización. La tendencia a la *sacralización de los dirigentes políticos* aparece de manera evidente en sociedades muy distintas. Es la deificación en vida del príncipe debido a la filiación que corresponde a su función real: el faraón egipcio es dios, es Horus reinante, es hijo de Ra o de Amón; sus cualidades personales, su sabiduría y su prosperidad son signos de su divinidad esencial. Además es la identificación progresiva del príncipe con su homólogo divino o su asimilación a la sacralidad misma del poder: a pesar de las reticencias de los notables italianos, el emperador romano se vuelve dios cuando se hace reconocer co-

---

[92] Pierre Ansart [1977], p. 144.
[93] Sanford Levinson [1988].

mo el gemelo o el "doble" de Hércules, cuando lo habita el "genio divino del pueblo romano", cuando se lo confunde con la "diosa Roma"; en este caso, el carácter divino es atributo esencial del poder político antes de ser atributo particular del titular de ese poder. La tendencia a la divinización del príncipe también es perceptible en la Edad Media cristiana;[94] está presente en el imperio chino; subsiste, atenuada y disimulada, en la canonización de los príncipes muertos de las dinastías reales europeas (Fernando de Aragón, Luis IX de Francia, Esteban de Hungría): los reyes, si no son hijos de Dios, serán al menos nietos de santos. En Francia, la sacralidad separa al soberano del común de los mortales, le da una investidura religiosa, lo transforma en representante y vicario de Dios sobre la Tierra. Las sociedades que ven al universo impregnado de sacralidad, donde se juzgan las acciones humanas por su conformidad con el orden divino, reconocen de una forma general que el poder y los dirigentes políticos participan de esa dimensión; no se los puede derrocar, aunque más no fuera en virtud de la misión que se les ha impartido: garantizar sobre la Tierra la realización de un orden conforme a la voluntad de Dios o de los dioses.

En las sociedades laicas contemporáneas, donde se tiende a relegar la religión a la esfera de las actividades privadas, donde se busca el fundamento del poder en la razón, la ciencia o la voluntad general expresada por los ciudadanos, parecería que ese poder ha perdido su dimensión sagrada. Para apreciar los límites de esta impresión, conviene detenerse un instante en el significado de la palabra "sagrado". En efecto, en el marco de un método sociológico, no se puede aceptar sin un examen la asimilación de lo sagrado con las formas históricas que lo atribuían explícitamente a un orden divino (mágico o religioso). Hay una *producción de lo sagrado* cuando los individuos testimonian la existencia de "verdades" inaccesibles al entendimiento común sin la intervención de intérpretes autorizados, mediadores o guardianes de la recta interpretación. Decir que "existe lo sagrado" es afirmar que la vida cotidiana, las relaciones humanas, las formas de la organización social sólo adquieren sentido en relación con un orden intangible, supremo, parcialmente oculto, que los "pontífices"[95] están en condiciones de revelar. Este orden sin duda puede ser divino, pero también puede ser el de los mitos (el progreso, el advenimiento de un mundo mejor, el fin de las tensiones y los conflictos históricos) y los valores (justicia, igualdad, verdad) que fundamentan las pretensiones de legitimidad. Lo sagrado otorga a las actividades, en especial las políticas, una significación que las eleva por encima de lo insignificante y cir-

---

[94] Ernst H. Kantorowicz [1987].

[95] Aquí se usa en sentido muy amplio el término latino pontífice (*pontifex*, hacedor de puentes) para designar a quien establece una relación entre el orden humano y un orden de verdades esenciales, intangibles y sagradas. El "sumo pontífice" de la religión católica es el intérprete supremo y guardián del mensaje divino.

cunstancial; es el conocimiento supremo. Ningún régimen contemporáneo manifiesta esta presencia de lo sagrado en mayor medida que un Estado totalitario. En este caso, lo sagrado es la revelación de un destino histórico, de una "misión" de la raza o de una clase llamada a dirigir el mundo; tiene sus pontífices, guías esclarecidos e infalibles, militantes que acceden al conocimiento "científico" de las leyes del universo o de la historia, guardianes de las creencias empeñados en eliminar a herejes y desviacionistas; despierta la adhesión de un "pueblo de creyentes"; viene al mundo gracias a la acción aterradora de sus fanáticos defensores, que realizan precisamente lo que anuncian que debe suceder: el exterminio de los judíos, gitanos y homosexuales; la liquidación de los kulakis y los desviacionistas enemigos de la Revolución.[96]

La producción de lo sagrado resulta por definición de la actividad de los "pontífices", que pueden no tener características sacerdotales en el sentido que adquiere el término en sociedades impregnadas de creencias religiosas: sabios, profesionales de la interpretación de los textos fundacionales, políticos "inspirados", incluso visionarios, todos tienen en común un *discurso inaccesible a los "legos"*, pero que *habla de ellos* y les interesa de manera directa.[97] No sólo es el carácter abstracto de sus palabras lo que los aparta y aísla del común de los mortales, sino una puesta en escena mediática de su competencia, su cualidad de "especialista". Su interpretación de los actos políticos es legitimada por los ritos que acompañan sus discursos, la exhibición de sus títulos y el respeto que demuestran sus interlocutores al dirigirse a ellos. El mensaje que transmiten puede establecer la legitimidad misma del poder político del que hablan o cuyos fundamentos enuncian.[98]

En estas condiciones, se puede considerar que la *codificación* de las reglas bajo la forma de leyes, ordenanzas, decretos o reglamentos es la producción de lo sagrado desprovisto de cualquier dimensión religiosa explícita.[99] Significa dar forma a las prescripciones del poder según las técnicas especiales transmitidas por un cuerpo especializado de "legistas" o "juristas". En principio estos técnicos se encuentran junto a los dirigentes, como instrumentos de una dominación política que se afirma por su misma actividad: a fines de la Edad Media, el derecho unificado y sistematizado permite extender el poder efectivo de los reyes en desmedro de las costumbres y los derechos locales.[100]

---

[96] Hannah Arendt [1972] insiste en el "poder de la organización" que realiza la ficción y hace de él un conocimiento inmediato para toda la sociedad.

[97] Bastien François [1990 (b)].

[98] Sobre la dimensión espectacular de las actividades políticas, véase Edelman [1988].

[99] No se ignoran las reticencias que puede suscitar el empleo de la palabra "sagrado" para designar los productos de la codificación. Si se prefiere reservar el término para la esfera mítica y religiosa, se puede hablar de universos de significación, con la condición de identificar claramente el papel de los grupos e individuos que garantizan la mediación entre ese universo objetivado y las actividades de los "profanos".

[100] Weber [1986], sobre todo pp. 186-195.

Pero detentan un poder propio en la medida que ellos, sólo ellos, saben "dar las formas" convenientes, tal como aprendieron a hacerlo mediante la compilación y el comentario de los textos de sus predecesores;[101] así reivindican con éxito el monopolio de una ciencia inaccesible al común de los mortales. La codificación es una operación de puesta en orden de los reglamentos vigentes, que permite a los agentes sociales calcular qué pueden hacer sin arriesgarse a una sanción y prever qué pueden hacer los demás; delimita el espacio de las acciones posibles. Sobre todo, inscribe en ese espacio un orden de obligaciones presentadas como permanentes, intangibles, universales, es decir, válidas para todo y para todos debido a su carácter "sagrado". La Declaración de los Derechos del Hombre y el Ciudadano enuncia con claridad que los derechos son inalienables, inviolables y sagrados. "Poner en forma significa dar a una acción o discurso la forma que se considera conveniente, legítima, aprobada, es decir, una forma tal que se puede producir públicamente, a la vista de todos, una voluntad o práctica que, presentada de otra manera, sería inaceptable."[102] Pero lo que otorga fuerza a la forma es el hecho de presentarla como el *signo de una universalidad*, el de la razón, la moral, un derecho natural, inaccesible a los ataques y protegido de las críticas y que, por ello, puede "consagrar" la regla.

En este sentido se puede llamar "pontífices" a los juristas e incluso a los políticos que en circunstancias excepcionales reclaman el derecho de "pronunciar el derecho". Sus conocimientos especializados les ahorran a sus interpretaciones las disputas con los profanos y reduce a "charlatanería" vana —desde su punto de vista— cualquier discurso sobre el poder político que no se apoye en su "'*ciencia comprobada*', reservada a una elite erudita".[103] Al mismo tiempo se presentan esos conocimientos como único criterio válido para explicar los actos políticos; el juez y el maestro de derecho *deben creer* en su superioridad, así como el sacerdote, si no es un impostor, debe creer en la validez suprema del mensaje religioso.[104] El derecho, como la moral y la religión, habla de valores universales intransgredibles y valores universales que él revela y a los que da vida; con ello, pretende tener la "última palabra" sobre las instituciones y las reglas de gobierno, y expresar su sentido más profundo. Por cierto que los políticos actúan en función de otras consideraciones que la creencia en la universalidad y el carácter coaccionante de la norma de derecho, pero su posición y la posibilidad que ella les da de hablar con autoridad sólo se fundamentan en la validez suprema de esa regla, que rige en especial su designación.[105]

---

[101] Webwe [1986], pp. 197-198.
[102] Bourdieu [1987], p. 103.
[103] François [1990], p. 7.
[104] Levinson [1988].
[105] Véase François [1990]; Gaxie [1989]; Lacroix [1984].

Por consiguiente, la codificación contribuye de manera particularmente significativa a la *institucionalización*, es decir, en este caso, el reconocimiento del carácter coaccionante y la legitimidad social de ciertos roles, aparatos e instancias de gobierno, los que se supone cumplen "funciones" sociales o políticas indispensables: dirigir, elaborar las reglas, juzgar la validez de las leyes, imponer el respeto por ellas, etc. Las instituciones no sólo son organismos de hecho, productos de las relaciones de fuerza. Son elementos *legitimados* del orden político y su eficacia deriva en gran medida de la creencia difundida en su utilidad y, más aun, su dignidad. El derecho establece esa dignidad, consagra los títulos que dan acceso a una posición dirigente en una institución, así como las reglas que se deben aplicar; reglas que, por su intermedio, adquieren valor universal o, al menos, se relacionan de manera directa o indirecta con un orden considerado universal. El derecho "aporta su fuerza propia, es decir, simbólica, a la acción del conjunto de los mecanismos que permiten evitar la reafirmación continua de las relaciones de fuerza mediante el uso declarado de la fuerza".[106]

Una legitimidad frágil

La erosión del apoyo

Cuando se produce una crisis de gran envergadura, suele quedar al desnudo las *fragilidad de los puntos de sostén* con que el régimen aparentemente podía contar. Se desvanece el apoyo esperado de ciertos grupos, la docilidad de los gobernantes cede a la agitación y a brutales manifestaciones contestatarias. En la mayoría de los casos, nada permitía "prever la crisis" ni indicaba que el gobierno había "perdido la legitimidad". Esta repentina desaparición de los puntos de apoyo, ese retroceso espectacular de la conformidad con el régimen y los dirigentes conduce a la hipótesis de una "erosión" progresiva revelada por la crisis. Evidentemente, es más fácil analizar el fenómeno a nivel de las representaciones elaboradas de la legitimidad, es decir, observando la aparición de discursos y prácticas contrarias a las creencias e ideologías dominantes, que a nivel del debilitamiento de las actitudes habituales de consenso en las que se apoyaba el poder. Sin embargo, cabe reconocer que la difusión de creencias y representaciones que ponen en tela de juicio la legitimidad de un régimen político tiene cierta relación con la erosión del apoyo que éste recibía. Nada permite atribuir la proliferación de representaciones y creencias incompatibles con la monarquía del Antiguo Régimen (textos filosóficos, libe-

---

[106] Bourdieu [1980], p. 229.

los, poemas y dibujos satíricos, etc.) al descontento de las poblaciones francesas del siglo XVIII; pero esta producción no es extraña al desarrollo de actitudes de desconfianza o retiro de apoyo por parte de muchos grupos sociales,
desde la nobleza de toga hasta el bajo clero o la pequeña burguesía de las
profesiones liberales.

No es inusual que un régimen político o sus dirigentes, a pesar de que
cuentan con el acuerdo aparente de las elites sobre su legitimidad y, además,
están seguros de la eficacia de los métodos de legitimación aplicados, se vean
amenazados por la difusión de creencias y representaciones relacionadas con
otra concepción del poder. En la mayoría de las sociedades "complejas" coexisten *concepciones de la legitimidad* que pueden entrar *en conflicto.* Por ejemplo,
en la sociedad francesa del siglo XI se enfrentan muchos modelos del orden
social y político: el de la monarquía carolingia, sostenido e ilustrado por los
obispos, pero que cuenta con una legitimidad derivada de su propio poder y
autoridad moral; el de una monarquía tributaria y reproductora del ideal monástico de una sociedad consagrada a la oración y la adoración; el de la "paz
de Dios", que reconoce a la Iglesia el derecho de conservar una paz amenazada por la violencia y los enfrentamientos entre los nobles; incluso el de una
sociedad igualitaria, virtuosa y fraternal, que en su forma extrema niega el
poder de los reyes y los obispos. Sin duda se observa este conflicto entre las
diversas concepciones de la vida social en los enfrentamientos entre grupos
dominantes: episcopado, legistas, órdenes monásticas, príncipes guerreros y
jefes de bandas. Pero sus consecuencias son muy amplias y afectan en la práctica a vastos sectores de la población; el modelo de sociedad igualitaria, rápidamente tildado de hereje, corresponde a las sublevaciones rurales y toma la
forma de confraternidades populares; el modelo monástico se apoya en la ve-
loz proliferación de las abadías cluniacenses y cistercienses que atraen a miles
de guerreros y campesinos.[107] El Estado monárquico, que se impone durante
los siglos XII y XIII, logra sustentar su propia legitimidad sobre la afirmación
de una nueva concepción del poder, derivada en parte del modelo carolingio, aprovechando los beneficios del sistema monástico y el fracaso o la destrucción de los demás modelos en competencia. Estos conflictos de legitimidad pueden adquirir una envergadura insuperable cuando coinciden, por
ejemplo, con los conflictos entre grupos de la población reunidos artificialmente en una sola entidad política, pero enfrentados por toda una serie de
factores (modos de vida, recursos económicos, creencias, hábitos, concepciones morales). Así sucedió con ciertos imperios burocráticos[108] y, más claramente, con los imperios coloniales del siglo XIX.[109]

[107] Gorges Duby [1978 y 1987]. Véase cap. 2.
[108] S. N. Eisenstadt [1963].
[109] Lagroye [1987].

La difusión de sistemas de creencias y representaciones del poder contrarios al modelo dominante creado por los métodos de legitimación introduce en la sociedad, sobre todo en el seno de los grupos privilegiados e ilustrados, *concepciones alternativas del orden político* Cuando las transformaciones económicas o sociales de gran amplitud afectan a los grupos, amenazan su posición o, por el contrario, les abren perspectivas de mejoramiento, esas creencias encuentran terreno propicio. Es como si los "factores precipitantes" coyunturales proporcionaran bruscamente a los discursos heréticos la audiencia que antes se les negaba;[110] en ese contexto, los mesianismos y milenarismos, las sectas y los movimientos espirituales fundamentalistas se propagan fácilmente. Entonces ponen en duda, directa o indirectamente, el sistema de creencias que fundamentaba la legitimidad del poder. Las herejías italianas del siglo XIV, extendidas sobre todo entre los artesanos y los comerciantes de las ciudades en pleno auge —aunque políticamente inestables— son en esencia movimientos religiosos, pero sus consecuencias políticas inquietan a la Iglesia y a los príncipes. Análogamente, las mutaciones económicas y sociales de las décadas de 1960 y 1970 parecieron favorecer el desarrollo de concepciones que, en última instancia, justificaron los movimientos contestatarios de Europa y Estados Unidos; las revueltas estudiantiles ilustraron ese fenómeno, aunque su origen se ha de buscar en otra parte.[111]

Estas deserciones afectan principalmente a los grupos privilegiados o los "segmentos sensibles" de la sociedad. Durante los años sesenta, por ejemplo, los estudiantes y elementos de las capas medias asalariadas (ingenieros, investigadores, periodistas) parecían ser los primeros afectados; cabe reconocer que la contradicción entre sus ambiciones sociales y sus posibilidades objetivas de ascenso los vuelve receptivos a los discursos que denuncian la esclerosis de la organización política y su incapacidad para satisfacer esas aspiraciones. Pero más allá de ello, la deserción de esos grupos se puede volver crítica si coincide con un *descontento difundido* que afecta a amplias capas de la población. Es lo que James C. Davies trató de ilustrar mediante una "curva de insatisfacción" o "curva en J".[112] Con el ejemplo de la Revolución Rusa (entre otras) muestra cómo las esperanzas de muchos grupos crecieron a partir de 1880 juntamente con los progresos económicos, sociales y administrativos de fines del siglo XIX; a partir de 1905 se produce una brecha intolerable entre las aspiraciones generadas durante los años precedentes y las posibilidades reales de emancipación. Esta frustración afecta a los sectores sociales de dis-

---

[110] Neil Smelser [1963].

[111] Véase pp. 382-383. Alain Touraine interpreta el suceso "en caliente" [1968]. Deutsch [1961] postula que toda transformación que destruye los modos de relación habituales en el seno de una sociedad deja al pueblo "en condiciones de recibir nuevos modelos de socialización y conducta" (p. 494; traducción del inglés nuestra).

[112] Davies [1962], en: Birnbaum y Chazel [1971], vol. 1.

GRÁFICO 8. *La curva de insatisfacción en "J" de Davies*

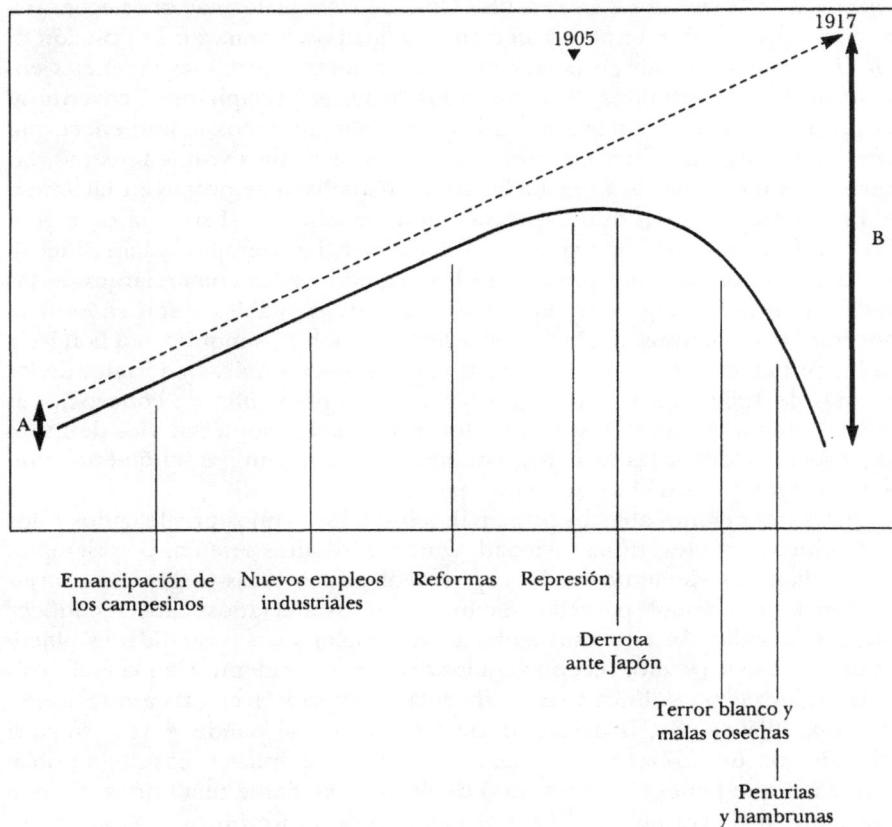

----- Esperanzas (satisfacción esperada de necesidades)

——— Satisfacción real de necesidades

A: margen tolerable de insatisfacción
B: margen intolerable "entre lo que la gente desea y lo que tiene"

Según Davies, "Toward a Theory of Revolution", *The American Sociological Review*, 1, febrero de 1962

tintas maneras: intelectualidad decepcionada por la brutal represión de las manifestaciones de 1905, campesinado empobrecido por las reformas y una serie de malas cosechas, ejército humillado por la derrota en la guerra contra Japón. La penuria y el hambre sufridos durante la guerra de 1914-1917 de alguna manera consiguen "aunar" las frustraciones y socavan los últimos puntos de apoyo con que contaba el régimen zarista (véase el gráfico 8). Evidentemente, no es fácil medir con precisión el grado de frustración de los distintos grupos ni comprender cómo se produce una "conjuración de fuerzas entre gente insatisfecha, frustrada, situada en niveles diferentes, pero objetivos y tangibles, de nivel de vida y jerarquía social".[113] Resta decir que la erosión progresiva del apoyo se advierte claramente durante los años anteriores a la crisis (manifestaciones, hostilidad de los grupos ilustrados, fuga de campesinos, radicalización de las consignas, refuerzo de la represión, etcétera).

En un sentido más general se puede decir que la *erosión del apoyo* toma formas *tan diversas* como los propios puntos de apoyo. Una situación económica difícil puede provocar el descontento de los grupos instruidos, sensibles a la eficiencia del gobierno, así como la insatisfacción de los sectores sociales más afectados en su nivel de vida; una reforma de la legislación matrimonial puede malquistar a los dirigentes religiosos, quienes a su vez, por medio de sus movilizaciones, pueden generar entre los fieles un sentimiento de hostilidad hacia el régimen; una serie de medidas fiscales puede provocar desconfianza en otros grupos. Es la *conjunción* de estos descontentos lo que socava progresivamente el apoyo difuso con que contaba el régimen, lo que incita a los grupos privilegiados e ilustrados a desertar *(exit)* cuando la protesta *(voice)* parece caer en oídos sordos,[114] y que, en última instancia, puede restar toda eficacia a los métodos habituales de legitimación. Sólo la dramatización de la situación por los gobernantes, en la medida que permite el uso de símbolos poderosos (la unidad nacional, la patria en peligro, las necesidades de salvación pública) y valores movilizadores comunes (patriotismo, nacionalismo), puede eventualmente restablecer la estabilidad del régimen. Adviértase que en tales condiciones no es posible "prever" los acontecimientos capaces de provocar una conjunción de descontentos de distinto origen e intensidad, algunos de los cuales se manifiestan abiertamente mientras otros sólo aparecen durante la crisis, y tanto más por cuanto el descontento puede venir de grupos que, en general, están en conflicto y poco dispuestos a combinar sus acciones. Por eso no es casual que las interrupciones de legitimidad generalmente sorprendan a los actores y sólo admitan el análisis sociológico *a posteriori*.

[113] Davies [1962], p. 257.
[114] Albert O. Hirschmann [1972]. Tomar la palabra *(voice)* supone un mínimo de lealtad o la creencia en la eficacia de la protesta; en este sentido, la deserción *(exit)* no es una alternativa a la palabra sino una conducta resultante del fracaso (real o supuesto) de la protesta.

Crisis e interrupciones de legitimidad

Las crisis políticas son períodos de la vida social en los cuales se impugna el poder en sí (no a quienes lo detentan en ese momento dado), éste pierde una parte de su apoyo, la "dinámica" de los enfrentamientos afecta las relaciones habituales entre los grupos y se modifican las representaciones y creencias sobre la organización social y política.[115] En sus aspectos más espectaculares, la crisis política es una época en que se afirman los extremismos y se generalizan las movilizaciones. El *extremismo político*, considerado como la conformación activa de un grupo a una concepción de la vida política radicalmente extraña a las representaciones dominantes, no es producto de la crisis. Por ejemplo, no es extraño encontrarlo en sectores de la población marginados de la vida política, socialmente dominados y, sin embargo, bien estructurados por asociaciones, redes, formas de sociabilidad que garantizan su cohesión. No se lo debe confundir con el extremismo ideológico de los intelectuales que en ciertas circunstancias se oponen al poder y denuncian la injusticia de las relaciones sociales.[116] El extremismo político, fruto de la marginación de grupos (sociales, religiosos, étnicos, etc.) que acceden a la conciencia de su rechazo por la sociedad puede recibir el apoyo de organizaciones (políticas, sindicales, culturales, religiosas) que en épocas normales no tienen la menor posibilidad de llevar a sus dirigentes al poder ni lograr un cambio en las reglas políticas. La crisis es una modificación de esta situación; abre a los ojos de los agentes movilizadores la perspectiva de tomar el poder, sobre todo cuando los enfrentamientos revelan bruscamente la "pérdida de legitimidad del régimen" existente. De ahí que el extremismo se desarrolla en la misma medida que la represión ataca las revueltas y se suceden las acciones que descartan a los partidarios de las soluciones moderadas.[117] Gracias a él se afirman concepciones radicalmente nuevas de la vida social, capaces de seducir a otros grupos que no adhirieron inicialmente. La utopía, construcción de una sociedad ideal en la que el poder político no existe —o se ejerce de otra manera— favorece las movilizaciones.

[115] El término "crisis" se emplea aquí en un sentido muy distinto del que tiene en las frases "crisis de gobierno" o "crisis de la mayoría". Sobre el origen y desarrollo de las crisis, véase cap. 6.

[116] Michel Wieviorka [1988], al analizar la relación entre el extremismo ideológico y el terrorismo postula que aquél crece en la medida que no ha sido —o ya no es— capaz de establecer vínculos con los grupos sociales a los que se puede movilizar en el marco de un vasto "movimiento social".

[117] Crane Brinton [1965]. Michel Dobry [1986] muestra cómo esta dinámica del extremismo aparece en la revolución iraní de 1978-1980 (p. 64), pero critica la extensión sin límites de este esquema a todas las situaciones de crisis. Véase lo que dice Lapierre [1977] sobre la "gran revolución" inglesa del siglo XVII.

El derrumbe de los esquemas y las representaciones que aseguran habitualmente el apoyo al régimen y el fracaso patente de los métodos comunes de legitimación ante vastos sectores de la población permiten a los *agentes movilizadores* proclamar la ineficiencia e ilegitimidad del poder. Por consiguiente, la situación de crisis facilita la imposición de un "sentido" político radical a los vastos movimientos provocados por factores económicos, sociales y culturales muy variados.[118] Este uso político de factores heterogéneos de descontento se manifestó muy claramente durante la crisis de la década de 1930 en Francia. Por medio de sus palabras, los líderes de la extrema derecha lograron presentar como un "rechazo del régimen republicano", masivo y popular, una amalgama de movimientos que para unos eran producto de la crisis económica y el desempleo, para otros de la disminución de sus ingresos y para otros, en fin, de la activación coyuntural de antiguas pasiones (como el nacionalismo y el antisemitismo). En última instancia, como se ve en 1934, la politización de los factores de descontento favorece las movilizaciones hasta llegar a la "manifestación multisectorial", que para Michel Dobry constituye la característica fundamental de las crisis de gran amplitud.[119] Aquí importa subrayar que los grupos y las organizaciones que hasta entonces sostenían el régimen caen bajo los embates de la crisis política. Se multiplican las deserciones (Déat y Marquet en la SFIO, Doriot en el PC), cambian las alianzas, la legitimidad del poder busca nuevas bases de sustentación (la aptitud del Estado para dar trabajo a todos, mejorar las condiciones de vida de los grupos postergados y alentar la recuperación económica). La transformación y ampliación del apoyo esperado conllevan una redefinición del Estado en la que aparece la figura del Estado proveedor.

Por último, la crisis afecta el *conjunto de los acuerdos* que garantizan habitualmente la estabilidad del orden social y político: acuerdo entre grupos dominantes (económica, cultural y moralmente); entre aparatos de gobierno y organizaciones representativas de múltiples intereses sociales (sindicatos, iglesias, asociaciones); entre instancias políticas y "administrativas" del Estado (cámaras del congreso, policía, ejército, alta función pública). Lo que Dobry llama la "desectorización coyuntural del espacio social"[120] puede manifestarse como una destrucción provisoria, con frecuencia brutal, de esta forma de complicidad que une en la práctica a grupos y aparatos para mantener el funcionamiento del régimen y las prácticas sociales legítimas en épocas normales. Entonces se borra la representación objetivada de los roles, las posiciones, las instituciones y las esferas de actividades especializadas; generales y obispos participan en los debates políticos, dirigentes administrativos impugnan a los diputados, éstos atacan públicamente los defectos de la Constitu-

---

[118] Véase p. 308.
[119] Dobry [1986]; véase pp. 312-313.
[120] *Ibidem*, pp. 140-171.

ción o denuncian la incompetencia y la "mala voluntad" de los jueces... Así, la descalificación del poder es producto directo de la ruptura de las referencias estables y la generalización de la duda sobre la legitimidad moral y la eficiencia del régimen, cualesquiera que sean, por otra parte, las definiciones de la situación propuestas por los protagonistas de la crisis. A partir de entonces se impugnan los valores y las creencias adquiridas (aunque ciertos grupos traten de reactivarlas), las actitudes habituales pierden toda razón de ser, los mitos y los símbolos se convierten en objeto de fuertes enfrentamientos. En este sentido, la crisis no es producto del debilitamiento de la sustentación sino que *provoca su derrumbe*.

Se ha dicho que de la crisis suele surgir una nueva concepción de la legitimidad, sea porque los grupos dominantes y los dirigentes adoptan nuevas estrategias de legitimación, sea porque deben ceder su lugar a otros grupos, portadores de creencias distintas, o al menos pactar con ellos. No obstante, con frecuencia está asegurada la *continuidad de las concepciones anteriores*. En el trabajo de *"bricolaje"* de las representaciones o de recomposición de una arquitectura de significados con ayuda de materiales dispersos,[121] los grupos especializados, particularmente los juristas, cumplen un papel importante. Así, se puede considerar al liberalismo como la referencia inmutable e intransgredible de la legislación francesa a partir del siglo XIX, cuando sus nociones y conceptos característicos, así como la articulación de aquéllas, se habían desnaturalizado de crisis en crisis. La libertad invocada hasta 1884 contra las corporaciones y asociaciones justifica a partir de entonces la agrupación de los trabajadores en sindicatos para defender sus "derechos". La igualdad, en un principio formal y puramente cívica, tiende a convertirse en fundamento de todas las reivindicaciones que exigen y legitiman el intervencionismo (impensable en el siglo XIX) del Estado liberal en las actividades económicas. Continuidad ilusoria, tal vez, pero que en virtud del razonamiento y la elaboración jurídicos asegura la creencia en la intangibilidad de los principios fundamentales de la organización política.

[121] Según una imagen usada por Duby.

8. EL GOBIERNO

GOBIERNO DEMOCRÁTICO, GOBIERNO EFICIENTE, gobierno "realmente" representativo... "Gobernar bien", cualquiera que sea la manera de ejercer esta actividad y la concepción que se tenga de ella, es el objetivo manifiesto de toda acción política; es la meta anunciada de las organizaciones políticas, la justificación de las confrontaciones electorales, un asunto planteado en todas las movilizaciones políticas, una de las referencias principales en los reclamos de legitimidad; es la función presunta de los papeles, los aparatos y las instituciones políticas que asumen la conducción de las sociedades. Es relativamente fácil responder a la pregunta, "¿quién gobierna?": una minoría en función de sus características sociales, llámese elite o clase política o grupo dirigente.[1] Pero queda abierta la polémica sobre la coherencia y la comunidad de intereses de esta minoría gobernante, así como en torno de su aptitud para tomar en cuenta y satisfacer los intereses múltiples, frecuentemente contradictorios de los grupos sociales. Esta polémica tiene un evidente *sesgo teórico*: no se interpretará de la misma manera el resultado de las actividades de esta minoría, es decir, su "acción", según se la conciba como un grupo dotado de una fuerte cohesión, dispuesto a imponer las concepciones y los intereses de los grupos social y económicamente dominantes, o bien como un conjunto inestable de grupos en interacción, obligados a negociar compromisos. Cualquiera que sea el interés de esta polémica (que se suele abordar de una forma puramente teórica), a la sociología política le compete ante todo el análisis empírico de las categorías dirigentes y las acciones de gobierno.

Existe una abundante literatura sobre las *características sociales* de los grupos que, de manera directa o indirecta, intervienen en los procesos de decisión, la promulgación de reglamentos y la ejecución de las políticas. En muchos trabajos se ha analizado las relaciones entre los grupos dirigentes y aquellos que por su posición económica merecen la calificación de socialmente dominantes. El *análisis de las políticas públicas*, cuyo desarrollo reciente constituye una evolución importante de la sociología política, proporciona abundante material y perspectivas interesantes sobre las modalidades y consecuencias de la acción gubernamental. De todas estas investigaciones surge un interrogante cardinal sobre la multiplicidad de las formas de interacción entre los componentes de la "clase dirigente", entre organizaciones representativas con intereses opuestos o sólo divergentes, entre agentes definidos como

---

[1] El sentido de estos términos es explicado en la primera sección de este capítulo.

políticos o que actúan en otros campos. También se plantea la necesidad de indagar en las reglas de la interacción, tanto las que están formalmente codificadas e institucionalizadas como las que todos los grupos aceptan en los hechos, a tal punto que se puede considerar que caracterizan con la mayor precisión la sociedad política en estudio. De ahí se comprende que el estudio del gobierno (que no se limita a las instituciones) sea hoy un objeto esencial de investigación en sociología política.

LOS GRUPOS DIRIGENTES

Sin duda, la distinción corriente entre los gobernantes habilitados para "tomar decisiones políticas" (funcionarios electos, ministros, jefes de Estado) y los agentes encargados de ejecutarlas se justifica desde muchos puntos de vista. En primer lugar, corresponde a una separación objetivada y, por tanto, considerada "natural", de las posiciones de poder, así como a una jerarquía formal de éstas, codificada en constituciones, leyes y reglamentos de carácter jurídico. Por consiguiente, remite a dos clases de recursos, "políticos" para los gobernantes, "administrativos" para los encargados de velar por la ejecución de las decisiones tomadas y las acciones emprendidas. Sobre todo, conduce a unos y otros a reclamar distintas legitimidades: para los primeros, la elección, para estos últimos, lo que Weber llama "el honor del funcionario" y ellos mismos, el espíritu de "servicio público".[2] No obstante, esta distinción se borra cuando se estudian con precisión los procesos que conducen a la acción de gobierno. En el nivel del gobierno central, los administradores cumplen un papel decisivo en la preparación de las decisiones, la elección y las modalidades de las acciones a emprender, incluso en la definición de los problemas a abordar; en el nivel local, los funcionarios electos participan directamente de la ejecución "técnica" de las políticas resueltas. En este sentido, se puede usar el término "clase dirigente" para designar *tanto* a las elites políticas *como* a las administrativas, es decir, los grupos que ocupan, cada uno en su orden de legitimidad, la *cima de las jerarquías constituidas*. El uso de este término no carece de riesgos. Puede crear la idea de que existe *a priori* una fuerte cohesión entre las diversas categorías de dirigentes, funcionarios electos y burócratas, cuando se trata justamente de demostrar la existencia de esa cohesión, que muchos autores ponen en duda. Por eso, a fin de no prejuzgar los resultados de las investigaciones, en estas páginas se usará el término "grupos dirigentes".

---

[2] El sentido del concepto francés de *service public* [servicio público] no es idéntico al del concepto anglosajón *public service*, pero se trata de una legitimidad del mismo orden.

Se puede enfocar estos grupos de dos maneras complementarias. La primera consiste en observar *las características sociales* de los agentes en cuestión, según su posición en las respectivas jerarquías: origen social, profesión ejercida antes del ingreso a las instancias y los "círculos" de decisión, títulos, recursos personales que pueden movilizar. La segunda, que plantea algunos problemas delicados de medición empírica, tiende a aprehender las *relaciones privilegiadas* que pueden anudar con ciertos grupos sociales: sobre todo con los sectores de negocios y las organizaciones profesionales y sindicales. Es evidente que el mero examen de las características sociales de los grupos dirigentes proporciona indicaciones valiosas sobre la probabilidad de que se establezcan relaciones privilegiadas o coincidencias de intereses con tal o cual sector social organizado: si la mayoría de los ministros pertenece al grupo de los terratenientes, no es difícil imaginar que el gobierno prestará atención especial a esos intereses y mantendrá buenas relaciones con las organizaciones profesionales correspondientes. Con todo, el análisis de las relaciones privilegiadas entre dirigentes y grupos organizados no se reduce al estudio de sus afinidades sociales; supone un examen de las formas y consecuencias de su interacción sobre la elaboración y ejecución de las políticas.

Las características sociales de los grupos dirigentes

La "clase política"

La investigación de las características sociales propias de la clase política sólo tiene sentido en los sistemas en los que se ha realizado una disociación entre dirigentes electos y altos funcionarios. En los regímenes de sufragio restringido, por ejemplo en Francia durante la primera mitad del siglo XIX, esta disociación es en gran medida formal; ministros y diputados por un lado, consejeros de Estado, miembros del Tribunal de Cuentas y gobernadores civiles por el otro, aquéllos electos, éstos designados, todos provienen del mismo grupo social, el de los notables, y cambian fácilmente de posición. Mientras la alta administración provee contingentes de diputados (y pares nombrados por el rey), los funcionarios electos o sus parientes cercanos acceden a la alta función pública al capricho de los nombramientos.[3] Durante el Segundo Imperio, y en especial bajo la Tercera República, la institucionalización de una función pública que tiene sus propias normas de reclutamiento (sobre todo los concursos), su "racionalidad corporativa" y que reivindica una autonomía real en relación a los dirigentes políticos, tiende a *diferenciar a los electos de los*

---

[3] André Jardin, André-Jean Tudesq [1973].

GRÁFICO 9. *Distribución política de los diputados*

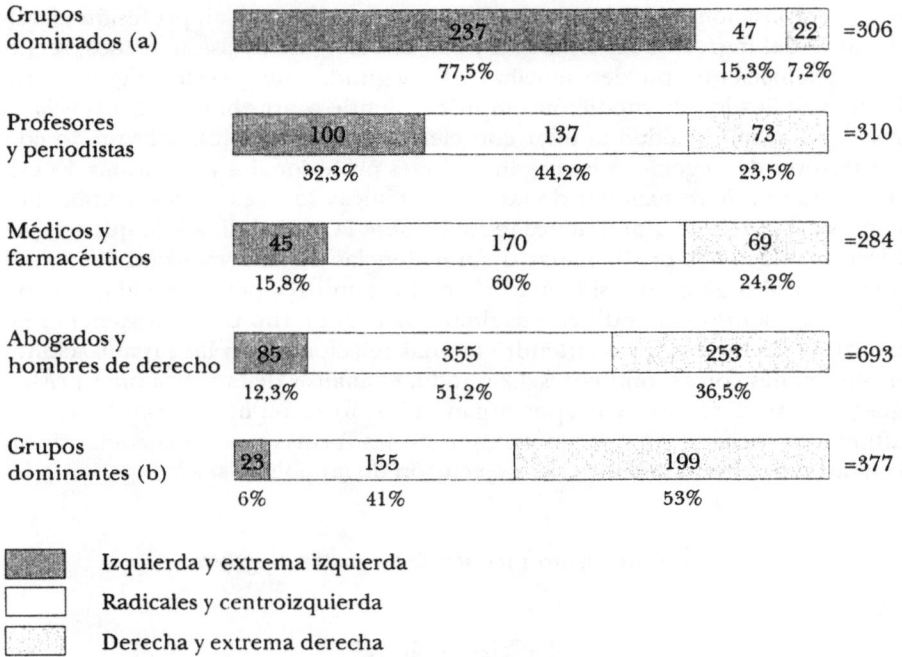

Grupos dominados (a)	237	47	22	=306
	77,5%	15,3% 7,2%	

Profesores y periodistas	100	137	73	=310
	32,3%	44,2%	23,5%	

Médicos y farmacéuticos	45	170	69	=284
	15,8%	60%	24,2%	

Abogados y hombres de derecho	85	355	253	=693
	12,3%	51,2%	36,5%	

Grupos dominantes (b)	23	155	199	=377
	6%	41%	53%	

■ Izquierda y extrema izquierda
□ Radicales y centroizquierda
▨ Derecha y extrema derecha

(a): Obreros, empleados, pequeños funcionarios, maestros
(b): Industriales, empresarios, directores de empresa, propietarios rentistas
Distribución de los diputados pertenecientes a cinco categorías sociales o profesionales en las legislaturas de 1898 a 1936. Cuadro realizado con las cifras de Mattei Dogan, *Les filières de la carrière politique en France*, ob. cit.

altos funcionarios, en particular por origen social: diferenciación limitada, pero significativa.[4] Bajo la Tercera República, cuando la aristocracia y la alta burguesía proveen una fuerte proporción de los altos funcionarios, su representación en la clase política (considerada aquí como el total de los diputados) es minoritaria y tiende a decrecer: el 20% de los diputados de las cuatro primeras legislaturas y sólo el 13% de las cuatro últimas provienen del grupo de los industriales, empresarios, ejecutivos y propietarios rentistas (cuadro

---

[4] Bernard Le Clère, Vincent Wright [1973]. La diferenciación es desigual según el cuerpo de funcionarios, como señala correctamente Dominique Chagnollaud [1988].

25). A la inversa, la proporción de obreros, empleados, funcionarios subalternos o medios y docentes aumenta del 2% de los diputados en las cuatro primeras legislaturas al 15,5% en las cuatro últimas; si se suman los profesores y periodistas, que generalmente no tienen vínculos con la burguesía empresaria ni la aristocracia —y en su mayoría se sitúan en la izquierda—, el 11% de los diputados de las cuatro primeras legislaturas y el 28,5% de las cuatro últimas provienen de grupos sociales con escaso acceso a la alta función pública. La clase política de la Tercera República está integrada mayoritariamente por representantes de diversos sectores de la pequeña y mediana burguesía, profesionales e individuos que gozan de prestigio local (profesores, médicos, farmacéuticos, abogados y escribanos).

Siempre bajo la Tercera República, la distribución social de los diputados de acuerdo con su profesión de origen se corresponde muy exactamente con la gama de posiciones políticas (gráfico 9). Mientras los representantes de los grupos sociales dominados (obreros, empleados, maestros, pequeños funcionarios) se sitúan generalmente en la izquierda o la extrema izquierda, la mayoría de los industriales, empresarios, ejecutivos y propietarios rentistas se encuentran en la derecha o la extrema derecha. Los miembros de los diversos sectores de la mediana burguesía se reparten equitativamente entre las tres tendencias políticas, aunque con una marcada propensión de los profesores y periodistas a situarse en la izquierda, mientras los abogados y hombres de derecho se inclinan por la derecha o la extrema derecha. Globalmente la Cámara de Diputados de la Tercera República muestra los contornos de una clase política donde los *profesionales de las capas medias de la población* están fuertemente sobrerrepresentados (más de la mitad de los escaños en el período de 1898-1940).

Estas características no se modifican en absoluto bajo la Cuarta República: el 27% de los diputados se reclutan entre los obreros (12%), los empleados, los pequeños funcionarios y los maestros; los sectores sociales "medios", representados por las profesiones que exigen un título profesional alto proporcionan el 42% de los efectivos; los industriales y los altos funcionarios constituyen apenas el 10% de la cámara;[5] el resto de la clase política (20% aproximadamente) está integrada por sectores sociales heterogéneos (en su mayoría agricultores y comerciantes). La ausencia de relaciones estrechas entre la clase política y el mundo de los negocios es confirmada por el estudio de la *carrera profesional* de los diputados no reelectos: en su gran mayoría vuelven a sus trabajos originales u obtienen puestos gerenciales en empresas medianas, organismos privados o parapúblicos locales (sociedades de fomento, comités de acción social u organismos municipales); unos pocos consiguen

---

[5] No obstante, constituye una clara sobrerrepresentación con respecto a su peso en la población activa.

CUADRO 25. Composición social de la Cámara de Diputados (Tercera República)

Legislatura	Año	Obreros	Empleados	Funcionarios subalternos o medios	Agricultores	Maestros	Profesores	Periodistas	Médicos, Farmacéuticos	Abogados, Hombres de derecho	Altos funcionarios	Ingenieros, Arquitectos	Ejecutivos sector privado	Comerciantes	Industriales, Empresarios	Directores de empresas	Oficiales	Eclesiásticos	Propietarios rentistas	Otros y falta de información	Total
Audiencia nac.	1871	4	-	1	42	1	19	44	22	237	43	21	1	18	78	6	71	3	104	12	727
1ra. legislatura	1876	5	-	4	45	1	15	26	40	192	52	13	2	20	37	7	25	1	40	4	529
2da. legislatura	1877	3	-	4	38	1	18	29	47	202	50	15	1	18	39	5	30	-	48	12	560
3ra. legislatura	1881	5	-	9	28	2	21	36	51	192	40	15	1	28	40	4	13	3	37	9	534
4ta. legislatura	1885	12	3	9	37	1	25	37	48	186	45	21	1	19	46	7	30	3	48	10	588
5ta. legislatura	1889	10	8	2	37	1	21	40	47	174	38	23	1	18	59	10	41	3	49	11	593
6ta. legislatura	1893	16	8	4	48	3	33	28	66	175	37	22		21	48	6	30	3	30	9	588
12da. legislatura	1919	24	13	5	53	8	39	45	49	182	22	25	5	19	53	9	38	4	23	8	624
13ra. legislatura	1924	44	23	5	55	14	43	28	45	162	19	19	6	23	42	5	27	6	12	6	584
14ta. legislatura	1928	26	19	9	62	15	45	31	61	145	25	25	13	21	63	14	19	4	17	11	625
15ta. legislatura	1932	27	19	10	47	16	46	41	60	164	24	21	14	22	53	12	11	3	22	5	617
16ta. legislatura	1936	56	33	16	62	33	44	40	47	121	21	18	12	32	45	6	10	3	24	3	626

Cuadro tomado de Mattei Dogan, Les filières de la carrière politique en France, *Revue française de sociologie*, 8, 1967, p. 472.

un "ascenso" social mediante el ingreso a los directorios de las grandes empresas o los organismos parapúblicos de envergadura nacional.[6]

Sin embargo, esta apreciación general requiere una corrección. En efecto, si se considera el origen profesional de los ministros de la Cuarta República (cuadro 27), se constata que la subrepresentación de los grupos sociales más dominados se acrecienta en ese nivel de la clase política: sólo el 8,6% de los ministros son de ese origen, contra más de la cuarta parte de los diputados. Los industriales, que constituyen apenas el 6% de los diputados, proporcionan el 14% de los ministros; los altos funcionarios proporcionan el 12% de éstos y sólo el 4% de los diputados. La *sobrerrepresentación de los grupos dominantes* se acentúa en la cúpula del Estado, en los puestos de mayor importancia para la dirección política de la sociedad. Este fenómeno se amplía durante la Quinta República. Por un lado, la composición del grupo de los diputados se modifica en el sentido de una sobrerrepresentación creciente de los industriales (del 6,1% en la Cuarta al 10,5% en la Quinta, en el período 1959-1977) y los altos funcionarios (3,7% a 9%), mientras que la proporción de diputados reclutados entre los obreros, empleados, pequeños funcionarios y maestros cae del 27% al 14,5% (cuadro 26). Por otra parte, el origen profesional de los ministros muestra diferencias con relación a la masa de diputados: la sobrerrepresentación de los industriales aumenta ligeramente (16,5% contra 14% durante la Cuarta República), mientras la de los altos funcionarios conoce un aumento espectacular (29,7% contra 11,8%); por consiguiente, entre 1958 y 1975, casi la mitad de los ministros provienen del sector empresario y la alta función pública. Los sectores "medios" —sin contar a los comerciantes y agricultores— conservan su lugar entre los diputados (50%), pero pierden posiciones en el sector limitado de los ministros (40% contra 55,5% bajo la Cuarta República). Las relaciones que mantiene la elite de la clase política con los medios empresarios y las grandes empresas nacionalizadas aparecen nítidamente al estudiar la carrera profesional de los ex ministros: la mitad de los que abandonan las actividades políticas obtienen puestos en los directorios de las grandes empresas.[7]

Esta evolución está relacionada con la orientación política de los gobiernos de la Quinta República hasta 1980; corresponde tanto al predominio de los partidos de derecha como al favoritismo de que gozan los "altos funcionarios del Estado", generalmente de origen social elevado. Por consiguiente, el cambio de mayoría en 1981 la afecta de manera nada despreciable: disminuye el número de industriales, grandes comerciantes y ejecutivos del sector privado en el grupo de ministros, en el que los representantes de los grupos so-

---

[6] Pierre Birnbaum [1977]. Véase sobre todo pp. 52-56.

[7] *Ibidem*, p. 83.

CUADRO 26 Origen profesional de los diputados franceses durante la Quinta República (en porcentaje)

Años	Obreros	Empleados	Funcionarios	Agricultores	Maestros	Profesores	Periodistas	Médicos	Abogados	Profesiones liberales	Altos funcionarios	Ingenieros	Ejecutivos medios	Comerciantes	Industriales	Oficiales, Eclesiásticos	Varios
1945-1958	11,9	6,3	2,7	12	5,9	8,9	5,7	5,8	12,7		3,7	4,8	3,8	5,7	6,1	1,6	1,4
1958	1,5	2,6	2,6	11	2,1	7,7	4,9	12	15,9		7,9	6	7	4,7	10,7	1,5	0,5
1962	5,1	3,6	4,5	9	3,6	6,2	4	12	11,1		8,8	4,3	9	5,3	9,2	2,7	0,8
1967	4,3	4,9	5,1	8,8	5,9	8,6	3,8	6,3	9,6	3,2	6,1	3,2	10,2	5,7	4,5	0,7	3,8
1968	2,4	1,6	6,5	7,4	1,6	6,5	3,7	14,3	10	4,9	7,1	3,2	5,3	6,3	10	1	7,1
1973	4,8	3,3	2,9	5,2	3,5	10,1	2,9	12	8	7,6	11,4	3,5	5	2,8	11,4	0,4	4,4
1958-1973	3,6	3,2	4,3	8,2	3,3	7,8	3,8	11,3	10,9	3,1	9	5	8	6,1	10,5	1,5	3,6
Población activa 1973	37,2	16,3		10,4					6,4				12,6*		9,5		7,6

Distribución profesional ponderada de los diputados en 1973 sin PC

Años	Obreros	Empleados	Funcionarios	Agricultores	Maestros	Profesores	Periodistas	Médicos	Abogados	Profesiones liberales	Altos funcionarios	Ingenieros	Ejecutivos medios	Comerciantes	Industriales	Oficiales, Eclesiásticos	Varios
1973	—	0,7	3,2	5,5	2,2	10,2	3,2	14	9,5	10	13,5	3,7	4,2	2,8	13,5	1	4,5

* Este porcentaje agrupa a las categorías ejecutivos medios, maestros, funcionarios

Tomado de Véronique Aubert, Étude sur le personnel politique français, tesis en sociología, Université Paris V, 1973.

CUADRO 27 *Profesión de origen de ministros y secretarios de Estado durante la Cuarta y Quinta Repúblicas*

		Obreros rurales	Agricultores	Obreros	Empleados, ejecutivos medios	Maestros	Profesores	Abogados, Magistrados	Periodistas	Médicos Veterinarios Farmacéuticos	Profesionales liberales Altos ejecutivos	Altos funcionarios	Ingenieros	Comerciantes Artistas	Industriales	Oficiales	Varios o falta de información	Total
1944 a 58	Cantidad	1	10	7	2	10	24	53	19	15	2	27	13	6	31	4	3	227
	%	0,4	4,4	3	0,8	4,4	10,6	23,3	8,3	6,6	0,9	11,8	5,7	2,6	14	1,7	1,3	
1958 a 69	Cantidad	0	1	0	0	1	17	10	6	2	4	23	4	1	15	2	0	86
	%	0	1,1	0	0	1,1	19,7	11,8	6,9	2,3	4,6	26,7	4,6	1,1	17,4	2,3	0	
1969 a 74	Cantidad	0	1	0	0	0	6	6	1	4	9	26	2	2	9	0	1	67
	%	0	1,6	0	0	0	8,9	8,9	1,6	5,9	13,4	38,8	2,9	2,9	13,4	0	1,6	
1974 a enero 75	Cantidad	0	0	1	1	0	4	1	3	3	0	13	1	1	6	0	2	37
	%	0	0	2,7	2,7	0	10	2,7	8,1	8,1	0	35	2,7	2,7	16	0	5,4	
1958 a 75	Cantidad	0	2	1	1	1	24	14	9	8	10	45	5	2	25	2	3	152
	%	0	1,6	0,6	0,6	0,8	15,8	9,2	5,9	5,2	6,5	29,7	3,3	1,2	16,5	1,2	1,9	

FUENTE: 1944-1967: E. G. Lewis, "Social Backgrounds of French Ministers", *The Western Political Quarterly*, setiembre de 1970, p. 567. 1967-1975: *Who's Who in France*.

Cuadros tomados de Pierre Birnbaum, *Les sommets de l'État, essai sur l'élite du pouvoir en France*, ob. cit., pp. 71 y 76.

ciales dominados hacen una tímida reaparición (gráfico 10). El número de altos funcionarios permanece prácticamente estable, pero en beneficio de los docentes de la enseñanza superior y en detrimento (relativo) de los miembros de los grandes organismos estatales y los agentes administrativos de la alta función pública. El predominio de los altos funcionarios en la cima de la clase política aún caracteriza a la Quinta República, *pero* el "polo intelectual" (profesores universitarios) de este grupo crece en detrimento del "polo administrativo" (miembros de altos organismos, gobernadores, diplomáticos, alta función pública administrativa), más estrechamente vinculado con la banca y la industria. Los profesores universitarios, surgidos en su mayoría de los sectores "medios" de la población, no tienen los mismos intereses ni ambiciones de carrera que los miembros de la alta función pública; deben su ascenso político tanto a su compromiso militante con un partido como su acceso a los niveles más altos de una jerarquía profesional.[8]

Al estudiar la clase política francesa se descubre una doble evolución. Una fuerte mayoría de los diputados proviene de sectores sociales privilegiados pero escasamente vinculados con los medios empresarios y en términos generales se la puede asimilar a la "burguesía media" profesional; la representación de las categorías más dominadas de los sectores público o privado tiende a disminuir a partir de la década de 1950.[9] Desde entonces, los ministros, el escalón superior de la clase política se reclutan mayoritariamente en los sectores dominantes de la sociedad, sobre todo entre los altos funcionarios; por consiguiente, este grupo tiende a ocupar un lugar predominante en la clase política, a la que suele acceder sin haber ganado puestos electivos locales. Así, en la cima del Estado, se *atenúa la disociación* entre el personal político y el administrativo.

Los estudios sobre la clase política en otros países confirman generalmente la evolución hacia una sobrerrepresentación creciente de los sectores sociales privilegiados, en especial los grupos dominantes. El ejemplo de Gran Bretaña es ilustrativo.[10] La representación de los obreros en el grupo de los parlamentarios disminuye a partir de la década de 1950 en beneficio de las clases medias. La proporción de profesionales universitarios en la clase política, tanto laboristas como conservadores, crece constantemente, sobre todo en los puestos más altos (ministros, parlamentarios influyentes, voceros). Incluso en los gabinetes laboristas, los ministros surgidos de los grupos dominados ceden su lugar a los profesionales al compás de las reorganizaciones de

---

[8] Brigitte Gaiti [1985].

[9] En 1981, el fuerte aumento de diputados socialistas y comunistas permitió a los profesores terciarios y universitarios, así como a militantes de partidos obreros, acceder a la clase política. Véase Annie Collovald [1985].

[10] R.W. Johnson [1975] y Monica Charlot [1990].

GRÁFICO 10. *Profesiones de los ministros antes de su designación*
(en porcentaje)

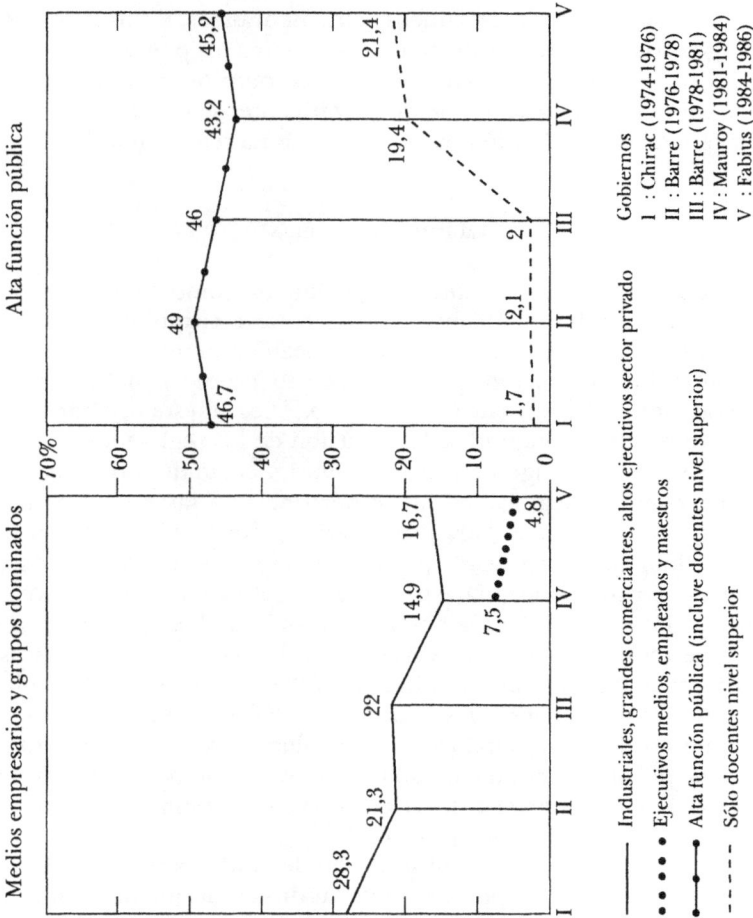

Medios empresarios y grupos dominados

Alta función pública

Gobiernos

1 : Chirac (1974-1976)
II : Barre (1976-1978)
III : Barre (1978-1981)
IV : Mauroy (1981-1984)
V : Fabius (1984-1986)

——— Industriales, grandes comerciantes, altos ejecutivos sector privado

••••• Ejecutivos medios, empleados y maestros

——•—— Alta función pública (incluye docentes nivel superior)

– – – – Sólo docentes nivel superior

Gráfico realizado según cifras de Brigitte Gaïti, "Politique d'abord: le chemin de la réussite ministérielle dans la France contemporaine", en: Birnbaum (comp.), *Les élites socialistes au pouvoir*, París, PUF, 1985.

gabinete. En 1964 son muy numerosos (44% de los miembros del gabinete son de origen obrero y han hecho carrera en los sindicatos), pero en 1970 son una pequeña minoría (14%). Paralelamente, las relaciones entre los grupos dirigentes y los medios empresarios (banca, seguros, industria, comercio internacional) aumentan sin cesar; el fenómeno ya era visible en 1970 (cuando los laboristas estaban en el poder); adquiere toda su amplitud durante la década de 1980, cuando los conservadores disponen de una mayoría cómoda. En general, en todos los regímenes políticos contemporáneos, los funcionarios electos de origen social modesto difícilmente acceden a los puestos más altos de la clase política, con excepción (relativa) de los puestos "técnicos" de gobierno.[11] Por consiguiente, la selección de los dirigentes se realiza de acuerdo con la lógica general de la selección partidista y acentúa sus efectos.[12]

La función pública

Los altos funcionarios se presentan habitualmente como "servidores del Estado", cuyo honor profesional consiste en ejecutar escrupulosamente las decisiones de los gobernantes, cualesquiera que sean en tanto se adecuen a las reglas en vigor. La concepción que tienen de su propio papel se asemeja en principio al ideal weberiano de la burocracia.[13] Según este tipo ideal, la burocracia moderna está consagrada a la ejecución de los reglamentos y las políticas definidas por los dirigentes. El funcionario, cualquiera que sea su jerarquía, debe hacer aplicar las reglas impersonales a las que él mismo está sometido (y que además aseguran su posición). Reclutado gracias a su competencia, debidamente verificada por medio de exámenes, asalariado del Estado, ingresa en una jerarquía estrictamente codificada cuya "cabeza" es el gobierno... y cuyo "honor" es la obediencia. Indudablemente, este tipo ideal corresponde en gran medida a la sistematización de las características de la burocracia prusiana tal como la observó Weber a principios del siglo XX.[14] Ahora bien, desde un principio se hizo evidente que la burocracia no sólo es un instrumento dócil y disciplinado de la voluntad de los gobernantes, sino también *una fuerza* a tener en cuenta. El éxito o fracaso de una política puede depender del celo o, por el contrario, de la mala voluntad colectiva de los funcionarios encargados de su ejecución.

Los altos funcionarios están en situación de modificar una acción resuelta por los dirigentes políticos, por medio de las directivas que dan a sus subordi-

---

[11] Sobre las carreras políticas poco prestigiosas de este tipo de funcionarios electos en Francia, véase Daniel Gaxie, Michel Offerlé [1985].

[12] Véase cap. 5.

[13] Véase cap. 2.

[14] Carl J. Friedrich [1952].

nados y los privilegios que pueden otorgar a quienes han "comprendido el espíritu" de las órdenes impartidas. Su competencia propia (conocimiento de textos, destrezas "técnicas", dominio de las gestiones) les permite imprimir a las políticas un contenido concreto que en ocasiones afecta los resultados de éstas en mayor medida que la orientación impartida inicialmente. Además, permanecen en sus puestos durante mucho más tiempo que los ministros cuyas decisiones deben ejecutar; por ello, sus concepciones acaban por imponerse de manera duradera y garantizan la continuidad de las acciones gubernamentales. Hay algo más: gracias a las relaciones que inevitablemente establecen con los "representantes" de los intereses organizados, están en situación de hablar en su nombre cuando se definen las políticas; por consiguiente, su competencia no es sólo técnica, aunque en general emplean esa justificación para intervenir en los debates internos de los organismos gubernamentales. Desde la década de 1930, muchos investigadores han destacado la importancia de ese poder. Este ha sido objeto de variadas interpretaciones y ha contribuido a la gran difusión de la idea de que el "verdadero" poder no sería el de los dirigentes políticos y los funcionarios electos, sino el de los burócratas, los técnicos del gobierno. Según esta creencia, la *tecnocracia*, o conducción de la sociedad por estos técnicos, es el tipo de poder que tiende a imponerse en todas partes, cualquiera que sea el régimen político.

Muchos autores han retomado y enriquecido, con mayor o menor fortuna, las tesis de James Burnham,[15] cuya difusión resultó mucho mayor que su verdadera fecundidad intelectual. Según este punto de vista, la afirmación de un poder tecnocrático sólo es comprensible en el marco de una triple evolución de las sociedades contemporáneas: la burocratización de los Estados y las organizaciones económicas y sociales, el desarrollo de las clases medias profesionales[16] y las transformaciones del capitalismo contemporáneo, donde los *managers* sustituyen progresivamente a los propietarios de los medios de producción en la conducción efectiva de las empresas. Así, la tecnocracia sería la versión funcionarizada de un fenómeno muy general, la conquista del poder por los organizadores asalariados que recurren para ello a su *competencia técnica y administrativa*. Esta concepción no es del todo falsa. Los burócratas pueden aprovechar su conocimiento de expedientes y gestiones para reclamar un papel importante en las decisiones, sobre todo cuando ello les permite poner en tela de juicio la legitimidad de funcionarios electos "incompetentes". El intervencionismo creciente del Estado en las actividades económicas (nacionalizaciones, planificación, subvenciones y préstamos, ayudas pa-

---

[15] James Burnham, *L'ère des organisateurs*, París, Calmann-Lévy, 1947.

[16] Técnicos, ingenieros, funcionarios, *"managers"*, cuyo equivalente francés serían los "cuadros" [ejecutivos] sobre los que se habla desde la década de 1930. Véase Alain Garrigou [1980]; Luc Boltanski [1982].

ra la reconversión de actividades, encargos públicos, etc.) reúne a los altos funcionarios con los directivos de empresas, formados y graduados en las mismas instituciones de estudios superiores. La multiplicación de empleos en el "terciario superior" confiere un papel importante a ciertos sectores de la población que han recibido una educación superior, entre ellos los altos funcionarios. Pero de ello no se desprende que los *managers* de la industria conformen una clase distinta de la de los propietarios de los medios de producción ni que sus intereses sean distintos de los de éstos.[17] Tampoco se desprende que los altos funcionarios hayan "tomado el poder" porque tienen poder en los organismos de gobierno; ni que ese poder tenga el mismo carácter en todas las sociedades políticas y regímenes. Si bien en este sentido la tecnocracia es inexistente, el mito es duro de matar.[18] En su forma más elaborada, coincide con las denuncias polémicas sobre la extensión desmesurada del Estado (el "exceso de Estado") que sería culpa de la burocracia juntamente con el sindicalismo, el socialismo y los partidarios del intervencionismo.[19]

Conviene enfocar la alta función pública con un criterio más empírico.[20] Los altos funcionarios franceses, sean administradores o técnicos, generalmente deben su posición dominante en la jerarquía de puestos burocráticos al hecho de pertenecer a un "gran cuerpo"; a tal punto que durante muchos años se desarrolló una fuerte competencia entre diversas reparticiones para obtener el reconocimiento como "gran cuerpo del Estado", antes de que el uso fijara los contornos y las jerarquías de los grupos.[21] La coherencia de los grandes cuerpos deriva ante todo de *la formación* impartida a sus miembros. El camino más transitado por los llamados "administrativos" fue, durante la Tercera República, el paso por la École libre des sciences politiques; desde la derrota del nazismo, es la École nationale d'administration (ENA) después de tres a cinco años de estudios en el Institut d'études politiques (IEP). La École polytechnique cumple un papel análogo para los grandes cuerpos llamados "técnicos", con alguna competencia por parte de las escuelas de minería y te-

---

[17] Hans. H. Gerth, Charles Wright Mills, "A Marx for the Managers", en Robert K. Merton y cols. [1952].

[18] Tanto más por cuanto agrega una dimensión complementaria a las creencias en la "masificación" de las sociedades contemporáneas, entregadas a la "manipulación" de los técnicos... Véase p. 325.

[19] Véase pp. 453-454.

[20] Aquí se desarrollará solamente el ejemplo francés. Para la comparación con otros sistemas políticos, véase Yves Meny [1987]. La comparación con Gran Bretaña es muy ilustrativa; véase Charlot [1989]. La bibliografía francesa sobre el particular es muy abundante. Véase en especial Jean-Luc Bodiguel, Jean-Louis Quermonne [1983]; Pierre Bourdieu [1989]; François Dupuy, Jean-Claude Thoenig [1983]; Marie-Christine Kessler [1986]; Ezra N. Suleiman [1979]; Thoenig [1987].

[21] Dominique Chagnollaud [1988].

lecomunicaciones.[22] Los alumnos egresados con buenas calificaciones tienen la oportunidad de ingresar al Consejo de Estado o el Tribunal de Cuentas, ser inspectores de Hacienda o acceder al cuerpo de ingenieros en puentes y minas. La conservación de la posición dominante de esas escuelas en la alta función pública está garantizada por una política estricta de selección y limitación de los efectivos: el número de alumnos de la Polytechnique alcanza en la década de 1960 su nivel del siglo XIX (309 contra 290 en 1872), y el de los estudiantes de la ENA, tras de un aumento sostenido, se estanca y luego disminuye rápidamente durante el decenio de 1980.

Esta selección *conserva la homogeneidad social del grupo*. Los alumnos de las altas escuelas, en particular los que se destacan en sus estudios hasta el punto de obtener un buen promedio al egresar (y la posibilidad de ingresar a un gran cuerpo) pertenecen en su gran mayoría a los grupos sociales dominantes: sus padres son industriales, directores de empresas, ejecutivos del sector privado, altos funcionarios del Estado. Por consiguiente, en los grandes cuerpos reina una solidaridad social alentada por una educación que refuerza en los beneficiarios una misma concepción de la vida pública, las jerarquías y la vida social; en este sentido, todo predispone a los miembros de esos grupos organizados a ponerse de acuerdo y actuar según el mismo patrón.[23] Sus relaciones posteriores, permanezcan en la función pública o la abandonen para ocupar puestos gerenciales en las empresas, acrecentarán esta cohesión por medio de matrimonios, frecuentación de los mismos clubes y asociaciones, estrategias convergentes de presentación y el apoyo de los veteranos a los más jóvenes egresados de las mismas aulas...

De ahí que la "política" de las altas escuelas tenga consecuencias sociales tan importantes. La *diversificación de las salidas laborales* garantiza la presencia de los egresados, que se conocen y en lo esencial tienen idénticas concepciones, en los organismos dirigentes de la sociedad: grandes empresas, bancos y compañías de seguros, alta función pública e incluso en la investigación industrial y el sector intermedio.[24] La "dispersión" hacia las profesiones más variadas y prestigiosas garantiza el éxito del cuerpo. "El poder de un gran cuerpo de Estado es directamente proporcional al hecho de que sus miembros no ejerzan el oficio asignado a ese cuerpo";[25] el 80% de los alumnos de la promoción 1935-1936 de la École polytechnique ingresaron al ejército, objetivo oficial de su formación; treinta años más tarde, sólo una quinta parte de los alumnos sigue esa carrera, mientras que un tercio entra a la función civil y otro tercio pasa al sector privado. El *control de "espacios de acción"*, de "cotos de

[22] Gérard Grunberg [1973-1974].
[23] Bourdieu [1989].
[24] Suleiman [1979].
[25] Thoenig [1987], p. 19.

caza" y la *conquista de nuevos campos de actividad* permiten a los grandes cuerpos colocar a los mejores alumnos de "sus" escuelas en los puestos que aseguran salarios elevados, perspectivas de ascenso, responsabilidades gratificantes, etc. Los cotos de caza son las direcciones de los "grandes" ministerios (Hacienda, Industria, Defensa, etc.): "el Tesoro es para la flor de la ENA, la Dirección de Veteranos es para el resto".[26] Los nuevos campos de acción son los directorios de las empresas nacionalizadas en 1981-1982 o la ingeniería de urbanización en la década de 1970. El poder alimenta la seguridad en sí mismo; sancionada por títulos reconocidos (junto a los cuales los más altos grados universitarios hacen un pobre papel), asimilada a una superioridad intelectual y moral, confirmada por la cooptación, la "competencia" de los altos funcionarios consolida su legitimidad... ante todo a sus propios ojos.

El acceso de los miembros de los grandes cuerpos a los puestos políticos de dirección adquiere formas variadas. Como asesores de los políticos, pueden presentarse como candidatos a diputados por una "buena" circunscripción, o llegar a ministro o secretario de Estado sin recorrer las etapas habituales de la carrera política. Generalmente obtienen los puestos más importantes en los *gabinetes de los ministros*. En efecto, a partir de la Tercera República, los miembros de los gabinetes se reclutan en la función pública (en una proporción del 85% para el período 1936-1940 y casi el 95% bajo la Quinta República antes de 1981). Los miembros de los grandes cuerpos obtienen los puestos más altos, los que cumplen un papel determinante en la definición y elaboración de las políticas. Al salir del gabinete, el alto funcionario generalmente recibe un ascenso o se le ofrece un puesto en el directorio de una empresa parapública o privada. "El beneficio que obtienen los altos funcionarios con su paso por el gabinete es mucho más importante para aquellos que, egresados de los altos cuerpos, provienen de un medio social muy privilegiado y suelen ser hijos de altos funcionarios, que para los demás, por ejemplo, para los administradores civiles."[27]

El ingreso en un gabinete puede alentar al alto funcionario a adoptar y defender —a veces contra sus propios amigos, directores de ministerios— una concepción más "política" de la acción de gobierno.[28] Esto no altera *sus relaciones* con los demás miembros del cuerpo ni su *adhesión a las reglas* que ha

---

[26] Thoenig [1987], p. 27. La expresión se refiere a los alumnos egresados con las más altas calificaciones.

[27] Birnbaum [1977]. Véase también Kessler [1968] y Jeanne Siwek-Pouydesseau [1969]. Véase un estudio preciso de los gabinetes ministeriales en René Rémond, Aline Coutrot, Isabel Boussard [1982]. El cambio de mayoría en 1981 condujo a una disminución importante de los miembros de los grandes cuerpos en los gabinetes. Esta disminución coyuntural se vio compensada por un doble aumento: el de los funcionarios de categoría A no pertenecientes a grandes cuerpos y el de docentes de nivel superior. Véase Françoise Dreyfus [1985].

[28] Suleiman [1976].

CUADRO 28. *Profesión original de los miembros de los gabinetes*
(en porcentaje)

	Tercera República		*Cuarta República*		*Quinta República (1959-1980)*	
1. Funcionarios						
Grandes cuerpos*	13 ⎤		13 ⎤		13 ⎤	
Cuerpo diplomático	5 ⎬ 30		4 ⎬ 30		8 ⎬ 34	
Cuerpo de gobernadores	12 ⎦		13 ⎦		13 ⎦	
Otros funcionarios**	31		34		34	
Docentes	7		4		5	
Magistrados	7		4		5	
Militares	12		9		13	
Sector nacionalizado	1		3		3	
Total	88		84		94	
2. Otros	12		16		6	
Total general	100		100		100	

* Inspección de Hacienda, Consejo de Estado, Tribunal de Cuentas
** Funcionarios administrativos, grandes cuerpos "técnicos"
Según René Rémond, Aline Coutrot, Isabel Boussard, comps., *Quarante ans de cabinets ministériels*, París, Presses de la Fondation nationale des sciences politiques, 1982, p. 87.

interiorizado durante su formación; pertenece al "mismo medio" que los altos funcionarios marginados momentáneamente de los organismos de gobierno (cuadro 29).

Por consiguiente, conviene distinguir dos dimensiones en el papel político dirigente de la alta función pública. Por un lado, los altos funcionarios, en tanto ministros, diputados influyentes o miembros de los gabinetes, pueden participar directamente en la elaboración de las políticas; esta forma de participación entraña una "politización" más o menos manifiesta, sin que los interesados renuncien por ello a aprovechar su "competencia" y sus relaciones. Por el otro lado, la alta función pública, en tanto grupo social privilegiado, controla los puestos y las posiciones, públicas y privadas, que permiten modificar la aplicación de las decisiones tomadas por los organismos dirigentes; en este caso, el espíritu de cuerpo y las concepciones adquiridas en el "servicio

CUADRO 29. *Origen de los directores de ministerios*
(en porcentaje)

	Directores en ejercicio en mayo de 1981		*Directores en ejercicio al 31 de diciembre*	
1. *Profesión de los padres*				
Jefes de empresa, comerciantes	16,5 ⎫		11,2 ⎫	
Altos ejecutivos (público y privado),	⎬ 66		⎬ 71	
profesores, intelectuales	49,5 ⎭		59,8 ⎭	
Empleados y obreros	15,6		16,8	
Otros	18,4		12,2	
2. *Formación*				
ENA	42,5		41,4	
Ultramar y ENSPTT	8,5		10,5	
Politécnico	21,3		19,1	
Otra escuela superior	9,2		9,9	
No fue a escuela superior	19,1		19,1	
3. *Cuerpo*				
Grandes cuerpos administrativos				
y técnicos	80,5		77,8	
Otros	19,5		22,2	

Según Danièle Lochak, "La haute administration a l'épreuve de l'alternance", en: Birnbaum, comp., *Les élites socialistes au pouvoir*, París, PUF, 1985.

público" suelen primar sobre la lógica partidista. Por consiguiente, el uso del término "tecnocracia" requiere prudencia. Si los altos funcionarios suelen cumplir un papel decisivo en la determinación de ciertas políticas —por ejemplo, la política de energía nuclear bajo la Cuarta República—,[29] ello se debe al poder que les da su *capacidad para influenciar a los dirigentes políticos y convencerlos*. Cuando temen las consecuencias de una reforma iniciada por un gobierno o ministro, suelen oponerle resistencia, pero ésta puede ser quebrada: así, Albin Chalandon impone a partir de 1967 una importante reforma del ministerio de Planificación y Vivienda que reduce provisoriamente los privilegios de los ingenieros en puentes y minas.[30]

[29] Lawrence Scheinman [1965].
[30] Thoenig [1987].

Aunque es un grupo dirigente con vastos recursos, la alta función pública no es perfectamente homogénea ni capaz de imponer una orientación política global. A las fuertes rivalidades entre los grandes cuerpos, y entre éstos y otros componentes de la función pública (gobernadores, administradores civiles, etc.) se suman las divergencias en cuanto a las preferencias políticas, que en modo alguno son despreciables. Hay ministros egresados del ENA tanto en el Partido Socialista como en el RPR. Por consiguiente, los altos funcionarios no están en condiciones de oponer un frente unánime contra una determinada acción de gobierno, sobre todo porque su "ética" particular hace que se conciban y presenten como defensores de un interés general por el que ningún funcionario electo, cualquiera que sea su tendencia, suele demostrar el menor apego.[31] En los sistemas políticos pluralistas, la burocracia puede "usar" la voluntad reformista de los gobernantes políticos,[32] pero no puede sustituirlos. Por consiguiente, se puede concebir la alta función pública como un grupo poderoso que *mantiene relaciones estrechas pero diversificadas* con la cima de la clase política y conserva mejor su propio poder en la medida que sabe disimularlo y negociar compromisos. En este sentido, se puede atribuir un alcance general a la siguiente apreciación sobre los gobernadores de la década de 1970:

> Un gobernador inteligente y trabajador asiduo puede, si se le da la oportunidad, ejercer una influencia considerable; puede tomar iniciativas políticas e incluso imponerlas a las autoridades locales y los servicios descentralizados. Pero ello requiere una gran discreción. Parte del éxito del buen prefecto depende de que tome la precaución de atribuir las iniciativas y la responsabilidad por las políticas eficaces a terceros dentro de la provincia.[33]

Por consiguiente, la burocracia y el grupo político dirigente se encuentran en una situación de *interacción constante*, llevados por intereses parcialmente divergentes, sometidos a lógicas propias, aferrados a concepciones de la acción gubernamental a menudo diferentes; lo cual no les impide a sus miembros pasar fácilmente de un sector a otro, ni anula las consecuencias de la proximidad de origen social. Si bien no piensan forzosamente igual, su pensamiento responde a esquemas parecidos o idénticos.

---

[31] La ideología del servicio público es igualmente fuerte en Gran Bretaña y Alemania.

[32] Seymour Martin Lipset [1950] da un célebre ejemplo al analizar las estrategias de los burócratas conservadores, vinculados con los grupos dominantes, para defender la "buena administración" (tal como ellos la conciben y están habituados a hacerlo) de la acción reformista de los ministros en Saskatchewan.

[33] Howard Machin [1977], p. 205; traducción del inglés nuestra.

Grupos dirigentes y grupos representativos de intereses

Las relaciones con los medios empresarios

Los grupos dirigentes, tanto los "políticos" como los "burocráticos", provienen mayoritariamente de las capas sociales privilegiadas y, como se ha visto, mantienen relaciones estrechas entre sí. Esta doble característica plantea el interrogante sobre sus relaciones con los grupos dominantes. En las sociedades occidentales contemporáneas, donde se considera que el crecimiento es la condición fundamental de la estabilidad social, la dominación de los dirigentes económicos y los propietarios de los medios de producción está sólidamente establecida; por ello se puede asimilar a los grupos dominantes con los "medios empresarios", en el sentido más amplio de este término (que abarca incluso a los directivos de las empresas nacionalizadas). No se trata de excluir *a priori* a los grupos cuya posición dominante deriva del control ejercido sobre otros sectores de actividad (por ejemplo, el cultural o el religioso), sino simplemente de reconocer que en el sistema capitalista moderno, *el fundamento esencial de la dominación social es de orden económico*. Ninguna corriente de pensamiento puede negar la existencia de relaciones estrechas entre los grupos dirigentes y los dominantes. Pero existen divergencias sobre la interpretación de este fenómeno: algunos autores subrayan la fuerte cohesión de esos grupos, hasta el punto de sostener que su unidad hace de ella una clase dirigente *a la vez* que socialmente dominante; otros, por el contrario, destacan la variedad de los intereses y la pluralidad de las "elites" (políticas, económicas y sociales).

La división del trabajo y la autonomización de los organismos políticos de la sociedad provocan una disociación de los campos de actividades económico y político; pero sus efectos se ven limitados por la comunidad de origen social de los dirigentes de uno y otro sector, su apego a los mismos intereses fundamentales y su necesidad de ponerse de acuerdo para defender sus posiciones. Cualesquiera que sean las eventuales divergencias entre sus componentes, para muchos autores la *clase políticamente dirigente y socialmente dominante* es una realidad social.[34] La "elite del poder" de Charles Wright Mills se corresponde perfectamente con esta concepción.[35] Es producto de una estrecha asociación de grupos funcional e institucionalmente distintos: los dirigentes políticos, la patronal (sobre todo industrial) y la cima de la jerarquía militar. Un núcleo reducido y homogéneo circula de grupo en grupo: gene-

---

[34] En el sentido que lo emplea Gaetano Mosca [1939].
[35] Wright Mills [1969]. Véase también G. William Domhoff [1983].

rales que ocupan puestos en los directorios de las empresas, industriales que se lanzan a la arena política, ministros que convocan a militares como asesores. Por otra parte, unos y otros tienen las mismas concepciones de la sociedad y el gobierno, derivadas de su origen y formación comunes, su procedencia de la alta burguesía "*Wasp*" y el hecho de poseer los diplomas legítimos.[36] Frecuentan asociaciones y clubes prestigiosos y exclusivos, participan de las mismas actividades sociales y constituyen parecidas redes de relaciones. La evolución del sistema político norteamericano en las décadas de 1940 y 1950 otorgó a esta elite del poder el control de los principales centros de decisión políticos, económicos y militares. El crecimiento de la burocracia y la supremacía del poder ejecutivo, el atascamiento de los partidos en las polémicas secundarias de una democracia cada vez más formal, el predominio de los asuntos internacionales y la importancia económica creciente de los contratos militares son otros tantos fenómenos estrechamente ligados entre sí que sirven a sus intereses y que sus actividades ayudan a consolidar. No se puede concebir esta verdadera clase dirigente sin proyectarla sobre las relaciones de fuerza que estructuran esta sociedad; esto tiene poco que ver con la "conspiración" montada por un puñado de dirigentes a la que ciertos críticos han tratado de reducir las tesis de Wright Mills. En verdad, su análisis corresponde a un período particular de la historia norteamericana en la que pesa el intervencionismo federal y se sienten los efectos de la Guerra Fría, lo que implica sobre todo una definición "militar" de la realidad política. Sería fácil demostrar que posteriormente la supremacía del ejecutivo tuvo que batirse en retirada, que el peso de los intereses militares en la vida económica se redujo considerablemente y que los banqueros tomaron la delantera a los industriales. La tesis de Wright Mills conserva un gran interés en la medida que obliga a reflexionar sobre los fenómenos que pueden, *en un momento determinado, forjar la cohesión* de una clase dirigente.

Dejando por un momento el estudio de esta cohesión, los autores que se reivindican marxistas han buscado la unidad de esta clase en los intereses comunes de los grupos dirigentes y los sectores sociales dominantes. Nicos Poulantzas reconoce la existencia de dos grupos o "fracciones" en lo que él llama la "clase dominante": la fracción hegemónica, asimilable al medio empresario, y la "reinante", es decir, el sector de los dirigentes políticos y los altos funcionarios.[37] Aunque una parte de la fracción reinante proviene de los grupos sociales dominados (pequeña burguesía e incluso, en las organizaciones socialdemócratas, elementos de la clase obrera), a este sector político le interesa favorecer el desarrollo de las grandes empresas que compiten en el mercado mundial, alentar las inversiones y aumentar así la rentabilidad del capital.

[36] WASP: White Anglo-Saxon Protestant (blanco, anglosajón y protestante, la comunidad que ocupa la posición dominante en el nordeste de Estados Unidos).
[37] Nicos Poulantzas [1974].

Por consiguiente, es el *propio capitalismo* el que define "estructuralmente" la orientación de la acción gubernamental; existe por ello una "correspondencia objetiva entre la política estatal y los intereses de la fracción hegemónica".[38] Esta tesis no ignora las particularidades de los organismos de gobierno y las lógicas propias de cada uno; adviértase que incluso reconoce cierta autonomía a los mecanismos de reclutamiento de los dirigentes políticos y administrativos. Pero ve en los intereses "estructurales" del capital monopolista la determinación fundamental de las políticas económicas (y sociales) en las que los grupos dirigentes y dominantes encuentran *simultáneamente* las mayores ventajas. Esta teoría plantea dos órdenes de problemas. Por un lado, considera demostrado que los intereses predominantes son, en última instancia, los que determinan las políticas a aplicar, lo cual entra en contradicción con numerosos hechos: por ejemplo, el papel de los intereses del pequeño comercio y las profesiones liberales en el diseño de las políticas fiscales, o los intereses agrícolas en los planes de ayuda económica. Por otra parte, supone que los dirigentes orientan sus decisiones en función de un objetivo acorde con los intereses del capital monopolista, lo cual equivale a decir que perciben claramente dichos intereses u objetivo y que su acción deriva de ello. Para tratar de verificar ese postulado habrá que realizar un estudio preciso de las concepciones comunes a los dirigentes políticos y económicos e indagar en las condiciones concretas de su adquisición.

Por el contrario, la *diversidad de intereses y representaciones* (o creencias) permite a los partidarios del "pluralismo" refutar el concepto de "clase dirigente" en las democracias contemporáneas.[39] Este punto de vista utiliza tres tipos de argumentos: 1) El pluralismo social de las sociedades contemporáneas se traduce en la *pluralidad de las organizaciones y las elites* (políticas, administrativas, culturales, sindicales, económicas, etc.); ningún sector de la elite logra acaparar todos los recursos, y cada una tiende a privilegiar los intereses particulares propios del tipo de actividad que la caracteriza. Así, el personal político dirigente cuenta con recursos propios (la "legitimidad" democrática del sufragio universal, la competencia que le atribuyen los textos, el apoyo de organizaciones políticas especializadas, la posibilidad de solicitar apoyo a diversos sectores); actúa en función de los intereses correspondientes a su profesionalización y tiene por objetivo prioritario el éxito de las empresas a su cargo;[40] también debe considerar las consecuencias que tienen o pueden tener las políticas aplicadas sobre los diversos sectores sociales, que eventualmente pueden movilizarse contra ellas o abandonarlas. A diferencia de los patrones y directores empresarios, está sometido a una "lógica" que no es la de la ganancia. 2) Las decisiones afectan de distinta manera a los sectores sociales.

---

[38] Poulantzas [1974], p. 197.
[39] Raymond Aron [1954 y 1960]. Robert Dahl [1971].
[40] Joseph Schumpeter [1965].

Hablar de "clase dirigente" es hacer una amalgama discutible de grupos constituidos según distintos principios, algunos de los cuales atribuirán gran importancia a las políticas sociales o culturales, otros a las fiscales, otros a las de vivienda y así sucesivamente. Por consiguiente, no existe tal clase dirigente unificada, sino un conjunto de *elites diversificadas* capaces de enfrentarse por determinados problemas y ponerse de acuerdo en otros, en función del asunto de que se trate y las circunstancias. 3) Los dirigentes políticos se empeñan en realizar *objetivos generales* (paz social, conservación de la identidad nacional, integración de los grupos contestatarios, distribución de recursos entre todos los sectores de la población que tienen derecho de votar), los que pueden entrar en conflicto con los *intereses inmediatos* del medio empresario. En última instancia, no es por las mismas razones que los dirigentes políticos se ven llevados a adoptar coyunturalmente las mismas posiciones. Por ejemplo, cuando el gobierno federal norteamericano y la empresa transnacional ITT "abandonan" o desestabilizan al presidente Allende en Chile, para el primero lo que prima es el temor a una evolución "marxistizante" de los regímenes latinoamericanos, mientras que a la segunda le interesa salvaguardar sus intereses económicos mediante la instauración de un régimen militar.[41]

Desde este punto de vista, los investigadores pondrán el acento en los fenómenos de movilidad social que garantizan la renovación parcial de los grupos dominantes y dirigentes,[42] en la participación de organizaciones no pertenecientes al círculo exclusivo de las elites en la definición de las políticas,[43] así como en las diferentes concepciones que caracterizan a los grupos existentes, o incluso los enfrentan, como sucede con los distintos sectores de la patronal, algunos de los cuales se aferran al proteccionismo y desconfían del liberalismo económico "salvaje", mientras otros sueñan con un "mínimo de Estado" y privilegian las estrategias de modernización y reconversión, con todo su costo social.[44] En el estado actual de la polémica sería aventurado dar una respuesta definitiva. Según los períodos y los países, los múltiples factores económicos, sociales, culturales y políticos ora favorecen el proceso de *unificación de los grupos en una clase* dirigente (o dominante), ora acentúan las divergencias y la *oposición entre esos grupos* hasta el punto de disociar coyunturalmente a los que dirigen la política de los que controlan la economía.

Dadas las circunstancias, parece más interesante analizar los mecanismos políticos y sociales que contribuyen a acercar a los grupos dirigentes de los grupos dominantes en ciertas sociedades y durante determinados períodos

---

[41] Denis Lacorne, "La politique et l'économie", en: Marie-France Toinety, Hubert Kempf y Denis Lacorne [1989], pp. 266-268.

[42] Aron [1964].

[43] Dahl [1971].

[44] Michel Bauer [1985]; Bauer y Elie Cohen [1981].

de la historia. Si se puede considerar que el gobierno de la Francia contemporánea es ejercido por una *clase dirigente relativamente homogénea*,[45] ello se debe a que la alta función pública tiende a controlar todos los sectores importantes de actividad e impone una representación dominante de la vida social que ninguna organización política pone en tela de juicio. La renovación de esta clase por medio de la movilidad social es una ilusión; las elites "circulan" de los organismos dirigentes de la política a los de la economía, porque provienen de los mismos grupos sociales. Los hijos de los altos funcionarios, tanto los que se desempeñan en la administración pública como los que se han "deslizado" al sector privado apenas difieren de los de directores de empresas (propietarios o asalariados) que vienen de la alta función pública o mantienen relaciones constantes con ella. "La movilidad observada no es verdadera movilidad social, porque los individuos que integran las clases dirigentes surgieron de las propias clases dirigentes. La movilidad que se produce es más bien de tipo profesional dentro de un mismo campo de posiciones sociales."[46] El paso de la alta función pública a los directorios de las empresas públicas, semipúblicas o privadas asegura la fusión de las cúpulas burocrática y económica: casi el 40% de los patrones de las cien empresas más grandes de Francia provienen de la alta administración, se formaron en las escuelas superiores e integraron gabinetes ministeriales; el 54% de los patrones de las cincuenta empresas más grandes siguieron este camino.[47] La conquista de los puestos políticos por altos funcionarios asegura una estrecha relación entre las cimas burocrática y de la clase política.

Esta clase *a la vez dominante y dirigente* impone una representación de la vida social, las jerarquías y las formas legítimas de superioridad que garantiza su conservación y cohesión. El *habitus* de sus miembros, es decir, concretamente, sus concepciones y prácticas, sus principios de clasificación y su manera de actuar, "tiende siempre a expresar, por medio de esquemas que constituyen la forma corpórea de aquél, tanto el espacio de las posiciones diferentes u opuestas (por ejemplo: alto/bajo) que constituyen el espacio social, como una toma de posición práctica sobre este espacio (algo así como: 'estoy en lo alto y allí me quedaré')".[48] Dicho de otra manera, esta clase puede desechar los problemas que no está en condiciones de comprender o resolver, o si no, arrogarse el monopolio de su "recta" interpretación;[49] puede decidir qué es lo que merece atención, en oposición a los reclamos "sectoriales" o "irresponsables"; puede imponer como legítimas las características que ella se atribuye (y se le

---

[45] Birnbaum [1978], p. 187.

[46] *Ibidem*, p. 106.

[47] Bauer [1987]. La proporción de directores de empresas nacionalizadas que vienen de la alta función pública es aún mayor (72% en 1985).

[48] Bourdieu [1989], p. 9.

[49] Roger W. Cobb, Charles D. Elder [1972].

reconocen): competencia, eficiencia, percepción del interés general, buen gusto y distinción. Se advierte que la coherencia de semejante grupo resulta no sólo de los recursos complementarios que puede movilizar (económicos, culturales, institucionales), sino también de una forma de organización del poder que facilita su dominio de los puestos más importantes. En este sentido, la posición social que se le reconoce a la alta función pública actúa como *elemento federativo de la clase dirigente*. Ese papel puede recaer sobre un *establishment* formado en las mismas escuelas, incluso en un político que consigue asociar por un tiempo prolongado las diversas elites locales.[50] Pero, a la inversa, la ausencia o desaparición de ese elemento puede hacer surgir otra modalidad de interacción en la que se enfrentan los intereses divergentes de los grupos en el poder. Por eso no hay respuesta universalmente válida al problema de las relaciones entre dirigentes y dominantes, si bien *su acercamiento mutuo constituye la tendencia más general* en las sociedades contemporáneas.

La representación de los intereses profesionales

Por consiguiente, circunstancias particulares, sobre todo políticas, pueden facilitar (o a la inversa, limitar) el acercamiento estrecho entre grupos dirigentes y sectores sociales dominantes. Lo mismo sucede con la instauración de relaciones regulares entre dirigentes políticos y los de organizaciones que se definen como representativas de los intereses profesionales y sociales de diversos grupos de trabajadores: en particular, los sindicatos. Como se ha visto, en la concepción "pluralista" de las elites se reserva un espacio para las organizaciones cuyos dirigentes constituyen una *elite sindical o asociativa* que interviene en ciertos tipos de decisiones. Su pluralidad aparece como "funcional", en el sentido de que corresponde a diversidad de intereses —los de los campesinos y los terratenientes, los asalariados del transporte y los obreros de la construcción, los conductores de camiones de larga distancia y los empleados municipales, etc.—, a la vez que "ideológica", en la medida que la fragmentación de las organizaciones deriva en parte de las distintas concepciones del papel que deben cumplir. Las consecuencias de esta representación diversificada sirven tanto para analizar las políticas "sectoriales" (es decir, las que conciernen principalmente a tal o cual actividad económica o social), como para caracterizar las modalidades generales del gobierno de una sociedad (que se ha de considerar tanto más democrático cuanto mayor sea la atención que presten los dirigentes a las organizaciones representativas de intereses variados y negocien constantemente con sus conductores). Desde este punto de

---

[50] Jacques Lagroye [1973].

vista, se considera que la acción de "presión" de los grupos de intereses —que en Estados Unidos toma la forma privilegiada del *lobbying* organizado— es la más susceptible de modificar las acciones de gobierno.[51]

Con todo, la asociación estrecha entre las organizaciones representativas de intereses y los grupos dirigentes puede asumir una forma institucional tal, que las políticas sean determinadas por un acuerdo oficializado, negociado en los organismos especializados del gobierno. Este fenómeno ha sido analizado por investigadores que abrazan la llamada *teoría neocorporativista* de las relaciones sociales. Conviene distinguir el neocorporativismo del corporativismo (tradicional o autoritario), en que el Estado organiza las profesiones, y los sindicatos, estrechamente controlados por los dirigentes políticos, constituyen el marco obligatorio y coaccionante de toda actividad colectiva de los trabajadores de las distintas ramas. El régimen franquista español (1936-1975), como el de la llamada Revolución Nacional en la Francia ocupada por el nazismo (1940-1944) son los ejemplos clásicos de este corporativismo. Tampoco se debe confundir el neocorporativismo con el conjunto de conductas habitualmente calificadas de "corporativistas", es decir, la tendencia de los sindicatos en las negociaciones a tratar de imponer los intereses profesionales de sus afiliados sobre las políticas públicas. Denunciada como "perversión" de la democracia, esta tendencia (¡en resumidas cuentas bastante explicable!) sería, por ejemplo, la culpable del fracaso de las reformas introducidas para unificar las normas de contratación y promoción en la función pública.[52]

Se puede definir el neocorporativismo precisamente como una tendencia general de las sociedades contemporáneas a la asociación institucional de los organismos políticos y administrativos (aquí llamados "el Estado") con las organizaciones representativas de intereses que, cada una en su sector, ejercen un verdadero monopolio de la representación de los trabajadores. Corresponde a las situaciones que Gerhard Lehmbruch y Philippe Schmitter caracterizan así: el Estado reconoce y consagra el monopolio de la representación de un número limitado de organizaciones, principalmente sindicales, en sus respectivos sectores de actividad; estas organizaciones son "aceptadas" y no tienen competidores en su propio sector; fuertemente burocratizadas, a veces federadas para negociar juntas con el Estado, garantizan una representación en esencia funcional de las ramas profesionales.[53] Por consiguiente, el fundamento del neocorporativismo es un *intercambio constante y privilegiado entre el Estado y las organizaciones representativas* de intereses. Por un lado, el Estado re-

---

[51] Véase cap. 5.

[52] El documentado opúsculo de François de Closets (*Toujours plus!*, París, Grasset, 1982) ilustra bien la furia con que se denuncia el "corporativismo" de ciertas profesiones al defender sus intereses sectoriales y pequeños "privilegios".

[53] La obra de referencia sobre el neocorporativismo es la de Philippe Schmitter y Gerhard Lehmbruch [1979].

conoce oficialmente las organizaciones, incluso les garantiza un "monopolio deliberado" de la representación (por ejemplo, para presentar candidatos a las elecciones sindicales); las subvenciona, ofrece a sus dirigentes amplias facilidades para hacer carrera; los incluye en la definición colectiva de las políticas públicas. Por el otro, las organizaciones garantizan que sus afiliados respetarán los compromisos contraídos y participan en su ejecución. En su sentido más riguroso, el neocorporativismo es un *modo global de regulación social* garantizado por la interacción global del Estado con las organizaciones representativas, tanto patronales como de los asalariados.[54]

El ejemplo de Austria, o el de Suecia en las décadas de 1950 a 1970, es el más utilizado para ilustrar este modelo de gobierno neocorporativista. En Austria, los proyectos de ley relativos a los precios y salarios son elaborados por una comisión paritaria de organizaciones patronales y sindicatos de asalariados que integra además a dos miembros del gobierno; se forman subcomisiones para estudiar sus incidencias previsibles, y el acuerdo global se eleva a las cámaras legislativas como proyecto de ley. Este método ha adquirido tal vigor, que ningún gobierno, por conservador que fuere, se atreve a discutirlo.[55] La comisión paritaria austríaca, como los encuentros preparatorios para los acuerdos nacionales en Suecia en la década de 1970, constituyen *escenarios globales de negociación* que imponen de hecho una solución de compromiso a los dirigentes políticos, patronales y sindicales. No obstante, es concebible que esa forma de negociación englobe a ciertos sectores de actividad donde existe un monopolio de la representación, pero no a otros en los que múltiples organizaciones, al ejercer presiones contradictorias sobre los sectores dirigentes, mantienen un modelo "pluralista" de interacción.[56] En este sentido, Pierre Muller y Guy Saez hablan de un *"corporativismo a la francesa"* en ciertas ramas o sectores de actividad, pero no inscrito en una interacción global organizada a nivel nacional.[57]

Sectorial y fragmentado, el neocorporativismo designa el modo de elaboración de las políticas y de control de su ejecución por una estrecha asociación de dirigentes políticos y poderosas organizaciones sindicales o profesionales interesadas en la elaboración de las decisiones que afectan a sus afiliados. Con esa concepción, en Francia se lo puede aplicar al *sector agrario*, donde los intereses de los propietarios de empresas grandes y medianas son representados exclusivamente por la red de organizaciones controlada por la Fédération nationale des syndicats d'exploitants agricoles (FNSEA): sindicatos profesionales, cooperativas, compañías de crédito y seguros, organismos de

[54] Susan Berger [1981].
[55] Lehmbruch [1979].
[56] Peter Williamson [1989].
[57] Pierre Muller, Guy Saez [1985]. Véase también Bruno Jobert [1988].

formación. Los dirigentes de la red negocian directamente con los funcionarios electos, proporcionan ministros y miembros de gabinetes, mantienen una relación constante con las direcciones del Ministerio de Agricultura, controlan las cámaras correspondientes. En las negociaciones internacionales, sobre todo en la Comunidad Económica Europea, las posiciones de los representantes franceses suelen ser elaboradas previamente en el marco de las discusiones con la FNSEA. La *educación nacional* presenta algunos rasgos análogos. Por cierto que la poderosa Fédération de l'éducation nationale (FEN) y los sindicatos que la integran no conforman un frente único y coherente capaz de defender una concepción global de la política educativa: demasiados intereses divergentes separan a los profesores de los maestros, los miembros de la enseñanza técnica y la enseñanza general, los catedráticos por concurso y los demás docentes... Pero las medidas que afectan a la profesión son negociadas en el ministerio por los directores y miembros del gabinete —muchos de ellos salidos de las filas de la FEN— y los representantes sindicales. Si una medida perjudica a un sector docente (por ejemplo, los profesores de las altas escuelas), entonces no será aprobada salvo que la apoyen otros sindicatos. En este caso, el modelo neocorporativista casi no se distingue de un modelo pluralista de representación de intereses. Tiende simplemente a calificar el importante papel de los sindicatos en la "regulación de la institución" y su participación activa en las decisiones administrativas que afectan a sus afiliados. Asimismo, un análisis preciso del funcionamiento de la *policía francesa* revela que el sindicato mayoritario, la Fédération autonome des syndicats de police (FASP) es capaz de imponerse como interlocutor obligado del ministro y garantizar el éxito de las medidas propuestas por su gabinete (integrado, entre otros, por miembros de la FASP): "El sindicato de la policía es parte integrada e integrante de la institución policial."[58]

Dadas las circunstancias, no se puede exagerar el peligro que significa calificar de neocorporativista toda situación en la cual las organizaciones representativas de intereses participan de la definición de las políticas. En efecto, en ciertos casos, estas organizaciones son las mismas que agrupan a *patrones y directores* de un tipo de empresas; así, aseguran una colaboración estrecha entre dirigentes y grupos dominantes. En Francia, las políticas ambientales son elaboradas en consejos y "agencias" donde los jefes de las empresas interesadas cumplen un papel preponderante; aquí, "la acción del Estado es extremadamente dependiente de la estrategia de los industriales".[59] En otros casos, la función de la asociación de funcionarios electos con representantes de intereses no es tanto la elaboración de acuerdos como la *legitimación de una lógica de desarrollo* de las actividades que benefician a los políticos locales, dirigentes

---

[58] Jean-Jacques Gleyzal [1985 y 1988].
[59] Edith Brénac [1988], p. 136.

de sociedades y profesionales asalariados; así, "la política cultural reclama menos de lo que crece, su principal regulación interna es la inflación (de las actividades)".[60] En un sentido más amplio, los métodos institucionales de negociación entre el Estado y las organizaciones representativas de intereses pueden cumplir un papel nada despreciable en la conservación de un consenso frágil en torno de objetivos generales, sin ser por ello el lugar donde se elaboran los objetivos y las políticas que se supone deben resultar de ello. Es en el *predominio de un grupo particular* donde conviene buscar la lógica reguladora cuya fuerza tiende a legitimar las prácticas neocorporativistas.[61] Esta exigencia se impone sobre todo al investigador que no analiza el funcionamiento propio de un sector sino la articulación general de las políticas ejecutadas: "La armonización de las políticas no es producto [...] de la negociación entre las organizaciones constituidas sino más bien de la acción de una elite dirigente que ejerce su dominio sobre todos los sectores clave de la vida social."[62]

En definitiva, el neocorporativismo parece estar asociado con una forma particular de organización política, la socialdemocracia europea, en el contexto específico del *welfare state*, período en el que se combinan el crecimiento económico y el intervencionismo estatal. No se puede ver en ello una tendencia general, ni menos aún universal, de las sociedades contemporáneas. En efecto, los casos habitualmente citados de neocorporativismo corresponden a países donde la *socialdemocracia* dejó una impronta profunda en las relaciones políticas y sociales: Austria, Suecia, Noruega, Países Bajos y, en menor medida, Bélgica y Dinamarca. Aquí el triunfo de un acuerdo global entre dirigentes políticos y organizaciones representativas parece ser producto directo de la asociación de partidos y sindicatos en un sistema de acción permanente; contribuye a la institucionalización del sistema y garantiza su visibilidad.[63] En esos países, los cambios (reales o previstos) de mayoría política afectan directamente el funcionamiento neocorporativista de las interacciones entre los grupos. El caso de Suecia ilustra la vulnerabilidad del proceso.[64] En 1974 y 1975, una negociación general sobre la política económica e impositiva reúne a los representantes de los partidos, los principales sindicatos de asalariados, las organizaciones patronales y el gobierno socialdemócrata; los acuerdos "Haga" concertados en esa negociación definen las medidas que el Parlamento se limita a ratificar. Pero en 1976, la inminencia de las elecciones generales y el surgimiento de conflictos entre los sindicatos y la patronal

---

[60] Philippe Urfalino [1989], p. 94; también Erhard Friedberg y Urfalino [1983].

[61] Este grupo puede cumplir el papel de agente regulador o "integrador del sistema", según el esquema de Dupuy y Thoenig [1986].

[62] Jobert, Muller [1987], p. 170. Lo que dicen los autores sobre Francia se puede extender a muchas sociedades políticas contemporáneas.

[63] Véase cap. 5.

[64] Brigitta Nedelman, Kurt G. Meier [1979].

(aquéllos confían en la victoria del Partido Laborista socialdemócrata, mientras éstos esperan el triunfo de los partidos conservadores, el centrista y el liberal), modifican las relaciones entre los socios y conducen a una nueva definición de la situación: la evolución de los salarios se convierte en un asunto central, el enfrentamiento político prima sobre la necesidad hasta entonces reconocida de un acuerdo global y se descarta el argumento de las "necesidades imperiosas de la crisis". Así, los acuerdos "Haga" quedan reducidos a una mera declaración de intenciones elaborada por los socios "de izquierda", el Partido Socialdemócrata y los sindicatos de asalariados.

Tributario de circunstancias políticas concretas, hoy el neocorporativismo se ve afectado por una *crisis global* que pone en tela de juicio sus fundamentos económicos, sociales y políticos. Por un lado, la evidente disminución del crecimiento, o directamente el estancamiento, destruye los mecanismos de redistribución característicos de la época del *welfare state*. Por el otro, las organizaciones sindicales nacionales pierden credibilidad, atacadas por su burocratización y por los escándalos que envuelven a sus dirigentes; sufren la competencia de formas de organización colectiva menos institucionalizadas (las "coordinadoras" de huelguistas); pierden influencia en las negociaciones por empresa y son impotentes para actuar a nivel de las empresas transnacionales. Por último, se rompe el consenso político mínimo sobre la necesidad del intervencionismo estatal, consenso cuyo modelo algunos teóricos creyeron encontrar en el funcionamiento particular de las "democracias conasociativas";[65] en la década de 1980, se pone de moda el "reaganismo".[66] No cabe duda de que sólo el crecimiento económico permitió a los sindicatos imponer la aceptación y el respeto por las políticas tendientes a reglamentar la distribución de ingresos; su finalización dio lugar a prácticas que disputan el monopolio que se habían arrogado (y hecho reconocer) esas organizaciones y al mismo tiempo limitan su capacidad para controlar las acciones colectivas.[67] Por eso, la "crisis" de las experiencias neocorporativistas es uno de los aspectos de la transformación de los modos de regulación de las sociedades contemporáneas afectadas por perturbaciones tanto económicas como sociales y políticas: cese del crecimiento, efectos perversos de un intervencionismo estatal confuso y desordenado, errores de apreciación

---

[65] El ejemplo de Suiza, donde la vida política sería regida por un acuerdo estable entre elites políticamente enfrentadas, sirve de referencia para los teóricos de la democracia "conasociativa". Este "modelo" no ha proporcionado un marco teórico fructífero para los estudios empíricos por fuera del país para el cual se lo elaboró inicialmente.

[66] Llámase "reaganismo" a la política general de retiro del Estado de las esferas de intervención económicas y sociales, por el presidente norteamericano Reagan, quien hizo de ello el eje de su acción de gobierno.

[67] Esto se verifica en todas partes, incluso en Austria, donde los sindicatos son impugnados por grupos mal representados en las negociaciones y donde ha crecido el abstencionismo en las elecciones sindicales. Véase Patrick Hassenteufel [1990].

de los gobernantes sobre la gravedad de la crisis económica y las soluciones requeridas, impugnación de la representatividad de las elites sindicales y políticas en la mayoría de los países.[68] Por eso cabe dudar de que sea acertado erigir en modelo teórico general *una de las formas*, históricamente situada y políticamente especificada, de esas interacciones complejas entre organismos dirigentes y organizaciones "representativas" de donde resultan las políticas públicas, su definición, elaboración y puesta en práctica.

LAS POLÍTICAS PÚBLICAS

En lugar de "¿quién gobierna, y cómo?", el análisis de las políticas públicas pregunta, "¿cómo y por qué se elabora y ejecuta determinada política pública?". Por consiguiente, lo que caracteriza esta rama de la sociología política es ante todo un *método de investigación*, la elección de un procedimiento empírico al cabo del cual, por medio de hipótesis, deben aparecer los grupos y organismos que actúan en un sector determinado. Desde este punto de vista, la acción se concibe como *resultado de una interacción* en la cual participan múltiples agentes, los que intervienen en función de sus propios intereses y con arreglo a sus concepciones de la vida social. Pero que nadie se engañe; este procedimiento está orientado, en parte, por el deseo de comprender si ciertos grupos están en condiciones de imponer sus propios objetivos al conjunto de los agentes y, en ese sentido, se trata de investigar los *grupos dominantes* y las lógicas de acción que aparezcan eventualmente en un sector de actividades específico.

El interés por las políticas públicas se desprende de dos preocupaciones fundamentales.[69] Por un lado, se trata de *romper con una concepción institucional y voluntarista* de la "decisión" que atribuía a los organismos y aparatos, tanto políticos como administrativos, una racionalidad ("he aquí lo que conviene hacer y por ese motivo..."), una autonomía de decisión ("el Ministerio de Educación Nacional concibió el proyecto de...") y una eficacia inmediata ("esto que sucede es consecuencia de las medidas tomadas..."). En este sentido, el análisis de las políticas públicas es una crítica de los esquemas clásicos que asimilan los organismos dirigentes con individuos conscientes, calculadores y

---

[68] Para un análisis preciso de estos fenómenos, véase Cohen [1989]. La impugnación de la representatividad de las elites a partir de que participan en las negociaciones y los acuerdos se observa también para otros sectores de representantes; véase, por ejemplo, Laura Armand-Aslow [1978].

[69] Dentro de la nutrida bibliografía sobre las políticas públicas conviene mencionar algunas obras generales de referencia: Meny y Thoenig [1989]; Muller [1990]; Thoenig y cols. [1985]. Véase también los tres "clásicos" del análisis de las políticas públicas: Jack Hayward, Michael Watson [1975]; Bruno Jobert, Pierre Muller [1987]; Jean G. Padioleau [1982].

capaces de imponer su voluntad.[70] Este método sustituye esos esquemas por un estudio de los procesos complejos que dan lugar a un conjunto de acciones, presentadas como elementos de "una" política en un sector particular. También recurre a los métodos y conceptos de la sociología de las organizaciones[71] y a los trabajos de especialistas en administración de empresas. Por el otro lado, se trata de explicar las *formas concretas del intervencionismo estatal* que caracterizó, según muchos autores, al *welfare state*. Explicar los procesos concretos significa rechazar *a priori* el tratamiento del asunto según la modalidad de evidencia, así como entrar en una polémica en gran medida formal sobre las "responsabilidades" del Estado y las ventajas o perjuicios de un sistema considerado atentatorio de las reglas sacrosantas del liberalismo. El análisis de las políticas públicas permite evitar las vanas polémicas sobre el "exceso de Estado" que, a partir de Friedrich von Hayek, alimentan los enfrentamientos entre partidarios y adversarios del intervencionismo;[72] prefiere en cambio el estudio atento de los mecanismos y las coacciones de la acción pública. En otras palabras, indaga en el papel que cumplen los agentes políticos (gobernantes, funcionarios electos, administradores) en la elaboración y ejecución de las "acciones concatenadas" que se denominan políticas públicas.

Puesto que este tipo de investigación se define ante todo por un método, conviene referirse en primer término a los principios y las técnicas del análisis, lo que Jean-Claude Thoenig llama la "caja de herramientas" del investigador.[73] El papel de los agentes políticos, cuya intervención (real o supuesta) permite calificar una acción política como *pública*, aparecerá muy variable según los sectores de actividad, los efectos esperados de las políticas consideradas y las concepciones predominantes sobre la responsabilidad del Estado en la regulación de las relaciones sociales.

Principios y métodos de análisis

Concatenación de acciones

Toda acción colectiva asimilable a una política pública es producto de la interacción de muchos autores (grupos, organizaciones, asociaciones, aparatos

---

[70] Estos esquemas creados por el sentido común ("el gobierno ha tomado conciencia...", "el ministro ha estudiado la situación y resuelto...") son criticados con dureza por Graham T. Allison y Morton T. Halperin [1972]. Véase también Lucien Sfez [1981 y 1984].

[71] Véase sobre todo Michel Crozier, Erhard Friedberg [1977].

[72] Véase, por ejemplo, la enérgica denuncia de los perjuicios causados por el intervencionismo estatal y el *welfare state* en Philippe Bénéton [1983].

[73] Thoenig [1985].

políticos y administrativos) que tratan de obtener un máximo de beneficios de su intervención; con ese fin, movilizan los recursos disponibles en esa situación particular y ponen en práctica estrategias (o "líneas de acción") acordes con su posición en el juego; las reglas de la interacción resultan de las coacciones que pesan sobre el conjunto de los actores o son definidas por la propia interacción. Aquí aparecen los principios y conceptos (actores o agentes, recursos, estrategias, reglas) propios de todo *análisis en términos de interacción*.[74] Aplicado al estudio de las políticas públicas, este enfoque significa ante todo que el agente interesado dispone de un mínimo de recursos, puede obligar a sus socios a tener en cuenta sus intereses y contribuye a la definición o aplicación de reglas adaptadas a la situación. Por consiguiente, las políticas públicas resultantes de la interacción no son "ni fruto de fuerzas socioeconómicas sobre las cuales los actores sólo pueden tener la ilusión de actuar"[75] ni consecuencia de la voluntad de un solo agente, aunque estuviera institucionalmente a cargo de "tomar la decisión". Este enfoque también significa que el objetivo primario de la investigación es *descubrir los actores pertinentes en el proceso*, así como sus posiciones, intereses y objetivos. Por ejemplo, las políticas que buscan reglamentar el transporte carretero afectan e interesan a varios grupos: los conductores que recorren largas distancias o bien trayectos breves y frecuentes, las empresas de transporte permanente o estacional, los ministerios y las administraciones encargados de controlar o facilitar el tránsito, la dirección de los ferrocarriles, etc. Cada grupo tiene su propia "racionalidad" y pone en práctica la estrategia acorde con su posición: elaboración de nuevos reglamentos, exenciones impositivas, modificación de tarifas, fraude, etcétera.[76]

No se puede considerar política pública cualquier acción concatenada resultante de la estrategia de varios actores. Se puede hablar de política pública cuando: 1) el conjunto de las acciones consideradas corresponde a una *misma esfera de actividades*; lo cual significa que se identificará la política por el sector de aplicación (economía, cultura, educación, inmigración, etc.); 2) *las acciones iniciadas se concatenan* unas con otras, es decir, el contenido de una es afectado por el de las anteriores y afecta a su vez a las siguientes; que un jefe de la administración impositiva modifique las horas de trabajo y otro, en la misma repartición, cree un nuevo sistema tributario para las empresas de limpieza de locales no constituye una concatenación; 3) se presenta el resultado de la interacción como *un programa coherente*, que responde a objetivos deseables y

---

[74] Véase cap. 5. Cabe recordar que, evidentemente, el análisis de una interacción no se reduce a la aplicación mecánica de estos tres conceptos tan generales a los que se puede atribuir distinta importancia.

[75] Mény, Thoenig [1989], p. 19.

[76] Dupuy, Thoenig [1983], pp. 155-173.

beneficiosos para ciertos grupos; en este sentido, a toda política pública se le imprime una orientación normativa a la que se supone debe adaptarse; 4) la autoridad pública (gobierno, ministerio, secretaría, etc.) es responsable de las decisiones y se encarga de hacerlas respetar; así, la política pública es *legitima-da* por la intervención de los agentes autorizados a darle "fuerza de ley", incluso si se limitan a consagrar el resultado de una interacción en la que tuvieron escasa participación.[77]

Es tentador desglosar el proceso que redunda en una política pública en *etapas sucesivas* (o secuencias de interacción), desde el momento en que se identifica un problema que requiere respuestas —un "problema a tratar"— hasta aquél en que las acciones emprendidas ponen fin a los reclamos de los grupos interesados. Muchos esquemas de análisis toman la forma de "grillas" que permiten observar la concatenación de secuencias. La más conocida es la de Charles O. Jones (gráfico 11). La identificación de un problema supone en primer lugar que una serie de sucesos llaman la atención de los grupos e individuos interesados, capaces de formular un "reclamo de acción pública". La secuencia siguiente, de "formulación de una solución", corresponde al estudio de los programas de acción posibles para resolver el problema planteado. La toma de la decisión y la ejecución, cuyos efectos pueden ser inesperados, son las secuencias de desarrollo del programa adoptado. Finalmente, el análisis de las consecuencias constituye la secuencia de "evaluación de los resultados", al término de la cual se puede poner fin a la política realizada.[78]

Esta grilla de análisis requiere dos observaciones principales.

1. En cada etapa del proceso *intervienen múltiples actores*: grupos capaces de sumar variados intereses, de "llevar el problema" a las autoridades públicas, de proponer soluciones enfrentadas, de negociar su apoyo a los responsables de las decisiones y de expresar juicios (eventualmente contradictorios) sobre las consecuencias de la acción. En cuanto a la decisión misma, se la concibe como producto de una "coalición" de agentes que se ponen de acuerdo sobre una de las soluciones (o "alternativas") visualizadas. Por consiguiente, identificar las etapas sucesivas del proceso no significa dar por "terminado" el juego: en cada una ciertos agentes pueden dejar de intervenir (por ejemplo, los grupos que participaron en la identificación del problema, en el momento de formular las soluciones); otros pueden "entrar en el juego" una vez iniciado el proceso (por ejemplo, las reparticiones encargadas de la aplicación, una vez tomada y legitimada la decisión). Por eso el investigador debe definir las sucesivas configuraciones del sistema de interacción.

---

[77] Véase una definición más detallada de las políticas públicas en Mény, Thoenig [1989], pp. 130-132.

[78] Charles O. Jones [1970].

GRÁFICO 11. *Una grilla secuencial de análisis de las políticas públicas*

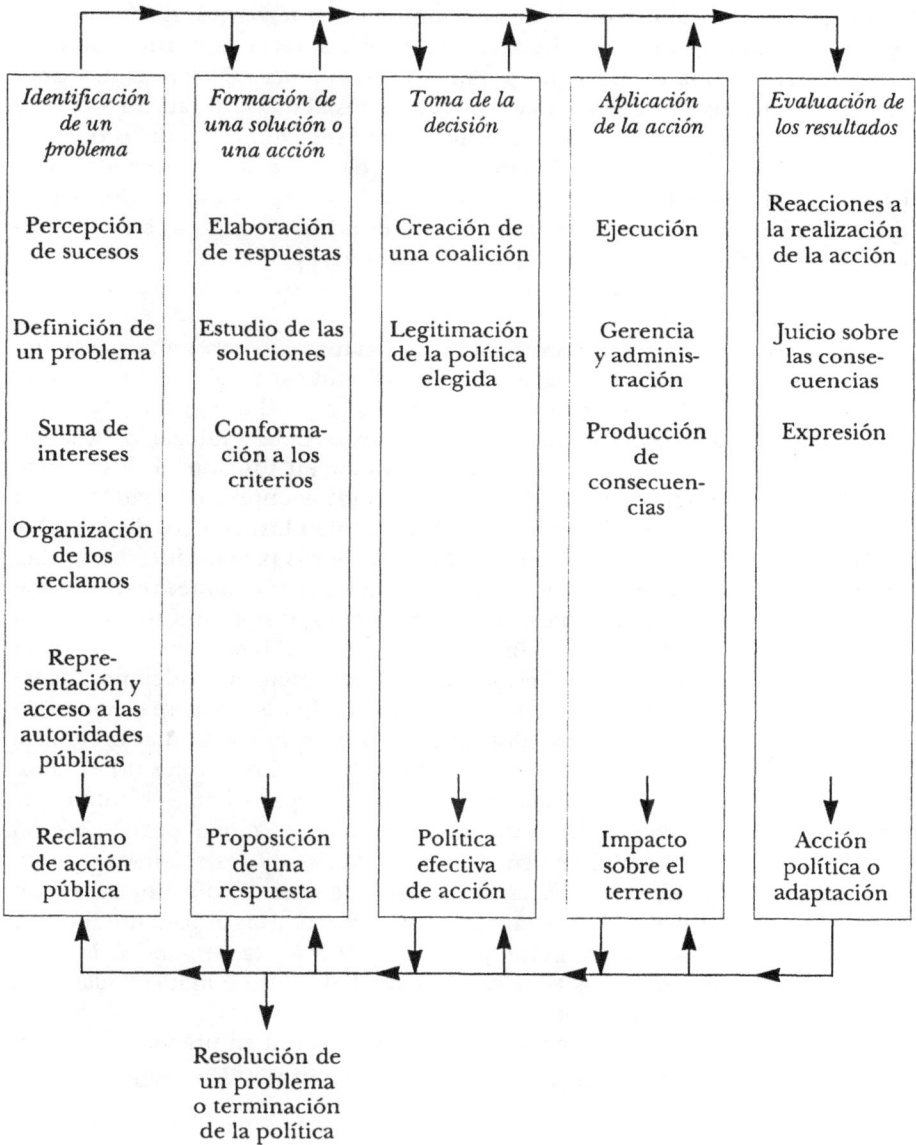

Identificación de un problema	*Formación de una solución o una acción*	*Toma de la decisión*	*Aplicación de la acción*	*Evaluación de los resultados*
Percepción de sucesos	Elaboración de respuestas	Creación de una coalición	Ejecución	Reacciones a la realización de la acción
Definición de un problema	Estudio de las soluciones	Legitimación de la política elegida	Gerencia y administración	Juicio sobre las consecuencias
Suma de intereses	Conformación a los criterios		Producción de consecuencias	Expresión
Organización de los reclamos				
Representación y acceso a las autoridades públicas				
Reclamo de acción pública	Proposición de una respuesta	Política efectiva de acción	Impacto sobre el terreno	Acción política o adaptación

Resolución de
un problema
o terminación
de la política

Gráfico adaptado libremente de Charles O. Jones por Yves Mény y Jean-Claude Thoenig, *Politiques publiques*, París, PUF, 1989, p. 156.

2. *La concatenación de las etapas* no es lineal ni idéntica en todos los casos. Por ejemplo, los argumentos empleados para legitimar una política pueden conducir a una formulación de la solución en otros términos; si se debe presentar la acción como beneficiosa para la sociedad, sería contrario a la intuición aferrarse a una formulación puramente económica. O bien, el descubrimiento de efectos perversos —es decir, contrarios al objetivo buscado— en el momento de la aplicación puede conducir a una reformulación del problema; si por efecto de una modificación de las reglas de acceso a la universidad, realizada con el objeto declarado de mejorar la calidad del estudiantado, se produce un aumento sustancial del número de estudiantes, entonces el "problema" identificado en un principio ("hay demasiados aplazos en las carreras") se deberá formular de otra manera ("en Francia no hay suficientes graduados").

Las grillas de análisis por observación de las etapas sucesivas, aunque útiles, tienen el gran inconveniente de presentar las políticas públicas como consecuencias lógicas de *evaluaciones y cálculos racionales*: ¿cuál es el problema a tratar? ¿Cuál es la solución óptima? ¿Qué criterios se deben utilizar para determinarla? ¿Qué correcciones se deben introducir en función de los efectos observados? Suponen que más o menos todos los agentes interesados tratan en cada caso de obtener el mejor resultado, calculan los recursos disponibles, en fin, actúan de manera racional en el marco de sus propios intereses. Ahora bien, el estudio de las conductas efectivas de los participantes revela modalidades de acción muy diferentes. Generalmente, los grupos interesados están mal informados y sólo perciben un aspecto "del" problema; apurados por el tiempo, atraídos por otros intereses, tratan de formular proposiciones "aceptables" más que buscar las óptimas; en la mayoría de los casos, reaccionan de acuerdo con sus hábitos o modelos prefabricados que tratan mal o bien de adaptar a la nueva situación. El objetivo buscado por los agentes no es tanto el de "hallar una solución satisfactoria" como el de participar —o fingir que participan— en el juego para conservar su posición, ya que al permanecer al margen corren el riesgo de sufrir una devaluación de los recursos o la influencia que se les atribuyen.[79] Las situaciones de crisis (o de "urgencia") en que se deben tomar decisiones rápidamente y ejecutarlas al instante ilustran admirablemente —en casos límite, pero reveladores— la *variedad de las motivaciones para actuar*, extrañas al cálculo racional absoluto e inadecuadas para la búsqueda de la solución óptima.[80]

Los procesos que conducen a la definición y puesta en práctica de las políticas públicas son complejos y en parte opacos, en todo caso imposibles de

---

[79] Véase las críticas convergentes a los esquemas que destacan la racionalidad de los actores en Cobb y Elder [1972]; James March [1988]; Herbert A. Simon [1952].

[80] Claude Gilbert [1990].

reducir al bello orden de la concatenación lógica como pretenden aquellos que se arrogan el mérito de controlarlas. En última instancia, se podría concebir esos procesos como una mezcolanza de interacciones variadas, accidentalmente vinculadas unas con otras, que excluyen todo esquema racional y ponen en contacto a grupos que actúan en función de intereses heterogéneos para resolver problemas que perciben de distintas maneras. La imagen más acorde con la realidad sería la de un cubo de la *basura (garbage can)* en el que se arrojan de cualquier manera toda clase de objetos heterogéneos:[81]

> Los actores en la escena de la decisión modifican constantemente sus percepciones de los problemas a fin de justificar su acción, sus soluciones, su definición del momento de decidir, su manera de determinar quiénes deben intervenir en el proceso. Existen pocas reglas, normas o coacciones que se impongan a todos y estructuren el proceso que conduce a la toma de una decisión.[82]

La validez de esta concepción radica en que pone en guardia al investigador frente a la tentación de interpretar las conductas de los agentes como derivadas de una racionalidad común o incluso atribuir *una* lógica dominante a los procesos que redundan en las políticas públicas. Si bien destaca con razón el riesgo de imponer *a posteriori* un orden bien dispuesto a la concatenación de las acciones, merece ciertas críticas desde tres puntos de vista. Primero, subestima *las consecuencias propias de la interacción*; en general, los agentes logran ponerse de acuerdo, con alguna dificultad, sobre la definición más aceptable de los problemas a tratar; la aparición de ciertos problemas y la desaparición de otros no se deben al azar, sino que resultan de una interacción en cuyo transcurso se evalúan los riesgos de la inacción, las posibilidades de actuar (técnicas, presupuestarias, políticas) y si es oportuno presionar o no a las autoridades públicas; los participantes saben "aprovechar" las condiciones favorables, los apoyos movilizables y tratan de anticiparse a la conducta prevista de sus socios.[83] En síntesis, la interacción ordena el proceso al obligar a los actores a tenerse en cuenta mutuamente y coincidir en unas reglas mínimas.

En segundo lugar, cada sector de actividades está estructurado por el *reconocimiento de papeles* objetivados ("a tal organismo compete el papel de realizar tal acción"), por la experiencia de las interacciones de rutina y el dominio de un cúmulo de conocimientos especializados, por el hábito de identificar a los socios autorizados por la sociedad a intervenir en una determinada esfera. En este sentido, todo agente interesado en la elaboración de una política de

---

[81] March [1988].

[82] Mény, Thoenig [1989], p. 225 (comentario por los autores del "modelo del cubo de la basura").

[83] John W. Kingdon [1984], pp. 88-93 y 216-218.

descentralización sabe, o descubre rápidamente, que deberá negociar con funcionarios electos locales, organismos estatales descentralizados, el Senado, la Caja de Depósitos y Consignaciones y la dirección de comunidades locales del Ministerio del Interior, o que al menos esos grupos y organismos tendrán "algo que decir". También sabe, de manera más o menos confusa, que el Parlamento deberá sancionar una ley y que será difícil obtener una coalición con vistas a un voto mayoritario. Sabe que deberá movilizar a la opinión pública y para ello deberá mostrar a los ojos de ciertos grupos las ventajas o los inconvenientes de la solución preconizada por el gobierno. También puede presentir que una coalición de actores (por ejemplo, los alcaldes de las grandes ciudades) está coyunturalmente en condiciones de imponer sus propios objetivos y, por consiguiente, cumple el papel de agente dominante en la interacción. El conocimiento de los intereses estables de cada grupo que interviene en un sector particular estructura las percepciones, las alternativas y las estrategias, sin que por ello se deba postular la existencia de una racionalidad común.

Finalmente, conviene estudiar atentamente aquello que sirve en cierta forma de "guía para la acción" de cada participante. Generalmente los que participan en la interacción son asociaciones, organizaciones, cuerpos constituidos, grupos organizados, no individuos aislados, libres de toda atadura. Tan es así, que la línea de acción que sigue cada agente está determinada en gran medida por las concepciones y los hábitos imperantes en una de las organizaciones intervinientes y por el conocimiento adquirido de las conductas habituales de sus socios. Por consiguiente, las conductas de unos y otros son parcialmente previsibles y es posible anticipar sus reacciones. En general, las definiciones que dan del problema y la situación se adecuan a sus intereses (tal como los perciben) y a lo que "saben hacer" habitualmente: "Una fábrica de zapatos no tiene por costumbre preguntarse todos los días (aunque de vez en cuando sea necesario reconsiderar la decisión inicial) si no convendría fabricar automóviles."[84] La organización indica a sus agentes las normas de conducta, los mantiene informados (aunque sea de manera parcial y tendenciosa), determina qué es deseable y qué es posible; la pertenencia a una organización enseña a los individuos a concebir los problemas de cierta manera, forma sus criterios de apreciación, guía sus conductas en la interacción. Al normalizar hasta cierto punto las conductas, las instituciones y organizaciones introducen no una racionalidad absoluta sino una *racionalidad limitada* en el proceso del cual resulta una política pública.[85]

---

[84] Simon [1983], p. 62.
[85] *Ibidem.*

La elaboración de las agendas

Cuando la interacción ha determinado las soluciones a adoptar y el método que debe conducir la acción, el resultado suele ser previsible: generalmente el peso relativo de los participantes, los recursos que cada uno puede movilizar —o crear—, las coaliciones que se forman, la importancia que la solución adoptada otorga a tal o cual grupo, permiten presagiar los efectos del proceso. La ley de 1971 sobre la fusión y agrupamiento de comunas, así como la circular ministerial que acompaña su comunicación a los gobernadores, indican la solución adoptada y el método empleado para reducir el número de municipios: limitarse a las fusiones voluntarias, formar comisiones especiales con los funcionarios electos locales, exhortar sin obligar, tener en cuenta los riesgos políticos.[86] Por consiguiente es previsible (y el ministro ha previsto) que las relaciones de fuerzas locales, con pocas excepciones, favorecerán el *statu quo*; lo que efectivamente sucede... Se comprende que el momento decisivo en la realización de una política pública suele ser aquél en que se identifica el problema y se lo incluye en la "agenda" de cuestiones a abordar, no sólo porque se ha iniciado la interacción, sino porque *la formulación empleada* ("se trata de un problema de racionalidad administrativa y gerencial, no de una cuestión política") y *la solución propuesta* ("una vez votada la ley, corresponde a los gobernadores organizar la concertación a escala departamental") indican quiénes podrán participar directamente (los funcionarios electos, no los partidos; los gobernadores, no los enviados del ministerio), cómo y con qué apoyo (el ministro no apoyará a un gobernador cuya conducta provocare una agitación política en torno del proyecto).

Desde el punto de vista del politólogo, las condiciones de inclusión de las acciones a realizar en la agenda política *(agenda building)* constituyen un objeto de estudio prioritario. En efecto, se trata de los procesos que llevan a las autoridades políticas (o eventualmente administrativas) a ocuparse de un problema, formularlo de cierta manera e iniciar acciones para resolverlo.[87] Muchos problemas aparecen por razones institucionales en la agenda de tal o cual organismo: la elaboración del presupuesto general es una de las tareas anuales de los ministros del Interior y de Hacienda, y su discusión y votación están en la agenda del Parlamento; lo mismo sucede con los presupuestos de cada ministerio y otros problemas rutinarios como los debates sobre política exterior o el estado de los programas plurianuales de infraestructura. A esta *agenda institucional* (o, en términos más rigurosos, a estas agendas institucionales, porque cada sector del gobierno tiene su propio repertorio de problemas a abordar de manera regular) se puede oponer una *agenda coyuntural* —a ve-

---

[86] Jean de Kervasdoue, Laurent Fabius y cols. [1976].
[87] Véase sobre todo Cobb y Elder [1972]; Kingdon [1984]; Philippe Garraud [1990].

ces llamada "sistémica"— en la que se inscriben los problemas emergentes, los asuntos destacados que provocan polémicas políticas.[88] Se trata entonces de comprender cómo surge un problema y en qué términos se lo formula.

Algunos problemas "llegan" a las autoridades públicas debido a su *importancia coyuntural* para muchos grupos de individuos, organizaciones o asociaciones. Múltiples agentes inician una polémica en torno de una cuestión que les concierne de manera más o menos directa y tratan entonces de imponer su definición del problema a abordar. La probabilidad de que las autoridades presten atención al problema será mayor en la medida que éste afecte a grupos grandes y públicos variados, que los agentes interesados sean poderosos y capaces de imponer sus propias concepciones[89] y que provoque conflictos y reacciones en la población. Así analizan Roger Cobb y Charles Elder los mecanismos de extensión de una polémica sobre problemas que inicialmente afectaban a un número limitado de grupos. La huelga de los obreros rurales de California en 1965-1966 aparece al principio como un problema que afecta sólo al sindicato y los productores agrícolas, en torno de una cuestión puntual (salarios y condiciones de trabajo); por lo tanto, se lo podía abordar dentro del marco restringido de una negociación local. La estrategia del dirigente sindical consiste en difundir el conflicto entre otros agentes, las iglesias y las asociaciones de defensa de los derechos cívicos, al presentar el problema desde la óptica de las injusticias intolerables que padecían los trabajadores y apelar así a los valores fundamentales de la sociedad norteamericana, a los que esos grupos son muy apegados. La intervención de los medios acrecienta el número de grupos interesados: las asociaciones de consumidores intervienen en la polémica, los funcionarios electos locales se ven acorralados y deben prometer que tomarán medidas. Al cabo del proceso, el Congreso se da por enterado y el problema queda inscrito en la agenda política.[90] Este ejemplo muestra claramente cómo se amplía el público interesado y el conflicto adquiere mayor importancia a partir de la *definición de lo que está en juego*: para los productores agrícolas es un simple enfrentamiento salarial (que, por lo tanto, se puede resolver en el marco de una negociación local); para las iglesias y algunos diarios es un problema moral de justicia social; para los sindicalistas y muchos políticos es un problema político fundamental que hace al respeto por los derechos cívicos. La formulación empleada permite de algún modo que el asunto quede inscrito en la agenda parlamentaria. Los grupos dominantes (productores agrícolas, asociaciones patronales) no pudieron impedir esa inscripción.

---

[88] Cobb y Elder [1972].

[89] Recuérdese que la capacidad de los grupos sociales para hacer que se tomen en cuenta sus intereses e imponer sus concepciones es muy desigual. Véase la primera sección de este capítulo ("Los grupos dirigentes").

[90] Cobb y Elder [1983], pp. 66-71.

Por tanto, la aparición de un problema suele ocurrir en función de la amplitud de las *movilizaciones que puede provocar su formulación*. En este sentido, los agentes más afectados pueden recurrir a argumentos y símbolos positivos: se trata de "promover los derechos cívicos", "defender el espíritu de la Resistencia", "salvaguardar el laicismo". También pueden movilizar a grandes sectores del público por medio de símbolos negativos como la "conspiración comunista", "el ascenso de los fundamentalismos", la "socialización desenfrenada de la medicina". Cuanto más vago es un argumento o símbolo, mayor es la coalición de públicos a los que se puede apelar: cuando la "seguridad" y la "libertad" están amenazadas, cada uno puede dar a esos términos el contenido que se corresponde mejor con sus concepciones, preocupaciones e intereses.[91] En ese caso la inscripción en las agendas puede parecer el encuentro de una "demanda" —presentada por los grupos en conflicto— y una "oferta" (formulación del problema, solución, redefinición de lo que está en juego) hecha por agentes especializados, expertos, políticos, dirigentes de asociaciones. En ese caso no se puede desconocer ni pasar por alto el papel de los "profesionales de la *agenda building*" (o *policy-makers*) ni considerar despreciable la movilización de intereses y creencias en la elaboración del problema.

Por último, muchos problemas están incluidos en las agendas (o en una agenda en particular) por iniciativa de aquéllos a quienes interesa *crear* un motivo de controversia u *ofrecer* una solución antes de que aparezca el problema. En este caso, la *oferta de solución precede* a la toma de conciencia del problema por los sectores interesados y despierta la polémica.[92] En esas condiciones, el trabajo de los "especialistas" de cierto sector de actividades merece una mirada atenta. Los ministerios, las grandes organizaciones sindicales y los partidos utilizan las destrezas particulares de individuos cuya tarea consiste en evaluar las posibilidades de acción y preparar soluciones técnica y políticamente aceptables a los problemas que perciben gracias a su interés profesional en determinadas categorías de asuntos. Se trata tanto de los burócratas encargados de tal o cual expediente como de expertos y asesores *ad honorem*, investigadores especializados en algún campo particular como la salud, el transporte, la cultura, la vivienda, etc. Estos especialistas mantienen una interacción permanente unos con otros, lo cual favorece el intercambio de ideas, la confrontación indirecta de los proyectos, la polémica sobre acciones alternativas, el acuerdo sobre los criterios de evaluación de los programas. En un sentido, su papel es el de preparar las soluciones a los problemas que *pueden surgir*. El proceso de elaboración y puesta en práctica de una política pública

[91] Sobre el uso de símbolos y la dimensión simbólica de los conflictos políticos, véase Murray Edelman [1964].

[92] Proceso que suele ocurrir cuando se declara a un asunto "de interés político general". Véase más adelante, p. 466.

se inicia cuando resulta políticamente oportuno plantear el problema para el cual se han estudiado soluciones, en otras palabras, cuando se abre una "ventana" para lanzarse a la acción.[93] Así, desde hace tiempo los especialistas (gubernamentales, políticos, sindicales) en política sanitaria son conscientes del costo creciente de la atención médica y han visualizado las respuestas posibles al consiguiente aumento del déficit del seguro médico: creación de un impuesto general, deducciones fiscales excepcionales, reglamentación estricta de las actas médicas o la dispensa de medicamentos, reforma de los regímenes particulares, etc. No obstante, todas las soluciones podrían provocar conflictos graves. Entonces hay que aguardar una oportunidad política (cambio de mayoría, descrédito de los sindicatos administradores de cajas de seguros médicos, campaña de prensa iniciada por algún partido) para proponer una de las soluciones y, ante todo, para que se pueda "plantear" públicamente el problema, hasta entonces conocido por los iniciados.[94]

La elaboración de las agendas, es decir, concretamente, "el ingreso [de un problema] en el sistema formal de decisión política"[95] puede ser producto de distintos procesos: movilizaciones en torno de un problema controvertido, formulación simbólica acorde con los sucesos por parte de ciertos grupos, aprovechamiento de una oportunidad política por especialistas que han trabajado sobre soluciones alternativas, inicio de un debate público por agentes políticos interesados en "diferenciarse" de sus competidores sobre un asunto considerado delicado, etc. En todos los casos, la formulación "del" problema en *términos cargados de alto contenido afectivo* acrecienta las posibilidades de que se lo tome en cuenta y eventualmente se lo aborde. Por ejemplo, Jean Padioleau demuestra que el proceso que condujo a una modificación de las leyes y las prácticas relativas a la interrupción voluntaria del embarazo en Francia fue provocado por un debate de gran envergadura y fuerte contenido simbólico sobre el derecho a la vida, la muerte, la injusticia social, la libertad de la mujer, la desigualdad ante la medicina, etc. "La formulación simbólica de un problema cumple un papel de primer orden en la difusión de una polémica."[96] En términos generales, la definición de los problemas a abordar es una modalidad importante de la construcción social de la realidad: "Elaborar una política pública equivale a construir una representación, una imagen de la realidad sobre la cual se quiere intervenir."[97] En última instancia, es más importante parecer capaz de descubrir un problema y lanzarse a la acción que

---

[93] Kingdon [1984].

[94] Frédéric Sawicki [1991] sostiene que, por el contrario, un acuerdo implícito de los agentes interesados puede impedir que se plantee un problema en un momento (campaña electoral) en que parece abrirse una "ventana".

[95] Padioleau [1982], p. 31.

[96] *Ibidem*, p. 44. Sobre el particular, para el caso de Italia, véase Dominique Memmi [1987].

[97] Muller [1990], p. 42.

llevar a buen término la política cuya necesidad se ha proclamado: "El efecto de anuncio que se busca es por sí mismo una modificación, por ejemplo a través de la imagen de activo y voluntarista que la opinión pública puede tener del que toma la decisión, aunque no se obtengan los 'resultados'."[98] Por consiguiente, el análisis de las políticas públicas es inseparable del estudio de los debates políticos, el papel de los agentes institucionales y los conflictos entre los sectores y las organizaciones participantes en las actividades políticas.

Los poderes públicos en la interacción

La intervención de los poderes públicos

Para designar el momento en que un acto realizado según las fórmulas prescritas, conforme a derecho y objeto de un anuncio oficial, consagra el proceso de elaboración de una política pública, se puede utilizar el término *decisión*. La condición para ello es no considerar el acto como el "origen" de esta política ni hacer de él la "causa" de las acciones iniciadas; una ley, una ordenanza, un decreto o reglamento son el resultado del proceso a la vez que el marco en el cual se desarrolla. De acuerdo con este criterio, la decisión es un momento fundamental, porque en virtud de ella una política pública recibe fuerza de ley, queda legitimada, deviene acto de gobierno. Lo que era (y en parte sigue siendo) una mera interacción entre agentes variados adquiere, al menos simbólicamente, un valor de reglamento para toda la sociedad. Simplificando un poco, se puede considerar que los poderes públicos —es decir, los organismos y aparatos con derecho a promulgar reglamentos de cumplimiento obligatorio para todos— intervienen de dos maneras en la elaboración de las políticas públicas: como *agentes participantes en la interacción* con recursos especiales, y como "decididores" que otorgan al resultado de la interacción *la fuerza propia de una legitimidad formal.*

A los poderes públicos, en tanto agentes que participan en la interacción, se los puede considerar "jugadores principales".[99] En efecto, cuentan con amplios recursos (en dinero, conocimientos específicos, personal especializado, posibilidad de intervenir en cualquier momento, etc.) y, sobre todo, su autoridad es reconocida en principio por los demás agentes. En general no necesitan negociar su derecho de participar en el proceso a partir de que se ha definido el problema como "político" o que requiere una solución política. Desde este punto de vista, su posición es muy distinta de las de otros partici-

[98] Thoenig [1985], p. 30.
[99] Según la expresión de Allison y Halperin [1972].

pantes, que deben hacerse admitir y en todo momento corren el riesgo de que se impugne su presencia. Su participación en el juego toma distintas formas, según las secuencias de la interacción. Ante todo, tienen un papel de primera importancia en la *designación de los grupos autorizados a intervenir*, al atribuir a algunos el título de "socios responsables" mientras tratan de descalificar a otros con los calificativos de "irresponsables", "subversivos", "no representativos", "manipulados", "agentes extranjeros", etc. Así se vio cómo el gobierno se negaba a negociar con las coordinadoras de huelguistas y sólo aceptaba discutir con los representantes debidamente "mandatados" de las organizaciones sindicales reconocidas.[100] También pueden *"despedir" a los grupos* que, con su intervención, dificultarían las negociaciones; para ello pueden otorgar privilegios a un sector de agentes potenciales: por ejemplo, a los médicos del hospital durante un conflicto con el personal paramédico, o a los avicultores en una negociación sobre cuotas agrícolas. Sobre todo, tienen la posibilidad de crear *"falsas estructuras"* de discusión (comités, comisiones, puestos ministeriales o administrativos carentes de medios efectivos, etc.) en los cuales se agotarán las veleidades reformistas de los grupos marginados de los contactos importantes; así, un ministerio de ciudades o de suburbios puede significar una derivación provisoria para los reclamos de asociaciones y movimientos que intenten realizar grandes movilizaciones en los guetos del conurbano.

Con todo, esto no significa que sólo los poderes públicos están en condiciones de imponer o controlar las "reglas del juego". Éstas son producto de las acciones de todos los agentes capaces de *imponer ciertos "valores de referencia"*: la necesidad de la rentabilidad en las políticas industriales, la superioridad tecnológica en las de pertrechamiento militar. Obligar a todos los agentes, incluidos los poderes públicos, a aceptar un conjunto de creencias concernientes a las finalidades de la acción puede desempeñar un papel decisivo en la definición de las soluciones aceptables. A esta altura del análisis, ciertos grupos aparentemente exteriores a la interacción —o participantes marginales— adquieren una importancia considerable; así, la Iglesia Católica participa en la imposición de "referencias" que afectan todo el proceso[101] cuando proclama la sacralidad del matrimonio en un país donde se inicia un debate sobre la despenalización de la homosexualidad. Se comprende fácilmente que los poderes públicos cumplan un papel privilegiado, incluso exclusivo, en la producción de esos sistemas de referencia: al aparecer como garantes de las reglas fundamentales en toda acción que afecta al conjunto de la sociedad, están autorizados a conformar la elaboración de las políticas pú-

---

[100] Lo que puede conducir a un endurecimiento del conflicto, como en Francia durante la huelga de los ferroviarios (1986) y de las enfermeras (1988). Sobre la estrategia de descalificación de grupos, véase Cobb y Elder [1972].

[101] Según la expresión de Muller [1990].

blicas según los valores y las normas vigentes.[102] En un caso límite, los poderes públicos pueden intervenir para imponer a la interacción un "sentido" global acorde con los presuntos objetivos de la vida en sociedad y los valores que los fundamentan. Las políticas culturales de la década de 1970 en Francia son esencialmente el producto (incluso la suma...) de acciones múltiples y racionalidades heterogéneas: producción y administración de infraestructura urbana, operaciones locales de prestigio con fines simbólicos, microemprendimientos que requieren financiamiento público, ejecución de programas de acción elaborados por profesionales del "fomento sociocultural", etc. La intervención de los poderes públicos, que justifica el otorgamiento de los créditos correspondientes, consiste principalmente en proporcionar una significación al proceso, sobre todo en su inicio: derecho de todos a la cultura, prevención de la violencia y lucha contra la marginalidad, legitimación de la cultura y la educación populares, etc. "Las políticas sociales sólo adquieren visibilidad y son objeto de razonamientos sobre los fines sociales en su punto de partida. Inmediatamente se vuelven banales en la satisfacción de la necesidad cotidiana."[103]

En estas condiciones, los poderes públicos pueden aparecer (y presentarse) como portadores colectivos de una lógica particular, la del "Estado" erigido en actor privilegiado del proceso. Ahora bien, no cabe duda de que este "actor" carece de la cohesión perfecta que tienden a atribuirle en razón de su rol. En la elaboración de las políticas públicas intervienen *múltiples instancias políticas y administrativas* cuyas posiciones y estrategias responden a racionalidades e intereses *diferentes*. Es necesario ser cauto al hablar de "*una* acción del Estado" en materia, por ejemplo, de descentralización; el gobierno puede defender colectivamente un proyecto ambicioso que la dirección de comunidades del Ministerio del Interior observa con desconfianza, el Ministerio de Infraestructura con inquietud (y en la práctica trata de limitar sus alcances) y los gobernadores aplican con prudente circunspección. Una política de reconversión industrial local encarada con vigor por los ministros interesados puede recibir el apoyo de algunos grupos industriales y ciertos diputados, a la vez que es resistida indirectamente por los poderes públicos locales, sensibles a las reacciones negativas de los patrones de empresas pequeñas y los comerciantes de las ciudades desestructuradas por la operación.[104] Surcado por múltiples divergencias (entre cuerpos, direcciones, organismos de distintos niveles), sometido a las contradic-

---

[102] Bruno Jobert y Jean Leca [1980] destacan este papel de los organismos políticos en los sistemas públicos de interacción, en una presentación crítica del libro de Crozier y Friedberg [1977].

[103] Gilbert, Saez [1982], p. 184. Véase también Evelyne Ritaine [1983].

[104] Manuel Castells, Francis Godard [1974]. El estudio trata de la comunidad urbana de Dunkerque.

ciones resultantes de concepciones políticas opuestas, así como al azar de los cambios de programas, comprometido en relaciones irreconciliables con grupos sociales cuyos intereses no son idénticos, el "Estado" busca constantemente una unidad frágil y con frecuencia ilusoria. Gráficamente se puede decir que, al igual que la administración, está "hecho añicos".[105]

Resta decir que los mecanismos de intervención de los poderes públicos se pueden analizar con precisión y que de alguna manera definen las modalidades dominantes —o "estilos"— de su participación en los procesos de elaboración de las políticas públicas en cada país. En este sentido se puede hablar de "tipos de Estado" y distinguir las *formas de acción estatal* entre los distintos sistemas políticos.[106] El estudio comparativo de las políticas industriales de la siderurgia europea revela la existencia de "tradiciones" (modalidades predominantes de intervención) distintas y relativamente constantes de un país a otro.[107] Francia e Italia se caracterizan por una ideología y prácticas de fuerte intervencionismo estatal: promoción selectiva, aliento a la reconversión, planes de reestructuración, acompañamiento social al cierre de unidades de producción, creación de organismos específicos en los lugares más afectados (Lorena, el Sur de Italia). A la inversa, la República Federal Alemana se caracteriza por un intervencionismo débil, puntual y limitado, conforme con las concepciones desarrolladas por el canciller Kohl, aceptadas por la patronal e incluso, en gran medida, por los sindicatos. Estas diferencias son lo suficientemente constantes como para destacar la variedad de "aptitudes nacionales para planificar" relacionadas con las particularidades políticas de los Estados, correspondientes a sus "diferencias culturales e institucionales".[108]

Modalidades predominantes de intervención, no "realidad" del intervencionismo: aquí se trata de las formas de acción de los poderes públicos, *no de su rol efectivo* ni de la "eficacia" de su intervención en el proceso. Bajo los distintos modelos que se pueden esbozar, generalmente se encuentran prácticas similares, con mecanismos comparables y efectos del mismo orden. En todas partes, la "máquina estatal" está fragmentada y sus instancias actúan de manera dispersa, tanto en Italia como en Francia o Alemania. Cuando se trata de políticas con consecuencias importantes (como sucede con la reconversión de la siderurgia y el carbón), los poderes públicos muestran el mismo grado de actividad, tanto los que reivindican la tradición intervencionista como los que han redescubierto el liberalismo; la Inglaterra de Margaret Thatcher no

---

[105] Dupuy, Thoenig [1985]. Se comprende el riesgo que crea el uso incauto de la palabra "Estado", producto de una objetivación cuyas consecuencias sociales (e intelectuales) merecen un estudio cuidadoso; véase Lacroix [1985].

[106] J. P. Nettl [1968].

[107] Mény, Wright [1985].

[108] Hayward, Watson [1975], pp. 6 y 12. Véase también David H. McKay [1982].

es la excepción.[109] Diríase que la variedad de las políticas ejecutadas se debe atribuir a la diversidad de los intereses y las formas de organización de los "socios" industriales del Estado, más que a las particularidades de sus intervenciones. Desde este punto de vista, ya se ha observado que las importantes diferencias en la regulación de los mercados derivan tanto de las particularidades nacionales de organización —sobre todo de la identidad de los agentes integradores del sistema de fabricación y distribución— como de las coacciones reglamentarias dictadas por los Estados.[110] Aquí aparecen claramente los límites de la polémica sobre el "exceso de Estado", que descuida el análisis comparativo de las políticas públicas para privilegiar los enfrentamientos ideológicos sobre la presunta acción de los poderes públicos y las justificaciones que usan esos poderes para legitimar su intervención.

Las coacciones políticas

Los poderes públicos están colocados institucionalmente en la posición de proponer soluciones a los problemas que requieren un tratamiento político. La tarea de su personal es preparar los programas de acción, anticipar los "reclamos" de organizaciones y grupos sociales que en cualquier momento pueden solicitar la intervención del Estado o ejercer presiones para que un determinado problema quede inscrito en las agendas. En este sentido, los altos funcionarios franceses cumplen en muchas esferas un papel de iniciadores y se presentan como tales.[111] La elaboración y la puesta en práctica de las políticas sectoriales se debe tanto a los reclamos de los grupos interesados como al *trabajo de estos agentes*. Desde este punto de vista, el ejemplo de las políticas industriales de 1975-1990 es muy revelador.[112] No cabe duda de que las empresas afectadas por la crisis económica esperan una intervención vigorosa del Estado, bajo la forma de subvenciones, contratos y derogaciones; y que los poderes públicos se ven obligados a reaccionar en función de lógicas políticas apremiantes: garantía del orden social, prevención de los disturbios que pudieran resultar de los despidos en masa, anticipación de las consecuencias electorales de las reconversiones y los cierres de empresas en una región. Pero está igualmente demostrado que los distintos organismos políticos y administrativos proponen a esas empresas soluciones elaboradas por cuerpos de

---

[109] Mény, Wright [1985]. Noëlle Burgi [1991] sostiene que en Gran Bretaña, si bien el Estado se puede calificar de "débil" debido a su escasa burocratización, el poder de los gobernantes es fuerte y su intervención es decisiva.

[110] Dupuy, Thoenig [1986].

[111] Catherine Grémion [1979].

[112] Cohen [1989].

"especialistas", y *de alguna manera les proveen de "ofertas de intervención"*. Se establece entonces una interacción compleja en la cual pueden coexistir diversas concepciones de las acciones a realizar: "redistribución" de las actividades industriales, "reestructuración" acompañada por despidos y reconversiones, "apoyo" financiero a las unidades con problemas. La aceptabilidad de las soluciones depende tanto de las características del sector industrial afectado como de la "lógica dominante" atribuida al papel del Estado: sea regulador de las consecuencias sociales (o "juez de paz"), contrapeso de la lógica del mercado (o "protector"), o incluso agente directo del desarrollo, vale decir, "estratega industrial". Su eficacia depende tanto de las disposiciones prácticas de los actores industriales interesados como de la organización del sector en el cual se trata de aplicarlas.

Por consiguiente, la representación del papel del Estado que quieren hacer los políticos constituye *una coacción para las estrategias* de los grupos participantes, la que habilita tal o cual procedimiento a la vez que descarta otros. Por cierto, los distintos ministerios pueden proponer concepciones variadas de la intervención estatal, pero en muchos casos los gobiernos y los partidos que los sostienen logran imponer una visión predominante de la política deseable. Es así como, frente a las tesis de los liberales, los socialistas franceses de la década de 1980 defienden una representación del Estado como actor de un cambio controlado, cuyas decisiones jurídicas y política voluntarista son capaces de provocar un "despegue" de la economía; hasta 1983, "los reformadores socialistas tenían una visión jurídica del cambio social, según la cual la ley debía abrir espacios de libertad a los cuales se precipitarían los ejecutivos, los militantes y los dirigentes modernistas".[113] Las reticencias de los inversores, la desconfianza de los empresarios, la prudencia de los grandes cuerpos, todas las respuestas prácticas a la "oferta" pudieron más que el entusiasmo reformista de los funcionarios electos, pero las estrategias de los grupos industriales debieron adaptarse parcialmente a ese razonamiento, todos los organismos debieron hacerlo suyo y justificar sus acciones con los objetivos determinados por él.

Las coacciones políticas que pesan sobre la elaboración y ejecución de las políticas públicas constituyen un elemento importante del proceso de interacción. Su peso es visible sobre todo cuando se presenta un problema considerado de "interés político general". Aquí se puede mencionar el análisis de Patrick Weil de la política francesa de inmigración.[114] En el período de 1974 a 1984, el presidente de la República y el gobierno tratan de hacer de esta política un conjunto coherente de medidas, una concatenación controlada de acciones múltiples, más allá de la variedad de políticas sectoriales relativas a

[113] Cohen [1989], p. 254.
[114] Patrick Weil [1988 y 1990].

las categorías de inmigrantes que gozaban de distinto estatus (políticas de seguridad, empleo, vivienda, asistencia social, incluso cooperación internacional), y a pesar de la pluralidad de agencias encargadas de la ejecución de las políticas (policía, bolsas de trabajo, direcciones que otorgan permisos de residencia, empresas industriales). La unificación de las medidas y las lógicas dispersas es una primera dimensión de la politización del problema; permite tentativamente dar una significación común a las acciones heterogéneas de los diversos agentes. La determinación manifiesta de las más altas autoridades del Estado constituye una segunda dimensión de la politización. Se presenta a la inmigración como un elemento esencial de la acción de gobierno, en la medida que se supone responde a las preocupaciones más profundas de la opinión pública: seguridad, conservación de empleos, salvaguarda de la identidad nacional... La prensa, las asociaciones, los partidos, contribuyen a la dramatización del problema y despiertan polémicas de fuerte contenido simbólico. A tal punto que un problema que para los especialistas era de importancia "técnica" se convierte en un asunto político de la mayor importancia, a propósito del cual se invocan valores, referencias históricas, proyecciones afectivas y lógicas argumentales irreconciliables.

Las políticas públicas elaboradas en esas condiciones son estrechamente *tributarias de las apreciaciones políticas* y están bajo la coacción de las *consecuencias políticas* de las medidas adoptadas, o al menos de las estimaciones (a veces muy fantasiosas) que se hacen de ellas. Es así como se ensayarán diversas acciones, que luego se abandonarán debido a sus consecuencias políticas experimentadas o estimadas: reacciones atribuidas a la "opinión pública", movilizaciones amenazantes desde el punto de vista electoral, beneficios obtenidos por la oposición política, medidas de represalia del gobierno argelino, hostilidad de los organismos que velan por la conservación de los valores de la comunidad (por ejemplo, el Consejo de Estado en 1977), etc. (véase el cuadro 30). De modo tal que a partir de 1984 el problema de la inmigración queda eliminado de la agenda por acuerdo tácito de las organizaciones políticas, salvo el Frente Nacional, cuyo éxito amenaza a todos los partidos de derecha e izquierda; por ejemplo, se descarta el proyecto de otorgar el voto a ciertos sectores de inmigrantes. "Los adversarios resolvieron excluir de la arena política ciertos aspectos de la política de inmigración que hasta entonces habían esgrimido unos contra otros, porque su uso les resultaba demasiado costoso."[115] Aquí la regla del juego deriva de las consecuencias de la interacción tal como las perciben los agentes políticos a partir de sus intereses dominantes y en el marco de las creencias comunes reactivadas.

El análisis de las políticas públicas permite apreciar la *importancia de los cambios políticos*: elección de una nueva mayoría, designación de un nuevo go-

---

[115] Weil [1990], p. 16.

CUADRO 30. *Política de inmigración: variación de estrategias*

Soluciones posibles
A) Con respecto a extranjeros irregulares que desean regularizar su situación
   A.1 - reabrir el acceso a la categoría de "regulares"
   A.2 - regularizar a los irregulares que se encuentran en territorio nacional
   A.3 - impedir el paso de una categoría a otra
B) Con respecto a la relación de los regulares con el Estado francés
   B.1 - aumentar recursos y derechos
   B.2 - conservarlos
   B.3 - reducirlos
C) Con respecto al flujo de retorno de regulares
   C.1 - permitir los flujos naturales
   C.2 - favorecer los retornos voluntarios
   C.3 - forzar retornos

| | *Estrategias sucesivas* | | | |
| | *Problema* | | | *Motivo del abandono* |
Etapas	*1*	*2*	*3*	
Junio-julio 1974	A3	B1	Falta de medición	Laudo de política pública desfavorable en esta esfera debido al costo financiero
Julio 1974-marzo 1977	A3	B1	C2	Beneficio político insuficiente
Marzo 1977	A3	B2 3	C3	Costo de política interior e internacional excesivo. Impugnación de valores de la comunidad nacional
Mayo 1981-marzo 1983	A2	B1	C1	Costo político excesivo. Impugnación de valores de la comunidad nacional
Marzo 1986-mayo 1988	A3	B2 3	C2	Beneficio político insuficiente
Mayo 1988	A3	B1	C2	

Tomado de Patrick Weil, "La politique française d'immigration: au-del du désordre", *Regards sur l'actualité*, febrero de 1990, pp. 14-15.

bierno, modificación de alianzas, "reajuste" de un programa político, etc. Si bien es verdad que la acción de los grupos organizados a veces puede obligar a que se preste atención a un problema o hacer fracasar la puesta en práctica de una solución, un cambio político generalmente permite "abrir una ventana" para que un asunto quede planteado e inscrito en la agenda.[116] El reemplazo de Carter por Reagan en la presidencia de Estados Unidos abre la posibilidad de iniciar reformas hasta entonces visualizadas por grupos pequeños, despojados de legitimidad política: desregulación del transporte aéreo o limitación drástica de las prestaciones de los organismos de asistencia pública. La elección de Reagan es presentada por los agentes interesados como el signo de una "voluntad" colectiva que busca nuevos valores —o el retorno a los valores tradicionales abandonados por las administraciones intervencionistas precedentes—, que justifica y permite la ejecución de soluciones antes inaceptables. En este sentido, no es verdad que los cambios políticos no afectan las interacciones de donde resultan las políticas públicas; modifican en parte las reglas del juego (dentro de los límites de una "cultura" política conservada por distintos agentes), obligan a los participantes a ajustar sus estrategias, legitiman el empleo de recursos hasta entonces ignorados, recomponen las posiciones de algunos de los grupos participantes.

En definitiva, se puede abordar las políticas públicas como valiosos *indicadores del modo de gobierno* de una sociedad. Revelan el papel que atribuyen los distintos grupos sociales a la acción de los poderes públicos, es decir, la representación dominante del Estado y su rol en la regulación social. Permiten aprehender las modalidades legítimas de interacción en las sociedades estudiadas, como suerte de regla de juego establecida por las prácticas y proyectada por valores que supuestamente deben presidir las relaciones entre los agentes. Hacen aparecer a los grupos que, en un sector particular o por la armonización de las políticas sectoriales, son capaces de imponer sus concepciones de la legitimidad al conjunto de los participantes, grupos que a partir de entonces se ha de considerar dominantes. Ilustran la importancia de las creencias sobre el poder en la administración de las relaciones sociales y la fuerza de una creencia colectiva en la legitimidad del Estado. Finalmente, dan la medida menos imperfecta de las consecuencias de una participación activa de grupos diversificados en la vida política de las sociedades contemporáneas.

[116] Kingdon [1984].

BIBLIOGRAFÍA

ABÉLÈS, Marc, "L'anthropologue et le politique", en: *Anthropologie, état des lieux*, París, Livre de Poche, 1986.

———, "Inauguration en gare de Nevers, Pélerinage a Solutré", en: *Les temps modernes*, 488, 1987.

———, *Jours tranquilles en 89. Ethnologie politique d'un département français*, París, Odile Jacob, 1989.

ABRAMSON, Paul R., "Générations et changement politique aux États-Unis", en: Crète, Jean y Favre, Pierre, 1989.

ADAM, Gérard; Bon, Frédéric; Capdevielle, Jacques; Mouriaux, René, *L'ouvrier français*, París, Presses de la Fondation nationale des sciences politiques, 1970.

ADORNO, Theodor (comp.), *The Authoritarian Personality*, Nueva York, Harper and Bros., 1950.

AGGER, Robert E.; Goldrich, Daniel; Swanson, Bert E., *The Rulers and the Ruled. Political Power and Impotence in American Communities*, Nueva York, Wiley, 1964.

AGULHON, Maurice, *La République au village*, París, Plon, 1970.

ALLISON, Graham T., *Essence of Decision: Explaining the Cuban Missile Crisis*, Boston, Little Brown, 1971.

———; Halperin, Morton H., "Bureaucratic Politics: A Paradigm and Some Policy Implications", en: Tanter, Raymond y Ullman, Richard H., 1972.

ALMOND, Gabriel, "Political System and Political Change", *American Behavioral Scientist*, 6 (10), 1963.

———; Coleman, J. S. (comps.), *The Politics of Developing Areas*, Princeton, Princeton University Press, 1960.

———; Powell, George Bingham Jr., *Comparative Politics*, 2da. ed., Boston-Toronto, Little Brown, 1978.

———; Verba, Sydney, *Civic Culture*, Princeton, Princeton University Press, 1963.

———, *The Civic Culture Revisited*, Boston, Little Brown, 1980.

ALTHUSSER, Louis, "Idéologie et appareils idéologiques d'État", en: *La pensée*, junio de 1970. Versión en español: *Ideologías y aparatos ideológicos del Estado*, Buenos Aires, Nueva Visión.

ANDERSON, Perry, *L'état absolutiste*, París, Maspero, 1978. Versión en español: *El Estado absolutista*, México, Siglo XXI, 1985.

ANSART, Pierre, *Idéologies, conflits et pouvoir*, París, PUF, 1977.

———, "Sociologie des totalitarismes", en: Grawitz, Madeleine; Leca, Jean (comps.), 1985, vol. 2.

APTER, David A., *The Politics of Modernization*, Chicago, The University of Chicago Press, 1965. Versión en español: *Política de la modernización*, Buenos Aires, Paidós.

———, "Types de développement et systèmes politiques", en: Birnbaum, Pierre; Chazel, François, 1971.

ARCY, François d'; Dreyfus, Françoise, *Les institutions politiques et administratives de la France*, París, Economica, 1987.

ARENDT, Hannah, *Le système totalitaire*, París, Le Seuil, 1972.

ARMAND-MASLOW, Laura, "Leaders sans troupe: dirigeants noirs américains et masses noirs face à l'enjeu électoral" en: *Revue française de science politique*, 28 (1), febrero de 1978.

ARON, Raymond, "Introduction à l'étude des partis politiques", en: *Journées d'études de l'ASFP* (26 y 27 de noviembre de 1949), París, 1949.

————, "Note sur la stratification du pouvoir", en: *Revue française du science politique*, julio-setiembre de 1954.

————, "Classe sociale, classe politique, classe dirigeante", en: *Archives européennes de sociologie*, 1, 1960.

————, *Paix et guerre entre les nations*, París, Calmann-Lévy, 1961. Versión en español: *Paz y guerra entre las naciones*, Madrid, Alianza.

————, *La lutte des classes*, París, Gallimard, 1964.

————, *Démocratie et totalitarisme*, París, Gallimard, 1966.

————, *Penser la guerre: Clausewitz*, París, Gallimard, 1976.

————, *Les dernières années du siècle*, París, Julliard, 1984. Versión en español: *Los últimos años del siglo*, Buenos Aires, Emecé, 1985.

AUBERT, Véronique; Bergounioux, Alain; Martin, Jean-Paul; Mouriaux, René, *La forteresse enseignante*, París, Fayard, 1985.

BACHRACH, Peter; Baratz, Morton, "Two Faces of Power", en: *American Political Science Review*, 56, 1962.

BADIE, Bertrand, *Le Parti communiste français et la stratégie de la grève*, tesis de grado en ciencias políticas, IEP de París, copia, 1975.

————, *Le développement politique*, París, Economica, 1984.

————, *Les deux États*, París, Fayard, 1986 (a).

————, *Culture et politique*, París, Economica, 1986 (b).

————, "L'analyse des partis politiques en monde musulman", en: Mény, Yves, 1989.

————; Birnbaum, Pierre, *Sociologie de l'État*, 2da ed., París, Grasset et Fasquelle, 1979, 1982.

————; Gerstlé, Jacques, *Lexique de sociologie politique*, París, PUF, 1979.

BAILEY, F.G., "Closed Stratification in India", *Archives européennes de sociologie*, 4 (1), 1963.

————, *Les règles du jeu politique*, París, PUF, 1971.

BALANDIER, Georges, *Anthropologie politique*, París, PUF, 1967.

————, *Anthropo-logiques*, París, PUF, 1974.

————, *Le pouvoir sur scènes*, París, Balland, 1980.

————, *Le politique des anthropologues*, en: Grawitz, Madeleine; Leca, Jean (comps.), 1985, vol. 1.

BALLE, Francis, *Institutions et publics des moyens d'information: presse, radio, télévision*, París, Montchrestien, 1973.

————, "Médias et politique", en: Grawitz, Madeleine; Leca, Jean (comps.), 1985, vol. 3.

BARRET-KRIEGEL, Blandine, *L'État et les esclaves*, París, Calmann-Lévy, 1979.

BARRY, Brian, *Sociologists, Economy and Democracy*, Chicago, Chicago University Press, 1978. Versión en español: *Sociólogos, los economistas y la democracia*, Buenos Aires, Amorrortu.

BAUDOUIN, Jean, "Les phénomènes de contestation au sein du PCF", en: *Revue française du science politique*, 30 (1), 1980.

BAUER, Michel, "La gauche au pouvoir et le grand patronat: sous les pavés... des mouvements de la classe dirigeante", en: Birnbaum, Pierre (comp.), 1985.

———, *Les 200. Comment devient-on un grand patron?*, París, Le Seuil, 1987.

———; Cohen, Elie, *Qui gouverne les groupes industriels?*, París, Le Seuil, 1981.

BAYART, Jean-François, *L'État au Cameroun*, París, Presses de la Fondation national des sciences politiques, 1979,

———, *L'État en Afrique*, París, Fayard, 1989.

BEATTIE, John, *Bunyoro, An African Kingdom*, Nueva York, Holt, Rinehart & Winston, 1960.

BEAUNE, Colette, *Naissance de la Nation Française*, París, Gallimard, 1985.

BELLEVILLE, Pierre, *Une nouvelle classe ouvrière*, París, Julliard, 1963.

BENDIX, Reinhold, *Kings or People*, Berkeley, University of California Press, 1976.

BÉNÉTON, Philippe, *Le fléau du bien: essai sur les politiques sociales européennes*, París, Laffont, 1983.

BENTLEY, Arthur, *The Process of Government*, Evanston, Principia Press, 1949.

BERELSON, Bernard, "Democratic Theory and Public Opinion", en: *Public Opinion Quarterly*, 16, 1952.

———; Gaudet, Hazel; Lazarfeld, Paul, *The People's Choice*, Nueva York, The University of Columbia Press, 1944.

BERGER, Peter; Luckmann, Thomas, *La construction sociale de la réalité*, París, Méridiens Klincksieck, 1986. Versión en español: *La construcción social de la realidad*, Buenos Aires, Amorrortu.

BERGER, Susan (comp.), *Organizing Interests in Western Europe*, Cambridge, Cambridge University Press, 1981.

BERGOUNIOUX, Alain; Manin, Bernard, *Le régime social-démocrate*, París, PUF, 1989.

BERQUE, Jacques, *Les Arabes, d'hier à démain*, París, Le Seuil, 1960. Versión en español: *Árabes de ayer y de mañana*, México, Fondo de Cultura Económica, 1964.

BERRY, David, "Party Membership and Social Participation", *Political Studies*, 17 (2), junio de 1969.

BIAREZ, Sylvie y cols., *Institution communale et pouvoir politique. Le cas de Roanne*, París, Mouton, 1973.

BIRENBAUM, Guy, "Les stratégies du Front national", en: *Vingtième siècle*, 16, octubre-diciembre de 1987.

———; François, Bastien, "Unité et diversité des dirigeants frontistes", en: Mayer, Nonna; Perrineau, Pascal (comps.): *Le Front national à découvert*, París, Presses de la Fondation nationale des sciences politiques, 1989.

BIRNBAUM, Pierre, *Le pouvoir politique*, París, Dalloz, 1975.

———, *Les sommets de l'État. Essai sur l'élite au pouvoir en France*, París, Le Seuil, 1977.

———, *La classe dirigeante française*, París, PUF, 1978.

———, *La logique de l'État*, París, Fayard, 1982.

——— (comp.), *Les élites socialistes au pouvoir*, París, PUF, 1985.

———, "Action individuelle, action collective et stratégie des ouvriers", en: Birnbaum, Pierre; Leca, Jean (comps.), 1986.

———; Chazel, François, *Sociologie politique*, París, Armand Colin, 1971.

———; Leca, Jean (comps.), *Sur l'individualisme. Théories et méthodes*, París, Presses de la Fondation nationale des sciences politiques, 1986.

BLOCH, Marc, *La société féodale*, París, Albin Michel, 1968. Versión en español: *La sociedad feudal*, México, Uteha.

BLONDEL, Jean, "Party Systems and Pattern of Government in Western Democracies", en: *Revue canadienne de science politique,* 1 (2), junio de 1968.

———, "Gouvernements et exécutifs; parlements et législatifs", en: Grawitz, Madeleine; Leca, Jean (comps.), 1985, vol. 2.

BLUMLER, J.G.; Thoveron, G.; Cayrol, R., *La télévision, fait-elle l'élection? Une analyse comparative: France, Grande-Bretagne, Belgique,* París, Presses de la Fondation nationale des sciences politiques, 1978.

BODIGUEL, Jean-Luc; Quermonne, Jean-Louis, *La haute fonction publique,* París, PUF, 1983.

BOLTANSKI, Luc, *Les cadres; la formation d'un groupe social,* París, Ed. de Minuit, 1982.

———, *Les économies de la grandeur,* París, PUF, 1987.

BON, Frédéric; Cheylan, Jean-Paul, *La France qui vote,* París, Hachette, 1988.

BOUDON, Raymond, *A quoi sert la notion de structure?,* París, Gallimard, 1967.

———, "Individualisme et holisme dans les sciences sociales", en: Birnbaum, Pierre; Leca, Jean (comps.), 1986.

BOURDIEU, Pierre, "L'opinion publique n'existe pas", en: *Les temps modernes,* 318, enero de 1976.

———, "Questions de politique", en: *Actes de la recherche en sciences sociales,* 16, 1977.

———, *La distinction,* París, Ed. de Minuit, 1979.

———, *Le sens pratique,* París, Ed. de Minuit, 1980.

———, "La représentation politique. Eléments pour une théorie du champ politique", en: *Actes de la recherche en sciences sociales,* 36-37, febrero-marzo de 1981.

———, *Choses dites,* París, Ed. de Minuit, 1987.

———, *La noblesse d'État,* París, Ed. de Minuit, 1989.

BOURRICAUD, François, *L'individualisme institutionnel; essai sur la sociologie de Talcott Parsons,* París, PUF, 1977.

BRAUD, Philippe, *Le suffrage universel contre la démocratie,* París, PUF, 1980.

———; Bourdeau, François, *Histoire des idées politiques depuis la Révolution,* París, Montchrestien, 1983.

———, *La science politique,* París, PUF, 1990.

BRÉCHON, Pierre; Cautrès, Bruno, "L'inscription sur les listes électorales: indicateur de socialisation ou de politisation?", en: *Revue française de science politique,* 37 (4), agosto de 1987.

———; Derville, Jacques; Lecomte, Patrick, *Les cadres du RPR,* París, Economica, 1987.

BRÉNAC, Edith, "Corporatismes et politique intersectorielle: la politique de l'environnement", en: Colas, Dominique (comp.), 1988.

BRINTON, Crane, *The Anatomy of Revolution,* Nueva York, Vintage Books, 1965.

BRIQUET, Jean-Louis, "Les amis de mes amis... registres de la mobilisation politique dans la Corse rurale", en: *Mots,* 25, diciembre de 1990.

———; Sawicki, Frédéric, "L'analyse localisée du politique", *Politix,* 7-8, 1989.

BRUNET, Jean-Paul, *Saint-Denis, la ville rouge, 1890-1939,* París, Hachette, 1980.

BURDEAU, Georges, *Traité de science politique,* París, LGDJ, 1966-1977. Versión en español: *Tratado de ciencia política,* México, UNAM.

BURGI, Noélle, *L'intervention de l'État britannique dans la régulation des relations professionnelles,* tesis doctoral en ciencias políticas, Université de Paris I, 1991.

CAHEN, Michel, *Mozambique. La révolution implosée,* París, L'Harmattan, 1987.

CAILLÉ, Alain, "Esquisses d'une critique de l'économie générale de la pratique", en: *Cahier du LASA,* núm. especial 8-9, 1er. semestre de 1988.

CAMPBELL, Angus; Converse, Philip E.; Miller, Waren; Stokes, Donald E., *The American Voter*, Nueva York, Wiley, 1960.

CAPDEVIELLE, Jacques; Cayrol, Roland, "Les groupes d'entreprise du PSU", en: *Revue française de science politique*, 22 (1), febrero de 1972.

CAPORASO, James A., "Dependence, Dependency and Power in the Global System: A Structural and Behavioral Analysis", en: *International Organization*, 10, 1979.

CARDON, Dominique; Heurtin, Jean-Philippe, "Tenir les rangs, les services d'encadrements des manifestations ouvrières (1906-1936)", en: Favre, Pierre (comp.), 1990.

CARRÉRE D'ENCAUSSE, Hélène, *L'empire éclaté*, París, Flammarion, 1978.

CASTELLS, Manuel; Godard, Francis, *Monopolville. L'entreprise, l'Etat, l'urbain*, París, Mouton, 1974.

CAYROL, Roland, L'univers des militants socialistes", en: *Revue française de science politique*, febrero de 1975.

———, "Le rôle des campagnes électorales", en: Gaxie, Daniel (comp.), 1985.

———; Ysmal, Colette, "Les militants du PS", en: *Projet*, 165, mayo de 1982.

CHAGNOLLAUD, Dominique, *L'invention des hauts fonctionnaires*, tesis doctoral en ciencias políticas, IEP de París, 1988.

CHAMPAGNE, Patrick, "Le cercle politique. Usages sociaux des sondages et nouvel espace politique", en: *Actes de la recherche en sciences sociales* 71-72, marzo de 1988.

———, "La manifestation comme action symbolique", en: Favre, Pierre (comp.), 1990.

———; Manin, Bernard; Parodi, Jean-Luc, "Quand les sondages se débattent, *Politix*, 5, 1990.

CHARLOT, Claire, *L'anarchie à l'anglaise*, Lille, Presses universitaires de Lille, 1989.

CHARLOT, Jean, *Le phénomène gaulliste*, París, Fayard, 1970.

———, *Les partis politiques*, París, Armand Colin, 1971

———; Charlot, Monica, "Les groupes politiques dans leur environnement" y "L'interaction des groupes politiques", en: Grawitz, Madeleine; Leca, Jean (comps.), 1985, vol. 3.

CHARLOT, Monica, *La démocratie à l'anglaise*, París, Presses de la Fondation nationale des sciences politiques, 1972.

———, *Le pouvoir politique en Grande-Bretagne*, París, PUF, 1990.

———, *Le système politique britannique*, Presses de la Fondation nationale des sciences politiques, 1976.

———, *Le pouvoir politique en Grande-Bretagne*, París, PUF, 1990.

CHÂTELET, François; Pisier-Kouchner, Evelyne, *Les conceptions politiques du XXe siècle*, París, PUF, 1981. Versión en español: *Las concepciones políticas del siglo XX*, Madrid, Espasa-Calpe.

CHAUNU, Pierre, *La civilisation de l'Europe des Lumières*, París, Flammarion (coll. Champs), 1982.

CHAZEL, François, "La mobilisation politique: problèmes et dimensions", en: *Revue française des sciences politiques*, 25 (3), 1975.

———, "Individualisme, mobilisation et action collective", en: Birnbaum, Pierre; Leca, Jean (comps.), 1986.

CHEVALLIER, Jacques, *Science administrative*, París, PUF, 1986. Versión en español: *Ciencia Administrativa*, México, Fondo de Cultura Económica, 1983.

———, "L'audiovisuel et les pouvoirs politiques", en: *Encyclopaedia Universalis* (Symposium), 1990.

CHEVALLIER, Jean-Jacques, *Histoire de la pensée politique*, París, Payot, 1979.

CLASTRES, Pierre, *La société contre l'État*, París, Ed. de Minuit, 1974.

COBB, Roger W.; Elder, Charles D., *Participation in American Politics (The Dynamics of Agenda Building)*, 2da ed. ampliada, Baltimore y Londres, The Johns Hopkins University Press, 1972, 1983.

COHEN, Elie, *L'État brancardier, politiques du déclin industriel*, París, Calmann-Lévy, 1989.

COLAS, Dominique (comp.), *L'État et les corporatismes*, París, PUF, 1988.

COLEMAN, James, S. (comp.), *Education and Political Development*, Princeton, Princeton University Press, 1965.

COLLOVALD, Annie, "La République du militant", en: Birnbaum, Pierre (comp.), 1985.

————, "Les pujadistes ou l'échec politique", en: *Revue d'histoire moderne et contemporaine*, enero de 1989.

COT, Jean-Pierre; Mounier, Jean-Pierre, *Sociologie politique*, París, Le Seuil, 1974.

COTTERET, Jean-Marie, *Gouvernants et gouvernés*, París, PUF, 1973.

————; Emeri, Claude, *Les systèmes électoraux*, París, PUF, 1970. Versión en español: *Sistemas electorales*, Barcelona, Oikos Tau.

COULON, Alain, *L'ethnométhodologie*, París, PUF, 1987. Versión en español: *Etnometodología*, Madrid, Cátedra, 1988.

COULON, Christian, *Le Marabout et le Prince. Islam et le pouvoir au Sénégal*, París, Pedone, 1981.

COURTOIS, Stéphane, "Construction et déconstruction du communisme français", en: *Communisme*, 15-16, 1987.

————; Keppel, Gilles, "Musulmans et prolétaires", en: *Revue française de science politique*, 37 (6) diciembre de 1987.

CRÉTE, Jean; Favre, Pierre (comps.), *Générations et politique*, París, Economica y Presses de l'Université de Laval, 1989.

CREWE, Ivor, *Electoral Volatility in Western Democracies*, Londres, Croom Helm, 1985.

CROZIER, Michel, *Le phénomène bureaucratique*, París, Le Seuil, 1963.

————; Friedberg, Erhard, *L'acteur et le système*, París, Le Seuil, 1977.

————; Thoenig, Jean-Claude, "La régulation des systèmes organisés complexes", en: *Revue française de sociologie*, XVI (1), 1975.

DABENE, Olivier, "Les 'beurs' et les 'potes'. Identités culturelles et conduites politiques", en: *Politix*, 2, 1990.

DAHL, Robert, *A Preface to Democratic Theory*, Chicago, Chicago University Press, 1956.

————, *Qui gouverne?*, París, Armand Colin, 1971.

DAMAMME, Dominique, "Genèse sociale d'une institution scolaire: l'Ecole libre des sciences politiques", en: *Actes de la recherche en sciences sociales*, 70, noviembre de 1987.

DAVIES, James C., "Toward a Theory of Revolution", en: *The American Sociological Review*, 1, febrero de 1962, trad. francesa en: Birnbaum, Pierre; Chazel François, 1971.

DAVIS, Kingsley, "Le mythe de l'analyse fonctionnelle", en: Mendras, Henri (comp.), *Eléments de sociologie, Textes*, París, Armand Colin, 1968.

DEGENNE, Alain, "Un langage pour l'étude des réseaux sociaux", en: *L'esprit des lieux*, París, Editions du CNRS, 1986.

DELOYE, Yves; Ihl, Olivier, "Des voix pas comme des autres. Votes blancs et votes nuls aux élections législatives de 1881", en: *Revue française de science politique*, 41 (2) 1991.

DENNIS, James (comp.), *Socialization to Politics*, Nueva York, Wiley, 1973.

DERVILLE, Jacques, "Les communistes de l'Isère", en: *Revue française de science politique*, febrero de 1975.

DE SCHWEINITZ, K., *Industrialization and Democracy*, Londres, Collier-McMillan, 1964.

DEUTSCH, Emeric; Lindon, Denis; Weill, Pierre, *Les familles politiques aujourd'hui en France*, París, Ed. de Minuit, 1966.

DEUTSCH, Karl W., "Social Mobilization and Political Development", en: *American Political Science Review*, 55, setiembre de 1961.

————, *The Nerves of Government*, Nueva York, The Free Press of Glencoe, 1963. Versión en español: *Los nervios del Gobierno*, Buenos Aires, Paidós.

DOBRY, Michel, *Sociologie des crises politiques. Dynamique des mobilisations multisectorielles*, París, Presses de la Fondation nationale des sciences politiques, 1986.

————, "Calcul, concurrence et gestion du sens", en: Favre, Pierre (comp.), 1990.

DOGAN, Mattei; Pelassy, Dominique, *Sociologie politique comparative*, París, Economica, 1981.

DOMHOFF, G. William, *Who Rules America Now?*, Englewood Cliffs, Prentice Hall, 1983.

DONEGANI, Jean-Marie, *Catholicismes en France*, París, Desclée-Bayard, 1986.

DREYFUS, Françoise, "Les cabinets ministériels: du politique à la gestion administrative", en: Birnbaum, Pierre (comp.), 1985.

DUBY, Georges, *La bataille de Bouvines*, París, Gallimard, 1973.

————, *Les trois ordres, ou l'imaginaire du féodalisme*, París, Gallimard, 1978.

————, *Le Moyen-Âge. De Hugues Capet à Jeanne d'Arc*, París, Hachette, 1987.

DUHAMEL, Olivier, *La gauche et la Ve République*, París, PUF, 1980.

————; Parodi, Jean-Luc, *La Constitution de la Ve République*, París, Presses de la Fondation nationale des sciences politiques, 1985.

DUMONT, Louis, *Homo hierarchicus, le système des castes et ses implications*, París, Gallimard, 1966.

————, *Homo aequalis*, París, Gallimard, 1977. Versión en español: *Homo aequalis*, Madrid, Taurus.

DUNLEAVY, Patrick; Husbands, C. T., *British Democracy at the Crossroads. Voting and Party Competition in the 1980's*, Londres, Allen & Unwin, 1985.

DUPEUX, Georges, "Le comportement des électeurs françaises de 1958 a 1962", en: Goguel, François (comp.), *Le référendum d'octobre et les élections de novembre 1962*, París, Presses de la Fondation nationale des sciences politiques, 1965.

DUPOIRIER, Elisabeth; Grunberg, Gérard (comps.), *Mars 1986: la drôle de défaite de la gauche*, París, PUF, 1986.

DUPUY, François; Thoenig, Jean-Claude, *Sociologie de l'administration française*, París, Armand Colin, 1983.

————, *L'administration en miettes*, París, Fayard, 1985.

————, *La loi du marché (l'électroménager en France, aux États-Unis et au Japon)* París, L'Harmattan, 1986.

DURKHEIM, Émile, *La division du travail social*, París, PUF, 1960.

————, *Leçons de sociologie*, París, PUF, 1970. Versión en español: *Lecciones de sociología*, Buenos Aires, Pléyade.

————, *Textes*, vol. III, París, Ed. de Minuit, 1975.

————, *Les règles de la méthode sociologique*, París, PUF, 1983. Versión en español: *Reglas del método sociológico*, Madrid, Alianza, 1988.

DUVERGER, Christian, *L'esprit du jeu chez les Aztèques*, París, La Haya, Mouton, 1978.

————, *La fleur létale, économie du sacrifice aztèque*, París, Le Seuil, 1979. Versión en español: *La flor letal*, México, Fondo de Cultura Económica.

DUVERGER, Maurice, *Les partis politiques*, París, Armand Colin, 1951. Versión en español: *Los partidos políticos*, México, Fondo de Cultura Económica.

EASTON, David, *A Framework for Political Analysis*, Englewood Cliffs, Prentice Hall, 1965. Versión en español: *Esquema para el análisis político*, Buenos Aires, Amorrortu, 1989.

————, "The New Revolution in Political Science", en: *American Political Science Review*, 63, 1969.

————, *Analyse du système politique*, París, Armand Colin, 1974.

————; Dennis, James, *Children in the Political System*, Nueva York, McGraw-Hill, 1969.

ECKSTEIN, Harry, *The Evaluation of Political Performance. Problems and Dimensions*. Beverly Hills, Sage, 1971.

EDELMAN, Murray, *The Symbolic Uses of Politics*, Urbana, University of Illinois Press, 1964.

————, *Consructing the Political Spectacle*, Chicago, Chicago University Press, 1988.

EHRMANN, Henry W., *Interest Groups on Four Continents*, Pittsburgh, University of Pittsburgh Press, 1958.

EISENSTADT, Samuel N., *The Political Systems of Empires*, Nueva York, Free Press, 1963.

————, *Tradition, Change and Modernity*, Nueva York, Wiley, 1973.

————, *Traditional Patrimonialism and Modern Neopatrimonialism*, Beverly Hills, Sage, 1973.

ELIAS, Norbert, *La dynamique de l'Occident*, París, Calmann-Lévy, 1976.

ELLUL, Jacques, *La technique ou l'enjeu du siècle*, París, Armand Colin, 1954.

————, *Histoire des institutions*. vol. III *Le Moyen-Age*, vol. IV: *XVIᵉ-XVIIᵉ siècles*, París, PUF (coll. Thémis), 1969.

ETZIONI, Amitai, *The Active Society*, Nueva York, The Free Press, 1968.

EVANS-PRITCHARD, Edward E., *Les Nuer*, París, Gallimard, 1968.

————; Fortes, Meyer, *Systèmes politiques africains*, París, PUF, 1964.

FABRE-ROSANE, Gilles; Guede, Alain, "Sociologie des candidats aux élections législatives de mars 1978", en: *Revue française de science politique*, 28 (5), octubre de 1978.

FAVRE, Pierre, "Remarques pour un défense critique d'Easton", en: *Annales de la faculté de droit et de science politique de Clermont-Ferrand*, 1974.

————, *Naissances de la science politique en France, 1870-1914*, París, Fayard, 1989.

————(comp.), *La manifestation*, París, Presses de la Fondation nationale des sciences politiques, 1990.

FERRY, Jean-Marc, "Les transformations de la publicité politique", *Hermes*, 4, 1989.

FINER, Samuel (comp.), *Comparative Government*, 5ta. ed., Harmondsworth, Penguin Books, 1981.

FOUCAULT, Michel, *Surveiller et punir*, París, Gallimard, 1975. Versión en español: *Vigilar y castigar*, México, Siglo XXI, 1983.

FOUCAULT, Jean, *Bobigny Banlieu rouge*, París, Presses de la Fondation nationale des sciences politiques y Editions ouvrières, 1986.

FRANÇOIS, Lucien, "Président, pontif constitutionnel", ponencia en el congreso nacional de la association française de science politique, Burdeos, 1988.

————, "... de signification", en: *Politix*, 10-11, 1990.

————, "Tradition... psicologie", Congreso francés de derecho constitucional, ...

FRANK, André G., ..., París, Maspero, 1971.

FRIED, Morton H., *The Evolution of Political Society: An Essay in Political Anthropology*, Nueva York, Random House, 1967.

FRIEDBERG, Erhard; Urfalino, Philippe, *Le jeu du catalogue*, París, Documentation française, 1983.

FRIEDRICH, Carl J., "Some Observations on Weber's Analysis of Bureaucracy", en: Merton, Robert K. y cols., 1952.

FURET, François, *Penser la Révolution française*, París, Gallimard, 1978.

GAÏTI, Brigitte, "Politique d'abord: le chemin de la réussite ministérielle dans la Frances contemporaine", en: Birnbaum, Pierre (comp.), 1985.

GARRAUD, Philippe, *Profession: homme politique*, París, L'Harmattan, 1989.

―――, "Politique nationale: élaboration de l'agenda", en: *Année sociologique*, 40, 1990.

GARRIGOU, Alain, *Une mythologie contemporaine: les cadres*, tesis de grado en ciencias políticas, IEP de Burdeos, 1980.

―――, "Conjoncture politique et vote", en: Gaxie, Daniel (comp.), 1985.

―――, "Le secret de l'isoloir", en: *Actes de la recherche en sciences sociales*, 71-72, marzo de 1988.

GAXIE, Daniel, "Economie des partis et rétribution du militantisme", en: *Revue française de science politique*, 27 (1), febrero de 1977.

―――, *Le cens caché*, París, Le Seuil, 1978.

―――, "Les logiques du recrutement politique", en: *Revue française de science politique*, 30 (1) febrero de 1980.

―――, "Morte et résurrection du paradigme de Michigan", en: *Revue française de science politique*, 30 (2), abril de 1982.

―――(comp.), "Le vote comme disposition et comme transaction", en Gaxie, Daniel (comp.), 1985.

―――, *Explication du vote*, 2da. ed., París, Presses de la Fondation nationale des sciences politiques, 1989.

―――, "L'unification des marchés politiques et la construction de l'institution présidentielle", ponencia en el congreso nacional de la Association française de science politique, Burdeos, 1988.

―――, "Jeux croisés. Droit et politique dans la polémique sur le refus de signature des ordonnances par le président de la République", en: Lochak, Danielle, (comp.), *Les usages sociaux du droit*, París, PUF, 1989.

―――, "Au-delà des apparences - sur quelques problèmes de mesure des opinions", en: *Actes de la recherche en sciences sociales*, 81-82, 1990 (a).

―――, "Des points de vue sociaux", en: Gaxie, Daniel y cols., *Le "social" transfiguré*, París, PUF, 1990 (b).

―――; Lehingue, Patrick, *Enjeux municipaux*. París, PUF, 1984.

―――; Offerlé, Michel, "Les militants syndicaux et associatifs au pouvoir", en: Birnbaum, Pierre (comp.), 1985.

GEERTZ, Clifford, *The Interpretation of Cultures*, Nueva York, Basic Books, 1973.

―――, *Bali*, París, Gallimard, 1983.

GERSCHENKRON, Alexander, *Economic Backwardness in Historical Perspective*, Cambridge, The Belknap Press of Harvard University Press, 1962.

GERSTLÉ, Jacques, "La publicité politique, quelques enseignements de l'expérience américaine", en: *Hermès*, 4, 1989.

GERTH, Hans H., "The Nazi Party: Its Leadership and Composition", en: Merton, Robert y cols., 1952.

GIDDENS, Anthony, *La constitution de la société*, París, PUF, 1987.

GIESEY, Ralph, E., *Le roi ne meurt jamais*, París, Flammarion, 1987.

GILBERT Claude (comp.), *La catastrophe, l'élu et le préfet*, Grenoble, Presses universitaires de Grenoble, 1990.

———; Saez, Guy, *L'État sans qualités*, París, PUF, 1982.

GLEIZAL, Jean-Jacques, *Le désordre policier*, París, PUF, 1985.

———, "Syndicalisme et corporatisme policier", en: Colas, Dominique (comp.), 1988.

GLUCKMANN, Max, *Custom and Conflict in Africa*, Oxford, Basil Blackwell, 1966.

GODELIER, Maurice, *Horizon; trajets marxistes en anthropologie*, París, Maspero, 1973.

GOFFMAN, Erwing, *Strategic Interaction*, Oxford, Basil Blackwell, 1970.

———, *Asiles*, París, Ed. de Minuit, 1974. Versión en español: *Internados*, Buenos Aires, Amorrortu, 1988.

GOGUEL, François, *Modernisation économique et comportement politique*, París, Presses de la Fondation national des science politiques, 1969.

GOLDTHORPE, John H; Lockwood, David; Bechhofer, Frank; Platt, Jennifer, *The Affluent Worker*, Cambridge, Cambridge University Press, 1969. Traducción parcial francesa, *L'ouvrier de l'abondance*, París, Le Seuil, 1972.

GOUBERT, Pierre, *L'Ancien Régime*, vol. 2: *les pouvoirs*, París, Armand Colin, 1973.

GUREVITCH, Peter, "The Second Image Reversed: The International Sources of Domestic Politics", en: *International Organization*, 32 (4), 1978.

GRAMSCI, Antonio, *Oeuvres Choisies*, París, Editions sociales, 1959.

GRANOVETTER. Mark, "The Strength of Weak Ties", en: *American Journal of Sociology*, 78 (6), 1973.

GRAWITZ, Madeleine; Leca, Jean (comps.), *Traité de science politique*, París, PUF, 1985, 4 vols.

———, *Méthodes des sciences sociales*, París, Dalloz, 1990, 8ª ed.

GRAZIANO, Luigi, *Clientelismo e sistema politico, il caso dell'Italia*, Milán, F. Angeli, 1980.

GREENSTEIN, Frederic I., *Children and Politics*, New Haven, Yale University Press, 1965.

GRÉMION, Catherine, *Profession: décideur. Pouvoir des hauts fonctionnaires et réforme d l'État*, París, Gauthier-Villars, 1979.

GRÉMION, Pierre, *Le pouvoir périphérique*, París, Le Seuil, 1976.

GRESLE, François, "Conscience de classe, mobilisation politique et socialisme en France au XIXe siècle", en: *Revue française de sociologie*, 24, 1983.

Groupe d'étude du métier politique (GEMEP), Métier politique et communication, rapport de recherche au CNRS, París, octubre 1990.

GRUNBERG, Gérard, "L'Ecole polytechnique et «ses» grands corps", en: *Annuaire international de la fonction publique*, París, 1973-1974.

———, "L'instabilité du comportement électoral", en: Gaxie, Daniel (comp.), 1985.

———; Schweisguth, Etienne, "Profession et vote: la poussé de la gauche", en: Capdevielle, Jacques; Dupoirier, Elisabeth; Grunberg, Gérard; Schweisguth, Etienne; Ysmal, Colette, *France de gauche, vote à droite*, París, Presses de la Fondation nationale des sciences politiques, 1981.

———; ———, "Le virage à gauche des couches moyennes salariées", en: Lavau, Georges; Grunberg, Gérard; Mayer, Nonna (comps.), 1983.

GUIOL, Patrick, Neveu, Erik, "Sociologie des adhérents gaullistes", en: *Pouvoirs*, 28, 1984.

HABERMAS, Jürgen, *L'espace public*, París, Payot, 1978.

HAMON, Léo; Mabileau, Albert (comps.), *La personnalisation du pouvoir*, París, PUF, 1964.

HANNERZ, Ulf, *Explorer la ville*, París, Ed. de Minuit, 1983.

HARRIS, Marvin, *Cannibales et monarques. Essai sur l'origine des cultures*, París, Flammarion, 1979.

HASSENTEUFEL, Patrick, "Où en est le paradigme néo-corporatiste?", en: *Politix*, 12, 4º trimestre de 1990.

HASTINGS, Michel, "Identité culturelle et politique festive communiste: Halluin-la-rouge 1920-1934", en: *Le mouvement social*, 139, 1987 (a).

————, "Les tisserands d'Halluin-la-rouge. Aspects d'un communinisme identitaire", en: *Communisme*, 15-16, 1987 (b).

HAYWARD, Jack; Watson, Michael (comps.), *Planning, Politics and Public Policies; the British, French, and Italian experience*, Cambridge, Cambridge University Press, 1975.

HEMINGWAY, John, *Conflict and Democracy*, Oxford, Clarendon Press, 1978.

HERMET, Guy, *Sociologie de la construction démocratique*, París, Economica, 1986.

HIRSCHMANN, Albert, *Face au déclin des entreprises et des institutions*, París, Editions ouvrières, 1972.

HOBSBAWM, Eric J., *Les primitifs de la révolte dans l'Europe moderne*, París, Fayard, 1966.

HOFFMANN, Stanley, "L'ordre international", en: Grawitz, Madeleine; Leca, Jean (comps.), 1985, vol. 1.

———— y cols., *A la recherche de la France*, París, Le Seuil, 1963.

HOGGART, Richard, *La culture du pauvre. Essai sur le style de vie des classes populaires en Angleterre*, París, Ed. de Minuit, 1970.

HOLT, Robert T., "A Proposed Structural Functional Framework", en: Charlesworth, James C. (comp.), 1967.

————; Turner, John E., *The Political Basis of Economic Development*, Princeton, Van Nostrand, 1966.

HOSELITZ, Bert; Moore, Wilbert, *Industrialisation et société*, París, Mouton, 1963.

HUARD, Raymond, "Comment apprivoiser le suffrage universel?", en: Gaxie, Daniel (comp.), 1985.

HUNTINGTON, Samuel, *Political Order in Changing Societies*, New Haven, Yale University Press, 1968.

JARDIN, André; Tudesq, André Jean, *La France des notables*, 1815-1848, París, Le Seuil, 1973.

JOBERT, Bruno, "La version française du corporatisme", en: Colas, Dominique (comp.), 1988.

————; Leca, Jean, "Le dépérissement de l'État", en: *Revue française de science politique*, 32 (4-5), 1980.

————; Muller, Pierre, *L'État en action, politiques publiques et corporatismes*, París, PUF, 1987.

JOHNSON, R. W., "L'élite politique britannique 1955-1972", en: Birnbaum, Pierre, 1975.

JONES, Charles O., *An Introduction to the Study of Public Policy*, Belmont, Duxbury Press, 1970.

JUDT, Tony, *Socialism in Provence, 1871-1914. A Study in the Origins of the Modern French Left*, Nueva York, Cambridge University Press, 1979.

JULLIARD, Jacques, *Clemençeau briseur de grève*, París, Julliard (coll. Archives), 1965.

KANTOROWICZ, Ernest H., *L'empereur Frédéric II*, París, Gallimard, 1987.

————, *Les deux corps du roi*, París, Gallimard, 1989. Versión en español: *Los dos cuerpos del rey*, Madrid, Alianza, 1985.

KAPLAN, Morton A., *System and Process in International Politics*, Nueva York, Wiley, 1957.

————, "Systems Theory", en: Charlesworth, James C. (comp)., 1967.

KASTORYANO, Riva, "Définition des frontières de l'identité: Turcs musulmans", en: *Revue française de science politique*, 37 (6), diciembre de 1987.

KATZ, Elihu, "La recherche en communication depuis Lazarfeld", Hermès, 4, 1989.

KEPEL, Gilles, *Le Prophète et Pharaon. Les mouvements islamistes dans l'Egypte contemporaine*, París, La Dècouverte, 1984.

————, *Les banlieues de l'Islam*, París, Le Seuil, 1987.

KERVASDOU, Jean de; Fabius, Laurent y cols., "La loi sur les fusions et regroupements de communes", en: *Revue française de sociologie*, 18 (3), julio de 1976.

KESSELMAN, Mark, "The recruitement of rival party activists in France: party clivages and cultural differentiation", en: *Journal of Politics*, 1972.

KESSLER, Marie-Christine, *Le Conseil d'État*, París, Presses de la Fondation nationale des sciences politiques, 1968.

————, *Les grands corps de l'État*, París, Presses de la Fondation nationale des sciences politiques, 1986.

KINGDON, John W., *Agendas, alternatives and public policies*, Glenview-Londres, Scott, Foreman & Co, 1984.

KISSINGER, Henry, *A World Restored*, Nueva York, Peter Smith, 1957.

KRIEGEL, Annie, *Les communistes français*, París, Le Seuil, 1968.

LACORNE, Denis, *Les notables rouges*, París, Presses de la Fondation nationale des sciences politiques, 1980.

————, "La politique et l'economie", en: Toinet, Marie-France; Kempf, Hubert; Lacorne, Denis (comps.), *Le libéralisme à l'américaine*, París, Economica, 1989.

LACROIX, Bernard, "Systémisme ou sytémification? Remarques pour une analyse critique du systémisme", en: *Annales de la faculté de droit et de science politique de Clermont-Ferrand*, 1974.

————, *Durkheim et le politique*, París, Presses de la Fondation nationale des sciences politiques, 1981. Versión en español: *Durkheim y lo político*, México, Fondo de Cultura Económica, 1984.

————, *L'utopie communautaire*, París, PUF, 1981.

————, "Á la recherche d'une définition", en: Lavau, Georges; Grunberg, Gérard; Mayer, Nonna (comps.), 1983.

————, "Les fonctions symboliques des constitutions", en: Seurin, Jean-Louis (comp.), *Le constituionnalisme aujourd'hui*, París, Economica, 1984.

————, "Ordre politique et ordre social", en: Grawitz, Madeleine; Leca, Jean (comps.), 1985, vol. 1.

LAGROYE, Jacques, *Politique et société*, Jacques Chaban-Delmas à Bordeaux, París, Pedone, 1973.

————, "La légitimation", en: Grawitz, Madeleine; Leca, Jean (comps.), 1985, vol. 1.

————, "A propos du «concept» d'empire", en: *Droit, institutions et systémes politiques, Mélanges en hommage à Maurice Duverger*, París, PUF, 1987.

————, "La construction politique de l'institution", ponencia en el congreso nacional de la Association française de science politique, Burdeos, 1988.

————, "Permanence and Change in Political Parties", en: *Political Studies*, 37 (3), setiembre de 1989.

————; Lord, Guy; Mounier-Chazel, Lise; Palard, Jacques, *Les militants politiques dans trois fédérations départementales*, París, Pedone, 1976.

LANCELOT, Alain, *L'abstentionnisme électoral en France*, París, Presses de la Fondation nationale des sciences politiques, 1968.

———, *Les attitudes politiques*, París, PUF, 1974.

———, "La mobilisation électorale", en: Gaxie, Daniel (comp.), 1985.

LANE, Robert E., *Political Life: Why and How People Get Involved in Politics*, Nueva York, The Free Press, 1965.

LA PALOMBARA, Joseph; Weiner, Myron (comps.), *Political Parties and political Development*, Princeton, Princeton University Press, 1966.

LAPIERRE, Jean-William, *Vivre sans État? Essai sur le pouvoir politique et l'innovation sociale*, París, Le Seuil, 1977.

LASKI, Harold, *A Grammar of Politics*, Londres, Allen & Unwin, 1939.

LASSWELL, Harold T.; Leites, Nathan, *The Language of Politics. Studies in Quantitative Semantics*, Nueva York, Stewart, 1949.

LAVABRE, Marie-Claire, "Etude d'une population de cadres communistes: le cas de París", en: *Communisme*, 2, 1982.

LAVAU, Georges, "Partis et systémes politiques: interactions et fonctions", en: *Revue canadienne de science politique*, 2 (1), marzo de 1969.

———, "Le Parti communiste dans le systéme politique français", en: Bon, Frédéric y cols., *Le communisme en France*, París, Presses de la Fondation nationale des sciences politiques, 1969 (b).

———, "Le pluralisme imparfait en France", en: Seurin, Jean-Louis (comp.), *La démocratie pluraliste*, París, Economica, 1980.

———, *A quoi sert le Parti communiste français?*, París, Fayard, 1981.

———, "L'électeur devient-il individualiste?", en: Birnbaum, Pierre; Leca, Jean (comps.), 1986.

———; Grunberg, Gérard; Mayer, Nonna (comps.), *L'univers politique des classes moyens*, París, Presses de la Fondation nationale des sciences politiques, 1983.

LAWSON, Kay, *Political Parties and Linkage. A Comparative Perspective*, Nueva York, Yale University Press, 1980.

LAZAR, Marc, "Les partis communistes de l'Europe occidentale face aux mutations de la classe ouvrière", en: *Communisme*, 17, 1988.

LEACH, Edmund R., *Les systémes politiques des Hautes-Terres de Birmanie. Analyse des structures sociales Kachin*, París, Maspero, 1972. Versión en español: *Los sistemas políticos de la Alta Birmania*, Barcelona, Anagrama.

LECA, Jean, "A propos de l'État: la lecon des États «non-occidentaux»", en: *Etudes en l'honneur de Madeleine Grawitz*, París, Dalloz, 1982.

———, "Individualisme et citoyenneté", en: Birnbaum, Pierre; Leca, Jean (comps.), 1986.

———; Schemiel, Yves, "Clientélisme et patrimonialisme dans le monde arabe", en: *International Political Science Review*, 4 (4), 1983.

LE CLÉRC, Bernard; Wright, Vincent, *Les préfets du second Empire*, París, Presses de la Fondation nationale des science politiques, 1973.

LECOMTE, Patrick; Denni, Bernard, *Sociologie du politique*, Grenoble, Press universitaires de Grenoble, 1990.

LEGAVRE, Jean-Baptiste, "Du militant à l'expert en communication politique", en: *Politix*, 7-8, octubre-noviembre de 1989.

LEGENDRE, Pierre, *Jouir du pouvoir. Traité de la bureaucratie patriote*, París, Ed. de Minuit, 1976.

LEHMBRUCH, Gerhard, "Liberal Corporatism and Party Government", en: Schmitter, Philippe C.; Lehmbruch, Gerhard (comps.), 1979.

LEMIEUX, Vincent, *Réseaux et appareils*, París, Maloine, 1982.

LEREUX, Jacques, "A propos des élections de 1983: renouvellement des études électorales en Grande-Bretagne", en: *Revue française de science politique*, 36 (4), agosto de 1986.

————, *Gouvernment et politique en Grande-Bretagne*, Presses de la Fondation nationale des sciences politiques et Dalloz, 1989.

LESAGE, Michel, *Le systéme politique de l'URSS*, París, PUF, 1987.

LEVEAU, Rémy, *Le Fellah marocain défenseur du Tréne*, París, Presses de la Fondation nationale des sciences politiques, 1985.

LÉVI-STRAUSS, Claude, *Anthropologie structurale*, París, Plon, 1958. Versión en español: *Antropología estructural*, Barcelona, Paidós.

————, *Paroles données*, París, Plon, 1984. Versión en español: *Palabra dada*, Madrid, Espasa Calpe.

LEVINSON, Sanford, *Constitutional Faith*, Princeton, Princeton University Press, 1988.

LEWIS, Oscar, *La Vida: une famille portoricaine dans une culture de pauvreté*, París, Gallimard, 1969.

LIJPHART, Arendt, "Typologies of democratic systems", en: *Comparative Political Studies*, 2 de abril de 1968.

LIPSET, Seymour Martin, *Agrarian Socialism*, University of California Press, 1950.

————, *L'homme et la politique*, París, Le Seuil, 1962.

————; Rokkan, Stein, *Party Systems and Voter Alignment*, Nueva York, The Free Press of Glencoe, 1967.

MABILEAU, Albert; Merle, Marcel, *Les partis politiques en Grande-Bretagne*, París, PUF, 1965.

————; Sorbets, Claude (comps.), *Gouverner les villes moyennes*, París, Pedone, 1989.

MACHIN, Howard, *The Prefect in French Public Administration*, Londres, Croom Helm, 1977.

MAIR, Lucy, *Primitive Government*, Harmondsworth, Pelican Books, 1962. Versión en español: *Gobierno primitivo*. Buenos Aires, Amorrortu.

MALINOWSKI, Bronislaw, *Les Argonautes du Pacifique occidental*, París, Gallimard, 1963.

MANN, Patrice, "Les manifestations dans la dynamique des conflits", en: Favre, Pierre (comp.), 1990.

MAQUET, Jacques-J., *Pouvoir et société en Afrique*, París, Hachette, 1970.

MARCH, John, *Decisions and Organizations*, Oxford, Basil Blackwellm, 1988.

MARCUSE, Herbert, *Eros et civilisation*, París, Ed. de Minuit, 1963. Versión en español: *Eros y civilización*, Barcelona, Planeta.

————, *L'homme unidemensionnel*, París, Ed. de Minuit, 1968. Versión en español: *Hombre unidimensional*, México, Mortiz.

MARESCA, Sylvain, *Les dirigeants paysans*, París, Ed. de Minuit, 1983.

MARIE, Jean-Louis, *Luttes paysannes et déclin des sociétés rurales*, París, Pedone, sin indicación de fecha.

MARX, Karl, *Critique des programmes socialistes de Gotha et d'Erfurt*, París, Spartacus, 1948. Versión en español: *Crítica del programa de Gotha*, Beijing Guoji.

————, *Le Manifeste du Parti Communiste*, París, Editions sociales, 1967. Versión en español: *Manifiesto del Partido Comunista*, México, Quinto Sol.

————, *Le 18 Brumaire du Louis Bonaparte*, París, Editions sociales, 1969. Versión en español: *Dieciocho Brumario de Luis Bonaparte*, México, Grijalbo.

MAYER, Nonna, *La boutique contre la gauche*, París, Presses de la Fondation nationale des sciences politiques, 1986.

McCLOSKY, Herbert, "Consensus et idéologie dans la politique américaine", trad. de *American Political Science Review*, junio de 1964, en: Birnbaum, Pierre; Chazel, François, 1971.

McKAY, David H., *Planning and Politics in Western Europe*, Londres, The Macmillan Press, 1982.

MÉDARD, Jean-François, "Le rapport de clientéle", en: *Revue française de science politique*, 36 (1), febrero de 1976.

MEMMI, Dominique, "L'engagement politique", en: Grawitz, Madeleine; Leca, Jean (comps.), 1985, vol. 3.

————, *Le gouvernement et la famille: régulation publique et maitrise privée du conflit conjugal en Italie 1965-1975*, tesis de doctorado en ciencia política, IEP de París, 1987.

MÉNY, Yves, *Politique comparée*, París, Montchrestien, 1987.

————(comp.), *Idéologies, partis et groupes sociaux. Etudes réunies par Yves Mény pour Georges Lavau*, París, Presses de la Fondation nationale des sciences politiques 1989 y 1991, 2da ed., collection Références.

————, Thoenig, Jean-Claude, *Politiques publiques*, París, PUF, 1989.

————; Wright, Vincent, *La crise de la sidérurgie européenne*, 1974-1984, París, PUF, 1985.

MERELMAN, Richard M., "The Dramaturgy of Politics", en: *The Sociologic Quarterly*, 10, 1969.

MERLE, Marcel, "Inventaire des apolitismes en France", en: Vedel, Georges (comp.), *La dépolitisation, mythe ou réalite?*, París, Presses de la Fondation nationale des sciences politiques, 1962.

————, *Les acteurs dans les relations internationales*, París, Economica, 1986.

————, *Sociologie des relations internationales*, París, Dalloz, 1988.

————; Monclos, Christine de, *L'Église catholique et les relations internationales*, París, Le Centurion, 1988.

MERTON, Robert K., "Manifest and latent functions", en: *Social Theory and Social Structure*, Glencoe, *The Free Press*, 1963.

————, *Eléments de théorie et de méthode sociologique*, París, Plon, 1965.

————; Broom, L.; Cottrell, L. S. Jr. (comps.), *Sociology Today, Problems and Prospects*, Nueva York, Basic Books, 1960.

————; Gray, Alisa P.; Hockey, Barbara; Selvin, Hanan C. (comps.), *Reader in Bureaucracy*, Nueva York, The Free Press, 1952.

MEYNAUD, Jean, *Les groupes de pression en France*, París, Presses de la Fondation nationale des sciences politiques, 1958.

————, *Nouvelles études sur les groupes de pression en France*, París, Presses de la Fondation nationale des sciences politiques, 1962.

MICHELAT, Guy; Simon, Michel, *Classe, religion et comportement politique*, París, Presses de la Fondation nationale des sciences politiques, 1977.

————, "Les «sans réponse» aux questions politiques: réles imposés et compensations des handicaps", en: *L'année sociologique 1982*, París, 1983.

————, "Religion, classe sociale, patrimoine et comportement électoral: l'importance de la dimension symbolique", en: Gaxie, Daniel (comp.), 1985.

MICHELS, Roberto, *Les partis politiques*, París, Flammarion, 1914. Versión en español: *Los partidos políticos*, Buenos Aires, Amorrortu.

MILBRATH, Lester W., *The Washington Lobbyists*, Chicago, Rand McNally & Co., 1963. Traducción parcial en: Birnbaum, Pierre; Chazel, François, 1971.

———, *Political Participation*, Chicago, Rand McNally & Co., 1965.

MOLINARI, Jean-Paul, "Les matrices de l'adhésion ouvrière au PCF", en: *Communisme*, 15-16, 1987.

MOORE, Barrington Jr., *Les origines sociales de la dictature et de la démocratie*, París, Maspero, 1979.

MORSE, Edward, *Modernization and the Transformation of International Relations*, Nueva York, The Free Press, 1976.

MOSCA, Gaetano, *The Ruling Class*, Nueva York, McGraw Hill, 1939. Versión en español: *La clase política*, México, Fondo de Cultura Económica.

MULLER, Pierre, *Les politiques publiques*, París, PUF, 1990.

———; Saez, Guy, "Néo-corporatisme et crise de la représentation", en: Arcy, François d' (comp.), *La représentation*, París, Economica, 1985.

NEDELMAN, Brigitta: Meier, Kurt G., "Theories of Contemporary Corporatism: Static or Dynamic?", en: Schmitter, Philippe C.; Lehmbruch, Gerhard (comps.), 1979.

NETTL, J. P., "The State as a conceptual variable", en: *World Politics*, 20 (4), 1968.

NEUMANN, Franz, "National-socialisme et classe-dirigeante", trad. Birnbaum, Pierre; Chazel, François, 1971.

NEVEU, Erik, "Sociostyles à une fin de siècle sans classes", en: *Sociologie du travail*, 2, 1990.

NOELLE-NEUMANN, Elisabeth, "La spirale du silence", *Hermès*, 4, 1989.

OBERSCHALL, Anthony, *Social Conflict and Social Movements*, Englewood Cliffs, Prentice Hall, 1973.

O'DONNELL, Guillermo, "Tensions in Bureaucratic-Authoritarian State and the Question of Democracy", en: Collier, David (comp.), *The New Authoritarianism in Latin America*, Princeton, Princeton University Press, 1979.

OFFERLÉ, Michel, "Illégitimité et légitimation du personnel politique ouvrier en France avant 1914", en: *Annales* E.S.C., 4, julio-agosto de 1984.

———, "Mobilisations électorales et invention du citoyen: l'exemple du milieu urbain français à la fin du XIXe siècle", en: Gaxie, Daniel (comp.), 1985.

———, *Les partis politiques*, París, PUF, 1987.

———, "Descendre dans la rue: de la «journée» à la «manif»", en: Favre, Pierre (comp.), 1990.

OLIVER, Douglas, *A Solomon Island Society: Kinship and Leadership among the Siuai of Bougainville*, Cambridge, Harvard University Press, 1955.

OLSON, Mancur, *Logique de l'action collective*, París, PUF, 1978.

ORGANSKI, A. F. Kenneth, *The Stages of Political Development*, Nueva York, Knopf, 1965.

OSTROGORSKI, Moisei, *La démocratie et l'organisation des partis politiques*, París, Calmann-Lévy, 1903.

OZOUF, Jacques, *Nous les maîtres d'école*, París, Julliard (col. Archives), 1967.

PADIOLEAU, Jean G., *L'Etat au concret*, París, PUF, 1982. Versión en español: *Estado en concreto*, México, Fondo de Cultura Económica.

PALMA, Eduardo, "La gouvernabilité de la démocratie en Amérique Latine", en: Leca, Jean; Papini, Roberto (comps.), *Les démocraties sont-elles gouvernables?*, París, Economica, 1985.

PARODI, Jean-Luc, "Dans la logique des élections intermédiaires", en: *Revue politique et parlementaire*, 903, abril de 1983.

————, "La proportionnalisation du systéme institutionnel ou les effets pervers d'un systéme sans contrainte", en: *Pouvoirs*, 32, 1985.

————, "Le nouvel espace politique français", en: Mény, Yves, 1989.

PARRIS, H., Constitutional Bureauracy, Londres, Allen & Unwin, 1969.

PARSONS, Talcott, *Le systéme des sociétés modernes*, París, Dunod, 1973.

————, Smelser, Neil, *Economy and Society*, Nueva York, The Free Press, 1956.

PERCHERON, Annick, *L'univers politique des enfants*, París, Presses de la Fondation nationale des sciences politiques, 1974.

————, "La formation des préférences idéologiques", en: Percheron, Annick (comp.), *Les 10-16 et la politique*, París, Presses de la Fondation nationale des sciences politiques, 1978.

————, "La socialisation politique, défense et illustration", en: Grawitz, Madeleine; Leca, Jean (comps.), 1985, vol. 3.

————, "Âge, cycle de vie, génération, période et comportement électoral", en: Gaxie, Daniel (comp.), 1985.

————, "Les absents de la scène électorale", en: Dupoirier, Elisabeth; Grunberg, Gérard (comps.), 1986.

PLATONE, François; Subileau, Françoise, "Les militants communistes à Paris", en: *Revue française de science politique*, 26-2, octubre de 1975.

POIRMEUR, Yves, *Contribution à l'étude du phénomène des tendances dans les partis et les syndicats*, tesis de doctorado en ciencias políticas, mimeografiado, Amiens, 1987.

POLANYI, Karl, *La grande transformation*, París, Gallimard, 1983.

POPKIN, Samuel R., *The Rational Peasant*, Berkeley, University of California Press, 1979.

POULANTZAS, Nicos, *Pouvoir politique et classes sociales de l'État capitaliste*, París, Maspero, 1970. Versión en español: *Poder político y clases sociales en el Estado capitalista*, México, Siglo XXI.

————, *Les classes sociales dans le capitalisme aujourd'hui*, París, Le Seuil, 1974. Versión en español: *Clases sociales en el capitalismo actual*, México, Siglo XXI.

————, "L'État, le pouvoir et nous", en: Dialectiques, 17, 1977.

PRZEWORSKI, Adam, "Le défi de l'individualisme méthodologique à l'analyse marxiste", en: Birnbaum, Pierre; Leca, Jean (comps.), 1986.

PUDAL, Bernard, "Le député communiste: 1920-1940. Eléments pour une analyse des logiques de fidélisation au sein du PCF", en: *Histoire et mesure*, I (2), 1986.

————, *Prendre parti*, París, Presses de la Fondation nationale des sciences politiques, 1989.

PUTNAM, Robert D., *The Comparative Study of Political Elite*, Englewood Cliffs, Prentice Hall, 1976.

PYE, Lucian W., *Aspects of Political Development*, Boston, Little Brown, 1966.

————, Verba, Sydney, *Political Culture and Political Development*, Princeton, Princeton University Press, 1965.

QUERMONNE, Jean-Louis, *Les régimes politiques occidentaux*, París, Le Seuil, 1986.

RAE, Douglas W., *The Political Consequences of Electoral Laws*, New Haven, Yale University Press, 1967.

RANGER, Jean, "Le déclin du parti communiste français", en: *Revue française de science politique*, 36 (1), febrero de 1986.

RAYNAUD, Jean-Daniel, *Les syndicats en France*, París, Le Seuil, 1975.

REICH, Wilhelm, *La psychologie de masse du fascisme*, París, Payot, 1972.

RÉMOND, René, *Les droites en France*, París, Aubier-Montagne, 1982.

———; Coutrot, Aline; Boussard, Isabel (comps.), *Quarante ans de cabinets ministériels*, París, Presses de la Fondation nationale des sciences politiques, 1982.

RETIÉRE, Jean-Nöel, *L'enracinement ouvrier à Lanester*, tesis de doctorado en sociología, Nantes, 1987.

RICHET, Denis, *La France moderne: l'esprit des institutions*, París, Flammarion, 1973.

RITAINE, Evelyne, *Les stratèges de la culture*, París, Presses de la Fondation nationale des sciences politiques, 1983.

ROBERT, Vincent, "Aux origenes de la manifestation en France", en: Favre, Pierre (comp.), 1990.

ROCHE, Daniel, "Milieux académiques provinciaux et société des Lumières", en: *Livre et société dans la France du XVIIIe siècle*, vol. 1, París-La Haya, Mouton, 1965.

ROKKAN, Stein, *Citizens, Elections, Parties*, Oslo, Oslo University Press, 1970.

———, "Dimensions of State Formation and Nation-Building: a Possible Paradigm for Research on Variations within Europe", en: Tilly, Charles, 1975.

ROSTOW, W. W., *The Stages of Economic Growth*, Cambridge, Cambridge, University Press, 1960. Versión en español: *Etapas del crecimiento económico*, México, Fondo de Cultura Económica.

ROUQUIÉ, Alain, *L'État militaire en Amérique latine*, París, Le Seuil, 1982. Edición en castellano: *El Estado militar en América Latina*, Buenos Aires, Emecé Editores, 1984.

SADOUN, Marc, "Sociologie des militants et sociologie du parti: le cas de la SFIO sous Guy Mollet", en: *Revue française de science politique*, 38 (3), junio de 1988.

SAINSAULIE, Renaud, "Compte rendu de «l'Acteur et le systéme»", en: *L'Année sociologique*, 1981.

SAWICKI, Frédéric, "Questions de recherche: pour une analyse locale des partis politiques", en: *Politix*, 2, 1988.

———, "Les questions de protection sociale dans la campagne présidentielle française de 1988: contribution à l'étude de la formation de l'agenda électoral", en: *Revue française de science politique*, 41 (2), 1991.

SCHAIN, Martin A., "Le pouvoir des syndicats et leur résistance face aux réformes en Grande-Bretagne et en France", en: Mény, Yves, 1989.

SCHEINMAN, Lawrence, *Atomic Energy Policy in France under the Fourth Republic*, Princeton, Princeton University Press, 1965.

SCHELLING, Thomas C., *Stratégie du conflit*, París, PUF, 1986.

SCHEMEIL, Yves, *Sociologie du systéme politique libanais*, Grenoble, GRT, 1979.

———, "Les cultures politiques", en: Grawitz, Madeleine; Leca, Jean (comps.), 1985, vol. 3.

SCHMITTER, Philippe C.; Lehmbruch, Gerhard (comps.), Trends Toward Corporatist Intermediation, Londres, Sage, 1979.

SCHONFELD, William R., *Ethnographie du PS et du RPR: les éléphants et l'aveugle*, París, Economica, 1985.

———, "Les partis politiques: que sont-ils et comment les étudier?", en: Mény, Yves, 1989.

SCHUMPETER, Joseph, *Capitalisme, socialisme et démocratie*, París, Payot, 1965.

SCHWARTZ, Olivier, *Le monde privé des ouvriers. Hommes et femmes du Nord*, París, PUF, 1990.

SCHWARTZENBERG, Roger-Gérard, *L'État spectacle. Essai sur et contre le «star-system» en Politique*, París, Laffont, 1977.

SEILER, Daniel L., *Partis et familles politiques*, París, PUF, 1980.

————, *De la comparaison des partis politiques*, París, Economica, 1986.

SEWELL, William H. Jr., *Gens de métier et révolutions. Le langage du travail de l'Ancien Régime à 1948*, París, Aubier-Montagne, 1983.

SFEZ, Lucien, *Critique de la décision*, París, Presses de la Fondation nationale des sciences politiques, 1981. Versión en español: *Crítica de la decisión*, México, Fondo de Cultura Económica.

————, *La décision*, París, PUF, 1984.

SHILS, Edward, *Political Development in the New States*, La Haya, Mouton, 1962.

SIMON, Herbert A., "Decision making and administrative organization", en: Merton, Robert K., 1952.

————, *Administration et processus de décision*, París, Economica, 1983.

SINEAU, Mariette, *Des femmes en politique*, París, Economica, 1988.

SIWEK-POUYDESSEAU, Jeanne, *Le personnel de direction des ministères*, París, Armand Colin, 1969.

SMELSER, Neil, *Theory of Collective Behavior*, Nueva York, The Free Press, 1963.

SOUTHALL, Aidan W., *Alur Society. A Study in Process and Types of Domination*, Cambridge, Heffer & S., 1954.

SPIRO, Herbert J., "An Evaluation of Systems Theory", en: Charlesworth, James C., 1967.

STERNHELL, Zeev, *La droite révolutionnaire*, París, Le Seuil, 1978.

SUBILEAU, Françoise, Toinet, Marie-France, "L'abstentionnisme en France et aux Etats-Unis", en: Gaxie, Daniel (comp.), 1985.

SULEIMAN, Ezra N., *Les hauts fonctionnaires et la politique*, París, Le Seuil, 1976.

————, *Les élites en France, grands corps et grandes écoles*, París, Le Seuil, 1979.

TANTER, Raymond; Ullman, Richard H. (comps.), *Theory and Policy in International Relations*, Princeton, Princeton University Press, 1972.

THOENIG, Jean-Claude, "L'analyse des politiques publiques", en: Grawitz, Madeleine; Leca, Jean (comps.), 1985, vol. 4.

————, *L'ère des technocrates*, París, L'Harmattan, 1987, 2da. ed.

TILLY, Charles, *La Vendée, Révolution et Contre-Révolution*, París, Fayard, 1970.

————, *La France contesté de 1600 à nos jours*, París, Le Seuil, 1973.

————, *From Mobilization to Revolution*, Reading, Addison-Wesley, 1978.

————, "Action collective et mobilisation individuelle", en: Birnbaum, Pierre; Leca, Jean (comps.), 1986.

TOCQUEVILLE, Alexis de, *L'Ancien Régime et la Révolution*, París, Gallimard (col. Idées), 1952. Versión en español: *El Antiguo Régimen y la Revolución*, Madrid, Alianza.

TOINET, Marie-France, *Le système politique des Etats-Unis*, París, PUF, 1987.

TÖNNIES, Ferdinand, *Communauté et société*, París, PUF, 1944.

TOUCHARD, Jean, *Histoire des idées politiques*, París, PUF, 1981. Versión en español: *Historia de las ideas políticas*, Madrid, Tecnos.

TOURAINE, Alain, *La conscience ouvrière*, París, Le Seuil, 1966.

————, *Le mouvement de mai ou le communisme utopique*, París, Le Seuil, 1968.

TREVELYAN, G. M., *Histoire sociale de l'Angleterre du Moyen-Age à nos jours*, París, Payot, 1949.

ULLMANN, Walter, *The Growth of Papal Government in the Middle Ages*, Londres, Methuen & Co., 1965.

URFALINO, Philippe, "Les politiques culturelles: mécénat caché et académies invisibles", en: *L'année sociologique*, 39, 1989.

VERRET, Michel, *La culture ouvrière*, Saint-Sebastien, Crocus, 1988.

VEYNE, Paul, *Le pain et le cirque*, París, Le Seuil, 1976.

VORYS, Karl von, "Use and Misure of Development Theory", en: Charlesworth, James C., 1967.

WALLERSTEIN, Immanuel, *The Modern World System*, Nueva York, Academic Press, 1974.

————, *The Politics of the World-Economy. The States, the Movements and the Civilisation*, Cambridge, Cambridge University Press, 1984.

————, *Le systéme du monde du XVe siècle à nos jours*, París, Flammarion, 1985.

WEBER, Eugen, "The Second Republic, Politics and the Peasant", en: *French Historical Studies*, 11 (4), 1980.

————, *La fin des terroirs*, París, Fayard, 1983.

WEBER, Max, *Le savant et le politique*, París, Plon, 1959. Versión en español: *El político y el científico*, Madrid, Alianza.

————, *Économie et société*, París, Plon, 1971. Versión en español: *Economía y sociedad: esbozo de sociología comprensiva*, México, Fondo de Cultura Económica.

————, *L'éthique protestante et l'esprit du capitalisme*, París, Plon (col. Agora), 1985.

————, *Sociologie du droit*, París, PUF, 1986.

WEIL, Patrick, *L'analyse d'une politique publique: la politique française d'immigration, 1974-1988*, tesis de doctorado en ciencia política, IEP de París, mimeografiado, 1988.

————, "La politique française d'immigration: au-delà du désordre", en: *Regards sur l'actualité*, febrero de 1990.

WIEVIORKA, Michel, *Société et terrorisme*, París, Fayard, 1988.

————; Wolton, Dominique, *Terrorisme à la une*, París, Gallimard, 1987.

WILLIAMSON, Peter, *Corporatism in Perspective: An introductory Guide to Corporatist Theory*, Londres, Sage, 1989.

WILLIS, Paul, "L'école des ouvriers", en: *Actes de la recherche en sciences sociales*, 24, 1978.

WITTFOGEL, Karl, *Le despotisme oriental. Etude comparative du pouvoir total*, París, Ed. de Minuit, 1977. Versión en español: *Despotismo oriental: estudio comparativo del poder totalitario*, Madrid, Guadarrama.

WOLTON, Dominique, "La communication politique: construction d'une modèle", en: *Hermès*, 4, 1989.

WORMS, Jean-Pierre, "La préfet et ses notables", en: *Sociologie du travail*, 3, 1966.

WRIGHT, James D., *The Dissent of the Governed: Alienation and Democracy in America*, Nueva York, Academic Press, 1976.

WRIGHT MILLS, Charles, *L'élite du pouvoir*, París, Maspero, 1969.

WYLIE, Laurence, *Chanzeaux village d'Anjou*, París, Le Seuil, 1970.

YSMAL, Colette, *Les partis politiques sous la Ve République*, París, Domat-Montchrestien, 1989.

ZIEGLER, Jean, *Le pouvoir africain*, París, Le Seuil, 1979.

ZOLBERG, Aristide R., "L'influence des facteurs externes sur l'ordre politique interne", en: Grawitz, Madeleine; Leca, Jean (comps.), 1985, vol. 1.

ZUCKERMAN, Alan S., *The Politics of Faction, Christian Democracy Rule in Italy*, New Haven, Yale University Press, 1979.

ZYLBERBERG, Jacques, "Macroscopie et microscopie des masses", en: *Masses et postmodernité*, París, Méridiens Klincksieck, 1986.

ÍNDICE

Introducción
[7]

1. La especialización de los roles políticos
[21]

2. La formación del Estado europeo
[55]

3. La política como sistema
[131]

4. La interacción política
[169]

5. Las organizaciones políticas
[221]

6. Las prácticas de participación
[299]

7. La aceptación del orden político
[373]

8. El gobierno
[423]

Este libro se terminó de imprimir en el mes
de enero de 1994 en Ripari S. A.,
Lemos 246, Buenos Aires,
República Argentina.
Se tiraron 2 000
ejemplares.

www.ingramcontent.com/pod-product-compliance
Lightning Source LLC
Chambersburg PA
CBHW020600270326
41927CB00005B/107